U0684799

中華古籍保護計劃

ZHONG HUA GU JI BAO HU JI HUA CHENG GUO

·成果·

四川省十一家收藏單位
古籍普查登記目錄

全國古籍普查登記目錄

國家圖書館出版社
National Library of China Publishing House

圖書在版編目(CIP)數據

四川省十一家收藏單位古籍普查登記目録/《四川省十一家收藏單位古籍普查登記目録》編委會編. --北京:國家圖書館出版社,2017.11

(全國古籍普查登記目録)

ISBN 978－7－5013－6149－6

Ⅰ.①四…　Ⅱ.①四…　Ⅲ.①古籍—圖書館目録—四川　Ⅳ.①Z838

中國版本圖書館 CIP 數據核字(2017)第 145985 號

書　　名　四川省十一家收藏單位古籍普查登記目録
著　　者　《四川省十一家收藏單位古籍普查登記目録》編委會　編
責任編輯　耿素麗

出　　版　國家圖書館出版社(100034　北京市西城區文津街 7 號)
　　　　　　(原書目文獻出版社　北京圖書館出版社)
發　　行　010－66114536　66126153　66151313　66175620
　　　　　　66121706(傳真)　66126156(門市部)
E-mail　nlcpress@ nlc. cn(郵購)
Website　www. nlcpress. com→投稿中心
經　　銷　新華書店
印　　裝　河北三河弘翰印務有限公司
版　　次　2017 年 11 月第 1 版　2017 年 11 月第 1 次印刷

開　　本　787×1092(毫米)　1/16
印　　張　32.25
字　　數　530 千字

書　　號　ISBN 978－7－5013－6149－6
定　　價　290.00 圓

《全國古籍普查登記目錄》

工作委員會

主　任：周和平

副主任：張永新　詹福瑞　劉小琴　李致忠　張志清

委　員（按姓氏筆畫排序）：

于立仁	王水喬	王　沛	王紅蕾	王筱雯
方自今	尹壽松	包菊香	任　競	全　勤
李西寧	李　彤	李忠昊	李春來	李　培
李曉秋	吳建中	宋志英	努　木	林世田
易向軍	周建文	洪　琰	倪曉建	徐欣禄
徐　蜀	高文華	郭向東	陳荔京	陳紅彥
張　勇	湯旭巖	楊　揚	賈貴榮	趙　嫄
鄭智明	劉洪輝	歷　力	鮑盛華	韓　彬
魏存慶	鍾海珍	謝冬榮	謝　林	應長興

《全国古籍普查登记目录》

工作委员会

主　任：
副主任：
委　员：

《全國古籍普查登記目録》

序　言

　　全國古籍普查登記工作是"中華古籍保護計劃"的首要任務,是全面開展古籍搶救、保護和利用工作的基礎,也是有史以來第一次由政府組織、參加收藏單位最多的全國性古籍普查登記工作。

　　2007年國務院辦公廳發佈《關於進一步加强古籍保護工作的意見》(國辦發[2007]6號),明確了古籍保護工作的首要任務是對全國公共圖書館、博物館和教育、宗教、民族、文物等系統的古籍收藏和保護狀况進行全面普查,建立中華古籍聯合目録和古籍數字資源庫。2011年12月,文化部下發《文化部辦公廳關於加快推進全國古籍普查登記工作的通知》(文辦發[2011]518號),進一步落實了全國古籍普查登記工作。根據文化部2011年518號文件精神,國家古籍保護中心擬訂了《全國古籍普查登記工作方案》,進一步規範了古籍普查登記工作的範圍、内容、原則、步驟、辦法、成果和經費。目前進行的全國古籍普查登記工作的中心任務是通過每部古籍的身份證——"古籍普查登記編號"和相關信息,建立古籍總臺賬,全面瞭解全國古籍存藏情况,開展全國古籍保護的基礎性工作,加强各級政府對古籍的管理、保護和利用。

　　《全國古籍普查登記工作方案》規定了全國古籍普查登記工作的三個主要步驟:一、開展古籍普查登記工作;二、在古籍普查登記基礎上,編纂出版館藏古籍普查登記目録,形成《全國古籍普查登記目録》;三、在古籍普查登記工作基本完成的前提下,由省級古籍保護中心負責編纂出版本省古籍分類聯合目録《中華古籍總目》分省卷,由國家古籍保護中心負責編纂出版《中華古籍總目》統編卷。

　　在黨和政府領導下,在各地區、各有關部門和全社會共同努力下,古籍普查登記工作得以扎實推進。古籍普查已在除臺、港、澳之外的全國各省級行政區域開展,普查内容除漢文古籍外,還包括各少數民族文字古籍,特别是於2010年分别啓動了新疆古籍保護和西藏古籍保護專項,因地制宜,開展古籍普查登記工作;國家古籍保護中心研製的"全國古籍普查登記平臺"已覆蓋到全國各省級古籍保護中心,並進一步研發了"中華古籍索引庫",爲及時展現古籍普查成果提供有力支持;截至目前,已有11375部古籍進入《國家珍貴古籍名録》,浙江、江蘇、山東、河北等省公佈了省級《珍貴古籍名録》，古籍分級保護機制初步形成。

《全國古籍普查登記目録》是古籍普查工作的階段性成果，旨在摸清家底，揭示館藏，反映古籍的基本信息。原則上每申報單位獨立成册，館藏量少不能獨立成册者，則在本省範圍內幾個館目合併成册。無論獨立成册還是合併成册，均編製獨立的書名筆畫索引附於書後。著録的必填基本項目有：古籍普查登記編號、索書號、題名卷數、著者（含著作方式）、版本、册數及存缺卷數。其他擴展項目有：分類、批校題跋、版式、裝幀形式、叢書子目、書影、破損狀況等。有條件的收藏單位多著録的一些擴展項目，也反映在《全國古籍普查登記目録》上。目録編排按古籍普查登記編號排序，內在順序給予各古籍收藏單位較大自由度，可按分類排列古籍普查登記編號，也可按排架號、按同書名等排列古籍普查登記編號，以反映各館特色。

此次全國古籍普查登記工作，克服了古籍數量多、普查人員少、普查難度大等各種困難，也得到了全國古籍保護工作者的極大支持。在古籍普查登記過程中，國家古籍保護中心、各省古籍保護中心爲此舉辦了多期古籍普查、古籍鑒定、古籍普查目録審校等培訓班，全國共 1600 餘家單位參加了培訓，爲古籍普查登記工作培養了大量人才。同時在古籍普查登記工作中，也鍛煉了普查員的實踐能力，爲將來古籍保護事業發展奠定了良好的基礎。

《全國古籍普查登記目録》的出版，將摸清我國古籍家底，爲古籍保護和利用工作提供依據，也將是古籍保護長期工作的一個里程碑。

國家古籍保護中心
2013 年 10 月

《全國古籍普查登記目錄》

編纂凡例

一、收録範圍爲我國境内各收藏機構或個人所藏,産生於 1912 年以前,具有文物價值、學術價值和藝術價值的文獻典籍,包括漢文古籍和少數民族文字古籍以及甲骨、簡帛、敦煌遺書、碑帖拓本、古地圖等文獻。其中,部分文獻的收録年限適當延伸。

二、以各收藏機構爲分冊依據,篇幅較小者,適當合併出版。

三、一部古籍一條款目,複本亦單獨著録。

四、著録基本要求爲客觀登記、規範描述。

五、著録款目包括古籍普查登記編號、索書號、題名卷數、著者、版本、冊數、存缺卷等。古籍普查登記編號的組成方式是:省級行政區劃代碼—單位代碼—古籍普查登記順序號。

六、以古籍普查登記編號順序排序。

七、編製各館藏目録書名筆畫索引附於書後,以便檢索。

《四川省十一家收藏單位古籍普查登記目録》

編委會

主　編：何光倫

副主編：謝竹峰　林　英

編　委（按姓氏筆畫排序）：

王　娟	王　偉	孔　婭	田　羽	史　榮	
杜　華	杜　鵑	李　婷	吳　濤	何　芳	
宋　睿	周興蘭	郭　爽	陳　超	陳維笙	
黃南柳	許　李	許　霞	張　偉	董曉玲	
傅　裕	曾　建	雍　濤	熊柯嘉	鄧　丹	
樊　迪	歐繼紅	劉　勇	龍　平	鍾　文	
鍾　旖	聶　佳	羅涵亓			

《四川省十一家收藏單位古籍普查登記目録》

前　言

　　古籍是中華傳統文化的重要載体,也是其一脉相承、綿延數千年的歷史見證,是人類文明的瑰寶。古籍對於我們瞭解和研究中國古代社會、經濟、文化有着巨大作用,更是我們传承和弘揚中華優秀傳統文化的重要介質。因此,保護古籍,"讓書寫在古籍裏的文字活起來",至關重要。

　　四川是古蜀文明發源地,數千年歷史爲我們留下了燦爛的歷史文化和卷帙浩繁的古代文獻典籍。長期以來,省委、省政府對我省古籍保護工作給予了高度重視、關心和支持。2007年,國務院辦公廳頒發《關於進一步加強古籍保護工作的意見》後,我省立即出臺《關於進一步加強古籍保護工作的意見》。同年底,四川省古籍保護中心正式挂牌成立,并建立了"古籍保護工作廳際聯席會議制度",四川古籍保護工作由此邁上發展新臺階。爲摸清家底,進一步開展古籍保護工作,在國家古籍保護中心的指導下,在省文化廳的領導和各系統、各單位的大力支持下,省古籍保護中心積極組織各單位進行古籍編目、鑒定等各類培訓,我省的古籍普查工作由此全面啓動。

　　目前,四川省已統計的古籍收藏單位有92家,藏量約爲220萬冊,涉及文化、文物、教育、宗教、民委等系統和單位,古籍數量多,專業人員匱乏,古籍普查工作難度和壓力巨大。爲此,省古籍保護中心根據我省實際制定了一系列措施:一是重點抓古籍藏量大的省圖書館、四川大學圖書館和其他國家級古籍重點保護單位,加強指導、督促省內其他一般藏量的古籍存藏單位完成古籍普查;二是積極發動其他力量助力古籍保護工作。如積極申請經費支持,組織志願者參與古籍普查,幫助困難單位完成古籍普查任務。2016—2017年,省古籍保護中心兩次組織海內外的大學生志願者開展古籍保護志願活動,取得了良好的效果。此次我省11家收藏單位出版的古籍數據就有志願者們的辛苦付出;三是培訓古籍工作專業人員,全省共培訓古籍普查、編目及修復人員500餘人次,爲現階段古籍普查整理增添了有生力量,爲長期的古籍保護工作奠定了人才基礎。這些措施,極大地促進了我省古籍普查、保護工作的開展,全省古籍存藏狀況得到極大改觀。

　　本書是我省第一批古籍普查出版數據,收錄了我省11家古籍收藏單位的6171條古籍數據,包括德陽市圖書館(95條)、廣漢市圖書館(1116條)、綿竹市圖書館

（800 條）、中江縣圖書館（405 條）、綿陽市安州區圖書館（1092 條）、廣元市圖書館（232 條）、劍閣縣圖書館（214 條）、蒼溪縣圖書館（55 條）、犍爲縣圖書館（824 條）等 9 家公共圖書館和成都中醫藥大學圖書館（1318 條）、四川音樂學院圖書館（20 條）兩家高校圖書館的數據。這批數據反映了各單位的古籍種類、版本、存缺狀況，也意味着他們的家底基本理清。

上述 11 館中，犍爲縣圖書館古籍約 21000 冊，涵蓋了各部類。其所藏明刻本《歷代名臣奏議》《新編古今事文類聚》，清康熙刻本《西堂全集》等具有極高的文獻、版本價值。廣漢市圖書館的清乾隆四十年（1775）刻本《居官寡過錄》、清乾隆五十年（1785）玉勾草堂刻本《杜工部集》、清乾隆五十四年（1789）登雲堂刻本《新鍥侗初張先生註釋孔子家語宗》等，是館藏中的較好版本。綿竹市圖書館古籍總量 14058 冊，其中明崇禎毛氏汲古閣刻本《漢書》《後漢書》《南齊書》等 6 種古籍是此次普查的重要發現，引起了當地政府的高度重視，并促使當地政府積極改善古籍存藏條件。綿陽市安州區圖書館的明刻清光緒補刻本《路史》，清乾隆武英殿本《毛詩》，清乾隆四十七年（1782）刻嘉慶李鼎元、道光李朝夔補刻本《函海》，清乾隆刻本《教女遺規》等都是較好的版本。此外，該館清康熙刻本《錦江禪燈》爲四川地區釋家人物傳記，罕見流傳，極具文獻價值和版本價值。廣元市圖書館古籍以經部和史部的叢書爲主，如《皇清經解》《二十四史》等，大多爲道光以後刻本，書品較好。德陽市圖書館所藏古籍主要爲經部、史部、子部醫家類和宗教類，多爲清末刻本、石印本。中江縣圖書館所藏古籍 11552 冊，有《尚書》等清乾隆刻本 6 種，其餘多爲清道光及以後刻本。劍閣縣圖書館古籍藏量雖僅兩千餘冊，但其明刻本《通典》、清康熙刻本《弘簡錄》及罕見流傳的清活字本《劍南詩槀》等版本價值不容忽視。蒼溪縣圖書館存有清初四色套印本《古文淵鑑》、清乾隆三十七年（1772）葉氏海錄軒刻朱墨套印本《文選》等。通過普查，多家單位鑒定出數十種明代及清初版本，極大提高了當地政府保護古籍的積極性和重視程度，使更多古籍得到了妥善保存。

成都中醫藥大學圖書館藏古籍 26778 冊，以子部醫家類爲重點和特色。所藏版本較早的有《儒門事親》等明刻本 22 種，皆爲醫學類古籍。其中，明隆慶二年（1568）刻本《東恒十書》、明趙府居敬堂刻本《補註釋文黃帝內經素問》入選第三批《國家珍貴古籍名錄》。四川音樂學院則主要收藏了以清康熙誠一堂刻本《誠一堂琴譜》、清乾隆十一年（1746）刻本《五知齋琴譜》、清嘉慶七年（1802）澄鑒堂刻本《自遠堂琴譜》等爲代表的藝術類音樂之屬的古籍，極具特色。

該書是我省古籍普查工作開展以來的第一份成果總結，對於我省的古籍普查工作具有承上啓下的作用，標誌着我省的古籍普查工作陸續進入了審校、出版階段。同時，這也意味着我省各古籍收藏單位的存藏家底基本摸清，爲下一步的古籍保護工作打下了堅實的基礎。古籍保護任重道遠，做好古籍原生性保護、存藏并用，將是我們一直爲之奮鬥的工作目標。最後，感謝國家古籍保護中心一直以來的指導和幫助，感謝爲我省古籍普查辛苦付出的全體古籍工作者、志願者及其他对我省古籍普查提供幫助的有關單位和個人！

四川省古籍保護中心
2017 年 8 月

3

目　録

德陽市圖書館
古籍普查登記目錄

全國古籍普查登記目錄

國家圖書館出版社
National Library of China Publishing House

510000－2717－0000001　B221/2627

周易八卷首一卷末一卷　(宋)程頤傳　(宋)朱熹本義　(宋)呂祖謙音訓　清末望三益齋刻本　六冊

510000－2717－0000002　B221/1017

周易十卷附考證　(三國魏)王弼　(晉)韓康伯註　清刻本　三冊

510000－2717－0000003　K221.04/8348

尚書離句六卷　(清)劉梅坨鑒定　(清)錢在培輯解　清大道堂刻本　四冊

510000－2717－0000004　I222.2/2034

毛詩二十卷附考證　(漢)鄭玄箋　清刻本　四冊

510000－2717－0000005　I222.2/1960

詩經精義旁訓五卷　(□)□□撰　(清)魏氏校　清光緒二十九年(1903)魏氏古香閣重刻本　四冊

510000－2717－0000006　B222/8700

禮記二十卷附考證　(漢)鄭玄註　清刻本　七冊　缺二卷(五至六)

510000－2717－0000007　K225.04/5242

春秋左傳精義旁訓十八卷　(□)□□撰　(清)魏氏校　清光緒十年(1884)魏氏古香閣刻本　十冊

510000－2717－0000008　K225.04/4411

左繡三十卷首一卷春秋經傳集解三十卷　(清)馮天驊　(清)陸浩評輯　(清)范允斌　(清)沈乃文　(清)陸偲參評　(清)馮張孫等校輯　**春秋經傳集解三十卷**　(晉)杜預原本　(宋)林堯叟附註　(唐)陸德明音釋　(清)馮李驊增訂　清華川書屋藏板金閶步月樓重刻本　十六冊

510000－2717－0000009　K225.04/6033

東萊博議四卷附虛字註釋備考六卷　(宋)呂祖謙撰　(清)孫執升評選　(清)曹鑿　(清)朱徽校錄　(清)張文炳評點　**附虛字註釋備考六卷**　(清)張文炳點定　清光緒十五年(1889)文思堂藏板刻本　四冊

510000－2717－0000010　K225.04/5222

春秋經傳集解三十卷春秋年表一卷春秋名號歸一圖二卷附考證　(周)左丘明傳　(晉)杜預註　(唐)陸德明音義　清刻本　十二冊　缺四卷(十三至十四、十八至十九)

510000－2717－0000011　B222.1/2160

論語注疏解經二十卷附校勘記孟子注疏解經十四卷　(三國魏)何晏集解　(宋)邢昺疏　**孟子注疏解經十四卷附校勘記**　(漢)趙岐注　(宋)孫奭疏　清光緒二十四年至二十七年(1898－1901)據嘉慶二十年(1815)江西南昌府學雕本重刻本　八冊　存二十卷(論語注疏解經一至十,孟子注疏解經一至二、三上、七下、八至十、十一上、十三至十四)

510000－2717－0000012　B222.1/0231

大學古本質言一卷　(清)劉沅撰　清光緒三十一年(1905)豫誠堂藏板刻本　一冊

510000－2717－0000013　H161/3894

說文解字十五卷　(漢)許慎記　(宋)徐鉉等校定　清末民初東吳籛園藏本鑄記書局石印本　四冊

510000－2717－0000014　H121/3702

六書通十卷　(清)畢弘述篆訂　(清)閔章　(清)程昌燁同校　清末上海鴻寶齋石印本　五冊

510000－2717－0000015　H163/1215/04

康熙字典三十六集附備考一卷補遺一卷　(清)張玉書　(清)陳廷敬撰　清末民初石印本　三冊　存十五集(巳集、午集、酉集、戌集、亥集,備考一卷,補遺一卷)

510000－2717－0000016　I207.21/4031

註釋啓蒙對偶續編四卷　(明)孟綋編次　(清)鄭以誠註解　(清)鄭僑柱校　清乾隆四十九年(1784)萬卷樓藏板李調元藜照書屋重刻本　四冊

510000－2717－0000017　H161/3894－1

說文解字標目十五卷　(漢)許慎記　(宋)徐鉉等校定　(清)徐瀚校字　清末民初成都志

古堂據汲古閣藏板仿宋本重刻本　六冊

510000－2717－0000018　H152/0013

題體會通四編　（清）廖玉湘編輯　清光緒八年(1882)翠柏書屋刻本　八冊

510000－2717－0000019　K204.2/1773

史記一百三十卷　（漢）司馬遷著　清光緒三十四年(1908)上海圖書集成圖書公司鉛印本　十六冊

510000－2717－0000020　K234.104.2/1160

漢書一百卷　（漢）班固撰　清光緒二十九年(1903)上海點石齋石印本　八冊

510000－2717－0000021　K234.204.2/4464

後漢書一百卷附續漢志三十卷　（南朝宋）范曄撰　（晉）司馬彪撰　清光緒二十九年(1903)仿汲古閣上海點石齋石印本　六冊

510000－2717－0000022　K236.042/7450

三國志六十五卷　（晉）陳壽撰　（南朝宋）裴松之注　清光緒石印本　三冊　存二十八卷（蜀志一至八、吳志一至二十）

510000－2717－0000023　K237.042/3002

晉書一百三十卷　（唐）房玄齡等撰　清光緒二十八年(1902)武林竹簡齋二次石印本　八冊

510000－2717－0000024　K244.042/3422

宋書一百卷　（南朝梁）沈約撰　清光緒三十四年(1908)上海集成圖書公司鉛印本　十二冊

510000－2717－0000025　K239.120.42/4416

南齊書五十九卷　（南朝梁）蕭子顯撰　清光緒三十四年(1908)上海集成圖書公司鉛印本　六冊

510000－2717－0000026　K239.130.42/4260

梁書五十六卷　（唐）姚思廉等撰　清光緒三十四年(1908)上海集成圖書公司鉛印本　四冊

510000－2717－0000027　K239.140.42/4260

陳書三十六卷　（唐）姚思廉等撰　清光緒三十四年(1908)上海集成圖書公司鉛印本　四冊

510000－2717－0000028　K239.210.42/2628

魏書一百三十卷　（北齊）魏收撰　清光緒三十四年(1908)上海集成圖書公司鉛印本　十六冊

510000－2717－0000029　K239.240.42/4014

北齊書五十卷　（唐）李百藥等撰　清光緒三十四年(1908)上海集成圖書公司鉛印本　六冊

510000－2717－0000030　K239.250.42/8042

周書五十卷　（唐）令狐德棻等撰　清光緒三十四年(1908)上海集成圖書公司鉛印本　四冊

510000－2717－0000031　K241.042/2621

隋書八十五卷　（唐）魏徵等撰　清光緒三十四年(1908)上海集成圖書公司鉛印本　十二冊

510000－2717－0000032　K242.042/0267

舊唐書二百卷附考證　（後晉）劉昫等撰　清光緒三十四年(1908)上海集成圖書公司鉛印本　二十九冊

510000－2717－0000033　K242.042/7772

唐書二百二十五卷附考證附唐書釋音二十五卷　（宋）歐陽修等撰　唐書釋音二十五卷（宋）董衝進撰　清光緒三十四年(1908)上海集成圖書公司鉛印本　三十二冊

510000－2717－0000034　K239.104.2/4015

南史八十卷附考證　（唐）李延壽等撰　清光緒三十四年(1908)上海集成圖書公司鉛印本　十二冊

510000－2717－0000035　K239.204.2/4015

北史一百卷附考證　（唐）李延壽等撰　清光緒三十四年(1908)上海集成圖書公司鉛印本　十六冊

510000－2717－0000036　K243.104.2/4471

舊五代史一百五十卷目錄二卷　（宋）薛居正等撰　清光緒三十四年(1908)上海集成圖書公司鉛印本　十二冊

510000－2717－0000037　K243.1042/7772

五代史七十四卷附考證　（宋）歐陽修等撰
清光緒三十四年(1908)上海集成圖書公司鉛
印本　六冊

510000－2717－0000038　K244.042/7878

宋史四百九十六卷目錄三卷附考證　（元）脫
脫等修　清光緒三十四年(1908)上海集成圖
書公司鉛印本　六十六冊

510000－2717－0000039　K246.104.2/7878

遼史一百一十六卷附考證　（元）脫脫等修
清光緒三十四年(1908)上海集成圖書公司鉛
印本　八冊

510000－2717－0000040　K246.404.2/787

金史一百三十五卷附考證　（元）脫脫等修
清光緒三十四年(1908)上海集成圖書公司鉛
印本　十六冊

510000－2717－0000041　K247.042/3030

元史二百一十卷目錄二卷附考證　（明）宋濂
等修　清光緒三十四年(1908)上海集成圖書
公司鉛印本　二十四冊

510000－2717－0000042　K248.042/1211

明史三百三十二卷目錄四卷　（清）張廷玉等
撰　清光緒三十四年(1908)上海集成圖書公
司鉛印本　四十冊

510000－2717－0000043　K236.042/7450－1

三國志六十五卷　（晉）陳壽撰　清同治十年
(1871)成都書局刻本　十三冊　缺四卷(魏
志七至十)

510000－2717－0000044　K204.2/1773/01

史記一百二十卷　（漢）司馬遷撰　（南朝宋）
裴駰集解　（唐）司馬貞索隱　（唐）張守節正
義　清光緒十四年(1888)上海蜚英館石印本
十二冊

510000－2717－0000045　K234.204.2/7354

後漢書菁華錄二卷　（南朝宋）范曄撰　清光
緒二十五年(1899)孟秋慎記書莊石印本
二冊

510000－2717－0000046　K234.104.2/8354

前漢書菁華錄四卷　（漢）班固撰　清光緒二
十五年(1899)孟秋慎記書莊石印本　四冊

510000－2717－0000047　D69/8740

通志二百卷　（宋）鄭樵撰　清光緒刻本　一
百十八冊

510000－2717－0000048　K204.3/7232

御批歷代通鑑輯覽一百二十卷　（清）高宗弘
曆撰　清光緒二十八年(1902)上海文林書局
石印本　二十二冊

510000－2717－0000049　K204.3/7273

御批歷代通鑑輯覽一百二十卷　（清）高宗弘
曆撰　清光緒二十八年(1902)上海文林書局
石印本　九冊　缺六十九卷(一至六十二、九
十五、一百零一至一百零六)

510000－2717－0000050　K204.3/1779

御撰資治通鑑綱目三編二十卷　（清）張廷玉
等撰　清刻本　四冊

510000－2717－0000051　D691.5/2337

欽定大清會典一百卷　（清）允裪等撰　清光
緒二十七年(1901)上海文林書局石印本
六冊

510000－2717－0000052　D69/7707

文獻通考三百四十八卷首卷一卷　（元）馬端
臨撰　清映旭齋刻本　一百二十冊　缺三卷
(一百六十二至一百六十四)

510000－2717－0000053　D69/4424

通典二百卷　（唐）杜佑纂　清刻本　三十冊
存一百六十二卷(一至一百六十二)

510000－2717－0000054　K0002

羅江縣志　（清）李調元修　清末刻本　一冊
存一卷(三十六)

510000－2717－0000055　B222.05/3130

朱子原訂近思錄十四卷　（清）江永集註
（清）王鼎校次　清咸豐七年(1857)校刻本
四冊

510000－2717－0000056　E892/1913

德陽市圖書館古籍普查登記目錄

武闈三子全書析疑大全不分卷　（清）張翰飛校　清光緒二十四年（1898）成都刻本　一冊

510000－2717－0000057　E892.48/7392

洴澼百金方十四卷首一卷　（清）袁宮桂編　清咸豐五年（1855）刻本　五冊　缺二卷（二至三）

510000－2717－0000058　S1245

三農紀二十四卷目錄一卷　（清）張宗法著　清藜照書屋刻本　十冊

510000－2717－0000059　R289.342/1050

重訂唐王燾先生外臺秘要方四十卷目錄一卷　（唐）王燾撰　清同治十三年（1874）廣東翰墨園刻本　十八冊　存十八卷（十八至二十一、二十三、二十九至四十，目錄一卷）

510000－2717－0000060　R281.3/4061

本草綱目五十二卷圖三卷　（明）李時珍著　清同文堂刻本　二十冊　缺二十九卷（二十二至三十六、三十九至五十二）

510000－2717－0000061　R254/1044

溫熱經緯五卷　（清）王士雄撰　清光緒八年（1882）正興齋刻本　四冊

510000－2717－0000062　R221.3/746

靈素提要淺註十二卷　（清）陳念祖集註　清同治四年（1865）友文堂刻本　六冊

510000－2717－0000063　R2－52/1226

仲景全書二十卷　（漢）張仲景撰　清光緒二十年（1894）成都崇文齋鄧氏刻本　七冊　存十三卷（集註傷寒論一至十、金匱要畧房論二卷、運氣掌訣錄一卷）

510000－2717－0000064　R222.2/7026/01

傷寒醫訣串解六卷　（清）陳念祖撰　清味根齋刻本　二冊

510000－2717－0000065　R222.2/7426

張仲景傷寒論原文淺註五卷　（清）陳念祖集註　清刻本　三冊

510000－2717－0000066　R289.1/7426

時方妙用四卷　（清）陳念祖集註　清友文堂刻本　二冊

510000－2717－0000067　R22/7426

醫學實在易八卷附女科一卷　（清）陳念祖集註　清友文會藏刻本　四冊

510000－2717－0000068　R272/2288

幼科鐵鏡六卷　（清）夏鼎著　清宣統元年（1909）土山灣慈母堂活板刻本　一冊

510000－2717－0000069　R221.3/1270

靈樞經合纂十卷　（清）張志聰　（清）馬元壹注　清末醫學公會上海掃葉山房石印本　八冊

510000－2717－0000070　I214.92/3423

退安集五卷　（□）□□撰　清末刻本　五冊

510000－2717－0000071　K206/1244

古香齋新刻袖珍淵鑑類函四百五十卷目錄四卷　（清）張英等輯　清刻本　十八冊　存四十卷（三百一十三至三百一十七、三百二十五至三百二十九、三百三十六至三百三十七、三百四十至三百五十、三百五十五至三百五十六、四百一十至四百一十一、四百二十七至四百三十、四百三十三至四百三十六、四百四十至四百四十四）

510000－2717－0000072　B942.1/3343

大方廣佛新華嚴經合論一百二十卷　（唐）實叉難陀譯經　（唐）李通玄造論　（唐）志寧釐經合論　清末刻本　三十冊

510000－2717－0000073　B942.1/3337

大方廣佛華嚴經疏鈔懸談二十九卷　（唐）釋澄觀撰述　清光緒三十三年（1907）金陵刻經處刻本　八冊

510000－2717－0000074　1222.744/1221

悟眞篇三註三卷　（宋）張伯端撰　清咸豐九年（1859）藜照書屋刻本　二冊

510000－2717－0000075　B946.9/4737

萬法歸心錄一卷外附一卷　（清）超溟撰　清同治十三年（1874）秋成都空林堂刻本　一冊

510000－2717－0000076　B945/8621

修習止觀坐禪法要二卷六妙法門一卷　（隋）
釋智顗述　清末刻本　一冊

510000－2717－0000077　B942.1/2435

金剛決疑不分卷　（後秦）釋鳩摩羅什譯
（明）釋德清撰　清新都寶光寺刻本　一冊

510000－2717－0000078　B942.1/1318

佛說觀無量壽佛經疏四卷　（南朝宋）畺良耶
舍譯經　（唐）釋善導集記　清光緒二十年
（1894）金陵刻經處刻本　二冊

510000－2717－0000079　B942.1/3277

華嚴法界玄鏡三卷注華嚴法界觀門一卷
（唐）澄觀述　注華嚴法界觀門一卷　（唐）釋
宗密注　清光緒二十一年（1895）春金陵刻經
處刻本　一冊

510000－2717－0000080　B944.2/2734

大乘起信論義記七卷　（唐）釋法藏撰　清光
緒二十四年（1898）冬金陵刻經處刻本　三冊

510000－2717－0000081　I222.749/4048

白華絳柎閣詩集十卷　（清）李慈銘著　清光
緒十六年（1890）刻本　六冊

510000－2717－0000082　C52/3334

飲冰室癸卯文集四卷飲冰室壬寅文集十六卷
　梁啟超著　清光緒二十九年（1903）上海鴻
章書局石印本　十冊　存十卷（飲冰室癸卯
文集一至四、飲冰室壬寅文集十一至十六）

510000－2717－0000083　C53/1031

王臨川文集四卷　（宋）王安石撰　清宣統二
年（1910）冬上海會文堂書局石印本　四冊

510000－2717－0000084　I214.21/4580

昌黎先生集四十卷外集十卷遺文一卷韓集點
勘四卷　（唐）韓愈撰　（唐）李漢編　韓集點
勘四卷　（清）陳景雲撰　清宣統三年（1911）
掃葉山房石印本　十冊

510000－2717－0000085　I213.71/7736

陶淵明文集十卷　（晉）陶潛著　清宣統元年
（1909）春著易堂石印本　四冊

510000－2717－0000086　H194.1/6032

古文讀本教科書四卷　（清）吳汝綸編纂　清
光緒三十一年（1905）養新書屋刻本　四冊

510000－2717－0000087　I222.742/1011

古唐詩合解十二卷附古詩四卷　（清）王堯衢
註　（清）李模　（清）李桓校　清令德堂刻本
　四冊

510000－2717－0000088　I222.844/7730

絕妙好詞箋七卷絕妙好詞續鈔二卷　（元）周
密原輯　（清）查為仁　（清）厲鶚同箋　絕妙
好詞續鈔卷上　（元）周密原本　（清）餘集鈔
撮　絕妙好詞續鈔卷下　（元）周密原本
（清）徐楙補錄　清宣統元年（1909）春上海沅
記書莊石印本　三冊　存七卷（絕妙好詞箋
一至四、七，絕妙好詞續鈔上下）

510000－2717－0000089　I242.1/6954

古今說部叢書第六集　上海國學扶輪社輯
清宣統三年（1911）國學扶輪社鉛印本　六冊

510000－2717－0000090　I242.1/6954－1

古今說部叢書第五集　上海國學扶輪社輯
清宣統三年（1911）國學扶輪社鉛印本　六冊

510000－2717－0000091　C51/2189

漢魏叢書九十六種　（清）王謨輯　清宣統三
年（1911）上海大通書局石印本　三十二冊

510000－2717－0000092　C51/2185

漢魏叢書九十六種　（清）王謨輯　清宣統三
年（1911）上海大通書局石印本　十五冊

510000－2717－0000093　I264.9/4075

增廣留青新集二十四卷　（清）陳枚輯　清光
緒二十五年（1899）石印本　十一冊　缺二卷
（二十一至二十二）

510000－2717－0000094　D931.309/4389

新譯日本法規大全不分卷　南洋公學譯書院
譯　清宣統二年（1910）上海商務印書館鉛印
本　五十八冊　缺二十二冊

510000－2717－0000095　Q111/4412

天演論二卷　嚴復譯　清光緒三十二年
（1906）上海商務印書館鉛印本　一冊

德陽市圖書館古籍普查登記目錄

廣漢市圖書館
古籍普查登記目錄

全國古籍普查登記目錄

國家圖書館出版社
National Library of China Publishing House

510000－2719－0000001　1－1－1－3

文選六十卷 （南朝梁）蕭統撰 （唐）李善注 清刻本 三冊 存十九卷（三十至三十六、四十九至五十四、五十五至六十）

510000－2719－0000002　1－1－1－4

古文淵鑒六十四卷 （清）徐乾學等輯 清刻本 十五冊 存二十四卷（三至四、七至十、十四至十五、三十二至三十三、三十八至四十四、四十六、五十、五十九至六十三）

510000－2719－0000003　1－1－1－5

集字便覽摘要□□卷 （清）張苪輯 清刻本 一冊 存三卷（一、三、六）

510000－2719－0000004　1－1－1－6

雨村詞話四卷 （清）李調元撰 清光緒八年（1882）樂道齋刻本 一冊

510000－2719－0000005　1－1－1－7

再生緣二十卷 （清）陳端生撰 清刻本 一冊 存一卷（二十）

510000－2719－0000006　1－1－2－1

文選六十卷 （南朝梁）蕭統撰 （唐）李善注 清光緒元年（1875）尊經書院刻本 十冊

510000－2719－0000007　11－2－1－4

江浙四名家文鈔□□卷 （清）丁紹周編 清京都琉璃廠刻本 一冊 存一卷（元）

510000－2719－0000008　11－2－1－5

蜀燹述略六卷 （清）余鴻觀編 清鉛印本 一冊 存一卷（四）

510000－2719－0000009　11－2－1－6

曾文正公家書十卷附家訓二卷榮哀錄一卷大事記一卷 （清）曾國藩著 清宣統元年（1909）上海章福記書局石印本 二冊 存五卷（家書一至二、二十，家訓二卷）

510000－2719－0000010　1－1－2－2

文選六十卷 （南朝梁）蕭統撰 （唐）李善注 清光緒元年（1875）尊經書院刻本 九冊 存五十四卷（一至四十七、五十四至六十）

510000－2719－0000011　1－1－3－1

文選六十卷 （南朝梁）蕭統撰 （唐）李善注 清海錄軒刻本 四冊 存二十卷（一至十、五十一至六十）

510000－2719－0000012　1－1－3－2

文選六十卷 （南朝梁）蕭統撰 （唐）李善注 清海錄軒刻本 一冊 存六卷（三十七至四十二）

510000－2719－0000013　1－1－3－3

文選六十卷 （南朝梁）蕭統撰 （唐）李善注 清刻本 一冊 存六卷（三十一至三十六）

510000－2719－0000014　1－1－3－4

文選六十卷 （南朝梁）蕭統撰 （唐）李善注 清海錄軒刻本 二冊 存十二卷（十九至三十）

510000－2719－0000015　1－1－3－5

文選六十卷 （南朝梁）蕭統撰 （唐）李善注 清海錄軒刻本 六冊 存三十卷（十一至二十、二十六至三十五、四十一至五十）

510000－2719－0000016　1－1－3－6

養和堂時文不分卷 （清）劉漢章著 清刻本 五冊 存五冊

510000－2719－0000017　1－1－4－2

唐詩三百首補註八卷 （清）陳婉俊輯 清刻本 一冊 存二卷（七至八）

510000－2719－0000018　1－1－4－4

四種詞 （□）□□輯 清四川官印刷局刻本 二冊 存二卷（日湖漁唱一卷、蘋洲漁笛譜一卷）

510000－2719－0000019　1－1－4－5

望溪先生文集十八卷集外文十卷補遺二卷年譜一卷年譜附錄一卷 （清）方苞著 清刻本 七冊 缺十七卷（望溪先生文集一至四、七至九，集外文一至八，補遺二卷）

510000－2719－0000020　1－1－4－6

唐陸宣公集二十二卷首一卷 （唐）陸贄撰 清刻本 一冊 存一卷（首一卷）

510000－2719－0000021　1－2－1－1

廣漢市圖書館古籍普查登記目錄

學源堂古文十二卷　(清)吳乘權　(清)吳大
職輯　清致盛堂刻本　一冊　存二卷(一至
二)

510000－2719－0000022　1－2－1－2
養和堂時文不分卷　(清)劉漢章編　清道光
二十六年(1846)刻本　一冊

510000－2719－0000023　1－2－1－3
宋大家歐陽文忠公文抄三十二卷　(宋)歐陽
修撰　(明)茅坤評　清刻本　一冊　存二卷
(十一至十二)

510000－2719－0000024　1－2－1－4
御選唐宋文醇五十八卷　(清)吳鳳堵　(清)
沈琮寶校　清浙江書局刻本　七冊　存十八
卷(十三至十五、十九至二十一、二十四至二
十五、四十至四十四、四十九至五十三)

510000－2719－0000025　1－2－1－5
鹽鐵論二卷　(漢)桓寬撰　清光緒元年
(1875)湖北崇文書局刻本　二冊

510000－2719－0000026　1－2－1－6
文選六十卷　(南朝梁)蕭統撰　(唐)李善注
　清刻本　八冊　存二十四卷(十二至十四、
二十一至二十六、三十六至三十八、四十二至
四十七、五十二至五十四、五十八至六十)

510000－2719－0000027　1－2－1－7
重訂文選集評十五卷　(清)于光華編　清刻
本　十四冊　缺一卷(十五)

510000－2719－0000028　1－2－1－8
重訂文選集評十五卷　(清)于光華編　清刻
本　一冊　存一卷(十一)

510000－2719－0000029　1－2－2－1
重訂文選集評十五卷　(清)于光華編　清刻
本　二冊　存二卷(八至九)

510000－2719－0000030　1－2－2－2
重訂文選集評十五卷　(清)于光華編　清刻
本　四冊　存五卷(一至二、五至六、八)

510000－2719－0000031　1－2－2－3
文選集腋二卷　(清)胥斌輯　清刻本　一冊

510000－2719－0000032　1－2－2－4
再生緣全傳二十卷　(清)陳端生撰　清刻本
　五冊　存五卷(二、七、十二、十四至十五)

510000－2719－0000033　1－2－2－5
文選六十卷　(南朝梁)蕭統撰　(唐)李善注
　清光緒十一年(1885)上海同文書局石印本
　一冊　存六卷(一至六)

510000－2719－0000034　1－2－2－6
重訂文選集評十五卷　(清)于光華編　清刻
本　二冊　存四卷(四至五、八至九)

510000－2719－0000035　1－2－3－1
文選六十卷　(南朝梁)蕭統撰　(唐)李善注
　清光緒元年(1875)尊經書院刻本　十冊

510000－2719－0000036　1－2－3－2
文選六十卷　(南朝梁)蕭統撰　(唐)李善注
　清光緒元年(1875)尊經書院刻本　十冊

510000－2719－0000037　1－2－3－3
文選六十卷　(南朝梁)蕭統撰　(唐)李善注
　清光緒元年(1875)尊經書院刻本　一冊
存六卷(一至六)

510000－2719－0000038　1－2－3－4
文選六十卷　(南朝梁)蕭統撰　(唐)李善注
　清海錄軒刻本　一冊　存三卷(二十一至
二十三)

510000－2719－0000039　1－2－3－5
文選六十卷　(南朝梁)蕭統撰　(唐)李善注
　清海錄軒刻本　一冊　存五卷(四十六至
五十)

510000－2719－0000040　1－2－3－6
文選六十卷　(南朝梁)蕭統撰　(唐)李善注
　清海錄軒刻本　二冊　存八卷(五至八、二
十七至三十)

510000－2719－0000041　1－2－4－1
文選六十卷　(南朝梁)蕭統撰　(唐)李善注
　清海錄軒刻本　一冊　存三卷(四十三至
四十五)

510000－2719－0000042　1－2－4－2

四川省十一家收藏單位古籍普查登記目錄

文選六十卷　（南朝梁）蕭統撰　（唐）李善注
　清海錄軒刻本　五冊　存三十三卷（二十四至三十六、四十至五十三、五十五至六十）

510000－2719－0000043　1－2－4－3
文選六十卷　（南朝梁）蕭統撰　（唐）李善注
　清海錄軒刻本　三冊　存十七卷（二十四至二十九、三十七至四十七）

510000－2719－0000044　1－2－4－4
文選六十卷　（南朝梁）蕭統撰　（唐）李善注
　清光緒元年(1875)尊經書院刻本　四冊　存十七卷（一至四、十一至二十、五十八至六十）

510000－2719－0000045　1－2－4－5
文選六十卷　（南朝梁）蕭統撰　（唐）李善注
　清光緒元年(1875)尊經書院刻本　四冊　存二十二卷（一至五、十一至十七、二十一至二十五、五十一至五十五）

510000－2719－0000046　1－2－4－6
文選六十卷　（南朝梁）蕭統撰　（唐）李善注
　清海錄軒刻本　四冊　存二十卷（三十至三十六、四十八至六十）

510000－2719－0000047　1－3－1－1
文選六十卷　（南朝梁）蕭統撰　（唐）李善注
　清海錄軒刻本　十冊　存五十卷（十一至六十）

510000－2719－0000048　1－3－1－2
文選六十卷　（南朝梁）蕭統撰　（唐）李善注
　清海錄軒刻本　十二冊

510000－2719－0000049　1－3－1－3
重訂文選集評十五卷　（清）于光華編　清刻本　二冊　存二卷（二至三）

510000－2719－0000050　1－3－1－4
重訂文選集評十五卷　（清）于光華編　清刻本　一冊　存一卷（三）

510000－2719－0000051　1－3－1－6
古文觀止十二卷　（清）吳乘權　（清）吳大職錄　清刻本　三冊　存六卷（三至六、十一至十二）

510000－2719－0000052　1－3－1－7
古文觀止十二卷　（清）吳乘權　（清）吳大職錄　清文蔚山房刻本　二冊　存四卷（九至十二）

510000－2719－0000053　1－3－2－1
學源堂古文十二卷　（清）吳乘權　（清）吳大職錄　清刻本　五冊　存十卷（一至十）

510000－2719－0000054　1－3－2－2
學源堂古文十二卷　（清）吳乘權　（清）吳大職錄　清刻本　三冊　存六卷（三至四、七至八、十一至十二）

510000－2719－0000055　1－3－2－3
繪圖增批古文觀止十二卷　（清）吳乘權編　（清）吳大職錄　清宣統元年(1909)上海章福記石印本　五冊　缺二卷（五至六）

510000－2719－0000056　1－3－2－4
東周列國全志二十三卷一百零八回　（清）蔡昇點評　清石印本　一冊　存一卷（八）

510000－2719－0000057　1－3－2－5
漁洋山人精華錄箋注十二卷　（清）王士禛撰　（清）金榮箋注　（清）徐淮纂輯　清刻本　一冊　存二卷（十一至十二）

510000－2719－0000058　1－3－2－6
精大初集二卷二集一卷三集一卷附涵靈集一卷　（清）周樸亭輯　清道光五年(1825)桂林堂刻本　三冊　缺一卷（涵靈集一）

510000－2719－0000059　1－3－2－7
玉搔頭傳奇二卷　（清）李漁編　清刻本　一冊

510000－2719－0000060　1－3－2－8
繡像韓祖成仙寶傳四卷二十四回　（□）□□著　清石印本　一冊　存一卷（二）

510000－2719－0000061　1－3－3－1
鐵網珊瑚課藝初集□□卷二集□□卷鐵網珊瑚三集□□卷　（清）沈鏡堂編　清兩儀堂刻本　六冊　存六卷（鐵網珊瑚課藝初集三卷、

二集二卷、鐵網珊瑚三集一卷)

510000－2719－0000062　1－3－3－2
增像全圖東漢演義四卷六十四回　（□）□□
著　清宣統三年(1911)鴻寶齋書局石印本
二冊

510000－2719－0000063　1－3－3－3
新鐫韓祖成仙寶傳一卷二十四回　（□）□□
著　清光緒二十二年(1896)刻本　一冊　存
九回(一至九)

510000－2719－0000064　1－3－3－4
文法狐白後集要訣三卷　（清)王賓評選　清
道光四年(1824)學源堂刻本　一冊

510000－2719－0000065　1－3－3－5
繪圖筆生花十六卷三十二回　（清)邱心如著
　清石印本　十二冊　缺四卷(二至三、十
一、十四)

510000－2719－0000066　1－3－3－6
聊齋志異詳註十六卷　（清)蒲松齡著　（清)
呂湛恩注　清光緒二十年(1894)文會堂刻本
　十冊　缺六卷(二、四至八)

510000－2719－0000067　1－3－4－1
四大奇書第一種六十卷一百二十回　（明)羅
本撰　（清)毛宗崗評　清刻本　一冊　存五
卷(三十三至三十七)

510000－2719－0000068　1－3－4－2
四大奇書第一種六十卷一百二十回　（明)羅
本撰　（清)毛宗崗評　清刻本　二冊　存五
卷(二至三、四十六至四十八)

510000－2719－0000069　1－3－4－3
槐軒解湯海若先生纂輯名家詩二卷　（清)夏
世欽訂　清光緒十七年(1891)德厚堂刻本
一冊　存一卷(上)

510000－2719－0000070　1－3－4－5
第一才子書六十卷一百二十回　（明)羅本撰
　（清)毛宗崗評　清刻本　一冊　存三卷
(三至五)

510000－2719－0000071　1－3－4－6

第一才子書六十卷一百二十回　（明)羅本撰
　（清)毛宗崗評　清刻本　七冊　存十八卷
(三十四至四十二、四十九至五十七)

510000－2719－0000072　1－3－4－7
第一才子書六十卷一百二十回　（明)羅本撰
　（清)毛宗崗評　清刻本　一冊　存四卷
(四十八至五十一)

510000－2719－0000073　1－3－4－8
四大奇書第一種六十卷一百二十回　（明)羅
本撰　（清)毛宗崗評　清刻本　五冊　存二
十六卷(十至十四、二十至三十五、四十一至
四十五)

510000－2719－0000074　1－4－1－1
翰林學士集一卷　（□）□□著　清光緒十九
年(1893)貴陽陳氏影印本　一冊

510000－2719－0000075　1－4－1－2
晉唐灃帖學書正宗六卷　（□）□□著　清光
緒七年(1881)培文堂刻本　一冊　存五卷
(一至五)

510000－2719－0000076　1－4－1－3
八代詩選二十卷　王闓運撰　清刻本　一冊
　存四卷(五至八)

510000－2719－0000077　1－4－1－4
詁經精舍文續集八卷　（清)羅文俊訂　清刻
本　二冊

510000－2719－0000078　1－4－1－5
重訂文選集評十五卷　（清)于光華編　清刻
本　一冊　存二卷(十至十一)

510000－2719－0000079　1－4－1－6
四川試牘三卷　（□）□□著　清刻本　六冊

510000－2719－0000080　1－4－1－7
成均課士錄十六卷　（清)張百熙輯　清光緒
二十三年(1897)國子監刻本　五冊　存九卷
(一、五至十、十五至十六)

510000－2719－0000081　1－4－1－8
時藝階四卷　（□）□□著　清道光二十六年
(1846)蔾照書屋刻本　二冊　存二卷(一、

三）

510000－2719－0000082　1－4－1－9

李氏蒙求補注六卷　（清）金三俊輯　清刻本
　　一冊　存三卷(四至六)

510000－2719－0000083　1－4－2－1

六朝文絜四卷　（清）許槤評　清光緒十三年
(1887)蒲圻但氏刻本　一冊

510000－2719－0000084　1－4－2－2

古文快筆貫通解四卷　（清）杭永年評　清刻
本　一冊　存一卷(四)

510000－2719－0000085　1－4－2－3

文心雕龍十卷　（南朝梁）劉勰撰　（清）黃叔
琳注　（清）紀昀評　清刻本　三冊　缺三卷
(一至三)

510000－2719－0000086　1－4－2－4

聊齋志異新評十六卷　（清）蒲松齡著　（清）
但明倫評　清刻本　十三冊　缺三卷(一至
二、十)

510000－2719－0000087　1－4－2－5

聊齋志異新評十六卷　（清）蒲松齡著　（清）
但明倫評　（清）呂湛恩注　清刻本　四冊
存八卷(三至四、九至十四)

510000－2719－0000088　1－4－2－6

聊齋志異新評十六卷　（清）蒲松齡著　（清）
但明倫評　清刻本　一冊　存一卷(十二)

510000－2719－0000089　1－4－2－7

聊齋志異新評十六卷　（清）蒲松齡著　（清）
但明倫評　清刻本　二冊　存二卷(七、十
二)

510000－2719－0000090　1－4－3－1

天雨花三十回　（清）陶貞懷撰　清刻本　一
冊　存一回(十五)

510000－2719－0000091　1－4－3－2

墨選清腴□□卷　（□）□□著　清刻本　二
冊　存二卷(三至四)

510000－2719－0000092　1－4－3－3

策學總纂大成四十六卷　（□）□□著　清光

緒三年(1877)京都琉璃廠經藝堂刻本　三冊
存九卷(一至九)

510000－2719－0000093　1－4－4－1

古文苑九卷　（□）□□著　清光緒五年
(1879)飛青閣刻本　二冊

510000－2719－0000094　1－4－4－2

詩緣前編四卷　（清）王增祺輯　清光緒十六
年(1890)韓城刻本　一冊

510000－2719－0000095　1－4－4－3

勉不足齋詩草十八卷　（清）吳照著　清刻本
二冊　存五卷(一至三、十七至十八)

510000－2719－0000096　1－4－4－4

勉不足齋詩草十六卷　（清）吳照著　清刻本
五冊

510000－2719－0000097　1－4－4－5

勉不足齋詩草十六卷　（清）吳照著　清刻本
二冊　存六卷(四至九)

510000－2719－0000098　1－4－4－6

戴東原集十二卷　（清）戴震撰　清渭南嚴嶽
蓮重刻本　二冊　存五卷(三至七)

510000－2719－0000099　1－4－4－7

高子遺書十二卷　（明）高攀龍撰　清刻本
五冊　存四卷(九至十二)

510000－2719－0000100　1－4－4－8

三元記中集一卷　（明）沈齡撰　清末石印本
一冊

510000－2719－0000101　1－4－4－9

定國全志二十卷　（□）□□著　清刻本　一
冊　存繡像、目錄

510000－2719－0000102　2－1－1－10

經文囊括十卷　（□）□□著　清刻本　一冊
存一卷(二)

510000－2719－0000103　2－1－1－3

樂毅論二卷　（清）黃文燮編　清清照齋刻本
一冊　存一卷(上)

510000－2719－0000104　2－1－1－4

文選六十卷 （南朝梁）蕭統輯 清金陵書局刻本 六冊 存三十四卷（七至十二、二十五至四十七、五十六至六十）

510000－2719－0000105 2－1－1－5

熙朝新語十六卷 （清）余金輯 清刻本 一冊 存四卷（八至十一）

510000－2719－0000106 2－1－1－6

七家詩選注釋七卷 （清）張熙宇評 （清）張昶註 清藜照書屋刻本 三冊 存五卷（澹香齋試帖一卷、修竹齋試帖一卷、尚絅堂試帖一卷、檉花館試帖一卷、桐雲閣試帖一卷）

510000－2719－0000107 2－1－1－7

詩韻含英十八卷 （清）劉文蔚輯 清刻本 一冊 存五卷（九至十三）

510000－2719－0000108 2－1－1－8

增廣智囊補二十八卷 （明）馮夢龍輯 清刻本 二冊 存六卷（十至十二、二十六至二十八）

510000－2719－0000109 2－1－1－9

典林博覽十二卷 （清）鍾運堯編 清刻本 二冊 存四卷（一至二、九至十）

510000－2719－0000110 2－1－2－1

廬陵周益國文忠公集二百卷首一卷年譜一卷附錄五卷 （宋）周必大撰 清刻本 五十冊 存一百四十七卷（省齋文稾四十卷、省齋別稾十卷、平園續稾三至三十六、詞科舊稾三卷、掖垣類稾七卷、玉堂類稾二十卷、歷官表奏二至十二、奏議十二卷、奉詔錄五卷、承明集四至六、首一卷,年譜一卷）

510000－2719－0000111 2－1－3－1

遺山先生詩集二十卷 （金）元好問著 清仿汲古閣刻本 一冊 存二卷（一至二）

510000－2719－0000112 2－1－3－10

昌黎先生集四十卷外集十卷遺文一卷 （唐）韓愈著 （唐）李漢編 清宣統三年（1911）上海鴻文書局千頃堂書局石印本 十冊

510000－2719－0000113 2－1－3－11

胡文忠公遺集八十六卷首一卷 （清）胡林翼著 （清）鄭敦謹輯 （清）曾國荃輯 清鉛印本 一冊 存十卷（三十四至四十三）

510000－2719－0000114 2－1－3－12

插花窗詩草六卷補遺一卷賦草二卷 （清）楊昌光著 清刻本 一冊 存二卷（賦草一、補遺一卷）

510000－2719－0000115 2－1－3－2

沅湘耆舊集二百卷 （清）鄧顯鶴編 （清）毛國翰校 清刻本 一冊 存四卷（五十二到五十五）

510000－2719－0000116 2－1－3－3

古唐詩合解唐詩十二卷古詩四卷 （清）王堯衢註 清刻本 二冊 存二卷（唐詩七至八）

510000－2719－0000117 2－1－3－4

千金裘二十七卷 （清）蔣義彬纂 清刻本 一冊 存六卷（十二至十七）

510000－2719－0000118 2－1－3－5

千金裘二集二十六卷 （清）蔣義彬纂 清刻本 一冊 存八卷（十三至二十）

510000－2719－0000119 2－1－3－6

八家四六文注八卷 （清）孫星衍等撰 （清）許貞幹註 清刻本 一冊 存二卷（三至四）

510000－2719－0000120 2－1－3－7

唐代叢書一百六十四種 （清）王文誥輯 清刻本 二冊 存二卷（七、九）

510000－2719－0000121 2－1－3－8

塾課小題正鵠初集二卷二集二卷三集三卷附訓蒙草一卷養正草一卷 （清）李元度編 清刻本 三冊 存三卷（二集一至二、三集一）

510000－2719－0000122 2－1－3－9

評選古詩源四卷 （清）沈德潛選 清光緒二十年（1894）上海圖書集成印書局鉛印本 四冊

510000－2719－0000123 2－1－4－1

御選唐宋詩醇四十七卷 （清）高宗弘曆編 清光緒三年（1877）刻本 二十四冊

510000－2719－0000124　2－1－4－2
養雲山館試帖四卷　（清）許球著　（清）王榮綬注　清光緒二年(1876)刻本　三冊　存三卷(一至三)

510000－2719－0000125　2－1－4－3
古唐詩合解唐詩十二卷古詩四卷　（清）王堯衢註　清刻本　四冊　存十一卷(唐詩三至四、八至十二,古詩四卷)

510000－2719－0000126　2－2－1－1
蘇子美文集六卷　（宋）蘇舜欽著　清刻本　一冊　存四卷(一至四)

510000－2719－0000127　2－2－1－2
船山詩草二十卷　（清）張問陶撰　清刻本　八冊

510000－2719－0000128　2－2－1－3
歐陽文忠公全集一百五十三卷附錄五卷　（宋）歐陽修著　清刻本　五冊　存二十一卷(六至十、五十九至六十二、一百二十六至一百三十三、一百四十七至一百五十)

510000－2719－0000129　2－2－1－4
古詩源十四卷　（清）沈德潛選　清竹嘯軒刻本　四冊

510000－2719－0000130　2－2－1－5
文選理學權輿八卷　（清）汪師韓撰　**補一卷**
文選考異四卷文選李注補正四卷　（清）孫志祖撰　清光緒十五年(1889)讀書齋刻本　一冊　存四卷(文選理學權輿一至四)

510000－2719－0000131　2－2－1－6
國朝律賦新機初集三卷國朝律賦新機二集一卷國朝律賦新機續集一卷　（清）孫理評　清光緒二年(1876)刻本　四冊

510000－2719－0000132　2－2－2－1
古唐詩合解唐詩十二卷古詩四卷　（清）王堯衢註　清奎光堂刻本　二冊　存四卷(唐詩一至四)

510000－2719－0000133　2－2－2－10
詠物詩選註釋八卷　（清）孫洨鳴註　（清）易

開緒註　清刻本　一冊　存二卷(五至六)

510000－2719－0000134　2－2－2－11
校訂定盦全集十卷附年譜一卷　（清）龔自珍撰　清邃漢齋鉛印本　一冊　存二卷(九至十)

510000－2719－0000135　2－2－2－12
藝苑彈蕉三卷　（清）蝤蛑山人輯　清光緒二十三年(1897)補拙山館刻本　一冊　存一卷(上)

510000－2719－0000136　2－2－2－12.1
仁在堂全集十四種　（清）路德輯　清道光二十一年(1841)來鹿堂刻本　三冊　存二種(時藝階、關中書院課士賦)

510000－2719－0000137　2－2－2－13
聖宋文選三十二卷　（宋）□□編　清光緒八年(1882)據壬午郟城于氏影宋本刻本　一冊　存四卷(一至四)

510000－2719－0000138　2－2－2－13.1
出使英法義比四國日記六卷　（清）薛福成著　清刻本　一冊　存一卷(四)

510000－2719－0000139　2－2－2－2
古唐詩合解唐詩十二卷古詩四卷　（清）王堯衢註　清光緒十五年(1889)興文堂刻本　五冊　存十二卷(唐詩一至十二)

510000－2719－0000140　2－2－2－3
古唐詩合解唐詩十二卷古詩四卷　（清）王堯衢註　清刻本　一冊　存四卷(古詩一至四)

510000－2719－0000141　2－2－2－4
古唐詩合解唐詩十二卷古詩四卷　（清）王堯衢註　清刻本　一冊　存二卷(唐詩十一至十二)

510000－2719－0000142　2－2－2－5
古唐詩合解唐詩十二卷古詩四卷　（清）王堯衢註　清刻本　一冊　存三卷(唐詩五至七)

510000－2719－0000143　2－2－2－6
古唐詩合解唐詩十二卷古詩四卷　（清）王堯衢註　清刻本　一冊　存二卷(唐詩八至九)

510000－2719－0000144　2－2－2－7

七家詩選注釋七卷 （清）張熙宇評　（清）張昶註　清奎光堂刻本　三冊　存五卷(澹香齋試帖一卷、修竹齋試帖一卷、尚絅堂試帖一卷、檀花館試帖一卷、桐雲閣試帖一卷)

510000－2719－0000145　2－2－2－8

七家詩選注釋七卷 （清）張熙宇評　（清）張昶註　清桂林堂刻本　一冊　存一卷(桐雲閣試帖一卷)

510000－2719－0000146　2－2－2－9

七家詩選注釋七卷 （清）張熙宇評　（清）張昶註　清刻本　一冊　存二卷(修竹齋試帖一卷、檀花館試帖一卷)

510000－2719－0000147　2－2－3－1

七家詩選注釋七卷 （清）張熙宇評　（清）張昶註　清光緒十六年(1890)友文會刻本　一冊　存二卷(桐雲閣試帖一卷、西漚試帖詩註釋一卷)

510000－2719－0000148　2－2－3－2

七家詩選注釋七卷 （清）張熙宇評　（清）鍾登甲補　清光緒十五年(1889)樂道齋刻本　四冊

510000－2719－0000149　2－2－3－3

項太史全稿不分卷 （明）項煜撰　清刻本　四冊　殘

510000－2719－0000150　2－2－3－4

梨洲遺著彙刊十九種 （清）黃宗羲著　清宣統二年(1910)上海時中書局鉛印本　十九冊
存二十二種五十卷(梨洲先生世譜一卷、南雷文約四卷、南雷文定前集十一卷後集四卷三集二卷附錄一卷、南雷文案四卷外卷一卷、南雷詩歷卷四卷、明夷待訪錄一卷、破邪論一卷、贛州失事紀一卷、紹武爭立紀一卷、魯紀年二卷、舟山興廢一卷、日本乞師紀一卷、四明山寨紀一卷、永曆紀年一卷、沙定洲紀亂一卷、滇攷一卷、賜姓始末一卷、鄭成功傳一卷、張元箸先生事畧一卷、思舊錄一卷、金石要例一卷、今水經一卷)

510000－2719－0000151　2－2－3－5

杜工部集二十卷首一卷 （唐）杜甫著　清乾隆五十年(1785)玉勾草堂刻本　十冊

510000－2719－0000152　2－2－4－1

芳洲文集十卷附錄一卷芳洲詩集四卷 （明）陳循撰　清刻本　六冊　存十卷(一至十)

510000－2719－0000153　2－2－4－2

震川先生集三十卷別集十卷 （明）歸有光著　清光緒六年(1880)常熟歸氏刻本　二十四冊

510000－2719－0000154　2－2－4－3

震川先生集三十卷別集十卷 （明）歸有光著　清光緒六年(1880)常熟歸氏刻本　一冊　存二卷(七至八)

510000－2719－0000155　2－3－1－1

樊山集二十八卷 （清）樊增祥著　清光緒十九年(1893)渭南縣署刻本　五冊　存十六卷(一至六、十九至二十八)

510000－2719－0000156　2－3－1－2

蟋蟀軒草四卷 （明）劉士驥著　清道光二十年(1840)百忍堂本　四冊

510000－2719－0000157　2－3－1－3

清詩大雅一百十七卷 （清）汪觀選　清靜遠堂刻本　三冊　存三冊

510000－2719－0000158　2－3－1－4

前後蜀雜事詩二卷 （清）張祥齡著　清刻本　一冊

510000－2719－0000159　2－3－1－5

聽花吟館詩稿五十二卷遊鎣華山詩草一卷 （清）李德揚著　清刻本　四冊　存九卷(聽花吟館詩稿十九至二十二、三十一至三十三、四十七至四十八)

510000－2719－0000160　2－3－1－6

四家選集四種二十九卷 （清）張懷溎編　清刻本　二冊　存十卷(小倉選集五卷、童山選集五卷)

510000－2719－0000161　2－3－1－7

四川省十一家收藏單位古籍普查登記目錄

四家選集四種二十九卷 （清）張懷溰編 清刻本 一冊 存三卷(小倉選集一至三)

510000－2719－0000162 2－3－2－1

重訂李義山詩集箋註三卷集外詩箋註一卷 (唐)李商隱著 （清）朱鶴齡箋 （清）程夢星補 清東柯草堂刻本 四冊

510000－2719－0000163 2－3－2－2

沅湘通藝錄八卷 （清）江標編 清光緒二十三年(1897)長沙使院刻本 五冊 存五卷(一至二、四、七至八)

510000－2719－0000164 2－3－2－3

唐詩正文二卷 （□）□□編 清光緒二十三年(1897)寶全堂刻本 一冊

510000－2719－0000165 2－3－2－4

唐詩正文二卷 （□）□□編 清光緒二十三年(1897)寶全堂刻本 一冊

510000－2719－0000166 2－3－2－5

唐詩正文二卷 （□）□□編 清刻本 一冊 存一卷(下)

510000－2719－0000167 2－3－2－6

唐詩正文二卷 （□）□□編 清刻本 一冊 存一卷(一)

510000－2719－0000168 2－3－3－1

王臨川全集一百卷目錄二卷 （宋）王安石著 清光緒九年(1883)聽香館刻本 十七冊 缺十九卷(二十五至三十、四十三至四十八、五十三至五十六、九十八至一百)

510000－2719－0000169 2－3－3－2

樊南文集箋註八卷 (唐)李商隱著 （清）馮浩編 清刻本 二冊

510000－2719－0000170 2－3－3－3

天文步天歌一卷 （清）何君藩撰 清刻本 一冊

510000－2719－0000171 2－3－4－1

七家詩詳註七卷 （清）張熙宇評 （清）石暉箋 清刻本 三冊 存三卷(三、五、七)

510000－2719－0000172 2－3－4－10

宋四六選二十四卷 （清）曹振鏞編 清鉛印本 一冊 存四卷(一至四)

510000－2719－0000173 2－3－4－2

諸子平議三十五卷 （清）俞樾著 清刻本 一冊 存二卷(二十七至二十八)

510000－2719－0000174 2－3－4－3

春在堂全書三十二種 （清）俞樾著 清刻本 八冊 存二十七卷(諸子平議十三至十五、二十七至二十九、三十至三十五,古書疑義舉例七卷,湖樓筆談四卷,賓萌外集四卷)

510000－2719－0000175 2－3－4－4

紅豆村人詩稿十四卷 （清）袁樹著 清刻本 四冊

510000－2719－0000176 2－3－4－5

李太白文集三十卷附錄六卷 (唐)李白著 （清）王琦輯 清刻本 一冊 存三卷(二十八至三十)

510000－2719－0000177 2－3－4－6

胡文忠公遺集八十六卷首一卷 （清）胡林翼著 （清）鄭敦謹 （清）曾國荃編 清刻本 一冊 存三卷(六十二至六十四)

510000－2719－0000178 2－3－4－7

亦號讀書堂遺草一卷 （清）彭之雋箸 清光緒二年(1876)蜀西雙流官廨刻本 一冊

510000－2719－0000179 2－3－4－8

衡門詞一卷 （清）胡薇元撰 清刻本 一冊

510000－2719－0000180 2－3－4－9

遜志齋集二十四卷外紀一卷拾補一卷年譜一卷 (明)方孝孺著 (明)張紹謙纂 清刻本 一冊 存一卷(五)

510000－2719－0000181 2－4－1－1

洪北江先生遺集二十三種 （清）洪亮吉著 清光緒三年至五年(1877－1879)授經堂刻本 十四冊 存三種四十八卷(施閣文乙集一至八、續編一卷、詩十三至十八,更生齋文甲集四卷、乙集四卷、續集二卷、詩八卷、續集十卷、詩餘二卷,擬兩晉南北朝樂府二卷附唐宋

小樂府一卷)

510000－2719－0000182　2－4－1－2
納蘭詞五卷補遺一卷　(清)納蘭性德著　清光緒六年(1880)娛園刻本　二冊

510000－2719－0000183　2－4－1－3
苔岑集初刊七種　(清)蔣榮渭輯　清道光三十年(1850)刻本　六冊

510000－2719－0000184　2－4－2－1
靈芬館詞七卷　(清)郭麐著　清光緒五年(1879)娛園刻本　一冊　存四卷(蘅夢詞二卷、浮眉樓詞二卷)

510000－2719－0000185　2－4－2－2
廿一史彈詞註十卷附明紀彈詞註二卷　(明)楊慎著　(清)張三異增定　(清)張仲璜註　清刻本　六冊　缺一卷(十)

510000－2719－0000186　2－4－2－3
廿一史彈詞二卷　(明)楊慎著　(清)張三異增定　清致盛堂刻本　一冊　存一卷(一)

510000－2719－0000187　2－4－2－4
廿一史彈詞註十卷附明紀彈詞註一卷　(明)楊慎著　(清)張三異增定　(清)張仲璜註　清刻本　二冊　存五卷(三下、四至七)

510000－2719－0000188　2－4－2－5
廿一史彈詞註十卷附明紀彈詞註二卷　(明)楊慎著　(清)張三異增定　(清)張仲璜註　清關中書院刻本　六冊

510000－2719－0000189　2－4－2－6
廿一史約編八卷首一卷後編一卷　(清)鄭元慶述　清刻本　一冊　存一卷(二)

510000－2719－0000190　2－4－2－7
廿一史彈詞註十卷附明紀彈詞註一卷　(明)楊慎著　(清)張三異增定　(清)張仲璜註　清刻本　一冊　存二卷(九下、十)

510000－2719－0000191　2－4－2－8
海秋制藝初集□□卷後集□□卷　(清)湯鵬著　清光緒元年(1875)文會堂刻本　五冊　存五卷(初集二卷、後集三卷)

510000－2719－0000192　2－4－2－9
館課存稿詩鈔□□卷　(清)紀昀著　清刻本　一冊　存一卷(五言排律)

510000－2719－0000193　2－4－3－1
廿一史彈詞註十卷附明紀彈詞註一卷　(明)楊慎著　(清)張三異增定　(清)張仲璜註　清致盛堂刻本　八冊

510000－2719－0000194　2－4－3－2
曾忠襄公奏議三十二卷　(清)曾國荃著　清刻本　一冊　存一卷(三十一)

510000－2719－0000195　2－4－3－3
滇黔奏議十卷　(清)劉嶽昭著　清刻本　一冊　存一卷(十)

510000－2719－0000196　2－4－3－4
楹聯叢話十二卷續話四卷　(清)梁章鉅輯　清刻本　四冊　存十卷(四至六、十至十二、續話四卷)

510000－2719－0000197　2－4－3－6
劍南詩鈔六卷　(宋)陸遊著　(清)楊大鶴選　清刻本　三冊　存三卷(五言律卷、七言古卷、七言律卷)

510000－2719－0000198　2－4－3－7
增批寄岳雲齋試體詩選四卷　(清)聶銑敏著　(清)朱兆鳳評　(清)張學蘇箋　清同治六年(1867)榮茂堂刻本　四冊

510000－2719－0000199　2－4－3－8
寄岳雲齋試體詩選詳註四卷　(清)聶銑敏著　(清)張學蘇箋　清道光十九年(1839)文道堂刻本　四冊

510000－2719－0000200　2－4－3－9
唐陸宣公集二十四卷　(唐)陸贄著　清刻本　二冊　存六卷(四至七、增輯二十三至二十四)

510000－2719－0000201　2－4－4－1
庾子山集十六卷附總釋一卷　(北周)庾信著　(清)倪璠註釋　清刻本　二冊　存三卷(三、十六、總釋一卷)

510000－2719－0000202　2－4－4－2
倭文端公遺書八卷首二卷末一卷續刊四卷
（清）倭仁著　清鉛印本　四冊　存九卷（五
至八、末一卷、續刊四卷）

510000－2719－0000203　2－4－4－3
飲月軒詩鈔六卷文鈔二卷　（清）唐廷詔著
清刻本　四冊　存六卷（詩鈔一至四、文鈔七
至八）

510000－2719－0000204　2－4－4－4
三蘇論一卷附朝考體裁時論一卷　（清）張之
洞選　清聽香書舍刻本　一冊

510000－2719－0000205　2－4－4－5
廣陽雜記五卷　（清）劉獻廷著　清刻本　一
冊　存二卷（二至三）

510000－2719－0000206　2－4－4－6
人生必讀書十二卷　（清）唐彪撰　清同治九
年（1870）刻本　四冊

510000－2719－0000207　2－4－4－7
寧都三魏全集六種　（清）林時益輯　清刻本
七冊　存十三卷（魏季子文集二、七、十四
至十六,魏敬士文集四至八,魏昭士文集一至
三）

510000－2719－0000208　2－4－4－8
王子安集十六卷　（唐）王勃著　清刻本　三
冊　存十二卷（五至十六）

510000－2719－0000209　2－4－4－9
省抄古文一卷　（清）劉沅選　清守經堂刻本
一冊

510000－2719－0000210　3－1－1－1
全蜀藝文志六十四卷　（明）楊慎輯　清刻本
十四冊　缺十一卷（一至十一）

510000－2719－0000211　3－1－1－2
兩週甲直省鄉墨文淵二十九卷　（□）□□編
清刻本　十三冊　存十七卷（一、四至十
七、二十二、二十四）

510000－2719－0000212　3－1－2－1
詒燕草四卷　（□）□□著　清刻本　四冊

510000－2719－0000213　3－1－2－1.1
牧令書二十三卷　（清）徐棟輯　清刻本　五
冊　存五卷（四、十、十二至十四）

510000－2719－0000214　3－1－2－10
總纂升庵合集七十種　（明）楊慎著　清刻本
七冊　存十五卷（序一至二,詩集四十一至
四十三、五十三至五十五,均藻七十九至八十
一,經說九十八至九十九,異魚圖贊二百三十
三,動物攷二百三十四）

510000－2719－0000215　3－1－2－2
經濟尋緣九卷後集三卷　（□）□□編　清光
緒十七年（1891）靈秀山房刻本　五冊　存五
卷（四、七、九,後集一至二）

510000－2719－0000216　3－1－2－2.1
王文成公傳習錄三卷　（明）王守仁著　清宣
統二年（1910）刻本　三冊

510000－2719－0000217　3－1－2－3
樂志堂文略四卷詩略二卷　（清）譚瑩撰　清
刻本　一冊　存三卷（文略一至二、詩略一）

510000－2719－0000218　3－1－2－3.1
外科證治全書五卷　（清）許克昌　（清）畢法
輯　清刻本　一冊　存一卷（一）

510000－2719－0000219　3－1－2－4
仁在堂全集十四種　（清）路德輯　清來鹿堂
刻本　一冊　存一種（時藝階一冊）

510000－2719－0000220　3－1－2－4.1
從政遺規二卷　（清）陳弘謀輯　清刻本　一
冊　存一卷（下）

510000－2719－0000221　3－1－2－5
湘綺樓詩集十四卷　王闓運撰　清刻本　一
冊　存四卷（一至四）

510000－2719－0000222　3－1－2－5.1
寒疫合編歌括四卷　（清）王光甸編　清刻本
一冊　存一卷（四）

510000－2719－0000223　3－1－2－6
庚辰集五卷　（清）紀昀編　清刻本　一冊
存一卷（一）

510000－2719－0000224　3－1－2－6.1
女科仙方四卷　（清）傅山著　清刻本　二冊
　　存二卷(一至二)

510000－2719－0000225　3－1－2－7
古文筆法二十卷　（清）李雲程選評　清同治
　　十年(1871)刻本　一冊　存二卷(一至二)

510000－2719－0000226　3－1－2－7.1
癸巳類稿十五卷　（清）俞正燮著　清光緒五
　　年(1879)刻本　三冊　存四卷(一至二、十二
　　至十三)

510000－2719－0000227　3－1－2－8
鹿洲初集二十卷　（清）藍鼎元著　（清）曠敏
　　本評　清刻本　二冊　存四卷(二至三、七至
　　八)

510000－2719－0000228　3－1－2－8.1
**尚論張仲景傷寒論重編三百九十七法二卷首
　　一卷前篇四卷後篇二卷**　（清）喻昌撰　清刻
　　本　四冊

510000－2719－0000229　3－1－2－9
海外文編四卷　（清）薛福成著　清刻本　二
　　冊　存三卷(二至四)

510000－2719－0000230　3－1－2－9.1
**日知錄集釋三十二卷日知錄刊誤二卷日知錄
　　續刊誤二卷**　（清）顧炎武著　清光緒二十一
　　年(1895)上海點石齋石印本　五冊　缺八卷
　　(十八至二十五)

510000－2719－0000231　3－1－3－1
國朝文鈔五編不分卷　（清）高塘輯　清刻本
　　三冊　存三編(初編、二編、五編)

510000－2719－0000232　3－1－3－1.1
孫真人千金方衍義三十卷　（清）張璐著　清
　　刻本　五冊　存六卷(四至九)

510000－2719－0000233　3－1－3－2
漱六山房文稿初集二卷次集二卷　（清）彭潤
　　芳著　清刻本　四冊　存四卷(初集三卷、次
　　集二)

510000－2719－0000234　3－1－3－2.1

孫真人千金方衍義三十卷　（清）張璐著　清
刻本　一冊　存三卷(十五下、十六、二十五)

510000－2719－0000235　3－1－3－3
古文析義二編八卷　（清）林雲銘選評　清宏
道堂刻本　八冊

510000－2719－0000236　3－1－3－3.1
賽金丹二卷　（清）蘊真子輯　清光緒二十八
年(1902)金邑姚市曾姓家刻本　一冊

510000－2719－0000237　3－1－3－4
人生必讀書十二卷　（清）唐彪撰　清刻本
一冊　存一卷(十二)

510000－2719－0000238　3－1－3－4.1
賽金丹二卷　（清）蘊真子輯　清光緒二十八
年(1902)刻本　一冊

510000－2719－0000239　3－1－3－5
國朝歷科元墨正宗不分卷　（清）胡先朗論次
　　清三多齋刻本　十五冊　存十五冊(康熙
一冊、乾隆八冊、嘉慶六冊)

510000－2719－0000240　3－1－3－5.1
傳家寶二集八卷三集八卷四集八卷　（清）石
成金撰　清刻本　十四冊　存十四卷(二集
二至三、五至七,三集三至七,四集五至八)

510000－2719－0000241　3－1－4－1
稗海七十種　（明）商濬輯　清刻本　二冊
存四種存十三卷(歸田錄二卷、東坡先生志林
一至四、隨隱漫錄五卷、楓窗小牘二卷)

510000－2719－0000242　3－1－4－1.1
新訂崇正闢謬通書十四卷　（清）李奉來編
清刻本　四冊　存九卷(三至十一)

510000－2719－0000243　3－1－4－10
唐陸宣公翰苑集二十四卷　（唐）陸贄著　清
咸豐十一年(1861)崇仁謝氏刻本　一冊　存
三卷(一至三)

510000－2719－0000244　3－1－4－10.1
王文成公傳習錄三卷　（明）王守仁著　清刻
本　一冊　存一卷(下)

510000－2719－0000245　3－1－4－11

板橋詩鈔□□卷　（清）鄭燮著　清刻本　一冊　存一卷（一）

510000－2719－0000246　3－1－4－11.1

王文成公傳習錄三卷　（明）王守仁著　清刻本　一冊　存一卷（下）

510000－2719－0000247　3－1－4－12

板橋詞鈔□□卷　（清）鄭燮著　清刻本　一冊　存一卷（四）

510000－2719－0000248　3－1－4－13

唐詩五言絕句□□卷　（□）□□編　清刻本　一冊　存一卷（一）

510000－2719－0000249　3－1－4－2

蘇詩全集四十七卷　（宋）蘇軾著　清刻本　一冊　存六卷（十三至十八）

510000－2719－0000250　3－1－4－2.1

三農紀二十四卷　（清）張宗法著　清刻本　三冊　存十卷（七、十至十八）

510000－2719－0000251　3－1－4－3

百篇文選不分卷　（□）□□編　清刻本　二冊　存二冊（國初文、名家文、房行文）

510000－2719－0000252　3－1－4－4

題體會通□□卷　（清）廖玉湘編　清刻本　一冊　存一卷（二下）

510000－2719－0000253　3－1－4－5

古文輯註八卷　（清）朱良玉編　清嘉慶十五年（1810）義盛堂刻本　八冊

510000－2719－0000254　3－1－4－5.1

醫理真傳四卷　（清）鄭壽全撰　清刻本　一冊　存一卷（二）

510000－2719－0000255　3－1－4－6

宋人經義不分卷　（□）□□編　清刻本　一冊　存一冊

510000－2719－0000256　3－1－4－6.1

醫學考辨十二卷　（清）羅紹芳輯　清刻本　一冊　存四卷（五至八）

510000－2719－0000257　3－1－4－7

三魚堂文集十二卷外集六卷附錄一卷□□卷　（清）陸隴其著　清刻本　一冊　存二卷（外集六、附錄一卷）

510000－2719－0000258　3－1－4－7.1

南雅堂全集四十八種　（清）陳念祖著　清刻本　九冊　存二十六卷（時方妙用一至二、傷寒真方歌括二至六、醫學實在易一至八、醫學從眾錄三至八、金匱要畧淺註六至十）

510000－2719－0000259　3－1－4－8

詩料備覽十四卷　（清）劉文蔚輯　清刻本　一冊　存二卷（一至二）

510000－2719－0000260　3－1－4－8.1

醫方捷徑指南全書二卷　（清）王宗顯輯　清刻本　一冊　存一卷（上）

510000－2719－0000261　3－1－4－9

錢牧齋文鈔不分卷　（清）錢謙益著　清宣統元年（1909）國學扶輪社鉛印本　一冊　存一冊

510000－2719－0000262　3－1－4－9.1

孫真人千金方衍義三十卷　（清）張璐著　清刻本　一冊　存一卷（四）

510000－2719－0000263　3－2－1－1

雙桂堂古文二卷雙桂堂時文二卷　（清）紀大奎著　清刻本　三冊　存三卷（古文一至二、時文一卷）

510000－2719－0000264　3－2－1－1.1

列子八卷　（晉）張湛注　清光緒二年（1876）浙江書局世德堂刻本　二冊

510000－2719－0000265　3－2－1－2

唐人萬首絕句選七卷　（宋）洪邁纂　（清）王士禎選　清江右同文堂刻本　二冊

510000－2719－0000266　3－2－1－3

唐人萬首絕句選七卷　（宋）洪邁纂　（清）王士禎選　清四川成都存古書局刻本　一冊

510000－2719－0000267　3－2－1－3.1

義門讀書記五十八卷　（清）何焯撰　清刻本　二冊　存五卷（義門讀書記杜工部集三至

廣漢市圖書館古籍普查登記目錄

六、義門杜書記李義山詩集一卷)

510000－2719－0000268　3－2－1－4
陽明先生集要三種十五卷附年譜一卷　（明）
王守仁著　清鉛印本　六冊　存九卷(理學
集四卷、文章集四卷、年譜一卷)

510000－2719－0000269　3－2－1－4.1
蜀龜鑑七卷首一卷　（清）劉景伯撰　清宣統
三年(1911)刻本　三冊　存六卷(一至二、五
至七,首一卷)

510000－2719－0000270　3－2－1－5
陽明先生集要三種十五卷首一卷附年譜一卷
　（明）王守仁著　清宣統三年(1911)明明學
社鉛印本　一冊　存六卷(理學集四卷、首一
卷、年譜一卷)

510000－2719－0000271　3－2－1－5.1
首楞嚴經指掌疏事義十卷　（清）釋心興撰
清光緒二十七年(1901)刻本　一冊

510000－2719－0000272　3－2－1－6
**塾課小題正鵠初集二卷二集二卷三集三卷附
訓蒙草一卷養正草一卷**　（清）李元度編　清
刻本　三冊　存三卷(二集一至二、三集一)

510000－2719－0000273　3－2－1－6.1
新刻校正大字李東垣先生珍珠囊二卷　（金）
李杲輯　清刻本　一冊　存一卷(下)

510000－2719－0000274　3－2－1－7
**塾課小題正鵠初集二卷二集二卷三集三卷附
訓蒙草一卷養正草一卷**　（清）李元度編　清
光緒十六年(1890)大道堂刻本　三冊　存三
卷(初集一、二集二、三集三)

510000－2719－0000275　3－2－1－7.1
本草綱目五十二卷　（明）李時珍著　清刻本
　七冊　存十一卷(九至十一、十三、十五至
十六、四十六至四十八、五十至五十一)

510000－2719－0000276　3－2－1－8
塾課文鈔□□卷　（清）王步青評　（清）于光
華編　清心簡齋刻本　四冊　存四卷(四上、
五上、六下、七下)

510000－2719－0000277　3－2－1－8.1
本草三家合註六卷　（清）郭汝聰註　清刻本
　三冊

510000－2719－0000278　3－2－1－9
分體文約不分卷　（□）□□編　清忠恕堂刻
本　四冊　存四冊

510000－2719－0000279　3－2－1－9.1
本草萬方針線八卷　（清）蔡烈先輯　清刻本
　一冊　存三卷(六至八)

510000－2719－0000280　3－2－2－1
明文鈔六編不分卷　（清）高塘編　清雙桐書
屋刻本　十冊　存十冊(初編三冊、二編二
冊、四編二冊、五編三冊)

510000－2719－0000281　3－2－2－1.1
醫學實在易八卷　（清）陳念祖著　清刻本
二冊　存四卷(一至二、五至六)

510000－2719－0000282　3－2－2－2
聲調三譜五種　（清）王祖源輯　清刻本　一
冊　存四卷(小石帆亭著錄二至五)

510000－2719－0000283　3－2－2－2.1
本草三家合註六卷　（清）郭汝聰註　清刻本
　二冊　存二卷(四至五)

510000－2719－0000284　3－2－2－3
陽明先生集要三種十五卷附年譜一卷　（明）
王守仁著　清光緒五年(1879)黔南刻本　十
六冊

510000－2719－0000285　3－2－2－3.1
醫理真傳四卷　（清）鄭壽全撰　清刻本　二
冊　存二卷(二至三)

510000－2719－0000286　3－2－2－4
醫法圓通四卷　（清）鄭壽全著　清刻本　一
冊　存一卷(四)

510000－2719－0000287　3－2－2－6
醫學實在易八卷　（清）陳念祖著　清刻本
一冊　存四卷(三至六)

510000－2719－0000288　3－2－2－8
醫學從眾八卷　（清）陳念祖著　清刻本　二

冊　存五卷(四至八)

510000－2719－0000289　3－2－2－9
憑山閣增輯留青新集三十卷　（清）陳枚選
清刻本　十六冊　缺九卷(六至七、九、十五
至十六、二十一至至二十二、二十五至二十
六)

510000－2719－0000290　3－2－3－1
御選唐宋詩醇四十七卷　（清）高宗弘曆選
清光緒三年(1877)公益會刻本　六冊　存十
卷(二十四至二十九、三十六至三十九)

510000－2719－0000291　3－2－3－1.1
憑山閣增輯留青新集三十卷　（清）陳枚選
清刻本　五冊　存十卷(十二至十五、二十二
至二十七)

510000－2719－0000292　3－2－3－2
御選唐宋詩醇四十七卷　（清）高宗弘曆選
清刻本　十三冊

510000－2719－0000293　3－2－3－2.1
憑山閣增輯留青新集三十卷　（清）陳枚選
清刻本　十八冊　缺二卷(十六、二十四)

510000－2719－0000294　3－2－4－1
御選唐宋詩醇四十七卷　（清）高宗弘曆選
清刻本　四冊　存十卷(一至三、八至九、十
二至十三、二十二至二十四)

510000－2719－0000295　3－2－4－1.1
馮氏錦囊秘錄八種　（清）馮兆張輯　清刻本
四冊　存七卷(雜症痘疹藥性主治合參一、
六、十,痘疹全集八至十一)

510000－2719－0000296　3－2－4－2
御選唐宋詩醇四十七卷　（清）高宗弘曆選
清刻本　十冊　存二十七卷(一、三至五、十
二至二十一、二十五至二十七、三十五至四十
一、四十五至四十七)

510000－2719－0000297　3－2－4－2.1
驗方新編二十四卷　（清）鮑相璈輯　清刻本
一冊　存一卷(十)

510000－2719－0000298　3－2－4－3

隨園詩話十六卷補遺十卷　（清）袁枚著　清
咸豐四年(1854)文安堂刻本　八冊

510000－2719－0000299　3－2－4－3.1
史腴二卷　（清）周金壇輯　清刻本　一冊
存一卷(上)

510000－2719－0000300　3－2－4－4
隨園三十八種　（清）袁枚著　清刻本　一冊
存六卷(隨園隨筆十九至二十二、隨園女弟
子詩一至二)

510000－2719－0000301　3－2－4－4.1
醫門法律六卷　（清）喻昌著　清竹秀山房刻
本　三冊　存三卷(一、三至四)

510000－2719－0000302　3－2－4－5
太上感應篇一卷　（清）劉山英輯　清刻本
一冊

510000－2719－0000303　3－2－4－6
瘍醫大全四十卷　（清）顧世澄輯　清刻本
三冊　存三卷(十一、二十三、三十四)

510000－2719－0000304　3－2－4－7
憑山閣增輯留青新集三十卷　（清）陳枚選
清刻本　四冊　存八卷(七至八、十六至二十
一)

510000－2719－0000305　3－2－4－8
憑山閣增輯留青新集三十卷　（清）陳枚選
清刻本　十一冊　存十九卷(一至六、十二至
十五、二十二至三十)

510000－2719－0000306　3－3－1－1
隨園三十八種　（清）袁枚著　清隨園刻本
八冊　存二十三卷(隨園隨筆五至九、二十四
至二十八,隨園八十壽言一至六,隨園女弟子
詩一至六,續同人集四)

510000－2719－0000307　3－3－1－1.1
二十二子全書　（清）浙江書局輯　清刻本
十冊　存二十七卷(揚子法言一至四,補注黃
帝內經素問二至四、十,新語上至下,新書一
至三,淮南子八至二十一)

510000－2719－0000308　3－3－1－2

杜詩選讀六卷　（清）何化南編　（清）朱煜編
　　清刻本　三冊　存五卷（一至三、五至六）

510000－2719－0000309　3－3－1－2.1
校正醫林狀元壽世保元十卷　（明）龔廷賢編
　　清道光二十四年（1844）刻本　七冊　存八
卷（一至三、六至十）

510000－2719－0000310　3－3－1－3
杜詩鏡銓二十卷　（唐）杜甫著　（清）楊倫編
　　清刻本　一冊　存二卷（七至八）

510000－2719－0000311　3－3－1－3.1
洞天奧旨十六卷　（清）陳士鐸著　清刻本
二冊　存九卷（一至九）

510000－2719－0000312　3－3－1－4
學海堂集初集十六卷二集二十二卷三集二十
四卷　（清）吳蘭修編　（清）張維屏等輯　清
啟秀山房刻本　六冊　存十三卷（二集三至
十五）

510000－2719－0000313　3－3－1－4.1
醫方捷徑指南全書二卷　（清）王宗顯輯　清
刻本　一冊　存一卷（上）

510000－2719－0000314　3－3－1－5
學海堂集初集十六卷二集二十二卷三集二十
四卷　（清）吳蘭修編　（清）張維屏等輯　清
咸豐九年（1859）啟秀山房鉛印本　四冊　存
十一卷（初集一至二、七至八、十三至十六，三
集一至三）

510000－2719－0000315　3－3－1－5.1
壽世保元十卷　（明）龔廷賢編　清刻本　六
冊　存六卷（三至六、八、十）

510000－2719－0000316　3－3－1－6
在官法戒錄四卷　（清）陳弘謀輯　清刻本
二冊　存二卷（三至四）

510000－2719－0000317　3－3－2－1
三蘇全集四種　（清）弓翊清等編　清道光七
年（1827）眉州三蘇祠刻本　十冊　存二種二
十一卷（東坡集五、三十一至三十二、四十一
至四十二、四十六至五十、六十二至六十三、

六十八至七十，斜川集六卷）

510000－2719－0000318　3－3－2－1.1
三農紀二十四卷　（清）張宗法著　清刻本
一冊　存一卷（十）

510000－2719－0000319　3－3－2－2
三蘇全集四種　（清）弓翊清等編　清道光七
年（1827）眉州三蘇祠刻本　十五冊　存三種
四十三卷（東坡集九、十二、三十五至三十六、
七十至七十一、七十四至七十六，欒城集十四
至十七、二十三至二十七、四十至四十三，欒
城後集一至六、十二至十五，欒城三集十卷，
斜川集一）

510000－2719－0000320　3－3－2－2.1
種痘新書十二卷　（清）張琰撰　清同治十年
（1871）刻本　四冊　存八卷（一至八）

510000－2719－0000321　3－3－2－3
三農紀二十四卷　（清）張宗法著　清刻本
六冊　存十八卷（七至二十四）

510000－2719－0000322　3－3－2－4
醫方難辨大成三集二百零七卷　（□）文昌帝
君著　清刻本　九冊　存五十七卷（上集十
三至十六、四十七至六十九，中集一至十九、
三十一至三十六，下集十三至十七）

510000－2719－0000323　3－3－2－5
三農紀二十四卷　（清）張宗法著　清刻本
一冊　存一卷（十）

510000－2719－0000324　3－3－3－1
古唐詩合解唐詩十二卷古詩四卷　（清）王堯
衢註　清刻本　一冊　存四卷（古詩四卷）

510000－2719－0000325　3－3－3－1.1
維摩詰所說經三卷　（後秦）釋鳩摩羅什譯
清刻本　二冊　存二卷（中至下）

510000－2719－0000326　3－3－3－10
增廣策學總纂大成四十六卷　（清）張寶琪重
校　清刻本　二冊　存七卷（二至三、四十二
至四十六）

510000－2719－0000327　3－3－3－2

古唐詩合解唐詩十二卷古詩四卷　（清）王堯
衢註　清光緒十二年（1886）刻本　一冊　存
二卷（唐詩一至二）

510000－2719－0000328　3－3－3－2.1

濟陰綱目十四卷　（明）武之望輯　清刻本
四冊　存七卷（二至六、九、十四）

510000－2719－0000329　3－3－3－3

太史升庵全集八十一卷　（明）楊慎著　**年譜
一卷**　（清）李調元編　清刻本　六冊　存二
十八卷（二十三至四十九、年譜一卷）

510000－2719－0000330　3－3－3－3.1

新訂崇正闢謬通書十四卷　（清）李奉來編
清刻本　二冊　存六卷（三至五、十二至十
四）

510000－2719－0000331　3－3－3－4

太史升庵全集八十一卷　（明）楊慎著　**年譜
一卷**　（清）李調元編　清刻本　二冊　存五
卷（四十七至四十八、五十三至五十五）

510000－2719－0000332　3－3－3－4.1

嶺南遺書六集六十一種　（清）伍崇曜輯　清
道光三十年（1850）刻本　十六冊　存四十二
卷（蠹勺編十二至二十五，雙槐歲鈔九至十，
粵臺徵雅錄一卷，算迪五、七至八，平定交南
錄一卷，白沙語要一卷，甘泉新論一卷，元祐
黨籍碑考一卷，附慶元偽學逆黨籍一卷、疑耀
一至二，百越先賢志一至四，羅浮志五至十，
迂言百則一卷，史見二，袁督師事跡一卷，春
秋古經說一至二）

510000－2719－0000333　3－3－3－5

太史升庵全集八十一卷　（明）楊慎著　**年譜
一卷**　（清）李調元編　清刻本　一冊　存六
卷（十六至二十一）

510000－2719－0000334　3－3－3－5..1

莊子集釋十卷　（清）郭慶藩輯　清思賢講舍
刻本　一冊　存一卷（五）

510000－2719－0000335　3－3－3－6

太史升庵全集八十一卷　（明）楊慎著　**年譜
一卷**　（清）李調元編　清刻本　七冊　存二

十四卷（十八至三十二、四十五至四十六、五
十三至五十四、六十四至六十五、七十九至八
十一）

510000－2719－0000336　3－3－3－6.1

集說詮真提要不分卷　（清）黃伯祿輯　清刻
本　一冊

510000－2719－0000337　3－3－3－7

升庵外集一百卷　（明）楊慎著　（明）焦竑編
清刻本　三冊　存十四卷（三至七、十五至
十九、五十至五十三）

510000－2719－0000338　3－3－3－7.1

初學記三十卷補遺一卷　（唐）徐堅等撰　清
刻本　四冊　存八卷（四至五、八至九、二十
六至二十七、三十，補遺一卷）

510000－2719－0000339　3－3－3－9

揚子法言十三卷音義一卷　（漢）揚雄撰
（唐）李軌注　清光緒十九年（1893）鴻文書局
據江都秦氏石印本　一冊

510000－2719－0000340　3－3－4－1

升庵外集一百卷　（明）楊慎著　（明）焦竑編
清刻本　十冊　存三十八卷（十四至十九、
三十五至三十八、五十四至六十二、七十三至
七十七、八十三至九十六）

510000－2719－0000341　3－3－4－1.1

正偽八卷　（清）劉沅著　清刻本　二冊　存
四卷（五至八）

510000－2719－0000342　3－3－4－10

萬善堂集十卷　（清）李化楠著　（清）李調元
編　清刻本　二冊

510000－2719－0000343　3－3－4－10.1

醫門法律六卷　（清）喻昌著　清刻本　一冊
存一卷（五）

510000－2719－0000344　3－3－4－11

萬善堂集十卷　（清）李化楠著　（清）李調元
編　清刻本　二冊　存九卷（一至三、五至
十）

510000－2719－0000345　3－3－4－11.1

廣漢市圖書館古籍普查登記目錄

醫學心悟五卷外科十法一卷　（清）程國彭著
　清刻本　三冊　存三卷（一至二、五）

510000－2719－0000346　3－3－4－12
賦話十卷　（清）李調元著　清刻本　一冊
存六卷（一至六）

510000－2719－0000347　3－3－4－2
升庵外集一百卷　（明）楊慎著　（明）焦竑編
　清刻本　一冊　存二卷（七十八至七十九）

510000－2719－0000348　3－3－4－2.1
黃庭內景經詳註不分卷　（清）涵虛著　清刻
本　一冊

510000－2719－0000349　3－3－4－3
升庵外集一百卷　（明）楊慎著　（明）焦竑編
　清刻本　一冊　存二卷（七十八至七十九）

510000－2719－0000350　3－3－4－3.1
太素張神仙脈訣玄微綱領宗統七卷　（□）張
太素撰　清刻本　一冊　存一卷（下）

510000－2719－0000351　3－3－4－4
升庵外集一百卷　（明）楊慎著　（明）焦竑編
　清刻本　一冊　存二卷（七十九至八十）

510000－2719－0000352　3－3－4－4.1
淵鑑類函四百五十卷目錄四卷　（清）張英輯
　清刻本　一冊　存二卷（三百八十六至三
百八十七）

510000－2719－0000353　3－3－4－5
香屑集十八卷首一卷末一卷　（清）黃之雋撰
　清刻本　一冊　存三卷（一至三）

510000－2719－0000354　3－3－4－5.1
萬斛珠類編八卷　（明）王鳳洲編　清刻本
一冊　存二卷（七至八）

510000－2719－0000355　3－3－4－6
四家選集二十九卷　（清）張懷溎編　清刻本
　一冊　存四卷（童山選集一至四）

510000－2719－0000356　3－3－4－6.1
課幼指南□□卷　（□）□□輯　清刻本
一冊

510000－2719－0000357　3－3－4－7
諸子平議三十五卷　（清）俞樾著　清刻本
二冊　存五卷（十二至十三、三十三至三十
五）

510000－2719－0000358　3－3－4－7.1
捷要良方不分卷　（□）□□輯　清刻本
一冊

510000－2719－0000359　3－3－4－8
太史升庵全集八十一卷附年譜一卷　（明）楊
慎著　清刻本　一冊　存七卷（九至十五）

510000－2719－0000360　3－3－4－8.1
醫詩必讀十二卷　（清）冉敬簡輯　清刻本
一冊　存四卷（三至六）

510000－2719－0000361　3－3－4－9
升庵詩話十四卷　（明）楊慎著　（清）李調元
校　清刻本　一冊　存三卷（一至三）

510000－2719－0000362　3－3－4－9.1
憑山閣新增輯留青新集三十卷　（清）陳枚選
　清刻本　五冊　存十一卷（四至十二、十五
至十六）

510000－2719－0000363　3－4－1－1
四譯館雜著一卷　廖平撰　清刻本　一冊

510000－2719－0000364　3－4－1－1.1
本草三家合註六卷　（清）郭汝驄集註　清刻
本　一冊　存二卷（三至四）

510000－2719－0000365　3－4－1－10
近科鄉會墨選清腴初集六卷二集二卷　（清）
小藜山館輯　清小藜山館刻本　一冊　存一
卷（初集一）

510000－2719－0000366　3－4－1－11
函海一百六十五種　（清）李調元輯　清光緒
七年至八年（1881－1882）廣漢鍾氏樂道齋刻
本　五冊　存二十二卷（敷文鄭氏書說一卷，
洪範統一一卷，孟子外書四編四卷，淡墨錄十
四至十六，全五代詩一至五、六十三至七十）

510000－2719－0000367　3－4－1－2
壞簏集十卷　（清）劉沅撰　清咸豐二年

(1852)豫誠堂刻本　一冊　存三卷(一至三)

510000－2719－0000368　3－4－1－2.1
新刊趙田了凡袁先生編纂古本歷史大方綱鑑補三十九卷　(明)袁黃撰　清刻本　三冊　存三卷(四至五、十)

510000－2719－0000369　3－4－1－3
師竹齋集十四卷　(清)李鼎元撰　清刻本　一冊　存三卷(三至五)

510000－2719－0000370　3－4－1－4
同治中興京外奏議約編八卷　(清)陳弢編　清刻本　一冊　存二卷(七至八)

510000－2719－0000371　3－4－1－4.1
史學提要箋釋五卷　(宋)黃繼善著　清刻本　一冊　存一卷(三)

510000－2719－0000372　3－4－1－5
懺餘綺語二卷　(清)郭麐箸　清刻本　一冊　存一卷(一)

510000－2719－0000373　3－4－1－5.1
管窺輯要八十卷　(清)黃鼎輯　清刻本　一冊　存一卷(目錄)

510000－2719－0000374　3－4－1－6
鑑行集三十卷　(清)唐天培編　清刻本　一冊　存三卷(十七至十九)

510000－2719－0000375　3－4－1－6.1
經傳九州通解一卷　(清)黃鎔撰　清刻本　一冊

510000－2719－0000376　3－4－1－7
李忠武公遺書三種四卷　(清)李續賓撰　清光緒十七年(1891)甌江巡署刻本　三冊　存三卷(褒節錄一卷、書牘二卷)

510000－2719－0000377　3－4－1－7.1
醫方集解三卷　(清)汪昂著輯　清刻本　一冊　存一卷(上)

510000－2719－0000378　3－4－1－8
駱文忠公奏議十六卷奏稿十一卷附錄一卷　(清)駱秉章著　清刻本　一冊　存一卷(奏稿四)

510000－2719－0000379　3－4－1－8.1
歷代籌邊略八十四卷　(清)陳麟圖輯　清刻本　八冊　存二十一卷(一到十一、七十一至七十四、七十七至八十、八十三至八十四)

510000－2719－0000380　3－4－1－9
蜀雅二十卷　(清)李調元選　清光緒七年(1881)廣漢刻本　四冊

510000－2719－0000381　3－4－1－9.1
宋仁壽堂丹丸全錄□□卷　(□)□□輯　清刻本　一冊

510000－2719－0000382　3－4－2－1
函海一百六十五種　(清)李調元輯　清刻本　一冊　存三卷(樂府侍兒小名一卷、通話二卷)

510000－2719－0000383　3－4－2－1.1
東醫寶鑑二十三卷　(朝鮮)許浚撰　清刻本　一冊　存一卷(十)

510000－2719－0000384　3－4－2－10
函海一百六十五種　(清)李調元輯　清刻本　四冊　存三十卷(奇字韻五卷、家訓筆錄一卷、舊聞證誤四卷、古音獵要四卷附錄一卷、古音複字五卷、希姓錄一至三、農書三卷、匽言三卷、常談一卷)

510000－2719－0000385　3－4－2－10.1
小兒推拿方蚳全書□□卷　(明)龔廷賢述譔　清刻本　一冊　存二卷(二至三)

510000－2719－0000386　3－4－2－2
函海一百六十五種　(清)李調元輯　清刻本　一冊　存三卷(然犀志二卷、出口程記一卷)

510000－2719－0000387　3－4－2－2.1
醫方捷徑指南全書二卷　(清)王宗顯輯　清刻本　一冊　存一卷(上)

510000－2719－0000388　3－4－2－3
函海一百六十五種　(清)李調元輯　清刻本　一冊　存三卷(蜀語一卷、諸家藏畫簿一至二)

廣漢市圖書館古籍普查登記目錄

510000－2719－0000389　3－4－2－3.1
臟腑圖說症治合璧三卷　（清）羅定昌撰　清刻本　一冊　存一卷（中）

510000－2719－0000390　3－4－2－4
函海一百六十五種　（清）李調元輯　清刻本　一冊　存七卷（奇字名一至七）

510000－2719－0000391　3－4－2－4.1
洴澼百金方十四卷　（清）惠麓酒民撰　清刻本　一冊　存一卷（二）

510000－2719－0000392　3－4－2－5
函海一百六十五種　（清）李調元輯　清刻本　一冊　存六卷（奇字名三至八）

510000－2719－0000393　3－4－2－5.1
醫理元樞十四卷　（清）朱音恬輯　清刻本　一冊　存三卷（一至三）

510000－2719－0000394　3－4－2－6
函海一百六十五種　（清）李調元輯　清刻本　四冊　存十三卷（左傳事緯四卷、夏小正箋一卷、古今風謠一卷、古今諺一卷、蜀語一卷、蜀碑記一卷、月波洞中記一卷、蜀檮杌二卷、產育寶慶集上）

510000－2719－0000395　3－4－2－6.1
賽金丹二卷　（清）蘊真子著　清刻本　二冊

510000－2719－0000396　3－4－2－7
函海一百六十五種　（清）李調元輯　清刻本　十冊　存四十卷（鄭氏古文尚書証訛三至十，龍龕手鑑一、三至四，五國故事二卷、東原錄一卷，博物要覽八至十二，童山詩集六至九、二十二至三十四、三十九至四十二）

510000－2719－0000397　3－4－2－7.1
校正醫林狀元壽世保元十卷　（明）龔廷賢編　清道光十一年（1831）文發堂刻本　二冊　存二卷（一至二）

510000－2719－0000398　3－4－2－8
函海一百六十五種　（清）李調元輯　清刻本　三冊　存十一卷（藏海詩話一卷、益州名畫錄二卷、左傳官名考二卷、春秋三傳比二卷、南越筆記十三至十六）

510000－2719－0000399　3－4－2－8.1
雨週甲鄉墨文淵□□卷　（□）□□輯　清刻本　一冊　存八卷（十三至二十）

510000－2719－0000400　3－4－2－9
函海一百六十五種　（清）李調元輯　清刻本　一冊　存五卷（辯誣筆錄一卷、家訓筆錄一卷、舊聞證誤一至三）

510000－2719－0000401　3－4－2－9.1
南雅堂全集四十八種　（清）陳念祖撰　清刻本　三冊　存六卷（金匱要畧淺註一至二、五至六，醫學實在易二至三）

510000－2719－0000402　3－4－3－1
函海一百六十五種　（清）李調元輯　清光緒七年至八年（1881－1882）廣漢鍾氏樂道齋刻本　八十八冊　存三百三十卷（諸家藏書簿十卷，諸家藏畫簿一至六，逸孟子一卷，十三經注疏錦字四卷，滇載記一卷，玉名詁一卷，俗言一卷，升庵先生年譜一卷，儀禮古今考二卷，夠言三卷，常談一卷，農書三卷，春秋三傳比二卷，春秋左傳會要四卷，敷文鄭氏書說一卷，洪範統一一卷，孟子外書四篇四卷，郭子翼莊一卷，古今同姓名錄二卷，諸蕃志二卷，肯綮錄一卷，燕魏雜記一卷，夾漈遺稿三卷，建炎筆錄三卷，辯誣筆錄一卷，家訓筆錄一卷，華陽國志一至四，龍龕手鑑四卷，州縣提綱四卷，採石瓜洲斃亮記一卷，產育寶慶集二卷，奇字名十二卷，益州名畫錄一卷，卍齋璅錄十卷，禮記補註四卷，升庵經說十四卷，周禮摘箋四卷，翼元十二卷，月令氣候圖說一卷，夏小正箋一卷，蘇氏演義二卷，程氏考古編十卷，唐史論斷上，建炎以來朝野雜記甲集二十卷、乙集四至十六，淡墨錄十六卷，勸說四卷，六書分毫三卷，通詁二卷，古音合二卷，易古文三卷，尚書古字辨異一卷，廣成子解一卷，蜀檮杌二卷，博物要覽七至十二，井蛙雜紀一至二，然犀志二卷，出口程記一卷，譚苑醍醐八卷，龍洲集一至四，南越筆記一至二、七至十六，長短經八至九，說文解字韻譜三，詩音辯略二卷，蜀語一卷，顧頡經一卷，出師出行寶鏡圖一卷附錄一卷，檀弓叢訓二卷，山海經補註一卷，莊子闕誤一卷，醒園錄二卷，粵東皇華集四卷，羅江縣志五至十，省心雜言一卷，三國雜事二卷，三國紀年一卷，金石存五至十三，通俗編一至八、二十一至二十五，全五代詩五至七、五十七、六十四、七十一至八十、八十八至一百、補遺一卷）

510000－2719－0000403　3－4－3－1.1
百子全書一百種　（□）□□輯　清刻本　三冊　存二十一卷（莊子十、搜神記一至二十）

510000－2719－0000404　3－4－3－3
婦人良方二十四卷　（宋）陳自明編　清刻本　一冊　存二卷（一至二）

510000－2719－0000405　3－4－3－4
重訂外科正宗十二卷　（明）陳實功撰　清刻本　一冊　存一卷（十一）

510000－2719－0000406　3－4－3－5
莊子集解八卷　（清）王先謙輯　清刻本　二冊　存五卷（四至八）

510000－2719－0000407　3－4－3－6
簡易醫訣四卷　（清）周雲章撰　清刻本　一冊　存一卷（二）

510000－2719－0000408　3－4－3－7
洴澼百金方十四卷　（清）惠麓酒民編　清刻本　一冊　存二卷（一至二）

510000－2719－0000409　3－4－3－8
素靈微蘊四卷　（清）黃元御撰　清刻本　二冊

510000－2719－0000410　3－4－3－9
丹溪先生金匱鉤玄三卷　（明）戴元禮錄　清刻本　一冊　存三卷（一至三）

510000－2719－0000411　3－4－4－1
南雅堂醫書全集四十八種　（清）陳念祖撰　清刻本　十九冊　存五十一卷（長沙方歌括三至六、時方秒用一至四、時方歌括一至三、雲素集注節要三至四、雲素集注節要七至八、傷寒醫訣串解五、十藥神書註解一卷、金匱要

畧淺注五至七、醫學從眾錄一至二、女科要旨一至四、醫學三字經一至四、瘧疾論下、春溫三字經一卷、神授急救異痧奇方一卷、經驗百病內外一卷、急救良方一卷、白喉治法抉微一卷、太乙神鍼一卷、咽喉脈證通論一卷、福幼編一卷、醫學實在易三至八、張仲景傷寒論原文淺註一至六）

510000－2719－0000412　3－6－1－1
南雅堂醫書全集四十八種　（清）陳念祖撰　清刻本　十六冊　存四十卷（時方歌括上至下、時方秒用一至四、傷寒真方歌括一至六、張仲景傷寒論原文淺註三至四、醫學實在易一至二、醫學實在易五至六、長沙方歌括五至六、靈素集註節要三至四、靈素集註節要七至九、醫學從眾錄一至二、醫學從眾錄六至八、金匱要畧淺註一至五、醫學三字經三、神農本草經讀一至四）

510000－2719－0000413　3－6－2－1
南雅堂醫書全集四十八種　（清）陳念祖撰　清刻本　十九冊　存五十二卷（時方秒用一至四、醫學實在易二至三、傷寒醫訣串解一至六、金匱要畧淺注一至十、女科要旨三至四、傷寒真方歌括一至六、醫學三字經一至四、瘧疾論上至中、十藥神書註解一卷、喉痧正的一卷、經驗百病一卷、痢症三字訣一卷、醫學真傳下、醫學從眾錄四至八、長沙方歌括三至六、靈素集註節要三至四）

510000－2719－0000414　4－1－1－1
楚辭十七卷　（戰國）屈平等撰　（漢）王逸章句　清刻本　二冊

510000－2719－0000415　4－1－1－2
楚辭八卷首一卷　（戰國）屈平等撰　（宋）朱熹注　清光緒元年(1875)湖北崇文書局刻本　二冊

510000－2719－0000416　4－1－1－3
楚辭辯證二卷　（宋）朱熹撰　清光緒元年(1875)湖北崇文書局刻本　一冊

510000－2719－0000417　4－1－1－4.1
元曲選一百種　（明）臧懋循輯　清刻本　二

031

冊 存二卷(布袋和尚忍字記雜劇一卷、傷梅香騙翰林風月雜劇一卷)

510000－2719－0000418　4－1－1－4
芥子園畫傳一集六卷二集九卷三集六卷
(清)王概繪　清石印本　一冊　存二卷(三集二至三)

510000－2719－0000419　4－1－1－5
二曲集四十六卷　(清)李顒撰　(清)王心敬輯　清刻本　一冊　存四卷(二十至二十三)

510000－2719－0000420　4－1－1－5.1
長短經九卷　(唐)趙蕤纂　(清)李調元校　清刻本　一冊　存四卷(四至七)

510000－2719－0000421　4－1－1－6
詳註聊齋志異圖詠十六卷　(清)蒲松齡著　(清)呂湛恩注　清石印本　一冊　存二卷(五至六)

510000－2719－0000422　4－1－1－6.1
外科正宗十二卷　(明)陳實功撰　清致盛堂刻本　一冊　存三卷(十至十二)

510000－2719－0000423　4－1－1－7.1
八仙圖二卷　(□)□□著　清刻本　一冊　存一卷

510000－2719－0000424　4－1－1－7
聲律啟蒙撮要二卷　(清)聶銑敏重訂　(清)車萬育著　(清)夏大觀箋　清刻本　二冊

510000－2719－0000425　4－1－1－8.1
試帖仙樣集裁詩十瀘二卷首論一卷　(清)麓峰居士輯　清文會堂刻本　一冊　缺一卷(下)

510000－2719－0000426　4－1－1－8
南雅堂醫書全集四十八種　(清)陳念祖著　清刻本　二冊　存八卷(景岳新方砭四卷、時方妙用四卷)

510000－2719－0000427　4－1－2－1
皇朝經世文編一百二十卷　(清)賀長齡輯　(清)魏源編　清藝蕓書局刻本　三十六冊　缺六十二卷(一至五十七、八十五、一百一十

七至一百二)

510000－2719－0000428　4－1－2－1.1
馮氏錦囊秘錄雜症四十九卷　(清)馮兆張纂　清刻本　二冊　存七卷(二至四、十三至十六)

510000－2719－0000429　4－1－2－10
分類應酬通考□□卷　(□)□□著　清石印本　三冊　存三卷(三至四、六)

510000－2719－0000430　4－1－2－3
維摩詰所說經三卷　(後秦)釋鳩摩羅什譯　清宣統二年(1910)刻本　一冊

510000－2719－0000431　4－1－2－4
御纂醫宗金鑑九十卷首一卷　(清)吳謙等撰　清刻本　二冊　存六卷(一、五至六、十一至十二,首一卷)

510000－2719－0000432　4－1－2－5
時方歌括二卷　(清)陳念祖撰　清光緒三十三年(1907)巴蜀善成堂刻本　一冊

510000－2719－0000433　4－1－2－6
太上感應篇一卷　(宋)李昌齡傳　清光緒二十四年(1898)刻本　七冊

510000－2719－0000434　4－1－2－8
事類賦補遺十四卷　(清)張均撰　清刻本　三冊　存十卷(一至十)

510000－2719－0000435　4－1－2－9
續廣事類賦三十卷　(清)王鳳喈撰　清刻本　一冊　存三卷(八至十)

510000－2719－0000436　4－1－3－1
唐詩三百首註疏四卷　(清)孫洙編　(清)章變注　**姓氏小傳一卷**　(清)于慶元輯　清道光二十七年(1847)刻本　三冊　存三卷(一、三、四)

510000－2719－0000437　4－1－3－1.1
魏荀公曾集一卷　(魏)荀勗著　清壽考堂刻本　一冊

510000－2719－0000438　4－1－3－10
異說後唐傳三集薛丁山征樊梨花全傳十卷八

十八回無書影　(清)如蓮居士撰　清刻本
一冊　存二卷(三至五)

510000－2719－0000439　4－1－3－11
大乘意講香山射鼓一卷　(□)□□著　清刻
本　一冊

510000－2719－0000440　4－1－3－12
大清真經一卷無書影　(□)□□著　清刻本
一冊

510000－2719－0000441　4－1－3－14
御纂朱子全書六十六卷　(清)李光地等編
清古香齋刻本　十六冊　存三十卷(十一至
十四、二十三至二十四、三十三至三十四、三
十七至四十八、五十一、五十三至五十九、六
十三至六十四)

510000－2719－0000442　4－1－3－2
唐詩三百首續選一卷　(清)于慶元編　清經
濟堂刻本　一冊

510000－2719－0000443　4－1－3－2.1
法華大成音義九卷懸談一卷　(清)淨昇集
清刻本　一冊　存九卷(一至八、懸談一卷)

510000－2719－0000444　4－1－3－3
唐詩三百首六卷　(清)孫洙編　清道光二十
三年(1843)文發堂刻本　一冊　存二卷(一
至二)

510000－2719－0000445　4－1－3－3.1
天台四教儀集註十卷　(元)蒙潤集　清刻本
一冊　存二卷(九至十)

510000－2719－0000446　4－1－3－4
唐詩三百首六卷　(清)孫洙編　清光緒十年
(1884)樂道齋刻本　二冊

510000－2719－0000447　4－1－3－4.1
文殊師利所說摩訶般若菠蘿蜜經一卷　(南
朝梁)曼陀羅僊譯　清道光十一年(1831)刻
本　一冊

510000－2719－0000448　4－1－3－5
唐詩三百首註釋六卷　(清)孫洙編　(清)章
燮注　姓氏小傳一卷　(清)于慶元輯　清光

緒十六年(1890)蔾照書屋刻本　二冊　缺二
卷(三至四)

510000－2719－0000449　4－1－3－5.1
文殊五字根本真言念誦法　(□)□□著　清
刻本　一冊

510000－2719－0000450　4－1－3－6
唐詩三百首註釋六卷　(清)孫洙編　(清)章
燮注　姓氏小傳一卷附唐詩三百首續選一卷
(清)于慶元編　清光緒十六年(1890)蔾照
書屋刻本　三冊

510000－2719－0000451　4－1－3－7
唐詩三百首註疏四卷　(清)孫洙編　(清)章
燮注　姓氏小傳一卷　(清)于慶元輯　清刻
本　二冊　存二卷(一、四)

510000－2719－0000452　4－1－3－8
唐詩三百首註釋六卷　(清)孫洙編　(清)章
燮注　姓氏小傳一卷　(清)于慶元輯　清經
濟堂刻本　一冊　存一卷(二)

510000－2719－0000453　4－1－3－8.1
四言雜字不分卷　(□)□□著　清刻本
一冊

510000－2719－0000454　4－1－3－9
唐詩三百首六卷　(清)孫洙編　清光緒十年
(1884)樂道齋刻本　一冊

510000－2719－0000455　4－1－3－9.1
書經□□卷　(□)□□著　清刻本　一冊
存一卷(六)

510000－2719－0000456　4－1－4－1
唐詩三百首旁訓二卷　(清)孫洙編　清光緒
二十三年(1897)成都正字山房刻本　二冊

510000－2719－0000457　4－1－4－1.1
新刊校正增補圓機活法詩學全書二十四卷
(明)王世貞增校　清刻本　十二冊　存十八
卷(一至三、五至十九)

510000－2719－0000458　4－1－4－2
唐詩三百首旁訓二卷　(清)孫洙編　清光緒
二十三年(1897)成都正字山房刻本　一冊

廣漢市圖書館古籍普查登記目錄

存一卷(上)

510000－2719－0000459　4－1－4－2.1

嶺南遺書四十八種　（清）伍元薇　（清）伍崇曜輯　清刻本　六冊　存八卷(昭代經濟言四至五、八至十,算迪二至四)

510000－2719－0000460　4－1－4－3

唐詩三百首六卷　（清）孫洙編　清刻本　一冊　存一卷(一)

510000－2719－0000461　4－1－4－4

唐詩三百首註疏四卷　（清）孫洙編　（清）章燮注　姓氏小傳一卷　（清）于慶元輯　清刻本　一冊　存一卷(一)

510000－2719－0000462　4－1－4－5

唐詩三百首六卷　（清）孫洙編　清刻本　一冊　存四卷(三至六)

510000－2719－0000463　4－1－4－6

唐詩三百首註疏四卷　（清）孫洙編　（清）章燮注　清刻本　三冊　缺一卷(一)

510000－2719－0000464　4－1－4－7

唐詩三百首註釋六卷　（清）孫洙編　（清）章燮注　唐詩三百首續選一卷　（清）于慶元編　清經濟堂刻本　二冊　存三卷(三至四、續選一卷)

510000－2719－0000465　4－1－4－8

唐詩三百首註釋六卷　（清）孫洙編　（清）章燮注　清經濟堂刻本　一冊　存一卷(四)

510000－2719－0000466　4－1－4－9

御選歷代詩餘一百二十卷　（清）王奕清等編　清刻本　十冊　存二十二卷(二至三、十三至十五、二十至二十二、二十五至二十六、四十七至四十八、五十一至五十二、五十七至五十八、六十一至六十六)

510000－2719－0000467　4－2－1－1

皇朝經世文編一百二十卷目錄二卷　（清）賀長齡輯　（清）魏源編　清刻本　五十四冊　存八十四卷(一至六、九、十一至十八、二十一至二十五、二十七至二十九、三十二至三十

三、三十九至四十七、五十至五十一、五十五至五十六、五十八至六十、六十三至六十八、七十至八十九、九十四至九十六、九十八、一百零四至一百零六、一百零八至一百一十二、一百一十四至一百一十七、一百二)

510000－2719－0000468　4－2－1－1.1

算學課藝四卷　（清）席淦　（清）貴榮編　清刻本　一冊　存一卷(二)

510000－2719－0000469　4－2－1－10

達生編二卷　（清）亟齋居士撰　清刻本　一冊

510000－2719－0000470　4－2－1－11

儒宗三要至命集二卷　（清）李保乾輯　清刻本　一冊

510000－2719－0000471　4－2－1－12

新編玄機妙訣斷易黃金策三卷　（明）劉基著　清善成堂刻本　一冊

510000－2719－0000472　4－2－1－13

醫學入門七卷首一卷　（明）李梴撰　清刻本　一冊　存一卷(三)

510000－2719－0000473　4－2－1－14

名醫類案十二卷　（明）江瓘集　清刻本　二冊　存二卷(十一至十二)

510000－2719－0000474　4－2－1－15

古今名醫彙粹八卷　（清）羅美東集　清刻本　一冊　存一卷(六)

510000－2719－0000475　4－2－1－16

醫理真傳四卷　（清）鄭壽全撰　清刻本　一冊　存一卷(四)

510000－2719－0000476　4－2－1－17

辨難大成□□卷　（□）□□著　清刻本　四冊　存一卷(七)

510000－2719－0000477　4－2－1－2

重刊道藏輯要二十八集二百九十種　（清）彭定求輯　（清）閻永和增　清刻本　一冊　存一卷(悟真篇一卷)

510000－2719－0000478　4－2－1－3

佩文韻府一百六卷 （清）張玉書等纂 清刻本 一冊 存一卷（二十七）

510000－2719－0000479 4－2－1－4

韻府拾遺一百六卷 （清）張廷玉等纂 清刻本 一冊 存六卷（十七至二十二）

510000－2719－0000480 4－2－1－5

入地眼全書龍法十卷 （宋）釋靜道著 清刻本 一冊 存一卷（二）

510000－2719－0000481 4－2－1－6

荀子二十卷 （清）王先謙集解 清刻本 二冊 存七卷（十三至十六、十八至二十）

510000－2719－0000482 4－2－1－7

外科證治全書五卷末一卷 （清）許克昌（清）畢法輯 清刻本 一冊 存二卷（五，末一卷）

510000－2719－0000483 4－2－1－8

達生編二卷 （清）亟齋居士撰 清咸豐八年（1858）漢城文順堂刻字鋪刻本 一冊

510000－2719－0000484 4－2－1－9

達生編二卷 （清）亟齋居士撰 清咸豐八年（1858）漢城文順堂刻字鋪刻本 一冊

510000－2719－0000485 4－2－2－1

古文快筆貫通解四卷 （清）杭永年評 清刻本 二冊 存二卷（二至三）

510000－2719－0000486 4－2－2－1.1

呂純陽先生編年詩集九卷附刻呂氏詩抄一卷 （清）火西月編 清道光二十六年（1846）空青洞天刻本 三冊 存七卷（一至二、六至九，附刻詩抄一卷）

510000－2719－0000487 4－2－2－2

十八家詩鈔二十八卷 （清）曾國藩纂 清同治十三年（1874）傳忠書局刻本 十九冊 缺八卷（二、四、六至十一）

510000－2719－0000488 4－2－2－2.1

曾文正公書劄三十三卷 （清）曾國藩撰 清刻本 二冊 存三卷（二十七、三十至三十一）

510000－2719－0000489 4－2－2－3

十八家詩鈔二十八卷 （清）曾國藩纂 清刻本 六冊 存九卷（十七至二十、二十四至二十八）

510000－2719－0000490 4－2－2－3.1

鍼灸大成十卷 （明）楊繼洲撰 清道光十四年（1834）聚文堂刻本 六冊 存六卷（一至五、七）

510000－2719－0000491 4－2－2－4

十八家詩鈔二十八卷 （清）曾國藩纂 清刻本 一冊 存一卷（十三）

510000－2719－0000492 4－2－2－4.1

紀效新書八卷首一卷 （明）戚繼光撰 清刻本 二冊 存八卷（二至七、十七至十八）

510000－2719－0000493 4－2－2－5

萬斛珠類編八卷 （明）王鳳洲撰 清刻本 二冊 存四卷（一至二、五至六）

510000－2719－0000494 4－2－2－6

指玄篇一卷 （唐）呂純陽撰 清刻本 一冊

510000－2719－0000495 4－2－2－7

重訂廣事類賦四十卷 （清）華希閔撰 清刻本 三冊 存十二卷（三至六、十四至十七、二十三至二十六）

510000－2719－0000496 4－2－3－1

地藏菩薩本願經三卷 （唐）釋實叉難陀譯 清刻本 四冊

510000－2719－0000497 4－2－3－10

重刻添補傳家寶俚言新本八卷首一卷 （清）石成金撰 清刻本 二冊 存三卷（一、六，首一卷）

510000－2719－0000498 4－2－3－11

孟子□□卷 （□）□□著 清刻本 三冊 存五卷（二十三至二十四、二十七至二十九）

510000－2719－0000499 4－2－3－12

尚論張仲景傷寒論重編三百九十七法後篇四卷 （清）喻昌著 清刻本 一冊

510000－2719－0000500 4－2－3－2

廣漢市圖書館古籍普查登記目錄

紅樓夢一百二十回　（清）曹霑撰　清刻本
十九冊　缺七回（十三至十九）

510000－2719－0000501　4－2－3－2.1
新增幼學故事瓊林四卷　（清）程允升撰
（清）鄒聖脈增補　清刻本　一冊　存一卷
（四）

510000－2719－0000502　4－2－3－3
新增幼學故事瓊林四卷　（清）程允升撰
（清）鄒聖脈增補　清刻本　一冊　存一卷
（三）

510000－2719－0000503　4－2－3－4
新增幼學故事瓊林□□卷　（清）程允升撰
（清）鄒聖脈增補　清刻本　三冊　存三卷
（二、四至五）

510000－2719－0000504　4－2－3－5
新增幼學故事瓊林四卷　（清）程允升撰
（清）鄒聖脈增補　清刻本　一冊　存一卷
（四）

510000－2719－0000505　4－2－3－6
寄傲山房塾課新增幼學故事瓊林四卷　（清）
程允升撰　（清）鄒聖脈增補　清刻本　一冊
存一卷（三）

510000－2719－0000506　4－2－3－7
寄傲山房塾課新增幼學故事瓊林四卷　（清）
程允升撰　（清）鄒聖脈增補　清刻本　二冊
存二卷（二、四）

510000－2719－0000507　4－2－3－8
廣事類賦四十卷　（清）吳世旃撰　清刻本
一冊　存八卷（十至十七）

510000－2719－0000508　4－2－3－9
廣事類賦四十卷　（清）吳世旃撰　清刻本
一冊　存十卷（二十三至三十二）

510000－2719－0000509　4－2－4－1
漢魏六朝一百三家集　（明）張溥輯　清壽考
堂刻本　十冊　存十二卷（董膠西集一卷、班
蘭臺集一卷、梁元帝集一卷、謝宣城集一卷、
傅鶉觚集一卷、漢劉中壘集一卷、梁簡文帝御

製集一、魏鍾司徒集一卷、晉杜征南集一卷、
魏荀公曾集一卷、梁武帝御製集一卷、潘黃門
集一卷）

510000－2719－0000510　4－2－4－1.1
黃帝內經靈樞註證發微七卷　（明）馬蒔著
清刻本　三冊　存三卷（一至二、六）

510000－2719－0000511　4－2－4－2
漢魏六朝一百三家集　（明）張溥輯　清刻本
十一冊　存十八卷（徐僕射集一卷、沈侍中
集一卷、梁丘司空集一卷、庾開府集一、王左
丞集一卷、劉豫章集一卷、郭弘農集一至二、
顏光祿集一卷、陸清河集一至二、蔡中郎集
二、陳後主集一卷、吳朝請集一卷、沈隱侯集
二、潘黃門集一卷、牛奇章集一卷、李懷州集
一卷）

510000－2719－0000512　4－2－4－2.1
子史精華一百六十卷　（清）聖祖玄燁撰　清
刻本　一冊　存七卷（一百一至一百七）

510000－2719－0000513　4－2－4－3
聊齋志異評註十六卷　（清）蒲松齡著　（清）
呂湛恩註　清刻本　五冊　存五卷（四至八）

510000－2719－0000514　4－2－4－3.1
摘錄養正遺規□□卷　（清）陳宏謀撰　清刻
本　一冊　存一卷（一）

510000－2719－0000515　4－2－4－4
新刻校正李東垣先生珍珠囊二卷　（清）李得
春輯　清刻本　一冊

510000－2719－0000516　4－2－4－5
醫方辨難大成□□卷　（□）□□著　清刻本
三冊　存十七卷（七十至八十六）

510000－2719－0000517　4－2－4－6
芥子園畫傳一集六卷二集九卷三集六卷
（清）王概繪　清鉛印本　二冊　存四卷（二
集六、□集一至三）

510000－2719－0000518　4－2－4－7
奇門遁甲大全三十卷　（明）劉伯溫校　清刻
本　三冊　存十一卷（一至十一）

四川省十二家收藏單位古籍普查登記目錄

510000－2719－0000519　4－2－4－8

分類詩腋八卷　（清）李楨編　清藜照書屋刻本　四冊

510000－2719－0000520　4－3－1－1

居官寡過錄四卷　（清）胡衍虞撰　清乾隆四十年(1775)刻本　四冊

510000－2719－0000521　4－3－1－1.1

古文詞畧二十卷　（清）梅曾亮選　清光緒二十五年(1899)成都志古堂刻本　六冊

510000－2719－0000522　4－3－1－1.2

大佛頂經序指味疏一卷　（元）唯則撰序（清）諦閑述疏　清刻本　一冊

510000－2719－0000523　4－3－1－10

增補地理直指原真三卷首一卷　（清）釋如玉著　清刻本　一冊　存一卷（下）

510000－2719－0000524　4－3－1－10.1

大成摘要□□卷　（□）□□著　清刻本　二冊　存二卷（十二至十三）

510000－2719－0000525　4－3－1－11

東醫寶鑒二十三卷　（朝鮮）許浚撰　清刻本　二冊　存二卷（二至三）

510000－2719－0000526　4－3－1－12

欽定四庫全書簡明目錄二十卷　（清）紀昀等編　清刻本　一冊　存二卷（十六至十七）

510000－2719－0000527　4－3－1－13

欽定四庫全書簡明目錄二十卷　（清）紀昀等編　清刻本　六冊　存十一卷（一至三、六至九、十三至十六）

510000－2719－0000528　4－3－1－2

史學提要箋釋五卷　（宋）黃繼善撰　（清）楊錫祐釋　清刻本　二冊　存二卷（一、三）

510000－2719－0000529　4－3－1－2.1

古文詞畧二十卷　（清）梅曾亮選　清刻本　三冊　存十卷（六至十五）

510000－2719－0000530　4－3－1－2.2

湯頭歌括不分卷　（□）□□著　清刻本　一冊

510000－2719－0000531　4－3－1－3

學治要言一卷　（清）左宗棠編　清光緒十五年(1889)陝西藩署刻本　一冊

510000－2719－0000532　4－3－1－3.1

古文分編集評初集五卷古文分編集評二集五卷古文分編集評三集八卷古文分編集評四集四卷　（清）于光華編　清刻本　十八冊

510000－2719－0000533　4－3－1－3.2

供請十六大阿羅漢護教略儀一卷　（□）□□著　清刻本　一冊

510000－2719－0000534　4－3－1－4

皇朝政典挈要六卷　（日本）增田貢著　清石印本　一冊

510000－2719－0000535　4－3－1－4.1

養正遺規二卷補編一卷　（清）陳弘謀編　清刻本　二冊

510000－2719－0000536　4－3－1－5

國朝先正事略六十卷首一卷　（清）李元度纂　清光緒二十七年(1901)千頃堂石印本　八冊

510000－2719－0000537　4－3－1－5.1

白喉捷要一卷　（清）張紹修原本　（清）匡之中增補　清光緒元年(1875)術古堂刻本　一冊

510000－2719－0000538　4－3－1－6

國朝先正事略續編三十卷　（清）朱孔璋撰　清光緒二十六年(1900)石印本　二冊　存四卷（一至四）

510000－2719－0000539　4－3－1－6.1

臟腑圖說症治合璧□□卷　（清）羅定昌述　清正字山房刻本　二冊　存一卷（上）

510000－2719－0000540　4－3－1－7

後漢書一百二十卷　（南朝宋）范曄撰　（唐）李賢注　清乾隆四年(1739)刻本　四冊　存十六卷（一至四、四十九至六十）

510000－2719－0000541　4－3－1－7.1

葉氏醫衡二卷　（清）葉桂撰　清桂林書屋刻

本　二冊

510000－2719－0000542　4－3－1－8
東都事略一百三十卷　（宋）王偁撰　清刻本
三冊　存二十七卷（四十二至五十九、七十
九至八十七）

510000－2719－0000543　4－3－1－8.1
羅氏家藏一卷　（□）□□著　清刻本　一冊

510000－2719－0000544　4－3－1－9
史略提綱註釋六卷　（清）羅繡文編輯　清刻
本　二冊　存四卷（二至五）

510000－2719－0000545　4－3－1－9.1
危言四卷　（清）湯震著　清刻本　一冊　存
二卷（二至三）

510000－2719－0000546　4－3－2－1
綱鑑總論二卷　（明）顧充著　清光緒二十七
年（1901）新化三味書局刻本　二冊

510000－2719－0000547　4－3－2－1.1
唐宋八家鈔八卷　（清）高塘編　清刻本　四
冊　存五卷（二至三、五、七至八）

510000－2719－0000548　4－3－2－1.2
醫方捷徑二卷　（□）□□著　清刻本　一冊
存一卷（下）

510000－2719－0000549　4－3－2－10
地理原本說四卷　（清）曹家甲著　清刻本
一冊　存一卷（一）

510000－2719－0000550　4－3－2－10.1
醫學心悟五卷外科十法一卷　（清）陳國彭著
清刻本　四冊　存四卷（一至四）

510000－2719－0000551　4－3－2－11
戰國策三十三卷　（漢）高誘注　清刻本　一
冊　存四卷（二十三至二十六）

510000－2719－0000552　4－3－2－2
**國朝漢學師承記八卷附國朝經師經義目錄一
卷國朝宋學淵源記二卷**　（清）江藩纂　清光
緒二十二年（1896）成都志古堂刻本　二冊
存六卷（國朝漢學師承記六至八、國朝經師經
義目錄一卷、國朝宋學淵源記二卷）

510000－2719－0000553　4－3－2－2.1
唐宋八家文讀本三十卷　（清）沈德潛評　清
刻本　十一冊　缺十三卷（一至七、十四至十
五、二十至二十一、二十五至二十六）

510000－2719－0000554　4－3－2－2.2
新刻校正李東垣先生珍珠囊二卷　（□）□□
著　清刻本　一冊　存一卷（上）

510000－2719－0000555　4－3－2－3
國朝先正事略六十卷首一卷　（清）李元度纂
清刻本　三冊　存八卷（五至六、十七至十
八、四十五至四十八）

510000－2719－0000556　4－3－2－3.1
**第一才子書繡像三國志演義六十卷一百二十
回**　（明）羅本撰　（清）毛宗崗評　清光緒三
十年（1904）上海商務印書館鉛印本　十一冊
缺六卷（三十七至四十二）

510000－2719－0000557　4－3－2－3.2
本草備要醫方集解合編三十卷　（清）汪昂輯
清刻本　三冊　存十八卷（本草備要二、四
至五、九至十一，醫方集解上三至六、下一至
八）

510000－2719－0000558　4－3－2－4
史略提綱註釋六卷　（清）羅繡文編　清刻本
二冊　存二卷（五至六）

510000－2719－0000559　4－3－2－4.1
馮氏錦囊秘錄痘疹四十九卷　（清）馮楚瞻撰
清刻本　四冊　存五卷（一、三至五、十八）

510000－2719－0000560　4－3－2－5
史通削繁四卷　（唐）劉知幾撰　（清）紀昀削
繁　（清）浦起龍注　清刻本　四冊

510000－2719－0000561　4－3－2－5.1
元亨療馬集六卷　（明）喻本元撰　清刻本
三冊　存二卷（二至三）

510000－2719－0000562　4－3－2－6
資治通鑑二百九十四卷　（宋）司馬光編
（元）胡三省註　清刻本　一冊　存三卷（五
十六至五十八）

510000－2719－0000563　4－3－2－6.1
醫理元樞十二卷　（清）朱音恬纂　清刻本
二冊　存二卷(四至五)

510000－2719－0000564　4－3－2－7
南史八十卷　（唐）李延壽撰　明崇禎十三年
(1640)琴川毛氏汲古閣刻本　一冊　存四卷
(六十九至七十二)

510000－2719－0000565　4－3－2－7.1
黃帝内經素問二十四卷　（明）吳崑註　清刻
本　一冊　存二卷(二十二至二十四)

510000－2719－0000566　4－3－2－8
五洲圖韻二卷　（清）張士瀛著　（清）梁國邦
繪　清刻本　一冊

510000－2719－0000567　4－3－2－8.1
新訂忍氣俗歌不分卷　（清）廖免驕譔　清刻
本　一冊

510000－2719－0000568　4－3－2－9
史存三十卷　（清）劉沅輯　清刻本　一冊
存一卷(十七)

510000－2719－0000569　4－3－2－9.2
傷寒論註四卷　（清）柯琴編註　清刻本　一
冊　存二卷(一至二)

510000－2719－0000570　4－3－3－1
考古圖十卷　（宋）呂大臨撰　（元）羅更翁考
訂　清刻本　一冊　存二卷(五至六)

510000－2719－0000571　4－3－3－1.1
駢體文鈔三十一卷　（清）李兆洛輯　清合河
康氏家塾刻本　八冊

510000－2719－0000572　4－3－3－1.2
新搜神記二十卷　（清）李調元撰　清影印本
二冊　存十二卷(一至十二)

510000－2719－0000573　4－3－3－10
前漢書鈔四卷　（清）高塘撰　清刻本　一冊
存一卷(四)

510000－2719－0000574　4－3－3－11
史腴二卷　（清）周金壇纂　清刻本　一冊
存一卷(下)

510000－2719－0000575　4－3－3－12
廣治平略三十六卷　（清）蔡方炳著　清刻本
一冊　存九卷(一至九)

510000－2719－0000576　4－3－3－2
蜀龜鑑七卷首一卷　（清）劉景伯編　清刻本
一冊　存二卷(三至四)

510000－2719－0000577　4－3－3－2.1
駢體文鈔三十一卷　（清）李兆洛輯　清刻本
十一冊　缺一卷(一)

510000－2719－0000578　4－3－3－2.2
宣室志十卷補遺一卷　（唐）張讀撰　清刻本
二冊

510000－2719－0000579　4－3－3－3
駢體文鈔三十一卷　（清）李兆洛輯　清光緒
七年(1881)四川尊經書局重刻本　六冊　存
十八卷(一至七、十二至二十二)

510000－2719－0000580　4－3－3－3.1
刪註脈訣規□□卷　（□）□□著　清刻本
一冊　存一卷(下)

510000－2719－0000581　4－3－3－4
三才略三卷　（清）蔣德鈞輯　清光緒二十七
年(1901)益智書屋刻本　一冊

510000－2719－0000582　4－3－3－4.1
駢體文鈔三十一卷　（清）李兆洛輯　清刻本
二冊　存九卷(十二至十六、二十六至二十
九)

510000－2719－0000583　4－3－3－4.2
西遊真詮一百回　（明）吳承恩撰　清刻本
四冊　存十九回(七至十、五十至五十三、六
十七至七十一、七十七至八十二)

510000－2719－0000584　4－3－3－5
三才略三卷　（清）蔣德鈞輯　清湘鄉蔣氏刻
本　一冊　存三卷(一至三)

510000－2719－0000585　4－3－3－5.1
增補脈訣□□卷　（□）□□著　清刻本　一
冊　存一卷(五集)

510000－2719－0000586　4－3－3－6

廣漢市圖書館古籍普查登記目錄

[嘉慶]漢州志四十卷首一卷末一卷　（清）劉長庚修　清刻本　二冊　存二卷（三十五至三十六）

510000－2719－0000587　4－3－3－6.1
景岳全書六十四卷　（明）張介賓著　清刻本　六冊　存十三卷（四十三至四十五、四十八至四十九、五十至五十七）

510000－2719－0000588　4－3－3－7
[嘉慶]漢州志四十卷首一卷末一卷　（清）劉長庚修　清刻本　一冊　存四卷（二十九至三十二）

510000－2719－0000589　4－3－3－7.1
神農本草經百種錄一卷　（清）徐靈胎著　清刻本　一冊

510000－2719－0000590　4－3－3－8
史記一百三十卷　（清）陳子龍測議　（清）徐孚遠測議　清刻本　三冊　存十一卷（一百十八至一百二十八）

510000－2719－0000591　4－3－3－8.1
醫學一見能一卷　（清）唐宗海著　清文芳堂刻本　一冊

510000－2719－0000592　4－3－3－9
[乾隆]貴州通志四十六卷首一卷　（清）鄂爾泰修　清刻本　二冊　存六卷（一至二、二十八至三十,首一卷）

510000－2719－0000593　4－3－3－9.1
千金裘初集二十七卷二集二十六卷　（清）蔣義彬纂　清刻本　五冊　存二十五卷（初集二十一至二十七、二集一至十二、二十一至二十六）

510000－2719－0000594　4－3－4－1
天下郡國利病書一百二十卷　（清）顧炎武輯　清成都龍萬育蠻堂刻本　一冊　存二卷（九十五至九十六）

510000－2719－0000595　4－3－4－1.1
東周列國全志二十三卷一百零八回　（清）蔡奡評　清刻本　十二冊

510000－2719－0000596　4－3－4－1.2
新刻劍嘯閣批評西漢演義傳八卷　（明）甄偉撰　清刻本　二冊　存二卷（五、七）

510000－2719－0000597　4－3－4－10
讀史方輿紀要一百三十卷　（清）顧祖禹輯　清敷文閣刻本　一冊　存一卷（四）

510000－2719－0000598　4－3－4－10.1
校邠盧抗議□□卷　（清）馮桂芬著　清光緒二十三年(1897)成都志古堂刻本　一冊　存一卷（上）

510000－2719－0000599　4－3－4－11
時事新論十二卷　（英國）李提摩太著　清光緒二十四年(1898)元亨堂刻本　一冊　存二卷（一至二）

510000－2719－0000600　4－3－4－11.1
地理五訣八卷　（清）趙廷棟著　清刻本　一冊　存三卷（六至八）

510000－2719－0000601　4－3－4－12
今古奇觀四十卷　（明）抱甕老人輯　清刻本　一冊　存二卷（二十三至二十四）

510000－2719－0000602　4－3－4－13
增智囊補二十八卷　（明）馮夢龍輯　清刻本　五冊　存十五卷（五至九、十三至二十二）

510000－2719－0000603　4－3－4－2
天下郡國利病書一百二十卷　（清）顧炎武輯　清成都龍萬育蠻堂刻本　三冊　存十四卷（五十至五十二、八十一至八十八、一百十三至一百十五）

510000－2719－0000604　4－3－4－2.1
東周列國全志二十三卷一百零八回　（清）蔡奡評　清藜照書屋刻本　八冊　缺七卷（三至七、二十至二十一）

510000－2719－0000605　4－3－4－2.2
子問二卷　（清）劉沅著　清刻本　二冊

510000－2719－0000606　4－3－4－3
史存三十卷　（清）劉沅輯　清致福樓刻本　一冊　存二卷（二十至二十一）

510000－2719－0000607　4－3－4－3.1

新刊校正增補圓機詩韻活法全書十四卷
(明)王世貞校　清刻本　二冊　存四卷(一至四)

510000－2719－0000608　4－3－4－4

東華錄十六卷　(清)蔣良騏編　清刻本　一冊　存一卷(三)

510000－2719－0000609　4－3－4－4.1

新刊校正增補圓機詩韻活法全書十四卷
(明)王世貞校　清刻本　一冊　存二卷(四至五)

510000－2719－0000610　4－3－4－5

鄉兵管見三卷　(清)李棪著　清光緒二十四年(1898)刻本　一冊

510000－2719－0000611　4－3－4－5.1

集說詮真提要不分卷　(清)黃伯祿輯　清刻本　一冊

510000－2719－0000612　4－3－4－6

東萊先生音註唐鑑二十四卷　(宋)范祖禹撰　(宋)呂祖謙註　清刻本　一冊　存七卷(十八至二十四)

510000－2719－0000613　4－3－4－7

史外三十二卷　(清)汪有典撰　清刻本　一冊　存二卷(七至八)

510000－2719－0000614　4－3－4－7.1

唐人試律說一卷　(清)紀昀撰　清刻本　一冊

510000－2719－0000615　4－3－4－8

三國志六十五卷　(晉)陳壽撰　清汲古閣刻本　四冊　存二十一卷(一至十一、三十五至四十四)

510000－2719－0000616　4－3－4－8.1

六壬直指八卷　(清)徐端撰　清刻本　一冊

510000－2719－0000617　4－3－4－9

唐書二百二十五卷　(宋)歐陽修等撰　清刻本　一冊　存五卷(四至八)

510000－2719－0000618　4－3－4－9.1

張三豐先生全集八卷　(清)李西月編　清刻本　一冊　存一卷(八)

510000－2719－0000619　4－4－1－1

讀史方輿紀要一百三十卷　(清)顧祖禹輯　清敷文閣刻本　六冊　存六卷(一至四、四十一至四十二)

510000－2719－0000620　4－4－1－1.1

東周列國全志二十三卷一百零八回　(清)蔡奡評點　清刻本　三冊　存六卷(十四至十七、二十至二十一)

510000－2719－0000621　4－4－1－1.2

御纂朱子全書六十六卷　(宋)朱熹撰　清刻本　四冊　存四卷(二十七、四十六至四十七、六十三)

510000－2719－0000622　4－4－1－10

濟生拔粹方十九卷　(元)杜思敬輯　清刻本　一冊　存二卷(醫學發明一卷、活法機要一卷)

510000－2719－0000623　4－4－1－11

尚論張仲景傷寒論重編三百九十七法二卷首一卷　(清)喻昌著　清竹秀山房刻本　二冊

510000－2719－0000624　4－4－1－2

讀史方輿紀要一百三十卷　(清)顧祖禹輯　清刻本　一冊　存二卷(七至八)

510000－2719－0000625　4－4－1－2.1

東周列國全志二十三卷一百零八回　(清)蔡奡評　清刻本　三冊　存七卷(三至四、七至九、十二至十三)

510000－2719－0000626　4－4－1－2.2

御纂朱子全書六十六卷　(宋)朱熹撰　清刻本　二冊　存二卷(二十八至二十九)

510000－2719－0000627　4－4－1－3

史外三十二卷　(清)汪有典著　清同治九年(1870)刻本　六冊　存六卷(一至三、六至八)

510000－2719－0000628　4－4－1－3.1

東周列國全志二十三卷一百零八回　(清)蔡

廣漢市圖書館古籍普查登記目錄

昇評　清刻本　三冊　存六卷(二至七)

510000－2719－0000629　4－4－1－3.2
御纂朱子全書六十六卷　（宋）朱熹撰　清刻本　一冊　存一卷(三十一)

510000－2719－0000630　4－4－1－4
歷代名臣列傳三十五卷首一卷　（清）朱軾（清）蔡世遠訂　清刻本　六冊　存十五卷(一、五至六、十至十七、二十一至二十三,首一卷)

510000－2719－0000631　4－4－1－4.1
東周列國全志二十三卷一百零八回　（清）蔡昇評　清刻本　一冊　存二卷(二至三)

510000－2719－0000632　4－4－1－4.2
北夢瑣言二十卷　（宋）孫光憲撰　清刻本　一冊　存八卷(十三至二十)

510000－2719－0000633　4－4－1－5
庸庵時務要略文篇□□卷　（清）薛福成著　清刻本　一冊　存一卷(二)

510000－2719－0000634　4－4－1－5.1
東周列國全志二十三卷一百零八回　（清）蔡昇評　清刻本　一冊　存二卷(十六至十七)

510000－2719－0000635　4－4－1－5.2
文祖正訂寒溫條辨□□卷　（□）□□著　清刻本　二冊　存五卷(三至七)

510000－2719－0000636　4－4－1－6
欽定續文獻通考輯要二十六卷　（清）湯壽潛輯　清通雅堂鉛印本　三冊　存九卷(十八至二十六)

510000－2719－0000637　4－4－1－6.1
東周列國全志二十三卷一百零八回　（清）蔡昇評　清刻本　一冊　存二卷(十四至十五)

510000－2719－0000638　4－4－1－6.2
醫方一盤珠全集十卷　（清）洪金鼎纂　清刻本　一冊　存五卷(六至十)

510000－2719－0000639　4－4－1－7
地理辨正疏五卷首一卷末一卷　（清）張心言著　清刻本　三冊　存三卷(四至五,末一

卷)

510000－2719－0000640　4－4－1－7.1
東周列國全志二十三卷一百零八回　（清）蔡昇評　清刻本　一冊　存三卷(二至四)

510000－2719－0000641　4－4－1－7.2
千金方衍義三十卷　（清）張璐撰　清刻本　一冊　存一卷(二)

510000－2719－0000642　4－4－1－8.1
東周列國全志二十三卷一百零八回　（清）蔡昇評　清刻本　一冊　存二卷(十二至十三)

510000－2719－0000643　4－4－1－8
婦人良方二十四卷　（宋）陳自明編　（明）薛己注　清刻本　一冊　存二卷(五至六)

510000－2719－0000644　4－4－1－9.1
東周列國全志二十三卷一百零八回　（清）蔡昇評　清刻本　十一冊　缺二卷(四至五)

510000－2719－0000645　4－4－1－9
增廣策學總纂大成四十六卷　（清）蔡壽祺輯　清刻本　一冊　存四卷(六至九)

510000－2719－0000646　4－4－2－1
沈文肅公政書七卷首一卷　（清）沈葆楨撰　清刻本　一冊　存一卷(六)

510000－2719－0000647　4－4－2－1.1
唐宋八家鈔八卷　（清）高塘編　清刻本　二冊　存二卷(三、五)

510000－2719－0000648　4－4－2－1.2
御纂朱子全書六十六卷　（宋）朱熹著　清刻本　三十五冊　缺十三卷(二十一至二十二、二十六至二十七、三十四、四十六至四十八、六十二至六十六)

510000－2719－0000649　4－4－2－10
歷代史論二十卷附左傳史論二卷　（明）張溥論　清浙江書局刻本　六冊　存十七卷(一至十二、十五至十九)

510000－2719－0000650　4－4－2－11
歷代史論十二卷宋史論三卷元史論一卷明史論四卷左傳史論二卷　（明）張溥論　清刻本

一冊　存二卷(宋史論三、元史論一)

510000－2719－0000651　4－4－2－12

重訂王鳳洲先生會纂綱鑑□□卷　(明)王世貞纂　清刻本　一冊　存二卷(一至二)

510000－2719－0000652　4－4－2－2

補元史藝文志四卷　(清)錢大昕撰　清光緒十九年(1893)廣雅書局刻本　一冊

510000－2719－0000653　4－4－2－2.1

墨選觀止不分卷　(清)梁葆慶輯　清刻本　一冊

510000－2719－0000654　4－4－2－3

宋遼金元四史朔閏攷二卷　(清)錢大昕撰　清光緒十七年(1891)廣雅書局刻本　一冊

510000－2719－0000655　4－4－2－3.1

板橋家書□□卷　(清)鄭燮著　清刻本　一冊　存一卷(六)

510000－2719－0000656　4－4－2－4

補五代史藝文志一卷　(清)顧櫰三譔　清光緒十七年(1891)廣雅書局刻本　一冊

510000－2719－0000657　4－4－2－4.1

杜詩鏡銓二十卷附諸家論杜一卷　(唐)杜甫撰　(清)楊倫編輯　**讀書堂杜工部文集註解二卷**　(清)張潽評註　清同治十一年(1872)望三益齋刻本　十冊

510000－2719－0000658　4－4－2－5

歷代職官表六卷　(清)黃本驥編　清光緒六年(1880)膚詁齋刻本　二冊　存二卷(一至二)

510000－2719－0000659　4－4－2－5.1

杜詩鏡銓二十卷附諸家論杜一卷　(唐)杜甫撰　(清)楊倫編輯　**讀書堂杜工部文集註解二卷**　(清)張潽評註　清同治十一年(1872)望三益齋刻本　七冊　缺二卷(十至十一)

510000－2719－0000660　4－4－2－6

帝王廟諡年諱譜一卷　(清)陸費墀編　清刻本　一冊

510000－2719－0000661　4－4－2－7

歷代帝王年表三卷　(清)齊召南編　清刻本　三冊

510000－2719－0000662　4－4－2－8

歷代史論二卷　(明)顧充著　清刻本　二冊

510000－2719－0000663　4－4－2－9

歷代史論二十卷附左傳史論二卷　(明)張溥論　左傳史論　(清)高士奇撰　清刻本　一冊　存四卷(一至四)

510000－2719－0000664　4－4－3－1

史記菁華錄六卷　(清)姚祖恩撰　清刻本　一冊　存一卷(一)

510000－2719－0000665　4－4－3－1.2

杜詩鏡銓二十卷　(唐)杜甫撰　(清)楊倫編輯　清刻本　一冊　存二卷(九至十)

510000－2719－0000666　4－4－3－1.1

御纂朱子全書六十六卷　(宋)朱熹著　清刻本　二十九冊　缺十四卷(九至十、二十七至二十八、三十一至三十二、三十五至三十六、三十八至三十九、五十五至五十六、六十五至六十六)

510000－2719－0000667　4－4－3－10

史記菁華錄六卷　(清)姚祖恩撰　清光緒十九年(1893)蜀西蘊古齋刻本　三冊　存三卷(一、四、六)

510000－2719－0000668　4－4－3－10.1

定國志二十卷　(□)□□著　清刻本　一冊　存一卷(十一)

510000－2719－0000669　4－4－3－2

御撰資治通鑑綱目三編二十卷　(清)張廷玉編　清刻本　一冊　存四卷(十七至二十)

510000－2719－0000670　4－4－3－2.1

杜詩鏡銓二十卷杜工部年譜一卷讀書堂杜工部文集註解二卷附諸家論杜一卷　(清)楊倫編　(清)張潽評　清刻本　四冊　缺十四卷(二至六、十至十六、十九至二十)

510000－2719－0000671　4－4－3－3

御撰資治通鑑綱目三編二十卷　(清)張廷玉

廣漢市圖書館古籍普查登記目錄

編 清刻本 一冊 存七卷(十四至二十)

510000－2719－0000672 4－4－3－3.1
朱子古文讀本六卷 (宋)朱熹撰 (清)周大璋輯 清刻本 二冊 存二卷(二、六)

510000－2719－0000673 4－4－3－4
御撰資治通鑑綱目三編二十卷 (清)張廷玉編 清光緒二十三年(1897)成都書局刻本 四冊

510000－2719－0000674 4－4－3－4.1
漢魏六朝一百三家集 (明)張溥輯 清刻本 一冊 存二卷(晉張景陽集一卷、劉越石集一卷)

510000－2719－0000675 4－4－3－5
御撰資治通鑑綱目三編二十卷 (清)張廷玉編 清刻本 二冊 存十二卷(九至二十)

510000－2719－0000676 4－4－3－5.1
新纂大孝目連報恩記一卷 (□)□□著 清刻本 一冊

510000－2719－0000677 4－4－3－6
御撰資治通鑑綱目三編二十卷 (清)張廷玉編 清刻本 三冊 缺五卷(十一至十五)

510000－2719－0000678 4－4－3－6.1
古文觀止十二卷 (清)吳乘權錄 (清)吳大職錄 清光緒十九年(1893)古香閣魏氏刻本 一冊 存二卷(一至二)

510000－2719－0000679 4－4－3－7
御撰資治通鑑綱目三編二十卷 (清)張廷玉編 清光緒二十三年(1897)成都書局刻本 三冊

510000－2719－0000680 4－4－3－7.1
重訂文選集評十五卷首一卷末一卷 (清)于光華編 清刻本 一冊 存一卷(首一卷)

510000－2719－0000681 4－4－3－8
御撰資治通鑑綱目三編二十卷 (清)張廷玉編 清刻本 四冊 存十四卷(五至十八)

510000－2719－0000682 4－4－3－8.1
唐宋八家鈔八卷 (清)高嵣編 清刻本 一

冊 存一卷(三)

510000－2719－0000683 4－4－3－9
御撰資治通鑑綱目三編二十卷 (清)張廷玉編 清刻本 一冊 存四卷(十三至十六)

510000－2719－0000684 4－4－3－9.1
安邦志二十卷 (□)□□著 清刻本 十四冊 存十三卷(一至三、八至十五、十七至十八)

510000－2719－0000685 4－4－4－1
新刊瑯琊王鳳洲先生編纂古本歷史大方綱鑑補□□卷 (明)王世貞編 清刻本 一冊 存二卷(三十八至三十九)

510000－2719－0000686 4－4－4－1.1
新刻余文榜私訪烏江渡一卷 (□)□□著 清末民初源盛堂刻本 一冊

510000－2719－0000687 4－4－4－1.2
太上黃庭內景經一卷太上黃庭外景經一卷 (明)朱權註 清刻本 一冊

510000－2719－0000688 4－4－4－10
重訂王鳳洲先生會纂綱鑑四十六卷 (明)王世貞纂 清刻本 八冊 存十四卷(七至十五、十八至二十、二十二至二十三)

510000－2719－0000689 4－4－4－10.1
御纂醫宗金鑑九十卷首一卷 (清)吳謙等輯 清刻本 一冊 存二卷(十一至十二)

510000－2719－0000690 4－4－4－2
新刊通鑑輯要□□卷 (□)□□著 清刻本 二冊 存二卷(一、十三)

510000－2719－0000691 4－4－4－2.1
禮記集解六十一卷 (清)孫希旦撰 (清)馮雪樵輯 清刻本 一冊 存一卷(一)

510000－2719－0000692 4－4－4－2.2
御撰朱子全書六十六卷 (宋)朱熹著 清刻本 一冊 存二卷(六十五至六十六)

510000－2719－0000693 4－4－4－3
綱鑑會纂三十九卷首一卷 (明)王世貞編 清刻本 二冊 存二卷(三十至三十一)

510000－2719－0000694　4－4－4－3.1
可自怡齋試帖輯註不分卷　（清）顧文彬撰
辛田試帖　（清）張用禧撰　清刻本　一冊

510000－2719－0000695　4－4－4－3.2
張三豐先生全集八卷　（清）李西月編　清刻
本　一冊　存一卷（八）

510000－2719－0000696　4－4－4－4
綱鑑會纂三十九卷首一卷　（明）王世貞編
清刻本　四冊　存四卷（三、十二至十三、二
十）

510000－2719－0000697　4－4－4－4.2
陽明先生集要三種　（明）王守仁撰　（清）施
四明輯　清宣統三年（1911）明明學社鉛印本
三冊　存二種十三卷（陽明先生經濟集一
至七，陽明先生文章集一至四、附古本大學原
文一卷、古本大學註一卷）

510000－2719－0000698　4－4－4－4.1
佛所行讚經五卷　（古印度）馬鳴撰　（北涼）
曇無讖譯　清刻本　一冊　存二卷（四至五）

510000－2719－0000699　4－4－4－5
尺木堂綱鑑易知錄九十二卷　（清）吳乘權等
輯　清刻本　二冊　存四卷（二十一至二十
四）

510000－2719－0000700　4－4－4－5.1
活人書二十卷　（宋）朱肱撰　清刻本　二冊
存六卷（十五至二十）

510000－2719－0000701　4－4－4－6
尺木堂綱鑑易知錄九十二卷　（清）吳乘權等
輯　清刻本　一冊　存三卷（三十九至四十
一）

510000－2719－0000702　4－4－4－6.1
三皈依觀初修略法一卷　（釋）隆蓮著　清刻
本　一冊

510000－2719－0000703　4－4－4－7
通鑑釋文辯誤十二卷　（元）胡三省著　清刻
本　一冊　存三卷（七至九）

510000－2719－0000704　4－4－4－7.1

510000－2719－0000705　4－4－4－8
御纂醫宗金鑑九十卷首一卷　（清）吳謙等輯
清刻本　六冊　存九卷（二至三、五至九、
十二至十三）

510000－2719－0000705　4－4－4－8
**新鍥趙田了凡袁先生編纂古本歷史大方綱鑑
補三十九卷首一卷**　（明）袁黃輯　清刻本
四冊　存四卷（十四至十五、二十二至二十
三）

510000－2719－0000706　4－4－4－8.1
御纂醫宗金鑑九十卷首一卷　（清）吳謙等輯
清刻本　三冊　存九卷（二十一至二十九）

510000－2719－0000707　4－4－4－9
**新刊趙田了凡袁先生編纂古本歷史大方綱鑑
補三十九首一卷**　（明）袁黃輯　清成都文倫
書局刻本　二冊　存四卷（三十二至三十三、
三十五至三十六）

510000－2719－0000708　4－4－4－9.1
御纂醫宗金鑑九十卷首一卷　（清）吳謙等輯
清刻本　五冊　存十一卷（二至三、十六至
十七、四十一至四十三、四十七至四十八、五
十一至五十二）

510000－2719－0000709　5－1－1－1
函海一百六十五種　（清）李調元輯　清萬卷
樓刻本　四十九冊　存二百二十九卷（麗情
集一卷，□麗情集一卷，名畫神品目一卷，法
帖神品目一卷，書品一卷，畫品一卷，淡墨錄
一至三、九至十六，官話一至三，周禮摘箋四
卷，儀禮古今考二卷，翼元一至二、六至九，均
藻二至四，夾漈遺稿三卷，雨村詞話四卷，雨
村曲話二卷，龍洲集一至九，農書三卷，採石
瓜洲斃亮記一卷，郭子翼莊一卷，古今同姓名
錄二卷，萩林伐山二十卷，產育寶慶集二卷，
顧顒經一卷，敷文鄭氏書說一卷，洪範統一一
卷，州縣提綱四卷，省心襍言一卷，謷林冗筆
四卷，東坡烏臺詩案一卷，雪履齋筆記一卷，
日聞錄一卷，鳴鶴餘音一卷，吳中舊事一卷，
唾餘續拾一至五，緝古筭經一卷，主客圖一
卷，續孟子一卷，夢樓選集四卷，甌北選集四
卷，雲南山川志一卷，滇載記一卷，玉名詁一

廣漢市圖書館古籍普查登記目錄

卷,俗言一卷,升庵先生年譜一卷,金華子雜編二卷,寶藏論一卷,石鼓文音釋三卷附錄一卷,山海經補註一卷,莊子闕誤一卷,樂府侍兒小名錄二卷,方言藻二卷,鄭氏古文尚書証訛四至十一,童山詩音說一至四,異魚圖贊二卷,異魚圖贊補三卷,異魚贊閏集一卷,龍龕手鑑一至二,金石古文七至十三,古雋八卷,諸家藏畫簿一至五,說文解字韻譜一至三、附錄一卷,卍齋璅錄十卷,奇字名七至十二,丹鉛雜錄十卷,全五代詩一至三、七至十四、十九至二十四、三十四至三十九、六十二至六十四)

510000－2719－0000710　5－1－1－1.2
御纂醫宗金鑑九十卷首一卷　（清）吳謙等輯
　清刻本　一冊　存二卷(五十九至六十)

510000－2719－0000711　5－1－1－1.1
後漢書一百二十卷　（南朝宋）范曄撰　（南朝梁）劉昭注　清刻本　四冊　存十八卷(二至十五、四十五至四十八)

510000－2719－0000712　5－1－1－2
御纂醫宗金鑑九十卷首一卷　（清）吳謙等輯
　清刻本　二冊　存五卷(五十三至五十四、五十九至六十一)

510000－2719－0000713　5－1－1－2.1
後漢書一百二十卷　（南朝宋）范曄撰　（唐）李賢註　（南朝梁）劉昭注　清刻本　六冊　存三十卷(七至十、二十三至四十五、一百一十八至一百二十)

510000－2719－0000714　5－1－1－3
御纂醫宗金鑑九十卷首一卷　（清）吳謙等輯
　清刻本　一冊　存一卷(八十三)

510000－2719－0000715　5－1－1－3.1
後漢書一百二十卷　（南朝宋）范曄撰　（唐）李賢註　清刻本　三冊　存十二卷(五十六至五十九、八十一至八十五、九十一至九十三)

510000－2719－0000716　5－1－1－4
御纂醫宗金鑑九十卷首一卷　（清）吳謙等輯

清刻本　一冊　存二卷(六十三至六十四)

510000－2719－0000717　5－1－1－4.1
後漢書一百二十卷　（南朝宋）范曄撰　（唐）李賢註　清刻本　四冊　存十三卷(一百八至一百二十)

510000－2719－0000718　5－1－1－5
御纂醫宗金鑑九十卷首一卷　（清）吳謙等輯
　清刻本　六冊　存九卷(三至四、七至十、十四至十六)

510000－2719－0000719　5－1－1－6
御纂醫宗金鑑九十卷首一卷　（清）吳謙等輯
　清刻本　十一冊　存三十卷(二至十六、二十三至二十四、三十二至四十二、五十一至五十二)

510000－2719－0000720　5－1－2－1
御纂醫宗金鑑九十卷首一卷　（清）吳謙等輯
　清刻本　十七冊　存三十四卷(一至十、十三至十四、十六至二十、二十三至二十四、三十五至四十三、六十九至七十四)

510000－2719－0000721　5－1－2－1.1
後漢書一百二十卷　（南朝宋）范曄撰　（唐）李賢註　清刻本　四冊　存三十卷(五十四至七十、六十一至六十五、七十七至八十、一百一十至一百一十三)

510000－2719－0000722　5－1－2－2.1
御纂醫宗金鑑九十卷首一卷　（清）吳謙等輯
　清刻本　二冊　存八卷(八至十五)

510000－2719－0000723　5－1－2－2
後漢書一百二十卷　（南朝宋）范曄撰　（唐）李賢註　清刻本　五冊　存二十二卷(十一至十五、四十五至四十八、五十四至五十七、七十七至八十五)

510000－2719－0000724　5－1－2－3.1
御纂醫宗金鑑九十卷首一卷　（清）吳謙等輯
　清石印本　二冊　存十卷(十一至二十)

510000－2719－0000725　5－1－2－3
後漢書一百二十卷　（南朝宋）范曄撰　（唐）

李賢註　清刻本　一冊　存四卷(七十七至八十)

510000－2719－0000726　5－1－2－4
後漢書一百二十卷　(南朝宋)范曄撰　(唐)李賢註　清刻本　一冊　存四卷(九十四至九十七)

510000－2719－0000727　5－1－2－5
後漢書一百二十卷　(南朝宋)范曄撰　(唐)李賢註　清刻本　一冊　存三卷(一百零一至一百零三)

510000－2719－0000728　5－1－2－6
後漢書一百二十卷　(南朝宋)范曄撰　(唐)李賢註　清刻本　七冊　存二十四卷(六十五至七十六、八十六至八十九、九十七至一百、一百零四至一百零七)

510000－2719－0000729　5－1－3－1
函海一百六十五種　(清)李調元輯　清刻本　八冊　存二十五卷(全五代詩十九至二十五、三十一至三十三、三十六至三十七、五十四至五十八、七十五至七十八、九十一至九十四)

510000－2719－0000730　5－1－3－1.2
御纂醫宗金鑑九十卷首一卷　(清)吳謙等輯　清刻本　十六冊　存二十一卷(二至七、九、十一至十七、十九至二十、二十二至二十五、四十)

510000－2719－0000731　5－1－3－1.1
後漢書一百二十卷　(南朝宋)范曄撰　(唐)李賢註　清同治十年(1871)成都書局刻本　十五冊　存五十九卷(一至三十二、四十至六十三、一百一十八至一百二十)

510000－2719－0000732　5－1－3－2
童山文集二十卷補遺一卷　(清)李調元著　清萬卷樓刻本　二冊　存九卷(一至四、十六至二十)

510000－2719－0000733　5－1－3－3
函海一百六十五種　(清)李調元輯　清刻本　一冊　存四卷(古雋一至四)

510000－2719－0000734　5－1－3－4
函海一百六十五種　(清)李調元輯　清刻本　三冊　存十四卷(左傳事緯四卷、夏小正箋一卷、月波洞中記一卷、產育寶慶集二卷、敷文鄭氏書說一卷、洪範統一一卷、程氏考古編四卷)

510000－2719－0000735　5－1－4－1
函海一百六十五種　(清)李調元輯　清杏苑齋刻本　二十五冊　存三十八種一百三十卷(建炎以來朝野雜記甲集一至六、十七至二十,金石古文一至十二,古文韻語一卷,石鼓文音釋三卷附錄一卷,秋林伐山十三至二十,易古文三卷,逸孟子一卷,十三經注疏錦字四卷,俗言一卷,麗情集一卷,□麗情集一卷,墐戶錄一卷,雲南山川志一卷,滇載記一卷,龍龕手鑑一卷,左傳官名考二卷,春秋三傳比二卷,通俗編十五卷,童山詩集三十七至四十二,奇字名九至十二,樂府侍兒小名一卷,均藻二至四,翼元一至三,蜀雅一至五,諸家藏書簿十卷,李石亭文集一至六,說文解字韻譜一至三,墨池瑣錄二卷,法帖神目一卷,名畫神品一卷,書品一卷,畫品一卷,哲匠金桴三至五,檀弓叢訓二卷,世說舊注一卷,山海經補註一卷,莊子闕誤一卷,全五代詩七十五至八十一)

510000－2719－0000736　5－1－4－1.1
弟子職箋釋一卷附史目表二卷　(清)洪亮吉學　清光緒三年(1877)授經堂刻本　一冊

510000－2719－0000737　5－1－4－10
齊氏醫案崇正辨訛六卷　(清)齊秉慧撰　清道光十三年(1833)刻本　一冊

510000－2719－0000738　5－1－4－11
傷寒說意十卷首一卷　(清)黃元御撰　清宣統元年(1909)石印本　一冊

510000－2719－0000739　5－1－4－12
重訂驗方新編十八卷　(□)□□著　清光緒三十三年(1907)上海鑄記書局石印本　一冊　存三卷(一至三)

510000－2719－0000740　5－1－4－13

廣漢市圖書館古籍普查登記目錄

醫學三字經四卷 （清）陳念祖著 清刻本
一冊 存二卷（三至四）

510000－2719－0000741 5－1－4－2

性命微言不分卷 伯陽子著 清刻本 一冊

510000－2719－0000742 5－1－4－3

性命雙修萬神圭旨四卷 （□）□□著 清刻
本 一冊 存二卷（一至二）

510000－2719－0000743 5－1－4－4

寒溫條辨六卷 （清）楊璿著 清刻本 一冊
存二卷（五至六）

510000－2719－0000744 5－1－4－5

重梓歸元直指集三卷 （明）一元編 清刻本
二冊 存二卷（上至中）

510000－2719－0000745 5－1－4－6

四聖心源十卷 （清）黃元御著 清刻本 一
冊 存四卷（二至五）

510000－2719－0000746 5－1－4－7

普濟寶壇新演萬靈收圓復命龍華真經□□卷
（清）劉正坤著 清宣統元年（1909）刻本
一冊 存一卷（三十）

510000－2719－0000747 5－1－4－8

地理辨正翼六卷 （清）蔣大鴻著 清刻本
一冊 存一卷（六）

510000－2719－0000748 5－1－4－9

風水一書□□卷 （清）歐陽純著 清刻本
一冊 存四卷（四至七）

510000－2719－0000749 5－2－1－1

七家詩詳註七卷 （清）張熙宇評選 （清）石
暉甲箋註 清刻本 三冊 存三卷（尚絅堂
試律詳註二、修竹齋試律詳註四、桐雲閣試律
詳註五）

510000－2719－0000750 5－2－1－1.2

芥子園畫傳一集六卷二集九卷三集六卷
（清）王概摹 清光緒三十四年（1908）章福記
書局石印本 九冊 缺四卷（一集三至六）

510000－2719－0000751 5－2－1－1.1

三國志六十五卷 （晉）陳壽撰 清刻本 九

冊 缺十二卷（魏志一至二、二十八至三十，
吳志十至十六）

510000－2719－0000752 5－2－1－10

函海一百六十五種 （清）李調元輯 清刻本
一冊 存五卷（大學古本旁註一卷、月令氣
候圖說一卷、尚書古文考一卷、詩音辯略二
卷）

510000－2719－0000753 5－2－1－11

函海一百六十五種 （清）李調元輯 清刻本
一冊 存三卷（金石存四至六）

510000－2719－0000754 5－2－1－12

函海一百六十五種 （清）李調元輯 清刻本
二冊 存八卷（金石存五至十二）

510000－2719－0000755 5－2－1－13

函海一百六十五種 （清）李調元輯 清刻本
一冊 存十二卷（蜀碑記十卷、中麓畫品一
卷、卮辭一卷）

510000－2719－0000756 5－2－1－14

函海一百六十五種 （清）李調元輯 清刻本
一冊 存九卷（孟子外書四篇四卷、續孟子
一卷、唐水部郎中伸蒙子家傳三卷、廣成子解
一卷）

510000－2719－0000757 5－2－1－15

卍齋璅錄十卷 （清）李調元撰 清刻本
一冊

510000－2719－0000758 5－2－1－2

槐軒雜著四卷 （清）劉沅著 清刻本 一冊
存一卷（三）

510000－2719－0000759 5－2－1－2.2

蜀志十五卷 （晉）陳壽撰 清刻本 二冊

510000－2719－0000760 5－2－1－2.1

外科正宗十二卷 （明）陳實功著 清光緒三
十一年（1905）上海福記書局石印本 四冊

510000－2719－0000761 5－2－1－3

升庵外集一百卷 （明）楊慎著 清刻本 一
冊 存四卷（六十四至六十七）

510000－2719－0000762 5－2－1－3.2

四川省十二家收藏單位古籍普查登記目錄

普通百科新大詞典總目錄一卷 （清）黃摩西編 清宣統三年(1911)上海國學扶輪社鉛印本 一冊

510000－2719－0000763 5－2－1－3.1

魏志三十卷 （晉）陳壽撰 清刻本 一冊

510000－2719－0000764 5－2－1－4

唐詩三百首旁訓二卷 （清）蘅塘退士編 （清）夢僑氏纂 清刻本 二冊

510000－2719－0000765 5－2－1－4.2

農政全書六十卷 （明）徐光啟纂 清宣統元年(1909)求學齋石印本 八冊

510000－2719－0000766 5－2－1－4.1

吳志二十卷 （晉）陳壽撰 清刻本 三冊 存十二卷(五至十六)

510000－2719－0000767 5－2－1－5.1

吳志二十卷 （晉）陳壽撰 清刻本 一冊 存六卷(十至十五)

510000－2719－0000768 5－2－1－6

唐詩三百首註釋六卷 （清）蘅塘退士編 （清）章燮註 清刻本 一冊 存一卷(六)

510000－2719－0000769 5－2－1－7

漁洋山人精華錄箋注十二卷補一卷年譜一卷 （清）王士禎著 （清）金榮箋注 清刻本 一冊 存二卷(三至四)

510000－2719－0000770 5－2－1－8

函海一百六十五種 （清）李調元輯 清刻本 一冊 存三卷(蜀檮杌二卷、東坡烏臺詩案一卷)

510000－2719－0000771 5－2－1－9

函海一百六十五種 （清）李調元輯 清刻本 四冊 存十六卷(建炎以來朝野雜記甲集一卷六至十一、乙集八至十三,古音叢目三至五)

510000－2719－0000772 5－2－2－1

國語二十一卷 （三國吳）韋昭解 清光緒二年(1876)成都尊經書院刻本 三冊

510000－2719－0000773 5－2－2－1.1

佛說摩訶阿彌陀經衷論一卷 （□）□□著 清成都文殊院刻本 一冊

510000－2719－0000774 5－2－2－2

國語二十一卷 （三國吳）韋昭解 清光緒二年(1876)成都尊經書院刻本 四冊

510000－2719－0000775 5－2－2－2.1

醫方雜症膏丹丸散不分卷 （□）□□著 清光緒十八年(1892)抄本 一冊

510000－2719－0000776 5－2－2－3

國語明道本攷異四卷 （清）汪遠孫著 清光緒二年(1876)成都尊經書院刻本 一冊

510000－2719－0000777 5－2－2－4

戰國策三十三卷 （漢）高誘注 清刻本 一冊 存九卷(二十五至三十三)

510000－2719－0000778 5－2－2－5

欽定學政全書八十六卷首一卷 （清）董璜等撰修 清刻本 三冊 存九卷(一、三十一至三十五、五十三至五十四,首一卷)

510000－2719－0000779 5－2－2－6

路史發揮十六卷 （宋）羅泌著 清刻本 一冊 存一卷(六)

510000－2719－0000780 5－2－2－7

杭氏七種 （清）杭世駿著 清刻本 一冊 存二卷(諸史然疑一卷、漢書蒙拾一)

510000－2719－0000781 5－2－3－1

史記一百三十卷 （漢）司馬遷撰 清刻本 八冊 存四十七卷(十八至十九、三十六至三十九、六十六至九十九、一百一十至一百一十三、一百二十八至一百三十)

510000－2719－0000782 5－2－3－2

月令粹編二十四卷 （清）秦嘉謨編 清嘉慶十七年(1812)琳琅仙館刻本 二冊 存九卷(七至十五)

510000－2719－0000783 5－2－3－3

韻史二卷 （明）陳繼儒纂 清光緒二十七年(1901)藜照書屋刻本 一冊

510000－2719－0000784 5－2－3－4

廣漢市圖書館古籍普查登記目錄

史記鈔四卷　（清）高塘集評　清刻本　二冊

510000－2719－0000785　5－3－1－1
漢魏叢書八十六種　（清）王謨輯　清光緒二
十年（1894）湖南藝文書局刻本　二十八冊
存一百四十九卷（古今注三卷、博物志十卷、
文心雕龍十卷、詩品三卷、書品一卷、尤射一
卷、拾遺記十卷、述異記二卷、續齊諧記一卷、
搜神記二十卷、搜神後記十卷、還冤記一卷、
神異經一卷、海內十洲記一卷、別國洞冥記四
卷、枕中書一卷、佛國記一卷、洛陽伽藍記五
卷、三輔黃圖六卷補遺一卷、水經二卷、星經
二卷、荊楚歲時記一卷、南方草木狀三卷、竹
譜一卷、禽經一卷、潛夫論九至十、中倫二卷、
中說二卷、風俗通義十卷、人物志三卷、新論
十卷、顏氏家訓七卷巧證一卷、參同契一卷、
陰符經一卷、風後握奇經一卷、素書一卷、心
書一卷、十六國春秋二十三至二十六）

510000－2719－0000786　5－3－1－1.1
史記一百三十卷　（漢）司馬遷撰　清刻本
二十冊　存八十六卷（三至五、八至十二、十
九至三十、三十八至八十九、一百一十至一百
一十五、一百二十三至一百三十）

510000－2719－0000787　5－3－2－1
漢魏叢書八十六種　（清）王謨輯　（清）黃元
壽增輯　清刻本　十八冊　存一百二十一卷
（群輔錄一卷、英雄記鈔一卷、南方草木狀三
卷、竹譜一卷、禽經一卷、古今刀劍錄一卷、鼎
錄一卷、新語二卷、新書一、水經二卷、法言十
卷、申鑒五卷、伽藍記五卷、西京雜記六卷、漢
武帝內傳一卷、飛燕外傳一卷、雜事秘辛一
卷、蓮社高賢傳一卷、續齊諧記一卷、搜神記
八卷、搜神後記二卷、穆天子傳六卷、風俗通
義十卷、越絕書十五卷、神仙傳十卷、方言十
三卷、博雅十卷、釋名一至二）

510000－2719－0000788　5－3－2－1.1
史存三十卷　（清）劉沅輯　清刻本　十一冊
　存二十六卷（一至十八、二十一至二十八）

510000－2719－0000789　5－3－2－2.1
史存三十卷　（清）劉沅輯　清刻本　一冊

存一卷（二十七）

510000－2719－0000790　5－3－2－2
精訂綱鑑廿四史通俗衍義二十六卷四十四回
　（清）呂撫輯　清刻本　五冊　存十五卷
（四至十六、二十一至二十二）

510000－2719－0000791　5－3－3－1
吳越春秋六卷　（漢）趙曄撰　清宣統三年
（1911）上海會文堂書局刻本　二冊

510000－2719－0000792　5－3－3－2
蜀景彙考十九卷　（清）鍾登甲輯　清刻本
四冊　存一卷（一）

510000－2719－0000793　5－3－3－3
子史精華一百六十卷　（清）聖祖玄燁敕撰
（清）吳襄等纂　清刻本　五冊　存十八卷
（十七至二十三、三十七至三十九、六十五至
六十八、八十六至八十九）

510000－2719－0000794　5－3－3－4
子史精華一百六十卷　（清）聖祖玄燁敕撰
（清）吳襄等纂　清刻本　一冊　存三卷（三
十九至四十一）

510000－2719－0000795　5－3－3－5
戰國策三十三卷　（漢）劉向訂　（漢）高誘注
　清讀未見書齋刻本　六冊

510000－2719－0000796　5－3－3－6
恪靖奏稿初編三十八卷續編七十六卷　（清）
左宗棠撰　清刻本　四冊　存八卷（初編三
十五至三十八、續編一至四）

510000－2719－0000797　5－3－3－7
痛史二十種　樂天居士輯　清宣統三年
（1911）上海商務印書館鉛印本　十冊　存十
三卷（淮城紀事一卷附揚州變略一卷京口變
略一卷、崇禎長編二卷、浙東紀略一卷、嘉定
縣乙酉紀事一卷、江上孤忠錄一卷、孤忠後錄
一卷、啟禎記聞錄一至四）

510000－2719－0000798　5－3－4－1
練兵實紀九卷雜集六卷　（明）戚繼光撰　清
刻本　三冊　存五卷（練兵實紀三至四、雜集

四至六)

510000－2719－0000799　5－3－4－2
歷代籌邊略八十四卷　(清)陳麟圖輯　清刻
本　一冊　存二卷(七十五至七十六)

510000－2719－0000800　5－3－4－3
御撰資治通鑑綱目三編六卷　(清)張廷玉等
纂　清光緒二十八年(1902)江西太古義記石
印本　一冊　存四卷(一至四)

510000－2719－0000801　5－3－4－4
綱鑑補註三十九卷首一卷　(明)王世貞編
清宣統元年(1909)上海公記書局石印本　一
冊　存三卷(一至二,首一卷)

510000－2719－0000802　5－4－1－1
新刊趙田了凡袁先生編纂古本歷史大方綱鑑
補三十九首一卷　(明)袁黃輯　清刻本　十
一冊　存十二卷(一至三、六至九、十二、二十
六至二十七、三十四,首一卷)

510000－2719－0000803　5－4－1－2
新刊趙田了凡袁先生編纂古本歷史大方綱鑑
補三十九首一卷　(明)袁黃輯　清刻本　一
冊　存二卷(十六至十七)

510000－2719－0000804　5－4－1－3
御批歷代通鑑輯覽一百二十卷　(清)傅恒輯
　清光緒二十七年(1901)慎記書莊石印本
二十冊

510000－2719－0000805　5－4－2－1
尺木堂綱鑑易知錄九十二卷　(清)吳乘權等
輯　清道光二十九年(1849)名山閣刻本　三
十四冊　缺二卷(三十九至四十)

510000－2719－0000806　5－4－3－1
御批歷代通鑑輯覽一百二十卷　(清)傅恒輯
　清刻本　十九冊　存三十五卷(十三至十
四、二十三至二十六、二十九至三十、三十三
至三十四、四十七至五十二、五十五至五十
六、五十九至六十、七十七、八十至八十一、八
十七至八十九、九十二至九十三、一百至一百
零一、一百一十二至一百一十六)

510000－2719－0000807　5－4－4－1
前漢書一百卷　(漢)班固撰　(唐)顏師古注
　清刻本　十六冊　缺四十四卷(一至四十
四)

510000－2719－0000808　5－4－4－2
前漢書一百卷　(漢)班固撰　(唐)顏師古注
　清刻本　二冊　存六卷(七十六至七十九、
九十九至一百)

510000－2719－0000809　6－1－1－1
御批歷代通鑑輯覽一百二十卷　(清)傅恒輯
　清三味堂刻本　十二冊　存二十三卷(十
六至十七、二十五至二十七、三十六至三十
七、四十二至四十三、五十二至五十五、六十
二至六十三、七十六至七十九、八十二至八十
三、八十八至八十九)

510000－2719－0000810　6－1－1－1.1
比雅十卷　(清)洪亮吉著　清刻本　一冊

510000－2719－0000811　6－1－1－10
增補蘇批孟子二卷　(宋)蘇洵撰　(清)趙大
浣補　清石印本　一冊　存一卷(下孟)

510000－2719－0000812　6－1－1－11
增補四書人物聚考□□卷　(清)汪份補　清
刻本　十四冊　存二十卷(二至六、八至二十
二)

510000－2719－0000813　6－1－1－2
御批歷代通鑑輯覽一百二十卷　(清)傅恒輯
　清刻本　一冊　存二卷(四十三至四十四)

510000－2719－0000814　6－1－1－2.2
中庸衍義十七卷　(明)夏良勝撰　清刻本
一冊　存二卷(八至九)

510000－2719－0000815　6－1－1－2.1
中庸衍義十七卷　(明)夏良勝撰　清刻本
一冊　存一卷(三)

510000－2719－0000816　6－1－1－3
說文解字十五篇　(清)段玉裁注　清刻本
三冊　存三篇(十至十二)

510000－2719－0000817　6－1－1－4

廣漢市圖書館古籍普查登記目錄

重訂冠經全左讀本十卷首二卷　（清）寧佩魚
　清刻本　一冊　存一卷（十）

510000－2719－0000818　6－1－1－5
唐韻正二十卷　（清）顧炎武撰　清思賢講舍
刻本　三冊　存六卷（六至七、十二至十四、
十九）

510000－2719－0000819　6－1－1－6
伊川易傳四卷　（宋）程頤撰　清刻本　二冊
　存二卷（三至四）

510000－2719－0000820　6－1－1－8
四益館經學四變記一卷五變記箋述二卷
（清）廖平撰　（清）黃鎔箋述　清刻本　一冊

510000－2719－0000821　6－1－1－9
增補蘇批孟子二卷年譜一卷　（宋）蘇洵撰
（清）趙大浣補　清掃葉山房石印本　一冊
缺一卷（下孟）

510000－2719－0000822　6－1－2－1
新刊趙田了凡袁先生編纂古本歷史大方綱鑑
補三十九首一卷　（明）袁黃輯　清刻本　五
冊　存五卷（十四、十九至二十、二十九、三十
一）

510000－2719－0000823　6－1－2－1.1
述學六卷附錄一卷遺文一卷附鈔一卷校勘記
一卷　（清）汪中撰　清刻本　三冊　缺三卷
（一至三）

510000－2719－0000824　6－1－2－10
評點春秋綱目左傳句解彙雋六卷　（清）韓菼
訂　清藜照書屋刻本　六冊

510000－2719－0000825　6－1－2－2
新刊趙田了凡袁先生編纂古本歷史大方綱鑑
補三十九首一卷　（明）袁黃輯　清刻本　一
冊　存一卷（二十）

510000－2719－0000826　6－1－2－2.1
新刊醫林狀元壽世保元十卷　（明）龔廷賢編
　清刻本　一冊　存一卷（十）

510000－2719－0000827　6－1－2－2.2
鄭氏古文尚書十一卷　（宋）王應麟撰集

（漢）鄭玄註　（清）李調元撰按　清刻本
一冊

510000－2719－0000828　6－1－2－3
子史精華一百六十卷　（清）張廷玉等編　清
刻本　七冊　存二十八卷（二十二至二十八、
四十八至五十五、六十八至七十三、一百八至
一百十、一百二十五至一百二十八）

510000－2719－0000829　6－1－2－3.1
金匱要畧淺註十卷　（清）陳念祖註　清刻本
　一冊　存二卷（七至八）

510000－2719－0000830　6－1－2－3.2
聲律啟蒙撮要二卷　（清）車萬育著　清同治
十三年（1874）大道堂刻本　一冊　存一卷
（一）

510000－2719－0000831　6－1－2－4
子史精華一百六十卷　（清）張廷玉等編　清
刻本　一冊　存五卷（一百二十七至一百三
十一）

510000－2719－0000832　6－1－2－4.1
本草綱目五十二卷　（明）李時珍編　清刻本
　二冊　存二卷（二十九至三十）

510000－2719－0000833　6－1－2－4.2
聲律啟蒙撮要二卷　（清）車萬育著　清刻本
　一冊　存一卷（下）

510000－2719－0000834　6－1－2－5
史記一百三十卷　（漢）司馬遷撰　清乾隆四
年（1739）刻本　四冊　存二十七卷（九十四
至一百二、一百十至一百二十七）

510000－2719－0000835　6－1－2－5.1
尚書離句六卷　（清）錢在培輯解　清古香閣
刻本　四冊

510000－2719－0000836　6－1－2－6
春秋左傳五十卷　（晉）杜預註　（宋）林堯叟
註　清刻本　八冊　存三十卷（二十一至五
十）

510000－2719－0000837　6－1－2－7
論語十卷　（宋）朱熹集註　清竹橋齋刻本

二册　存五卷(一至五)

510000－2719－0000838　　6－1－2－8
論語十卷　(宋)朱熹集註　清刻本　七册

510000－2719－0000839　　6－1－2－9
評點春秋綱目左傳句解彙雋六卷　(清)韓菼訂　清藜照書屋刻本　六册

510000－2719－0000840　　6－1－3－1
新刊趙田了凡袁先生編纂古本歷史大方綱鑑補三十九首一卷　(明)袁黃輯　清刻本　一册　存一卷(十五)

510000－2719－0000841　　6－1－3－1.1
醫宗說約六卷　(清)蔣示吉撰　清刻本　二册　存三卷(四至六)

510000－2719－0000842　　6－1－3－1.2
孝經直解附論辨不分卷　(清)劉沅註　清宣統二年(1910)樂善堂刻本　一册

510000－2719－0000843　　6－1－3－10
四書便蒙十九卷　(宋)朱熹註　清刻本　一册　存一卷(孟子五)

510000－2719－0000844　　6－1－3－11
古經解彙函三十種　(清)鍾謙鈞等輯　清影印本　一册　存三十卷(韓詩外傳一至十,毛詩草木鳥獸蟲魚疏上至下,春秋繁露一至十七、附錄一卷)

510000－2719－0000845　　6－1－3－2.1
新刊趙田了凡袁先生編纂古本歷史大方綱鑑補三十九首一卷　(明)袁黃輯　清光緒二十三年(1897)成都書局刻本　三十六册

510000－2719－0000846　　6－1－3－2
芥子園畫傳□□卷　(清)王槩編繪　清刻本　一册　存一卷(二)

510000－2719－0000847　　6－1－3－2.2
詩經旁訓五卷　(□)□□著　清古香閣刻本　一册　存一卷(三)

510000－2719－0000848　　6－1－3－3.1
寓意草四卷　(清)喻昌撰　清刻本　一册　存一卷(下)

510000－2719－0000849　　6－1－3－3
孟子集註本義匯參十四卷首一卷　(清)王步青輯　清敦復堂刻本　四册　存七卷(一、四至六、十一至十二,首一卷)

510000－2719－0000850　　6－1－3－4.1
東醫寶鑑二十三卷　(朝鮮)許浚撰　清刻本　一册　存一卷(四)

510000－2719－0000851　　6－1－3－4
養蒙針度五卷　(清)潘子聲定　清刻本　一册　存一卷(一)

510000－2719－0000852　　6－1－3－5.1
傷寒論四卷　(漢)張仲景著　清刻本　一册　存一卷(二)

510000－2719－0000853　　6－1－3－5
春秋繁露十七卷附錄一卷　(漢)董仲舒撰　(清)凌曙注　清刻本　四册

510000－2719－0000854　　6－1－3－6.1
尚論張仲景傷寒論重編三百九十七法二卷首一卷前篇四卷後篇二卷　(清)喻昌撰　清刻本　一册　存二卷(後四卷之三至四)

510000－2719－0000855　　6－1－3－6
群經凡例不分卷　(□)□□著　清光緒二十三年(1897)尊經書局刻本　一册

510000－2719－0000856　　6－1－3－7.1
小瑯環山館彙刊類書二十種　(清)小瑯環山館輯　清刻本　一册　存五卷(爾雅貫珠一卷、山海經腴詞一卷、竹書紀年雋句一卷、六經蒙求一卷、十七史蒙求一卷)

510000－2719－0000857　　6－1－3－7
皇清經解一百七十八種　(清)阮元輯　清學海堂刻本　三册　存十九卷(仲氏易九十四至一百六、儀禮章句二百七十一至二百七十六)

510000－2719－0000858　　6－1－3－8
四音釋義十二卷　(清)鄭長庚輯　清刻本　七册　存七卷(申集、酉集、戌集、未集、午集、卯集、子集)

510000－2719－0000859　6－1－3－9

韻典題考十二卷　（□）一適主人編　清刻本
　　一冊　存四卷（九至十二）

510000－2719－0000860　6－1－4－1.1

新刊趙田了凡袁先生編纂古本歷史大方綱鑑
補三十九首一卷　（明）袁黃輯　清光緒二十
三年（1897）成都書局刻本　六冊　存六卷
（十四、十九、二十一、二十五至二十六、三十）

510000－2719－0000861　6－1－4－1.2

登壇必究四十卷　（明）王鳴鶴編輯　清刻本
　　十一冊　存十一卷（十四、十七、二十五、二
十八至二十九、三十一至三十五、四十）

510000－2719－0000862　6－1－4－1

駢雅十六卷　（明）朱謀㙔撰　清刻本（渝雅
齋藏版）　二冊　存二卷（二至三）

510000－2719－0000863　6－1－4－10

易經二卷　（□）□□著　清刻本　一冊　存
一卷（上經）

510000－2719－0000864　6－1－4－2.1

鼎鐫趙田了凡袁先生編纂古本歷史大方綱鑑
補三十九首一卷　（明）袁黃輯　清刻本　十
二冊　存二十三卷（三至四、十一至十八、二
十一至三十一、三十八至三十九）

510000－2719－0000865　6－1－4－2.2

歷代書史彙傳七十二卷　（清）彭蘊璨編　清
刻本　一冊　存二卷（七十一至七十二）

510000－2719－0000866　6－1－4－2

論語十卷　（宋）朱熹集註　清刻本　一冊
存三卷（八至十）

510000－2719－0000867　6－1－4－3

公羊春秋經傳驗推補證十一卷　（清）廖平撰
清刻本　三冊　存三卷（八至九、十一）

510000－2719－0000868　6－1－4－4

古微書三十六卷　（明）孫瑴著　清對山問山
樓刻本　五冊　存三十一卷（一至二十六、三
十二至三十六）

510000－2719－0000869　6－1－4－5

字彙十二卷　（明）梅膺祚釋　清刻本　一冊
存一卷（子集）

510000－2719－0000870　6－1－4－6

詩經正文□□卷　（□）□□著　清刻本　一
冊　存一卷（一）

510000－2719－0000871　6－1－4－7

詩經正文□□卷　（□）□□著　清光緒十五
年（1889）樂道齋刻本　三冊　存四卷（一至
四）

510000－2719－0000872　6－1－4－8

四書引解二十六卷　（清）鄧柱瀾纂　清刻本
　一冊　存三卷（二至四）

510000－2719－0000873　6－1－4－9

字彙十二卷　（明）梅膺祚釋　清刻本　七冊
存七卷（戌集、卯集、巳集、辰集、子集、午
集、酉集）

510000－2719－0000874　6－2－1－1.1

新刊趙田了凡袁先生編纂古本歷史大方綱鑑
補三十九卷　（明）袁黃撰　清刻本　二冊
存二卷（六、十八）

510000－2719－0000875　6－2－1－1

韻法直圖一卷　（明）梅膺祚撰　清刻本
一冊

510000－2719－0000876　6－2－1－2.1

續資治通鑑綱目二十七卷　（明）商輅等撰
清刻本　五冊　存五卷（十九至二十、二十二
至二十三、二十七）

510000－2719－0000877　6－2－1－2

十三經注疏三百三十卷　（□）□□輯　清嘉
慶二十年（1815）文選樓刻本　四冊　存一百
二十二卷（附釋音毛詩注疏七十卷校勘記十
六至十九、監本附音春秋穀梁註疏二十卷附
校勘記一至四、論語註疏解經二十卷附校勘
記十七至二十）

510000－2719－0000878　6－2－1－3.1

御撰資治通鑑綱目三編二十卷　（□）□□輯
　清刻本　一冊　存一卷（十六）

四川省十一家收藏單位古籍普查登記目錄

510000－2719－0000879　6－2－1－3

皇朝詞林典故六十四卷首二卷　（清）朱珪等纂　清刻本　十二冊　存二十四卷(一至十六、十九至二十、三十五至三十六、三十九至四十,首二卷)

510000－2719－0000880　6－2－1－4

佩文韻府一百六卷　（清）張玉書等撰　清刻本　二冊　存八卷(三十四、四十一、八十三、九十二、九十六至九十七、九十九、一百)

510000－2719－0000881　6－2－1－4.1

韻府拾遺一百六卷　（清）張玉書等撰　清刻本　十二冊　存五十二卷(十一至十六、二十三至二十八、三十八至六十六、九十五至一百五)

510000－2719－0000882　6－2－1－5

四書恆解十一卷　（清）劉沅輯　清光緒十年(1884)豫誠堂刻本　二冊　存三卷(孟子一至二、大學一卷)

510000－2719－0000883　6－2－1－6

左傳鈔六卷　（清）高嶹評　清刻本　一冊　存一卷(四)

510000－2719－0000884　6－2－2－1.1

資治通鑑綱目五十九卷　（明）陳仁錫評閱　清刻本　二十七冊　存二十三卷(二、六至七、九、十四、十六、二十二、二十五至二十七、三十八至四十九、五十三)

510000－2719－0000885　6－2－2－1

四書體註十九卷　（清）范翔纂　清刻本　一冊　存三卷(三至五)

510000－2719－0000886　6－2－2－10

詩韻合璧五卷　（清）湯文潞編　清刻本　一冊　存一卷(二)

510000－2719－0000887　6－2－2－11

詩韻合璧五卷附汪立名論古通韻轉一卷虛字韻藪一卷　（清）湯文潞編　（清）潘維城輯　清刻本　四冊　缺一卷(二)

510000－2719－0000888　6－2－2－12

四書大註匯參合講題鏡合纂□□卷　（□）□□著　清刻本　三冊　存二卷(六至七)

510000－2719－0000889　6－2－2－13

萬斛珠璣□□卷　（□）□□著　清共賞齋刻本　五冊　存五卷(八、十、二十四、二十九、三十三)

510000－2719－0000890　6－2－2－2

性理纂要八卷　（清）冉覲祖撰　清刻本　一冊　存一卷(二)

510000－2719－0000891　6－2－2－3

春秋經傳集解三十卷附考證　（晉）杜預注　清刻本　一冊　存二卷(十五至十六)

510000－2719－0000892　6－2－2－4

四書大全摘要□□卷　（□）□□編　清刻本　一冊　存一卷(七)

510000－2719－0000893　6－2－2－5

四書補註備旨題竅匯參□□卷　（明）林退庵著　清刻本　二冊　存三卷(一、三至四)

510000－2719－0000894　6－2－2－6

批點春秋左傳綱目句解彙雋六卷　（清）韓菼訂　清刻本　一冊　存一卷(二)

510000－2719－0000895　6－2－2－7

春秋全經左傳句解八卷　（□）□□著　清刻本　一冊　存一卷(五)

510000－2719－0000896　6－2－2－8

毛詩註疏二十卷　（漢）鄭玄箋　（唐）孔穎達疏　清刻本　一冊　存一卷(十六)

510000－2719－0000897　6－2－2－9

儀禮精義一卷首一卷補編一卷　（清）黃淦纂　清刻本　一冊

510000－2719－0000898　6－2－3－1.1

御批歷代通鑑輯覽一百二十卷　（清）傅恒等撰　清光緒三十年(1904)石印本　二十四冊

510000－2719－0000899　6－2－3－1

功順堂業書十八種　（清）潘祖蔭輯　清刻本　五冊　存十四卷(王氏經說一至六、國史考異一至六、廣陽雜記四至五)

廣漢市圖書館古籍普查登記目錄

510000－2719－0000900　6－2－3－2

詩經精華十卷　（清）薛嘉穎編　清古香閣刻本　四冊　缺二卷(一至二)

510000－2719－0000901　6－2－3－3

字彙十二卷　（明）梅膺祚釋　清刻本　三冊　存三卷(丑集、寅集、酉集)

510000－2719－0000902　6－2－3－4

說文釋例二十卷　（清）王筠撰　清刻本　三冊　存三卷(十二、十六、十八)

510000－2719－0000903　6－2－3－5

周官精義十二卷　（清）連斗山編　清刻本　一冊　存二卷(四至五)

510000－2719－0000904　6－2－3－6

論語話解十卷　（清）陳澧述　清光緒二十八年(1902)星沙書業刻本　二冊　存五卷(一至五)

510000－2719－0000905　6－2－3－7

新訂四書補註備旨十卷　（明）鄧林撰　清刻本　一冊　存二卷(大學一、中庸一)

510000－2719－0000906　6－2－3－8

圈點四書旁訓讀本□□卷　（□）□□著　清光緒十五年(1889)樂道齋刻本　五冊　存七卷(論語上冊,大學一卷,孟子一至三、六至七)

510000－2719－0000907　6－2－3－9

評點春秋左傳綱目句解彙雋六卷　（清）韓炎訂　清刻本　一冊　存一卷(三)

510000－2719－0000908　6－2－4－1

歷代名賢列女氏姓譜一百五十七卷　（清）蕭智漢撰　清刻本　二十三冊　存二十三卷(十二、十七、五十六、五十八、六十一、六十八至七十、七十五至八十、八十二至八十五、八十八、一百二十二、一百四十二、一百四十四至一百四十五)

510000－2719－0000909　6－2－4－1.1

時行雜字不分卷　（□）□□著　清刻本　一冊

510000－2719－0000910　6－2－4－10

康熙字典十二集首一卷附備考十二集補遺十二集字母切韻要法一卷　（清）張玉書等撰　清刻本　一冊　存一卷(辰集下)

510000－2719－0000911　6－2－4－11

康熙字典十二集首一卷附備考十二集補遺十二集字母切韻要法一卷　（清）張玉書等撰　清刻本　一冊　存一卷(戌集中)

510000－2719－0000912　6－2－4－12

康熙字典十二集首一卷附備考十二集補遺十二集字母切韻要法一卷　（清）張玉書等撰　清刻本　四冊　存二卷(亥集、子集下)

510000－2719－0000913　6－2－4－13

康熙字典十二集首一卷附備考十二集補遺十二集字母切韻要法一卷　（清）張玉書等撰　清刻本　二冊　存一卷(戌集上)

510000－2719－0000914　6－2－4－14

康熙字典十二集首一卷附備考十二集補遺十二集字母切韻要法一卷　（清）張玉書等撰　清刻本　三冊　存二卷(戌集上、酉集)

510000－2719－0000915　6－2－4－2

萬斛珠類編八卷　（清）秦錫淳編　清刻本　一冊　存一卷(四)

510000－2719－0000916　6－2－4－3

萬斛珠類編八卷　（清）秦錫淳編　清文賢堂刻本　六冊　缺二卷(二至三)

510000－2719－0000917　6－2－4－4

寄傲山房塾課纂輯御案易經備旨七卷　（清）鄒聖脈纂　（清）猷可庭編　清紫文閣刻本　一冊　存二卷(一至二)

510000－2719－0000918　6－2－4－5

四書味根錄三十九卷　（清）金澄撰　清玉尺山房刻本　三冊　存八卷(孟子一至三、九至十二,首一卷)

510000－2719－0000919　6－2－4－6

四書味根錄三十九卷　（清）金澄撰　清刻本　一冊　存四卷(論語一至三,首一卷)

510000－2719－0000920　6－2－4－8
康熙字典十二集首一卷附備考十二集補遺十二集字母切韻要法一卷　（清）張玉書等撰　清刻本　一冊　存一卷(子集上)

510000－2719－0000921　6－2－4－9
康熙字典十二集首一卷附備考十二集補遺十二集字母切韻要法一卷　（清）張玉書等撰　清刻本　一冊　存一卷(子集上)

510000－2719－0000922　6－3－1－1
康熙字典十二集首一卷附備考一卷補遺一卷字母切韻要法一卷　（清）張玉書等撰　清刻本　四冊　存四卷(未集下、午集上、申集上,首一卷)

510000－2719－0000923　6－3－1－2
康熙字典十二集首一卷附備考一卷補遺一卷字母切韻要法一卷　（清）張玉書等撰　清刻本　四冊　存五卷(丑集下,首一卷,備考一卷,補遺一卷,字母切韻要法一卷)

510000－2719－0000924　6－3－1－3
康熙字典十二集首一卷附備考一卷補遺一卷字母切韻要法一卷　（清）張玉書等撰　清刻本　六冊　存四卷(子集下、寅集、卯集,備考一卷)

510000－2719－0000925　6－3－1－4
康熙字典十二集首一卷附備考一卷補遺一卷字母切韻要法一卷　（清）張玉書等撰　清刻本　九冊　存六卷(子集上下、卯集中下、辰集、午集上、亥集上,備考一卷)

510000－2719－0000926　6－3－1－5
康熙字典十二集首一卷附備考一卷補遺一卷字母切韻要法一卷　（清）張玉書等撰　清刻本　二冊　存一卷(已集上、下)

510000－2719－0000927　6－3－1－6
康熙字典十二集首一卷附備考一卷補遺一卷字母切韻要法一卷　（清）張玉書等撰　清刻本　二冊　存一卷(戌集上、中)

510000－2719－0000928　6－3－2－1
康熙字典十二集首一卷附備考一卷補遺一卷字母切韻要法一卷　（清）張玉書等撰　清刻本　五冊　存五卷(寅集上、午集上、辰集下、戌集下、酉集中)

510000－2719－0000929　6－3－2－2
康熙字典十二集首一卷附備考一卷補遺一卷字母切韻要法一卷　（清）張玉書等撰　清刻本　四冊　存四卷(未集中、午集上、申集中、補遺一卷)

510000－2719－0000930　6－3－2－3
康熙字典十二集首一卷附備考一卷補遺一卷字母切韻要法一卷　（清）張玉書等撰　清刻本　四冊　存二卷(丑集、戌集下)

510000－2719－0000931　6－3－2－4
康熙字典十二集首一卷附備考一卷補遺一卷字母切韻要法一卷　（清）張玉書等撰　清刻本　一冊　存一卷(丑集下)

510000－2719－0000932　6－3－2－5
康熙字典十二集首一卷附備考一卷補遺一卷字母切韻要法一卷　（清）張玉書等撰　清刻本　三冊　存二卷(申集中、午集中下)

510000－2719－0000933　6－3－2－6
康熙字典十二集首一卷附備考一卷補遺一卷字母切韻要法一卷　（清）張玉書等撰　清刻本　三冊　存二卷(午集下、亥集中下)

510000－2719－0000934　6－3－2－7
康熙字典十二集首一卷附備考一卷補遺一卷字母切韻要法一卷　（清）張玉書等撰　清刻本　一冊　存一卷(未集中)

510000－2719－0000935　6－3－3－1
康熙字典十二集首一卷附備考一卷補遺一卷字母切韻要法一卷　（清）張玉書等撰　清刻本　二十二冊　存十卷(子集、丑集、寅集上中、午集上下、未集、酉集、申集、辰集中,補遺一卷,字母切韻要法一卷)

510000－2719－0000936　6－3－4－1
康熙字典十二集首一卷附備考一卷補遺一卷　（清）張玉書等撰　清刻本　三十八冊　缺一卷(子集下)

廣漢市圖書館古籍普查登記目錄

510000－2719－0000937　6－4－1－1
康熙字典十二集首一卷附備考一卷補遺一卷
（清）張玉書等撰　清刻本　一冊　存一卷
（午集上）

510000－2719－0000938　6－4－1－10
說文解字十五篇　（清）段玉裁注　清刻本
四冊　存四篇(六、十至十一、十三)

510000－2719－0000939　6－4－1－11
四書集成□□卷　（□）□□著　清刻本　二
冊　存三卷(三、七至八)

510000－2719－0000940　6－4－1－12
漢官六種　（清）孫星衍輯　清光緒六年
(1880)誦芬閣刻本　一冊　存三種四卷(漢
禮器制度一卷、漢官解詁一卷、漢舊儀二卷)

510000－2719－0000941　6－4－1－2
康熙字典十二集首一卷附備考一卷補遺一卷
（清）張玉書等撰　清刻本　一冊　存一卷
（補遺一卷）

510000－2719－0000942　6－4－1－3
說文解字篆韻譜五卷　（南唐）徐鍇撰　清刻
本　一冊　存二卷(四至五)

510000－2719－0000943　6－4－1－4
說文解字句讀三十卷　（清）王筠撰　清刻本
一冊　存三卷(十六至十八)

510000－2719－0000944　6－4－1－5
說文解字十五篇　（漢）許慎記　清朱筠依宋
本刻本　零冊　存三篇(六至八)

510000－2719－0000945　6－4－1－6
三元堂新訂增刪詩經彙纂詳解八卷　（清）呂
留良著　清刻本　一冊　存二卷(四至五)

510000－2719－0000946　6－4－1－7
四書旁訓八卷　（□）□□著　清刻本　二冊
存二卷(上論、下論)

510000－2719－0000947　6－4－1－8
周易本義註六卷　（清）胡方撰　清粵雅堂刻
本　一冊　存一卷(三)

510000－2719－0000948　6－4－1－9

510000－2719－0000948　6－4－1－9
毛詩□□卷　（漢）鄭玄箋　清刻本　一冊
存三卷(四至六)

510000－2719－0000949　6－4－2－1
四書引解二十六卷　（清）鄧柱瀾纂　清嘉慶
十四年(1809)刻本　一冊　存一卷(一)

510000－2719－0000950　6－4－2－10
經文囊括十卷　（□）□□著　清刻本　一冊
存一卷(一)

510000－2719－0000951　6－4－2－2
蒙學課本二編一卷　（□）□□著　清四川學
務處刻本　一冊

510000－2719－0000952　6－4－2－3
千字文不分卷　（南朝梁）周興嗣編　清成都
文集書林刻本　一冊

510000－2719－0000953　6－4－2－4
**康熙字典十二集首一卷附備考一卷補遺一卷
字母切韻要法一卷**　（清）張玉書等撰　清鴻
寶齋書局石印本　一冊　存二卷(巳集、午
集)

510000－2719－0000954　6－4－2－5
儀禮□□卷　（漢）鄭玄注　清刻本　二冊
存二卷(八、十四)

510000－2719－0000955　6－4－2－7
纂圖互註禮記二十卷　（漢）鄭玄注　清刻本
一冊　存四卷(四至七)

510000－2719－0000956　6－4－2－8
詩韻集成十卷　（清）余照輯　清刻本　一冊
存二卷(三至四)

510000－2719－0000957　6－4－2－9
詩韻集成十卷　（清）余照輯　清刻本　二冊

510000－2719－0000958　6－4－3－1
欽定書經傳說彙纂二十一卷首二卷書序一卷
（清）王頊齡等撰　清刻本　一冊　存一卷
(十六)

510000－2719－0000959　6－4－3－10
周禮精華六卷　（清）陳龍標輯　清光趨堂刻
本　一冊　存一卷(一)

四川省十一家收藏單位古籍普查登記目録

510000－2719－0000960　6－4－3－11

易傳燈四卷　（宋）徐總幹撰　清刻本　一冊

510000－2719－0000961　6－4－3－12

十三經劄記十二種　（清）朱亦棟學　清刻本　一冊　存三種五卷（公穀劄記一卷、孝經劄記一卷、論語劄記三卷）

510000－2719－0000962　6－4－3－13

說文外編十五卷補遺一卷　（清）雷浚撰　清刻本　一冊　存二卷（十二至十三）

510000－2719－0000963　6－4－3－14

記事珠十卷附記事珠引釋　（清）張以謙輯　清刻本　一冊　存二卷（二至三）

510000－2719－0000964　6－4－3－2

澄衷蒙學堂字課圖說四卷　劉樹屏撰　清刻本　二冊　存二卷（三至四）

510000－2719－0000965　6－4－3－4

說文部目□□卷　王禔著　清刻本　一冊　存一卷（說文部目下）

510000－2719－0000966　6－4－3－5

龍文鞭影二卷　（明）蕭良有著　清刻本　一冊　存一卷（下）

510000－2719－0000967　6－4－3－6

禮記述解闡備滙參十五卷　（元）陳澔註　（清）馬履成輯　清刻本　二冊　存四卷（二至五）

510000－2719－0000968　6－4－3－7

杜韓詩句集韻三卷　（清）汪文柏輯　清古香樓刻本　三冊

510000－2719－0000969　6－4－3－8

四書諸儒輯要四十卷　（清）李沛霖訂　清三樂齋刻本　一冊　存一卷（十四）

510000－2719－0000970　7－1－1－1

欽定七經匯纂二百九十四卷　（□）□□輯　清刻本　四十七冊　存七十七卷（御纂周易述義三、五至八,欽定春秋傳說彙纂十五至十六、二十三至二十四、二十六至二十八,欽定禮記義疏卷首一卷、四至五、十二至十五、十

九至二十、二十八至三十五,欽定儀禮義疏卷首一卷、一、三至四、七、十、十四至二十、二十五、三十四至三十五、四十至四十二,欽定周官義疏一至二、十四至十七、二十六至四十三、四十六至四十七,欽定詩經傳說彙纂詩序下、十三至十四）

510000－2719－0000971　7－1－1－7

恪靖奏稿續編七十六卷　（清）左宗棠著　清刻本　四冊　存八卷（九至十六）

510000－2719－0000972　7－1－2－5

儀禮十七卷　（漢）鄭玄注　清影印本　二冊　存五卷（四至五、九至十一）

510000－2719－0000973　7－1－3－1

欽定七經匯纂二百九十四卷　（□）□□輯　清刻本　六冊　存九卷（欽定周官義疏三十八至三十九、四十一至四十二、四十五、四十七至四十八,欽定書經傳說彙纂十四至十五）

510000－2719－0000974　7－1－3－10

中庸章句本義匯豢六卷首一卷　（清）王步青輯　清刻本　一冊　存四卷（三至六）

510000－2719－0000975　7－1－3－11

正蒙字義二卷　（清）正蒙公塾輯　清刻本　一冊　存一卷（下）

510000－2719－0000976　7－1－3－12

正蒙字義二卷　（清）正蒙公塾輯　清刻本　一冊　存一卷（上）

510000－2719－0000977　7－1－3－13

校讐通義八卷　（清）章學誠著　清光緒二十四年（1898）刻本　二冊　存三卷（一至三）

510000－2719－0000978　7－1－3－14

禮記精義六卷首一卷　（清）黃淦纂　清刻本　一冊　存三卷（一至二,首一卷）

510000－2719－0000979　7－1－3－15

纂圖互註禮記二十卷　（漢）鄭玄註　清刻本　二冊　存二卷（十一、十六）

510000－2719－0000980　7－1－3－3

書經六卷　（□）□□輯　清刻本　一冊　存

廣漢市圖書館古籍普查登記目錄

二卷(五至六)

510000－2719－0000981　7－1－3－3.1

李氏蒙求補注六卷　金三俊輯　清刻本　一
冊　存三卷(一至三)

510000－2719－0000982　7－1－3－4

詩經旁訓□□卷　(□)□□輯　清刻本　一
冊　存一卷(二)

510000－2719－0000983　7－1－3－4.1

王先生十七史蒙求十六卷　(宋)王令撰　清
刻本　一冊　存八卷(九至十六)

510000－2719－0000984　7－1－3－5

詩經旁訓□□卷　(□)□□輯　清刻本　一
冊　存一卷(五)

510000－2719－0000985　7－1－3－6

禮記十卷　(漢)鄭玄註　清刻本　一冊　存
二卷(一至二)

510000－2719－0000986　7－1－3－7

龍文鞭影四卷　(明)蕭良有著　清刻本　一
冊　存一卷(上)

510000－2719－0000987　7－1－3－8

四書或問語類大全合訂四十一卷　(清)黃越
等輯　清刻本　一冊　存一卷(論語四)

510000－2719－0000988　7－1－3－8.1

附釋音毛詩註疏二十卷　(唐)孔穎達撰　清
光緒十三年(1887)上海脈望仙館石印本　一
冊　存四卷(一至四)

510000－2719－0000989　7－1－3－9

中庸章句本義匯叅六卷首一卷　(清)王步青
輯　清刻本　一冊　存二卷(五至六)

510000－2719－0000990　7－1－4－1

論語塾課正旨約要□□卷　(□)□□輯　清
刻本　一冊　存七卷(一至七)

510000－2719－0000991　7－1－4－2

康熙字典十二集　(□)□□輯　清刻本　一
冊　存一集(未集)

510000－2719－0000992　7－1－4－3

康熙字典十二集　(□)□□輯　清刻本　一
冊　存一集(酉集)

510000－2719－0000993　7－1－4－8

春秋公羊經傳解詁十二卷　(漢)何休撰　清
刻本　三冊　存八卷(五至十二)

510000－2719－0000994　7－1－4－9

四書大註滙叅合講題鏡合纂□□卷　(□)
□□輯　清刻本　三冊　存三卷(二至三、
六)

510000－2719－0000995　7－2－1－1

中庸衍義十七卷　(明)夏良勝撰　清同治十
年(1871)刻本　六冊　存八卷(一至二、六至
七、十二、十四至十六)

510000－2719－0000996　7－2－1－10

四書典制類聯音註三十三卷　(清)閻其淵輯
清刻本　三冊　存十卷(一至三、二十一至
二十二、二十五至二十九)

510000－2719－0000997　7－2－1－11

四書味根録□□卷　(□)□□輯　清刻本
三冊　存八卷(一至二、七至十、十三至十四)

510000－2719－0000998　7－2－1－12

集字便覽摘要□□卷　(□)□□輯　清光緒
二十八年(1902)刻本　二冊　存二卷(一至
二)

510000－2719－0000999　7－2－1－13

集字便覽摘要□□卷　(□)□□輯　清刻本
一冊　存四類(上聲一類、去聲一類、入聲
一類、平聲一類)

510000－2719－0001000　7－2－1－14

增釋片玉字彙十二集　(清)許愚纂　清刻本
三冊　存三集(丑集、寅集、戌集)

510000－2719－0001001　7－2－1－2

論語□□卷　(□)□□輯　清刻本　一冊
存一卷(□)

510000－2719－0001002　7－2－1－3

增補四書通典備考十二卷　(明)唐光虁著
清刻本　二冊　存六卷(一至六)

510000－2719－0001003　7－2－1－4

圈點四書旁訓讀本孟子八卷　（□）□□輯
清刻本　一冊　存二卷(四至五)

510000－2719－0001004　7－2－1－5

新鍥侗初張先生註釋孔子家語宗十卷　（明）
張鼐註　清乾隆五十四年(1789)登雲堂刻本
一冊　存二卷(一至二)

510000－2719－0001005　7－2－1－6

四書句辨不分卷　（宋）朱熹集註　清刻本
一冊　存三十三頁(一至三十三)

510000－2719－0001006　7－2－1－7

詩韻集成十卷　（清）余照輯　清刻本　一冊
存三卷(五至七)

510000－2719－0001007　7－2－1－8

詩韻集成十卷　（清）余照輯　清刻本　一冊
存三卷(五至七)

510000－2719－0001008　7－2－1－9

詩韻集成十卷　（清）余照輯　清刻本　一冊
存三卷(五至七)

510000－2719－0001009　7－2－2－1

字彙十二卷首一卷末一卷　（明）梅膺祚音釋
清刻本　六冊　存五卷(子集、丑集、寅集、
未集、申集)

510000－2719－0001010　7－2－2－2

字彙十二卷首一卷末一卷　（明）梅膺祚音釋
清刻本　八冊　存七卷(寅集、辰集、巳集、
午集、未集、酉集、戌集)

510000－2719－0001011　7－2－2－2.1

集字便覽摘要不分卷　（□）□□輯　清刻本
一冊　存一卷(平聲類中)

510000－2719－0001012　7－2－2－3

字彙十二卷首一卷末一卷　（明）梅膺祚音釋
清刻本　十二冊

510000－2719－0001013　7－2－2－3.1

康熙字典十二卷　（□）□□輯　清刻本　十
一冊　存四卷(申集、酉集、戌集、亥集)

510000－2719－0001014　7－2－2－4

康熙字典十二卷補遺一卷　（□）□□輯　清
刻本　十三冊　存四卷(申集、酉集、戌集、亥
集)

510000－2719－0001015　7－2－3－1

字彙十二卷首一卷末一卷　（明）梅膺祚音釋
清刻本　七冊　存七卷(寅集、卯集、辰集、
巳集、午集、未集、戌集)

510000－2719－0001016　7－2－3－2

龍文鞭影二卷　（明）蕭良有著　清光緒十四
年(1888)寶全堂刻本　二冊

510000－2719－0001017　7－2－3－2.1

廣廣事類賦三十二卷　（清）吳世旃撰　清刻
本　一冊　存十二卷(一至十二)

510000－2719－0001018　7－2－3－3

龍文鞭影二卷　（明）蕭良有著　清光緒六年
(1880)刻本　一冊　存一卷(上)

510000－2719－0001019　7－2－3－3.1

詩韻含英六卷　（清）劉文蔚輯　清刻本　一
冊　存二卷(一至二)

510000－2719－0001020　7－2－3－4

嫩芳軒合纂四書體註十九卷　（清）范翔參訂
清刻本　一冊　存十二卷(論語十卷、大學
一卷、中庸一卷)

510000－2719－0001021　7－2－3－4.1

集字便覽摘要□□卷　（□）□□輯　清刻本
一冊　存一卷(平聲類下)

510000－2719－0001022　7－2－3－5

禮記集解六十一卷　（清）孫希旦撰　清刻本
二冊　存二卷(二十六、三十)

510000－2719－0001023　7－2－3－5.1

增補集字便覽□□卷　（清）張小浦原輯　清
刻本　一冊　存二卷(一至二)

510000－2719－0001024　7－2－3－6

寄傲山房塾課纂輯書經備旨蔡傳捷錄□□卷
（清）鄒聖脈輯　清刻本　二冊　存七卷
(一至七)

510000－2719－0001025　7－2－3－6.1

廣漢市圖書館古籍普查登記目錄

詩韻集成十卷 （清）余照撰 清刻本 二冊

510000－2719－0001026 7－2－3－7

御案詩經備旨八卷 （清）鄒聖脈輯 清刻本
三冊 存四卷（三至六）

510000－2719－0001027 7－2－3－8

御案詩經備旨八卷 （清）鄒聖脈輯 清刻本
二冊 存五卷（四至八）

510000－2719－0001028 7－2－3－8.1

四書味根錄□□卷 （□）□□輯 清光緒七
年(1881)刻本 一冊 存一卷（大學）

510000－2719－0001029 7－2－3－9

下論異註論文□□卷 （□）□□輯 清刻本
一冊 存四卷（一至四）

510000－2719－0001030 7－2－4－1

說文解字句讀三十卷 （清）王筠撰集 清刻
本 十冊 存二十二卷（三至九、十二至二十
二、二十七至三十）

510000－2719－0001031 7－2－4－2

說文解字句讀三十卷 （清）王筠撰集 清刻
本 四冊 存八卷（十四至十五、十九至二十
二、二十九至三十）

510000－2719－0001032 7－3－1－1

說文解字十五卷六書音均表五卷說文訂一卷
部目分韻一卷 （清）段玉裁注 清刻本 十
七冊 存十五卷（一至四、六至七、九、十一至
十四,六書音均表三卷,部目分韻一卷）

510000－2719－0001033 7－3－1－1.1

康熙字典十二集 （□）□□輯 清刻本 十
四冊 存六集（辰集、巳集、未集、申集、酉集、
戌集）

510000－2719－0001034 7－3－1－2

詩經旁訓□□卷 （□）□□輯 清刻本 一
冊 存一卷（三）

510000－2719－0001035 7－3－1－2.1

康熙字典十二集 （□）□□輯 清刻本 八
冊 存四集（寅集、未集、酉集、戌集）

510000－2719－0001036 7－3－1－3

附釋音毛詩註疏二十卷 （唐）孔穎達撰 清
刻本 二冊 存四卷（五至六、十七至十八）

510000－2719－0001037 7－3－1－4

三字經註解備旨二卷 （宋）王應麟著 清刻
本 一冊 存一卷（下）

510000－2719－0001038 7－3－1－5

小學六卷 （清）高愈纂註 清刻本 二冊
存二卷（五至六）

510000－2719－0001039 7－3－2－2

春秋全經左傳句解八卷 （宋）朱申注釋 清
刻本 四冊 存四卷（五至八）

510000－2719－0001040 7－3－2－2.1

百家姓一卷 （□）□□輯 清新都鑫記書莊
刻本 一冊

510000－2719－0001041 7－3－2－3

書經正文□□卷 （□）□□輯 清刻本 一
冊 存一卷（五）

510000－2719－0001042 7－3－2－4

周易實事十五卷 （清）文嗣述 清刻本 一
冊 存二卷（四至五）

510000－2719－0001043 7－3－2－5

四書類典賦二十四卷 （清）甘緻著 清刻本
一冊 存二卷（八至九）

510000－2719－0001044 7－3－2－6

春秋左傳五十卷 （晉）杜預註 清刻本
二冊

510000－2719－0001045 7－3－2－7

周禮精義六卷首一卷 （清）黃淦撰 清嘉慶
十二年(1807)刻本 一冊

510000－2719－0001046 7－3－2－8

字典考證十二集 （清）奕繪等輯 清刻本
一冊 存三集（午集、未集、申集）

510000－2719－0001047 7－3－3－1

四書朱子大全精言四十一卷 （清）周大璋輯
清刻本 六冊 存九卷（孟子五至八、十一
至十三,論語十二至十三）

510000－2719－0001048　7－3－3－10

重訂廣事類賦四十卷　（清）華希閔著　清刻本　一冊　存五卷（三十至三十四）

510000－2719－0001049　7－3－3－2

四書朱子本義匯參四十三卷首四卷　（清）王步青輯　清刻本　六冊　存十三卷（論語集註本義匯參五至六、九至十、十五至二十，大學章句本義匯參二至三,孟子集註本義匯參十四）

510000－2719－0001050　7－3－3－7

萬斛珠類編八卷　（明）王鳳洲原本　清刻本　三冊

510000－2719－0001051　7－3－3－9

詩料備覽十四卷　（清）劉豹君撰　清刻本　一冊　存七卷（八至十四）

510000－2719－0001052　7－3－4－1

易經精華六卷末一卷　（清）薛嘉穎輯　清道光七年（1827）姑蘇步月樓刻本　四冊

510000－2719－0001053　7－3－4－2

監本春秋穀梁注疏□□卷　（晉）范甯集解　清刻本　五冊　缺四卷（一至四）

510000－2719－0001054　7－3－4－3

四書便蒙十九卷　（宋）朱熹集註　清刻本　一冊　存一卷（孟子四）

510000－2719－0001055　7－3－4－4

監本纂圖重言重意互註尚書十三卷　（漢）孔安國傳　清刻本　一冊　存七卷（七至十三）

510000－2719－0001056　7－3－4－4.1

附釋音尚書註疏二十卷附校勘記二十卷　（唐）孔穎達疏　清刻本　一冊　缺十卷（附釋音尚書註疏一至十）

510000－2719－0001057　7－3－4－5

四書集註本義匯參□□卷　（清）王步青編　清光緒十二年（1886）石印本　二冊　存十卷（論語第一至六,孟子萬章上、萬章下、告子上、告子下）

510000－2719－0001058　7－3－4－6

詩韻合璧五卷附汪立名論古通韻轉　（清）湯文潞編　清刻本　一冊　存一卷（一）

510000－2719－0001059　7－3－4－6.1

附釋音周禮注疏四十二卷附校勘記四十二卷　（唐）賈公彥等撰　（唐）陸德明釋文　清光緒十三年（1887）石印本　二冊

510000－2719－0001060　7－4－1－10

五經文體□卷　（□）□□輯　清光緒五年（1879）刻本　一冊　存二卷（一至二）

510000－2719－0001061　7－4－1－11

周易合纂大成四卷　同文書局輯　清石印本　一冊　存二卷（三至四）

510000－2719－0001062　7－4－1－3

漢官儀十卷　（漢）應劭撰　清刻本誦芬閣叢書本　二冊

510000－2719－0001063　7－4－1－4

名法指掌新纂四卷　（清）黃魯溪輯　清刻本　二冊　存二卷（二、四）

510000－2719－0001064　7－4－1－5

孟子註疏解經十四卷　（漢）趙岐注　（宋）孫奭疏　清刻本　一冊　存一卷（四）

510000－2719－0001065　7－4－1－6

新訂四書補註備旨十卷　（明）鄧林著　清刻本　一冊　存二卷（一至二）

510000－2719－0001066　7－4－1－7

詩音辯略二卷　（明）楊貞一著　清刻本　一冊

510000－2719－0001067　7－4－1－9

四書合纂大成不分卷　（清）沈祖燕輯　清刻本　一冊　存五十頁（大學二至五十一頁）

510000－2719－0001068　8－1－1－4

袁王綱鑑合編三十九卷　（明）袁黃輯　（明）王世貞編　清末鉛印本　五冊　存十七卷（一至十五、二十七至二十八）

510000－2719－0001069　8－1－1－6

國朝先正事略六十卷　（清）李元度編　清末民初鉛印本　一冊　存四卷（二十二至二十

廣漢市圖書館古籍普查登記目録

五)

510000－2719－0001070　8－1－1－9

御撰資治通鑑綱目三編六卷　（清）張廷玉等撰　清光緒二十五年(1899)上海久敬齋石印本　一冊　存三卷(一至三)

510000－2719－0001071　8－1－2－3

史記菁華錄六卷　（清）姚祖恩編　清末民初刻本　一冊　存一卷(三)

510000－2719－0001072　8－1－3－6

御批歷代通鑑輯覽一百二十卷　（清）傅恒等纂　清末石印本　十三冊　存六十五卷(五十六至一百二十)

510000－2719－0001073　8－1－3－8

新刊趙田了凡袁先生編纂古本歷史大方綱鑑補三十九卷　（明）袁黃纂　清末成都文倫書局鉛印本　一冊　存一卷(三十四)

510000－2719－0001074　8－1－3－9

御撰明紀綱目二十卷　（清）張廷玉等撰　清末鉛印本　一冊　存九卷(一至九)

510000－2719－0001075　8－1－4－4

皇朝文獻通考輯要二十六卷　（清）湯壽潛輯　清末通雅堂鉛印本　一冊　存四卷(五至八)

510000－2719－0001076　8－2－1－1

資治通鑑二百九十四卷　（宋）司馬光編　（元）胡三省注　清光緒十四年(1888)積山書局石印本　十三冊　缺一百四十二卷(三十七至一百七十八)

510000－2719－0001077　8－2－4－2

歷代名臣言行錄二十四卷　（清）朱桓編　清末商務印書館鉛印本　七冊　缺二卷(一至二)

510000－2719－0001078　8－2－4－7

皇清奏議不分卷　（清）琴川居士輯　清末抄本　一冊

510000－2719－0001079　8－3－1－5

西夏紀事本末三十六卷首二卷　（清）張鑑著

清末石印本　二冊　缺二卷(十七至十八)

510000－2719－0001080　8－3－1－7

讀通鑑論三十卷　（清）王夫之撰　清末簡青齋書局石印本　四冊　存四卷(十二、十七、二十一、二十六)

510000－2719－0001081　8－3－3－5

元史二百一十卷附考證　（明）宋濂等修　清光緒三十四年(1908)上海集成圖書公司鉛印本　一冊　存七卷(一至七)

510000－2719－0001082　8－3－4－1

欽定大清會典一百卷首一卷　（清）崑岡等纂　清宣統元年(1909)商務印書館石印本　二冊　存十八卷(一至七、七十九至八十八,首一卷)

510000－2719－0001083　8－3－4－2

欽定大清會典事例一千二百二十卷　（清）崑岡等纂　清宣統元年(1909)商務印書館石印本　三十九冊　缺八百四十四卷(一至五百零一、五百一十至五百四十一、五百四十九至五百五十四、五百六十至五百七十五、五百九十二至五百九十九、六百零七至六百一十三、六百二十一至六百四十二、六百五十一至六百六十五、六百八十一至六百八十七、六百九十八至七百零五、七百五十五至七百五十九、八百零七至八百二十四、八百三十五至一千零一十三、一千一百七十至一千一百八十九)

510000－2719－0001084　9－1－2－20

中西要略戰策兵書合刊□□卷　（清）陳耀卿編　清刻本　二冊　存二卷(三至四)

510000－2719－0001085　9－1－3－11

瘍醫大全四十卷　（清）顧世澄纂　清刻本　一冊　存一卷(二十八)

510000－2719－0001086　9－1－3－12

東醫寶鑒二十三卷　（朝鮮）許浚撰　清刻本　二冊　存三卷(一、四至五)

510000－2719－0001087　9－1－4－13

策學總纂大成四十六卷　（清）蔡壽祺輯　清刻本　三冊　存二十卷(十九至三十、三十九

至四十六)

510000－2719－0001088　9－2－1－3

傷寒醫訣串解六卷　(清)陳念祖著　清味根齋刻本　二冊

510000－2719－0001089　9－2－1－5

地理五訣八卷　(清)趙廷棟著　清刻本　一冊　存二卷(三至四)

510000－2719－0001090　9－2－2－2

妙法蓮華經大成九卷首二卷　(清)釋大義集　清刻本　八冊　存九卷(二至三、五至九,首二卷)

510000－2719－0001091　10－1－2－3

恪靖奏稿續編七十六卷　(清)左宗棠著　清刻本　八冊　存十三卷(二十七、三十二至三十三、三十六至三十七、六十三至七十)

510000－2719－0001092　10－1－2－8

隨園續同人集十七卷　(清)袁枚編　清刻本　七冊　存十一卷(過訪類一卷、生挽類一卷、題圖類一卷、送行留別類一卷、慶賀類一卷、答謝類一卷、閨秀類一卷、文類四卷)

510000－2719－0001093　10－1－4－1

古文析義二編八卷　(清)林雲銘評註　清宣統元年(1909)石印本　二冊　存三卷(二、五至六)

510000－2719－0001094　10－1－4－2

燕山外史註釋八卷　(清)陳球著　清光緒三十二年(1906)上海海左書局石印本　二冊　存四卷(一至四)

510000－2719－0001095　10－1－4－4

八家四六文注八卷補註一卷　(清)孫星衍等撰　清光緒十八年(1892)上海圖書集成印書局鉛印本　七冊　缺一卷(三)

510000－2719－0001096　10－1－4－8

杭大宗七種叢書　(清)杭世駿撰　清刻本　一冊　存五卷(榕城詩話三卷、續方言二卷)

510000－2719－0001097　10－2－1－2

皇朝經世文四編五十二卷　(清)何良棟輯

清石印本　一冊　存二卷(六至七)

510000－2719－0001098　10－2－1－7

增像全圖西漢演義四卷一百回　(明)甄偉撰　清光緒三十年(1904)上海章福記石印本　四冊

510000－2719－0001099　10－2－3－9

皇朝經世文編一百二十卷　(清)賀長齡輯　清藝芸書局刻本　十五冊　存二十四卷(六至七、十四至三十、四十一至四十四、一百十七)

510000－2719－0001100　10－2－4－1

精訂綱鑑廿四史通俗衍義六卷　(清)呂撫輯　清光緒三十二年(1906)嘉惠書林石印本　五冊

510000－2719－0001101　10－2－4－3

新刻玉釧緣全傳三十二卷　(清)西湖居士著　清石印本　十冊　存十四卷(八至九、十二至十八、二十至二十四)

510000－2719－0001102　10－2－4－7

定國志安邦中集二十卷　(□)□□著　清刻本　三冊　存三卷(一、五、十)

510000－2719－0001103　10－2－4－9

任兆麟述記三卷　(清)任兆麟著　清遂古堂石印本　二冊

510000－2719－0001104　10－3－1－5

陶淵明文集十卷　(晉)陶淵明著　清影印本　三冊　存三卷(三、六、九)

510000－2719－0001105　10－3－2－10

新刻劍嘯閣批評西漢演義傳八卷　(明)甄偉撰　清元順堂刻本　一冊　存一卷(一)

510000－2719－0001106　10－3－2－4

漢溪書法通解八卷　(清)戈守智纂　清咸豐元年(1851)修竹齋刻本　四冊

510000－2719－0001107　10－3－3－10

選註六朝唐賦□□卷　(清)馬傳庚選　清刻本　一冊　存一卷(四)

510000－2719－0001108　10－3－3－6

文公集鈔一卷附文公詩鈔一卷　（宋）朱熹著
清刻本　一冊

510000－2719－0001109　10－3－3－9
八賢手劄八卷　（清）郭慶藩輯　清光緒三十
四年（1908）上洋海左書局石印本　三冊　存
六卷（曾文正公手劄一卷、胡文忠公手劄一
卷、駱文忠公手劄一卷、沈文肅公手劄一卷、
左文襄公手劄一卷、威毅伯曾宮保手劄一卷）

510000－2719－0001110　10－3－4－7
續古文辭類纂三十四卷　王先謙輯　清光緒
三十三年（1907）上海商務印書館鉛印本　二
冊　存十六卷（一至十六）

510000－2719－0001111　10－3－4－9
新穎賦鈔□□卷　（□）□□著　清刻本　一
冊　存二卷（三至四）

510000－2719－0001112　10－4－1－5
正續古文辭類纂正集七十四卷續集三十四卷

（清）姚鼐纂　清光緒三十三年（1907）上海
商務印書館鉛印本　十冊

510000－2719－0001113　10－4－2－3
牡丹亭還魂記二卷　（明）湯顯祖著　清刻本
二冊

510000－2719－0001114　10－4－3－2
小倉山房詩集三十七卷補遺二卷　（清）袁枚
著　清刻本　五冊　存十二卷（七至九、十八
至二十、二十六至二十七、三十、三十三至三
十五）

510000－2719－0001115　10－4－4－10
格致鏡原一百卷　（清）陳元龍輯　清刻本
一冊　存八卷（十一至十八）

510000－2719－0001116　10－4－4－9
道生堂初集一卷　（清）鍾聲撰　清刻本　一
冊　存一冊

綿竹市圖書館
古籍普查登記目録

全國古籍普查登記目録

國家圖書館出版社
National Library of China Publishing House

510000－2720－0000001　經002

段氏說文注訂八卷　（清）鈕樹玉著　清同治
十三年(1874)湖北崇文書局刻本　二冊

510000－2720－0000002　經003

說文新附考六卷續考一卷　（清）鈕樹玉著
清同治十三年(1874)湖北崇文書局刻本
二冊

510000－2720－0000003　經004

春秋左傳分類賦四卷　（清）夏大觀編譔　清
咸豐元年(1851)德元堂刻本　四冊

510000－2720－0000004　經005

孟子註疏解經十四卷附校勘記十四卷　（漢）
趙岐注　（宋）孫奭　（清）阮元校　清嘉慶二
十年(1815)江西南昌府刻本　七冊

510000－2720－0000005　經006

附釋音周禮注疏四十二卷附校勘記四十二卷
（漢）鄭玄注　（唐）賈公彥疏　（清）阮元
校　清刻本　十六冊

510000－2720－0000006　經007

春秋釋例十五卷　（晉）杜預撰　清刻本　六
冊　缺三卷(一至三)

510000－2720－0000007　經008

春秋啖趙集傳纂例十卷　（唐）陸淳纂　清刻
古經解匯函本　二冊

510000－2720－0000008　經009

春秋微旨二卷　（唐）陸淳譔　清刻古經解匯
函本　一冊

510000－2720－0000009　經010

春秋繁露十七卷春秋繁露附錄一卷　（漢）董
仲舒撰　清刻本　二冊　缺三卷(一至三)

510000－2720－0000010　經011

春秋啖趙二先生集傳辯疑十卷　（唐）陸淳纂
清刻本　二冊

510000－2720－0000011　經012

周易集解十七卷　（唐）李鼎祚輯　清刻本
二冊　缺十四卷(一至十四)

510000－2720－0000012　經013

說文解字通釋四十卷　（南唐）徐鍇撰　清道
光富文齋刻本　二冊　缺五卷(一至五)

510000－2720－0000013　經014

尚書大傳三卷　（漢）伏勝撰　（漢）鄭玄注
（清）陳壽祺校　清刻古經解匯函本　二冊

510000－2720－0000014　經015

說文解字繫傳校勘記三卷　（清）祁寯藻撰
清刻本　一冊

510000－2720－0000015　經016

周易口訣義六卷　（唐）史徵撰　清刻古經解
匯函本　一冊

510000－2720－0000016　經018

志學編八種　（清）呂調陽述　清光緒十四年
(1888)彭門吳氏刻本　一冊　存三種三卷
(大學節訓、中庸節訓、洪範)

510000－2720－0000017　經019

復古編二卷附校正一卷附錄一卷　（宋）張有
著　曾樂軒稿一卷　（宋）張維著　安陸集一
卷　（宋）張先著　清光緒八年(1882)淮南書
局刻本　三冊

510000－2720－0000018　經020

韓詩外傳十卷附校注拾遺一卷　（漢）韓嬰撰
（清）周廷寀校注　清新安周氏校刻本
二冊

510000－2720－0000019　經021

韓詩外傳十卷附趙本補逸一卷校注拾遺一卷
（漢）韓嬰著　（清）周廷寀校注　清光緒元
年(1875)望三益齋刻本　二冊

510000－2720－0000020　經022

附釋音尚書註疏二十卷附校勘記二十卷
(唐)孔穎達撰　（清）阮元校　清嘉慶二十年
(1815)江西南昌府學刻本　八冊

510000－2720－0000021　經023

詁經精舍文集十四卷　（清）阮元手訂　清嘉
慶揚州阮氏琅嬛仙館刻本　八冊

510000－2720－0000022　經024

南軒先生孟子說七卷　（宋）張栻著　清咸豐

綿竹市圖書館古籍普查登記目錄

綿邑南軒祠刻本　四冊

510000－2720－0000023　經025
南軒先生論語解十卷　（宋）張栻著　清咸豐
綿邑南軒祠刻本　二冊

510000－2720－0000024　經026
禮記十卷　（元）陳澔集說　清乾隆十四年
（1749）登雲堂刻本　十冊

510000－2720－0000025　經027
**春秋大事表五十卷首一卷春秋輿圖一卷附錄
一卷**　（清）顧棟高著　清同治十二年（1873）
山東尚志堂刻本　二十冊

510000－2720－0000026　經032
春秋繁露十七卷　（漢）董仲舒著　清刻本
三冊

510000－2720－0000027　經033
春秋左傳杜注校勘記一卷　（清）黎庶昌錄
清光緒二十年（1894）貴陽陳氏靈峯草堂叢書
刻本　一冊

510000－2720－0000028　經034
禮記易讀四卷禮記輯論一卷　（□）□□著
清光緒二十五年（1899）刻本　四冊

510000－2720－0000029　經035
周禮十二卷　（漢）鄭玄注　清光緒九年
（1883）酉陽刻本　六冊

510000－2720－0000030　經036
說文釋例二十卷附補正二十卷　（清）王筠撰
清中江家塾刻本　二十冊

510000－2720－0000031　經037
毛詩傳箋通釋三十二卷　（清）馬瑞辰撰　清
光緒十四年（1888）廣雅書局刻本　十二冊

510000－2720－0000032　經038
監本附音春秋公羊注疏二十八卷　（漢）何休
撰　清嘉慶二十年（1815）江西南昌府學刻本
十一冊

510000－2720－0000033　經039
周禮精華六卷首一卷　（清）陳虛舟編　清嘉
慶十一年（1806）古香閣刻本　四冊

510000－2720－0000034　經040
易經精華六卷首一卷末一卷　（清）薛嘉穎撰
清光緒十四年（1888）古香閣魏氏刻本
三冊

510000－2720－0000035　經049
詩韻集成題考合刻十卷　（清）余照輯　（清）
王文淵合編　清光緒十四年（1888）古香閣魏
氏刻本　五冊

510000－2720－0000036　經050
爾雅疏十卷　（宋）邢昺挍　清嘉慶二十年
（1815）江西南昌府學刻本　六冊

510000－2720－0000037　經051
春秋大事表五十卷附錄一卷春秋輿圖一卷
（清）顧復初輯　清乾隆十二年至十四年
（1747－1749）萬卷樓刻本　十八冊　缺十六
卷（十八至二十八、四十六至五十）

510000－2720－0000038　經053
上論翼註論文六卷　（□）□□著　清刻本
一冊

510000－2720－0000039　經054
皇清經解分經彙纂十六卷　（清）顧炎武
（清）段玉裁　（明）吳士奇　（清）孔廣森
（清）焦循等著　清光緒十九年（1893）上海褒
海山房石印本　二十九冊　缺四卷（十一至
十三、十五）

510000－2720－0000040　經055
爾雅郭注義疏二十卷　（清）郝懿行著　清光
緒十年（1884）榮縣蜀南閣刻本　八冊

510000－2720－0000041　經056
小學輯說二卷　（清）張伯行著　清光緒十三
年（1887）陝西布政司刻本　一冊

510000－2720－0000042　經057
書經恆解六卷　（清）劉沅輯注　清刻本　一
冊　存一卷（五）

510000－2720－0000043　經058
書經精華十卷　（清）王巨源選　清古香閣刻
本　二冊　存四卷（四至五、九至十）

510000－2720－0000044　經060

詩經八卷　（宋）朱熹集傳　清道光三十年
(1850)黎照書屋刻本　六冊

510000－2720－0000045　經066

附釋音毛詩註疏二十卷附校勘記二十四卷
（漢）鄭玄箋　（唐）孔穎達疏　（清）阮元校
　清嘉慶二十年(1815)江西南昌府學刻本
二十冊

510000－2720－0000046　經068

正蒙字義二卷　（清）正蒙公塾輯　清光緒二
十八年(1902)正蒙公塾刻本　一冊　存一卷
（下）

510000－2720－0000047　經069

大戴禮記十三卷　（漢）戴德著　清宣統三年
(1911)刻貴池劉氏玉海堂影宋叢書本　二冊

510000－2720－0000048　經070

易經精華六卷末一卷　（清）薛嘉穎輯　清光
緒十一年(1885)古香閣魏氏刻本　三冊

510000－2720－0000049　經071

經典釋文三十卷附考證三十卷　（唐）陸德明
撰　清光緒十五年(1889)湘南書局刻本　十
一冊　缺六卷(十二至十四、二十八至三十)

510000－2720－0000050　經072

焦氏易林四卷　（漢）焦贛著　明汲古閣刻本
四冊

510000－2720－0000051　經073

附釋音春秋左傳註疏六十卷附校勘記六十卷
　（晉）杜預注　（唐）孔穎達書　（清）阮元
校　清嘉慶二十年(1815)江西南昌府學刻本
二十六冊

510000－2720－0000052　經074

說文校議十五卷　（清）姚文田著　（清）嚴可
均著　清同治十三年(1874)歸安姚氏刻本
五冊

510000－2720－0000053　經075

說文楬原二卷　（清）張行孚綴　（清）余澍校
　清光緒十年(1884)後知不足齋刻本　二冊

510000－2720－0000054　經076

說文發疑六卷　（清）張行孚述　清光緒十年
(1884)後知不足齋刻本　三冊

510000－2720－0000055　經082

春秋左傳五十卷　（晉）杜預注釋　（宋）林堯
叟注釋　（唐）陸德明音義　（明）鍾惺等評點
　清刻本　十冊　缺十九卷(一至二、七至
十、十五至二十、三十至三十一、四十至四十
四)

510000－2720－0000056　經083

經義考三百卷目錄二卷　（清）朱彝尊錄
（清）李濤校　（清）男昆田校　清曝書亭刻本
　二十五冊　缺三十九卷(三十七至七十三、
二百九十九至三百)

510000－2720－0000057　經087

附釋音尚書註疏二十卷附校勘記二十卷
（唐）孔穎達撰　（清）阮元校　清嘉慶二十年
(1815)江西南昌府學刻本　八冊

510000－2720－0000058　經088

周易兼義九卷附校勘記九卷　（唐）孔穎達撰
　（三國魏）王弼注　（清）阮元校　經典釋文
一卷　（唐）陸德明撰　經典釋文校勘記一卷
　（清）阮元校　清嘉慶二十年(1815)江西南
昌府學刻本　八冊

510000－2720－0000059　經089

說文解字注匡謬八卷　（清）徐承慶撰　清光
緒三十四年(1908)上海文盛書局石印本
一冊

510000－2720－0000060　經090

古律經傳附考五卷　（清）紀大奎著　清刻本
二冊

510000－2720－0000061　經091

附釋音禮記注疏六十三卷附校勘記六十三卷
　（漢）鄭玄注　（唐）孔穎達疏　（清）阮元
校　清嘉慶二十年(1815)江西南昌府學刻本
二十六冊

510000－2720－0000062　經092

廣雅疏證十卷附博雅音十卷　（清）王念孫學

綿竹市圖書館古籍普查登記目錄

清光緒五年(1879)淮南書局刻本　八冊

510000－2720－0000063　經093

小學彙函十四種　(清)鍾謙鈞等輯　清刻本
十一冊　存七種九十九卷(輶軒使者絕代
語釋別國方言、釋名、廣雅、匡謬正俗、急就
篇、說文解字、說文解字繫傳)

510000－2720－0000064　經094

小爾雅疏證五卷　(清)葛其仁學　清刻本
一冊　存二卷(一至二)

510000－2720－0000065　經096

小爾雅義證十三卷　(清)胡承珙著　清道光
七年(1827)求是堂刻本　二冊

510000－2720－0000066　經097

爾雅郭注佚存補訂二十卷　王樹枏著　清光
緒十八年(1892)資陽文莫室刻本　七冊

510000－2720－0000067　經098

**康熙字典十二集檢字一卷辨似一卷等韻一卷
總目一卷備考一卷補遺一卷**　(清)張玉書
(清)陳廷敬等纂修　清道光七年(1827)刻本
三十九冊

510000－2720－0000068　經099

禮書綱目八十五卷　(清)江永編　清嘉慶十
五年(1810)鏤恩堂刻本　二十四冊

510000－2720－0000069　經100

**監本附音春秋穀梁註疏二十卷附校勘記二十
卷**　(晉)范甯集解　(唐)楊士勛疏　(清)
阮元校　清嘉慶二十年(1815)江西南昌府學
刻本　六冊

510000－2720－0000070　經101

五音集字不分卷　(清)汪朝恩纂輯　清光緒
三十四年(1908)渝城聖家書局刻本　十二冊

510000－2720－0000071　經102

**說文解字十五卷附部目分韻一卷六書音均表
五卷**　(清)段玉裁注　清光緒三年(1877)成
都尊經書院經雲樓刻本　十六冊

510000－2720－0000072　經103

倉頡篇三卷續本一卷補本一卷　(清)孫星衍

學　清光緒十六年(1890)江蘇書局刻本
二冊

510000－2720－0000073　經104

說文字原一卷　(元)周伯琦編注　(明)胡正
言訂篆　清刻本　一冊

510000－2720－0000074　經106

字說一卷　(清)吳大澂撰　清光緒十九年
(1893)思賢講舍刻本　一冊

510000－2720－0000075　經111

春秋比二卷　(清)郝懿行輯　清光緒八年
(1882)郝氏遺書刻本　二冊

510000－2720－0000076　經112

春秋尊王發微十二卷　(宋)孫復撰　清通志
堂刻本　四冊

510000－2720－0000077　經113

春秋皇綱論五卷　(宋)王皙著　清通志堂刻
本　二冊

510000－2720－0000078　經114

韻府鉤沈五卷　(清)雷浚著　清刻本　四冊

510000－2720－0000079　經115

經典釋文三十卷　(唐)陸德明撰　清刻本
一冊　缺三卷(一至二、五)

510000－2720－0000080　經116

朱氏群書六種　(清)朱駿聲輯　清刻本
四冊

510000－2720－0000081　經120

說文測議七卷附二徐同異附攷一卷　(清)董
詔輯　(清)謝玉珩校　清道光四年(1824)刻
本　二冊　缺四卷(二至三、六至七)

510000－2720－0000082　經121

說文測議七卷附二徐同異附攷一卷　(清)董
詔輯　(清)謝玉珩校　清道光四年(1824)刻
本　四冊

510000－2720－0000083　經123

孝經直解一卷附辨論一卷　(清)劉沅註釋
清宣統三年(1911)槐蔭書屋刻本　一冊

510000－2720－0000084　經 124

孝經注疏九卷附校勘記九卷　（宋）邢昺注疏
（清）阮元審定　清嘉慶二十年(1815)江西
南昌府學刻本　二冊

510000－2720－0000085　經 126

**輶軒使者絕代語釋別國方言十三卷續方言二
卷**　（清）戴震疏證　清刻本　二冊

510000－2720－0000086　經 127

爾雅郭注義疏二十卷　（清）郝懿行學　清光
緒十年(1884)榮縣蜀南閣刻本　十冊

510000－2720－0000087　經 128

**春秋經傳集解三十卷附春秋年表一卷春秋名
號歸一圖二卷**　（晉）杜預注　清刻本　十四
冊　缺四卷(二十七至三十)

510000－2720－0000088　經 130

說文辨字正俗八卷　（清）李富孫學　清校經
廎刻本　二冊

510000－2720－0000089　經 131

**說文外編十六卷附桂氏說文解字義證引二條
一卷**　（清）雷浚著　清光緒二年(1876)刻本
四冊

510000－2720－0000090　經 132

說文引經考證八卷　（清）陳瑑學　（清）徐郵
參校　清同治十三年(1874)湖北崇文書局刻
本　二冊

510000－2720－0000091　經 133

許氏說文解字雙聲疊韻譜一卷　（清）鄧廷楨
著　清刻本　二冊

510000－2720－0000092　經 134

說文字原一卷　（元）周伯琦編注　（明）胡正
言訂篆　清刻本　一冊

510000－2720－0000093　經 136

六書通十卷　（明）閔齊伋著　（清）畢弘述篆
訂　清刻本　二冊　存二卷(一至二)

510000－2720－0000094　經 137

五音集字不分卷　（清）汪朝恩纂輯　清光緒
三十四年(1908)渝城聖家書局刻本　十二冊

510000－2720－0000095　經 141

羣經平議三十五卷　（清）俞樾著　清刻本
十六冊

510000－2720－0000096　經 142

毛詩二十卷附詩經考證二十卷　（漢）鄭玄箋
清刻本　四冊

510000－2720－0000097　經 143

春秋左傳五十卷　（晉）杜預　（宋）林堯叟注
釋　（唐）陸元朗音義　（明）鍾惺伯　（明）
孫鑛　（明）韓範評點　清刻本　六冊　缺二
十三卷(一至三、十至十四、二十三至二十九、
三十四至三十七、四十七至五十)

510000－2720－0000098　經 144

左傳史論二卷　（清）高士奇論正　清刻本
一冊

510000－2720－0000099　經 145

左繡一卷　（清）馮李驊　（清）陸浩評輯　春
秋經傳集解一卷　（晉）杜預著　（宋）林堯叟
附注　（唐）陸元朗音釋　清榮茂堂刻本
一冊

510000－2720－0000100　經 146

文字存真二種　（清）饒炯學　（□）饒時中条
清光緒三十年(1904)達古軒刻本　六冊

510000－2720－0000101　經 149

**康熙字典十二集總目一卷檢字一卷辨似一卷
等韻一卷備考一卷補遺一卷**　（清）張玉書纂
修　（清）陳廷敬等著　清道光七年(1827)刻
本　三十一冊　缺一卷(亥上)

510000－2720－0000102　經 150

顧氏音學五書三十八卷　（清）顧炎武撰　清
光緒十六年(1890)思賢講舍刻本　十六冊

510000－2720－0000103　經 152

春秋例表一卷　（清）王代豐著　清刻本
一冊

510000－2720－0000104　經 157

新訂春秋左傳折衷八卷首一卷　（清）槐與山
編集　清刻本　八冊

綿竹市圖書館古籍普查登記目錄

510000－2720－0000105　經 158

小學考五十卷　(清)謝啓昆恭錄　清光緒十四年(1888)浙江書局刻本　十八冊　缺五卷(四十六至五十)

510000－2720－0000106　經 159

說文通訓定聲十八卷附行述一卷古今韻準一卷說雅一卷分部檢韻一卷　(清)朱駿聲紀錄　清臨嘯閣刻本　二十四冊

510000－2720－0000107　經 160

隸辨八卷　(清)顧藹吉著　清江寧甘瑞祥家刻本　七冊　缺一卷(一)

510000－2720－0000108　經 162

詩韻集成十卷　(清)余照輯　清光緒二年(1876)夫道堂刻本　一冊　存四卷(一至四)

510000－2720－0000109　經 163

詩韻集成十卷　(清)余照輯　清光緒元年(1875)貴文堂刻本　四冊

510000－2720－0000110　經 164

女四書四卷　(明)王相箋注　清刻本　四冊

510000－2720－0000111　經 167

公羊春秋經傳驗推補證十一卷附春秋條例圖表　廖平學　清刻本　七冊　缺一卷(一)

510000－2720－0000112　經 168

五方母音二卷　(清)樊騰鳳著　(清)年希堯增補　清同文堂刻本　四冊

510000－2720－0000113　經 169

六書分類十二卷首一卷　(清)傅世垚手輯(清)傅世磊糸訂　(清)周天辰補校　(清)周天建授梓　清乾隆五十四年(1789)聽松閣刻本　十四冊

510000－2720－0000114　經 170

康熙字典十二集檢字一卷辨似一卷等韻一卷總目一卷備考一卷補遺一卷　(清)張玉書等纂修　清道光七年(1827)刻本　四十冊

510000－2720－0000115　經 172

說文解字十五卷　(漢)許慎記　(宋)徐鉉等校定　清嘉慶九年(1804)五松書屋刻本

四冊

510000－2720－0000116　經 173

說文解字十五卷　(漢)許慎記　(宋)徐鉉等校定　清同治十年(1871)刻本　八冊

510000－2720－0000117　經 174

隸法彙纂十卷　(清)項懷述編錄　清同治九年(1870)巴郡汪氏刻本　四冊

510000－2720－0000118　經 175

六書原始十五卷　(清)賀崧齡輯　清劍州刻本　八冊

510000－2720－0000119　經 181

廣雅補疏四卷　(清)王樹枏著　清文莫室刻本　一冊

510000－2720－0000120　經 182

姓氏急救篇二卷　(宋)王應麟著　清光緒十年(1884)成都志古堂刻本　二冊

510000－2720－0000121　經 183

急救篇四卷　(清)王祖源撰　(宋)王應麟補注　清光緒五年(1879)福山王氏刻本　三冊

510000－2720－0000122　經 188

說文染指二卷　(清)吳楚著　清光緒十四年(1888)寄硯山房刻本　二冊

510000－2720－0000123　經 189

六書分類十二卷首一卷　(清)傅世垚手輯(清)傅世磊糸訂　(清)周天辰補校　(清)周天建授梓　清寶仁堂刻本　十四冊

510000－2720－0000124　經 190

字彙十二集目錄一卷首卷一卷辨似一卷　(明)梅膺祚音釋　清道光十二年(1832)黎照書屋刻本　六冊　缺二集(丑集、寅集)

510000－2720－0000125　經 191

讀禮通考一百二十卷　(清)徐乾學著　清刻本　三十二冊

510000－2720－0000126　經 193

隸法彙纂十卷　(清)項懷述編錄　清同治九年(1870)巴郡汪氏刻本　四冊

四川省十一家收藏單位古籍普查登記目錄

510000－2720－0000127　經196

佩文詩韻釋要五卷　（清）陸潤庠重校　清宣統三年(1911)商務印書館石印本　二冊

510000－2720－0000128　經198

六書十二聲傳十二卷　（清）呂調陽述　清刻本　九冊

510000－2720－0000129　經199

儀禮疏五十卷附校勘記五十卷　（唐）賈公彥等撰　（清）阮元校　清嘉慶二十年(1815)江西南昌府學刻本　十八冊

510000－2720－0000130　經200

儀禮初學讀本十七卷　（□）□□著　清刻本　一冊　缺十卷(八至十七)

510000－2720－0000131　經201

經義述聞三十二卷　（清）王引之著　清光緒七年(1881)上海文瑞樓鉛印本　十六冊

510000－2720－0000132　經202

欽定七經彙纂七種　（□）□□輯　清光緒十七年(1891)上海鴻寶齋石印本　十一冊　缺四種二十六卷(欽定書經傳說彙纂八至二十一、書序一卷,欽定周官義疏三十八至四十八,欽定儀禮義,欽定禮記義疏)

510000－2720－0000133　經208

康熙字典十二集檢字一卷辨似一卷等韻一卷總目一卷備考一卷補遺一卷　（清）張玉書等纂修　清道光七年(1827)刻本　十五冊　存七集(子集中至下,寅集下,卯集,辰集上,午集,未集,申集上、下)

510000－2720－0000134　經209

五音集字不分卷　（清）汪朝恩纂輯　清光緒三十四年(1908)渝城聖家書局刻本　十二冊

510000－2720－0000135　經218

中華新字典　王文濡著　清石印本　一冊　存二集(酉集、亥集)

510000－2720－0000136　經220

康熙字典十二集檢字一卷辨似一卷等韻一卷總目一卷　（清）張玉書等纂修　（清）陳邦彥敬書　清石印本　六冊　缺三集(未集、申集、亥集)

510000－2720－0000137　經221

康熙字典十二集檢字一卷辨似一卷等韻一卷總目一卷　（清）張玉書等纂修　清石印本　二冊　存四集(寅集、卯集、辰集、亥集)

510000－2720－0000138　經222

經傳釋詞十卷　（清）王引之著　清四川官印刷局鉛印本　二冊

510000－2720－0000139　經223

經傳釋詞十卷　（清）王引之著　清四川官印刷局鉛印本　二冊

510000－2720－0000140　經229

說文檢字二卷　（清）毛謨輯　清刻本　二冊

510000－2720－0000141　經230

說文解字句讀三十卷　（漢）許慎記　（清）王筠撰集　清光緒八年(1882)四川尊經書局刻本　十四冊

510000－2720－0000142　經231

讀說文雜識一卷　（清）許械著　清光緒七年(1881)刻本　一冊

510000－2720－0000143　經232

說文辨疑一卷　（清）顧廣圻著　清光緒三年(1877)湖北崇文書局刻本　一冊

510000－2720－0000144　經233

汗簡七卷附書目箋正一卷目錄一卷　（宋）郭忠恕撰　（清）鄭珍箋正　清光緒十五年(1889)廣雅書局刻本　四冊

510000－2720－0000145　經238

四書恆解十四卷　（清）劉沅輯注　清光緒十年(1884)豫誠堂刻本　五冊　存三種六卷(大學一卷、論語三卷、孟子四至五)

510000－2720－0000146　經239

四書恆解十四卷　（清）劉沅輯注　清宣統三年(1911)槐蔭書屋刻本　二冊　存二種三卷(論語一卷、孟子六至七)

510000－2720－0000147　經240

綿竹市圖書館古籍普查登記目錄

四書恆解十四卷　（清）劉沅輯注　清刻本
一冊　存一卷（孟子上）

510000－2720－0000148　經241
說文荅問疏證六卷　（清）薛傳均著　清光緒
八年（1882）礬風樓刻本　二冊

510000－2720－0000149　經242
名原二卷　（清）孫詒讓記　清末刻本　一冊

510000－2720－0000150　經243
說文提要一卷　（清）陳建侯述　清光緒十年
（1884）志古堂刻本　一冊

510000－2720－0000151　經244
說文提要一卷　（清）陳建侯述　清光緒十年
（1884）志古堂刻本　一冊

510000－2720－0000152　經245
說文本經荅問二卷　（清）鄭知同撰　清光緒
十八年（1892）廣雅書局刻本　一冊

510000－2720－0000153　經246
說文字原韻表二卷　（清）胡重編　（清）金孝
柏訂　清嘉慶十六年（1811）梓成刻本　一冊

510000－2720－0000154　經247
說文聲讀表七卷　（清）苗夔纂　清福山王氏
天壤閣刻本　一冊

510000－2720－0000155　經252
隸韻十卷附碑文一卷碑文考證一卷隸韻考證
二卷　（宋）劉球纂　（清）翁方綱考證　清嘉
慶十五年（1810）刻本　十二冊

510000－2720－0000156　經255
說文通檢十四卷首一卷末一卷　（清）黎永椿
編　清光緒四年（1878）宏逢堂刻本　四冊

510000－2720－0000157　經256
左氏蒙求註一卷　（元）吳化龍纂　（清）許乃
濟註　（清）王慶麟註　**左傳紺珠二卷**　（清）
王武沂輯　清刻本　一冊

510000－2720－0000158　經259
詩韻集成題考合刻十卷　（清）余照輯　（清）
王文淵編　（清）一適主人編次　（清）魏朝俊
校刊　清末民初墨耕堂刻本　十冊

510000－2720－0000159　經265
方言十三卷　（晉）郭璞解　清光緒元年
（1875）湖北崇文書局刻本　一冊

510000－2720－0000160　經266
經義考三百卷　（清）朱彝尊編　清刻本　五
冊　存二十七卷（十至十五、二十一至二十
六、二十七至三十二、六十六至六十九、七十
一至七十五）

510000－2720－0000161　經267
五經小學述二卷　（清）莊述祖著　清光緒八
年（1882）刻本　二冊

510000－2720－0000162　經268
小學集解六卷　（清）張伯行輯註　（清）李蘭
汀校　清刻本　三冊　缺二卷（一至二）

510000－2720－0000163　經271
毛詩傳箋通釋三十二卷　（清）馬瑞辰撰　清
光緒十四年（1888）廣雅書局刻本　十二冊

510000－2720－0000164　經272
小學鉤沈十九卷　（清）任大椿學　（清）王念
孫校正　清光緒十年（1884）龍氏刻本　四冊

510000－2720－0000165　經273
說文通檢十四卷首一卷末一卷　（清）黎永椿
編　清光緒三十四年（1908）上海文盛書局石
印本　一冊

510000－2720－0000166　經277
新刻批點四書讀本十九卷　（宋）朱熹著
（清）高玲批點　清光緒二年（1876）愷元堂朱
墨套印本　六冊

510000－2720－0000167　經278
漢隸字源五卷碑目一卷附字一卷　（宋）婁機
著　清光緒三年（1877）川東官舍刻本　六冊

510000－2720－0000168　經279
十三經注疏十三種附校勘記十三種　（清）阮
元校勘　清嘉慶二十年（1815）江西南昌府學
刻本　一百十七冊　存十種二四十八卷（周
易注疏二至三,附釋音禮記注疏六至二十、二
十三至三十五、三十九至四十一、四十五至五

四川省十二家收藏單位古籍普查登記目錄

十、五十四至五十六、六十一至六十三,附釋音毛詩注疏一到十四、十八到二十,附釋音周禮注疏一至十、十九至四十,儀禮注疏一至十七、二十六至五十、孟子注疏解經一至九、監本附音春秋公羊注疏三至二十八、附釋音春秋左傳注疏一至九、十三至十四、十七至二十二、二十五至三十七、四十至六十、孝經注疏四至九,監本附音春秋穀梁注疏一至十四、十八至二十)

510000 - 2720 - 0000169　經280

唐寫本說文解字木部箋異一卷附仿唐寫本說文解字木部一卷　(清)莫友芝著　影印本　一冊

510000 - 2720 - 0000170　經282

點評春秋綱目左傳句解彙雋六卷　(清)韓菼重訂　清末上海錦章圖書局石印本　六冊　缺第六卷最後三篇(勾踐圍吳、立妾為夫人、公去三桓)

510000 - 2720 - 0000171　經284

說文解字韻譜五卷　(五代)徐鍇著　清刻本　五冊

510000 - 2720 - 0000172　經285

文字蒙求四卷　(清)王筠撰　清光緒五年(1879)會稽章氏刻本　一冊

510000 - 2720 - 0000173　經286

小學答問一卷　章炳麟著　清宣統元年(1909)刻本　一冊

510000 - 2720 - 0000174　經287

繆篆分韻五卷補一卷　(清)桂馥著　清歸安姚氏咫進齋刻本　二冊

510000 - 2720 - 0000175　經288

論語訓二卷　王闓運著　清華嚴刻本　二冊

510000 - 2720 - 0000176　經292

篆學瑣著三十種　(清)顧湘校刊　清道光二十年(1840)海虞顧氏刻本　十二冊

510000 - 2720 - 0000177　經300

禮記初學讀本不分卷　(□)□□著　清刻本

四冊

510000 - 2720 - 0000178　經301

古韻通說二十卷　(清)龍啓瑞撰　清光緒九年(1883)四川尊經書局刻本　三冊

510000 - 2720 - 0000179　經302

左傳分國摘要二十卷附世次圖一卷　(清)史宗恒輯　清嘉慶十五年(1810)京都三梧閣刻本　二冊

510000 - 2720 - 0000180　經308

經典釋文三十卷附考證三十卷　(唐)陸德明著　清刻本　一冊　存三卷(二十八至三十)

510000 - 2720 - 0000181　史001

史記一百三十卷　(漢)司馬遷撰　(宋)裴駰集解　(唐)司馬貞索引　(唐)張守節正義　清同治十一年(1872)成都書局刻本　二十六冊

510000 - 2720 - 0000182　史002

前漢書一百二十卷　(漢)班固撰　(唐)顏師古注　清同治十年(1871)成都書局刻本　三十二冊

510000 - 2720 - 0000183　史003

三國志六十五卷附考證六十五卷　(晉)陳壽撰　(南朝宋)裴松之注　清同治十年(1871)成都書局刻本　十四冊

510000 - 2720 - 0000184　史004

漢書一百二十卷　(唐)顏師古注　清同治八年(1869)金陵書局刻本　十三冊　存八十三卷(一至八十三)

510000 - 2720 - 0000185　史005

前漢書一百二十卷考證一百二十卷　(漢)班固撰　(唐)顏師古注　清刻本　二十一冊　存五十二卷(十五至四十二、六十三至七十五、八十五至九十、九十六至一百)

510000 - 2720 - 0000186　史006

前漢書一百二十卷考證一百二十卷　(漢)班固撰　(唐)顏師古注　清刻本　二十九冊　存八十六卷(一至三十五、四十八至六十六、

綿竹市圖書館古籍普查登記目錄

七十至一百）

510000－2720－0000187　史 007
前漢書一百二十卷　（漢）班固撰　（唐）顏師古注　清光緒十八年(1892)武林竹簡齋石印本　十二冊

510000－2720－0000188　史 009
史記一百三十卷　（漢）司馬遷撰　（明）徐孚遠測議　（明）陳子龍測議　清刻本　四冊　存二十八卷(八十九至一百十六)

510000－2720－0000189　史 010
史記一百三十卷　（漢）司馬遷撰　清末金陵書局仿汲古閣刻本　八冊　存八十四卷(四十七至一百三十)

510000－2720－0000190　史 012
北史一百卷　（唐）李延壽著　明崇禎十二年(1639)琴川毛氏刻本　二十四冊

510000－2720－0000191　史 013
北齊書五十卷　（唐）李百藥撰　清同治十三年(1874)金陵書局刻本　四冊

510000－2720－0000192　史 014
北史一百卷　（唐）李延壽著　清末金陵書局仿汲古閣刻本　十冊　缺四十五卷(一至四十五)

510000－2720－0000193　史 016
三國志六十五卷　（晉）陳壽撰　（南朝宋）裴松之注　清同治十一年(1872)成都書局刻本　十四冊

510000－2720－0000194　史 017
漢書一百二十卷　（漢）班固著　（唐）顏師古注　明崇禎十五年(1642)琴川毛氏刻本　二十三冊　缺七卷(五十七至六十三)

510000－2720－0000195　史 018
漢書一百二十卷　（漢）班固著　（唐）顏師古注　明崇禎十五年(1642)琴川毛氏刻本　一冊　存七卷(五十七至六十三)

510000－2720－0000196　史 019
前漢書一百二十卷附考證一百二十卷　（漢）

班固撰　（唐）顏師古注　清同治十年(1871)成都書局刻本　十八冊　缺四十九卷(二至七、十三至十四、十九、三十四至四十七、五十七至七十、七十五至八十四、九十九至一百)

510000－2720－0000197　史 020
後漢書一百二十卷附考證一百二十卷　（南朝宋）范曄撰　（唐）李賢注　清刻本　二十二冊　存八十七卷(二至十五、四十一至五十六、五十八至一百、一百零四至一百一十、一百十四至一百二十)

510000－2720－0000198　史 021
後漢書一百二十卷附考證一百二十卷　（南朝梁）劉昭補並注　清刻本　十四冊　存五十七卷(十一至三十三、三十五至四十、五十六至五十七、五十九至六十五、九十七至一百零三、一百零七至一百一十、一百十三至一百二十)

510000－2720－0000199　史 023
後漢書一百二十卷　（南朝宋）范曄著　（唐）李賢注　（南朝梁）劉昭注補　明崇禎十六年(1643)毛氏汲古閣刻本　二十四冊

510000－2720－0000200　史 024
南齊書五十九卷　（南朝梁）蕭子顯撰　明崇禎十年(1637)毛氏汲古閣刻本　八冊

510000－2720－0000201　史 025
南齊書五十九卷　（南朝梁）蕭子顯著　清同治十三年(1874)金陵書局刻本　六冊

510000－2720－0000202　史 026
梁書五十六卷　（唐）姚思廉著　清同治十三年(1874)金陵書局刻本　六冊

510000－2720－0000203　史 028
金史一百三十五卷　（元）托克托等修　清同治十三年(1874)江蘇書局刻本　二十冊

510000－2720－0000204　史 029
後漢書一百二十卷　（南朝宋）范曄撰　（唐）李賢注　清光緒十八年(1892)武林竹簡齋石印本　八冊

510000－2720－0000205　史031

五代史七十四卷　（宋）徐無黨注　清同治十一年(1872)湖北崇文書局刻本　十冊

510000－2720－0000206　史032

南史八十卷　（唐）李延壽著　清同治十二年(1873)金陵書局刻本　十二冊

510000－2720－0000207　史033

元史二百一十卷　（明）宋濂等修　清同治十三年(1874)江蘇書局刻本　四十冊

510000－2720－0000208　史034

元史二百一十卷　（明）宋濂等修　清同治十三年(1874)江蘇書局刻本　四十冊

510000－2720－0000209　史035

南齊書五十九卷　（南朝梁）蕭子顯著　清同治十三年(1874)金陵書局刻本　八冊

510000－2720－0000210　史036

陳書三十六卷　（唐）姚思廉著　清同治十二年(1873)金陵書局刻本　四冊

510000－2720－0000211　史037

宋書一百卷　（南朝梁）沈約著　清同治十二年(1873)金陵書局刻本　八冊　存二十七卷(一至二十七)

510000－2720－0000212　史038

宋書一百卷　（南朝梁）沈約著　清同治十二年(1873)金陵書局刻本　十六冊

510000－2720－0000213　史039

隋書八十五卷　（唐）魏徵著　清同治十年(1871)淮南書局刻本　十冊　存四十四卷(一至四十四)

510000－2720－0000214　史040

五代史七十四卷　（宋）歐陽修撰　清光緒元年(1875)成都書局刻本　十冊

510000－2720－0000215　史041

遼史一百一十五卷　（元）托克托等修　清同治十二年(1873)江蘇書局刻本　十二冊

510000－2720－0000216　史042

廿二史劄記三十六卷　（清）趙翼撰　清四川官印刷局刻本　十五冊

510000－2720－0000217　史044

文獻通考詳節二十四卷　（元）馬端臨撰（清）嚴虞惇錄　清五鳳樓刻本　十二冊

510000－2720－0000218　史045

文獻通考輯要二十四卷　（清）湯壽潛撰　清光緒二十五年(1899)通雅堂鉛印本　十冊

510000－2720－0000219　史046

五代史七十四卷附考證七十四卷　（宋）歐陽修撰　清光緒元年(1875)成都書局刻本　十冊　存七十三卷(一至七十三)

510000－2720－0000220　史047

晉書一百三十卷附音義一百三十卷　（唐）房玄齡等著　清刻本　三十一冊　存六十五卷(一至六十五)

510000－2720－0000221　史048

魏書一百一十四卷　（魏）魏收撰　清同治十二年(1873)金陵書局刻本　二十冊

510000－2720－0000222　史049

新唐書二百二十五卷　（宋）歐陽修（宋）宋祁撰　清同治十二年(1873)浙江書局刻本　三十二冊　存一百八十五卷(一至一百八十四)

510000－2720－0000223　史050

新唐書二百二十五卷　（宋）歐陽修著　清刻本　十一冊　存五十七卷(一百六十九至二百二十五)

510000－2720－0000224　史051

魏書一百一十四卷　（北齊）魏收撰　清同治十二年(1873)金陵書局刻本　二十冊　缺六卷(六十至六十五)

510000－2720－0000225　史052

周書五十卷　（唐）令狐德棻撰　清同治十三年(1874)金陵書局刻本　四冊

510000－2720－0000226　史053

漢書一百二十卷　（漢）班固撰　（唐）顏師古注　清同治十三年(1874)金陵書局仿汲古閣

綿竹市圖書館古籍普查登記目錄

刻本　二十冊　缺二十六卷(一至二十五)

510000－2720－0000227　史054

舊唐書二百卷　(五代)劉昫撰　清同治十一年(1872)浙江書局刻本　三十四冊　存一百三十九卷(一至一百三十八)

510000－2720－0000228　史055

二十四史九通政典類要合編三百二十卷　(清)黃書霖著　清光緒二十八年(1902)約雅堂石印本　二十九冊　缺一百四十九卷(九至十五、一百二十八至二百六十九)

510000－2720－0000229　史056

金史一百三十五卷　(元)托克托等修　清同治十三年(1874)江蘇書局刻本　二十四冊

510000－2720－0000230　史057

晉書一百三十卷　(唐)房玄齡撰　清同治十年(1871)金陵書局刻本　二十冊

510000－2720－0000231　史058

晉書一百卷　(唐)房玄齡等撰　清刻本　三十冊

510000－2720－0000232　史059

皇朝文獻通考輯要二十六卷　(清)湯壽潛輯　清光緒通雅堂鉛印本　十冊

510000－2720－0000233　史060

皇朝文獻通考輯要二十六卷　(清)湯壽潛輯　清光緒通雅堂鉛印本　十冊

510000－2720－0000234　史062

晏子春秋七卷音義二卷校勘記二卷　(清)孫星衍校　清光緒元年(1875)浙江書局刻本　四冊

510000－2720－0000235　史063

歷代循吏傳八卷　(清)朱軾　(清)蔡世遠訂　(清)張福昶纂　清刻本　四冊

510000－2720－0000236　史064

隋書八十五卷　(唐)魏徵著　清同治十年(1871)淮南書局刻本　八冊　缺五十二卷(三十四至八十五)

510000－2720－0000237　史065

北史一百卷　(唐)李延壽著　清刻本　十五冊　缺三十四卷(一至三十四)

510000－2720－0000238　史066

資治通鑑二百九十四卷　(宋)司馬光編集　清光緒十四年(1888)上海積山書局石印本　二十四冊

510000－2720－0000239　史067

四川鹽法志四十卷首一卷　(清)丁寶楨著　清刻本　六冊　存十四卷(十八至二十一、二十四至二十六、三十五至四十、首一卷)

510000－2720－0000240　史071

文獻通考三百四十八卷　(元)馬端臨著　清光緒二十六年(1900)上海鴻寶書局石印本　三十一冊　缺十三卷(二百五十九至二百七十一)

510000－2720－0000241　史072

天下郡國利病書一百二十卷　(清)顧炎武輯　清光緒五年(1879)蜀南桐華書屋薛式家塾重修本　四十二冊

510000－2720－0000242　史073

三國志六十五卷　(晉)陳壽撰　(南朝宋)裴松之注　清光緒十八年(1892)武林竹簡齋石印本　四冊

510000－2720－0000243　史075

資治通鑑二百九十四卷　(宋)司馬光編集　(元)胡三省音註　清刻本　五十八冊　存一百三十二卷(七至八、四十六至一百六十、二百四十六至二百六十)

510000－2720－0000244　史076

史略提綱白文一卷注釋六卷　(清)羅繡文編輯　(清)李西漚　(清)王藕船　(清)計祉庭鑒定　(清)萬士傑校書　清崇邑洗心莊刻本　五冊　缺一卷(四)

510000－2720－0000245　史078

宋史四百九十六卷　(元)脫脫等著　清刻本　八冊　存三十八卷(三百零五至三百四十二)

四川省十一家收藏單位古籍普查登記目錄

510000－2720－0000246　史 079
宋史四百九十六卷　（元）脫脫等著　清刻本
　　八冊　存十三卷（二百一十四至二百二十
　　六）

510000－2720－0000247　史 081
宋史四百九十六卷　（元）脫脫等著　清光緒
　　元年（1875）浙江書局刻本　一百冊

510000－2720－0000248　史 082
宋史四百九十六卷　（元）脫脫等著　清刻本
　　四十冊　存三百五十五卷（一至二百二十
　　五、二百六十六至三百零七、三百二十至四百
　　零七）

510000－2720－0000249　史 085
明史三百三十二卷　（清）張廷玉等修　清光
　　緒三年（1877）湖北崇文書局刻本　三十二冊
　　存一百二十五卷（一至三十八、一百七十八
　　至二百零八、二百四十三至二百七十六、三百
　　零九至三百三拾）

510000－2720－0000250　史 086
廿二史劄記三十六卷　（清）趙翼撰　清刻本
　　十一冊　缺十五卷（一至六、十八至二十
　　一、三十一至三十五）

510000－2720－0000251　史 087
歷代地理志韻編今釋二十卷　（清）李兆洛輯
　　清刻本　十冊

510000－2720－0000252　史 088
明史三百三十二卷　（清）張廷玉等纂修　清
　　刻本　一冊　存二卷（九十八至九十九）

510000－2720－0000253　史 089
明史三百三十二卷　（清）張廷玉等纂修　清
　　刻本　一百十一冊　存三百一十七卷（一至
　　六十、六十三至二百六十四、二百七十八至三
　　百三十二）

510000－2720－0000254　史 090
大清一統志　（清）高宗弘曆敕撰　清石印本
　　五十四冊　存四百一十五卷（十至四百二
　　十四）

510000－2720－0000255　史 091
明通鑑九十卷前篇三卷　（清）夏燮編輯　清
　　光緒二十三年（1897）湖北官書處刻本　三十
　　七冊　缺四卷（三十一至三十四）

510000－2720－0000256　史 092
御批增補了凡綱鑑四十卷　（明）袁黃纂　清
　　上海著易堂石印本　八冊　缺八卷（一至八）

510000－2720－0000257　史 093
明史三百三十二卷　（清）張廷玉等修　清光
　　緒三年（1877）湖北崇文書局刻本　八十冊

510000－2720－0000258　史 095
皇朝文獻通考三百卷　（清）張廷玉著　清光
　　緒二十八年（1902）上海鴻寶書局石印本　三
　　十二冊

510000－2720－0000259　史 096
資治通鑑三十卷附問疑一卷　（宋）司馬光編
　　集　（宋）劉義仲纂集　清光緒三十一年
　　（1905）成都官書局石印本　二十四冊

510000－2720－0000260　史 099
御批歷代通鑑輯覽一百二十卷　（清）傅恒等
　　撰　清同治十三年（1874）湖南書局刻本　六
　　十冊

510000－2720－0000261　史 100
資治通鑑目錄三十卷　（宋）司馬光撰　清光
　　緒二十六年（1900）圖書集成局石印本　二冊
　　存十四卷（一至十四）

510000－2720－0000262　史 101
資治通鑑外紀十卷　（宋）劉恕編集　（清）胡
　　克家注補　清光緒十六年（1890）上海積山書
　　局石印本　一冊

510000－2720－0000263　史 102
通鑑釋文辯誤十二卷　（元）胡三省著　清光
　　緒十六年（1890）上海積山書局石印本　一冊

510000－2720－0000264　史 104
吳越春秋六卷　（漢）趙曄撰　（宋）游桂校
　　清刻本　二冊

510000－2720－0000265　史 105

灌縣志十二卷首一卷　（清）孫天寧纂　清刻本　四冊　存九卷（一至五、八至十一）

510000－2720－0000266　史106
通鑑釋文辯誤十二卷　（元）胡三省輯著　清刻本　四冊

510000－2720－0000267　史107
續增什邡縣志五十四卷　（清）傅華桂總修　清同治四年（1865）刻本　四冊

510000－2720－0000268　史108
續修羅江縣志二十四卷　（清）馬傳業總纂　清同治四年（1865）刻本　二冊

510000－2720－0000269　史109
重修彭縣志十三卷首一卷末一卷附補遺一卷　（清）張龍甲總纂　清光緒四年（1878）文廟刻本　九冊　存十二卷（一至四、六至十三）

510000－2720－0000270　史110
盧山小志二十四卷首一卷　（清）蔡瀛纂　清道光四年（1824）嫏嬛別館刻本　六冊

510000－2720－0000271　史111
墊江縣志十卷　（清）謝必鏗著　清刻本　六冊　存七卷（四至十）

510000－2720－0000272　史113
穆天子傳十五卷　（晉）郭璞注　（清）鄭濂校　清刻本　二冊

510000－2720－0000273　史114
武功縣志三卷首一卷　（明）康海纂　（清）孫景烈評註　（清）瑪星阿參訂　清乾隆二十六年（1761）武功縣刻本　一冊　缺二卷（二至三）

510000－2720－0000274　史115
諸葛武侯集四卷首一卷　（清）朱璘原刊　景萊書室校刊　清刻本　三冊　存三卷（二至三）

510000－2720－0000275　史116
二十四史二十四種　（□）□□著　清光緒十八年（1892）武林竹簡齋石印本　二十七冊　存七種四百五十卷（史記一百一十三至一百三十，後漢書四十一至五十五、七十至九十六，魏書四十八至九十八，隨書存一至二十四、五十四至五十八，舊五代史一至二十四、四十九至九十八，一百二十一至一百五十，金史二十至三十四、五十一至六十二、八十三至一百三十五，元史二十九至四十七、五十八至九十二、一百二十九至一百七十一）

510000－2720－0000276　史119
資治通鑑外紀十卷　（宋）劉恕編集　（清）胡克家注補　清同治十年（1871）江蘇書局刻本　六冊

510000－2720－0000277　史120
資治通鑑外紀目錄五卷　（宋）劉恕編集　清刻本　四冊

510000－2720－0000278　史121
重修梓潼縣志六卷　（清）張香海編輯　清咸豐八年（1858）梓潼衙刻本　六冊

510000－2720－0000279　史124
御批歷代通鑑輯覽一百二十卷　（清）傅恒等著　清光緒三十年（1904）育文書局石印本　二十四冊

510000－2720－0000280　史125
文獻通考輯要二十四卷　（清）湯壽潛撰　清光緒二十五年（1899）上海圖書館集成鉛印本　十冊

510000－2720－0000281　史126
欽定續文獻通考輯要二十六卷　（清）湯壽潛撰　清通雅堂鉛印本　十冊

510000－2720－0000282　史127
南史八十卷　（唐）李延壽著　明崇禎琴川毛氏刻本　十二冊

510000－2720－0000283　史129
資治通鑑二百九十四卷　（宋）司馬光編集　（元）胡三省音註　清刻本　六十二冊　缺十七卷（七至八、四十六至六十）

510000－2720－0000284　史130
御批歷代通鑑輯覽一百二十卷　（清）傅恒等

撒　清同治十三年(1874)湖南書局刻本　七十八冊　缺二十四卷(二十四至四十七)

510000－2720－0000285　史131

欽定續通志六百四十卷　(清)嵇璜等纂修　清石印本　三十九冊　缺二十卷(三十八至五十七)

510000－2720－0000286　史132

尺木堂綱鑑易知録九十二卷　(清)周之炯　(清)吳乘權　(清)周之燦同輯　清光緒二十七年(1901)商務印書館鉛印本　八冊　存五十一卷(一至四、十二至五十三、八十一至八十五)

510000－2720－0000287　史133

尺木堂明鑑易知録十五卷　(清)周之炯　(清)吳乘權　(清)周之燦同輯　清末鉛印本　二冊

510000－2720－0000288　史134

鼎鍥趙田了凡袁先生編纂古本歷史大方綱鑑補三十九卷首一卷　(明)袁黃纂　清道光七年(1827)同文堂刻本　二十八冊

510000－2720－0000289　史135

御批歷代通鑑輯覽一百二十卷　(清)傅恒等著　清光緒十一年(1885)同文書局石印本　二十冊

510000－2720－0000290　史138

續資治通鑑二百二十卷　(清)畢沅編集　清光緒二十九年(1903)珠江同馨書局刻本　一百冊

510000－2720－0000291　史139

十七史商榷一百卷　(清)王鳴盛述　清乾隆五十二年(1787)洞涇草堂刻本　十二冊

510000－2720－0000292　史140

涑水記聞十六卷附補遺一卷　(宋)司馬光著　清光緒三年(1877)湖北崇文書局刻本　四冊

510000－2720－0000293　史141

續資治通鑑二百二十卷　(清)畢沅編集　清

光緒十六年(1890)上海積山書局石印本　十六冊

510000－2720－0000294　史142

御撰資治通鑑綱目三編二十卷　(清)張廷玉等纂修　清刻本　四冊

510000－2720－0000295　史143

資治通鑑地理今釋十六卷　(清)吳熙載撰　清光緒八年(1882)江蘇書局刻本　三冊

510000－2720－0000296　史144

資治通鑑釋文三十卷　(宋)史炤著　清光緒十五年(1889)刻本　七冊

510000－2720－0000297　史144.1

資治通鑑釋例一卷　(宋)劉義仲撰　清光緒十四年(1888)刻本　一冊

510000－2720－0000298　史144.2

資治通鑑問疑一卷　(宋)司馬光　清光緒十四年(1888)刻本　一冊

510000－2720－0000299　史145

欽定續文獻通考輯要二十六卷　(清)湯壽潛輯　清末通雅堂鉛印本　十冊

510000－2720－0000300　史146

通鑑地理通釋十四卷　(宋)王應麟著　清刻本　三冊

510000－2720－0000301　史150

皇朝文獻通考輯要二十六卷　(清)湯壽潛輯　清刻本　九冊　存二十卷(一至四、六至八、十一、十四至十五、十七至二十六)

510000－2720－0000302　史151

竹書紀年統箋十二卷附雜述一卷前編一卷　(南朝梁)沈約附注　(清)徐文靖統箋　(清)馬驌　(清)崔萬烇校訂　清刻本　四冊

510000－2720－0000303　史156

通志二百卷　(宋)鄭樵撰　清光緒二十八年(1902)上海鴻寶書局石印本　三十二冊　缺四十三卷(十七至二十、二十五至四十一、一百三十八至一百四十二、一百五十一至一百五十四、一百五十八至一百五十九、一百六十

綿竹市圖書館古籍普查登記目録

五至一百七十、一百七十七至一百八十一)

510000－2720－0000304　史157

通志二百卷　(宋)鄭樵撰　清光緒二十八年
(1902)上海鴻寶書局石印本　四十冊　存十
六卷(一至十六)

510000－2720－0000305　史158

戰國策三十三卷附劄記三卷　(漢)高誘注
清讀未見齋刻本　六冊

510000－2720－0000306　史159

明通鑑坿編六卷　(清)夏燮編輯　清刻本
三冊

510000－2720－0000307　史160

閬中縣志八卷　(清)徐繼鏞著　清刻本　二
冊　存四卷(一至二、五至六)

510000－2720－0000308　史162

德陽縣志續編十卷首一卷末一卷　(清)鈕傳
善修　清光緒三十一年(1905)德邑宏道閣公
書局刻本　三冊

510000－2720－0000309　史163

羅江縣志三十六卷　(清)李桂林纂　(清)鄧
林修　清同治四年(1865)勤學所刻本　四冊

510000－2720－0000310　史164

德陽縣新志十二卷首一卷末一卷　(清)裴顯
忠纂修　清刻本　三冊　缺五卷(一至二、十
二,首一卷,末一卷)

510000－2720－0000311　史165

德陽縣新志十二卷首一卷末一卷　(清)裴顯
忠纂修　清刻本　六冊　缺三卷(一、七,首
一卷)

510000－2720－0000312　史166

文獻通考二十四卷首一卷　(元)馬端臨著
清光緒十一年(1885)上海點石齋石印本　十
冊　缺九卷(十六至二十四)

510000－2720－0000313　史167

史畧八十七卷　(清)朱堃輯　清光緒二十六
年(1900)成都培元堂刻本　十二冊

510000－2720－0000314　史168

蜀典十二卷　(清)張澍編輯　清光緒二年
(1876)尊經書院刻本　四冊

510000－2720－0000315　史169

蜀典十二卷　(清)張澍編輯　清刻本　四冊

510000－2720－0000316　史170

竹橋黃氏世德傳贊一卷　(清)黃炳垕輯著
清刻本　二冊

510000－2720－0000317　史171

古今同姓名錄二卷　(南朝梁)蕭繹撰　(唐)
陸善經續　(元)葉森補　(清)李調元校　清
刻本　一冊

510000－2720－0000318　史173

新纂氏族箋釋八卷　(清)熊竣運著　清文善
堂刻本　四冊

510000－2720－0000319　史174

南唐書十八卷　(宋)陸遊撰　清光緒九年
(1883)郯郡於氏刻本　四冊

510000－2720－0000320　史175

歷代帝王年表一卷　(清)齊召南編　清刻本
四冊

510000－2720－0000321　史176

歷代職官表六卷　(清)黃本驥舊校　(清)張
孝楷覆校　清光緒六年(1880)膺詁齋刻本
一冊

510000－2720－0000322　史177

歷代年號記略一卷　(□)□□著　清光緒三
十一年(1905)刻本　一冊

510000－2720－0000323　史178

四川通志二百零四卷首二十二卷　(清)常明
等著　清刻本　一百十冊

510000－2720－0000324　史179

四川通志二百零四卷首二十二卷　(清)常明
等著　清刻本　一百四十八冊　缺十三卷
(四十八、五十七、九十九至一百零九)

510000－2720－0000325　史180

三朝北盟會編二百五十卷附校勘記二百五十
卷　(宋)徐夢莘著　(清)許涵度校刊　清光

四川省十一家收藏單位古籍普查登記目錄

緒三十三年至宣統二年(1907－1910)刻本
四十冊

510000－2720－0000326　史182
舊唐書二百卷　（晉）劉昫等著　清同治十一
年(1872)浙江書局刻本　四十冊

510000－2720－0000327　史183
歷代職官表六卷　（清）黃本驥編　清光緒八
年(1882)上海王氏刻本　二冊　存四卷(一
至四)

510000－2720－0000328　史184
皇朝通典一百卷　（清）嵇璜纂　清光緒二十
八年(1902)上海鴻寶書局石印本　八冊　缺
五卷(七十四至七十八)

510000－2720－0000329　史185
欽定續通典一百五十卷　（清）嵇璜等著　清
光緒二十八年(1902)上海鴻寶書局石印本
八冊

510000－2720－0000330　史187
遼史一百十五卷附考證一百十五卷　（元）托
克托等修　清刻本　十二冊

510000－2720－0000331　史188
皇朝通志一百二十六卷　（清）嵇璜等撰　清
光緒二十八年(1902)上海鴻寶書局石印本
八冊

510000－2720－0000332　史190
富順縣志五卷首一卷　（清）段玉裁纂輯　清
光緒八年(1882)釜江書社刻本　五冊

510000－2720－0000333　史191
呂東萊先生文集二十卷首一卷　（清）王崇炳
編輯　清敬勝堂刻本　八冊

510000－2720－0000334　史192
萬國輿圖不分卷　（清）陳兆桐繪　清石印本
一冊

510000－2720－0000335　史193
**讀史方輿紀要一百三十卷附方輿全圖總說五
卷**　（清）顧祖禹輯　（清）彭元瑞校　清光緒
五年(1879)蜀南薛氏桐華書屋重修本　五十

八冊

510000－2720－0000336　史195
駱公年譜一卷　（清）駱秉章著　清刻本
二冊

510000－2720－0000337　史196
史存三十卷　（清）劉沅輯　清宣統三年
(1911)槐蔭書屋刻本　十四冊　缺四卷(二
十一至二十三、三十)

510000－2720－0000338　史198
通典二百卷　（唐）杜佑纂　清光緒二十八年
(1902)上海鴻寶書局石印本　十一冊　缺十
六卷(一百五十八至一百七十三)

510000－2720－0000339　史199
**史論正鵠初集四卷二集四卷三集四卷四集四
卷**　（清）王樹敏評點　清光緒三十年(1904)
成都文倫書局鉛印本　十三冊　缺一卷(四)

510000－2720－0000340　史203
歷代史論十二卷宋史論三卷元史論一卷
（明）張溥論正　**明史論四卷**　（清）谷應泰論
正　清光緒五年(1879)西江裴氏刻本　七冊

510000－2720－0000341　史206
讀史論略一卷　（清）杜詔著　清刻本　一冊

510000－2720－0000342　史207
鑑撮四卷　（清）曠敏本編　清刻本　四冊

510000－2720－0000343　史210
史存三十卷　（清）劉沅輯　清宣統三年
(1911)槐蔭書屋刻本　十六冊

510000－2720－0000344　史211
西域聞見錄八卷首一卷　（清）七十一著　清
刻本　一冊　缺五卷(四至八)

510000－2720－0000345　史212
兩漢策要十二卷　（宋）陶叔獻輯　清光緒十
三年(1887)上海同文書局石印本　五冊　缺
七卷(三至五、七至十)

510000－2720－0000346　史213
大清律例增修統纂集成四十卷　（清）姚雨薌
纂輯　清光緒十二年(1886)刻本　二十

綿竹市圖書館古籍善書登記目錄

缺四卷(三十七至四十)

510000－2720－0000347　史214
積古齋鐘鼎彝器款識十卷　(清)阮元編錄
清刻本　四冊

510000－2720－0000348　史216
三史拾遺五卷　(清)錢大昕著　清稻香吟館
刻本　二冊

510000－2720－0000349　史217
在官法戒錄四卷　(清)陳弘謀編輯　清道光
六年(1826)維新書局刻本　二冊

510000－2720－0000350　史218
戰國策三十三卷　(漢)高誘注　清刻本　一
冊　存九卷(二十五至三十三)

510000－2720－0000351　史219
戰國策三十三卷附重刻剡川姚氏本戰國策劄
記三卷　(漢)高誘注　清刻本　三冊　缺十
八卷(一至十八)

510000－2720－0000352　史221
何陳史論合編二種　(清)余肇鈞訂　清光緒
二十八年(1902)集經書局刻本　四冊

510000－2720－0000353　史222
文廟通考錄六卷　(清)洪桂林增輯　清光緒
十八年(1892)德綿觀魚場文昌宮刻本　三冊

510000－2720－0000354　史227
歷代職官表六卷　(清)黃本驥編　清刻本
一冊　存二卷(一至二)

510000－2720－0000355　史228
歷代帝王年表不分卷　(清)阮福續編　清刻
本　一冊　存歷代帝王年表(明)、歷代帝王
年表(宋)

510000－2720－0000356　史229
博物要覽十二卷　(清)李調元輯　清刻本
一冊　存九卷(四至十二)

510000－2720－0000357　史230
南唐書三十卷　(宋)馬令著　清藏修書屋刻
本　五冊

510000－2720－0000358　史232
司馬溫公稽古錄二十卷　(宋)司馬光著　清
同治十一年(1872)湖北崇文書局刻本　四冊

510000－2720－0000359　史234
高士傳三卷　(晉)皇甫謐著　蓮社高賢傳一
卷　(晉)佚名撰　清刻本　一冊　存二卷
(中至下)

510000－2720－0000360　史235
拾遺記十卷　(晉)王嘉著　清刻本　一冊
存五卷(六至十)

510000－2720－0000361　史237
東萊先生音註唐鑑二十四卷　(宋)范祖禹譔
　(宋)呂祖謙註　清同治十三年(1874)刻本
四冊

510000－2720－0000362　史238
漢志水道疏證四卷　(清)洪頤煊著　清光緒
十三年(1887)心矩齋刻本　一冊

510000－2720－0000363　史239
武城曾氏重修族譜不分卷　(□)□□著　清
刻本　三冊

510000－2720－0000364　史242
讀史兵略四十六卷　(清)胡林翼纂　清咸豐
十一年(1861)刻本　十六冊

510000－2720－0000365　史243
金石萃編一百六十卷　(清)王昶譔　清光緒
十九年(1893)上海寶善石印本　十八冊

510000－2720－0000366　史245
積古齋鐘鼎彝器款識十卷　(清)阮元輯　清
光緒七年(1881)紅杏山房刻本　二冊　存三
卷(一至三)

510000－2720－0000367　史246
刑案匯覽六十卷首一卷末一卷拾遺備考一卷
續增刑案匯覽六十卷　(清)祝慶祺撰　清光
緒圖書集成局石印本　二十八冊　缺四十四
卷(續增刑案匯覽十七至六十)

510000－2720－0000368　史247
佩文齋廣群芳譜一百卷目錄二卷　(明)王象

四川省十二家收藏單位古籍普查登記目錄

晉著 （清）劉灝等奉敕編 清同治七年
(1868)姑蘇亦西齋刻本 四十冊

510000－2720－0000369 史248

滿洲名臣傳四十八卷漢名臣傳三十二卷
（□）□□輯 清菊花書屋刻本 三十八冊
缺二卷(滿洲名臣傳四十五至四十六)

510000－2720－0000370 史254

聖武記十四卷 （清）魏源譔 清刻本 十
二冊

510000－2720－0000371 史256

金石續編二十一卷首一卷 （清）陸耀遹纂
（清）陸增祥校訂 清光緒十九年(1893)上海
寶善書局石印本 六冊

510000－2720－0000372 史257

金索十二卷首一卷 （清）馮雲鵬 （清）馮雲
鷯輯 清光緒三十三年(1907)上海文新局石
印本 十二冊

510000－2720－0000373 史262

資治通鑑二百九十四卷附通鑑辨誤十二卷
(宋)司馬光 （元）胡三省音注 清刻本 一
百四冊 缺七十一卷(一至六十八、七十三至
七十五)

510000－2720－0000374 史263

欽定四庫全書總目二百卷首一卷 （清）紀昀
等纂修 清同治七年(1868)廣東書局刻本
九十六冊

510000－2720－0000375 史264

欽定四庫全書總目二百卷首一卷 （清）紀昀
等纂修 清刻本 九十六冊

510000－2720－0000376 史265

東華錄詳節二十四卷 （清）鄖樹庭編 清光
緒二十六年(1900)上海東文學堂石印本 十
六冊

510000－2720－0000377 史267

貳臣傳八卷 （清）國史館編 清末京都正陽
門琉璃廠永盛書坊刻本 八冊

510000－2720－0000378 史269

翼教叢編六卷 （清）蘇輿著 清光緒二十五
年(1899)雲南官書局刻本 二冊 存四卷
(一至四)

510000－2720－0000379 史270

東萊博議一卷 （宋）呂祖謙著 清刻本
四冊

510000－2720－0000380 史273

南唐書十八卷附音釋一卷 （宋）陸遊務觀
清藏修書屋刻本 三冊

510000－2720－0000381 史277

蜀㷉述略六卷 （清）余鴻觀著 清末成都昌
福公司鉛印本 四冊

510000－2720－0000382 史278

蜀水攷四卷 （清）陳登龍述 （清）朱錫穀補
注 （清）陳一津分疏 清道光五年(1825)刻
本 二冊

510000－2720－0000383 史279

駱文忠公奏議湘中稿十六卷 （清）駱秉章撰
清刻本 十六冊

510000－2720－0000384 史280

御撰資治通鑑綱目三編二十卷 （清）張廷玉
等奉敕編次 清刻本 四冊

510000－2720－0000385 史292

欽定四庫全書總目二百卷首一卷 （清）紀昀
等纂修 清同治七年(1868)廣東書局刻本
十二冊 存二十一卷(一至二十,首一卷)

510000－2720－0000386 史305

歷代名臣傳三十五卷首一卷 （清）朱軾
(清)蔡世遠同訂 清刻本 二十冊

510000－2720－0000387 史308

金石存十五卷 （清）吳玉搢編 （清）李調元
校 清刻本 四冊

510000－2720－0000388 史309

歸方評點史記合筆六卷附例意一卷 （清）王
拯纂 清光緒元年(1875)錦城節署刻本
四冊

510000－2720－0000389 史312

綿竹市圖書館古籍普查登記目錄

清朝先正事略六十卷　（清）李元度纂　清末鴻章書局石印本　十六冊

510000－2720－0000390　史314

十萬卷樓叢書三集十四種　（清）陸心源輯　清光緒十八年（1892）刻本　三十三冊　缺二十一卷（宋徽宗聖濟經一至十，衛生家寶產科備要一至八，續談助一、三，曆撮要一）

510000－2720－0000391　史318

亦政堂重修宣和博古圖錄三十卷　（宋）王黼著　清刻本　八冊　缺十六卷（一至十二、十五至十八）

510000－2720－0000392　史319

廿一史彈詞註十卷附明紀彈詞二卷　（明）楊慎編著　清致盛堂刻本　八冊

510000－2720－0000393　史321

中興名臣事略三十卷　（清）朱孔彰撰　清光緒二十六年（1900）石印本　四冊　存四卷（一至四）

510000－2720－0000394　史322

忠武祠墓誌七卷首一卷末一卷　（清）題虛白到人彙輯　清同治五年（1866）沔署刻本　四冊

510000－2720－0000395　史325

百將圖傳二卷　（清）丁日昌著　清同治八年（1869）江蘇書局刻本　二冊

510000－2720－0000396　史326

歷代循吏傳八卷　（清）朱軾　（清）蔡世遠全訂　（清）張福昶分纂　清同治三年（1864）刻本　四冊

510000－2720－0000397　史327

彙刻書目　（清）顧修撰　清刻本　十冊

510000－2720－0000398　史328

三藩紀事本末二十二卷　（清）楊陸榮編輯　（清）朱記榮校定　清光緒二十一年（1895）上海積山書局石印本　一冊

510000－2720－0000399　史331

使琉球記六卷　（清）李鼎元撰　清同治五年

（1866）羅江縣捕廳署刻本　二冊

510000－2720－0000400　史332

使琉球記六卷　（清）李鼎元撰　清同治五年（1866）羅江縣捕廳署刻本　二冊

510000－2720－0000401　史333

孝肅包公奏議十卷　（清）張純修輯　清同治九年（1870）四明包氏天祿閣刻本　四冊

510000－2720－0000402　史337

金索十二卷首一卷　（清）馮雲鵬　（清）馮雲鵷輯　清光緒三十二年（1906）上海新馬路文新局石印本　六冊

510000－2720－0000403　史338

金索十二卷首一卷　（清）馮雲鵬　（清）馮雲鵷輯　清光緒三十二年（1906）上海新馬路文新局石印本　六冊

510000－2720－0000404　史339

東國史略六卷　（清）□□撰　清刻本　二冊

510000－2720－0000405　史340

諸史拾遺五卷　（清）錢大昕著　清刻本　二冊

510000－2720－0000406　史341

石鼓文定本十卷　（清）沈梧撰　清光緒十六年（1890）古華山館刻本　八冊

510000－2720－0000407　史342

關中金石記八卷附記一卷　（清）畢沅著　清光緒三十四年（1908）渭南嚴氏刻本　四冊

510000－2720－0000408　史344

天錄閣外史八卷　（漢）黃憲著　清刻本　二冊

510000－2720－0000409　史346

大清律例刑案彙纂集成四十卷　（清）姚潤纂輯　清刻本　一冊　存二卷（二十七至二十八）

510000－2720－0000410　史347

國語二十一卷附校刊明道本韋氏解國語劄記二十一卷　（三國吳）韋昭解　清嘉慶五年（1800）黃氏讀未見書齋刻本　四冊

四川省十二家收藏單位古籍普查登記目錄

510000－2720－0000411　史349

漢藝文志考證十卷　（宋）王應麟著　清刻本
四冊

510000－2720－0000412　史352

遼史一百一十五卷　（元）托克托等修　清刻
本　十冊

510000－2720－0000413　史353

船山公年譜二卷　（清）王之春輯　清光緒十
九年（1893）刻本　二冊

510000－2720－0000414　史354

西藏圖考八卷首一卷　（清）黃沛翹輯　清光
緒二十三年（1897）刻本　三冊

510000－2720－0000415　史356

東萊博議四卷附虛字註釋備考六卷　（宋）呂
祖謙撰　清光緒二十七年（1901）成都積學書
局刻本　四冊

510000－2720－0000416　史357

洗冤錄詳義四卷首一卷　（清）許槤編校　清
咸豐六年（1856）京都琉璃廠會經堂刻本
四冊

510000－2720－0000417　史358

重刊補註洗冤錄集證六卷　（宋）宋慈撰
（清）王又槐輯　（清）李觀瀾補輯　（清）阮
其新補注　清四色套印刻本　五冊

510000－2720－0000418　史359

史通削繁四卷　（清）紀昀著　清道光十三年
（1833）翰墨園刻本　四冊

510000－2720－0000419　史360

蜀中名勝記三十卷　（明）曹學佺著　清末四
川官印刷局刻本　八冊

510000－2720－0000420　史361

歷代名臣傳續編五卷首一卷　（清）朱軾
（清）蔡世遠訂　清刻本　二冊

510000－2720－0000421　史364

諸葛忠武侯故事五卷附錄一卷　（清）張澍編
輯　清光緒三十四年（1908）金谿周氏刻本
四冊

510000－2720－0000422　史366

湘軍志十六卷　（□）□□著　清刻本　四冊

510000－2720－0000423　史369

李鴻章不分卷　（清）梁啟超著　清光緒二十
八年（1902）廣智書局刻本　二冊

510000－2720－0000424　史370

蕺山先生人譜一卷人譜類記二卷　（明）劉宗
周校編　清刻本　一冊　缺一卷（人譜類記
一）

510000－2720－0000425　史374

書目答問不分卷附國朝箸述姓名一卷　（清）
張之洞著　清光緒四年（1878）上海淞隱閣刻
本　一冊　缺子目、集目、姓名一卷

510000－2720－0000426　史376

舊五代史一百五十卷　（宋）薛居正等撰　清
同治十一年（1872）湖北崇文書局刻本　十
六冊

510000－2720－0000427　史381

明紀六十卷　（清）陳鶴纂　（清）陳克家參訂
清光緒十六年（1890）上海積山書局石印本
六冊

510000－2720－0000428　史382

錢志新編二十卷首一卷　（清）張崇懿校輯
清道光十年（1830）酌春堂刻本　四冊

510000－2720－0000429　史383

史通削繁四卷　（唐）劉知幾撰　（清）紀昀削
繁　（清）浦起龍注　清光緒元年（1875）凱江
李氏家塾刻本　四冊

510000－2720－0000430　史384

讀史方輿紀要二卷　（清）顧祖禹輯著　駱成
驤抄讀　清光緒二十九年（1903）成都志古堂
刻本　二冊

510000－2720－0000431　史385

商周彝器釋銘四卷　（清）呂調陽輯　清刻本
四冊

510000－2720－0000432　史386

商周彝器釋銘四卷　（清）呂調陽輯　清刻本

綿竹市圖書館古籍普查登記目錄

二冊　存二卷(二至三)

510000－2720－0000433　　史388

歷代鐘鼎彝器款識法帖二十卷　(宋)薛尚功
輯　清嘉慶二年(1797)刻本　四冊

510000－2720－0000434　　史390

史論彙選八卷　(□)□□撰　清光緒二十七
年(1901)上海書局石印本　一冊　存三卷
(一至三)

510000－2720－0000435　　史395

普天忠憤全集十四卷　(清)孔廣德編定　清
光緒二十一年(1895)石印本　五冊　存十卷
(一至八、十一至十二)

510000－2720－0000436　　史396

地理小補三卷附續編一卷　(清)劉傑著　清
光緒九年(1883)文光堂刻本　一冊　存一卷
(上)

510000－2720－0000437　　史397

皇朝輿地韻編二卷　(清)李兆洛輯　清末刻
本　二冊

510000－2720－0000438　　史398

異域瑣談四卷　(清)七十一著　(清)周宅仁
編輯　(清)周培垣校訂　清嘉慶二十三年
(1818)強恕堂刻本　四冊

510000－2720－0000439　　史399

山海經十八卷　(晉)郭璞傳　清光緒三年
(1877)浙江書局據畢氏靈巖山館本刻本
三冊

510000－2720－0000440　　史400

昭代名人尺牘小傳二十四卷　(清)吳修采輯
清光緒七年(1881)杭州亦西齋刻本　二冊

510000－2720－0000441　　史401

二十一史提綱歌二卷　(清)李兆洛編　清同
治十年(1871)禦香書屋刻本　一冊

510000－2720－0000442　　史403

**路史前紀九卷餘論十卷發揮六卷國名記七卷
後紀十三卷**　(宋)羅泌纂　(宋)羅蘋注
(明)喬可傳校　清嘉慶十三年(1808)西山堂

刻本　十二冊

510000－2720－0000443　　史404

校刊資治通鑑全書八種　(清)胡元常輯　清
光緒十四年至十七年(1888－1891)刻本　一
百三十五冊　缺五十一卷(資治通鑑十至十
二、三十五至三十六、一百零二至一百零六、
一百一十六至一百二十二、一百六十六至一
百六十七、一百七十至一百七十一、一百八十
至一百八十三、一百九十二至二百、二百三十
七至二百四十一、二百四十七至二百五十、二
百六十四、二百六十七至二百六十八、二百九
十三至二百九十四,資治通鑑考異六至七,資
治通鑑辯誤十二)

510000－2720－0000444　　子002

荀子二十卷附校勘補遺二十卷　(唐)楊倞注
清光緒二年(1876)浙江書局刻本　六冊

510000－2720－0000445　　子004

荀子二十卷附考證二十一卷　(唐)楊倞注
清末刻本　八冊

510000－2720－0000446　　子005

荀子二十卷附考證二十一卷　(唐)楊倞注
清末刻本　八冊

510000－2720－0000447　　子013

五種遺規五種　(清)陳宏謀編　清光緒三十
二年(1906)重慶公樂堂刻本　八冊

510000－2720－0000448　　子014

鬳子知言六卷疑義一卷附錄一卷　(宋)胡宏
撰　**薛子道論三卷**　(明)薛瑄撰　**海樵子一
卷**　(明)王崇慶撰　清光緒元年(1875)湖北
崇文書局刻本　一冊

510000－2720－0000449　　子015

國朝宋學淵源記二卷附記一卷經師經義一卷
(清)江藩輯　清光緒二十二年(1896)成都
志古堂刻本　一冊

510000－2720－0000450　　子016

讀書法程二卷　(清)李成芳　清咸豐十年
(1860)奉邑大生寨刻本　一冊

四川省十一家收藏單位古籍普查登記目錄

510000－2720－0000451　子017

朱子原訂近思錄十四卷　（清）江永注　（清）王鼎校次　清光緒十五年(1889)刻本　四冊

510000－2720－0000452　子022

孔子家語十卷　（三國魏）王肅注　清光緒元年(1875)湖北崇文書局刻本　二冊

510000－2720－0000453　子033

酉陽雜俎二十卷續集十卷　（唐）段成式撰　清同治八年(1869)小娜嬛山館刻本　四冊

510000－2720－0000454　子042

墨子十六卷　（清）畢沅校注　清光緒二年(1876)浙江書局刻本　六冊

510000－2720－0000455　子043

折獄龜鑑八卷折獄龜鑒補六卷　（宋）鄭克輯　（清）胡文炳校訂　清光緒四年(1878)蘭石齋刻本　八冊

510000－2720－0000456　子047

新鐫神峯強失生通老關謬命理正宗大全六卷　（明）張楠著集　（明）柱春芳校正　清同治十一年(1872)三義會刻本　六冊

510000－2720－0000457　子048

地理五訣八卷　（清）趙廷棟著　清光緒上海廣益書局石印本　一冊

510000－2720－0000458　子049

管子二十四卷　（唐）房玄齡註釋　（唐）劉績增註　（明）朱長春通演　清嘉慶九年(1804)寶慶經綸堂刻本　十四冊

510000－2720－0000459　子050

莊子集解八卷　（清）王先謙輯　清宣統上海掃葉山房石印本　四冊

510000－2720－0000460　子051

莊子集解八卷　（清）王先謙輯　清宣統上海掃葉山房石印本　四冊

510000－2720－0000461　子052

管子二十四卷　（唐）房玄齡註釋　（唐）劉績增註　（明）朱長春通演　清嘉慶九年(1804)姑蘇聚文堂刻本　八冊

510000－2720－0000462　子055

淮南子二十一卷　（漢）高誘註　清嘉慶九年(1804)寶慶經綸堂刻本　十冊

510000－2720－0000463　子069

墨子十六卷　（清）畢沅撰　清光緒二年(1876)浙江書局刻本　四冊

510000－2720－0000464　子070

墨子十六卷　（清）畢沅撰　清光緒二年(1876)浙江書局刻本　四冊

510000－2720－0000465　子071

墨子閒詁十五卷目錄一卷附錄一卷後語二卷　（戰國）墨翟撰　（清）孫詒讓輯　清末刻本　八冊

510000－2720－0000466　子073

聱隅子歔欷瑣微論二卷　（宋）黃晞撰　**嬾眞子五卷**　（宋）馬永卿撰　**廣成子一卷**　（宋）蘇軾篡　清光緒元年(1875)湖北崇文書局刻本　一冊

510000－2720－0000467　子075

窮通寶鑑欄江綱不分卷附增補月談賦一卷　（清）余春臺編輯　清末刻本　二冊

510000－2720－0000468　子080

韓非子二十卷　（戰國）韓非著　清光緒元年(1875)浙江書局刻本　六冊

510000－2720－0000469　子082

揚子法言學行十三卷　（晉）李軌注　清光緒三年(1877)浙江書局刻本　一冊

510000－2720－0000470　子083

揚子法言一卷　（漢）揚雄著　清光緒元年(1875)湖北崇文書局刻本　一冊

510000－2720－0000471　子087

握奇經一卷附握奇經續圖一卷八陣總述一卷　（清）李光地註　清末劉傳經堂刻本　一冊

510000－2720－0000472　子089

新刻星平合訂命學須知二卷　（清）學餘堂重訂　清咸豐十年(1860)刻本　一冊

510000－2720－0000473　子094

論衡三十卷　（漢）王充著　清刻本　八冊

510000 – 2720 – 0000474　子 096
醫方集解三卷　（清）汪昂著輯　清道光二十一年(1841)六合堂刻本　一冊　存二卷(一至二)

510000 – 2720 – 0000475　子 097
病榻夢痕錄二卷　（清）汪輝祖撰　清刻本　二冊

510000 – 2720 – 0000476　子 098
痎瘧論疏一卷　（明）盧之頤撰　（清）丁丙校刊　清光緒四年(1878)當歸草堂刻本　一冊

510000 – 2720 – 0000477　子 099
明醫雜著六卷　（明）薛己注　清刻本　一冊　存三卷(一至三)

510000 – 2720 – 0000478　子 101
五星集腋十卷　（清）廖瀛海著　清刻本　二冊

510000 – 2720 – 0000479　子 103
增補萬寶全書二十一卷　（明）陳繼儒纂輯　清致和堂刻本　二冊　存十七卷(一至十七)

510000 – 2720 – 0000480　子 110
辨正發秘初稿一卷　（清）劉傑著　清刻本　一冊

510000 – 2720 – 0000481　子 111
卜筮正宗十四卷　（清）王維德輯　清道光五年(1825)蔾照書屋刻本　四冊

510000 – 2720 – 0000482　子 112
馮氏錦囊秘錄痘疹全集十五卷　（清）馮兆張纂輯　（清）羅如桂等較　清集賢堂刻本　五冊

510000 – 2720 – 0000483　子 113
撼龍經批註校補不分卷疑龍經批註校補三卷　（唐）楊益撰　（清）高其倬批點　（清）寇宗集註　（清）榮錫勛校補　清光緒十八年(1892)巴蜀善成堂刻本　四冊　撼龍經批註校補缺變穴篇,疑龍經批註校補缺三卷(上、中、下)

510000 – 2720 – 0000484　子 121
傷寒說意十卷首一卷　（清）黃元御著　清刻本　一冊

510000 – 2720 – 0000485　子 122
傷寒懸解十四卷首一卷末一卷　（清）黃元御著　清末黃氏家塾刻本　二冊　存九卷(一至八,首一卷)

510000 – 2720 – 0000486　子 123
長沙藥解四卷　（清）黃元御著　清刻本　一冊

510000 – 2720 – 0000487　子 124
四聖心源十卷　（清）黃元御著　清刻本　二冊

510000 – 2720 – 0000488　子 125
倫風十六卷　（清）向廷贜著　清咸豐元年(1851)文保齋刻本　二冊

510000 – 2720 – 0000489　子 126
醫門總訣二卷　（□）□□著　清光緒九年(1883)茂州源茂堂刻本　一冊

510000 – 2720 – 0000490　子 127
醫理元樞十二卷附餘二卷　（清）史笠菴鑒定　（清）朱音恬編輯　（清）楊元敬參訂　清天德堂刻本　五冊　缺二卷(三至四)

510000 – 2720 – 0000491　子 128
韓非子二十卷　（戰國）韓非著　清嘉慶九年(1804)寶慶經綸堂刻本　七冊

510000 – 2720 – 0000492　子 129
淮南鴻烈解二十八卷　（漢）許慎撰　清刻本　三冊

510000 – 2720 – 0000493　子 130
醫方捷徑指南全書二卷　（清）王宗顯輯　(明)錢充治校　清刻本　二冊

510000 – 2720 – 0000494　子 131
萬密齋書十種　（明）萬全編　清同人堂刻本　五冊　存五種六十二卷(萬氏家傳傷寒摘錦、萬氏家傳婦人秘科、萬氏秘傳片玉心書、萬氏家傳痘疹心法、萬氏秘傳片玉痘疹、萬氏

家傳廣嗣紀要）

510000－2720－0000495　子132

莊子十卷　（晉）郭象注　（唐）陸德明音義
清光緒二十三年（1897）三味書室刻本　六冊

510000－2720－0000496　子133

淮南鴻烈解二十卷　（漢）劉安著　（漢）高誘
註　清刻本　六冊

510000－2720－0000497　子136

石室秘錄六卷　（清）陳士鐸習　清文發堂刻
本　四冊　存四卷（一至二、四、六）

510000－2720－0000498　子140

時方妙用四卷　（清）陳念祖著　清刻本　一
冊　存二卷（三至四）

510000－2720－0000499　子141

醫方辨難大成三集二百六卷首一卷　題文昌
帝君飛鸞降著　清刻本　十四冊　存十四卷
（中集一至七，下集一至六、十）

510000－2720－0000500　子142

世說新語六卷　（南朝宋）劉義慶撰　（南朝
梁）劉孝標注　清光緒三年（1877）湖北崇文
書局刻本　四冊

510000－2720－0000501　子143

容齋隨筆十六卷續筆十六卷三筆十六卷四筆
十六卷五筆十卷　（宋）洪邁撰　清光緒二十
年（1894）衣江官廨刻本　二十冊

510000－2720－0000502　子147

神農本草經讀四卷　（清）陳念祖著　清光緒
十三年（1887）五福堂刻本　二冊

510000－2720－0000503　子154

女科要旨四卷　（清）陳念祖著　清五福堂刻
本　二冊

510000－2720－0000504　子159

任氏述記四卷　（清）任兆麟輯　清光緒十年
（1884）蜀西廖氏閬雲精舍刻本　四冊

510000－2720－0000505　子160

困學紀聞二十卷　（宋）王應麟撰　（清）翁元
圻輯　清咸豐元年（1851）小娜嬛山館刻本

十二冊

510000－2720－0000506　子161

急救篇四卷　（宋）王應麟撰　清光緒十年
（1884）成都志古堂刻本　二冊

510000－2720－0000507　子166

御纂醫宗金鑑外科十六卷內科七十四卷
（清）吳謙著　清刻本　三冊　存十卷（御纂
醫宗金鑑內科十八至十九、四十四至四十七、
七十一至七十四）

510000－2720－0000508　子167

御纂醫宗金鑑外科十六卷內科七十四卷
（清）吳謙著　清刻本　十一冊　存三十三卷
（御纂醫宗金鑑內科二至十五二十至二十一、
二十五至二十九、六十三至七十四）

510000－2720－0000509　子168

醫書匯紊輯成二十四卷　（清）蔡宗玉輯　清
次知齋刻本　十一冊　缺二卷（一至二）

510000－2720－0000510　子169

幼幼集成六卷　（清）陳復正刪潤　（清）劉一
勤校正　（清）周宗頤參定　清刻本　一冊
存一卷（六）

510000－2720－0000511　子172

任氏述記四卷　（清）任兆麟述　清光緒十年
（1884）蜀西廖氏閬雲精舍刻本　四冊

510000－2720－0000512　子173

象山先生文集三十六卷　（宋）陸九淵著
（清）李紱點次　（清）周毓齡重校　清末江左
書林石印本　八冊

510000－2720－0000513　子175

先儒趙子言行錄二卷　（清）陳廷鈞纂述
（清）陳廷吉鑒定　（清）陳廷儒校編　清同治
九年（1870）楚北崇文書局刻本　二冊

510000－2720－0000514　子179

日知錄集釋三十二卷附栞誤二卷續栞誤二卷
　（清）顧炎武著　（清）黃汝成集釋　清光緒
三年（1877）刻本　十六冊

510000－2720－0000515　子181

綿竹市圖書館古籍善本登記目錄

諸子綱目類編八卷附子快全集一卷　（明）李元珍輯　（清）謝惟傑校刊　清嘉慶十五年（1810）金堂刻本　四冊

510000－2720－0000516　子182

漢學商兌三卷　（清）方東樹著　清光緒二十六年（1900）浙江書局刻本　四冊

510000－2720－0000517　子183

性命雙修萬神圭旨四集　（明）尹真人秘授　清刻本　四冊

510000－2720－0000518　子185

困學紀聞二十卷　（清）翁元圻輯　清道光五年（1825）餘姚守福堂刻本　十二冊

510000－2720－0000519　子187

劄樸十卷　（清）桂馥著　清刻本　十冊

510000－2720－0000520　子188

張皋文手寫墨子經說解二卷　（戰國）墨翟著　清末國學保存會石印本　一冊

510000－2720－0000521　子197

女科仙方四卷　（清）傅山撰　清刻本　一冊　存一卷（一）

510000－2720－0000522　子198

傅青主男科二卷　（清）傅山著　清宣統元年（1909）上海章福記石印本　一冊

510000－2720－0000523　子199

醫學三字經四卷　（清）陳念祖著　清刻本　二冊

510000－2720－0000524　子201

石室秘籙六卷　（清）陳士鐸撰　清嘉慶十六年（1811）大雅堂刻本　一冊　存二卷（一至二）

510000－2720－0000525　子203

四秘全書十二種　（清）尹有本輯　清笥峰石室刻本　五冊　存八種十六卷（徵驗圖考、三字青囊經、達僧問答、催官、玉函真義天元歌、玉涵真義古鏡歌、七十二葬法、地理精語）

510000－2720－0000526　子204

孫子十家註十三卷附孫子敘錄一卷　（周）孫

武撰　（清）孫星衍校　（清）吳人驥校　（清）畢以珣撰　清光緒三年（1877）浙江書局刻本　六冊

510000－2720－0000527　子209

新鍥葛稚川內篇四卷外篇四卷　（晉）葛洪著　（明）盧舜治評校　（明）慎懋官閱　清刻本　五冊　缺二卷（內篇一、外篇四）

510000－2720－0000528　子210

莊子約解四卷　（清）劉鴻典輯註　清同治五年（1866）威邑呂仙巖玉成堂刻本　四冊

510000－2720－0000529　子212

韓非子二十卷　（戰國）韓非著　清刻本　二冊　存十四卷（一至十四）

510000－2720－0000530　子213

金匱懸解二十二卷　（清）黃元御撰　清刻本　二冊

510000－2720－0000531　子214

顧氏四十家小說不分卷　（明）顧元慶著　清末鉛印本　一冊　存近言、茶譜、積編宋史辨、病逸漫記、夷白齋詩話

510000－2720－0000532　子218

醫門法律六卷　（清）喻昌著　（清）陳守誠重梓　清刻本　二冊　存四卷（一至四）

510000－2720－0000533　子223

醫學實在易八卷　（清）陳念祖著　（清）陳元犀參訂　（清）陳心典　（清）陳心蘭校字　清五福堂刻本　四冊

510000－2720－0000534　子224

金匱方歌括六卷　（清）陳念祖定　（清）陳蔚參訂　（清）陳元犀註　（清）陳心典　（清）陳心蘭校字　清五福堂刻本　一冊　存二卷（一至二）

510000－2720－0000535　子229

沖虛至德真經八卷　（戰國）列禦寇著　（晉）張湛註　（唐）殷敬順釋文　清光緒二年（1876）浙江書局刻本　四冊

510000－2720－0000536　子230

佩文齋書畫譜一百卷 （清）孫嶽頒等纂 清光緒九年(1883)上海同文書局石印本 十二冊 缺二十六卷(四十三至五十四、六十七至八十)

510000－2720－0000537　子231

佩文齋書畫譜一百卷 （清）孫嶽頒等纂 清末石印本 四冊 存二十二卷(五十五至六十二、八十至八十七、九十五至一百)

510000－2720－0000538　子232

修真因果傳不分卷 （□）□□著 清刻本 一冊 存八十五頁(一至八十五)

510000－2720－0000539　子233

醫學三字經四卷 （清）陳念祖著 清刻本 一冊 缺二卷(三至四)

510000－2720－0000540　子235

孫子二卷 （三國魏）武帝曹操注 新語二卷 （漢）陸賈著 清刻本 一冊

510000－2720－0000541　子238

芥子園畫傳五卷 （清）王槩輯 清光緒十三年(1887)上海鴻文書局石印本 二冊 存三卷(一至三)

510000－2720－0000542　子239

益智圖二卷 （清）童葉庚著 清光緒四年(1878)刻本 二冊

510000－2720－0000543　子241

伸蒙子三卷 （唐）林慎思撰 素履子二卷 （唐）張孤撰 清光緒元年(1875)湖北崇文書局刻本 一冊

510000－2720－0000544　子242

傅子不分卷 （晉）傅玄撰 續孟子二卷 （唐）林慎思撰 清光緒元年(1875)湖北崇文書局刻本 一冊

510000－2720－0000545　子244

思辨錄疑義一卷 （清）劉蓉著 清光緒十五年(1889)思賢講舍刻本 一冊

510000－2720－0000546　子247

痘麻集真二卷 （清）周正彩著 清思問堂刻本 一冊

510000－2720－0000547　子253

六如畫譜三卷 （明）唐寅輯 （清）李錫齡校刊 清刻本 一冊

510000－2720－0000548　子255

農桑輯要七卷 （元）司農司撰 蠶事要略一卷 （清）張行孚綴 清光緒二十一年(1895)中江榷署刻本 二冊

510000－2720－0000549　子256

數學精詳十一卷首一卷末一卷 （清）屈曾發輯 清刻本 六冊

510000－2720－0000550　子257

益智字圖不分卷 （清）史梅君著 清光緒十一年(1885)童氏睫巢刻本 與益智續圖一卷合為一冊

510000－2720－0000551　子258

益智續圖一卷 （清）童昂 （清）童泉 （清）童晏著 （清）童昇 （清）童萬校 清光緒四年(1878)任菊農刻本 二冊

510000－2720－0000552　子260

三農紀二十四卷 （清）張宗法著 清藜照書屋刻本 八冊

510000－2720－0000553　子261

圖繪寶鑑八卷 （元）夏文彥纂 清借錄草堂刻本 四冊

510000－2720－0000554　子265

刪訂二奇合傳不分卷 （清）芝香館居士刪訂 清咸豐十一年(1861)刻本 八冊 缺九回(三十二至四十)

510000－2720－0000555　子267

痘科類編釋意三卷 （清）翟良著 清道光二十三年(1843)元茂堂刻本 三冊

510000－2720－0000556　子269

遯盦秦漢古銅印譜不分卷 （清）吳隱輯 清光緒西泠印社鈐印本 八冊

510000－2720－0000557　子270

素靈微蘊四卷 （清）黃元御著 清刻本

綿竹市圖書館古籍普查登記目錄

一冊

510000－2720－0000558　子271
醫宗說約六卷　（清）蔣示吉纂述　清刻本
二冊　存四卷（二至五）

510000－2720－0000559　子272
醫方集解三卷　（清）汪昂輯　清刻本　一冊
存一卷（下）

510000－2720－0000560　子273
考工記考一卷附考工圖一卷　（清）呂調陽著
清刻本　一冊

510000－2720－0000561　子275
清河書畫舫十二集　（明）張醜造　清乾隆池
北草堂刻本　十二冊

510000－2720－0000562　子276
痘科扼要一卷　（清）陳奇生撰　清刻本
一冊

510000－2720－0000563　子277
一壺天和集不分卷　（清）楊體仁纂輯　清刻
本　一冊

510000－2720－0000564　子278
經驗良方三卷　（□）□□著　清刻本　二冊
存二卷（中至下）

510000－2720－0000565　子279
呂氏春秋二十六卷附考一卷　（秦）呂不韋撰
（漢）高誘注　清光緒元年（1875）浙江書局
刻本　六冊

510000－2720－0000566　子280
三農紀二十四卷　（清）張宗法撰　清刻本
七冊　存十六卷（一、九至二十三）

510000－2720－0000567　子285
批點聊齋志異十六卷　（清）蒲松齡著　（清）
王士正評　（清）何守奇批點　清刻本　四冊
存八卷（三至四、七至十、十三至十四）

510000－2720－0000568　子286
五知齋琴譜八卷　（清）徐祺撰　（清）周魯封
輯　清刻本　六冊

510000－2720－0000569　子287
芥子園畫傳四集四卷附芥子園圖章會纂一卷
（清）丁皋著　（清）耿瑋　（清）于震較訂
清小酉山房刻本　四冊

510000－2720－0000570　子289
測字秘牒不分卷　（清）程省著　（清）程雲校
訂　清道光程氏百二漢鏡齋刻本　一冊

510000－2720－0000571　子295
周秦古璽不分卷　（清）□□輯　清光緒鈐印
本　二冊

510000－2720－0000572　子296
傅鶉觚集五卷附補遺一卷校勘記一卷　（晉）
傅玄撰　（清）史定遠　（清）方濬師校集　清
光緒二年（1876）廣州書局刻本　二冊

510000－2720－0000573　子299
六圍沈新周先生地學二卷　（清）沈鎬著　清
道光二十七年（1847）刻本　二冊

510000－2720－0000574　子300
新書十卷　（漢）賈誼撰　清光緒元年（1875）
湖北崇文書局刻本　二冊

510000－2720－0000575　子301
辨證錄十四卷　（清）陳士鐸著述　（清）陶式
玉參訂　胎產秘書二卷　（清）金庸校對　清
同治八年（1869）刻本　十二冊

510000－2720－0000576　子304
綠天蘭臭集八卷　（清）釋含澈編次　清光緒
潛西精舍刻本　四冊　存五卷（三至七）

510000－2720－0000577　子305
正法眼藏三卷　（宋）釋宗杲集　（明）徐弘澤
校　清刻本　二冊

510000－2720－0000578　子306
薛氏醫案二十四種　（明）吳琯撰　書葉堂刻
本　十八冊　存十五種六十八卷（十四經發
揮、本草發揮、傷寒鈐法、外傷金鏡錄、錢氏小
兒直訣、癰疽神秘驗方、正體類要、內科摘要、
小兒逗疹方論、保嬰金鏡錄、保嬰撮要、平治
會萃、原極啟微、難經義、婦人良方一至十

四)

510000 - 2720 - 0000579　子 307
益智圖一卷　（清）童葉庚著　清光緒十六年
(1890)刻本　一冊

510000 - 2720 - 0000580　子 308
益智圖一卷　（清）童葉庚著　清光緒十六年
(1890)刻本　一冊

510000 - 2720 - 0000581　子 309
益智圖一卷　（清）童葉庚著　清光緒四年
(1878)刻本　二冊

510000 - 2720 - 0000582　子 315
百丈叢林清規證義記九卷首一卷附地輿名目
一卷　（唐）釋懷海集編　（清）釋儀潤證義
（清）釋妙永校閱　清末昭慶寺慧空經房刻本
六冊

510000 - 2720 - 0000583　子 319
壯悔堂文集十卷附遺稿一卷四憶堂詩集六卷
（清）侯方域著　清刻本　四冊

510000 - 2720 - 0000584　子 320
金剛般若波羅蜜經一卷　（清）劉沅註　清刻
本　一冊

510000 - 2720 - 0000585　子 322
脈經十卷　（晉）王叔和著　清刻本　二冊
存五卷(六至十)

510000 - 2720 - 0000586　子 324
瑞竹堂經驗方五卷附補遺一卷　（元）沙圖穆
蘇撰　清光緒四年(1878)當歸草堂刻本
一冊

510000 - 2720 - 0000587　子 325
脈訣刊誤集解二卷附錄一卷　（元）戴起宗學
（元）朱升節抄　（明）汪機補訂　清宣統元
年(1909)借月山房刻本　二冊

510000 - 2720 - 0000588　子 326
脈理詳辨□□卷　（□）□□著　清同治九年
(1870)四川夔州府雲陽縣北岸培賢齋刻本
一冊　存一卷(四)

510000 - 2720 - 0000589　子 330

陽宅指南一卷　（清）蔣平階著　清刻本
一冊

510000 - 2720 - 0000590　子 341
國朝漢學師承記八卷　（清）江藩纂　清光緒
二十二年(1896)成都志古堂刻本　三冊

510000 - 2720 - 0000591　子 343
顯揚聖教論二十卷　無著菩薩造　（唐）釋玄
奘譯　清刻本　四冊

510000 - 2720 - 0000592　子 345
太乙神鍼方一卷　（清）范毓䄧著　清光緒二
十六年(1900)劉氏慶餘堂刻本　一冊

510000 - 2720 - 0000593　子 354
小倉選集八卷　（清）袁枚著　（清）張懷湜選
清道光刻本　一冊　存四卷(一至四)

510000 - 2720 - 0000594　子 356
衛濟餘編十八卷　（清）王纕堂編　清刻本
一冊　存三卷(十二至十四)

510000 - 2720 - 0000595　子 357
增補萬寶全書□□卷　（明）陳繼儒纂輯
（清）毛煥文補輯　清刻本　一冊　存四卷
(十八至二十一)

510000 - 2720 - 0000596　子 360
王公陽宅金針二卷　（清）史廷輝輯評　清刻
本　一冊

510000 - 2720 - 0000597　子 361
神相全編十二卷首一卷　（宋）陳搏秘傳
（明）袁忠徹訂正　清道光五年(1825)經國堂
刻本　五冊　缺二卷(二至三)

510000 - 2720 - 0000598　子 362
新刊萬氏家傳養生四要五卷　（明）萬全編
清刻本　一冊

510000 - 2720 - 0000599　子 363
周官古經舉例一卷　宋育仁著　清末民初刻
本　一冊

510000 - 2720 - 0000600　子 366
流年圖一卷　（□）□□著　清刻本　一冊

綿竹市圖書館古籍普查登記目錄

510000－2720－0000601　子376

曆象窺天一卷　（□）□□著　清抄本　一冊

510000－2720－0000602　子387

文昌訂正三元尊經不分卷　（清）劉沅注　清刻本　一冊

510000－2720－0000603　子389

文昌帝君訂正土皇經不分卷　（清）劉沅注釋　清刻本　一冊

510000－2720－0000604　子390

太乙雷神鬥口火車靈官真經不分卷　（清）劉沅注釋　清刻本　一冊

510000－2720－0000605　子391

玉清無極總真文昌大洞仙經三卷附大洞經音一卷　（□）□□著　清刻本　一冊　缺一卷（上）

510000－2720－0000606　子392

太上刪正玉皇尊經善本三卷附玉皇經音一卷　金華子註釋　清刻本　二冊

510000－2720－0000607　子407

釋迦如來應化事跡□□卷　（清）永珊繪　清光緒京都琉璃廠榮華堂刻本　一冊

510000－2720－0000608　子421

頻伽精舍校刊大藏經八千四百一十六卷　釋宗仰編　清宣統三年至民國九年（1911－1920）鉛印本　四百十四冊

510000－2720－0000609　集002

宋本胡刻文選六十卷附文選考異十卷　（南朝梁）蕭統撰　（唐）李善注　清末上海鴻文書局石印本　十冊

510000－2720－0000610　集004

庾子山集十六卷附年譜一卷総繹一卷　（北周）庾信著　（清）倪璠注釋　清光緒十六年（1890）成都試院刻本　十一冊　缺五卷（四至五、七至九）

510000－2720－0000611　集005

杜詩鏡銓二十卷　（清）楊倫編　清同治十一年（1872）望三益齋刻本　九冊　缺一卷（十四）

510000－2720－0000612　集006

七十家賦鈔六卷　（清）張惠言著　清光緒四年（1878）大成會開刊刻本　四冊

510000－2720－0000613　集010

初學記三十卷附校勘三十卷　（唐）徐堅撰　清刻本　十二冊

510000－2720－0000614　集012

文選六十卷　（南朝梁）蕭統撰　（唐）李善注　（清）葉樹潘參訂　清乾隆朱墨套印本　十六冊

510000－2720－0000615　集013

廣雅堂詩集不分卷　（清）張之洞撰　清宣統二年（1910）四川官印刷局鉛印本　二冊

510000－2720－0000616　集014

瓶山古文鈔一卷　（清）張輔贊著　清道光十三年（1833）李寄鴻堂刻本　一冊

510000－2720－0000617　集015

皇朝剳四卷　（清）趙翼著　清光緒二十八年（1902）廣雅書局刻本　二冊

510000－2720－0000618　集017

有正味齋駢體文集二十四卷　（清）吳錫麒著　清刻本　八冊

510000－2720－0000619　集019

明賢尺牘藏真三卷　（清）李經畬編　清光緒七年（1881）刻本　一冊

510000－2720－0000620　集020

李太白文集三十卷　（唐）李白著　清刻本　二冊　存九卷（三至六、十五至十九）

510000－2720－0000621　集023

陶淵明文集十卷　（晉）陶淵明著　（南朝梁）蕭統撰　清同治二年（1863）何氏篤慶堂刻本　二冊

510000－2720－0000622　集024

憑山閣增輯留青新集三十卷　（清）陳枚輯　清敬書堂刻本　十五冊

四川省十二家收藏單位古籍普查登記目録

510000－2720－0000623　集025

文選六十卷文選考異十卷　（南朝梁）蕭統撰
（唐）李善注　清宣統三年（1911）上海會文
堂石印本　十六冊

510000－2720－0000624　集032

文選六十卷　（南朝梁）蕭統撰　清光緒元年
（1875）尊經書院刻本　十二冊

510000－2720－0000625　集035

**白香山詩長慶集二十卷白香山詩後集十七卷
年譜一卷目錄一卷**　（唐）白居易撰　清康熙
一隅草堂刻本　十冊

510000－2720－0000626　集037

華陽眞逸詩二卷　（唐）顧況著　清刻本
一冊

510000－2720－0000627　集038

**白香山詩集長慶集二十卷後集十七卷別集一
卷補遺二卷**　（唐）白居易　清康熙一隅草堂
刻本　十冊　缺十四卷（一至二、二十九至四
十）

510000－2720－0000628　集039

東塾讀書記十三卷　（清）陳澧撰　清廣東鎔
經鑄史齋刻本　六冊

510000－2720－0000629　集040

亭林文集六卷詩集五卷　（清）顧炎武著　清
刻本　二冊

510000－2720－0000630　集041

曾南豐先生文集四卷　（宋）曾鞏撰　清宣統
二年（1910）上海會文堂書局石印本　二冊

510000－2720－0000631　集043

丁文誠公奏稿二十六卷首一卷　（清）丁寶楨
撰　清光緒二十二年（1896）南海羅氏成都刻
本　二十七冊

510000－2720－0000632　集046

漁洋山人精華錄箋注十二卷　（清）王士禎著
（清）金榮註　（清）徐準輯　清刻本　六冊

510000－2720－0000633　集047

靖節先生集十卷　（晉）陶淵明撰　清光緒九

年（1883）江蘇書局刻本　四冊

510000－2720－0000634　集049

楊誠齋詩選□□卷　（宋）楊萬里撰　（清）李
調元選　清刻本　一冊　存四卷（七至十）

510000－2720－0000635　集050

唐李推官披沙集六卷　（唐）李咸用撰　清刻
本　一冊

510000－2720－0000636　集055

李太白全集十六卷　（唐）李白著　（清）李調
元等編　清道光十三年（1833）刻本　六冊

510000－2720－0000637　集060

**顏魯公文集三十卷世系表一卷年譜一卷補遺
一卷**　（唐）顏真卿撰　清道光二十五年
（1845）三長物齋刻本　十二冊　缺二卷（一
至二）

510000－2720－0000638　集061

**施注蘇詩四十二卷補遺二卷總目一卷年譜一
卷**　（宋）蘇軾撰　清康熙三十八年（1699）蘇
州步月樓刻本　十四冊

510000－2720－0000639　集071

困學紀聞二十卷　（宋）王應麟撰　清刻本
一冊　存三卷（六至八）

510000－2720－0000640　集078

初唐四傑三十七卷　（清）項家達輯　清刻本
十二冊

510000－2720－0000641　集081

昌黎先生全集四十卷外集十卷　（唐）韓愈著
清宣統東雅堂石印本　七冊

510000－2720－0000642　集086

東萊先生古文關鍵二卷　（宋）呂祖謙輯　清
同治九年（1870）張氏勵志書屋刻本　二冊

510000－2720－0000643　集088

汲塚周書十卷　（晉）孔晁註　清刻本　二冊

510000－2720－0000644　集089

陶淵明集十卷　（晉）陶淵明著　清宣統元年
（1909）著易堂影印本　四冊

綿竹市圖書館古籍普查登記目錄

510000－2720－0000645　集094

古文分編集評三集八卷　（清）于光華輯　清刻本　八冊

510000－2720－0000646　集097

牧民忠告三卷　（元）張養浩撰　清道光三十年（1850）刻本　二冊

510000－2720－0000647　集098

虞文靖公道園全集六十卷　（元）虞集撰　清道光十七年（1837）鵝溪村舍孫氏刻本　十五冊

510000－2720－0000648　集104

太史升庵全集八十一卷目錄二卷　（明）楊慎撰　清乾隆六十年（1795）養拙山房刻本　二十冊

510000－2720－0000649　集105

龍川文集三十卷　（宋）陳亮撰　清光緒元年（1875）崇文書局刻本　十冊

510000－2720－0000650　集106

瀛奎律髓刊誤四十九卷　（元）方回撰　（清）紀曉嵐批點　清清來堂刻本　十六冊

510000－2720－0000651　集107

楚辭釋十一卷　（楚）屈原撰　清光緒十二年（1886）成都尊經書院刻本　二冊

510000－2720－0000652　集108

楚辭章句十七卷　（漢）王逸章句　清末成都存古書局刻本　二冊

510000－2720－0000653　集109

諸葛忠武侯文集四卷　（三國蜀）諸葛亮撰　清光緒三十四年（1908）金谿周氏刻本　二冊

510000－2720－0000654　集110

庚子山集十六卷附年譜一卷　（北周）庚信撰　清道光十九年（1839）聚魁堂刻本　十二冊

510000－2720－0000655　集111

遜志齋集二十四卷　（明）方孝孺著　清道光二十六年（1846）刻本　十二冊

510000－2720－0000656　集120

御選唐宋文醇五十八卷　（清）高宗弘曆編

清光緒六年（1880）浙江書局刻本　二十六冊

510000－2720－0000657　集125

牧令書輯要十卷　（清）徐棟編　清同治八年（1869）湖北崇文書局刻本　十冊

510000－2720－0000658　集126

文選六十卷　（南朝梁）蕭統撰　清乾隆三十七年（1772）海錄軒朱墨套印本　十六冊

510000－2720－0000659　集134

重刊五百家註音辯昌黎先生文集四十卷　（唐）韓愈著　清體仁閣刻本　十六冊

510000－2720－0000660　集140

增像全圖三國演義□□卷　（明）羅貫中著　（清）毛宗崗評　清末上海錦章圖書局石印本　一冊　存十四卷（一至十四）

510000－2720－0000661　集142

文選六十卷文選考異十卷　（南朝梁）蕭統撰　（唐）李善注　清同治八年（1869）崇文書局刻本　二十四冊

510000－2720－0000662　集150

冷吟仙館詩稿八卷詩餘一卷文存一卷附錄一卷　（清）左錫嘉撰　吟雲仙館詩稿一卷（清）曾詠撰　清刻本　七冊

510000－2720－0000663　集151

六朝文絜四卷　（清）許槤評選　（清）朱鈞參校　清光緒三年（1877）讀有用書齋朱墨套印本　一冊

510000－2720－0000664　集152

壯悔堂文集十卷　（清）侯方域著　（清）賈開宗　（清）徐作肅選　清嘉慶二十二年（1817）強忍堂刻本　六冊

510000－2720－0000665　集153

欒城集四十八卷　（宋）蘇轍著　（明）王執禮　（清）顧天敍校　清道光十二年（1832）眉州三蘇祠刻本　十四冊

510000－2720－0000666　集154

唐文粹一百卷　（宋）姚鉉纂　清刻本　十六冊

510000－2720－0000667　集158

續新齊諧十卷　（清）袁枚撰　清刻本　二冊

510000－2720－0000668　集161

漢溪書法通解八卷　（清）戈守智撰　（清）陸騰參　（清）陸聲鐘編　清霽雲閣刻本　二冊

510000－2720－0000669　集162

玉井山館詩四卷　（清）許宗衡撰　清四川官印刷局鉛印本　二冊

510000－2720－0000670　集163

絕妙好詞箋七卷續鈔一卷　（清）查爲仁（清）厲鶚撰　清道光八年(1828)刻本　三冊

510000－2720－0000671　集164

斜川集六卷　（宋）蘇過撰　清道光七年(1827)眉州三蘇祠刻本　三冊

510000－2720－0000672　集165

羣書治要五十卷　（唐）魏徵等撰　清刻本二十五冊　缺三卷(四、十三、二十)

510000－2720－0000673　集166

東坡集八十四卷目錄二卷　（宋）蘇軾著　清刻本　四十六冊

510000－2720－0000674　集172

庸書內篇二卷外篇二卷　（清）陳熾撰　清光緒二十四年(1898)成都志古堂刻本　四冊

510000－2720－0000675　集173

庸書內篇二卷外篇二卷　（清）陳熾著　清刻本　一冊　存一卷(內篇上)

510000－2720－0000676　集177

香祖筆記十二卷　（清）王士禎撰　清刻本四冊

510000－2720－0000677　集178

陳檢討四六二十卷　（清）陳維崧譔　（清）程師恭注　（清）陳明善校閱　清刻本　六冊

510000－2720－0000678　集181

欒城後集二十四卷第三集十卷應詔集十二卷　（宋）蘇轍著　清道光十二年(1832)眉州三蘇祠刻本　十一冊

510000－2720－0000679　集195

字林考逸八卷附錄一卷補附錄一卷　（清）任大椿輯　清光緒十六年(1890)江蘇書局刻本四冊

510000－2720－0000680　集203

嘉祐集二十卷　（宋）蘇洵著　清道光十二年(1832)眉州三蘇祠刻本　六冊

510000－2720－0000681　集204

陵陽先生詩四卷附校勘記一卷　（宋）韓駒著清刻本　一冊

510000－2720－0000682　集211

直齋書錄解題二十二卷　（宋）陳振孫撰　清光緒九年(1883)江蘇書局刻本　六冊

510000－2720－0000683　集212

陽明先生集要理學編四卷經濟編七卷文章編四卷　（明）王守仁著　（明）施邦曜評輯　年譜一卷　（□）□□撰　清刻本　十冊

510000－2720－0000684　集213

註釋啓蒙對偶續編四卷　（明）孟紱編次（明）鄭以誠註解　（明）僑柱芝校　清萬卷樓刻本　四冊

510000－2720－0000685　集219

忠雅堂評選四六法海八卷　（明）王志堅原本（清）蔣士銓評選　清光緒十年(1884)深柳讀書堂朱墨套印本　八冊

510000－2720－0000686　集221

胡文忠公遺集十卷首一卷　（清）胡林翼撰(清)閻敬銘編輯　清同治七年(1868)醉六堂刻本　八冊

510000－2720－0000687　集222

明詩綜一百卷　（清）朱彝尊錄　（清）汪森緝評　清刻本　四十冊

510000－2720－0000688　集223

古文辭類纂七十四卷　（清）姚鼐著　清光緒十九年(1893)思賢講舍刻本　十五冊

510000－2720－0000689　集224

續古文辭類纂三十四卷　王先謙輯　清光緒

八年(1882)王氏虛受堂刻本　九冊

510000－2720－0000690　集227

瓶花齋集十卷　(明)袁宏道撰　(明)陳以聞
閱　清末抱殘守缺齋影印本　三冊　缺三卷
(二至四)

510000－2720－0000691　集229

南峯公文集六卷　(□)□□著　清刻本
二冊

510000－2720－0000692　集230

畫禪室隨筆四卷　(明)董其昌著　(明)楊補
編次　(明)陳王賓校訂　清錦江書院刻本
二冊

510000－2720－0000693　集232

通雅五十二卷　(明)方以智輯著　(清)姚文
燮校訂　清浮山此藏軒刻本　二十四冊

510000－2720－0000694　集233

讀書雜誌八十二卷餘編二卷　(清)王念孫撰
清同治九年(1870)金陵書局刻本　二十
四冊

510000－2720－0000695　集234

鐵厓樂府註十卷首一卷　(元)楊維禎著
(明)吳復編　(清)樓葡㴓註　清刻本　二冊

510000－2720－0000696　集235

史忠正公集四卷首一卷末一卷　(明)史可法
著　(清)史山清輯　(清)史開純　(清)史
有慶校　清乾隆教忠堂刻本　二冊

510000－2720－0000697　集236

蜀語一卷　(明)李實撰　(清)李調元校　清
刻本　一冊

510000－2720－0000698　集237

升庵外集一百卷　(明)楊慎著　(明)焦竑編
清道光二十四年(1844)桂湖刻本　二十
四冊

510000－2720－0000699　集238

寧都三魏全集三種　(清)林時益輯　清刻本
三十八冊

510000－2720－0000700　集240

隨園詩法叢話八卷　(清)袁枚纂輯　清末民
初石印本　三冊　缺二卷(一至二)

510000－2720－0000701　集241

小倉山房詩集三十七卷附補遺二卷　(清)袁
枚撰　清光緒十八年(1892)著易堂鉛印本
五冊　缺八卷(十二至十九)

510000－2720－0000702　集244

古文約選不分卷　(清)允禮輯　(清)方苞選
訂　清刻本　十二冊

510000－2720－0000703　集256

王文成公全集三十八卷　(明)王守仁著　清
宣統元年(1909)上海集成圖書公司鉛印本
十二冊

510000－2720－0000704　集259

夢錄草堂詩鈔十二卷末一卷附錄一卷　(清)
蔡壽祺著　清咸豐七年(1857)嫏嬛別館刻本
六冊

510000－2720－0000705　集260

古詩源十四卷　(清)沈德潛選　清光緒十七
年(1891)四豐堂刻本　四冊

510000－2720－0000706　集261

船山詩草二十卷　(清)張問陶撰　清刻本
六冊

510000－2720－0000707　集263

國朝畫徵錄三卷續錄三卷　(清)張庚著　清
光緒十九年(1893)上海積山書局石印本
二冊

510000－2720－0000708　集266

趙甌北全集七種　(清)趙翼撰　清刻本　二
十九冊　存六種九十七卷(甌北先生年譜、甌
北詩鈔、甌北詩話、甌北集、簷曝雜記六卷、皇
朝武功紀盛)

510000－2720－0000709　集278

楚辭十七卷　(周)屈原著　清光緒二十一年
(1895)昭陵經畲主人刻本　六冊

510000－2720－0000710　集279

曾文正公全集　(清)曾國藩著　清光緒二年

四川省十一家收藏單位古籍普查登記目錄

(1876)傳忠書局刻本　三十七冊　存三十七
卷(曾文正公奏稿一至三十六、首一卷)

510000－2720－0000711　集287

古文辭類纂七十五卷　(清)姚鼐纂　清光緒
三十三年(1907)上海商務印書館鉛印本　七
冊　存十一卷(四十四至五十四)

510000－2720－0000712　集295

青門簏稾十六卷旅稾六卷賸稾八卷　(清)邵
長蘅纂　(清)顧景星批點　清青門艸堂刻本
八冊

510000－2720－0000713　集296

梅村詩集箋注十八卷　(清)吳翌鳳撰　滄浪
吟榭校　清刻本　二冊　存六卷(二至四、十
四至十六)

510000－2720－0000714　集301

魏昭士文集十卷　(清)魏世效著　清刻本
四冊

510000－2720－0000715　集302

魏敬士文集八卷　(清)魏世儼著　清刻本
三冊

510000－2720－0000716　集303

魏興士文集六卷　(清)魏世傑著　清刻本
一冊

510000－2720－0000717　集304

檜園四種　(清)龔禮著　清咸豐五年(1855)
綿州聚文堂刻本　六冊

510000－2720－0000718　集311

續古文辭類纂三十四卷　(清)王先謙纂集
清光緒三十三年(1907)上海商務印書館鉛印
本　四冊

510000－2720－0000719　集313

續古文辭類纂三十四卷　(清)王先謙著　清
宣統二年(1910)育文書局石印本　一冊　存
二卷(一至二)

510000－2720－0000720　集315

石笥山房文集六卷補遺一卷　(清)胡天遊撰
清隨山館刻本　四冊

510000－2720－0000721　集319

隨園詩話十六卷補遺四卷　(清)袁枚撰　清
嘉慶十年(1805)小倉山房刻本　二十冊

510000－2720－0000722　集329

**溫飛卿詩集七卷別集一卷集外詩一卷附錄一
卷**　(唐)溫庭筠著　(明)曾益原注　(清)
顧予咸補注　(清)顧嗣立重校　清宣統二年
(1910)廣益書局影印本　四冊

510000－2720－0000723　集331

談藝珠叢二十七種　(清)王啓原輯　清光緒
十一年(1885)長沙玉尺山房刻本　八冊

510000－2720－0000724　集337

**釋名疏證八卷附釋名疏證校議一卷釋名補遺
一卷續釋名一卷**　(清)畢沅撰　清光緒二十
年(1894)廣雅書局刻本　二冊

510000－2720－0000725　集343

詞抄一卷小唱一卷題畫一卷　(清)鄭板橋著
清刻本　與鄭板橋全集合為一冊

510000－2720－0000726　集343

鄭板橋全集不分卷　(清)鄭燮著　清宣統元
年(1909)掃葉山房石印本　一冊

510000－2720－0000727　集351

香祖筆記十二卷　(清)王士禎著　清康熙四
十四年(1705)刻本　六冊　存六卷(一至六)

510000－2720－0000728　集352

文心雕龍十卷　(南朝梁)劉勰撰　(清)黃叔
琳注　(清)紀昀評　清道光十三年(1833)兩
廣節署刻本　四冊

510000－2720－0000729　集353

**漁洋山人古詩選三十二卷惜抱軒今體詩選十
八卷**　(清)王士禎選　惜抱軒今體詩選十八
卷　(清)姚鼐選　清同治七年(1868)湘鄉曾
氏刻本　十二冊

510000－2720－0000730　集354

古詩源十四卷　(清)沈德潛選　清光緒十年
(1884)敘州汗青簃刻本　四冊

510000－2720－0000731　集355

綿竹市圖書館古籍普查登記目錄

古文快筆貫通解四卷　（清）杭永年評解　清隆文堂刻本　四冊

510000－2720－0000732　集357
戴東原集十二卷附年譜一卷　（清）戴震撰（清）段玉裁編　清宣統二年(1910)渭南嚴氏孝義家塾刻本　六冊

510000－2720－0000733　集358
唐宋八家鈔八卷　（清）高嵣編　清道光二十二年(1842)黎照書屋刻本　八冊

510000－2720－0000734　集361
池上草堂筆記近錄六卷續錄六卷三錄六卷四錄六卷　（清）梁恭辰撰　（清）趙崇慶重校刊　清光緒十六年(1890)補刊刻本　八冊

510000－2720－0000735　集362
曝書亭詩錄十卷　（清）朱彝尊著　（清）江浩然箋註　（清）江壎校　清惇裕堂刻本　四冊

510000－2720－0000736　集363
唐宋八家鈔八卷　（清）高嵣著　清道光二十二年(1842)黎照書屋刻本　八冊

510000－2720－0000737　集364
揅經室集一集十四卷二集八卷三集五卷四集二卷詩十一卷續集九卷外集五卷　（清）阮元著　清刻本　二十冊

510000－2720－0000738　集365
國朝古文選二卷　（清）孫澍著　清刻本　二冊

510000－2720－0000739　集366
經餘必讀八卷續編八卷三集四卷　（清）錢樹棠　（清）雷琳同輯　（清）胡鳳丹校刊　清光緒二年(1876)退補齋刻本　十冊

510000－2720－0000740　集369
飴山詩集二十卷　（清）趙執信著　清刻本　四冊

510000－2720－0000741　集371
經史百家簡編二卷　（清）曾國藩纂　（清）曾國荃審定　清同治十三年(1874)傳忠書局刻本　二冊

510000－2720－0000742　集372
課子隨筆節鈔六卷　（清）張又渠輯　（清）徐桐節鈔　清萬邑德星書屋刻本　三冊

510000－2720－0000743　集373
劄迻十二卷　（清）孫詒讓著　清光緒二十年(1894)刻本　四冊

510000－2720－0000744　集374
帶經堂詩話三十卷首一卷　（清）王士禎著　清光緒元年(1875)衡文會刻本　八冊

510000－2720－0000745　集375
述學內篇三卷外篇一卷補遺一卷別錄一卷　（清）汪中撰　清同治八年(1869)揚州書局刻本　二冊

510000－2720－0000746　集376
學治臆說二卷續說一卷說贅一卷　（清）汪輝祖纂　清刻本　一冊

510000－2720－0000747　集377
雙節堂庸訓六卷　（清）汪輝祖撰　清乾隆五十九年(1794)刻本　一冊

510000－2720－0000748　集378
佐治藥言二卷　（清）汪輝祖纂　清咸豐二年(1852)刻本　一冊

510000－2720－0000749　集379
浮江詩鈔十二卷　（清）劉碩輔著　清心書經齋刻本　四冊

510000－2720－0000750　集380
楊子書繹六卷　（明）楊文彩著　清仁和韓懿章刻本　十冊

510000－2720－0000751　集381
陔餘叢考四十三卷　（清）趙翼著　清乾隆五十五年(1790)壽考堂刻本　十六冊

510000－2720－0000752　集382
夢樓選集四卷　（清）王文治著　甌北選集五卷　（清）趙翼著　清刻本　一冊

510000－2720－0000753　集385
章太炎文鈔四卷　章絳著　清宣統二年(1910)國學扶輪詩社鉛印本　四冊

四川省十二家收藏單位古籍普查登記目錄

510000－2720－0000754　集 393
采風記五卷附紀程感事詩一卷時務論一卷
宋育仁編　清光緒二十三年(1897)刻本
四冊

510000－2720－0000755　集 395
聲調三譜五卷附聲調續譜一卷前譜一卷後譜
一卷談龍錄一卷　(清)王士禛口授　(清)何
世璂述　清刻本　二冊

510000－2720－0000756　集 398
詩比興箋四卷　(清)陳沆譔　清刻本　二冊

510000－2720－0000757　集 400
十三峯書屋文稿一卷詩集二卷書劄四卷批牘
二卷　(清)李榕著　清光緒十六年至十八年
(1890－1892)龍安書院刻本　八冊

510000－2720－0000758　集 401
十三峯書屋文稿一卷詩集二卷書劄四卷批牘
二卷　(清)李榕著　(清)楊肇塋輯　(清)
黃翼雲參校　清刻本　七冊　缺一卷(批牘
一)

510000－2720－0000759　集 402
切問齋文鈔三十卷　(清)陸燿輯　清刻本
九冊　缺三卷(九至十一)

510000－2720－0000760　集 420
有正味齋詩集十六卷詞集八卷外集五卷
(清)吳錫麒著　清刻本　十二冊

510000－2720－0000761　集 421
高石齋文鈔三卷附射洪縣修志議一卷　(清)
劉光謨著　清光緒十年(1884)蜀南富順縣刻
本　三冊

510000－2720－0000762　集 422
西漚全集十卷外集八卷　(清)李惺著　(清)
童槐　(清)宋寶槭編輯　(清)劉鴻典
(清)李茲蠁校刊　清同治七年(1868)李氏家
刻本　十六冊

510000－2720－0000763　集 440
聊齋志異新評十六卷　(清)蒲松齡著　(清)
王士正評　(清)但明倫新評　清刻本　六冊

存六卷(十一至十六)

510000－2720－0000764　集 444
安明通誠地集□□卷　(□)爕翁上人撰註
清刻本　一冊　存一卷(五)

510000－2720－0000765　集 446
唐陸宣公集二十二卷　(唐)陸贄撰　清問竹
軒刻本　八冊

510000－2720－0000766　集 452
傳忠堂學古文一卷鷗堂賸稿一卷　(清)周星
譽著　清光緒十二年(1886)江陰金氏刻本
一冊

510000－2720－0000767　集 458
鋒劍春秋十卷　(□)□□著　清刻本　一冊
存一卷(六)

510000－2720－0000768　集 463
譚復生文鈔二卷　(清)譚嗣同著　清宣統二
年(1910)外埠發行所鉛印本　一冊

510000－2720－0000769　集 464
文選古字通疏證六卷　(清)薛傳均著　清迪
志齋刻本　二冊

510000－2720－0000770　集 469
明呂半隱先生詩集　(明)呂潛著　清光緒十
五年(1889)刻本　一冊

510000－2720－0000771　集 470
靜軒集唐詩鈔八卷　(清)唐存一著　清刻本
一冊　存四卷(一至四)

510000－2720－0000772　集 471
蜀輶日記四卷　(清)陶澍著　清刻本　二冊

510000－2720－0000773　集 472
漢溪書法通解八卷　(清)戈守智纂著　清霽
雲閣本刻本　四冊

510000－2720－0000774　集 473
汲塚周書十卷　(晉)孔晁註　(晉)巖作哲校
清刻本　二冊

510000－2720－0000775　叢 001
楚寶四十卷外篇五卷　(明)周聖楷輯纂　清

綿竹市圖書館古籍普查登記目錄

道光九年(1829)刻本　二十五冊　存三十七卷(一至七、十一至四十)

510000－2720－0000776　叢003

古棠書屋叢書十八種 (清)孫澍輯　清道光刻本　十五冊　存十二種七十卷(杜主開明前志、岷陽古帝墓祠後志、孫春皋詩集文鈔外集、學宮禮器圖、何竹有詩集、國朝古文選、瘦石文鈔外集一至二、小方壺試律詩、岳容齋詩集、掣鯨堂詩選、商邱史記、童山詩選四至五)

510000－2720－0000777　叢004

十萬卷樓叢書二編二十種 (清)陸心源輯　清光緒八年(1882)歸安陸氏刻本　二十九冊　存十八種一百四十八卷(九經直音、周秦刻石釋音、切韻指掌圖、許國公奏議、紹陶錄、漢丞相諸葛忠武侯傳、保越錄、北戶錄、校勘記、歲時廣記、廣川書跋二至十、衍極、文房四譜、漢官儀、自號錄、友會談叢、蔡中郎文集、詩苑眾芳、作義要訣)

510000－2720－0000778　叢005

心矩齋叢書七種 (清)蔣鳳藻輯　(清)蔣苣宇校字　清光緒長洲蔣氏心矩齋刻本　二十三冊　缺二卷(漢志水道疏證三至四)

510000－2720－0000779　叢006

目耕帖三十一卷 (清)馬國翰著　清光緒九年(1883)長沙娜嬛館刻本　二十冊

510000－2720－0000780　叢007

玉函山房輯佚書目六百三十五種 (清)馬國翰輯　清光緒九年(1883)長沙娜嬛館刻本　二十四冊

510000－2720－0000781　叢008

邵武徐氏叢書初刻十四種二集八種 (清)徐幹輯　清光緒七年至十年(1881－1884)邵武徐氏刻本　四十冊

510000－2720－0000782　叢009

經訓堂叢書二十種 (清)畢沅輯　清光緒十三年(1887)大同書局影印本　十五冊　存十八種一百四十八卷(山海經、夏小正考註、老子道德經考異、墨子十六卷附篇目考、晏子春秋、呂氏春秋、釋名疏證、王隱晉書地道記、晉太康三年地記、晉書地理誌新補正、三輔黃圖、長安誌、明堂大道錄、禘說、關中金石記、中州金石記、音同義異辯、經典文字辨證書)

510000－2720－0000783　叢010

十萬卷樓叢書初編十六種 (清)陸心源輯　清光緒五年(1879)歸安陸氏刻本　三十六冊　存十二種一百五十五卷(書經注、資治通鑑釋文、註陸宣公奏議一至十一、東萊呂紫微師友雜志、東萊呂紫微雜說、可書、東原錄、地理葬書集註,附錄葬書問對、乙巳占、太上老子道德經集解、夷堅志)

510000－2720－0000784　叢011

崇文書局叢書三十三種 (清)崇文書局輯　清光緒元年(1875)湖北崇文書局刻本　五十冊

510000－2720－0000785　叢012

讀書齋叢書八集四十六種 (清)顧修輯　清刻本　五十六冊　存三十七種(漢選理學權輿、文選李注補正、李氏易解賸義、錦里耆舊傳五至八、明畫錄、好古堂家藏書畫記、香研居詞麈、隱居通議、精選名儒草堂詩餘、金華子雜編、五代春秋、泊宅編十卷、泊宅編三卷、遂昌山人雜錄、北牕炙輠、洞天清祿集、清波小志、皇朝武功紀盛、梅磵詩話、文淵閣書目、長短經、琴操、御史臺精舍碑題名、郎官石柱題名、新刊秘訣三命指秘賦、乾元秘旨、質疑二卷、宣和北苑貢茶錄、北苑別錄、讀書錄、優古堂詩話、娛書堂詩話、雲莊四六餘話、玉山逸稾、滄浪棹歌、玉山璞稾)

510000－2720－0000786　叢014

古經解彙函二十三種 (清)鍾謙鈞等輯　清刻本　三十九冊　存二十一種一百二十一卷(鄭氏周易註、陸氏周易述、周易集解、周易口訣義、易緯乾坤鑿度、易緯乾鑿度、易緯稽覽圖、易緯辨終備、易緯通卦驗、易緯乾元序制記、易緯是類謀、尚書大傳、毛詩草木鳥獸蟲魚疏、韓詩外傳、春秋繁露、春秋釋例、春秋噉趙集傳纂例、春秋微旨、春秋噉趙二先生集傳辯疑、論語集解義疏、論語筆解)

四川省十一家收藏單位古籍普查登記目錄

510000－2720－0000787　叢 015

廣漢魏叢書八十種　（明）何允中輯　清刻本
　七十冊　存六十八種（易傳、焦氏易林、周易略例、古三墳、詩傳、詩說、韓詩外傳、大戴禮記、春秋繁露、白虎通四卷、闕文、獨斷、忠經、孝傳、方言、釋名、博雅、小爾雅、吳越春秋一至六、越絕書、十六國春秋、鄴中記、元經薛氏傳、逸周書六至十、竹書紀年、穆天子傳、漢武帝內傳、飛燕外傳、雜事秘辛、群輔錄、神仙傳、新書、新序、新論孔叢、法言十卷、抱樸子一、申鑒、中論、中說、潛夫論五至十、說苑、搜神記、神異經、海內十洲記、述異記、續齊諧記、別國洞冥記、西京雜記、拾遺記六至十、博物志、古今注、風俗通義、人物志、文心雕龍、詩品、書品一卷、顏氏家訓七卷附攷證、鹽鐵論、三輔黃圖、華陽國志、洛陽城內珈藍記、水經、星經、荊楚歲時記、南方草木狀、竹譜、古今刀劍錄、鼎錄）

510000－2720－0000788　叢 016

增訂漢魏叢書八十六種　（清）王謨輯　清刻本　一百冊

510000－2720－0000789　叢 017

長短經九卷　（唐）趙蕤著　**琴操二卷**　（漢）蔡邕撰　清刻本　五冊

510000－2720－0000790　叢 018

質疑二卷　（清）杭世駿著　清刻本　一冊

510000－2720－0000791　叢 019

乾元秘旨一卷　（清）舒繼英著　清刻本　一冊

510000－2720－0000792　叢 020

正覺樓叢刻二十九種　（清）崇文書局輯　清刻本　十二冊　缺四卷（三國職官表中、周官指掌三至五）

510000－2720－0000793　叢 022

山居新語一卷　（元）楊瑀撰　清刻本　一冊

510000－2720－0000794　叢 023

寓簡十卷　（宋）沈作喆撰　清刻本　一冊

存五卷（一至五）

510000－2720－0000795　叢 024

粵雅堂叢書　（清）伍崇曜輯　清刻本　十冊
　存四種四十卷（秋園雜佩，倪文正公年譜，南雷文定前集、後集、三集、詩歷、世譜、附錄，程侍郎遺集）

510000－2720－0000796　叢 026

函海四十函一百七十五種　（清）李調元輯　清刻本　一百八冊　缺一百零九卷（小倉選集一至五，童山選集八至十二，淡墨錄一至十二，全五代詩五十二至九十，童山全集詩集一至六、十六至二十二、三十六至四十二、文集七至二十，長短經八至九，諸家藏書簿一至二，南越筆記一至十）

510000－2720－0000797　叢 027

校經山房叢書二十八種　（清）朱記榮輯　清孫谿朱記榮槐廬刻本　三十二冊

510000－2720－0000798　叢 028

古經解彙函二十三種　（清）鍾謙鈞等輯　清同治十二年(1873)粵東書局刻本　十二冊　缺十七卷（周易集解十五至十七、春秋繁露四至十七）

510000－2720－0000799　叢 029

船山遺書七十種　（清）王夫之撰　清同治四年(1865)湘鄉曾氏刻本　一百五十六冊　缺二十六種十三卷（書經稗疏四、詩經葉韻辨、詩廣傳、禮記章句、春秋家說、春秋世論、春秋稗疏、續春秋左氏傳博議、四書訓義、讀四書大全說、四書稗疏、四書攷異、說文廣義、讀通鑑論、宋論、永曆實錄一至十一、搔首問、龍源夜話、薑齋詩集、憶得、古詩評選、唐詩評選、明詩評選、薑齋詩分體稿、薑齋詩編年稿、薑齋詩賸稿）

510000－2720－0000800　叢 030

知不足齋叢書　（清）鮑廷博輯　清長塘鮑氏刻本　二百二十七冊　缺十四卷（洞霄詩集五至十四、澠水燕談錄六至十）

綿竹市圖書館古籍普查登記目錄

中江縣圖書館古籍普查登記目録

全國古籍普查登記目録

國家圖書館出版社
National Library of China Publishing House

510000－2718－0000001　0001

易經集解五卷　（□）□□著　清刻本　一冊
存一卷（五）

510000－2718－0000002　0002

易經初學讀本二卷繫辭二卷　（□）□□編
清光緒二年(1876)四川學院衙門刻本　一冊

510000－2718－0000003　0004

易音一卷唐韻正上平聲一卷　（□）□□著
清末思賢講舍刻本　一冊

510000－2718－0000004　0005

周易兼義九卷　（唐）孔穎達正義　（三國魏）
王弼注　清末刻本　三冊　存三卷（二至四）

510000－2718－0000005　0008

御纂周易述義十卷　（清）汪由敦撰　清道光
十八年(1838)刻本　四冊

510000－2718－0000006　0010

周易三卷　（□）□□撰　清同治十年(1871)
教忠堂重刻本　一冊　存一卷（一）

510000－2718－0000007　0015

玉海附刻十三種　（宋）王應麟撰　清光緒十
年(1884)成都志古堂刻本　十一冊

510000－2718－0000008　0016

御纂周易折中二十二卷首一卷　（清）李光地
總裁　（清）魏廷珍等校對　（清）王世琛等繕
寫　（清）張常住等監造　清晚期刻本　七冊
存二十卷（一至八、十一至二十二）

510000－2718－0000009　0018

尚書注疏二十卷　（漢）孔安國傳　（唐）孔穎
達疏　清刻本　六冊　存十三卷（三至八、十
二至十八）

510000－2718－0000010　0019

易經增訂旁訓三卷　（清）王翼軒參閱　（清）
李退庵讎對　清賈氏竹橋齋刻本　二冊　存
二卷（一至二）

510000－2718－0000011　0021

尚書十三卷　（漢）孔安國傳　清刻本　四冊

510000－2718－0000012　0023

尚書十三卷　（晉）梅賾　（南朝齊）姚方興撰
清乾隆刻本　三冊

510000－2718－0000013　0024

論語注疏解經二十卷　（三國魏）何晏集解
（宋）邢昺疏　清刻本　三冊　存十五卷（六
至二十）

510000－2718－0000014　0026

論語後案二十卷　（清）黃式三撰　清光緒九
年(1883)浙江書局刻本　十冊

510000－2718－0000015　0027

周易六卷　（三國魏）王弼註　清乾隆刻本
二冊

510000－2718－0000016　0028

詩經精義四卷　（清）黃淦撰　清末民初刻本
一冊

510000－2718－0000017　0030

論語十卷　（宋）朱熹注　清刻本　一冊　存
二卷（六至七）

510000－2718－0000018　0031

論語十卷　（宋）朱熹注　清刻本　一冊　存
五卷（六至十）

510000－2718－0000019　0032

六書轉注錄十卷　（清）洪亮吉著　清光緒四
年(1878)授經堂刻本　四冊

510000－2718－0000020　0033

欽定本朝四書文　（清）方苞輯　清刻本
三冊

510000－2718－0000021　0035

尚書注疏二十卷　（漢）孔安國傳　（唐）孔穎
達疏　清刻本　一冊　存四卷（四至七）

510000－2718－0000022　0036

尚書注疏二十卷　（唐）孔穎達等撰　清末民
初刻本　一冊　存一卷（二）

510000－2718－0000023　0038

欽定啟禎四書文　（清）方苞輯　清刻本
四冊

中江縣圖書館古籍普查登記目錄

510000－2718－0000024　0039

附釋音毛詩註疏二十卷　（漢）毛萇傳　（漢）
鄭玄箋　（唐）孔穎達疏　清嘉慶二十年
(1815)重刊刻本　十一冊　存十一卷(三、七
至九、十二至十八)

510000－2718－0000025　0043

孝經義疏並補遺一卷　（清）阮福著　清光緒
十六年(1890)刻本　一冊　存三卷(十三之
一至十三之三)

510000－2718－0000026　0044

毛詩二十卷　（漢）鄭玄注　羅振玉編　清光
緒二十九年(1903)刻本　四冊

510000－2718－0000027　0045

欽定書經傳說彙纂二十一卷首二卷書序一卷
　（清）王頊齡等編　清道光十八年(1838)重
刻本　十二冊

510000－2718－0000028　0046

書經六卷　（宋）蔡沈集傳　清刻本　一冊
存二卷(五至六)

510000－2718－0000029　0047

書經精華十卷首一卷　（清）薛嘉穎撰　清光
緒新都魏氏古香閣刻本　一冊　存二卷(一、
首一卷)

510000－2718－0000030　0048

八銘加批不分卷八銘加批二集不分卷　（清）
李步瀛撰　清刻本　二冊

510000－2718－0000031　0049

欽定隆萬四書文　（清）方苞輯　清刻本
三冊

510000－2718－0000032　0050

欽定正嘉四書文　（清）方苞輯　清刻本
二冊

510000－2718－0000033　0053

大學古本質言不分卷　（清）劉沅著　清光緒
三十一年(1905)刻本　一冊

510000－2718－0000034　0054

大學衍義四十三卷　（宋）真德秀輯　清同治

十三年(1874)冬金陵書局刻本　八冊

510000－2718－0000035　0061

焦氏易林四卷　（漢）焦贛撰　清光緒元年
(1875)湖北崇文書局刻本　四冊

510000－2718－0000036　0062

意林五卷　（唐）馬總著　清光緒元年(1875)
湖北崇文書局刻本　一冊　存二卷(一至二)

510000－2718－0000037　0063

說文解字十四卷　（漢）許慎撰　（五代）徐鉉
校　清光緒八年(1882)蜀南黃氏刻本　一冊

510000－2718－0000038　0064

說文解字十四卷　（漢）許慎撰　（五代）徐鉉
校　清光緒八年(1882)蜀南黃氏刻本　一冊

510000－2718－0000039　0065

說文解字徐氏繫傳四十卷校刊記三卷　（宋）
徐鍇傳釋　清光緒刻本　七冊　缺十二卷
(二十九至四十)

510000－2718－0000040　0066

說文解字注三十二卷　（清）段玉裁注　清光
緒三年(1877)成都尊經書院刻本　十五冊
存十五卷(一至十五)

510000－2718－0000041　0067

爾雅註疏十一卷　（晉）郭璞注　（宋）邢昺疏
　清刻本　一冊　存二卷(五至六)

510000－2718－0000042　0068

爾雅註疏十一卷　（晉）郭璞註　（宋）邢昺疏
　清刻本　二冊　存六卷(三至五、九至十
一)

510000－2718－0000043　0069

爾雅纂讀本　（□）□□著　清咸豐八年
(1858)刻本　一冊　存一卷(上)

510000－2718－0000044　0070

六書故三十三卷　（宋）戴侗撰　（清）李鼎元
校　清乾隆四十九年(1784)綿州李氏師竹齋
刻本　十六冊

510000－2718－0000045　0071

六書略五卷七音略二卷　（宋）鄭樵著　清刻

本　二冊

510000－2718－0000046　0072

欽定儀禮義疏四十八卷首二卷　（清）允祿等撰　清道光十八年(1838)刻本　十八冊　存二十六卷(一至九、十三至十四、十八至十九、二十三至二十四、三十至三十一、三十四至四十、四十六至四十七)

510000－2718－0000047　0073

禮略四卷　（宋）鄭樵著　清刻本　二冊

510000－2718－0000048　0074

曾文正公家訓二卷　（清）曾國藩撰　清光緒刻本　一冊　存一卷(下)

510000－2718－0000049　0076

禮記集解六卷　（清）馮雪樵輯　清刻本　三冊　存三卷(一、五、六)

510000－2718－0000050　0081

儀禮註疏十七卷　（漢）鄭玄註　（唐）賈公彥疏　清刻本　十二冊　缺二卷(七至八)

510000－2718－0000051　0083

禮記註疏六十三卷　（漢）鄭玄注　（唐）孔穎達疏　清刻本　一冊　存二卷(五十三至五十四)

510000－2718－0000052　0084

附釋音禮記注疏六十三卷附校勘記六十三卷　（漢）鄭玄注　（唐）孔穎達疏　清刻本　一冊　缺十九卷(一至二、八至九、十四至十五、二十一至二十二、三十六至三十八、五十二至五十九)

510000－2718－0000053　0085

禮記初學讀本　（□）（□□）著　清末刻本　一冊

510000－2718－0000054　0087

禮記二十卷　（漢）鄭玄註　（唐）陸德明音義　清刻本　八冊

510000－2718－0000055　0088

禮記箋四十六卷　（漢）鄭玄註　王闓運撰　清光緒十一年(1885)仲春成都尊經書局刻本

七冊　缺二卷(三至四)

510000－2718－0000056　0089

禮記二十卷　（漢）鄭玄註　（唐）陸德明音義　清同治十一年(1872)山東書局刻本　十冊

510000－2718－0000057　0090

欽定禮記義疏八十二卷首一卷　（清）高宗弘曆敕撰　清刻本　三十九冊　缺十八卷(六至七、九至十、十二至十五、十七至二十、四十五至四十六、五十二、六十九至七十,首一卷)

510000－2718－0000058　0091

張皋文儀禮圖六卷　（清）張惠言撰　清同治九年(1870)楚北崇文書局刻本　三冊

510000－2718－0000059　0092

禮記二十卷　（漢）鄭玄注　清刻本　五冊　存十二卷(一至七、十至十四)

510000－2718－0000060　0093

欽定儀禮義疏四十八卷首二卷　（清）允祿等撰　清刻本　十五冊　存二十四卷(八、十至十一、十五至十七、二十至二十二、二十五至二十九、三十二至三十三、四十一至四十五、四十八,首二卷)

510000－2718－0000061　0094

禮記集說十卷　（元）陳澔撰　清刻本　一冊　存一卷(五)

510000－2718－0000062　0095

欽定禮記義疏八十二卷首一卷　（清）允祿等撰　清道光十八年(1838)刻本　十八冊　缺五十二卷(一至九、十三至十六、二十五至二十七、三十至三十一、三十四至三十五、三十八至三十九、四十二至四十三、四十九至六十二、六十五至六十六、七十至七十九、八十一至八十二)

510000－2718－0000063　0096

儀禮疏五十卷附校勘記不分卷　（唐）賈公彥撰　清嘉慶二十年(1815)江西南昌府學刻本　七冊　存二十三卷(八至十一、十四至二十一、二十六至三十三、三十八至四十一)

中江縣圖書館古籍普查登記目錄

510000 – 2718 – 0000064   0097

駢雅訓纂十六卷序目一卷   （明）朱謀㙔撰
（清）魏茂林訓纂   清光緒七年（1881）成都瀹
雅齋刻本   八冊

510000 – 2718 – 0000065   0098

周禮註疏五十卷   （漢）鄭玄注   （唐）賈公彥
疏   清刻本   十七冊   存三十六卷（一至十
一、十四至十五、二十至四十二）

510000 – 2718 – 0000066   0099

貸園叢書初集十二種   （清）周永年輯   清刻
本   九冊

510000 – 2718 – 0000067   0100

禮記箋四十六卷   （漢）鄭玄註   王闓運箋
清光緒十一年（1885）仲春成都尊經書局刻本
六冊

510000 – 2718 – 0000068   0101

禮經箋十七卷   （漢）鄭玄註   王闓運箋   清
光緒十一年（1885）仲春成都尊經書局刻本
三冊   缺四卷（十四至十七）

510000 – 2718 – 0000069   0102

周禮初學讀本不分卷   （□）□□著   清刻本
一冊

510000 – 2718 – 0000070   0103

附釋音周禮注疏四十二卷並校勘記   （唐）賈
公彥等撰   （唐）陸德明釋文   清光緒十三年
（1887）鉛印本   二冊   存二十八卷（一至十
四、二十九至四十二）

510000 – 2718 – 0000071   0107

周禮六卷   （漢）鄭玄注   （唐）陸德明音義
清光緒四年（1878）錦江書局刻本   四冊   存
四卷（一至四）

510000 – 2718 – 0000072   0109

欽定周官義疏四十八卷首一卷   （清）允祿等
撰   清道光十八年（1838）刻本   二十八冊
缺四卷（三十四至三十五、四十四至四十五）

510000 – 2718 – 0000073   0110

說文句讀三十卷附補正   （漢）許慎記   （清）

王筠撰   清刻本   九冊   缺十六卷（一至六、
九至十二、十五至十六、二十四至二十七）

510000 – 2718 – 0000074   0111

**經典釋文三十卷附攷證附孟子音義二卷劄記
一卷**   （唐）陸德明撰   攷證附孟子音義二卷
劄記一卷   （宋）孫奭撰   清同治十三年
（1874）刻本   十冊   缺三卷（四至六）

510000 – 2718 – 0000075   0112

重訂事類賦三十卷   （宋）吳淑撰註   （明）華
麟祥校刊   清刻本   一冊   存十卷（十二至
二十一）

510000 – 2718 – 0000076   0114

顧氏音學五書三卷附答李子德書一卷   （清）
顧炎武撰   清光緒十六年（1890）思賢講舍刻
本   一冊

510000 – 2718 – 0000077   0116

說文通訓定聲十八卷東韻一卷附說雅十九篇
（清）朱駿聲撰   （清）朱鏡蓉參訂   清道光
二十八年（1848）臨嘯閣刻本   二十四冊

510000 – 2718 – 0000078   0118

唐韻正二十卷古音表二卷後序一卷   （清）顧
炎武撰   清光緒思賢講舍刻本   十一冊   唐
韻正存十九卷（二至二十）

510000 – 2718 – 0000079   0119

御製康熙字典三十六編   （清）凌紹雯編   清
道光七年（1827）刻本   二十六冊   缺十四集
（子集上、丑集中下、寅集上中下、午集下、未
集中、申集中下、戌集上中下、亥集上）

510000 – 2718 – 0000080   0121

春秋左傳初學讀本不分卷   （清）萬廷蘭輯
清光緒二年（1876）四川學院衙門刻本   三冊
存四集（昭公定哀公哀公）

510000 – 2718 – 0000081   0122

春秋左傳初學讀本不分卷   （清）萬廷蘭輯
清光緒二年（1876）四川學院衙門刻本   三冊
存四集（昭公定哀公哀公）

510000 – 2718 – 0000082   0123

四川省十一家收藏單位古籍普查登記目錄

春秋左傳註疏六十卷 （晉）杜預注 （唐）孔穎達疏 清刻本 二十一冊 存十五卷(九至十、十七至二十、二十六至二十七、三十二至三十四、四十至四十一、五十至五十一)

510000－2718－0000083　0124
康熙字典三十六編 （清）凌紹雯編 清刻本 二十二冊 缺十四集(子集中、丑集上下、寅集上下、辰集上、巳集中下、午集中下、申集上、戌集中、亥集中下)

510000－2718－0000084　0125
八代文萃二百二十卷 （清）簡燊 （清）陳崇哲編 清刻本 三十八冊 存一百四十八卷(目三至九、十三至十八、一至十六、二十至二十七、三十二至三十九、四十三至四十五、六十一至六十八、七十三至八十五、九十一至九十八、一百零二至一百一十四、一百一十九至一百二十一、一百二十八至一百三十七、一百四十一至一百五十一、一百五十七至一百五十九、一百六十八至一百七十五、一百九十八至二百零二、二百零八至二百二十一、二百一十六至二百一十八)

510000－2718－0000085　0126
欽定書經傳說彙纂二十一卷首二卷書序一卷 （清）王頊齡等編 清刻本 二冊 存二卷(五至七)

510000－2718－0000086　0143
春秋左氏傳賈服註輯述二十卷 （清）李貽德撰 清光緒八年(1882)江蘇書局刻本 六冊

510000－2718－0000087　0145
春秋左傳詁二十卷 （清）洪亮吉撰 清光緒四年(1878)授經堂刻本 十冊

510000－2718－0000088　0146
春秋公羊注疏二十八卷 （漢）何休學 清刻本 二冊 存五卷(一至三、十六至十七)

510000－2718－0000089　0147
春秋經傳集解三十卷 （晉）杜預集解 清刻本 十一冊 存二十三卷(三至十、十三至十四、十八至三十)

510000－2718－0000090　0148
春秋經傳集解三十卷 （晉）杜預注 清刻本 八冊 缺十一卷(一至二、五、八至九、十二至十七)

510000－2718－0000091　0149
春秋公羊傳十一卷春秋公羊傳校刊記一卷 (漢)何休學 （唐)陸德明音義 清光緒八年(1882)錦江書局影雕山東尚志堂刻本 四冊

510000－2718－0000092　0150
春秋穀梁註疏二十卷 （晉）范寧集解 （唐）楊士勛疏 清刻本 五冊 存三卷(四至六)

510000－2718－0000093　0151
春秋經傳解詁 （□）公羊何氏 （□）公羊王氏箋 清光緒十一年(1885)成都尊經書局刻本 四冊 存九卷(一至五、七、九至十一)

510000－2718－0000094　0152
春秋經傳集解三十卷 （晉）杜預集解 清刻本 一冊 存一卷(二十五)

510000－2718－0000095　0156
春秋左傳旁訓十八卷 （□）□□撰 清光緒十年(1884)古香閣刻本 十一冊 存十七卷(一至十七)

510000－2718－0000096　0158
附釋音春秋左傳注疏六十卷附校勘記六十卷 （晉）杜預注 （唐）孔穎達疏 清嘉慶二十年(1815)江西南昌府學刻本 十冊 缺三十三卷(一至十九、二十七至二十八、三十四至三十六、四十至四十三、五十六至六十)

510000－2718－0000097　0159
春秋公羊註疏二十八卷 （漢）何休注 清刻本 八冊 存二十卷(七至十五、十八至二十八)

510000－2718－0000098　0160
欽定春秋傳說彙纂三十八卷首二卷 （清）王掞等編 清刻本 二冊 存四卷(四至五、十三至十四)

510000－2718－0000099　0162

中江縣圖書館古籍普查登記目錄

評點春秋綱目左傳句解彙雋六卷 （清）韓菼
撰 清末刻本 一冊 存一卷(三)

510000－2718－0000100 0163
春秋左傳補註六卷 （清）惠棟撰 清刻本
一冊 存三卷(四至六)

510000－2718－0000101 0164
春秋例表三十八卷 （清）王代豐撰 清光緒
七年(1881)四川尊經書院刻本 一冊 存十
卷(一至十)

510000－2718－0000102 0165
春秋圖表二卷 廖平撰 清光緒二十七年
(1901)刻本 一冊 存一卷(二)

510000－2718－0000103 0166
監本春秋穀梁注疏二十卷附校勘記 （清）阮
元審定 （清）盧宣句校 監本附音春秋穀梁
注疏校勘記 （晉）范甯集解 （唐）楊士勛疏
監本附音春秋穀梁注疏 （清）阮元撰
(清)盧宣句摘錄 （清）李楨校 清嘉慶二十
年(1815)鄭祖琛、劉丙重刻本 一冊 存五
卷(六至十)

510000－2718－0000104 0167
監本附音春秋公羊注疏二十八卷附校勘記
(漢)何休學 校勘記 （清）阮元撰 （清）
盧宣句摘錄 （清）胡祖謙校 清嘉慶二十年
(1815)方體重刻本 五冊 存十七卷(五至
十七、二十二至二十五)

510000－2718－0000105 0170
欽定春秋傳說彙纂三十八卷首二卷 （清）王
掞等撰 清道光十八年(1838)刻本 十七冊
缺七卷(十九至二十二、三十六至三十八)

510000－2718－0000106 0171
春秋穀梁傳十二卷附校勘記 （晉）范甯集解
(唐)陸德明音義 清刻本 三冊 存九卷
(四至十二)

510000－2718－0000107 0174
皇清經解一千四百卷 （清）阮元輯 清光緒
十六年(1890)船山書局刻本 一百九冊

510000－2718－0000108 0181
皇清儀禮解四十七卷 （清）阮元輯 清光緒
十六年(1890)船山書局刻本 十四冊

510000－2718－0000109 0182
皇清大戴禮記解二十六卷 （□）□□輯 清
光緒十六年(1890)船山書局刻本 八冊

510000－2718－0000110 0183
皇清經解一千四百卷 （清）阮元輯 清光緒
十六年(1890)船山書局刻本 五十九冊

510000－2718－0000111 0185
皇清穀梁解 （□）□□輯 清光緒十六年
(1890)船山書局刻本 二冊

510000－2718－0000112 0186
皇清孝經解三卷 （□）□□輯 清光緒十六
年(1890)船山書局刻本 一冊

510000－2718－0000113 0187
皇清經解一千四百卷 （清）阮元輯 清光緒
十六年(1890)船山書局刻本 三十九冊 缺
三十二卷(一至三十二)

510000－2718－0000114 0188
[皇清羣籍各種解]一百二十卷 （清）阮元輯
清光緒十六年(1890)船山書局刻本 三十
三冊 缺四十卷(一至二十五、七十一至八十
五)

510000－2718－0000115 0189
經義考二百九十八卷目錄二卷序三卷後序一
卷 （□）□□輯 清嘉慶二十二年(1817)影
印本 四十九冊 存二百七十六卷(一至一
百七十、一百八十至二百二十二、二百三十三
至二百四十四、二百四十八至二百九十八)

510000－2718－0000116 0190
群經平議三十五卷 （清）俞樾撰 清同治十
年(1871)江清驛署檢刻本 十二冊

510000－2718－0000117 0198
說文引經考二卷 （清）吳玉搢著 清光緒刻
咫進齋叢書本 二冊

510000－2718－0000118 0202

四川省十二家收藏單位古籍普查登記目錄

欽定禮記義疏八十二卷首一卷 （清）允祿等撰　清刻本　二十八冊　缺三十二卷（十至十二、十七至二十四、二十六至二十九、三十二至三十三、三十六至三十七、四十至四十一、四十四、四十七至四十八、六十三至六十四、六十七至七十、七十九至八十，首一卷）

510000－2718－0000119　0203

經義考二百九十八卷目錄二卷 （清）朱彝尊撰　清光緒二十三年（1897）浙江書局刻本　四十九冊　缺六卷（二百三十八至二百四十四）

510000－2718－0000120　0204

皇清經解續編一千四百三十卷 王先謙輯　清光緒十四年（1888）南菁書院刻本　一百六十五冊　缺六百七十三卷（一至五、二十八至二十九、一百三十四至一百三十六、二百零八至二百一十五、二百三十五至二百三十七、三百一十九至三百二十、三百三十二至三百四十五、三百四十七至四百零八、四百二十三至四百三十二、四百三十七至四百四十六、四百五十八至四百六十一、四百七十至七百六十四、七百八十二至八百零七、八百八十八至八百九十三、八百九十八至九百零八、九百二十九至九百八十八、九百九十三至九百九十九、一千零四至一千零二十、一千零八十二至一千零八十四、一千零九十三至一千一百六十八、一千二百六十五至一千二百七十九、一千二百九十四至一千三百零八、一千三百一十三至一千三百一十七、一千三百四十五至一千三百四十七）

510000－2718－0000121　0205

皇清經解一千四百零八卷 （清）阮元輯　清道光九年（1829）廣東學海堂刻咸豐十一年（1861）補刊本　二百二冊　存九百零四卷（六至二十、二十三至三十四、三十八至七十一、八十二至八十五、一百零二至二百零五、二百二十九至二百三十五、二百三十九至二百五十三、二百五十八至三百零一、三百零八至三百二十五、三百二十七至三百八十一、三百八十四至三百八十八、三百九十二至三百九十九、四百零三至四百零六、四百一十七至四百三十、四百三十四、四百三十六至四百四十八、四百五十八至四百七十九、四百八十六至四百九十三、五百六十四至五百八十、五百九十一至六百零七、六百二十一至六百三十、六百四十三至六百四十六、六百五十三、六百五十五至六百五十七、六百七十九至七百六十一、七百七十三至八百一十八、八百三十至八百三十九、八百四十二至八百四十三、八百五十三至八百六十七、八百八十一至八百八十七、八百九十三至九百零五、九百四十八至九百六十二、九百七十二至九百八十五、九百九十二至一千零五、一千零七至一千零十四、一千零十六至一千零三十一、一千零三十五至一千零五十五、一千零六十至一千一百零三、一千一百一十四至一千一百一十八、一千一百二十八至一千一百三十四、一千一百四十至一千一百四十五、一千一百五十二至一千一百五十七、一千一百五十九至一千一百六十三、一千一百六十九至一千一百七十二、一千一百七十五至一千一百七十七、一千一百八十四至一千二百零二、一千二百零七至一千二百一十七、一千二百二十二至一千二百二十五、一千二百二十九至一千二百五十六、一千二百七十七至一千二百八十三、一千三百零二至一千三百零七、一千三百一十七至一千三百二十二、一千三百二十八至一千三百三十二、一千三百三十八至一千三百四十七、一千三百五十三至一千三百五十九、一千三百六十八至一千三百七十三、一千三百八十四至一千三百九十五、一千四百零六至一千四百零八）

510000－2718－0000122　0207

玉函山房 （清）馬國翰輯　清光緒九年（1883）長沙嫏嬛館補校刻本　十一冊　存十八卷（三至八、十一至十六、十九至二十一、二十四、二十七至二十八）

510000－2718－0000123　0209

史姓韻編六十四卷 （清）汪輝祖述　清同治九年（1870）金陵書局用聚珍版重印木活字本　二十四冊

中江縣圖書館古籍普查登記目錄

510000－2718－0000124　0210

前漢書一百二十卷　（漢）班固撰　（唐）顏師古注　清同治十年(1871)成都書局摹殿本刻本　三十冊　缺二十五卷(十六、十九、八十七、八十九、九十、一百零一至一百二十)

510000－2718－0000125　0211

前漢書一百卷　（漢）班固撰　（唐）顏師古注　清同治十年(1871)成都書局刻本　十七冊　存八十一卷(十三至三十五、四十一至九十四、九十七至一百)

510000－2718－0000126　0212

前漢書一百二十卷　（漢）班固撰　（唐）顏師古注　清刻本　二十四冊　缺四十九卷(一、二十七、四十一至五十、五十八至六十六、七十六至七十九、九十二至九十五、一百零一至一百二十)

510000－2718－0000127　0213

前漢書一百卷　（漢）班固撰　（唐）顏師古注　清同治十年(1871)成都書局刻本　二十七冊　存六十二卷(三十一至三十五、四十一至八十七、九十一至一百)

510000－2718－0000128　0215

史記測議一百三十卷首一卷　（漢）司馬遷撰　（明）徐孚遠測議　（明）陳子龍測議　清刻本　十五冊　缺六十九卷(五至六、十至二十三、二十九至三十一、四十六至六十六、八十八至一百、一百零七至一百二十二)

510000－2718－0000129　0216

史記菁華六卷　（清）姚祖恩編　清光緒二十三年(1897)宗泉手抄本　五冊　缺一卷(三)

510000－2718－0000130　0217

史記一百三十卷　（漢）司馬遷撰　清同治十一年(1872)成都書局刻本　二十四冊

510000－2718－0000131　0218

史記一百三十卷　（漢）司馬遷撰　清刻本　三冊　存二十三卷(四十九至五十七、七十五至八十一、九十六至一百零二)

510000－2718－0000132　0219

歸方評點史記合筆六卷附震川大全集載評點史記例意一卷劉海峯氏論文偶記一卷　（清）王拯　（清）薛志澤　（清）周巨卿校　清光緒元年(1875)成都薛崇祀堂望三益齋重刊本　四冊

510000－2718－0000133　0224

史記一百三十卷　（漢）司馬遷撰　清光緒三十三年(1907)上海華商集成圖書公司鉛印本　十六冊

510000－2718－0000134　0225

史記一百三十卷　（漢）司馬遷撰　清刻本　二十六冊

510000－2718－0000135　0226

史記一百三十卷　（漢）司馬遷撰　清刻本　十三冊　存七十二卷(八至十二、十八至十九、二十三至二十六、三十一至三十三、四十至五十七、七十五至一百零三、一百一十六至一百二十六)

510000－2718－0000136　0227

史記一百三十卷考證一百三十卷附司馬貞補史記一卷史記正義倫例一卷　（漢）司馬遷撰　（南朝宋）裴駰集解　（唐）司馬貞索隱　（唐）張守節正義　**司馬貞補史記一卷史記正義倫例一卷**　（唐）張守節撰　清同治十一年(1872)成都書局刻本　十六冊　存九十二卷(一至五、二十三至三十、三十六至四十三、四十九至一百零九、一百二十一至一百三十)

510000－2718－0000137　0228

通鑑紀事本末二百三十九卷　（宋）袁樞編輯　（明）張溥論正　清光緒二十一年(1895)上海積山書局石印本　十三冊　存一百三十卷(一至五、二十一至二十九、六十二至七十、九十三至一百九十九)

510000－2718－0000138　0229

通鑑答問五卷　（宋）王應麟撰　清光緒十年(1884)成都志古堂刻本　二冊

510000－2718－0000139　0231

讀通鑑論三十卷附宋論　（清）王夫之撰　清

四川省十一家收藏單位古籍普查登記目錄

光緒二十七年(1901)蔾照書屋船山遺書刻本
　九冊　存二十四卷(一至二十、二十四至二
　十七)

510000－2718－0000140　0233

校勘資治通鑑全書　(宋)司馬光撰　(元)胡
三省音註　清光緒十七年(1891)刻本　九十
九冊　缺十六卷(一至十三、六十至六十二)

510000－2718－0000141　0239

前漢書一百二十卷　(漢)班固撰　(唐)顏師
古注　清光緒十年(1884)上海同文書局石印
本　三十二冊　存一百卷(一至一百)

510000－2718－0000142　0240

後漢書一百二十卷補注志序一卷　(南朝宋)
范曄撰　(南朝梁)劉昭補志　(唐)李賢注
清同治十年(1871)成都書局刻本　二十二冊
　存一百零九卷(一至二十五、三十三至八十
五、九十至一百二十)

510000－2718－0000143　0241

前漢書一百二十卷　(漢)班固撰　(唐)顏師
古注　清光緒三十三年(1907)上海華商集成
圖書公司鉛印本　二十冊　存一百卷(一至
一百)

510000－2718－0000144　0253

後漢書一百二十卷　(南朝宋)范曄撰　(唐)
李賢注　清光緒十年(1884)上海同文書局石
印本　二十八冊

510000－2718－0000145　0254

後漢書疏證三十卷　(清)沈欽韓撰　清光緒
二十六年(1900)浙江書局刻本　十五冊　缺
一卷(二十七)

510000－2718－0000146　0257

後漢書一百二十卷　(南朝宋)范曄撰　(唐)
李賢注　清刻本　二十五冊　缺十一卷(一、
八十至八十五、九十七至一百)

510000－2718－0000147　0258

後漢書一百二十卷　(南朝宋)范曄撰　(唐)
李賢注　清刻本　二十二冊　缺二十四卷
(二至十五、七十至七十六、九十至九十二)

510000－2718－0000148　0260

南史八十卷　(唐)李延壽撰　清光緒六年
(1880)尊經書局刻本　十六冊

510000－2718－0000149　0261

北史一百卷　(唐)李延壽撰　清光緒十年
(1884)上海同文書局石印本　二十四冊

510000－2718－0000150　0262

南史八十卷　(唐)李延壽撰　清光緒十年
(1884)上海同文書局石印本　二十冊

510000－2718－0000151　0266

資治通鑑二百九十四卷　(宋)司馬光撰
(元)胡三省音註　清光緒二十六年(1900)圖
書集成局鉛印本　十三冊　存九十二卷(一
至二十、四十三至七十三、一百一十八至一百
二十四、一百八十三至一百八十九、二百一十
一至二百一十七、二百二十五至二百四十四)

510000－2718－0000152　0267

通鑑目錄三十卷　(宋)司馬光編　清光緒二
十六年(1900)圖書集成局鉛印本　二冊　存
十五卷(一至七、十五至二十二)

510000－2718－0000153　0268

通鑑釋文辯誤十二卷　(元)胡三省輯著　清
刻本　四冊

510000－2718－0000154　0269

通鑑外紀目錄十卷自序一卷(宋)司馬光撰
(宋)劉恕撰　清刻本　三冊　存四卷(一至
四)

510000－2718－0000155　0270

資治通鑑外紀十卷　(宋)劉恕撰　清刻本
五冊　缺二卷(七至八)

510000－2718－0000156　0271

資治通鑑二百九十四卷　(宋)司馬光編　清
刻本　一百六冊　缺二十三卷(一至二十三)

510000－2718－0000157　0276

後漢書一百二十卷　(南朝宋)范曄撰　(唐)
李賢注　清同治十年(1871)成都書局摹殿本
刻本　二十七冊　缺八卷(六十至六十三、九

中江縣圖書館古籍普查登記目錄

十一至九十二、九十八至九十九）

510000 – 2718 – 0000158　0278
前漢書一百二十卷　（漢）班固撰　（唐）顏師古注　清刻本　十五冊　缺七十一卷（一、八至十六、二十一至二十四、二十九至四十六、七十三至七十五、八十五至一百二十）

510000 – 2718 – 0000159　0279
北史一百卷　（唐）李延壽撰　清光緒六年（1880）四川尊經書局刻本　二十三冊

510000 – 2718 – 0000160　0280
魏書一百一十四卷　（北齊）魏收撰　清光緒三十三年（1907）上海華商集成圖書公司石印本　十六冊

510000 – 2718 – 0000161　0282
魏書一百一十四卷　（北齊）魏收撰　清光緒十年（1884）上海同文書局石印本　二十四冊

510000 – 2718 – 0000162　0283
三國志六十五卷　（晉）陳壽撰　（南朝宋）裴松之注　清光緒十年（1884）上海同文書局石印本　八冊　存三十卷（一至三十）

510000 – 2718 – 0000163　0287
吳志二十卷　（晉）陳壽撰　（南朝宋）裴松之注　清刻本　二冊　存十一卷（四至八、十五至二十）

510000 – 2718 – 0000164　0289
吳志二十卷　（晉）陳壽撰　（南朝宋）裴松之注　清光緒十年（1884）上海同文書局石印本　三冊　缺三卷（一至三）

510000 – 2718 – 0000165　0292
三國志六十五卷　（晉）陳壽撰　（南朝宋）裴松之注　清同治十年（1871）成都書局刻本　七冊　存二十八卷（一、八至十、十四至十六、二十六至二十八、三十一至三十七、四十九至五十九）

510000 – 2718 – 0000166　0293
晉書一百三十卷　（唐）太宗李世民撰　清光緒十年（1884）上海同文書局石印本　十冊

存三十四卷（十至十五、十九至二十四、二十八至二十九、四十六至五十四、五十九至六十三、九十八至一百、一百一十二至一百一十四）

510000 – 2718 – 0000167　0295
晉書一百三十卷附晉書音義三卷　（唐）太宗李世民撰　**晉書音義三卷**　（唐）何超纂　清光緒三十三年（1907）上海華商集成圖書公司鉛印本　十六冊

510000 – 2718 – 0000168　0296
晉書一百三十卷　（唐）太宗李世民撰　清光緒十年（1884）上海同文書局石印本　三十冊

510000 – 2718 – 0000169　0297
宋書一百卷　（南朝梁）沈約撰　清光緒十年（1884）上海同文書局石印本　二十二冊　缺十卷（一至四、四十四至四十九）

510000 – 2718 – 0000170　0298
宋書一百卷　（南朝梁）沈約　清光緒三十三年（1907）上海華商集成圖書公司鉛印本　十二冊

510000 – 2718 – 0000171　0300
南齊書五十九卷　（南朝梁）蕭子顯撰　清光緒十年（1884）上海同文書局石印本　三冊　存十九卷（一至七、二十六至三十七）

510000 – 2718 – 0000172　0301
南齊書五十九卷　（南朝梁）蕭子顯撰　清光緒十年（1884）上海同文書局石印本　八冊

510000 – 2718 – 0000173　0303
梁書五十六卷　（唐）姚思廉撰　清光緒三十三年（1907）上海華商集成圖書公司鉛印本　四冊

510000 – 2718 – 0000174　0305
陳書三十六卷　（唐）姚思廉撰　清光緒十年（1884）上海同文書局石印本　五冊　缺八卷（十九至二十六）

510000 – 2718 – 0000175　0307
陳書三十六卷　（唐）姚思廉撰　清光緒十年

(1884)上海同文書局石印本　六冊

510000－2718－0000176　0308
宋書一百卷　(南朝梁)沈約撰　清光緒十年
(1884)上海同文書局石印本　十六冊　缺十
七卷(一至四、十一至十五、二十二、四十四至
四十五、六十七至七十一)

510000－2718－0000177　0310
魏書一百零四卷附考證　(北齊)魏收撰　清
光緒十年(1884)上海同文書局石印本　十五
冊　存八十一卷(二至十八、二十二至二十
九、三十六至五十五、六十至六十九、七十五
至九十七、一百零五、一百一十三至一百一十
四)

510000－2718－0000178　0312
北齊書五十卷　(唐)李百藥撰　清光緒十年
(1884)上海同文書局石印本　八冊

510000－2718－0000179　0313
周書五十卷　(唐)令狐德棻等撰　清光緒三
十三年(1907)上海華商集成圖書公司鉛印本
四冊

510000－2718－0000180　0314
周書五十卷　(唐)令狐德棻等撰　清光緒十
年(1884)上海同文書局石印本　五冊　缺六
卷(二十九至三十四)

510000－2718－0000181　0315
周書五十卷附考證　(唐)令狐德棻等撰　清
光緒十年(1884)上海同文書局石印本　八冊

510000－2718－0000182　0318
南史八十卷附考證　(唐)李延壽撰　清光緒
十年(1884)上海同文書局石印本　十二冊
存四十五卷(五至四十九)

510000－2718－0000183　0319
北史一百卷附考證　(唐)李延壽撰　清光緒
十年(1884)上海同文書局石印本　十三冊
存五十卷(三至五、十一至十四、十九至二十
四、三十九至四十一、四十二至五十六、六十
二、八十一至八十三、八十六至一百)

510000－2718－0000184　0320
隋書八十五卷　(唐)魏徵撰　清同治十年
(1871)淮南書局刻本　十六冊

510000－2718－0000185　0322
隋書八十五卷　(唐)魏徵等撰　清光緒十年
(1884)上海同文書局石印本　二十三冊

510000－2718－0000186　0325
舊唐書二百卷　(後晉)劉昫撰　清末懼盈齋
刻本　三十六冊　缺四十五卷(二十五至三
十二、三十五至三十七、四十至四十五、七十
九至九十一、一百二十八至一百四十二)

510000－2718－0000187　0326
舊唐書二百卷　(後晉)劉昫撰　清光緒三十
三年(1907)上海華商集成圖書公司鉛印本
三十冊

510000－2718－0000188　0327
新唐書二百二十五卷附釋音二十五卷　(宋)
歐陽修撰　**釋音二十五卷**　(宋)董衝進撰
清光緒十年(1884)上海同文書局石印本　五
十冊

510000－2718－0000189　0328
舊唐書二百卷　(後晉)劉昫撰　清光緒十年
(1884)上海同文書局石印本　四十八冊

510000－2718－0000190　0330
宋史四百九十六卷　(元)脫脫等修　清光緒
十年(1884)上海同文書局石印本　九十七冊
缺十卷(一百三十一至一百三十四、二百七
十至二百七十五)

510000－2718－0000191　0331
北齊書五十卷　(唐)李百藥撰　清光緒十年
(1884)上海同文書局石印本　七冊　缺九卷
(四至六、十三至十八)

510000－2718－0000192　0332
宋史四百九十六卷　(元)脫脫等撰　清光緒
十年(1884)上海同文書局石印本　八十冊
缺八十一卷(二百五十三至二百七十六、三百
五十五至三百八十四、四百一十三至四百二
十六、四百七十八至四百九十)

中江縣圖書館古籍普查登記目錄

510000－2718－0000193　0335

舊五代史一百五十卷目錄二卷 （宋）薛居正撰　清光緒三十三年(1907)上海華商集成圖書公司鉛印本　十二冊

510000－2718－0000194　0336

舊五代史一百五十卷目錄二卷 （宋）薛居正等撰　清光緒十年(1884)上海同文書局石印本　十五冊

510000－2718－0000195　0338

舊五代史一百五十卷目錄二卷 （宋）薛居正等撰　清光緒十年(1884)上海同文書局石印本　九冊　缺九十二卷(一至九十二)

510000－2718－0000196　0339

新五代史七十四卷 （宋）歐陽修撰　（宋）徐無黨注　清光緒十年(1884)上海同文書局石印本　九冊　存六十三卷(一至六、十八至七十四)

510000－2718－0000197　0340

新五代史七十四卷 （宋）歐陽修撰　清光緒元年(1875)成都書局摹殿本刻本　十冊

510000－2718－0000198　0343

舊唐書二百卷附考證 （後晉）劉昫撰　清光緒十年(1884)上海同文書局石印本　十九冊　存六十一卷(四至七、十六至二十、二十三至二十七、三十五至四十、四十三至四十四、五十一至五十四、五十九至七十三、九十八、一百零一、一百零五至一百零七、一百一十至一百一十七、一百三十三至一百三十四、一百四十六至一百五十)

510000－2718－0000199　0349

五代史七十四卷附考證 （宋）歐陽修撰　清光緒十年(1884)上海同文書局石印本　五冊　存四十二卷(九至三十五、五十一至五十七、六十七至七十四)

510000－2718－0000200　0350

舊五代史一百五十卷附攷證 （宋）薛居正等撰　清光緒十年(1884)上海同文書局石印本　十六冊　缺四十七卷(一至三、十一至十二、二十六至三十六、四十四至五十五、六十九至七十四、一百零四至一百零九、一百四十四至一百五十)

510000－2718－0000201　0351

金史一百三十五卷 （元）脫脫等撰　清光緒十四年(1888)成都尊經書局刻本　二十三冊　缺四卷(四至七)

510000－2718－0000202　0354

元史二百一十卷目錄二卷 （明）宋濂等修　清光緒十年(1884)上海同文書局石印本　五十一冊

510000－2718－0000203　0355

金史一百三十五卷附金國語解一卷 （元）脫脫等修　清光緒三十三年(1907)上海華商集成圖書公司鉛印本　十六冊

510000－2718－0000204　0356

金史一百三十五卷 （元）托克托等修　清光緒十年(1884)上海同文書局石印本　二十四冊

510000－2718－0000205　0357

元史二百一十卷目錄二卷 （明）宋濂等修　清光緒三十三年(1907)上海華商集成圖書公司鉛印本　二十四冊

510000－2718－0000206　0360

後漢書一百二十卷附考證 （南朝宋）范曄撰　（唐）李賢注　清光緒十年(1884)上海同文書局石印本　十冊　存三十四卷(一、五十、八十一至八十五、九十至九十二、九十七至一百二十)

510000－2718－0000207　0362

梁書五十六卷 （唐）姚思廉撰　清光緒十年(1884)上海同文書局石印本　八冊

510000－2718－0000208　0363

遼史一百一十五卷 （元）托克托修　清刻本　十冊

510000－2718－0000209　0364

遼史一百一十六卷 （元）脫脫等修　清光緒

四川省十一家收藏單位古籍普查登記目錄

三十三年（1907）上海華商集成圖書公司鉛印本　八冊

510000－2718－0000210　0367

欽定明鑒二十四卷首一卷　（清）胡敬撰（清）陳用光等撰　清同治九年（1870）湖北崇文書局刻本　十冊

510000－2718－0000211　0368

明紀六十卷　（清）陳鶴撰　（清）陳克家參訂　清同治十年（1871）江蘇書局刻本　十七冊　缺九卷（十三至十五、二十五至二十七、三十四至三十六）

510000－2718－0000212　0371

遼史一百一十六卷附考證　（元）脫脫等修　清光緒十年（1884）上海同文書局石印本　八冊　缺四卷（六十二、一百零五至一百零七）

510000－2718－0000213　0377

皇朝通志一百二十六卷　（清）嵇璜等纂　清光緒二十七年（1901）上海圖書集成局遵武英殿聚珍版校刊鉛印本　十二冊

510000－2718－0000214　0378

皇朝通典一百卷　（清）嵇璜等纂　清光緒二十七年（1901）上海圖書集成局遵武英殿聚珍版校刊鉛印本　十二冊

510000－2718－0000215　0379

皇朝通考三百卷　（清）嵇璜等纂　清光緒二十七年（1901）上海圖書集成局遵武英殿聚珍版校刊鉛印本　三十九冊　存二百八十九卷（一至二百二十七、二百三十九至三百）

510000－2718－0000216　0382

南齊書五十九卷附考證　（南朝梁）蕭子顯撰　清光緒三十三年（1907）上海華商集成圖書公司鉛印本　六冊

510000－2718－0000217　0383

陳書三十六卷附考證　（唐）姚思廉撰　清光緒三十三年（1907）上海華商集成圖書公司鉛印本　四冊

510000－2718－0000218　0384

北齊書五十卷附考證　（唐）李百藥撰　清光緒三十三年（1907）上海華商集成圖書公司鉛印本　六冊

510000－2718－0000219　0385

舊五代史一百五十卷　（宋）薛居正等撰　清同治十一年（1872）湖北崇文書局重刻本　十六冊

510000－2718－0000220　0386

蜀典十二卷　（清）張澍編輯　清光緒二年（1876）尊經書院刻本　四冊

510000－2718－0000221　0387

欽定續通典一百五十卷　（清）嵇璜等纂　清光緒二十七年（1901）上海圖書集成局遵武英殿聚珍版鉛印本　十二冊

510000－2718－0000222　0388

文獻通考三百四十八卷　（元）馬端臨著　清光緒二十七年（1901）上海圖書集成局遵武英殿聚珍版鉛印本　三十八冊　缺七十六卷（一百七十四至二百四十九）

510000－2718－0000223　0389

欽定續文獻通考二百五十卷　（清）嵇璜等撰　清光緒二十七年（1901）上海圖書集成局遵武英殿聚珍版鉛印本　三十六冊

510000－2718－0000224　0390

欽定續通志六百四十卷　（清）嵇璜等撰　清光緒二十七年（1901）上海圖書集成局遵武英殿聚珍版鉛印本　四十八冊　缺一百一十二卷（一百七十四至二百二十、三百零六至三百三十二、三百四十九至三百七十二、五百二十六至五百三十九）

510000－2718－0000225　0391

通志二百卷　（宋）鄭樵撰　清光緒二十七年（1901）上海圖書集成局遵武英殿聚珍版鉛印本　六十冊

510000－2718－0000226　0392

讀史方輿紀要一百三十卷附地圖總說　（清）顧祖禹輯　清敷文閣刻本　八十七冊　缺五卷（十三、五十九、一百二十六至一百二十八）

中江縣圖書館古籍普查登記目錄

510000 – 2718 – 0000227　0393

皇朝文獻通考三百卷　（清）嵇璜等纂　清末石印本　一百十九冊　缺五十三卷（二十五至二十七、三十七、四十一、七十七至七十八、一百零三至一百零五、一百五十至一百五十四、一百五十六至一百五十七、一百六十二至一百六十三、一百八十七至一百八十八、一百九十五至一百九十八、二百零一至二百零二、二百二十三、二百三十一至二百三十二、二百四十、二百四十七、二百五十六至二百五十七、二百六十至二百六十二、二百六十九至二百八十、二百八十八至二百九十、二百九十九至三百）

510000 – 2718 – 0000228　0397

欽定續文獻通考二百五十卷　（清）嵇璜等纂　清光緒十三年(1887)浙江書局刻本　一百二冊　缺二十二卷（三、五至六、十至十一、十七至十八、二十七、三十二、五十七至六十二、六十五至六十六、七十四至七十六、九十七至九十八）

510000 – 2718 – 0000229　0398

欽定續文獻通志六百四十卷　（清）嵇璜等纂　清光緒十三年(1887)浙江書局刻本　一百十二冊　缺三百四十一卷（一至二、六至十二、十九至二十七、三十一至四十、五十二至五十四、五十七至五十八、六十六至七十、七十五至七十八、八十五至八十八、一百零三至一百五十五、一百二十至一百二十二、一百三十二至一百三十八、一百四十四至一百四十七、一百五十二至一百五十五、一百六十至一百六十一、一百九十七至二百零三、二百二十七至二百三十三、二百三十九至二百四十五、二百五十至二百五十三、二百五十八至二百六十三、二百七十三至二百七十四、二百七十八至三百零七、三百一十三至三百二十二、三百三十至三百三十一、三百三十四至三百三十七、三百四十九至三百五十五、三百五十七至三百六十一、三百七十四至四百零五、四百三十六至四百四十八、四百五十四至四百六十二、四百七十一至四百七十四、四百八十一至四百八十四、五百四十一至五百四十四、五

百四十七至五百五十五、五百六十三至五百六十七、五百七十二至五百七十六、五百九十三至六百一十、六百一十五至六百三十二）

510000 – 2718 – 0000230　0399

欽定續文獻通典一百五十卷　（清）嵇璜等纂　清光緒十三年(1887)浙江書局刻本　三十一冊　缺四十卷（一至三、二十六至三十一、三十九至四十、七十一至七十四、一百零四至一百零六、一百二十一至一百二十六、一百三十至一百四十五）

510000 – 2718 – 0000231　0400

欽定四庫全書總目二百卷首四卷　（清）紀昀等編　清末刻本　七十七冊　存一百二十六卷（四至五、九至十五、十七、三十四至三十五、四十六至四十八、五十一至五十二、五十五、五十七、六十至六十一、六十四至七十九、八十三至一百一十五、一百一十七至一百四十、一百四十三至一百四十六、一百五十二至一百五十四、一百六十五至一百八十二、一百八十五至一百八十六、一百八十九、一百九十二、一百九十四至一百九十五、一百九十九至二百）

510000 – 2718 – 0000232　0401

三通考輯要七十六卷　（清）湯壽潛輯　清光緒二十五年(1899)通雅堂藏版上海圖書集成局鉛印本　二十九冊　缺三卷（十上至十一上）

510000 – 2718 – 0000233　0402

五禮通考二百六十二卷　（清）秦蕙田撰　清刻本　九冊　存二十六卷（十七至十九、三十至三十二、八十五至八十七、一百零五至一百零七、一百三十八至一百四十、一百五十八至一百六十、一百八十七至一百八十九、二百至二百零四）

510000 – 2718 – 0000234　0404

通志略五十二卷　（宋）鄭樵撰　清刻本　十五冊　存三十六卷（六書略一至五，七音略一至二，器服略一至二，禮略一至四，昆蟲草木略一至二，天文略一，食貨略一至二，選舉略

四川省十一家收藏單位古籍普查登記目錄

一至二,刑法略一,氏族略一至六,職官略四至七,藝文略一至二、七至八,校讎略一)

510000－2718－0000235　0405
漢州志四十卷首一卷末一卷　（清）劉長庚撰　清嘉慶刻本　十二冊

510000－2718－0000236　0406
[同治]續漢州志二十四卷首一卷補遺一卷　（清）張超等修　清同治八年(1869)刻本　五冊　缺六卷(十八至二十三)

510000－2718－0000237　0407
[乾隆]富順縣志五卷　（清）段玠　（清）段玉裁　（清）李芝等修　清光緒八年(1882)刻本　五冊

510000－2718－0000238　0408
乾隆府廳州縣圖志五十卷　（清）洪亮吉撰　清光緒五年(1879)授經堂刻本　十六冊　缺十二卷(三十三至四十四)

510000－2718－0000239　0418
補三國疆域志二卷　（清）洪亮吉撰　清光緒四年(1878)授經堂重刻本　一冊

510000－2718－0000240　0419
水道提綱二十八卷　（清）齊召南編　清刻本　三冊　存十八卷(一至十八)

510000－2718－0000241　0420
湘軍志十六卷　（清）王闓運撰　清光緒刻本　四冊

510000－2718－0000242　0421
湘軍志十六卷　（清）王闓運撰　清光緒刻本　三冊　缺三卷(四至六)

510000－2718－0000243　0422
讀史方輿紀要一百三十卷　（清）顧祖禹輯著　（清）彭元瑞校訂　清光緒二十九年(1903)成都志古堂刻本　五十三冊　存一百零二卷(二至十八、二十、二十三至二十六、三十至六十五、七十三至七十七、七十九至一百零一、一百零三至一百零九、一百一十三至一百二十、序上一卷)

510000－2718－0000244　0429
在官法戒錄四卷　（清）陳宏謀輯　清道光六年(1826)重刻本　一冊

510000－2718－0000245　0430
繹史一百六十卷附世系圖一卷年表一卷　（清）馬驌撰　清刻本　二十七冊　存八十六卷(一至十二、二十至二十一、二十三至二十四、三十三至三十八、四十四至四十七、六十四至七十四、七十六、八十六、九十至一百一十七、一百二十三至一百三十二、一百四十一、一百四十七至一百五十、一百五十三至一百五十四、一百五十九至一百六十)

510000－2718－0000246　0431
十六國疆域志十六卷　（清）洪亮吉學　清光緒四年(1878)授經堂重刻本　六冊

510000－2718－0000247　0432
西域總志四卷　（清）七十一著　（清）周宅仁編輯　清嘉慶二十三年(1818)強恕堂刻本　一冊　存二卷(一至二)

510000－2718－0000248　0433
水經注箋刊誤十二卷　（清）趙一清撰　清刻本　二冊　存二卷(七、十二)

510000－2718－0000249　0434
今水經一卷　（清）黃宗羲撰　清光緒六年(1880)會稽章氏刻本　一冊

510000－2718－0000250　0435
史通削繁四卷　（清）紀昀撰　清刻本　一冊　存一卷(四)

510000－2718－0000251　0438
蜀典十二卷　（清）張澍撰　清光緒四川尊經書院刻本　二冊　存六卷(一至四、十一至十二)

510000－2718－0000252　0439
淩氏源流考一卷　（清）淩蘭蓀著　清刻本　一冊

510000－2718－0000253　0440
歷代名臣言行錄二十四卷　（清）朱桓編　清

中江縣圖書館古籍普查登記目錄

125

刻本　一册　存一卷(二十三)

510000－2718－0000254　0441

鳳州綱鑑會纂□卷　(明)袁了凡撰　(明)王
世貞撰　清刻本　一册　存二卷(十六至十
七)

510000－2718－0000255　0443

日本議會史九期　(日本)工藤武重撰　汪有
齡譯　清光緒三十年(1904)江蘇通州翰墨林
書局鉛印本　四册　存四期(一、四至五、九)

510000－2718－0000256　0444

日本議會史九期　(日本)工藤武重撰　汪有
齡譯　清光緒三十年(1904)江蘇通州翰墨林
書局鉛印本　七册　存七期(一、三至六、八
至九)

510000－2718－0000257　0446

欽定周官義疏四十八卷首一卷　(清)鄂爾泰
等撰　清刻本　十五册　存二十四卷(八至
九、十八、二十二至二十三、二十六至三十三、
三十六至四十六)

510000－2718－0000258　0447

東晉疆域志四卷　(清)洪亮吉學　清光緒四
年(1878)授經堂重刻本　二册

510000－2718－0000259　0448

隋書八十五卷　(唐)魏徵著　清同治十年
(1871)同文書局石印本　四册　存二十四卷
(二十八、四十二至四十五、四十八至五十八、
六十七至七十四)

510000－2718－0000260　0449

珠江淩氏族譜不分卷　(清)淩榮祖修　清嘉
慶刻本　一册

510000－2718－0000261　0450

大清刑律草案第一編　(清)沈家本編　清光
緒三十三年(1907)法律館鉛印本　一册

510000－2718－0000262　0451

天下郡國利病書一百二十卷　(清)顧炎武撰
　清道光敷文閣聚珍版活字本　六册　存十
三卷(三至五、十一至十二、三十三至三十四、

六十六至六十七、七十二至七十三、七十九至
八十)

510000－2718－0000263　0452

瀛環志略十卷　(清)徐繼畬撰　清刻本　二
册　存三卷(六至八)

510000－2718－0000264　0453

續漢州志二十四卷　(清)張超等修　清末刻
本　一册　存二卷(二十二至二十三)

510000－2718－0000265　0454

大清壹統輿圖　(清)胡林翼撰　清末刻本
十四册　存十七卷(總圖中,北一至十、十三
至十四,南一、三、六至七)

510000－2718－0000266　0455

玉篇三篇三十卷　(南朝梁)顧野王撰　清道
光三十年(1850)邵州東山精舍新化鄧氏刻本
　二册　存十九卷(二至二十)

510000－2718－0000267　0458

小學弦歌八卷　(清)李元度著　清光緒二十
八年(1902)刻本　五册

510000－2718－0000268　0460

御製曆象考成後編十卷　(清)允禄等纂修
清刻本　八册

510000－2718－0000269　0461

御製曆象考成上編十六卷　(清)允禄等纂修
　清刻本　九册

510000－2718－0000270　0462

御製曆象考成表十六卷　(清)允禄等纂修
清刻本　九册

510000－2718－0000271　0468

積古齋鐘鼎彝器款識十卷　(清)阮元輯　清
嘉慶九年(1804)揚州阮氏刻本　一册　存一
卷(一)

510000－2718－0000272　0470

淮南子箋釋二十一卷　(漢)高誘撰　(清)莊
逵吉校刊　清嘉慶九年(1804)姑蘇聚文堂刻
本　一册　存三卷(一至三)

510000－2718－0000273　0472

六經天文編二卷 （宋）王應麟著 清光緒十年(1884)成都志古堂刻本 一冊

510000－2718－0000274 0474

天元曆理全書十二卷首一卷 （清）徐發著輯 清刻本 七冊

510000－2718－0000275 0475

魏武帝註孫子三卷 （三國魏）曹操撰 （清）左樞箋 清末刻本 一冊

510000－2718－0000276 0476

峽江救生船志二卷 （清）賀緝紳撰 清光緒刻本 一冊 存一卷(一)

510000－2718－0000277 0478

朱子原訂近思錄十四卷 （宋）朱熹撰 （清）江永集 （清）王鼎校 清末刻本 一冊 存二卷(三至四)

510000－2718－0000278 0481

揚子法言一卷方言十三卷 （漢）揚雄撰 （晉）郭璞解 清光緒元年(1875)湖北崇文書局刻本 一冊

510000－2718－0000279 0482

新語二卷 （漢）陸賈撰 清光緒元年(1875)湖北崇文書局刻本 一冊

510000－2718－0000280 0498

莊子集解八卷 （清）王先謙輯 清宣統元年(1909)思賢書局刻本 四冊

510000－2718－0000281 0502

荀子二十卷 （戰國）荀況撰 （唐）楊倞注 清嘉善謝氏刻本 二冊 存十一卷(十至二十)

510000－2718－0000282 0503

荀子二十卷附王先謙考證一卷 （戰國）荀況撰 （唐）楊倞注 清末刻本 五冊

510000－2718－0000283 0504

孟子註疏解經十四卷 （漢）趙岐註 （宋）孫奭疏 清刻本 五冊 存九卷(四至九、十二至十四)

510000－2718－0000284 0505

代數備旨全草不分卷 （美國）狄考文譯 清光緒石印本 一冊 存二章(六至七)

510000－2718－0000285 0508

增訂格物入門七卷 （美國）丁韙良著 清末刻本 一冊 存一卷(二)

510000－2718－0000286 0530

孟子二卷 （戰國）孟軻撰 清末刻本 一冊 存二卷(六至七)

510000－2718－0000287 0550

管子二十四卷 （春秋）管仲撰 （唐）房玄齡註 （唐）劉績增註 （明）朱長春通演 （明）沈鼎 （明）朱養純忝評 （明）朱養和輯 清末刻本 一冊 存六卷(十六至二十一)

510000－2718－0000288 0551

莊子十卷 （戰國）莊周撰 清末刻本 二冊 存一卷(內篇下)

510000－2718－0000289 0552

南華真經十卷 （晉）郭象註 （唐）陸德明音義 清刻本 一冊 存三卷(三至五)

510000－2718－0000290 0553

管子二十四卷 （春秋）管仲撰 清嘉慶九年(1804)重刻本 九冊 缺三卷(二至四)

510000－2718－0000291 0556

黃小松藏漢碑五種 （清）黃易藏 清末民初影印本 三冊

510000－2718－0000292 0562

清故民政部諮議江蘇補道許君墓誌銘 陳三立撰 李瑞清書 清末民初拓本 一冊

510000－2718－0000293 0563

校官之碑 （漢）□□撰 清末民初拓本 一冊

510000－2718－0000294 0564

諸子平議三十五卷 （清）俞樾撰 清刻本 十六冊

510000－2718－0000295 0565

十子全書 （清）王子興輯 清嘉慶九年

中江縣圖書館古籍普查登記目錄

（1804）聚文堂刻本　十六冊

510000－2718－0000296　0570
宗鏡錄一百卷上諭一卷　（宋）釋延壽撰　清咸豐八年（1858）成都文殊院刻本　十七冊

510000－2718－0000297　0571
天中記六十卷　（明）陳耀文纂　（明）屠隆校　清光緒四年（1878）聽雨山房刻本　五十二冊　缺八卷（五、二十、二十四、二十八至二十九、五十四至五十五、五十七）

510000－2718－0000298　0572
通商約章類纂三十五卷首一卷　（清）李鴻章等撰　清光緒十八年（1892）廣東善後局刻本　十七冊　缺三卷（五至六、三十）

510000－2718－0000299　0573
斜川集六卷　（宋）蘇過著　清道光刻本　三冊

510000－2718－0000300　0575
水經注箋刊誤　（清）趙一清撰　清光緒六年（1880）會稽章氏刻本　九冊　存十三卷（一至六、七至十一、十三至十四）

510000－2718－0000301　0578
輶軒使者絕代語釋別國方言十三卷續方言二卷　（清）戴震疏證　續方言二卷　（清）杭世駿搜集　清末刻本　二冊

510000－2718－0000302　0579
揅經室一集十四卷二集八卷三集五卷四集二卷詩十一卷續集九卷外集五卷　（清）阮元撰　清刻本　二十四冊

510000－2718－0000303　0580
漢書疏證三十六卷　（清）沈欽韓撰　清刻本　十八冊　缺七卷（一至三、五至八）

510000－2718－0000304　0587
水經注釋四十卷首一卷　（清）趙一清錄　清刻本　十八冊

510000－2718－0000305　0591
王文成公全書三十八卷　（明）王守仁撰　清末刻本　三十一冊　缺一卷（三十八）

510000－2718－0000306　0592
水經釋地八卷　（清）孔繼涵撰　清光緒六年（1880）會稽章氏重刻本　二冊

510000－2718－0000307　0593
水經注圖說殘稾四卷　（清）董祐誠撰　清光緒八年（1882）會稽章氏刻本　一冊

510000－2718－0000308　0594
漢魏六朝百三家集一百零三種　（明）張溥閱輯　清末壽考堂藏板刻本　十二冊　存二十四種三十卷（王叔師集一、孔少府集一、孫馮翊集一、摯太常集一、張孟陽集一、張景陽集一、劉越石集一、張長史集一、孔詹事集一、江醴陵集二、陶隱居集一、丘司空集一、任中丞集一、陸太常集一、劉戶曹集一、高令公集一、庾開府集二、庾信著蔡中郎集一至二、陳思王集一至二、陸平原集一至二、梁武帝集一、梁昭明集一、梁簡文帝集一至二、梁元帝集一）

510000－2718－0000309　0595
四書恆解　（清）劉沅輯注　清光緒十年（1884）豫誠堂刻本　七冊　存三種十七卷（中庸一至二、論語一至十、孟子一至五）

510000－2718－0000310　0596
東坡集八十四卷目錄二卷　（宋）蘇軾著　清道光十二年（1832）刻本　三十三冊　存六十九卷（一至九、十一至二十三、二十五至三十六、三十九至四十一、四十四至四十五、五十二至五十五、五十八至六十七、七十一至八十四,目錄二卷）

510000－2718－0000311　0599
天下郡國利病書一百二十卷　（清）顧炎武輯　清光緒五年（1879）蜀南桐華書屋薛氏家塾修補校正刻本　七十冊

510000－2718－0000312　0604
高厚蒙求　（清）徐朝俊撰　清嘉慶十二年至二十年（1807－1815）雲間徐氏刻本　二冊

510000－2718－0000313　0605
學海堂初集十六卷　（清）啓秀山房訂　清道光五年（1825）啓秀山房刻本　六冊

四川省十二家收藏單位古籍普查登記目錄

510000－2718－0000314　0606

學海堂二集二十二卷　（清）啓秀山房訂　清道光十六年(1836)啓秀山房刻本　十册

510000－2718－0000315　0607

學海堂三集二十四卷　（清）啓秀山房訂　清咸豐九年(1859)啓秀山房刻本　八册

510000－2718－0000316　0643

困學紀聞二十卷　（宋）王應麟著　清同治九年(1870)揚州書局刻本　四册

510000－2718－0000317　0651

諸子平議三十五卷　（清）俞樾撰　清同治十年(1871)冬刻本　八册

510000－2718－0000318　0654

藝苑彈蕉三卷　（清）蝤蛃山人輯　清補拙山館刻本　五册

510000－2718－0000319　0670

文選六十卷　（南朝梁）蕭統撰　（唐）李善注　（清）葉樹藩參訂　清乾隆三十七年(1772)長洲葉氏海錄軒重刻本　十九册

510000－2718－0000320　0671

文選六十卷　（南朝梁）蕭統撰　（唐）李善注　（清）葉樹藩參訂　清乾隆三十七年(1772)長洲葉氏海錄軒重刻本　六册　存三十二卷（一至十七、二十九至三十六、四十八至五十四）

510000－2718－0000321　0682

四大奇書第一種十九卷一百二十回　（明）羅本撰　（清）聖嘆外書　（清）毛宗崗評(清)鄒梧岡參訂　清刻本　五册　存十卷（二至七、十二至十三、十八至十九）

510000－2718－0000322　0683

詩本音十卷　（清）顧炎武著　清思賢講舍刻本　三册

510000－2718－0000323　0685

續廣事類賦三十卷　（清）王鳳喈撰註　清末刻本　三册　存八卷（九至十六）

510000－2718－0000324　0712

光緒財政通纂五十四卷　（清）杜翰藩編　清光緒三十一年(1905)成都文倫書局鉛印本　五册　存十四卷（六至八、十二至十四、三十七至三十八、四十五至四十七、五十二至五十四）

510000－2718－0000325　0713

光緒財政通纂五十四卷　（清）杜翰藩編　清光緒三十一年(1905)成都文倫書局鉛印本　十九册　存四十八卷（一至二十、二十四至四十一、四十五至五十四）

510000－2718－0000326　0714

光緒財政通纂五十四卷　（清）杜翰藩編　清光緒三十一年(1905)成都文倫書局鉛印本　十五册　存四十二卷（一至四、九至三十、三十九至五十四）

510000－2718－0000327　0715

光緒財政通纂五十四卷　（清）杜翰藩編　清光緒三十一年(1905)成都文倫書局鉛印本　十七册　存四十六卷（一至二十三、二十九至四十四、四十八至五十四）

510000－2718－0000328　0722

揭文安公全集十四卷補遺一卷　（元）揭傒斯撰　清抄本　四册　存八卷（八至十四、補遺一卷）

510000－2718－0000329　0743

駢體文鈔三十一卷　（清）李兆洛輯　清光緒七年(1881)四川尊經書局刻本　十册

510000－2718－0000330　0745

宋元學案一百卷首一卷　（清）黃宗羲撰(清)全祖望修定　清光緒五年(1879)長沙刻本　四十册

510000－2718－0000331　0746

八代詩選二十卷　（清）王闓運撰　清光緒七年(1881)四川尊經書局刻本　七册　存十七卷（一至十七）

510000－2718－0000332　0747

八代詩選二十卷　（清）王闓運撰　清光緒七年(1881)四川尊經書局刻本　六册

510000－2718－0000333　0748

八代詩選二十卷　（清）王闓運撰　清末刻本
　　四冊　存十二卷（八至十、十二至二十）

510000－2718－0000334　0752

弟子職箋釋一卷附史目表二卷　（清）洪亮吉
學　（清）洪用懃校　清光緒三年（1877）洪用
懃授經堂於鄂垣重刻本　一冊

510000－2718－0000335　0754

經史百家雜鈔二十六卷　（清）曾國藩纂
（清）李鴻章校栞　清光緒二年（1876）傳忠書
局刻本　九冊　存十卷（一、八至十五、二十
六）

510000－2718－0000336　0755

經史百家雜鈔二十六卷　（清）曾國藩纂
（清）李鴻章校　清光緒二年（1876）傳忠書局
刻本　二十二冊

510000－2718－0000337　0756

玉函山房輯佚書七百三十九卷附目耕帖三十
一卷　（清）馬國翰編　清光緒九年（1883）長
沙嫏嬛館補校刻本　五十冊

510000－2718－0000338　0757

經典釋文三十卷經典釋文考證二卷　（唐）陸
德明撰　經典釋文考證二卷　（清）顧炎武等
校　清同治八年（1869）湖北崇文書局刻本
十一冊　存二十八卷（經典釋文一至二十四、
二十九至三十,經典釋文考證一至二）

510000－2718－0000339　0758

三蘇全集四種　（□）□□輯　清道光十二年
（1832）眉州三蘇祠刻本　二十四冊　存四種
六十二卷（東坡集十、十七至十八、二十四、三
十七至三十八、四十二至四十三、四十六至五
十二、五十六至七十,斜川集四,嘉佑集一至
六,欒城集一至三、十二至十四、三十四至四
十八、欒城後集一至八、十九至二十四）

510000－2718－0000340　0759

八代文粹二百二十卷目錄十八卷　（清）簡燊
編　（清）陳崇哲編　清光緒十一年（1885）富
順攷寯堂刻本　十五冊　存五十七卷（四十

六、四十九至六十、八十六至九十、九十九至
一百零一、一百一十五至一百一十八、一百五
十二至一百五十三、一百六十五至一百六十
七、一百七十六至一百八十九、一百九十四至
一百九十七、二百零三至二百零七,目錄十至
十三）

510000－2718－0000341　0764

茶香室經說十六卷　（清）俞樾撰　清刻本
四冊

510000－2718－0000342　0765

玲瓏山館叢書二十六種　（清）傅世洵輯　清
刻本　十六冊

510000－2718－0000343　0777

經史百家雜鈔二十六卷　（清）曾國藩纂
（清）李鴻章校栞　清光緒三十二年（1906）上
海商務印書館鉛印本　九冊

510000－2718－0000344　0779

弘明集十四卷附音釋一卷　（南朝梁）釋僧祐
撰　清末刻本　一冊　存三卷（六至八）

510000－2718－0000345　0781

吳詩集覽二十卷　（清）吳偉業撰　（清）靳榮
藩輯　清刻本　二冊　存二卷（九至十）

510000－2718－0000346　0782

歷代名臣言行錄二十四卷　（清）朱桓編　清
末刻本　一冊　存一卷（十四）

510000－2718－0000347　0783

傳習錄五卷　（明）王守仁撰　清末刻本　一
冊　存一卷（三）

510000－2718－0000348　0784

陽明先生年譜二卷　（明）李贄編　清刻本
一冊　缺一卷（上）

510000－2718－0000349　0785

宋論十五卷　（清）王夫之撰　清末刻本　一
冊　存六卷（十至十五）

510000－2718－0000350　0789

重訂王鳳洲綱鑑會纂四十六卷　（明）王世貞
編　（明）陳仁錫　（明）呂一經校　清道光刻

四川省十一家收藏單位古籍普查登記目錄

本 一冊

510000－2718－0000351 0790

各國約章纂要六卷首一卷附錄一卷 （清）勞
乃宣輯 清光緒十八年(1892)上海圖書集成
印書局鉛印本 二冊 存四卷(一、六,首一
卷,附錄一卷)

510000－2718－0000352 0795

重訂廣事類賦四十卷 （清）華希閔撰 清刻
本 一冊 存三卷(一至三)

510000－2718－0000353 0796

問心齋學治續錄四卷 （清）張聯桂撰 清光
緒十一年(1885)刻本 三冊

510000－2718－0000354 0800

茶香室叢鈔二十三卷目錄一卷 （清）俞樾撰
清光緒九年(1883)吳下晉在堂刻本 八冊

510000－2718－0000355 0807

駁案續編七卷 （清）朱梅臣輯 清光緒九年
(1883)圖書集成局排印本 一冊 存三卷
(五至七)

510000－2718－0000356 0840

漢學商兌三卷 （清）方東樹撰 清末刻本
二冊 存二卷(中之上、下)

510000－2718－0000357 0843

從政遺規二卷 （清）陳弘謀編輯 清道光六
年(1826)刻本 二冊

510000－2718－0000358 0844

訓俗遺規四卷 （清）陳弘謀編輯 清道光刻
本 二冊

510000－2718－0000359 0845

嬾雲樓詩鈔四卷 （清）嚴錦撰 清光緒二十
五年(1899)刻本 二冊

510000－2718－0000360 0846

東萊博議不分卷 （宋）呂祖謙撰 清光緒二
十八年(1902)刻本 二冊

510000－2718－0000361 0896

東華錄一百二十卷 （清）王先謙編 清光緒
活字本 二十八冊 缺三十六卷(天命一,天

聰崇德三,順治五至七,康熙一至三、十四至
十七,雍正十一至十三,乾隆一、四至六,嘉慶
一至二,道光一至十三)

510000－2718－0000362 0898

**玉海二百卷附刻十三種六十一卷附辭學指南
四卷** （宋）王應麟撰 清光緒十年(1884)成
都志古堂刻本 一百四冊 缺二十卷(玉海
三十一至三十二、附刻缺十八卷)

510000－2718－0000363 0907

香祖筆記十二卷 （清）王士禛撰 清宣統三
年(1911)上海掃葉山房石印本 三冊 存九
卷(一至三、七至十二)

510000－2718－0000364 0922

桐陰論畫二卷首一卷 （清）秦祖永著 清同
治三年(1864)朱墨套印本 三冊

510000－2718－0000365 0929

萬善先資集四卷 （清）周思仁述 清刻本
二冊

510000－2718－0000366 0931

蘇子美文集六卷詩集四卷 （宋）蘇舜欽撰
清同治六年(1867)中江賓興會刻本 二冊

510000－2718－0000367 0932

巴西集二卷 （元）鄧文原撰 清光緒二十五
年(1899)綿州吳氏刻本 二冊

510000－2718－0000368 0937

河東先生文集六卷 （唐）柳宗元撰 清末石
印本 二冊 存二卷(三、六)

510000－2718－0000369 0945

小學紺珠十卷 （宋）王應麟撰 清光緒十年
(1884)成都志古堂刻本 五冊

510000－2718－0000370 0946

小學紺珠十卷 （宋）王應麟撰 清光緒十年
(1884)成都志古堂刻本 八冊

510000－2718－0000371 0960

陳伯玉文集三卷詩集二卷附錄一卷 （唐）陳
子昂撰 （清）楊國楨輯 清咸豐四年(1854)
陳氏來鳳堂重刻本 四冊

中江縣圖書館古籍普查登記目錄

510000－2718－0000372　0966

陳伯玉文集三卷詩集二卷附錄一卷　（唐）陳子昂撰　（清）楊國楨輯　清咸豐四年（1854）成都志古堂刻本　三冊　缺一卷（陳伯玉文集三）

510000－2718－0000373　1007

文昌帝君陰騭文廣義節錄三卷　（清）周夢顏述　清刻本　四冊

510000－2718－0000374　1008

問心齋學治雜錄二卷問心齋學治續錄四卷　（清）張聯桂撰　清光緒刻本　一冊　存一卷（問心齋學治續錄二）

510000－2718－0000375　1009

勸學篇內篇外篇二卷　（清）張之洞撰　清光緒二十四年（1898）成都志古堂重刻本　一冊　存一卷（內篇）

510000－2718－0000376　1010

聲韻攷四卷石刻鋪敘二卷　（清）戴震撰　石刻鋪敘二卷　（清）曾宏父纂述　清末刻本　一冊

510000－2718－0000377　1022

淵鑒類函四百五十卷　（清）張英等編　清光緒九年（1883）上海點石齋石印本　七冊　缺三冊（三、六、九）

510000－2718－0000378　1027

雷塘庵主弟子記八卷　雷塘庵主弟子記卷三至四　（清）阮常生編　雷塘庵主弟子記卷五至六　（清）阮福編　清末刻本　二冊　存四卷（三至六）

510000－2718－0000379　1028

欒城應詔集十二卷　（宋）蘇澈著　（明）王執禮　（明）顧天敘校　清道光十二年（1832）眉州三蘇祠刻本　二冊

510000－2718－0000380　1032

王文成公全書三十八卷　（明）王守仁撰　清刻本　一冊　存一卷（三十八）

510000－2718－0000381　1040

欒城集四十八卷目錄二卷　（宋）蘇轍撰　清道光十二年（1832）眉州三蘇祠刻本　十冊　存三十五卷（一至三十三、目錄二卷）

510000－2718－0000382　1041

欒城第三集十卷　（宋）蘇轍著　清道光十二年（1832）眉州三蘇祠刻本　二冊

510000－2718－0000383　1042

古文詞畧二十卷　（清）梅曾亮輯　清光緒成都志古堂刻本　六冊

510000－2718－0000384　1043

古文詞畧二十卷　（清）梅曾亮輯　清光緒成都志古堂刻本　三冊　存十卷（四至八、十六至二十）

510000－2718－0000385　1044

古文詞畧二十卷　（清）梅曾亮輯　清光緒成都志古堂刻本　一冊　存二卷（七至八）

510000－2718－0000386　1046

王臨川文集四卷　（宋）王安石撰　清末民初抄本　一冊　存一卷（三）

510000－2718－0000387　1049

蜀志卷十五卷　（晉）陳壽撰　（南朝宋）裴松之註　清末刻本　二冊

510000－2718－0000388　1053

明詩綜一百卷　（清）朱彝尊錄　（清）汪森輯評　清刻本　四十八冊

510000－2718－0000389　1060

西歸直指五卷　（清）周夢顏彙輯　（清）羅萬忠梓勸　清刻本　二冊

510000－2718－0000390　1064

西庵集九卷　（明）孫蕡撰　清乾隆三十五年（1770）孫氏桂馥堂刻本　四冊

510000－2718－0000391　1065

增訂格物入門七卷　（美國）丁韙良撰　（清）姚治安重刊　清光緒二十三年（1897）歸安姚氏重刻本　五冊　缺二卷（二、七）

510000－2718－0000392　1067

正譌八卷　（清）劉沅著　清咸豐四年（1854）

四川省十一家收藏單位古籍普查登記目錄

豫誠堂藏刻本　三冊　存六卷(一至四、七至八)

510000－2718－0000393　1070

柳汁吟舫詩草十四卷　(清)何盛斯著　(清)李德揚校　清末刻本　一冊　存三卷(二至四)

510000－2718－0000394　1071

更生齋詩續集十卷　(清)洪亮吉著　清光緒四年(1878)授經堂刻本　四冊　缺二卷(九至十)

510000－2718－0000395　1072

更生齋文續集二卷　(清)洪亮吉著　清光緒四年(1878)授經堂刻本　一冊

510000－2718－0000396　1073

更生齋文甲集四卷　(清)洪亮吉著　清光緒三年(1877)授經堂刻本　一冊

510000－2718－0000397　1074

卷施閣詩二十卷　(清)洪亮吉撰　清刻本二冊　存十一卷(十至二十)

510000－2718－0000398　1075

更生齋詩餘二卷　(清)洪亮吉著　清光緒三年(1877)據授經堂刻本　一冊

510000－2718－0000399　1076

卷施閣集文甲集十卷補遺一卷續一卷　(清)洪亮吉著　清光緒三年(1877)據授經堂刻本四冊

510000－2718－0000400　1079

皇清公羊解　(□)□□輯　清光緒十六年(1890)船山書局刻本　八冊

510000－2718－0000401　1089

歷代名臣言行錄二十四卷　(清)朱桓輯錄清光緒石印本　一冊　存二卷(二十三至二十四)

510000－2718－0000402　1098

增訂盛世危言新編十四卷　(清)鄭觀應纂著　清刻本　五冊　缺四卷(一至三、十四)

510000－2718－0000403　1100

太上感應篇八卷　(宋)李昌齡撰　清刻本二冊　存二卷(一、三)

510000－2718－0000404　1102

欲海回狂三卷首一卷　(清)周夢顏撰　清刻本　一冊

510000－2718－0000405　1104

欒城後集二十四卷　(宋)蘇轍撰　(明)王執禮　(明)顧天敍校　清末刻本　一冊

中江縣圖書館古籍普查登記目錄

綿陽市安州區圖書館
古籍普查登記目錄

全國古籍普查登記目錄

國家圖書館出版社
National Library of China Publishing House

510000－2722－0000001　00001

觀易外編六卷　（清）紀大奎著　清同治九年(1870)什邡刻本　三冊

510000－2722－0000002　00002

周易兼義九卷　（魏）王弼　（晉）韓康伯注（唐）孔穎達正義　**附音義一卷**　（唐）陸德明撰　**注疏校勘記九卷釋文校勘記一卷**　（清）阮元撰　（清）盧宣旬摘錄　清嘉慶二十年(1815)南昌府學刻本　五冊

510000－2722－0000003　00003

周易兼義九卷　（魏）王弼　（晉）韓康伯注（唐）孔穎達正義　**附音義一卷**　（唐）陸德明撰　**注疏校勘記九卷釋文校勘記一卷**　（清）阮元撰　（清）盧宣旬摘錄　清嘉慶二十年(1815)南昌府學刻本　五冊

510000－2722－0000004　00004

周易十卷附考證　（魏）王弼註　（晉）韓康伯註略例　（魏）王弼撰　（唐）邢璹註　（唐）陸德明音義　清刻本　三冊

510000－2722－0000005　00005

易經大全會解四卷　（清）來爾繩纂輯　（清）朱采治編訂　（清）朱之澄編訂　清道光二十年(1840)刻本　一冊　存一卷(一)

510000－2722－0000006　00006

周易兼義九卷　（魏）王弼　（晉）韓康伯注（唐）孔穎達正義　**附音義一卷**　（唐）陸德明撰　**註疏校勘記九卷**　（清）阮元撰　（清）盧宣旬摘錄　清嘉慶二十年(1815)南昌府學刻本　五冊

510000－2722－0000007　00007

御纂周易折中二十二卷首一卷　（清）李光地總裁　（清）儲在文等分脩　清刻本　八冊　存十四卷(一至四、七至十二、十八至二十,首一卷)

510000－2722－0000008　00008

周易十卷附考證　（魏）王弼註　（晉）韓康伯注略例　（魏）王弼撰　（唐）邢璹注　（唐）陸德明音義　清刻本　二冊　存六卷(一至六)

510000－2722－0000009　00009

補注黃帝內經素問二十四卷黃帝內經靈樞十二卷　（唐）啟玄子(王冰)注　（宋）林億等校　（宋）孫兆重改誤　**素問遺篇一卷**　（宋）劉溫舒原本　清刻本　十四冊

510000－2722－0000010　00010

御纂周易述義十卷　（清）傅恒等撰　清刻本　五冊　存八卷(一至八)

510000－2722－0000011　00011

來瞿唐先生易註十五卷首一卷末一卷圖一卷　（明）來知德撰　清嘉慶十四年(1809)寧陵符永培寧遠堂刻本　二十冊

510000－2722－0000012　00012

易研八卷首一卷圖一卷　（清）胡翹元撰述　清乾隆五十七年(1792)凝暉閣刻本　八冊

510000－2722－0000013　00013

易經精義旁訓三卷　（清）□□著　清光緒九年(1883)魏氏古香閣刻本　二冊

510000－2722－0000014　00014

易經精華六卷首一卷末一卷　（清）薛悟邨著　（清）魏朝俊輯　清光緒十一年(1885)魏氏古香閣刻本　三冊

510000－2722－0000015　00015

周易兼義九卷　（魏）王弼　（晉）韓康伯注（唐）孔穎達正義　**附音義一卷**　（唐）陸德明撰　**注疏校勘記九卷釋文校勘記一卷**　（清）阮元撰　（清）盧宣旬摘錄　清嘉慶二十年(1815)南昌府學刻本　三冊　存十四卷(周易兼義四至九、音義一卷、注疏校勘記四至九、釋文校勘記一卷)

510000－2722－0000016　00016

春秋左傳精義旁訓十八卷　（清）□□著　清光緒十年(1884)魏氏古香閣刻本　六冊　存十卷(一至三、七至十、十六至十八)

510000－2722－0000017　00017

評點春秋綱目左傳句解彙雋六卷　（清）韓菼

綿陽市安州區圖書館古籍普查登記目錄

重訂　清刻本　三冊　存三卷(四至六)

510000－2722－0000018　00018

欽定春秋傳說彙纂三十八卷首二卷　（清）王
掞等纂輯　清刻本　一冊　存二卷(一至二)

510000－2722－0000019　00019

易經精華六卷首一卷末一卷　（清）薛悟邨著
（清）魏朝俊輯　清光緒十一年(1885)魏氏
古香閣刻本　三冊

510000－2722－0000020　00020

易經精華六卷首一卷末一卷　（清）薛悟邨著
（清）魏朝俊輯　清古香閣刻本　一冊　存
二卷(三至四)

510000－2722－0000021　00021

春秋左傳精義旁訓十八卷　（清）□□著　清
古香閣刻本　一冊　存一卷(九)

510000－2722－0000022　00022

春秋左傳精義旁訓十八卷　（清）□□著　清
古香閣刻本　九冊

510000－2722－0000023　00023

評點春秋綱目左傳句解彙雋六卷　（清）韓菼
重訂　清光緒二年(1876)大道堂刻本　二冊
存二卷(一、四)

510000－2722－0000024　00024

選批左傳十六卷　（□）□□著　清古香閣刻
本　三冊　存五卷(一至四、十三)

510000－2722－0000025　00025

附釋音春秋左傳注疏六十卷　（晉）杜預注
（唐）孔穎達疏　附校勘記六十卷　（清）阮元
撰　（清）盧宣旬摘錄　清嘉慶二十年(1815)
南昌府學刻本　四冊　存十六卷(附釋音春
秋左傳注疏三十五至三十八、四十五、四十
六、五十一、五十二,按勘記三十五至三十八、
四十五、四十六、五十一、五十二)

510000－2722－0000026　00026

附釋音春秋左傳注疏六十卷　（晉）杜預注
（唐）孔穎達疏　附校勘記六十卷　（清）阮元
撰　（清）盧宣旬摘錄　清嘉慶二十年(1815)

南昌府學刻本　十五冊　存三十二卷(附釋
音春秋左傳注疏三至四、八至九、十三至十
四、二十至二十八、三十一至三十二、三十五
至三十八、四十一至四十二、四十七至四十
九、五十五至六十)

510000－2722－0000027　00027

監本附音春秋穀梁注疏二十卷　（晉）范甯集
解　（唐）楊士勛疏　（唐）陸德明音義　**附校
勘記二十卷**　（清）阮元撰　（清）盧宣旬摘錄
清嘉慶二十年(1815)南昌府學刻本　五
冊

510000－2722－0000028　00028

評點春秋綱目左傳句解彙雋六卷　（清）韓菼
重訂　清刻本　六冊

510000－2722－0000029　00029

春秋名號歸一圖二卷春秋年表一卷　（五代）
馮繼先撰　清刻本　一冊

510000－2722－0000030　00030

春秋左傳初學讀本不分卷　（清）萬廷蘭輯
清刻本　三冊

510000－2722－0000031　00031

監本附音春秋穀梁注疏二十卷　（晉）范甯集
解　（唐）楊士勛疏　（唐）陸德明音義　**附校
勘記二十卷**　（清）阮元撰　（清）盧宣旬摘錄
清嘉慶二十年(1815)南昌府學刻本　六
冊

510000－2722－0000032　00032

東萊博議四卷　（宋）呂祖謙著　（明）孫執升
評選　**附虛字註釋備考六卷**　（清）張文炳點
定　清光緒三十年(1904)刻本　四冊

510000－2722－0000033　00033

監本附音春秋公羊注疏二十八卷　（漢）何休
學　（唐）陸德明音義　（□）□□疏　**附校勘
記二十八卷**　（清）阮元撰　（清）盧宣旬摘錄
清嘉慶二十年(1815)南昌府學刻本　七冊
缺九卷(監本附音春秋公羊注疏二十至二
十八)

510000－2722－0000034　00034

四川省十一家收藏單位古籍普查登記目錄

監本附音春秋穀梁注疏二十卷 （晉）范甯集解 （唐）陸德明音義 （唐）楊士勛疏 **附挍勘記二十卷** （清）阮元撰 （清）盧宣旬摘錄
　　清嘉慶二十年（1815）南昌府學刻本　六冊

510000－2722－0000035　00035

春秋經傳集解三十卷 （晉）杜預著　清刻本
　　三冊　存八卷（三至五、十五至十七、二十四至二十五）

510000－2722－0000036　00036

監本附音春秋穀梁注疏二十卷 （晉）范甯集解 （唐）楊士勛疏 （唐）陸德明音義 **附挍勘記二十卷** （清）阮元撰 （清）盧宣旬摘錄
　　清嘉慶二十年（1815）南昌府學刻本　六冊

510000－2722－0000037　00037

春秋經傳集解三十卷 （晉）杜預著　清刻本
　　九冊　存二十三卷（八至十九、二十二至三十）

510000－2722－0000038　00038

古經解彙函十六種附小學彙函十四種續附十種 （清）鍾謙鈞輯　清光緒十四年（1888）上海蜚英館石印本　二十冊

510000－2722－0000039　00039

欽定春秋傳說彙纂三十八卷首二卷 （清）王掞等纂輯　清刻本　二十冊　存三十四卷（一至七、十至三十五,首一卷）

510000－2722－0000040　00040

附釋音春秋左傳注疏六十卷 （晉）杜預注 （唐）孔穎達疏 **附挍勘記六十卷** （清）阮元撰 （清）盧宣旬摘錄　清嘉慶二十年（1815）南昌府學刻本　十五冊　存三十卷（附釋音春秋左傳注疏三至三十二）

510000－2722－0000041　00041

欽定春秋傳說彙纂三十八卷首二卷 （清）王掞等撰　清末石印本　一冊　存十二卷（二十六至三十七）

510000－2722－0000042　00042

監本附音春秋公羊注疏二十八卷 （漢）何休學 （唐）陸德明音義 （□）□□疏 **附挍勘記二十八卷** （清）阮元撰 （清）盧宣旬摘錄
　　清嘉慶二十年（1815）南昌府學刻本　十冊

510000－2722－0000043　00043

監本附音春秋公羊注疏二十八卷 （漢）何休撰 （唐）陸德明音義 （□）□□疏 **附挍勘記二十八卷** （清）阮元撰 （清）盧宣旬摘錄
　　清嘉慶二十年（1815）南昌府學刻本　二冊　存十二卷（監本附音春秋公羊注疏二十至二十五、校勘記二十至二十五）

510000－2722－0000044　00044

書經精華十卷首一卷 （清）王巨源選 （清）魏朝俊輯　清古香閣刻本　五冊　缺一卷（二）

510000－2722－0000045　00045

左繡三十卷首一卷 （清）馮李驊評輯 （清）陸浩評輯 **春秋經傳集解三十卷** （晉）杜預原本 （宋）林堯叟附註 （唐）陸德明音釋 （明）馮李驊增訂　清刻本　十一冊　存四十二卷（左繡一至八、十一至二十四,春秋經傳集解存二十卷）

510000－2722－0000046　00046

春秋左傳杜林五十卷 （晉）杜預註釋 （宋）林堯叟註釋 （唐）陸德明音義 （明）鍾惺等評點　清咸豐八年（1858）刻本　二冊

510000－2722－0000047　00047

附釋音春秋左傳注疏六十卷 （晉）杜預注 （唐）陸德明音義 （唐）孔穎達疏 **附挍勘記六十卷** （清）阮元撰 （清）盧宣旬摘錄　清嘉慶二十年（1815）南昌府學刻本　五冊　存二十卷（附釋音春秋左傳注疏五十一至六十、校勘記五十一至六十）

510000－2722－0000048　00048

監本附音春秋公羊注疏二十八卷 （漢）何休學 （唐）陸德明音義 （□）□□疏 **附挍勘記二十八卷** （清）阮元撰 （清）盧宣旬摘錄
　　清嘉慶二十年（1815）南昌府學刻本　二冊

綿陽市安州區圖書館古籍普查登記目錄

存十卷（監本附音春秋公羊注疏十八至二十、二十四至二十五,校勘記十八至二十、二十四至二十五）

510000－2722－0000049　00049

書經精華十卷首一卷　（清）王巨源選　（清）魏朝俊輯　清古香閣刻本　一冊　存二卷（九至十）

510000－2722－0000050　00050

附釋音春秋左傳注疏六十卷　（晉）杜預注（唐）孔穎達疏　**附校勘記六十卷**　（清）阮元撰　（清）盧宣旬摘錄　清嘉慶二十年（1815）南昌府學刻本　二十一冊　存八十八卷（附釋音春秋左傳注疏三至四十一、四十四至四十八,校勘記三至四十一、四十四至四十八）

510000－2722－0000051　00051

書經精華十卷首一卷　（清）王巨源選　（清）魏朝俊輯　清古香閣刻本　一冊　存二卷（九至十）

510000－2722－0000052　00052

附釋音春秋左傳注疏六十卷　（晉）杜預注（唐）陸德明音義　（唐）孔穎達疏　**附校勘記六十卷**　（清）阮元撰　（清）盧宣旬摘錄　清嘉慶二十年（1815）南昌府學刻本　十四冊　存六十八卷（附釋音春秋左傳注疏二十七至六十,校勘記二十七至六十）

510000－2722－0000053　00053

附釋音春秋左傳注疏□□卷　（晉）杜預注（唐）陸德明音義　（唐）孔穎達疏　清末石印本　一冊　存三卷（一至三）

510000－2722－0000054　00054

監本附音春秋公羊注疏二十八卷　（漢）何休學　（唐）陸德明音義　（□）□□疏　**附校勘記二十八卷**　（清）阮元撰　（清）盧宣旬摘錄　清嘉慶二十年（1815）南昌府學刻本　十冊

510000－2722－0000055　00055

春秋經傳擇要□□卷　（清）徐炎輯　清刻本　一冊　存一卷（四）

510000－2722－0000056　00056

四益館穀梁外編　（□）□□著　清光緒十一年（1885）刻本　一冊　存二卷（釋範一卷、起起穀梁廢疾一卷）

510000－2722－0000057　00057

附釋音春秋左傳注疏六十卷　（晉）杜預注（唐）孔穎達疏　（唐）陸德明音義　**附校勘記六十卷**　（清）阮元撰　（清）盧宣旬摘錄　清嘉慶二十年（1815）南昌府學刻本　十二冊　存五十八卷（附釋音春秋左傳注疏一至二、三十三至五十九,校勘記一至二、三十三至五十九）

510000－2722－0000058　00058

附釋音毛詩注疏七十卷　（漢）毛亨傳　（漢）鄭玄箋　（唐）陸德明音義　（唐）孔穎達疏　**附校勘記七十卷**　（清）阮元撰　（清）盧宣旬摘錄　清嘉慶二十年（1815）南昌府學刻本　十三冊　存二十六卷（附釋音毛詩注疏一至三、五至十四,校勘記一至三、五至十四）

510000－2722－0000059　00059

玉函山房輯佚書　（清）馬國翰輯　清湘遠堂刻本　二冊　存十二種十二卷（春秋緯文耀鉤一卷、春秋緯運斗樞一卷、春秋緯感精符一卷、春秋緯合誠圖一卷、春秋緯考異郵一卷、春秋緯保乾圖一卷、春秋緯漢含孳一卷、春秋緯佐助期一卷、春秋緯握誠圖一卷、春秋緯潛潭巴一卷、春秋緯說題辭一卷、春秋緯演孔圖一卷）

510000－2722－0000060　00060

附釋音尚書注疏二十卷　（漢）孔安國傳（唐）陸德明音義　（唐）孔穎達疏　**附校勘記二十卷**　（清）阮元撰　（清）盧宣旬摘錄　清嘉慶二十年（1815）南昌府學刻本　八冊　缺四卷（附釋音尚書注疏一至二、校勘記一至二）

510000－2722－0000061　00061

尚書地理今釋一卷　（清）蔣廷錫著　清光緒七年（1881）成都滷雅厽刻本　一冊

510000－2722－0000062　00062

四川省十二家收藏單位古籍普查登記目錄

尚書十三卷附考證 （漢）孔安國傳 清刻本
　二冊　存九卷（一至四、九至十三）

510000－2722－0000063　00063
附釋音尚書注疏二十卷 （漢）孔安國傳
（唐）陸德明音義　（唐）孔穎達疏　**附校勘記**
二十卷　（清）阮元撰　（清）盧宣旬摘錄　清
嘉慶二十年(1815)南昌府學刻本　八冊

510000－2722－0000064　00064
尚書古文疏證八卷 （清）閻若璩撰　清嘉慶
元年(1796)吳人驥刻本　七冊

510000－2722－0000065　00065
新刻書經備旨輯要六卷 （清）馬大猷輯　清
刻本　四冊　存四卷（三至六）

510000－2722－0000066　00066
附釋音尚書注疏二十卷 （漢）孔安國傳
（唐）陸德明音義　（唐）孔穎達疏　**附校勘記**
二十卷　（清）阮元撰　（清）盧宣旬摘錄　清
嘉慶二十年(1815)南昌府學刻本　七冊

510000－2722－0000067　00067
尚書十三卷附考證 （漢）孔安國傳　清刻本
　三冊

510000－2722－0000068　00068
書經精義旁訓四卷 （宋）蔡沈著　清古香閣
刻本　二冊

510000－2722－0000069　00069
尚書大傳七卷 （漢）鄭玄注　王闓運補注
清光緒十二年(1886)成都尊經書院刻本　一
冊

510000－2722－0000070　00070
附釋音毛詩注疏二十卷 （漢）毛亨傳　（漢）
鄭玄箋　（唐）陸德明音義　（唐）孔穎達疏
附校勘記二十卷 （清）阮元撰　（清）盧宣旬
摘錄　清嘉慶二十年(1815)南昌府學刻本
二十冊　缺二卷（附釋音毛詩注疏十一、校勘
記十一）

510000－2722－0000071　00071
附釋音尚書注疏二十卷 （漢）孔安國傳

（唐)陸德明音義　（唐)孔穎達疏　**附校勘記**
二十卷　（清)阮元撰　（清)盧宣旬摘錄　清
嘉慶二十年(1815)南昌府學刻本　七冊　存
三十六卷（附釋音尚書注疏三至二十、校勘記
三至二十）

510000－2722－0000072　00072
欽定詩經傳說彙纂二十一卷首二卷詩序二卷
　（清）王鴻緒等纂　清道光十八年(1838)刻
本　一冊　存二卷（首二卷）

510000－2722－0000073　00073
詩本誼一卷 （清）龔橙撰　清光緒十五年
(1889)刻本　一冊

510000－2722－0000074　00074
毛詩二十卷附考證 （漢）毛亨傳　（漢）鄭玄
箋　（唐）陸德明音義　清乾隆四十八年
(1783)武英殿仿宋刻本　四冊

510000－2722－0000075　00075
毛詩二十卷附考證 （漢）毛亨傳　（漢）鄭玄
箋　（唐）陸德明音義　清刻本　一冊　存四
卷（九至十二）

510000－2722－0000076　00076
韓詩外傳十卷校注拾遺一卷補逸一卷 （漢）
韓嬰著　（清）周廷寀校注　清光緒元年
(1875)望三益齋刻本　四冊

510000－2722－0000077　00077
附釋音毛詩注疏七十卷 （漢）毛亨傳　（漢）
鄭玄箋　（唐）陸德明音義　（唐）孔穎達疏
附校勘記七十卷 （清）阮元撰　（清）盧宣旬
摘錄　清嘉慶二十年(1815)南昌府學刻本
七冊　存十八卷（附釋音毛詩注疏一至四、十
五至十六、十八至二十，校勘記一至四、十五
至十六、十八至二十）

510000－2722－0000078　00078
御纂詩義折中二十卷 （清）傅恒等撰　清道
光十八年(1838)刻本　十冊

510000－2722－0000079　00079
附釋音毛詩注疏二十卷 （漢）毛亨傳　（漢）
鄭玄箋　（唐）陸德明音義　（唐）孔穎達疏

綿陽市安州區圖書館古籍普查登記目錄

附挍勘記二十卷　（清）阮元撰　（清）盧宣旬摘錄　清嘉慶二十年(1815)南昌府學刻本　十五冊　缺二卷(附釋音毛詩注疏二十、挍勘記二十)

510000－2722－0000080　00080
附釋音毛詩注疏二十卷附挍勘記二十卷　（漢）毛亨傳　（漢）鄭玄箋　（唐）陸德明音義　（唐）孔穎達疏　附挍勘記二十卷　（清）阮元撰　（清）盧宣旬摘錄　清嘉慶二十年(1815)南昌府學刻本　九冊　缺二十八卷(附釋音毛詩注疏一至十四、挍勘記一至十四)

510000－2722－0000081　00081
毛詩二十卷附考證　（漢）毛亨傳　（漢）鄭玄箋　（唐）陸德明音義　清刻本　四冊

510000－2722－0000082　00082
新訂詩經備旨附挍八卷　（清）陳抒孝輯著　（清）汪基增訂　清刻本　一冊　存二卷(四至五)

510000－2722－0000083　00083
欽定周官義疏四十八卷首一卷　（清）允祿監理　（清）弘曕監理　（清）鄂爾泰等總裁　清道光十八年(1838)刻本　三十二冊

510000－2722－0000084　00084
附釋音周禮注疏四十二卷　（漢）鄭玄注　（唐）陸德明音義　（唐）賈公彥疏　附挍勘記四十二卷　（清）阮元撰　（清）盧宣旬摘錄　清嘉慶二十年(1815)南昌府學刻本　六冊　存二十八卷(附釋音周禮注疏一至十四、挍勘記一至十四)

510000－2722－0000085　00085
詩經精義旁訓五卷　（□）□□著　清光緒十年(1884)魏氏古香閣刻本　四冊

510000－2722－0000086　00086
新增詩經補註附考備旨八卷　（清）鄒聖脈纂輯　（清）鄒廷猷篇次　清刻本　一冊　存二卷(一至二)

510000－2722－0000087　00087

附釋音周禮注疏四十二卷　（漢）鄭玄注　（唐）陸德明音義　（唐）賈公彥疏　附挍勘記四十二卷　（清）阮元撰　（清）盧宣旬摘錄　清嘉慶二十一年(1816)刻本　十八冊

510000－2722－0000088　00088
御纂詩義折中二十卷　（清）傅恒等撰　清刻本　七冊　存十四卷(七至二十)

510000－2722－0000089　00089
欽定周官義疏四十八卷首一卷　（清）允祿監理　（清）弘曕監理　（清）鄂爾泰等總裁　清道光十八年(1838)刻本　十八冊　缺十七卷(一至四、七至十五、二十六至二十八、四十八)

510000－2722－0000090　00090
附釋音禮記注疏六十三卷　（漢）鄭玄注　（唐）孔穎達等撰　（唐）陸德明釋文　附挍勘記六十三卷　（清）阮元撰　（清）盧宣旬摘錄　清嘉慶二十年(1815)南昌府學刻本　二十六冊　存一百二十卷(附釋音禮記注疏一至六十、挍勘記一至六十)

510000－2722－0000091　00091
附釋音周禮注疏四十二卷　（漢）鄭玄注　（唐）陸德明音義　（唐）賈公彥疏　附挍勘記四十二卷　（清）阮元撰　（清）盧宣旬摘錄　清嘉慶二十一年(1816)刻本　十冊　存四十四卷(附釋音周禮注疏十九至二十二、二十五至四十二,挍勘記十九至二十二、二十五至四十二)

510000－2722－0000092　00092
附釋音禮記注疏六十三卷　（漢）鄭玄注　（唐）陸德明音義　（唐）孔穎達疏　附挍勘記六十三卷　（清）阮元撰　（清）盧宣旬摘錄　清嘉慶二十年(1815)南昌府學刻本　三十冊

510000－2722－0000093　00093
附釋音禮記注疏六十三卷　（漢）鄭玄注　（唐）孔穎達疏　（唐）陸德明音義　清末石印本　一冊　存十八卷(四十六至六十三)

四川省十一家收藏單位古籍普查登記目錄

510000－2722－0000094　00094

附釋音禮記注疏六十三卷　（漢）鄭玄注（唐）孔穎達等撰　（唐）陸德明釋文　**附校勘記六十三卷**　（清）阮元撰　（清）盧宣旬摘録　清嘉慶二十年(1815)南昌府學刻本　二十五冊　存一百二十卷(附釋音禮記注疏一至二十三、二十七至六十三，校勘記一至二十三、二十七至六十三)

510000－2722－0000095　00095

欽定禮記義疏八十二卷首一卷　（清）允祿等撰　清刻本　五十冊

510000－2722－0000096　00096

周禮精華六卷首一卷　（清）魏朝俊輯　清古香閣刻本　三冊　缺二卷(三至四)

510000－2722－0000097　00097

儀禮注疏五十卷　（漢）鄭玄注　（唐）陸德明音義　（唐）賈公彥疏　**附校勘記五十卷**（清）阮元撰　（清）盧宣旬摘録　清嘉慶二十年(1815)南昌府學刻本　十七冊

510000－2722－0000098　00098

續漢志三十卷　（晉）司馬彪撰　（南朝梁）劉昭注補　清金陵書局刻本　一冊　存十一卷(六至十六)

510000－2722－0000099　00099

附釋音周禮注疏四十二卷　（漢）鄭玄注（唐）陸德明音義　（唐）賈公彥疏　**附校勘記四十二卷**　（清）阮元撰　（清）盧宣旬摘録　清嘉慶二十年(1815)南昌府學刻本　十冊　存四十四卷(附釋音周禮注疏二十一至四十二、校勘記二十一至四十二)

510000－2722－0000100　00100

附釋音周禮注疏四十二卷　（漢）鄭玄注（唐）陸德明音義　（唐）賈公彥疏　**附校勘記四十二卷**　（清）阮元撰　（清）盧宣旬摘録　清嘉慶二十一年(1816)刻本　一冊　存四卷(附釋音周禮注疏十七至十八、校勘記十七至十八)

510000－2722－0000101　00101

禮記精華二十八卷　（□）□□著　清古香閣刻本　三冊　存五卷(二十二至二十四、二十七至二十八)

510000－2722－0000102　00102

春秋啖趙集傳纂例十卷　（唐）陸淳纂　清光緒十四年(1888)上海蜚英館石印本　一冊

510000－2722－0000103　00103

附釋音周禮注疏四十二卷　（漢）鄭玄注（唐）陸德明音義　（唐）賈公彥疏　**附校勘記四十二卷**　（清）阮元撰　（清）盧宣旬摘録清嘉慶二十一年(1816)刻本　二冊　存十卷(附釋音周禮注疏十四至十六、三十九至四十，校勘記十四至十六、三十九至四十)

510000－2722－0000104　00104

周禮精華六卷首一卷　（清）魏朝俊輯　清古香閣刻本　一冊　存二卷(五至六)

510000－2722－0000105　00105

欽定儀禮義疏四十八卷首二卷　（清）允祿監理　（清）弘曕監理　（清）鄂爾泰等總裁　清道光十八年(1838)刻本　三十二冊

510000－2722－0000106　00106

欽定儀禮義疏四十八卷首二卷　（清）允祿監理　（清）弘曕監理　（清）鄂爾泰等總裁　清刻本　三十四冊　缺六卷(二十四、二十六至二十七、三十二至三十三、四十八)

510000－2722－0000107　00107

儀禮注疏五十卷　（漢）鄭玄注　（唐）陸德明音義　（唐）賈公彥等撰　**附校勘記五十卷**（清）阮元撰　（清）盧宣旬摘録　清嘉慶二十年(1815)南昌府學刻本　十一冊　存七十四卷(儀禮注疏一至二十八、三十四至三十九、四十八至五十，校勘記一至二十八、三十四至三十九、四十八至五十)

510000－2722－0000108　00108

欽定禮記義疏八十二卷首一卷　（清）允祿等撰　清刻本　十四冊　存二十五卷(十三至十四、二十至二十三、二十八至三十一、五十五至六十九)

綿陽市安州區圖書館古籍普查登記目録

510000－2722－0000109　　00109

禮記精義旁訓六卷　（□）□□著　清光緒十年(1884)魏氏古香閣刻本　六冊

510000－2722－0000110　　00110

禮記精義旁訓六卷　（□）□□著　清光緒十年(1884)魏氏古香閣刻本　三冊　存三卷（一至三）

510000－2722－0000111　　00111

欽定禮記義疏八十二卷首一卷　（清）允祿等撰　清道光十八年(1838)刻本　四十二冊存七十三卷（一至四十一、五十二至八十二，首一卷）

510000－2722－0000112　　00112

儀禮注疏五十卷　（漢）鄭玄注　（唐）陸德明音義　（唐）賈公彥等撰　附校勘記五十卷(清)阮元撰　（清）盧宣旬摘錄　清嘉慶二十年(1815)南昌府學刻本　九冊　存五十四卷（儀禮注疏五一至二十七、校勘記一至二十七）

510000－2722－0000113　　00113

欽定詩經傳說彙纂二十一卷首二卷詩序二卷　（清）王鴻緒等纂　清刻本　十七冊　缺二卷（首二卷）

510000－2722－0000114　　00115

欽定儀禮義疏四十八卷首二卷　（清）允祿等撰　清刻本　二十二冊　存二十七卷（三至二十一、二十四至二十五、二十八、三十一至三十二、四十六至四十八）

510000－2722－0000115　　00116

論語注疏解經二十卷　（三國魏）何晏集解(宋)邢昺疏　附校勘記二十卷　（清）阮元撰　（清）盧宣旬摘錄　清嘉慶二十年(1815)南昌府學刻本　五冊

510000－2722－0000116　　00117

禮記初學讀本四十九卷　（□）□□著　清刻本　一冊　存九卷（二十至二十八）

510000－2722－0000117　　00118

四書經註集證十九卷　（宋）朱熹集註　（清）

吳昌宗集證　清刻本　二冊　存三卷（三、六至七）

510000－2722－0000118　　00119

孟子註疏解經十四卷　（漢）趙岐注　（宋）孫奭疏　附校勘記十四卷　（清）阮元撰　（清）盧宣旬摘錄　清嘉慶二十年(1815)南昌府學刻本　七冊

510000－2722－0000119　　00120

儀禮初學讀本十七卷　（□）□□著　清刻本　一冊　存八卷（一至八）

510000－2722－0000120　　00121

禮記精義旁訓六卷　（□）□□著　清古香閣刻本　二冊　存二卷（二、六）

510000－2722－0000121　　00122

四書引解二十六卷　（清）鄧柱瀾纂輯　（清）陳士元等訂　（清）鄧文煥等校　清刻本　一冊　存三卷（二至四）

510000－2722－0000122　　00123

禮記精義旁訓六卷　（□）□□著　清古香閣刻本　二冊　存二卷（一、六）

510000－2722－0000123　　00124

論語注疏解經二十卷　（三國魏）何晏集解(宋)邢昺疏　附校勘記二十卷　（清）阮元撰　（清）盧宣旬摘錄　清嘉慶二十年(1815)南昌府學刻本　三冊　缺十二卷（論語注疏解經一至六、校勘記一至六）

510000－2722－0000124　　00125

孟子注疏解經十四卷　（漢）趙岐注　（宋）孫奭疏　附校勘記十四卷　（清）阮元撰　（清）盧宣旬摘錄　清嘉慶二十一年(1816)刻本七冊

510000－2722－0000125　　00126

增補四書經史摘證二十九卷　（清）宋繼種輯著　清石印本　一冊

510000－2722－0000126　　00127

禮記十八卷附考證　（漢）鄭玄註　清刻本六冊　缺五卷（十四至十八）

510000－2722－0000127　00129
儀禮注疏五十卷　（漢）鄭玄注　（唐）陸德明
音義　（唐）賈公彥等撰　**附挍勘記五十卷**
（清）阮元撰　（清）盧宣旬摘録　清嘉慶二十
年(1815)南昌府學刻本　九冊　存四十二卷
（儀禮注疏二十八至四十八、挍勘記二十八至
四十八）

510000－2722－0000128　00130
禮記十八卷附考證　（漢）鄭玄註　清刻本
四冊　存十卷(一至四、七至八、十三至十六)

510000－2722－0000129　00131
禮記十八卷附考證　（漢）鄭玄註　清刻本
一冊　存二卷(一至二)

510000－2722－0000130　00132
書經精華十卷首一卷　（清）王巨源選　（清）
魏朝俊輯　清古香閣刻本　一冊　存二卷
(九至十)

510000－2722－0000131　00133
欽定詩經傳說彙纂二十一卷首二卷詩序二卷
（清）王鴻緒等纂　清刻本　十七冊　存二
十三卷(一至二十一、詩序二卷)

510000－2722－0000132　00134
欽定書經傳說彙纂二十一卷首二卷書序一卷
（清）王項齡等撰　清道光十八年(1838)刻
本　十一冊　存二十二卷(一至三、六至二十
一,首二卷,書序一卷)

510000－2722－0000133　00135
孟子注疏解經十四卷　（漢）趙岐注　（宋）孫
奭疏　**附挍勘記十四卷**　（清）阮元撰　（清）
盧宣旬摘録　清嘉慶二十一年(1816)刻本
六冊　存二十二卷(孟子注疏解經一、四至十
三,挍勘記一、四至十三)

510000－2722－0000134　00136
詩經精華十卷首一卷　（清）王巨源選　（清）
魏朝俊輯　清魏氏古香閣刻本　三冊　存六
卷(一至二、七至十)

510000－2722－0000135　00137
校正四書古註群義十種　（□）□□著　清簡

青書局石印本　十二冊　存三種六十六卷
(論語集解義疏一至十、首一卷,論語正義一
至二十四、附一卷,孟子正義一至三十)

510000－2722－0000136　00142
爾雅注疏十一卷　（晉）郭璞注　（宋）邢昺疏
　清光緒二十一年(1895)渝城善成堂刻本
三冊

510000－2722－0000137　00146
爾雅註疏十一卷　（晉）郭璞註　（宋）邢昺疏
　清咸豐刻本　四冊

510000－2722－0000138　00148
傳經表不分卷　（清）畢沅著　（清）洪亮吉著
　清光緒五年(1879)華陽宏達堂刻本　一
冊

510000－2722－0000139　00160
五經小學述二卷　（清）莊述祖著　清光緒十
六年(1890)尊經書局刻本　一冊

510000－2722－0000140　00163
釋地三種　（清）呂調陽著　清刻本　三冊
存六卷(群經釋地一至六)

510000－2722－0000141　00178
孟子集註本義滙參十四卷首一卷　（清）王步
青輯　（清）王士鰲編　清刻本　一冊　存三
卷(一至二、首一卷)

510000－2722－0000142　00180
幼學歌五卷　（清）王用臣編次　清光緒十一
年(1885)深澤王氏刻本　一冊

510000－2722－0000143　00185、00186
宏達堂叢書　（清）□□輯　清刻本　一冊
存二種七卷(漢魏音三至四、說文通檢四至
八)

510000－2722－0000144　00187
澄衷蒙學堂字課圖說四卷首一卷　劉樹屏編
　（清）吳子城繪圖　清光緒三十一年(1905)
澄衷蒙學堂石印本　一冊　存一卷(首一卷)

510000－2722－0000145　00191
說文逸字二卷附録一卷　（清）鄭珍記附録

綿陽市安州區圖書館古籍普查登記目録

145

（清）鄭知同著　清同治至光緒福山王氏刻本
　　一冊　存二卷（說文逸字下、附錄一卷）

510000－2722－0000146　00140

經典釋文三十卷　（唐）陸德明撰　**附攷證三
十卷**　（清）盧文弨綴緝　清同治十三年
（1874）尊經書院刻本　十一冊

510000－2722－0000147　00147

爾雅注疏十卷　（晉）郭璞注　（宋）邢昺挍定
　　（□）□□音　**附挍勘記十卷**　（清）阮元撰
　　（清）盧宣旬摘錄　清嘉慶二十年（1815）南
昌府學刻本　五冊

510000－2722－0000148　00151

爾雅注疏十卷　（晉）郭璞注　（宋）邢昺挍定
　　（□）□□音　**附挍勘記十卷**　（清）阮元撰
　　（清）盧宣旬摘錄　清嘉慶二十年（1815）南
昌府學刻本　四冊

510000－2722－0000149　00156

澄衷蒙學堂字課圖說四卷　劉樹屏編　（清）
吳子城繪圖　清石印本　四冊

510000－2722－0000150　00162

六書通十卷　（清）閔齊伋著　（清）畢宏述篆
訂　清刻本　五冊

510000－2722－0000151　00167

說文解字注三十卷附六書音均表二卷　（清）
段玉裁著　清光緒三年（1877）成都尊經書院
刻本　十五冊

510000－2722－0000152　00171

說文解字注三十卷附六書音均表二卷　（清）
段玉裁著　清光緒三年（1877）成都尊經書院
刻本　十二冊　存十五卷（說文解字注一至
十五）

510000－2722－0000153　00173

說文解字注三十卷附六書音均表二卷　（清）
段玉裁著　清光緒三年（1877）成都尊經書院
刻本　十四冊　存二十八卷（說文解字注一
至二十八）

510000－2722－0000154　00174

說文解字注三十卷附六書音均表二卷　（清）
段玉裁著　清光緒三年（1877）成都尊經書院
刻本　七冊　存十二卷（說文解字注三至四、
九至十、十三至十五、二十至二十二、二十五
至二十六）

510000－2722－0000155　00175

說文解字注三十卷附六書音均表二卷　（清）
段玉裁著　**說文解字注匡謬八卷**　（清）徐承
慶撰　**說文通檢十五卷**　（清）黎永椿編　清
光緒十四年（1888）上海蜚英館石印本　八
冊

510000－2722－0000156　00183

古韻通說二十卷　（清）龍啟瑞撰　清光緒九
年（1883）四川尊經書局刻本　二冊

510000－2722－0000157　00188

六書音均表五卷　（清）段玉裁記　清刻本
一冊

510000－2722－0000158　00190

字學舉隅不分卷　（清）黃本驥著　（清）龍光
甸輯　（清）龍啟瑞輯　清刻本　一冊

510000－2722－0000159　00139

新訂四書補註備旨十卷　（明）鄧林著　（清）
鄧煜編次　（清）杜定基增訂　清光緒五年
（1879）文明堂刻本　一冊　存一卷（一）

510000－2722－0000160　00145

四書補註備旨十二卷　（明）鄧林著　（清）鄧
煜編次　（清）杜定基增訂　清光緒十二年
（1886）魏氏古香閣刻本　十二冊

510000－2722－0000161　00150

孝經注疏九卷　（唐）玄宗李隆基注　（宋）邢
昺注疏　**附挍勘記九卷**　（清）阮元撰　（清）
盧宣旬摘錄　清嘉慶二十年（1815）南昌府學
刻本　二冊

510000－2722－0000162　00154

儀禮精義不分卷補編一卷　（清）黃淦纂　清
文發堂刻本　一冊

510000－2722－0000163　00165

四川省十一家收藏單位古籍普查登記目錄

儀禮注疏五十卷 （漢）鄭玄注 （唐）陸德明音義 （唐）賈公彥等撰 **附校勘記五十卷** （清）阮元撰 （清）盧宣旬摘錄 清嘉慶二十一年(1816)刻本 五冊 存三十四卷(儀禮注疏七至十三、二十四至二十六、三十九至四十五,校勘記七至十三、二十四至二十六、三十九至四十五)

510000－2722－0000164　00169

經義述聞二十八卷 （清）王引之著 清咸豐十年(1860)刻本 一冊 存二卷(國語下、□□)

510000－2722－0000165　00141、00143

經典釋文三十卷 （唐）陸德明撰 **附攷證三十卷** （清）盧文弨著 清刻本 八冊 存二十八卷(經典釋文二、六、十至十一、十三至十五、二十四至三十,攷證二、六、十至十一、十三至十五、二十四至三十)

510000－2722－0000166　00149

孝經注疏九卷 （唐）玄宗李隆基注 （宋）邢昺注疏 **附校勘記九卷** （清）阮元撰 （清）盧宣旬摘錄 清嘉慶二十年(1815)南昌府學刻本 二冊

510000－2722－0000167　00153

孝經注疏九卷 （唐）玄宗李隆基注 （宋）邢昺注疏 **附校勘記九卷** （清）阮元撰 （清）盧宣旬摘錄 清嘉慶二十年(1815)南昌府學刻本 一冊 存八卷(孝經注疏一至四、校勘記一至四)

510000－2722－0000168　00159

孝經注疏九卷 （唐）玄宗李隆基注 （宋）邢昺注疏 **附校勘記九卷** （清）阮元撰 （清）盧宣旬摘錄 清嘉慶二十年(1815)南昌府學刻本 二冊

510000－2722－0000169　00164

爾雅三卷 （晉）郭璞注 （唐）陸德明音釋 清刻本 二冊 存二卷(中至下)

510000－2722－0000170　00168

廣雅十卷 （魏）張輯撰 （隋）曹憲音 清藝林山房刻本 一冊

510000－2722－0000171　00170

埤雅二十卷 （宋）陸佃撰 清藝林山房刻本 三冊

510000－2722－0000172　00176

九經古義十六卷 （清）惠棟撰 清刻本 二冊 存七卷(一至七)

510000－2722－0000173　00179

東塾讀書記□□卷 （清）陳澧撰 清刻本 二冊 存八卷(五至十二)

510000－2722－0000174　00189

說文解字句讀三十卷補正 （漢）許慎記 （清）王筠撰集 清刻本 八冊 存十七卷(三至十五、二十三至二十六)

510000－2722－0000175　00158

集字便覽摘要六卷 （清）張小浦原輯 （□）龍嗣蕭校補 清光緒二十四年(1898)正字山房刻本 一冊 存一卷(一)

510000－2722－0000176　00181

集字便覽摘要□□卷 （清）張小浦著 清刻本 一冊 存一卷(平聲類中集)

510000－2722－0000177　00182

集字便覽摘要□□卷 （清）張小浦著 清刻本 二冊 存三卷(下平、去聲、入聲)

510000－2722－0000178　00138

爾雅注疏十卷 （晉）郭璞注 （宋）邢昺校定 （□）□□音 **附校勘記十卷** （清）阮元撰 （清）盧宣旬摘錄 清嘉慶二十年(1815)南昌府學刻本 五冊

510000－2722－0000179　00144

爾雅音義二卷 （唐）陸德明撰 清刻本 一冊

510000－2722－0000180　00152

爾雅注疏十卷 （晉）郭璞注 （宋）邢昺校定 （□）□□音 **附校勘記十卷** （清）阮元撰 （清）盧宣旬摘錄 清嘉慶二十年(1815)南昌府學刻本 五冊

綿陽市安州區圖書館古籍普查登記目錄

510000 – 2722 – 0000181   00157

爾雅郭注義疏二十卷　（清）郝懿行學　清刻本　二冊　存二卷(中至下)

510000 – 2722 – 0000182   00166

十三經集字摹本四卷　（清）彭玉雯纂　清刻本　一冊　存一卷(四)

510000 – 2722 – 0000183   00184

唐石經校文十卷　（清）嚴可均纂　清光緒八年(1882)崇寧譚明經刻本　四冊

510000 – 2722 – 0000184   00203

說文解字句讀三十卷　（漢）許慎記　（清）王筠撰集　清光緒八年(1882)四川尊經書局刻本　十四冊

510000 – 2722 – 0000185   00210

段氏說文注訂八卷　（清）鈕樹玉著　清同治五年(1866)碧螺山刻本　二冊

510000 – 2722 – 0000186   00214

急就篇四卷　（漢）史遊撰　（唐）顏師古注（宋）王應麟補注　清光緒五年(1879)福山王氏刻本　四冊

510000 – 2722 – 0000187   00215、00217

邵武徐氏叢書　（清）徐榦輯　清光緒邵武徐氏刻本　十冊　存七種五十四卷(鄭氏詩譜攷正,春秋世族譜,小爾雅疏一至八,韻補一至五、韻補正,東南紀事一至十二,西南紀事一至十二,澂景堂史測一至十四)

510000 – 2722 – 0000188   00224

佩文韻府五卷　（清）張玉書等撰　清光緒十五年(1889)上海點石齋石印本　十九冊

510000 – 2722 – 0000189   00225

佩文韻府五卷　（清）張玉書等撰　清光緒十五年(1889)上海點石齋石印本　十冊　缺二卷(二、五)

510000 – 2722 – 0000190   00197

說文新附攷六卷續攷一卷　（清）鈕樹玉著　清同治七年(1868)碧螺山館補刻本　一冊

510000 – 2722 – 0000191   00192

康熙字典十二集三十六卷總目一卷檢字一卷辨似一卷等韻一卷備考一卷補遺一卷　（清）張玉書等纂修　清道光七年(1827)刻本　二十五冊　存二十七卷(子集上中下、丑集上中下、寅集上中下、卯集中下、辰集上中下、巳集上中下、午集上中下、未集上中下,總目一卷,檢字一卷,辨似一卷,備考一卷)

510000 – 2722 – 0000192   00199

康熙字典十二集三十六卷總目一卷檢字一卷辨似一卷等韻一卷備考一卷補遺一卷　（清）張玉書等纂修　清道光七年(1827)刻本　十九冊　存二十一卷(子集上中下、丑集上中下、卯集上中下、辰集上中下、巳集上中下,總目一卷,等韻一卷,檢字一卷,辨似一卷,備考一卷,補遺一卷)

510000 – 2722 – 0000193   00219

康熙字典十二集三十六卷總目一卷檢字一卷辨似一卷等韻一卷備考一卷補遺一卷　（清）張玉書等纂修　清道光七年(1827)刻本　十九冊　存十九卷(午集上中下、未集上中下、申集上中下、酉集上中下、戌集上中下、亥集上中下,等韻一卷)

510000 – 2722 – 0000194   00220

康熙字典十二集三十六卷總目一卷檢字一卷辨似一卷等韻一卷備考一卷補遺一卷　（清）張玉書等纂修　清道光七年(1827)刻本　十五冊　存十五卷(申集中下、酉集上中下、戌集上中下、亥集上中下、丑集中,等韻一卷,備考一卷,補遺一卷)

510000 – 2722 – 0000195   00221

康熙字典十二集三十六卷總目一卷檢字一卷辨似一卷等韻一卷備考一卷補遺一卷　（清）張玉書等纂修　清道光七年(1827)刻本　十四冊　存十六卷(子集中下、丑集上中、寅集上中下、卯集中下、辰集下,總目一卷,等韻一卷,檢字一卷,辨似一卷,備考一卷,補遺一卷)

510000 – 2722 – 0000196   00222

康熙字典十二集三十六卷總目一卷檢字一卷

四川省十一家收藏單位古籍普查登記目錄

辨似一卷等韻一卷備考一卷補遺一卷 （清）
張玉書等纂修　清光緒二十九年（1903）上海
鴻寶書局石印本　六冊

510000－2722－0000197　00223
康熙字典十二集三十六卷總目一卷檢字一卷
辨似一卷等韻一卷備考一卷補遺一卷 （清）
張玉書等纂修　清刻本　二十六冊　存二十
八卷（子集上中下、丑集上中下、寅集上中下、
卯集上中下、辰集上中下、巳集上中下、午集
上中下、未集上中下、申集上,總目一卷,檢字
一卷,辨似一卷）

510000－2722－0000198　00226
康熙字典十二集三十六卷總目一卷檢字一卷
辨似一卷等韻一卷備考一卷補遺一卷 （清）
張玉書等纂修　清道光七年（1827）刻本　三
十三冊　存三十四卷（子集上中下、丑集中
下、寅集上中下、卯集上中下、辰集中下、巳集
上中、午集中下、未集上中下、申集上中下、酉
集上下、戌集上中、亥集上中下,總目一卷,等
韻一卷,檢字一卷,辨似一卷）

510000－2722－0000199　00227、00230
康熙字典十二集三十六卷總目一卷檢字一卷
辨似一卷等韻一卷備考一卷補遺一卷 （清）
張玉書等纂修　清刻本　三冊　存四卷（丑
集中下、未集上下）

510000－2722－0000200　00228
康熙字典十二集三十六卷總目一卷檢字一卷
辨似一卷等韻一卷備考一卷補遺一卷 （清）
張玉書等纂修　清道光七年（1827）刻本　十
五冊　存十五卷（子集下、寅集中、卯集上、辰
集下、巳集中、午集上中下、未集下、申集下、
酉集中、戌集上下、亥集中下）

510000－2722－0000201　00231
康熙字典十二集三十六卷總目一卷檢字一卷
辨似一卷等韻一卷備考一卷補遺一卷 （清）
張玉書等纂修　清道光七年（1827）刻本　六
冊　存六卷（丑集中下、寅集上中、辰集中、申
集中）

510000－2722－0000202　00232

康熙字典十二集三十六卷總目一卷檢字一卷
辨似一卷等韻一卷備考一卷補遺一卷 （清）
張玉書等纂修　清久敬齋石印本　五冊　存
三十七卷（子集上中下、丑集上中下、寅集上
中下、卯集上中下、辰集上中下、巳集上中下、
午集上中下、未集上中下、申集上中下、酉集
上中下、戌集上中下,總目一卷,等韻一卷,檢
字一卷,辨似一卷）

510000－2722－0000203　00233
康熙字典十二集三十六卷總目一卷檢字一卷
辨似一卷等韻一卷備考一卷補遺一卷 （清）
張玉書等纂修　清末石印本　五冊　存三十
二卷（寅集上中下、卯集上中下、辰集上中下、
巳集上中下、午集上中下、未集上中下、申集
上中下、酉集上中下、戌集上中下、亥集上中
下,備考一卷,補遺一卷）

510000－2722－0000204　00198
說文新坿攷六卷 （清）鄭珍記　清刻本　二
冊　存四卷(三至六)

510000－2722－0000205　00204
五音集字十集附集字繫聲二卷 （清）汪朝恩
纂輯　清光緒三十四年（1908）渝城聖家書局
刻本　十二冊

510000－2722－0000206　00194
說文解字注三十卷附六書音韻表二卷汲古閣
說文訂一卷 （清）段玉裁注　清同治十一年
(1872)湖北崇文書局刻本　十七冊

510000－2722－0000207　00206
輶軒使者絕代語釋別國方言十三卷 （清）戴
震疏證　清光緒八年（1882）汗青簃刻本　四
冊

510000－2722－0000208　00209
篆字彙十二卷 （清）佟世男編　清多山堂刻
本　六冊

510000－2722－0000209　00216
皇清經解縮版編目十六卷 （清）陶治元編輯
　（清）李師善輯　（清）王鳳藻輯　清光緒十
七年(1891)上海鴻寶齋石印本　二冊

510000－2722－0000210　00229

附釋音毛詩注疏□□卷　（漢）鄭玄箋　（唐）孔穎達撰　清末石印本　一冊　存六卷（一至六）

510000－2722－0000211　00234

武經七書　（宋）□□輯　清光緒二十四年（1898）志古堂刻本　五冊　存五種十六卷（魏武帝註孫子一至三、六韜一至六、逸文、三略、尉繚子一至二、李衛公問對一至三）

510000－2722－0000212　00200

古律經傳附考五卷　（清）紀大奎著　清同治九年（1870）刻本　二冊

510000－2722－0000213　00202

字彙十二卷首一卷末一卷　（明）梅膺祚音釋　清刻本　七冊　存七卷（子集、丑集、寅集、辰集、卯集、午集、酉集）

510000－2722－0000214　00211

字彙十二卷首一卷末一卷　（明）梅膺祚音釋　清刻本　四冊　存五卷（子集、丑集、辰集、未集、申集）

510000－2722－0000215　00213

字彙十二卷首一卷末一卷　（明）梅膺祚音釋　清刻本　十二冊　缺二卷（首一卷、末一卷）

510000－2722－0000216　00237

佩文詩韻釋要五卷　（清）周兆基輯　清宣統三年（1911）上海商務印書館影印本　二冊

510000－2722－0000217　00242

欽定大學堂章程不分卷　（清）張百熙撰　清光緒二十八年（1902）四川學務處刻本　一冊

510000－2722－0000218　00243

小學普通學讀本一卷　張一鵬撰稿　清末刻本　一冊

510000－2722－0000219　00245

書經初學讀本一卷　（□）□□著　清刻本　一冊

510000－2722－0000220　00247

史記一百三十卷附考證　（漢）司馬遷撰　（唐）司馬貞索隱　（唐）張守節正義　（宋）裴駰集解　清同治十一年（1872）成都書局刻本　二十六冊

510000－2722－0000221　00248

史存三十卷　（清）劉沅輯　清宣統三年（1911）刻本　十六冊

510000－2722－0000222　00258

史記一百三十卷附考證　（漢）司馬遷撰　（唐）司馬貞索隱　（唐）張守節正義　（宋）裴駰集解　清光緒十四年（1888）上海圖書集成印書局鉛印本　八冊　存六十八卷（一至十、十五至十六、二十七至三十二、四十二至五十二、六十九至八十一、九十七至一百二十二）

510000－2722－0000223　00264

史記一百三十卷附考證　（漢）司馬遷撰　（唐）司馬貞索隱　（唐）張守節正義　（宋）裴駰集解　清刻本　四冊　存十九卷（七至八、二十二至二十六、三十三至三十九、一百一十七至一百二十一）

510000－2722－0000224　00267

十三經集字摹本四卷　（清）彭玉雯纂　清刻本　六冊

510000－2722－0000225　00275

後漢書一百二十卷附考證　（南朝宋）范曄撰　（晉）司馬彪續志　（南朝梁）劉昭補並注　（唐）章懷太子李賢注　清刻本　二十八冊

510000－2722－0000226　00283

後漢書一百二十卷附考證　（南朝宋）范曄撰　（晉）司馬彪續志　（南朝梁）劉昭補並注　（唐）章懷太子李賢注　清光緒十四年（1888）上海圖書集成印書局鉛印本　六冊　存五十四卷（一至四、十一至三十二、五十四至六十、八十五至九十、一百一十六至一百二十）

510000－2722－0000227　00284

後漢書一百二十卷附考證　（南朝宋）范曄撰

四川省十一家收藏單位古籍普查登記目錄

（晉）司馬彪續志　（南朝梁）劉昭補並注
（唐）章懷太子李賢注　清光緒二十八年
(1902)武林竹簡齋石印本　八冊

510000－2722－0000228　00208

皇朝五經彙解二百七十卷　（清）抉經心室主
人纂　清末石印本　四冊　存四十七卷(九
十三至九十八、一百二十七至一百三十五、一
百四十五至一百五十二、二百二十七至二百
三十三、一百七十六至一百八十三、一百九十
三至二百零一)

510000－2722－0000229　00236

初等小學國文教授書□□卷　（清）學部編譯
圖書局編　清宣統三年(1911)四川學務公所
鉛印本　二冊　存二卷(二、六)

510000－2722－0000230　00241

文字存真六種坿四種　（清）饒炯學　清光緒
三十年(1904)達古軒刻本　五冊　存二種十
五卷(六書例說、說文解字部首訂一至十四)

510000－2722－0000231　00249

文字存真六種坿四種　（清）饒炯學　清光緒
三十年(1904)達古軒刻本　五冊　存二種十
五卷(六書例說、說文解字部首訂一至十四)

510000－2722－0000232　00251

文字存真六種坿四種　（清）饒炯學　清光緒
三十年(1904)達古軒刻本　五冊　存二種十
五卷(六書例說、說文解字部首訂一至十四)

510000－2722－0000233　00254

文字存真六種坿四種　（清）饒炯學　清光緒
三十年(1904)達古軒刻本　五冊　存二種十
五卷(六書例說、說文解字部首訂一至十四)

510000－2722－0000234　00255

史記一百三十卷附考證　（漢）司馬遷撰
（南朝宋）裴駰集解　（唐）司馬貞索隱
（唐）張守節正義　**附補史記一卷**　（唐）司馬
貞補撰並注　清同治十一年(1872)成都書局
刻本　二十六冊

510000－2722－0000235　00261

史記一百三十卷附考證　（漢）司馬遷撰

（南朝宋）裴駰集解　（唐）司馬貞索隱
（唐）張守節正義　**附補史記一卷**　（唐）司馬
貞補撰並注　清同治十一年(1872)成都書局
刻本　二十六冊

510000－2722－0000236　00263

漢書一百卷　（漢）班固撰　（唐）顏師古注
清光緒十三年(1887)金陵書局刻本　二十二
冊

510000－2722－0000237　00271

漢書一百卷　（漢）班固撰　（唐）顏師古注
清金陵書局刻本　二十一冊　存九十四卷
(七至一百)

510000－2722－0000238　00262、00278

前漢書一百卷附考證　（漢）班固撰　（唐）顏
師古注　清刻本　三十二冊

510000－2722－0000239　00238

四書朱子本義匯糸四十三卷首四卷　（清）王
步青輯　（清）王士鼇編　清刻本　三冊　存
三種六卷(論語集註本義匯糸十五至十七、孟
子集註本義匯糸十三、中庸章句本義匯糸三
至四)

510000－2722－0000240　00239

經學輯要二十四卷首一卷　（清）吳潁炎編
清光緒十三年(1887)石印本　七冊　存十一
卷(二至三、六至八、十六至十七、二十至二十
二、二十四)

510000－2722－0000241　00252

史記一百三十卷　（漢）司馬遷撰　（南朝宋）
裴駰注　（唐）司馬貞索隱　清光緒四年
(1878)金陵書局刻本　十六冊

510000－2722－0000242　00256

史記一百三十卷　（漢）司馬遷撰　（南朝宋）
裴駰注　（唐）司馬貞索隱　清光緒四年
(1878)金陵書局刻本　十六冊

510000－2722－0000243　00257、00260

後漢書九十卷　（南朝宋）范曄撰　（唐）章懷
太子李賢注　**續漢志三十卷**　（晉）司馬彪撰
（南朝梁）劉昭補注　清金陵書局刻本　十

綿陽市安州區圖書館古籍普查登記目錄

八冊

510000－2722－0000244　00272
前漢書一百卷附考證　（漢）班固撰　（唐）顏
師古注　清刻本　六冊　存十卷（十三至二
十二）

510000－2722－0000245　00276
前漢書一百二十卷附考證　（漢）班固撰
（唐）顏師古注　清光緒十四年（1888）上海圖
書集成印書局鉛印本　十一冊　存六十三卷
（一至六、十六至十七、二十七至四十九、五十
七至七十七、八十七至九十七）

510000－2722－0000246　00279
前漢書一百卷附考證　（漢）班固撰　（唐）顏
師古注　清鉛印本　五冊　存三十一卷（二
十一至二十七、五十八至六十五、七十五至九
十）

510000－2722－0000247　00281
晉書一百三十卷　（唐）太宗李世民撰　附音
義三卷　（唐）何超撰　清刻本　二十四冊

510000－2722－0000248　00212
小學鉤沉三十八種十九卷　（清）任大椿學
（清）王念孫校正　清光緒十年（1884）龍氏刻
本　二冊

510000－2722－0000249　00235
小學鉤沉三十八種十九卷　（清）任大椿學
（清）王念孫校正　清光緒十年（1884）龍氏刻
本　四冊

510000－2722－0000250　00274
南齊書五十九卷　（南朝梁）蕭子顯撰　清同
治十三年（1874）金陵書局刻本　六冊

510000－2722－0000251　00282
三國志六十五卷附考證　（晉）陳壽撰　（南
朝宋）裴松之注　清刻本　十三冊　缺三卷
（魏志一至三）

510000－2722－0000252　00240
皇朝經世文編一百二十卷　（清）賀長齡輯
清光緒二十八年（1902）鉛印本　三十四冊

510000－2722－0000253　00246
皇朝經世文四編二十一卷　（清）麥仲華輯
清光緒二十八年（1902）鉛印本　二十四冊

510000－2722－0000254　00250
皇朝經世文三編八十卷　（清）陳忠倚輯　清
鉛印本　十六冊

510000－2722－0000255　00253
皇朝經世文續編一百二十卷　（清）葛士濬輯
清鉛印本　二十四冊　缺五卷（二十三、九
十二至九十五）

510000－2722－0000256　00259
皇朝經世文約編一百二十卷　（清）賀長齡輯
清光緒二十四年（1898）刻本　八冊　存十
七卷（一至十七）

510000－2722－0000257　00265
史畧八十七卷　（清）朱堃輯　清同治五年
（1866）皖南朱氏峴麓山房刻本　十九冊　缺
五卷（六十至六十四）

510000－2722－0000258　00268
三國志六十五卷　（漢）陳壽著　（南朝宋）裴
松之注　清光緒十三年（1887）江南書局刻本
八冊

510000－2722－0000259　00270
三國志六十五卷　（漢）陳壽著　（南朝宋）裴
松之注　清光緒十三年（1887）江南書局刻本
八冊

510000－2722－0000260　00273
三國志六十五卷　（漢）陳壽著　（南朝宋）裴
松之注　清光緒十三年（1887）江南書局刻本
八冊

510000－2722－0000261　00277
四大奇書第一種五十一卷　（清）金聖嘆外書
（清）毛宗崗評　（清）鄒梧崗參訂　清刻本
八冊　存三十八卷（一至二十七、三十三至
四十一、四十五、四十六）

510000－2722－0000262　00285
後漢書一百卷　（南朝宋）范曄撰　（唐）章懷

太子李賢注　續漢書志三十卷　（晉）司馬彪撰　（南朝梁）劉昭補注　清光緒十三年(1887)金陵書局刻本　十五冊　存一百卷（後漢書一至一百）

510000－2722－0000263　00293
北齊書五十卷　（唐）李百藥撰　清同治十三年(1874)金陵書局刻本　四冊

510000－2722－0000264　00298
北齊書五十卷　（唐）李百藥撰　清同治十三年(1874)金陵書局刻本　四冊

510000－2722－0000265　00301
南齊書五十九卷　（南朝梁）蕭子顯撰　清同治十三年(1874)金陵書局刻本　六冊

510000－2722－0000266　00307
隋書八十五卷　（唐）魏徵、長孫無忌等撰　清同治十年(1871)淮南書局刻本　十六冊

510000－2722－0000267　00312
隋書八十五卷　（唐）魏徵、長孫無忌等撰　清同治十年(1871)淮南書局刻本　十五冊　缺六卷(六十七至七十二)

510000－2722－0000268　00316
史外八卷　（清）汪有典著　清同治四年(1865)陝甘公所刻本　五冊　缺三卷(三、七至八)

510000－2722－0000269　00319
金史一百三十五卷附考證　（元）托克托(脫脫)等修　清同治十三年(1874)江蘇書局刻本　二十冊

510000－2722－0000270　00321
金史一百三十五卷附考證　（元）托克托(脫脫)等修　清同治十三年(1874)江蘇書局刻本　二十冊

510000－2722－0000271　00327
明史三百三十二卷　（清）允祿監理　（清）張廷玉等修　清光緒三年(1877)湖北崇文書局刻本　七十九冊　缺五卷(二百一十五至二百一十九)

510000－2722－0000272　00328
明史三百三十二卷　（清）允祿監理　（清）張廷玉等修　清光緒三年(1877)湖北崇文書局刻本　八十冊

510000－2722－0000273　00329
宋元學案一百卷首一卷攷畧一卷　（清）黃宗羲撰　（清）黃百家纂輯　（清）全祖望修定　清光緒五年(1879)長沙寄盧刻本　四十冊

510000－2722－0000274　00280
晉書一百三十卷　（唐）太宗李世民撰　附音義三卷　（唐）何超撰　清同治十年(1871)金陵書局刻本　二十二冊　存一百一十六卷(一至三十三、四十至四十六、五十五至一百三十)

510000－2722－0000275　00291
陳書三十六卷　（唐）姚思廉撰　清同治十一年(1872)金陵書局刻本　四冊

510000－2722－0000276　00295
陳書三十六卷　（唐）姚思廉撰　清同治十一年(1872)金陵書局刻本　四冊

510000－2722－0000277　00299
周書五十卷　（唐）令狐德棻等撰　清同治十三年(1874)金陵書局刻本　四冊

510000－2722－0000278　00304
周書五十卷　（唐）令狐德棻等撰　清同治十三年(1874)金陵書局刻本　四冊

510000－2722－0000279　00309
舊五代史一百五十卷附攷證一百五十卷目錄二卷　（宋）薛居正等撰　清刻本　十三冊　存一百三十四卷(十五至九十八、一百至一百二十一、一百二十三至一百五十)

510000－2722－0000280　00315
舊五代史一百五十卷附攷證一百五十卷目錄二卷　（宋）薛居正等撰　清同治十一年(1872)湖北崇文書局刻本　十六冊

510000－2722－0000281　00318
元史二百一十卷附攷證二百一十卷目錄二卷

綿陽市安州區圖書館古籍普查登記目錄

（明）宋濂等修　清同治十三年(1874)江蘇書局刻本　三十五冊　存一百八十六卷（一至三十四、五十二至五十七、六十七至二百一十,目錄二卷）

510000－2722－0000282　00330
元史二百一十卷附攷證二百一十卷目錄二卷　（明）宋濂等修　清同治十三年(1874)江蘇書局刻本　三十一冊　存一百五十二卷（一至一百五十,目錄二卷）

510000－2722－0000283　00331
西夏紀事本末三十六卷首二卷　（清）張鑑著　清光緒十一年(1885)金陵刻本　三冊

510000－2722－0000284　00336
國語補音三卷附劄記二卷　（宋）宋庠撰　清光緒二年(1876)成都尊經書院刻本　一冊

510000－2722－0000285　00286
魏書一百一十四卷　（北齊）魏收撰　清同治十一年(1872)金陵書局刻本　二十冊

510000－2722－0000286　00288
魏書一百一十四卷　（北齊）魏收撰　清同治十一年(1872)金陵書局刻本　十七冊　存九十九卷（一至五、十二至六十七、七十五至一百一十二）

510000－2722－0000287　00290
梁書五十六卷　（唐）姚思廉撰　清同治十三年(1874)金陵書局刻本　六冊

510000－2722－0000288　00296
梁書五十六卷　（唐）姚思廉撰　清同治十三年(1874)金陵書局刻本　六冊

510000－2722－0000289　00300
南史八十卷　（唐）李延壽撰　清同治十一年(1872)金陵書局刻本　十五冊　存七十四卷（一至七十四）

510000－2722－0000290　00302
南史八十卷　（唐）李延壽撰　清刻本　二冊　存八卷（三十二至三十五、五十九至六十二）

510000－2722－0000291　00303
南史八十卷　（唐）李延壽撰　清同治十一年(1872)金陵書局刻本　十六冊

510000－2722－0000292　00306
五代史七十四卷　（宋）歐陽修撰　（宋）徐無黨注　清同治十一年(1872)湖北崇文書局刻本　八冊

510000－2722－0000293　00311
五代史七十四卷　（宋）歐陽修撰　（宋）徐無黨注　清刻本　四冊　存三十一卷（四十四至七十四）

510000－2722－0000294　00313
五代史七十四卷附考證　（宋）歐陽修撰　（宋）徐無黨注　清刻本　四冊　存二十七卷（十八至二十五、四十三至六十一）

510000－2722－0000295　00317
遼史一百一十五卷　（元）托克托（脫脫）等修　清刻本　十冊

510000－2722－0000296　00320
遼史一百一十五卷附考證　（元）托克托（脫脫）等修　清同治十二年(1873)江蘇書局刻本　十二冊　存一百一十三卷（一至六十八、七十一至一百一十五）

510000－2722－0000297　00324
遼史一百一十五卷附考證　（元）托克托（脫脫）等修　清同治十二年(1873)江蘇書局刻本　十二冊　存一百零一卷（一至一百零一）

510000－2722－0000298　00326
曾文正公家書十卷　（清）曾國藩撰　清光緒二十九年(1903)鴻寶書局石印本　一冊　存三卷（一至三）

510000－2722－0000299　00334
曾文正公全集　（清）曾國藩撰　（清）李瀚章編次　清光緒十四年(1888)鴻文書局鉛印本　二冊　存二種八卷（雜著一至四、詩集一至四）

510000－2722－0000300　00350

四川省十二家收藏單位古籍普查登記目錄

曾文正公奏稿三十六卷 (清)曾國藩撰 清末石印本 八冊 存二十五卷(三至二十三、二十七至三十)

510000－2722－0000301 00287

北史一百卷 (唐)李延壽著 清同治十一年(1872)金陵書局刻本 二十三冊 缺四卷(十四至十七)

510000－2722－0000302 00294

北史一百卷 (唐)李延壽撰 清光緒六年(1880)四川尊經書局刻本 十三冊 缺五十卷(二十八至三十四、四十七、五十一至九十二)

510000－2722－0000303 00314

北史一百卷 (唐)李延壽著 清同治十一年(1872)金陵書局刻本 十二冊 存五十四卷(三十至三十五、四十五至六十三、七十二至一百)

510000－2722－0000304 00332

路史四十七卷 (宋)羅泌纂 (宋)羅蘋註 (明)喬可傳校 明刻清光緒二年(1876)趙承恩紅杏山房補修本 一冊 存四卷(前紀一至四)

510000－2722－0000305 00289

宋書一百卷 (南朝梁)沈約撰 清同治十一年(1872)金陵書局刻本 十六冊

510000－2722－0000306 00292

宋書一百卷 (南朝梁)沈約撰 清同治十一年(1872)金陵書局刻本 十六冊

510000－2722－0000307 00297

唐書二百七十三卷 (宋)歐陽修撰 (宋)宋祁撰 清同治十二年(1873)浙江書局刻本 四十冊

510000－2722－0000308 00305

舊唐書二百十四卷 (五代)劉昫撰 清同治十一年(1872)浙江書局刻本 四十冊

510000－2722－0000309 00308

舊唐書二百十四卷 (五代)劉昫撰 清同治十一年(1872)浙江書局刻本 四十冊

510000－2722－0000310 00310

唐書二百七十三卷 (宋)歐陽修撰 (宋)宋祁撰 清同治十二年(1873)浙江書局刻本 三十七冊 缺十八卷(二十九至三十三、一百十五至一百二十一、二百零五至二百一十)

510000－2722－0000311 00322

宋史四百九十六卷 (元)脫脫等撰 清光緒元年(1875)浙江書局刻本 九十七冊 缺十二卷(八十三、八十四、一百六十八至一百七十二、一百九十九至二百零三)

510000－2722－0000312 00323

宋史四百九十六卷 (元)脫脫等撰 清光緒元年(1875)浙江書局刻本 九十五冊 缺三十二卷(二百六十至二百六十五、二百七十六至二百八十、三百九十三至四百零六、四百九十至四百九十六)

510000－2722－0000313 00218

皇清經解一百九十種一百九十卷首一卷附正訛記一卷 (清)阮元輯 清光緒十七年(1891)上海鴻寶齋石印本 二十三冊 缺六種六卷(尚書地理今釋一卷、易說一卷、禮說一卷、春秋說一卷、白田草堂存稿一卷、周禮疑義舉要一卷)

510000－2722－0000314 00337

資治通鑑二百九十四卷 (宋)司馬光編集 (元)胡三省音註 清刻本 五十冊 存一百五十卷(一至三、七至二十、三十六至三十八、四十二至四十五、五十至五十二、六十九至七十一、七十五至七十八、八十三至八十九、九十四至一百零六、一百一十至一百一十五、一百三十五至一百三十七、一百四十八至一百五十、一百七十至一百七十二、一百七十七至一百八十四、一百八十八至一百九十三、二百至二百一十七、二百三十三至二百三十五、二百四十二至二百四十九、二百五十三至二百五十四、二百五十八至二百五十九、二百六十三至二百七十四、二百七十八至二百八十九、二百九十至二百

綿陽市安州區圖書館古籍普查登記目錄

九十二)

510000－2722－0000315　00348
通鑑釋文辨誤十二卷　（元）胡三省撰　清刻
本　一冊　存四卷(五至八)

510000－2722－0000316　00351
船山遺書　（清）王夫之著　清刻本　六冊
存二種十七卷(宋論四至十,讀通鑑論十一至
十五、十九至二十三)

510000－2722－0000317　00352
袁王綱鑑合編三十九卷附御撰明紀綱目二十
卷　（明）袁黃輯　（明）王世貞編　清光緒三
十年(1904)上海商務印書館鉛印本　十六
冊

510000－2722－0000318　00325
史通通釋二十卷　（清）浦起龍釋　清末翰墨
園刻本　八冊

510000－2722－0000319　00356
御撰資治通鑑綱目三編二十卷　（清）張廷玉
等編次　清光緒二十三年(1897)成都書局刻
本　一冊　存五卷(一至五)

510000－2722－0000320　00358
史漢合鈔三種　（清）高梅亭集評　清乾隆五
十三年(1788)善成堂刻本　十冊

510000－2722－0000321　00359
經史百家雜鈔二十六卷　（清）曾國藩纂
(清)李鴻章校刊　清光緒三十二年(1906)上
海商務印書館鉛印本　十二冊

510000－2722－0000322　00360
經史百家雜鈔二十六卷　（清）曾國藩纂
(清)李鴻章校刊　清末上海商務印書館鉛印
本　十二冊

510000－2722－0000323　00362
廿二史劄記三十六卷補遺一卷　（清）趙翼著
　清光緒二十六年(1900)上海書局石印本
八冊

510000－2722－0000324　00338
曾文正公批牘六卷　（清）曾國藩著　清末石

印本　一冊　存二卷(五至六)

510000－2722－0000325　00339、00347
曾文正公全集　（清）曾國藩撰　（清）李瀚章
編錄　清光緒十四年(1888)鴻文書局鉛印本
　三冊　存七種二十七卷(首一卷,奏稿一至
二,批牘一至三,家書一至五、八至十,文集一
至四,書劄七至三十三,經史百家雜鈔一至
四,求闕齋讀書錄六至十)

510000－2722－0000326　00340
曾文正公全集　（清）曾國藩撰　（清）李瀚章
編錄　清末鉛印本　一冊　存二種十三卷
(孟子要略一至八、曾文正公年譜八至十二)

510000－2722－0000327　00346
曾文正公批牘六卷　（清）曾國藩著　清末鉛
印本　一冊　存四卷(三至六)

510000－2722－0000328　00333
史鑑節要便讀七卷　（清）鮑東里編輯　清刻
本　一冊　存二卷(五至六)

510000－2722－0000329　00342
歷代帝王年表十四卷　（清）齊召南編　（清）
阮福續編　附帝王廟謚年諱譜一卷　（清）陸
費墀著　清刻本　四冊

510000－2722－0000330　00353
宋史論三卷　（明）張溥論正　清刻本　一冊
　存二卷(一至二)

510000－2722－0000331　00354
史外八卷　（清）汪有典著　清刻本　二冊
存二卷(七至八)

510000－2722－0000332　00357
新刊趙田了凡袁先生編纂古本歷史大方綱鑑
補三十九卷首一卷　（明）袁黃著　清光緒二
十三年(1897)成都書局刻本　二十八冊

510000－2722－0000333　00361
新刊趙田了凡袁先生編纂古本歷史大方綱鑑
補三十九卷首一卷　（明）袁黃著　清光緒二
十三年(1897)成都書局刻本　三十三冊　缺
三卷(六至七,首一卷)

510000－2722－0000334　00343

通鑑論三卷附稽古錄論一卷 （宋）司馬光撰
（清）伍耀光輯錄　清廣州菁華閣刻本　二
冊

510000－2722－0000335　00344

通鑑地理通釋十四卷 （宋）王應麟著　清刻
本　二冊　存五卷（四至八）

510000－2722－0000336　00349

資治通鑑綱目五十九卷 （宋）朱熹著　（明）
陳仁錫評閱　**續編一卷** （明）陳桱著　（明）
陳仁錫評閱　**前編二十五卷** （明）南軒著
（明）陳仁錫評閱　**續資治通鑑綱目二十七卷**
（明）商輅等著　（明）陳仁錫評閱　清刻本
三十六冊　存四十卷（資治通鑑綱目二十
一、二十八至三十、三十二至五十一、五十五
至五十七,前編一至五,續資治通鑑綱目二、
四、七至九、十一至十三）

510000－2722－0000337　00355

御批通鑑綱目 （□）□□著　清光緒十三年
（1887）上海同文書局石印本　八冊　存四種
三十五卷（前編一至十三、舉要一至三,前編
外紀,御批資治通鑑綱目十二至十四、四十三
至四十四、四十八至五十三,續資治通鑑綱目
十一至十三、二十至二十三）

510000－2722－0000338　00364

新刊古列女傳八卷 （漢）劉向編撰　（晉）顧
凱之圖畫　清末影印本　三冊

510000－2722－0000339　00365

列女傳八卷 （漢）劉向編撰　（清）梁端校注
清道光十七年（1837）錢唐汪氏振綺堂刻本
二冊

510000－2722－0000340　00366

古列女傳八卷 （漢）劉向著　（明）黃魯曾贊
清光緒三年（1877）湖北崇文書局刻本　三
冊　缺二卷（七至八）

510000－2722－0000341　00374

文獻通考三百四十八卷附考證三卷 （元）馬
端臨著　清光緒二十七年（1901）上海圖書集

成局鉛印本　四十二冊　缺十三卷（五至十
一、五十五至六十）

510000－2722－0000342　00377

欽定續文獻通考二百五十卷 （清）嵇璜等總
裁　（清）曹仁虎等纂修　清光緒二十七年
（1901）上海圖書集成局鉛印本　三十六冊

510000－2722－0000343　00381

欽定續文獻通考二百五十卷 （清）嵇璜等總
裁　（清）曹仁虎等纂修　清光緒二十七年
（1901）上海圖書集成局鉛印本　三十四冊
缺二十一卷（五十六至六十、一百六十至一百
七十五）

510000－2722－0000344　00385

皇朝文獻通考三百卷 （清）嵇璜等總裁
（清）曹仁虎等纂修　清光緒二十七年（1901）
上海圖書集成局鉛印本　三十五冊　缺二十
一卷（三十二至三十八、四十七至五十四、一
百一十九至一百二十四）

510000－2722－0000345　00386

文獻通考三百四十八卷 （元）馬端臨著　清
光緒二十八年（1902）貫吾齋石印本　十九冊
缺十六卷（三百一十三至三百二十八）

510000－2722－0000346　00363

歷代帝王年表十三卷 （清）齊召南編　（清）
阮福續編　**附帝王廟謚年諱譜一卷** （清）陸
費墀著　清刻本　四冊

510000－2722－0000347　00370

**竹書紀年六卷附辨誤一卷考證一卷年表二卷
曆法天象圖一卷地形都邑圖一卷帝繫名號圖
一卷** （南朝梁）沈約附注　（清）雷學淇校訂
清潤身堂刻本　四冊

510000－2722－0000348　00379

歷代職官表六卷 （清）黃本驥舊校　（清）張
孝楷覆校　清光緒六年（1880）膚詁齋刻本
三冊

510000－2722－0000349　00384

歷代名臣言行錄二十四卷首一卷 （清）朱桓
編輯　清光緒三十一年（1905）育文書局石印

綿陽市安州區圖書館古籍普查登記目錄

本　八冊

510000－2722－0000350　00388

歷代名臣言行錄二十四卷首一卷　（清）朱桓
編輯　清光緒三十一年（1905）育文書局石印
本　六冊　存十六卷（一至九、十九至二十
四,首一卷）

510000－2722－0000351　00389

綱鑑總論□□卷　（明）顧充著　清刻本　一
冊　存一卷（下）

510000－2722－0000352　00367

蜀典十二卷　（清）張澍編輯　清光緒二年
（1876）尊經書院刻本　四冊

510000－2722－0000353　00369

國語二十一卷　（三國吳）韋昭解　清刻本
二冊　存十五卷（一至五、十二至二十一）

510000－2722－0000354　00371

**國語二十一卷附校刊明道本韋氏解國語劄記
一卷**　（三國吳）韋昭解　（清）黃丕烈撰　清
光緒二十三年（1897）成都書局刻本　四冊

510000－2722－0000355　00372

國語二十一卷　（三國吳）韋昭解　清刻本
一冊　存六卷（十六至二十一）

510000－2722－0000356　00373

**戰國策三十三卷附重刻剡川姚氏本戰國策劄
記三卷**　（漢）高誘注劄記　（清）黃丕烈著
清光緒二年（1876）尊經書院刻本　四冊　存
三十三卷（戰國策一至三十三）

510000－2722－0000357　00375

通典二百卷附欽定通典考證一卷　（唐）杜佑
纂　清光緒二十七年（1901）上海圖書集成局
鉛印本　十六冊

510000－2722－0000358　00376

通典二百卷附欽定通典考證一卷　（唐）杜佑
纂　清光緒二十七年（1901）上海圖書集成局
鉛印本　十五冊　存一百九十三卷（一至一
百九十三）

510000－2722－0000359　00378

欽定續通典一百五十卷　（清）嵇璜等總裁
（清）曹仁虎等纂修　清光緒二十七年（1901）
上海圖書集成局鉛印本　十二冊

510000－2722－0000360　00382

欽定續通典一百五十卷　（清）嵇璜等總裁
（清）曹仁虎等纂修　清光緒二十七年（1901）
上海圖書集成局鉛印本　十二冊

510000－2722－0000361　00383

欽定續通典一百五十卷　（清）嵇璜等總裁
（清）曹仁虎等纂修　清光緒貫吾齋石印本
六冊

510000－2722－0000362　00387

胡文忠公遺集八十六卷首一卷　（清）胡林翼
撰　（清）鄭敦謹纂輯　（清）曾國荃纂輯
（清）胡鳳丹重編　清光緒十四年（1888）上海
著易堂鉛印本　八冊

510000－2722－0000363　00390

林文忠公政書五種　（清）林則徐撰　清光緒
二十四年（1898）天津文德堂石印本　五冊
缺二種八卷（林文忠公政書乙集湖廣奏稿四
至五、使粵奏稿一至六）

510000－2722－0000364　00155

皇清經解一百八十種　（清）阮元輯　清光緒
十三年（1887）上海書局石印本　二十九冊
存六十九種六百六十七卷（左傳杜解補正一
至三,音論一卷,易音一至三,詩本音一至十,
日知錄一至二,四書釋地一卷、四書釋地續一
卷、四書釋地又續一卷、四書釋地三續一卷,
孟子生卒年月考一卷,潛邱劄記一至二,禹貢
錐指一至二十、例畧圖一卷,學禮質疑一至
二,學春秋隨筆一至十,毛詩稽古編十八至三
十,觀象授時一至十四,經史問答一至七,質
疑一卷,注疏考證一至六,周官祿田考一至
三,尚書小疏一卷,儀禮小疏一至八,春秋左
傳小疏一卷,果堂集一卷,周易述一至二十
一,尚書集注音疏一至十三、尚書經師系表一
卷,尚書後案十八至三十一,周禮軍賦說一至
四,十駕齋養新錄一至三、餘錄一卷,潛研堂
文集一至六,四書考異一至三十六,尚書釋天

一卷,讀書脞錄一卷,讀書脞錄續編一卷,弁服釋例一卷,釋繒一卷,爾雅正義一至二十、釋文一卷,毛詩故訓傳一至三十,詩經小學一至四,周禮漢讀考一至六,儀禮漢讀考一卷,說文解字一至十五,六書音均表一至五,經韻樓集一至六,廣雅疏證一至十,讀書雜志一至二,春秋公羊通義一至十二,校禮堂文集一卷,劉氏遺書一卷,述學一至二,經義知新記一卷,大戴禮正誤一卷,曾子注釋一至四,周易挍勘記一至九、略例挍勘記一卷、釋文挍勘記一卷,尚書挍勘記一至二十、釋文挍勘記一至二,周禮挍勘記一至十二、釋文挍勘記一至二,儀禮挍勘記一至十七、釋文挍勘記一卷,禮記挍勘記一至六十三、釋文挍勘記一至四,春秋左氏傳挍勘記一至三十六、釋文挍勘記一至六,春秋公羊傳挍勘記一至十一、釋文挍勘記一卷,春秋穀梁傳挍勘記一至十二、釋文挍勘記一卷,論語挍勘記一至十、釋文挍勘記一卷,考工記車制圖解一至二,積古齋鐘鼎彝器款識一至二,疇人傳一至九,揅經室集一至七,撫本禮記鄭注考異一至二,易章句一至十二,易通釋一至二十,易圖略一至八,孟子正義一至三十,經義述聞一至二十六)

510000－2722－0000365 00368
皇清經解一百九十種一百九十卷首一卷 (清)阮元輯 清末石印本 二十三冊 缺八種八卷(大戴禮記補注一卷、經學卮言一卷、溉亭述古錄一卷、群經識小一卷、經讀考異一卷、尚書今古文注疏一卷、問字堂集一卷、儀禮釋官一卷)

510000－2722－0000366 00380
十三經集字摹本四卷 (清)彭玉雯纂 清刻本 三冊 存二卷(三至四)

510000－2722－0000367 00391
欽定續文獻通考二百五十卷 (清)嵇璜等總裁 (清)曹仁虎等纂修 清光緒二十八年(1902)石印本 十四冊

510000－2722－0000368 00414、00415、00416
三通考輯要 湯壽潛輯 清末刻本 六冊 存四十卷(文獻通考輯要十一至十三、十八至二十一,皇朝文獻通考輯要五至九、十一至十八、二十五至二十六,欽定續文獻通考輯要二至四、十二至二十六)

510000－2722－0000369 00419
古刻叢鈔一卷 (元)陶宗儀著 清光緒六年(1880)誦芬閣刻本 一冊

510000－2722－0000370 00420
中外時務新策二卷 (□)自強齋主人編輯 清光緒二十四年(1898)上海書局石印本 二冊

510000－2722－0000371 00421
晏子春秋七卷 (春秋)晏嬰撰 **附音義二卷** (清)孫星衍撰 **校勘記二卷** (清)黃以周記 清光緒十九年(1893)鴻文書局石印本 一冊

510000－2722－0000372 00422
四川鄉試闈墨不分卷 (□)□□輯 清光緒二十九年(1903)衡文堂刻本 一冊

510000－2722－0000373 00423
羣經大義不分卷 (清)楊士欽著 清光緒三十四年(1908)重慶廣益書局鉛印本 一冊

510000－2722－0000374 00424
刑法汎論不分卷 (日本)島田文之助講述 清光緒三十三年(1907)文倫書局鉛印本 一冊

510000－2722－0000375 00427
商法總則不分卷 (□)張嘉會編述 清宣統元年(1909)通省自治研究所刻本 一冊

510000－2722－0000376 00428
金軺籌筆四卷和約一卷 (清)□□著 清光緒九年(1883)挹秀山房刻本 一冊 存二卷(一至二)

510000－2722－0000377 00341
御批歷代通鑑輯覽一百二十卷 (清)傅恒等編纂 清刻本 四十二冊 存八十四卷(二十九至八十四、八十七至一百一十四)

510000－2722－0000378 00392

綿陽市安州區圖書館古籍普查登記目錄

御批歷代通鑑輯覽一百二十卷　（清）傅恒等
編纂　清刻本　六十冊

510000－2722－0000379　00393
御批歷代通鑑輯覽一百二十卷　（清）傅恒等
編纂　清同治十三年（1874）湖南書局刻本
三十冊　存六十卷（一至六十）

510000－2722－0000380　00394
御批歷代通鑑輯覽一百二十卷　（清）傅恒等
編纂　清光緒二十七年（1901）宏道書局刻本
四十八冊　存九十六卷（一至二、五至十
二、十五至十六、十九至二十、二十三至三十
八、四十一至四十四、四十七至七十八、八十
三至九十六、九十九至一百零四、一百零九至
一百一十、一百一十三至一百二十）

510000－2722－0000381　00395
御批歷代通鑑輯覽一百二十卷　（清）傅恒等
編纂　清刻本　四十六冊　存九十一卷（二
至三、六至七、十二至二十一、二十四至四十
八、五十一至一百、一百零七至一百零八）

510000－2722－0000382　00396
御批歷代通鑑輯覽一百二十卷　（清）傅恒等
編纂　清同治十三年（1874）湖南書局刻本
二十一冊　存四十二卷（一至二、十三至二
十、二十三至二十四、二十九至三十、三十五
至三十六、四十五至四十六、五十五至六十、
六十五至六十八、九十一至九十四、一百一至
一百零二、一百零五至一百零六、一百零九至
一百一十二、一百一十五至一百一十六）

510000－2722－0000383　00397
御批歷代通鑑輯覽一百二十卷　（清）傅恒等
編纂　清同治十三年（1874）湖南書局刻本
五十八冊

510000－2722－0000384　00398
御批歷代通鑑輯覽一百二十卷　（清）傅恒等
編纂　清刻本　六十三冊　存九十七卷（一
至二十、二十三至三十一、三十三至三十六、
三十九至四十六、四十九至五十五、五十七至
五十八、六十一、六十三至六十七、六十九、七
十一至七十三、七十五、七十七至七十九、八

十二至九十、九十三至九十四、九十七至九十
八、一百零一至一百二十）

510000－2722－0000385　00399
御批歷代通鑑輯覽一百二十卷　（清）傅恒等
編纂　清刻本　十八冊　存三十六卷（三十
至六十一、六十四至六十五、一百一十二至一
百一十三）

510000－2722－0000386　00400
御批通鑑輯覽一百二十卷　（清）傅恒等編纂
清末石印本　十九冊　存一百一十四卷
（七至一百二十）

510000－2722－0000387　00401
御批歷代通鑑輯覽一百二十卷　（清）傅恒等
編纂　清光緒二十年（1894）上海書局石印本
二十三冊　存一百一十六卷（一至八十、八
十五至一百二十）

510000－2722－0000388　00402
御批歷代通鑑輯覽一百二十卷　（清）傅恒等
編纂　清光緒二十八年（1902）萃文齋石印本
六冊　存三十七卷（一至六、十五至二十
一、三十四至四十、六十三至六十八、九十一
至九十五、一百零七至一百一十二）

510000－2722－0000389　00403
御批歷代通鑑輯覽一百二十卷　（清）傅恒等
編纂　清光緒二十八年（1902）上海文林書局
石印本　十冊

510000－2722－0000390　00404
御批歷代通鑑輯覽一百二十卷　（清）傅恒等
編纂　清褻書屋選輯　**歷朝史論彙編不分卷**
清褻書屋選輯　清末澄衷學堂印書處石印
本　四十冊

510000－2722－0000391　00405
御撰資治通鑑綱目三編四十卷　（清）張廷玉
等編次　清刻本　四冊　存二十卷（一至二
十）

510000－2722－0000392　00406
御撰資治通鑑綱目三編四十卷　（清）張廷玉
等編　清刻本　三冊　存十五卷（六至二十）

四川省十一家收藏單位古籍普查登記目録

510000－2722－0000393　00407

續資治通鑑二百二十卷　（清）畢沅編集　清光緒二十六年(1900)上海圖書集成局鉛印本　二十八冊

510000－2722－0000394　00408

續資治通鑑二百二十卷　（清）畢沅編集　清光緒十六年(1890)上海積山書局鉛印本　二十二冊

510000－2722－0000395　00409

御撰資治通鑑綱目三編四十卷　（清）張廷玉等編　清刻本　一冊　存六卷(十五至二十)

510000－2722－0000396　00410、00430

資治通鑑二百九十四卷目錄三十卷　（宋）司馬光編集　（元）胡三省音註　清光緒二十六年(1900)圖書集成局鉛印本　二十冊　存一百四十九卷(七十四至八十、八十九至九十六、一百零四至一百一十九、一百二十八至一百六十八、一百八十三至一百八十九、二百零五至二百一十、二百三十九至二百七十二、二百八十至二百八十七,目錄一至二十二)

510000－2722－0000397　00335

二十四史附考證　（□）□□輯　清光緒二十八年(1902)武林竹簡齋石印本　一百八十一冊　缺六種三百三十五卷(史記一至一百三十、後漢書一至一百二十、三國志魏志一至十三、魏書一百一十五至一百四十、南齊書二十八至五十九、明史四十七至六十)

510000－2722－0000398　00269

石渠閣新鐫周易幼學能解□□卷　（明）黃淳耀原本　（清）壽國柔補　（清）蔣先庚柔補　清刻本　一冊　存一卷(上經一)

510000－2722－0000399　00417

羣學肄言不分卷　（英國）斯賓塞爾造論　嚴復翻譯　清光緒二十九年(1903)上海文明編譯書局刻本　八冊

510000－2722－0000400　00418

道古堂外集十二種□□卷　（清）杭世駿著　清刻本　三冊　存六種十三卷(石經考異一

至二、諸史然疑一卷、晉書補傳贊一卷、文選課虛一至四、續方言一至二、榕城詩話一至三)

510000－2722－0000401　00425

羣玉閣彙刊類書十二種二十三卷　（清）小嫏嬛山館編　清刻本　五冊　缺四種十二卷(爾雅貫珠一卷、均藻一至五、謝華啓秀一至四、文選集腋一至二)

510000－2722－0000402　00411

新政論議二卷　（清）何啟著　（清）胡禮垣著　清光緒二十三年(1897)成都刻本　二冊

510000－2722－0000403　00413

子書二十八種　（清）育文書局輯　清宣統元年(1909)上海育文書局石印本　三十一冊　缺一種六卷(莊子一至六)

510000－2722－0000404　00426

通志二百卷附考證三卷　（宋）鄭樵撰　清光緒二十七年(1901)上海圖書集成局鉛印本　六十冊

510000－2722－0000405　00429

九通全書九種　（□）□□撰　清光緒二十七年至二十八年(1901－1902)貫吾齋石印本　八十八冊　存六種一千五百六十六卷(通典一至二百、通志一至二百、欽定續通志一至六百四十、皇朝文獻通考一至三百、皇朝通典一至一百、皇朝通志一至一百二十六)

510000－2722－0000406　00438

十七史商榷一百卷　（清）王鳴盛述　清光緒二十三年(1897)點石齋石印本　四冊

510000－2722－0000407　00443

歷代地理沿革表四十七卷　（清）陳芳績撰　清光緒二十一年(1895)廣雅書局刻本　二十四冊

510000－2722－0000408　00449

天下郡國利病書一百二十卷　（清）顧炎武輯　清道光龍萬育敷文閣刻光緒五年(1879)蜀南桐華書局薛氏家塾重修本　四十四冊　缺二十六卷(六至九、二十五至二十六、二十九

綿陽市安州區圖書館古籍普查登記目錄

至三十二、三十八、五十三至五十四、七十九
至八十二、八十五至八十六、九十七至九十
八、一百零一至一百零三、一百一十一至一百
一十二)

510000－2722－0000409　00451
左氏節萃十卷　(清)凌鬥湟撰　清乾隆二十
六年(1761)金閶書業堂刻本　二冊　存七卷
(一至七)

510000－2722－0000410　00453
隋經籍志考證十三卷　(清)章宗源撰　清光
緒元年(1875)湖北崇文書局刻本　四冊

510000－2722－0000411　00456
廿一史約編八卷首一卷後編一卷　(清)鄭元
慶述　清天元堂刻本　八冊

510000－2722－0000412　00459
國語明道本攷異四卷　(清)汪遠孫著　清光
緒二年(1876)尊經書院刻本　一冊　存三卷
(一至三)

510000－2722－0000413　00460
四書味根錄三十七卷　(清)金澂著　清刻本
一冊　存四卷(論語七至十)

510000－2722－0000414　00462
國朝全蜀詩鈔六十四卷　(清)孫桐生選輯
清刻本　三冊　存十三卷(十六至二十、二十
二至二十九)

510000－2722－0000415　00467
廿二史劄記三十六卷補遺一卷附皇朝劄記述
略四卷　(清)趙翼著　清刻本　三冊　存十
卷(二至六、二十八至二十九,補遺一卷,皇朝
劄記述略三至四)

510000－2722－0000416　00469
欽定大清會典一百卷　(清)崑岡等著　清刻
本　四冊　存十四卷(四十至四十三、五十三
至五十七、六十二至六十三、七十八至八十)

510000－2722－0000417　00473
欽定大清會典一百卷首一卷　(清)崑岡等總
裁　清光緒三十四年(1908)上海商務印書館

石印本　九冊　存九十二卷(一至四十八、五
十八至一百,首一卷)

510000－2722－0000418　00476
四書題鏡不分卷　(清)汪鯉翔著　四書味根
錄三十七卷　(清)金澂著　清石印本　五冊
存四書題鏡,四書味根錄二十七卷(論語一
至二十、孟子一至七)

510000－2722－0000419　00478
佩文韻府五卷　(清)張玉書等著　清石印本
四冊　存三卷(一至三)

510000－2722－0000420　00431
鼎鍥趙田了凡袁先生編纂古本歷史大方綱鑑
補三十九卷首一卷　(明)袁黃編纂　清刻本
二十八冊

510000－2722－0000421　00441
綱鑑擇語十卷　(清)司徒修輯　清刻本　一
冊　存二卷(五至六)

510000－2722－0000422　00442
大清律例歌訣三卷　(清)程夢元編定　清宣
統元年(1909)甘肅官報書局鉛印本　一冊

510000－2722－0000423　00445
得一齋雜著四種八卷　(清)黃楙材著　清光
緒二十三年(1897)成都志古堂刻本　四冊

510000－2722－0000424　00448
水道提綱二十八卷　(清)齊召南編錄　清光
緒五年(1879)宏達堂刻本　六冊

510000－2722－0000425　00450
大清壹統輿圖三十卷首一卷　(清)鄒世詒等
編　(清)李廷簫增訂　清同治二年(1863)湖
北撫署刻本　二十九冊　存三十卷(南一至
五、南七至十、北一至二十,首一卷)

510000－2722－0000426　00457
大清壹統輿圖三十卷首一卷　(清)鄒世詒等
編　(清)李廷簫增訂　清刻本　九冊　存十
九卷(南五至八、北一至十五)

510000－2722－0000427　00461
水經注四十卷　(北魏)酈道元撰　清刻本

四川省十二家收藏單位古籍普查登記目錄

十六冊

510000 – 2722 – 0000428　00464

廣輿記二十四卷　（清）蔡方炳增輯　清刻本
　三冊　存六卷(六至七、十五至十八)

510000 – 2722 – 0000429　00471

文山別集四種十四卷　（宋）文天祥著　清宣
統二年(1910)東雅社鉛印本　四冊

510000 – 2722 – 0000430　00477

復堂日記八卷　（清）譚獻著　清光緒十三年
(1887)刻本　二冊

510000 – 2722 – 0000431　00432

**[咸豐乙卯科]四川鄉試十房同門姓氏硃卷十
卷**　（清）□□輯　清刻本　六冊

510000 – 2722 – 0000432　00433

在官法戒錄四卷　（清）陳弘謀編輯　清道光
六年(1826)刻本　二冊

510000 – 2722 – 0000433　00435

在官法戒錄四卷　（清）陳弘謀編輯　清刻本
　一冊　存二卷(三至四)

510000 – 2722 – 0000434　00436

從政遺規二卷　（清）陳弘謀編輯　清道光六
年(1826)刻本　一冊　存一卷(上)

510000 – 2722 – 0000435　00437

從政遺規二卷　（清）陳弘謀編輯　清刻本
一冊　存一卷(下)

510000 – 2722 – 0000436　00439

從政遺規二卷　（清）陳弘謀編輯　清乾隆三
十七年(1772)刻本　二冊

510000 – 2722 – 0000437　00440

漢制攷四卷　（宋）王應麟著　清光緒十年
(1884)成都志古堂刻本　一冊　存二卷(一
至二)

510000 – 2722 – 0000438　00444

增訂盛世危言新編十四卷　（清）鄭觀應纂箸
　清刻本　三冊　存五卷(二、六至七、十一
至十二)

510000 – 2722 – 0000439　00446

三通序三卷　（清）蔣德鈞輯　清光緒二十九
年(1903)刻本　一冊　存二卷(上至中)

510000 – 2722 – 0000440　00447

衛藏圖識四卷蠻語一卷　（清）盛繩祖著　清
刻本　四冊　缺一卷(蠻語一卷)

510000 – 2722 – 0000441　00452

歷代輿地沿革險要圖不分卷　（清）楊守敬撰
　（清）饒敦秩撰　清光緒五年(1879)東湖饒
氏刻朱墨套印本　一冊

510000 – 2722 – 0000442　00458

歷代輿地沿革險要圖不分卷　（清）楊守敬撰
　（清）饒敦秩撰　清光緒十一年(1885)朱墨
套印本　一冊

510000 – 2722 – 0000443　00463

吳志二十卷附考證　（晉）陳壽撰　（南朝宋）
裴松之注　清刻本　二冊　存六卷(十至十
五)

510000 – 2722 – 0000444　00466

剡錄十卷　（宋）高似孫撰　清光緒邵武徐氏
刻本　二冊

510000 – 2722 – 0000445　00470

觀象廬叢書　（清）呂調陽著　清刻本　一冊
　存二種二卷(諸子釋地一、古史釋地三)

510000 – 2722 – 0000446　00472

山海經箋疏十八卷圖讚一卷訂譌一卷　（晉）
郭璞傳　（清）郝懿行箋疏　清光緒十八年
(1892)上海仿古齋石印本　六冊

510000 – 2722 – 0000447　00454

東周列國全志二十三卷一百八回　（清）蔡昇
評點　清藜照書屋刻本　五冊　存五卷(九
至十、十三至十五)

510000 – 2722 – 0000448　00455

東周列國全志二十三卷一百八回　（清）蔡昇
評點　清藜照書屋刻本　七冊　存十四卷
(一至十四)

510000 – 2722 – 0000449　00468

光緒壬午科直省鄉墨快不分卷　（清）陳昌評
選　清光緒八年(1882)刻本　一冊　存順天
省、江南省、江西省

510000－2722－0000450　00474

[道光戊子科]直省鄉墨作新□□種□□卷
（清）朱榜慶評選　清道光刻本　二冊　存五
種五卷(順天墨選一卷、浙江墨選一卷、安徽
江蘇墨選一卷、山西墨選一卷、河南墨選一
卷)

510000－2722－0000451　00465

續漢志三十卷　（晉）司馬彪撰　（南朝梁）劉
昭注補　清刻本　二冊　存十九卷(一至五、
十七至三十)

510000－2722－0000452　00475

韓仙傳一卷　（唐）韓若雲撰　清刻本　一
冊

510000－2722－0000453　00479

綱鑑正史約三十六卷　（明）顧錫疇原編
(清)陳弘謀增訂　清刻本　一冊　存二卷
(十八至十九)

510000－2722－0000454　00486

皇朝輿地畧一卷　（清）六承如編　清刻本
一冊

510000－2722－0000455　00487

時行雜字不分卷　（□）□□著　清刻本　一
冊

510000－2722－0000456　00495

小石山房叢書四十一種　（清）顧湘編輯　清
同治十三年(1874)虞山顧氏刻本　二十冊

510000－2722－0000457　00505

華陽國志十二卷　（晉）常璩撰　清光緒七年
(1881)廣漢刻本　四冊

510000－2722－0000458　00506

華陽國志十二卷附補華陽國志三州郡縣目錄
一卷　（晉）常璩著　清光緒四年(1878)二酉
山房刻本　六冊

510000－2722－0000459　00512

聖武記十四卷　（清）魏源譔　清末石印本
二冊　存八卷(七至十四)

510000－2722－0000460　00515

策府統宗六十五卷　（清）劉昌齡著　清光緒
十九年(1893)上海積山書局石印本　十九冊
缺四卷(五十六至五十九)

510000－2722－0000461　00518

中外通商始末記二十卷　（清）彭玉麟定
(清)王之春編　清光緒二十一年(1895)寶善
書局石印本　六冊

510000－2722－0000462　00521

王文成公全書三十八卷　（明）王守仁著　清
刻本　一冊　缺三十八卷(一至三十八)

510000－2722－0000463　00523

文獻通考二十四卷首一卷　（元）馬端臨著
清光緒十一年(1885)上海點石齋石印本　十
一冊　存十六卷(一至八、十二、十四至十五、
十七至十八、二十一至二十二、二十四)

510000－2722－0000464　00525

文獻通考二十四卷　（元）馬端臨著　清石印
本　三冊　存三卷(十四、二十一、二十四)

510000－2722－0000465　00526

[嘉慶]羅江縣志三十六卷　（清）范紹泗鑒定
（清)李桂林總纂　[同治]續修羅江縣志二
十四卷　（清)文榮鑒定　（清)馬傳業總纂
清嘉慶二十年(1815)刻同治四年(1865)續刻
本　六冊

510000－2722－0000466　00536

[嘉慶]羅江縣志三十六卷　（清）范紹泗鑒定
（清)李桂林總纂　[同治]續修羅江縣志二
十四卷　（清)文榮鑒定　（清)馬傳業總纂
清嘉慶二十年(1815)刻同治四年(1865)續刻
本　六冊

510000－2722－0000467　00537

[同治]續修羅江縣志二十四卷　（清）文榮鑒
定　（清)馬傳業總纂　清同治四年(1865)刻
本　一冊　存十六卷(一至十六)

四川省十一家收藏單位古籍普查登記目錄

510000－2722－0000468　00538

［同治］續修羅江縣志二十四卷 （清）文榮鑒定 （清）馬傳業總纂　清同治四年（1865）刻本　二冊

510000－2722－0000469　00483

資治通鑑目錄三十卷 （宋）司馬光編集　清刻本　十冊

510000－2722－0000470　00499

隋書經籍志四卷 （唐）長孫無忌等撰　清光緒八年（1882）成都儆風樓刻本　三冊　存三卷（一至三）

510000－2722－0000471　00500

資治通鑑二百九十四卷 （宋）司馬光編集 （元）胡三省音註　清末石印本　二冊　存十三卷（八十一至八十七、一百六十二至一百六十七）

510000－2722－0000472　00510

續資治通鑑二百二十卷 （清）畢沅編集　清末影印本　四冊　存二十九卷（七十三至八十、一百四十五至一百五十一、一百七十一至一百七十七、一百八十五至一百九十一）

510000－2722－0000473　00522

讀史方輿紀要一百三十卷附輿圖要覽四卷 （清）顧祖禹輯著　清嘉慶十七年（1812）成都敷文閣刻光緒五年（1879）蜀南薛氏桐華書屋薛氏家塾修補本　六十一冊

510000－2722－0000474　00529

讀史方輿紀要一百三十卷附輿圖要覽四卷 （清）顧祖禹輯著　清嘉慶十七年（1812）成都敷文閣刻光緒五年（1879）蜀南薛氏桐華書屋薛氏家塾修補本　四十五冊　存一百二十五卷（一至二十三、二十六至八十八、九十二至九十七、一百至一百三十,輿圖要覽二至三）

510000－2722－0000475　00530

新疆要畧四卷 （清）祁韻士輯　清光緒二十一年（1895）鴻寶書局石印本　二冊

510000－2722－0000476　00481

曾文正公全集一百五十九卷首一卷 （清）曾國藩箸　清光緒二十九年（1903）鴻寶書局石印本　十冊　存三十九卷（求闕齋日記上、下,求闕齋讀書錄一至十,曾文正公家訓上、下,曾文正公大事記一至四,曾文正公家書四至十,曾文正公年譜一至十二,曾文正公雜著一至二）

510000－2722－0000477　00488

山海經箋疏十八卷圖讚一卷訂譌一卷敘錄一卷 （晉）郭璞傳 （清）郝懿行箋疏　清刻本　一冊　存二卷（山海經箋疏一至二）

510000－2722－0000478　00489

山海經廣注四卷 （晉）郭璞傳 （清）吳志伊註　清咸豐五年（1855）海清樓刻本　四冊

510000－2722－0000479　00490

漢西域圖考七卷首一卷 （清）李光廷撰　清光緒寶善書局石印本　八冊　存□卷（三、□至□□,首一卷）

510000－2722－0000480　00497

泰西各國名人言行錄十六卷 （清）張兆蓉編　清末上海書局石印本　五冊　存十卷（一、四至十二）

510000－2722－0000481　00498

史姓韻編六十四卷 （清）汪輝祖輯　清末上海中西書局石印本　四冊

510000－2722－0000482　00534、00535

三國志六十五卷附考證 （晉）陳壽撰 （南朝宋）裴松之注　清末鉛印本　十二冊　存十七卷（吳志一至十、蜀志九至十五）

510000－2722－0000483　00492

時務通攷三十一卷首一卷 （清）杞廬主人等編　清光緒二十三年（1897）點石齋石印本　二十四冊

510000－2722－0000484　00513

時務通攷三十一卷首一卷 （清）杞廬主人等編　清光緒二十三年（1897）點石齋石印本　十四冊　存十六卷（一至十二、二十五、二十九至三十,首一卷）

510000－2722－0000485　00519

時務通攷續編三十一卷　（清）點石齋主人編
清光緒二十七年(1901)上海點石齋石印本
二十冊

510000－2722－0000486　00520

時務通攷續編三十一卷　（清）點石齋主人編
清光緒二十七年(1901)上海點石齋石印本
十六冊

510000－2722－0000487　00531

出使英法義比四國日記□□卷　（清）薛福成
著　清刻本　四冊　存四卷(二至四、八)

510000－2722－0000488　00539

四書人物類典串珠四十卷　（清）臧志仁編輯
清刻本　一冊　存五卷(九至十三)

510000－2722－0000489　00434

皇朝通志一百二十六卷　（清）嵇璜等撰　清
光緒二十七年(1901)上海圖書集成局鉛印本
十二冊

510000－2722－0000490　00484

子書二十八種　（清）育文書局輯　清宣統元
年(1909)上海育文書局石印本　八冊　存十
種九十九卷(孔子集語一至十一,管子一至十
二,荀子一至九,補注黃帝內經素問一至三、
遺編一卷、黃帝內經靈樞一至十二,文中子中
說一至十,揚子法言一至十三、音義一卷,尸
子一至二、存疑一卷,鶡冠子一至三,商君書
一至五、附考一卷,墨子一至十五)

510000－2722－0000491　00491

通典二百卷附考證一卷　（唐）杜佑纂　清鉛
印本　一冊　存七卷(一百九十四至二百)

510000－2722－0000492　00517

讀史方輿紀要一百三十卷附輿圖要覽四卷
（清）顧祖禹輯　清敷文閣刻本　三十一冊
存九十一卷(三十九至八十八、九十二至一百
三十,輿圖要覽一、四)

510000－2722－0000493　00532

新鐫分類評註文武合編校補百子金丹十卷
（明）郭偉選註　（明）郭中吉編次　清刻本

十冊

510000－2722－0000494　00533

子史精華一百六十卷　（清）吳士玉等輯　清
刻本　三冊　存十三卷(四至八、八十二至八
十九)

510000－2722－0000495　00480

歷代地理志韻編今釋二十卷皇朝輿地圖一卷
皇朝輿地韻編二卷　（清）李兆洛輯　（清）六
嚴等編集　清石印本　四冊

510000－2722－0000496　00485

子書百家　（清）崇文書局編　清光緒元年
(1875)湖北崇文書局刻本　一冊　存三種六
卷(孫子一至三、吳子一至二、司馬灋一卷)

510000－2722－0000497　00501

灌記初稿四卷　（清）彭洵編輯　清光緒二十
年(1894)彭氏種書堂刻本　二冊　存二卷
(一至二)

510000－2722－0000498　00504

[同治]彰明縣志五十七卷首二卷　（清）何慶
恩等修　（清）李朝棟等纂　清刻本　四冊
存十三卷(一至十、五十七,首二卷)

510000－2722－0000499　00511

省抄古文不分卷　（清）劉沅評選　清光緒守
經堂刻本　一冊

510000－2722－0000500　00516

文光堂增定課兒鑑畧妥註善本五卷　（明）李
廷機著　（明）張瑞圖校正　（清）鄒聖脈原訂
清刻本　一冊

510000－2722－0000501　00524

皇朝內府輿地圖縮摹本一卷　（清）六嚴繪
皇朝輿地畧一卷　（清）六承如編　**皇朝輿地**
韻編一卷　（清）李兆洛編　清咸豐十一年
(1861)陝西藩署刻本　一冊

510000－2722－0000502　00545

管窺輯要八十卷　（清）黃鼎纂定　清刻本
一冊　存二卷(七十九至八十)

510000－2722－0000503　00547

四川省十一家收藏單位古籍普查登記目錄

異域瑣談四卷 (清)七十一著 (清)周宅仁編輯 清刻本 二冊

510000－2722－0000504 00553

少嵒賦草四卷 (清)夏思沺著 清刻本 二冊

510000－2722－0000505 00556

少嵒賦草四卷 (清)夏思沺著 清道光九年(1829)致盛堂刻本 二冊

510000－2722－0000506 00542

使琉球記六卷 (清)李鼎元撰 清同治五年(1866)刻本 一冊 存三卷(一至三)

510000－2722－0000507 00563

[同治]安縣志三十二卷首一卷 (清)楊英燦等纂修 (清)余天鵬續修 (清)陳嘉繡續纂 清同治三年(1864)刻本 一冊 存九卷(九至十七)

510000－2722－0000508 00564

[同治]安縣志三十二卷首一卷 (清)楊英燦等纂修 (清)余天鵬續修 (清)陳嘉繡續纂 清同治三年(1864)刻本 一冊 存九卷(九至十七)

510000－2722－0000509 00565

[同治]安縣志三十二卷首一卷 (清)楊英燦等纂修 (清)余天鵬續修 (清)陳嘉繡續纂 清同治三年(1864)刻本 三冊 存二十三卷(一至二十三)

510000－2722－0000510 00566

[同治]安縣志三十二卷首一卷 (清)楊英燦等纂修 (清)余天鵬續修 (清)陳嘉繡續纂 清同治三年(1864)刻本 三冊 存九卷(十六至十七、二十六至三十二)

510000－2722－0000511 00588

[同治]安縣志三十二卷首一卷 (清)楊英燦等纂修 (清)余天鵬續修 (清)陳嘉繡續纂 清同治三年(1864)刻本 六冊

510000－2722－0000512 00543

前漢書一百卷附考證 (漢)班固撰 (唐)顏師古注 清末鉛印本 二冊 存十卷(二十一至二十七、九十八至一百)

510000－2722－0000513 00551

御批增補了凡綱鑑四十卷首一卷 (明)袁黃編纂 清末同文升記書局鉛印本 十七冊 存三十八卷(三至四十)

510000－2722－0000514 00555

御撰資治通鑑綱目三編六卷 (清)張廷玉等編次 清光緒三十年(1904)同文升記書局石印本 二冊

510000－2722－0000515 00577

御批歷代通鑑輯覽一百二十卷 (清)傅恒等編纂 清末石印本 三冊 存十三卷(四十六至五十、七十二至七十五、九十九至一百零二)

510000－2722－0000516 00579

御批歷代通鑑輯覽一百二十卷 (清)傅恒等編纂 清末石印本 一冊 存六卷(六十三至六十八)

510000－2722－0000517 00509

西學大成十二編五十六種 (清)盧梯青輯 (清)王西清輯 清末石印本 五冊 存十三種四十六卷(光學上、下,量光力器圖說一卷,聲學一至八,電學源流一卷,電學綱目一卷,雷學入門一卷,電學問答一卷,大英國志一至八,大美聊邦志畧一卷,列國歲計政要一至十二,列國海戰記一卷,萬國公法一至四,星軺指掌一至四、續一卷)

510000－2722－0000518 00560

聖武記十四卷 (清)魏源譔 清光緒二十四年(1898)上海書局石印本 一冊

510000－2722－0000519 00561

御製數理精蘊上編五卷下編四十卷表八卷 (清)聖祖玄燁撰 清末石印本 三冊 存三卷(表四至六)

510000－2722－0000520 00567

御製數理精蘊上編五卷下編四十卷表八卷 (清)聖祖玄燁撰 清末石印本 三冊 存十

七卷(下編八至二十四)

510000－2722－0000521　00568
古文辭類纂七十四卷續三十四卷　（清）姚鼐
撰　王先謙輯　清石印本　七冊　存十四卷
（六至十一、十四,續一至三、七至十）

510000－2722－0000522　00572
前漢書菁華錄四卷後漢書菁華錄二卷　（清）
高塏著　清末石印本　一冊　存一卷(前漢
書菁華錄三)

510000－2722－0000523　00573
歷代名臣言行錄二十四卷　（清）朱桓編緝
清末石印本　六冊　存十七卷(八至二十四)

510000－2722－0000524　00574
太平廣記五百卷　（宋）李昉等著　清末掃葉
山房石印本　二冊　存二十四卷(二百二十
至二百三十二、四百五十一至四百六十一)

510000－2722－0000525　00578
王文成公全書三十八卷　（明）王守仁著　清
末石印本　一冊　存二卷(二至三)

510000－2722－0000526　00584
普通新歷史不分卷附歷代帝王總紀一卷
(清)普通學書室編　清光緒二十七年(1901)
商務印書館鉛印本　一冊

510000－2722－0000527　00586
史記菁華錄六卷　（清）苪田選　清光緒二十
二年(1896)上海掃葉山房石印本　二冊　存
四卷(一至四)

510000－2722－0000528　00541
淵鑑類函四百五十卷　（清）張英等總裁
(清)徐秉義等分纂　清光緒十三年(1887)上
海同文書局石印本　十九冊　存一百八十卷
(一至十八、六十二至七十二、一百七十三至
一百八十二、二百八十五至三百四十、三百五
十至三百六十六、三百八十三至四百五十)

510000－2722－0000529　00549
[嘉慶] **清溪縣志四卷**　（清）劉傳經修
(清)陳一沺纂　清刻本　三冊　存三卷(二

至四)

510000－2722－0000530　00562
[光緒] **新修潼川府志三十卷**　（清）阿麟修
(清)王龍勳等纂　清刻本　一冊　存三卷
(三至五)

510000－2722－0000531　00576
蓄德識聞□□卷　（□）□□著　清刻本　四
冊　存四卷(一至四)

510000－2722－0000532　00546
左氏節萃十卷　（清）淩璿玉著　清刻本　四
冊　存七卷(二至五、八至十)

510000－2722－0000533　00552
續富國策四卷　（清）陳熾著　清刻本　四
冊

510000－2722－0000534　00585
節本明儒學案二十卷附師說一卷　（清）黃宗
羲著　梁啟超鈔　清光緒三十四年(1908)上
海廣智書局鉛印本　二冊

510000－2722－0000535　00589
俄國歷皇紀畧二卷附錄一卷　（美國）林樂知
譯　（清）范禕述　清光緒二十九年(1903)上
海商務印書館鉛印本　一冊

510000－2722－0000536　00540
清史攬要六卷　（日本）增田貢著　清光緒二
十七年(1901)杭州白話報館石印本　六冊

510000－2722－0000537　00544
[同治] **直隸縣州志五十五卷**　（清）文榮纂輯
(清)董貽清鼇訂　清刻本　一冊　存五卷
(八至十二)

510000－2722－0000538　00558
[乾隆] **灌縣志十二卷首一卷**　（清）孫天寧纂
清刻本　一冊　存四卷(一至三,首一卷)

510000－2722－0000539　00570
[道光] **茂州志四卷首一卷**　（清）楊迦懌等修
(清)劉輔廷纂　清刻本　一冊　存一卷
(三)

510000－2722－0000540　00590

益智圖二卷附益智續圖不分卷益智燕幾圖不分卷 （清）童葉庚著 清光緒四年（1878）睫巢刻本 四冊

510000－2722－0000541 00593
夢園書畫錄二十五卷 （清）方濬頤輯訂（清）方臻朗編校 清光緒三年（1877）定遠方氏錦城柏署刻本 十二冊

510000－2722－0000542 00557
漢魏叢書九十六種四百七十四卷 （清）王謨輯 清宣統三年（1911）育文書局石印本 三十二冊

510000－2722－0000543 00629
韻府拾遺五卷 （清）汪灝等纂修 （清）張廷玉等校勘 清石印本 一冊 存三卷（一至三）

510000－2722－0000544 00636
徐批臨證指南醫案十卷 （清）葉桂著 清刻本 五冊 存五卷（四至六、八至九）

510000－2722－0000545 00638
徐批臨證指南醫案□□卷 （清）葉桂著 清刻本 一冊 存二卷（三至四）

510000－2722－0000546 00597
洴澼百金方十四卷 （清）袁宮桂編次 清咸豐五年（1855）刻本 六冊

510000－2722－0000547 00600
讀史兵略四十六卷 （清）胡林翼纂 清光緒二十一年（1895）儷峰書屋刻本 二十二冊 存四十四卷（一至二十七、三十至四十六）

510000－2722－0000548 00601
紀效新書十八卷首一卷 （明）戚繼光撰 清道光十年（1830）刻本 五冊

510000－2722－0000549 00606
景岳全書六十四卷 （明）張介賓著 （清）魯超訂 清刻本 三冊 存五卷（三十至三十一、四十六、五十二至五十三）

510000－2722－0000550 00607
天仙直論長生度世內煉金丹訣心法一卷

（清）傅金銓輯 清刻本 一冊

510000－2722－0000551 00612
外金丹五卷 （清）傅金銓輯 清刻本 四冊 存四卷（二至五）

510000－2722－0000552 00617
李盤金湯十二籌十二卷 （明）李盤撰 清刻本 十二冊

510000－2722－0000553 00622
景岳全書六十四卷 （明）張介賓著 （清）魯超訂 清雲峰書屋刻本 二十四冊 存五十三卷（一至六、八至十八、二十三至三十一、三十五至四十六、四十八至六十一、六十四）

510000－2722－0000554 00623
景岳全書六十四卷 （明）張介賓著 （清）魯超訂 清刻本 一冊 存二卷（四十八至四十九）

510000－2722－0000555 00628
景岳全書六十四卷 （明）張介賓著 （清）魯超訂 清刻本 二冊 存八卷（九至十二、二十六至二十九）

510000－2722－0000556 00632
孫真人千金方衍義三十卷 （清）張璐著 清掃葉山房刻本 一冊 存二卷（二至三）

510000－2722－0000557 00633
景岳新方砭四卷 （清）陳念祖著 清刻本 一冊

510000－2722－0000558 00634
傷寒辨證四卷 （清）陳堯道編集 清聚奎堂刻本 二冊 存二卷（三至四）

510000－2722－0000559 00635
新刻校正大字李東垣先生珍珠囊二卷 （金）李杲著 清刻本 一冊 存一卷（下）

510000－2722－0000560 00598
武經備旨彙解說約大全三卷 （清）夏振翼輯（清）湯綱輯 （清）胡秉中輯 （清）沈士衡增訂 孫子三卷 （周）孫武撰 （三國魏）曹操注 清咸豐五年（1855）書業堂刻本 一

綿陽市安州區圖書館古籍普查登記目錄

冊　存二卷(武經備旨匯解說約大全一、孫子
一)

510000－2722－0000561　00602

練兵實紀九卷雜集六卷　(明)戚繼光撰　清
咸豐四年(1854)光霽堂刻本　五冊

510000－2722－0000562　00603

行軍指南四章　(清)蕯昌編譯　清光緒二十
四年(1898)古果六也樓刻本　一冊

510000－2722－0000563　00604

行軍測繪十卷首一卷附圖一卷　(英國)連提
撰　(英國)傅蘭雅口譯　(清)趙元益筆述
清光緒二十三年(1897)小倉山房石印本　一
冊

510000－2722－0000564　00605

洴澼百金方十四卷　(清)袁宮桂編次　清刻
本　一冊　存二卷(十三至十四)

510000－2722－0000565　00608

景岳全書六十四卷　(明)張介賓著　清刻本
三冊　存九卷(三十至三十三、四十三至四
十五、四十八至四十九)

510000－2722－0000566　00614

臨證指南醫案十卷　(清)葉桂著　清刻本
二冊　存二卷(三、十)

510000－2722－0000567　00615

御纂醫宗金鑑九十卷首一卷　(清)吳謙等纂
輯　清末石印本　一冊　存四卷(五十五至
五十八)

510000－2722－0000568　00619

御纂醫宗金鑑九十卷首一卷　(清)吳謙等纂
輯　清末簡青齋書局石印本　一冊　存六卷
(六十九至七十四)

510000－2722－0000569　00620

御纂醫宗金鑑九十卷首一卷　(清)吳謙等纂
輯　清刻本　九冊　存二十四卷(二至十一、
十四至十五、二十一至三十二)

510000－2722－0000570　00621

御纂醫宗金鑑九十卷首一卷　(清)吳謙等纂

輯　清刻本　三冊　存十一卷(八至十八)

510000－2722－0000571　00625

御纂醫宗金鑑九十卷首一卷　(清)吳謙等纂
輯　清刻本　一冊　存三卷(一至二,首一
卷)

510000－2722－0000572　00626

御纂醫宗金鑑九十卷首一卷　(清)吳謙等纂
輯　清刻本　七冊　存十三卷(一至五、八至
九、十二至十六,首一卷)

510000－2722－0000573　00627

南雅堂醫書全集四十種　(清)陳念祖著　清
光緒三十二年(1906)吳閩醫學書會石印本
四冊　存六種二十卷(十藥神書註解一卷、急
救異痧奇方一卷、霍亂論一至二、醫學三字經
一至四、神農本草經讀一至四、醫學從眾錄一
至八)

510000－2722－0000574　00631

孫真人備急千金要方九十六卷　(唐)孫思邈
撰　(宋)林億等校正　清同治七年(1868)王
培楨刻本　十六冊

510000－2722－0000575　00599

草廬經畧四卷　(明)黃之瑞著述　(清)骨仙
刪定　(清)岳鍾琪校正　清咸豐十年(1860)
京都琉璃廠刻本　二冊

510000－2722－0000576　00610

補注黃帝內經素問二十四卷　(唐)啟玄子
(王冰)次注　(宋)林億等校正　(宋)孫兆
重改誤　清鉛印本　一冊　存六卷(一至六)

510000－2722－0000577　00616

石室秘錄六卷　(清)陳士鐸敬習　清隆文堂
刻本　四冊

510000－2722－0000578　00624

陳修園公餘醫錄六種合刻二十二卷　(清)陳
念祖著　清光緒八年(1882)刻本　六冊

510000－2722－0000579　00596

武備志二百四十卷　(明)茅元儀輯　清刻本
五十一冊　存一百八十六卷(七至十二、二

四川省十一家收藏單位古籍普查登記目錄

十九至七十五、八十七至八十八、九十三至一
百二十、一百三十至一百七十二、一百七十六
至一百八十三、一百八十九至二百四十）

510000－2722－0000580　00609
女科仙方四卷　（清）傅山著　清道光二十八
年(1848)中壩桂籍齋刻本　一冊　存二卷
（一至二）

510000－2722－0000581　00611
女科要旨四卷　（清）陳念祖著　（清）陳元蔚
參訂　（清）陳元犀韻註　清刻本　一冊　存
二卷(三至四)

510000－2722－0000582　00613
切總傷寒一卷　（清）廖雲溪著　清同治九年
(1870)刻本　一冊

510000－2722－0000583　00618
濟陰綱目十四卷　（清）武之望輯著　（清）汪
淇箋釋　清刻本　一冊　存三卷(十至十二)

510000－2722－0000584　00630
醫法圓通四卷　（清）鄭壽全編輯　（清）敬先
甲評　清光緒二十九年(1903)七星會刻本
二冊

510000－2722－0000585　00550
文房四譜五卷　（宋）蘇易簡集　清光緒三十
一年(1905)上海同文書社鉛印本　二冊

510000－2722－0000586　00644
醫學實在易八卷　（清）陳念祖著　清末石印
本　一冊　存四卷(一至四)

510000－2722－0000587　00663
較正醫林狀元壽世保元十卷　（明）龔廷賢編
　清桂林堂刻本　三冊　存五卷(二、五至
八)

510000－2722－0000588　00672
較正醫林狀元壽世保元十卷　（明）龔廷賢編
　清崇順堂刻本　二冊　存二卷(三、五)

510000－2722－0000589　00673
新刊醫林狀元壽世保元十集五十五卷　（明）
龔廷賢編　清刻本　一冊　存一集四卷(丁
集一至四)

510000－2722－0000590　00676
壽世保元十卷　（明）龔廷賢編　清刻本　一
冊　存一卷(三)

510000－2722－0000591　00684
馮氏錦囊秘錄八種五十卷　（清）馮兆張纂輯
　清致盛堂刻本　十四冊

510000－2722－0000592　00693
圖註八十一難經辨真四卷　（春秋）秦越人述
　（明）張世賢註　清刻本　一冊

510000－2722－0000593　00702
說疫全書三種十五卷　（清）劉奎輯　清敦厚
堂刻本　三冊　存二種十二卷(松峯說疫一
至七、瘟疫論類編一至五)

510000－2722－0000594　00703
醫法圓通四卷　（清）鄭壽全編輯　清刻本
二冊

510000－2722－0000595　00659
問心堂溫病條辨六卷首一卷　（清）吳瑭著
（清）朱武曹點評　清刻本　三冊　存五卷
(二至六)

510000－2722－0000596　00669
景岳新方砭四卷　（清）陳念祖著　清刻本
一冊

510000－2722－0000597　00675
驗方新編□□卷　（清）鮑相璈編輯　清刻本
　二冊　存五卷(十至十四)

510000－2722－0000598　00685
外科證治全書五卷末一卷　（清）許克昌輯
（清）畢法輯　清刻本　一冊　存一卷(三)

510000－2722－0000599　00689
齊氏家傳醫秘二卷　（清）齊秉慧著　清道光
二十年(1840)刻本　二冊

510000－2722－0000600　00695
金匱要畧淺註十卷　（漢）張仲景原文　（清）
陳念祖註　清刻本　二冊　存四卷(五至八)

綿陽市安州區圖書館古籍普查登記目錄

510000－2722－0000601　00708

瘟疫論二卷　(明)吳有性著　清大道堂刻本
一冊

510000－2722－0000602　00710

醫學從眾八卷　(清)陳念祖著　清刻本　一
冊　存五卷(四至八)

510000－2722－0000603　00642

醫門總訣二卷　(清)唐永傑著　清光緒九年
(1883)刻本　一冊　存一卷(下)

510000－2722－0000604　00648

醫學集成四卷　(清)劉仕廉纂輯　清刻本
一冊　存一卷(三)

510000－2722－0000605　00651

神農本草經百種錄一卷　(清)徐靈胎著　清
刻本　一冊

510000－2722－0000606　00653

靈樞經十卷　(清)張志聰集註　清刻本　二
冊　存一卷(一)

510000－2722－0000607　00658

醫法得心□□卷　(清)傅山著　清席樹馨刻
本　一冊　存二卷(男科仙方上、下)

510000－2722－0000608　00660、00664

黃帝內經靈樞十二卷補注黃帝內經素問二十
四卷　(唐)啟玄子(王冰)注　(宋)林億等
校正　(宋)孫兆重改誤　素問遺編一卷
(宋)劉溫舒原本　清光緒十九年(1893)鴻文
書局石印本　一冊

510000－2722－0000609　00665

達生編不分卷附保嬰秘笈　(□)□□著　清
光緒十六年(1890)刻本　一冊

510000－2722－0000610　00666

醫書滙茶輯成二十四卷　(清)蔡宗玉手輯
清刻本　二冊　存四卷(十一至十四)

510000－2722－0000611　00667

張仲景傷寒論原文淺註六卷　(清)陳念祖集
註　清刻本　二冊　存四卷(二至五)

510000－2722－0000612　00668

醫學三字經四卷　(清)陳念祖著　清友文堂
刻本　二冊

510000－2722－0000613　00681

醫學三字經四卷　(清)陳念祖著　清刻本
一冊　存二卷(一至二)

510000－2722－0000614　00682

傷寒來蘇全集八卷　(清)柯琴編　清宣統元
年(1909)同文會刻本　一冊

510000－2722－0000615　00698

醫學心悟五卷附外科十法一卷　(清)程國彭
著　清刻本　二冊

510000－2722－0000616　00699

醫門法律六卷　(清)喻昌著　清竹秀山房刻
本　二冊　存五卷(一至五)

510000－2722－0000617　00637

馮氏錦囊秘錄四十九卷首一卷　(清)馮兆張
纂輯　清刻本　一冊　存一卷(十七)

510000－2722－0000618　00646

三科備要三種　(□)□□輯　清光緒元年
(1875)四川刻本　一冊　存三種三卷(達生
編一卷、遂生編一卷、福幼編一卷)

510000－2722－0000619　00647

溫病條辨六卷首一卷　(清)吳瑭著　(清)朱
武曹點評　清末鉛印本　三冊　存五卷(一、
四至六,首一卷)

510000－2722－0000620　00656

問心堂溫病條辨六卷首一卷　(清)吳瑭著
(清)朱武曹點評　清刻本　二冊　存三卷
(一至二,首一卷)

510000－2722－0000621　00655

醫方捷徑指南全書二卷　(清)王宗顯輯　清
刻本　一冊　存一卷(下)

510000－2722－0000622　00661

醫學捷要四卷　(清)尹樂渠輯　清刻本　三
冊　存三卷(一至三)

510000－2722－0000623　00662

羣方便覽二卷　(清)郭戀筠編　清同治五年

四川省十一家收藏單位古籍普查登記目錄

(1866)刻本　一冊

510000－2722－0000624　00674
犖方便覽二卷　(清)郭懋筠編　清同治五年
(1866)刻本　一冊

510000－2722－0000625　00678
增訂本草備要四卷經絡歌訣一卷湯頭歌括一
卷保產機要一卷　(清)汪昂著輯　清刻本
一冊　存四卷(增訂本草備要四,經絡歌訣一
卷,湯頭歌括一卷,保產機要一卷)

510000－2722－0000626　00679
本草備要□□卷 & 醫方集解□□卷　(清)汪
昂著　清刻本　一冊　存二卷(本草備要四、
醫方集解卷中之六)

510000－2722－0000627　00680
醫學心悟六卷　(清)程國彭著　清刻本　一
冊　存二卷(三至四)

510000－2722－0000628　00690
神農本草三卷　(三國魏)吳普等述　(清)孫
星衍等輯　清光緒十一年(1885)尊經書院刻
本　一冊

510000－2722－0000629　00697
醫理真傳四卷　(清)鄭壽全著　清刻本　二
冊

510000－2722－0000630　00704
醫學實在易八卷　(清)陳念祖箸　清刻本
三冊　存□□卷(三至四、□至□)

510000－2722－0000631　00643
淵鑒類函四十五卷　(清)張英等總裁　(清)
徐秉義等分纂　清末石印本　三冊　存十三
卷(后妃部、儲宮部、帝戚部、設官部、人部、果
部、花部、草部、木部、鳥部、獸部、鱗介部、蟲
豸部)

510000－2722－0000632　00657
新訂第四版衛生學問答二卷　丁福保纂　清
光緒二十九年(1903)成都刻本　一冊

510000－2722－0000633　00691
醫學從眾八卷　(清)陳念祖著　(清)陳元犀

糸訂　清南雅堂刻本　四冊

510000－2722－0000634　00707
黃帝內經素問九卷　(清)張志聰集註　(清)
莫承藝糸訂　(清)朱景韓校正　清京都琉璃
廠刻本　四冊　存五卷(一至二、五、八至九)

510000－2722－0000635　00701
聲律啟蒙撮要二卷　(清)車萬育著　(清)夏
大觀箋　(清)聶銑敏重訂　清刻本　一冊

510000－2722－0000636　00641
皇朝經世文約編一百二十卷　(清)賀長齡輯
(清)樂一齋主人重輯　清刻本　二十二冊
存一百零三卷(十八至一百二十)

510000－2722－0000637　00645
傷寒醫訣串解六卷　(清)陳念祖著　(清)陳
道著纂集　(清)林壽萱校訂　清同治五年
(1866)南雅堂刻本　一冊　存五卷(一至五)

510000－2722－0000638　00649
本草求真□□卷　(清)黃滔繡纂　清刻本
一冊　存二卷(一至二)

510000－2722－0000639　00652
御纂醫宗金鑑九十卷首一卷　(清)吳謙等纂
清刻本　五冊　存十二卷(五至六、二十至
二十一、二十五至二十七、三十五至三十六、
四十三至四十五)

510000－2722－0000640　00670
御纂醫宗金鑑九十卷首一卷　(清)吳謙等纂
清刻本　十五冊　存三十四卷(四至十一、
十七至十九、二十二至二十三、三十六至三十
八、四十四至六十,首一卷)

510000－2722－0000641　00677
御纂醫宗金鑑續編十四卷首一卷　(清)吳謙
等纂　清刻本　五冊　存十二卷(一至十一、
首一卷)

510000－2722－0000642　00686
御纂醫宗外科金鑑十六卷　(清)吳謙等纂
清刻本　八冊　存十二卷(一至二、四至十、
十三至十五)

綿陽市安州區圖書館古籍普查登記目錄

510000－2722－0000643 00687、00694

御纂醫宗金鑑內科七十四卷首一卷外科十六卷 （清）吳謙等纂 清宣統元年（1909）簡青齋書局石印本 十七冊 存七十五卷（一至四十四、五十一至六十八，外科一至六、十一至十六，首一卷）

510000－2722－0000644 00688

榀蠶通說不分卷 秦栩編 清宣統二年（1910）綿州勸業分所刻本 一冊

510000－2722－0000645 00706、00711

御纂醫宗金鑑內科七十四卷首一卷外科十六卷 （清）吳謙等纂 清刻本 十四冊 存二十七卷（三十四、四十五至四十七、五十三至五十六、五十八至六十二、七十至七十四，外科一至三、六、七至九、十五至十六）

510000－2722－0000646 00729

唐王燾先生外臺秘要方四十卷 （唐）王燾撰 清末石印本 三冊 存十一卷（三至六、十七至二十三）

510000－2722－0000647 00733

本草綱目五十二卷目錄一卷圖一卷 （明）李時珍著 **本草萬方鍼線八卷** （清）蔡烈先輯 **本草綱目拾遺十卷** （清）趙學敏輯 清宣統元年（1909）上海經香閣石印本 十一冊 缺三卷（本草綱目一至三）

510000－2722－0000648 00747

本草從新十八卷附藥性總義一卷 （清）吳儀洛著 清光緒三十二年（1906）上海書局石印本 四冊

510000－2722－0000649 00748

生理衛生學不分卷 （日本）世戶測講義 清光緒三十年（1904）四川官報局石印本 一冊

510000－2722－0000650 00803

外科正宗十二卷 （明）陳實功著 （清）徐大椿評 清末上海錦章圖書局石印本 一冊 存三卷（一至三）

510000－2722－0000651 00730

臨證指南醫案□□卷 （清）葉桂著 清末石印本 一冊 存一卷（七）

510000－2722－0000652 00766

溫病條辨六卷首一卷 （清）吳瑭著 （清）朱武曹點評 清末石印本 一冊

510000－2722－0000653 00700

醫林改錯二卷 （清）王清任著 清竹園刻本 一冊

510000－2722－0000654 00716

藥性通考八卷 （清）太醫院著 清道光二十九年（1849）刻本 四冊

510000－2722－0000655 00739

臟腑圖說症治合璧三卷末一卷 （清）羅定昌述 清光緒二十年（1894）刻本 二冊

510000－2722－0000656 00749

金匱要畧淺註十卷 （清）陳念祖著 清光緒二年（1876）友文會刻本 二冊 存四卷（一至四）

510000－2722－0000657 00757

黃氏醫書八種八十卷 （清）黃元御著 清刻本 六冊

510000－2722－0000658 00705

彙集金鑑二卷 （清）釋圓超輯 清刻本 一冊

510000－2722－0000659 00714

圖註脈訣辨眞四卷附方一卷 （晉）王叔和譔 （明）張世賢註 清道光三年（1823）刻本 一冊 存四卷（一至四）

510000－2722－0000660 00720

增補醫方一盤珠全集十卷 （清）洪金鼎纂 清道光二十七年（1847）刻本 四冊

510000－2722－0000661 00726

困學紀聞注二十卷 （清）翁元圻輯 清刻本 二冊 存三卷（一、五、七）

510000－2722－0000662 00742

困學紀聞注二十卷 （清）翁元圻輯 清刻本 三冊 存五卷（五、十一至十四）

510000－2722－0000663　00743

初學記三十卷附校勘　（唐）徐堅等撰　清光
緒安康黃加焜刻本　三冊　存六卷（六至七、
十四至十七）

510000－2722－0000664　00764

增補醫林狀元壽世保元十卷　（明）龔廷賢編
　清末石印本　一冊　存五卷（六至十）

510000－2722－0000665　00772

增補醫林狀元壽世保元十卷　（明）龔廷賢編
　清末石印本　一冊　存一卷（五）

510000－2722－0000666　00774

溫熱經緯五卷　（清）王士雄纂　（清）楊照藜
評　（清）汪曰楨評　清末上海錦章圖書局石
印本　一冊　存二卷（四至五）

510000－2722－0000667　00784

濟陰綱目十四卷　（清）武之望輯　（清）汪淇
箋釋　清末上海錦章圖書局石印本　七冊

510000－2722－0000668　00785

濟陰綱目十四卷　（清）武之望輯　（清）汪淇
箋釋　清末石印本　一冊　存二卷（十三至
十四）

510000－2722－0000669　00786

陳修園醫書四十八種　（清）陳念祖撰　清末
石印本　一冊　存四卷（溫熱贅言一卷、瘧疾
論三卷）

510000－2722－0000670　00794

傷寒論六卷　（清）張志聰註釋　（清）高世栻
纂集　清末上海錦章圖書局石印本　二冊
存三卷（一、五至六）

510000－2722－0000671　00712

本草三家合註六卷　（清）郭汝聰集註　（清）
袁浩閎定　（清）李左堯校勘　清聚經閣刻本
　三冊

510000－2722－0000672　00719

增評醫方集解二十三卷　（清）汪昂著輯
（清）費伯雄加評　清末石印本　三冊　存二
十卷（四至二十三）

510000－2722－0000673　00731

醫學從眾錄八卷　（清）陳念祖著　清末上海
錦章書局石印本　二冊

510000－2722－0000674　00740

醫學實在易八卷　（清）陳念祖著　清末上海
錦章書局石印本　二冊

510000－2722－0000675　00752

再重訂傷寒集註十卷附五卷　（清）舒詔著
清刻本　一冊　存八卷（再重訂傷寒集註九
至十、六經定法一卷、重訂答門人問一卷、痢
門絜綱一卷、女科要訣一卷、痘疹真詮一卷、
辨脈篇一卷）

510000－2722－0000676　00767

太素張神仙脈訣玄微綱領宗統三卷　（明）張
太素（青城山人）著　清京都琉璃廠刻本　三
冊

510000－2722－0000677　00745

濟陰綱目十四卷　（清）武之望輯　（清）汪淇
箋釋　清末上海錦章圖書局石印本　五冊
存十二卷（一至十二）

510000－2722－0000678　00753

增廣驗方新編十六卷續五卷　（清）鮑相璈編
輯　（清）張紹棠增輯　清末上海錦章書局石
印本　三冊　存十卷（二至九、十一、十二）

510000－2722－0000679　00761

增廣驗方新編十六卷續五卷　（清）鮑相璈編
輯　（清）張紹棠增輯　清末上海錦章書局石
印本　二冊　存八卷（二至九）

510000－2722－0000680　00765

增補醫林狀元壽世保元十卷　（清）龔廷賢編
　清末上海錦章書局石印本　三冊　存三
卷（五、七、八）

510000－2722－0000681　00791

**黃帝內經靈樞十二卷補注黃帝內經素問二十
四卷附遺編一卷**　（唐）啟玄子（王冰）注
（宋）林億等校正　（宋）孫兆重改誤遺篇
（宋）劉溫舒原本　清宣統元年（1909）上海育
文書局石印本　四冊

綿陽市安州區圖書館古籍普查登記目錄

510000－2722－0000682　00795

黃帝內經靈樞十二卷補注黃帝內經素問二十四卷　（唐）啟玄子（王冰）注　（宋）林億等校正　（宋）孫兆重改誤　**素問遺編一卷**
（宋）劉溫舒原本　清上海錦章圖書局石印本　二冊　存十九卷（黃帝內經靈樞一至十二、補注黃帝內經素問十九至二十四、素問遺編一卷）

510000－2722－0000683　00798

黃帝內經靈樞十二卷補注黃帝內經素問二十四卷　（唐）啟玄子（王冰）注　（宋）林億等校正　（宋）孫兆重改誤　**素問遺編一卷**
（宋）劉溫舒原本　清上海錦章圖書局石印本　一冊　存十卷（補注黃帝內經素問一至九）

510000－2722－0000684　00713

張仲景傷寒論原文淺注六卷　（清）陳念祖集註　清上海錦章書局石印本　一冊　存三卷（四至六）

510000－2722－0000685　00718

醫學心悟六卷　（清）程國彭著　清末上海鑄記書局石印本　一冊

510000－2722－0000686　00736、00737

御纂醫宗金鑑內科七十四卷首一卷外科十六卷　（清）吳謙等纂　清末石印本　三冊　存十二卷（內科一至三、三十至三十四,外科三至六）

510000－2722－0000687　00805

醫書不分卷　（□）□□著　清抄本　一冊

510000－2722－0000688　00823

大方廣佛華嚴經六十卷　（晉）釋佛陀跋陀羅譯　清光緒七年（1881）常熟刻經處刻本　三冊　存十一卷（一至三、四十六至四十九、五十七至六十）

510000－2722－0000689　00830

大方廣佛華嚴經八十卷　（唐）釋實叉難陀譯　清刻本　五冊　存五十卷（十一至五十、七十一至八十）

510000－2722－0000690　00833

大方廣佛華嚴經六十卷　（唐）釋實叉難陀譯　清刻本　三冊　存三十卷（一至十、五十一至七十）

510000－2722－0000691　00834

楞嚴經指掌疏十卷懸示一卷　（清）釋達天述　清刻本　十冊　缺一卷（七）

510000－2722－0000692　00841

天臺四教儀註彙補輔宏記十卷　（高麗）釋諦觀錄　（南天竺）釋蒙潤集注　（清）釋性權記　清末刻本　八冊　缺二卷（一、三）

510000－2722－0000693　00864

重訂教乘法數十二卷　（清）釋超海等校定　清光緒四年（1878）杭州昭慶寺慧空經房刻本　二冊

510000－2722－0000694　00814

圖像水黃牛經合併大全二卷　（明）喻本元著　（明）喻本亨著　清末石印本　一冊

510000－2722－0000695　00821

新輯校正纂圖元亨療馬集六卷　（明）喻本元著　（明）喻本亨著　清末石印本　一冊　存二卷（五至六）

510000－2722－0000696　00860

釋迦如來應化事蹟不分卷　（清）永珊編　清末石印本　一冊

510000－2722－0000697　00876

慶祝表文不分卷　（□）□□著　清末刻本　一冊

510000－2722－0000698　00807

增補本草備要□□卷　（清）汪昂著輯　清末石印本　三冊　存六卷（一至六）

510000－2722－0000699　00816

增訂醫宗金鑑內科七十四卷首一卷外科十六卷　（清）吳謙等纂輯　清末上海大成書局石印本　四冊　存十六卷（內科四十五至五十四,外科三至四、七至十）

510000－2722－0000700　00817

鍼灸大成十二卷　（明）楊繼洲著　清末石印

本　一冊　存二卷(十一至十二)

510000－2722－0000701　00846

本草綱目五十二卷圖二卷　(明)李時珍著
清末上海廣益書局石印本　五冊　存十三卷
(四至五、十至十二、十七至十八、三十七至四
十一,圖下)

510000－2722－0000702　00878

九陽新律一卷　(□)□□著　清刻本　一
冊

510000－2722－0000703　00527

東洋史要二卷　(日本)桑原隲藏著　樊炳清
譯　清光緒二十五年(1899)東文學社石印本
四冊

510000－2722－0000704　00528

李鴻章十二章　梁啟超著　清光緒二十八年
(1902)上海廣智書局刻本　二冊

510000－2722－0000705　00809

景岳全書六十四卷　(明)張介賓著　清末石
印本　一冊　存五卷(十一至十五)

510000－2722－0000706　00824

新刊校正增釋合并麻衣先生神相編五卷
(清)陸位崇校編　清唐鯉耀刻本　二冊　存
三卷(一至二、五)

510000－2722－0000707　00825

淨土論三卷　(唐)釋迦才著　清刻本　一
冊

510000－2722－0000708　00836

大方廣佛華嚴經六十卷　(晉)釋佛陀跋陀羅
等譯　清刻本　一冊　存四卷(四十二至四
十五)

510000－2722－0000709　00837

瑜伽燄口一卷　(□)□□著　清刻本　一
冊

510000－2722－0000710　00838

通聖文不分卷　(□)□□著　清光緒二十年
(1894)養性堂刻本　一冊

510000－2722－0000711　00843

收圓秘旨不分卷　(□)介山老人著　清刻本
一冊

510000－2722－0000712　00853

輕世金書四卷　(葡萄牙)陽瑪諾譯　朱宗元
訂　清光緒二十三年(1897)香港納匝肋靜院
鉛印本　一冊

510000－2722－0000713　00857

慈悲道場懺法十卷　(南朝梁)武帝蕭衍著
清刻本　一冊　存七卷(四至十)

510000－2722－0000714　00858

唐大薦福寺故寺主翻經大德法藏和尚傳一卷
(唐)崔致遠著　清光緒二十三年(1897)南
京金陵刻本　一冊

510000－2722－0000715　00871

壇經一卷附六祖大師事畧一卷　(唐)釋慧能
說　(唐)釋法海錄　清刻本　一冊

510000－2722－0000716　00872

楞伽阿跋多羅寶經四卷　(南朝宋)釋求那跋
陀羅譯　清刻本　一冊　存一卷(四)

510000－2722－0000717　00514

救時要策萬言書二卷　吳廣霈撰　清刻本
二冊

510000－2722－0000718　00831

妙法蓮華經七卷　(後秦)釋鳩摩羅什譯　清
刻本　三冊

510000－2722－0000719　00873

妙法蓮華經七卷　(後秦)釋鳩摩羅什譯　清
末刻本　七冊

510000－2722－0000720　00829

楞伽阿跋多羅寶經四卷　(南朝宋)釋求那跋
陀羅譯　清刻本　四冊

510000－2722－0000721　00839

**大佛頂如來密因修證了義諸菩薩萬行首楞嚴
經十卷**　(唐)釋般刺密諦譯經　(清)釋智旭
文句　**附玄義二卷**　(明)釋智旭撰述　清宣
統元年(1909)新都寶光寺刻本　九冊　存十
卷(一至八、玄義二卷)

綿陽市安州區圖書館古籍普查登記目録

510000－2722－0000722　00845

大乘莊嚴經論十三卷　（唐）波羅頗迦羅蜜多
羅譯　清刻本　三冊

510000－2722－0000723　00861

大乘起信論不分卷　馬鳴菩薩造　（唐）釋實
叉難陀譯　清刻本　一冊

510000－2722－0000724　00875

**大佛頂如來密因修證了義諸菩薩萬行首楞嚴
經十卷**　（唐）釋般刺密諦譯　（唐）釋彌伽釋
迦譯語　清宣統三年（1911）新都寶光寺刻本
三冊

510000－2722－0000725　00879

**大佛頂如來密因修證了義諸菩薩萬行首楞嚴
經十卷**　（唐）釋般刺密諦譯　（唐）釋彌伽釋
迦譯語　清宣統三年（1911）新都寶光寺刻本
三冊

510000－2722－0000726　00880

**大佛頂如來密因修證了義諸菩薩萬行首楞嚴
經十卷**　（唐）釋般刺密諦譯　（唐）釋彌伽釋
迦譯語　清刻本　二冊

510000－2722－0000727　00768

陳修園先生醫書四十八種　（清）陳念祖撰
清末上海錦章書局石印本　二冊　存十二種
四十六卷（醫學實在易一至八，醫學從衆錄一
至八,金匱要略淺註一至九，張仲景傷寒論原
文淺註一至六，長沙方歌括卷首一卷、一至
六，十藥神書註解一卷，洞主仙師白喉治法忌
表抉微一卷，咽喉脈證通論一卷，霍亂論一至
二，傷寒舌診一卷,眼科捷徑一卷,急救經驗
良方一卷）

510000－2722－0000728　00769

陳修園先生醫書四十八種　（清）陳念祖撰
清末上海錦章書局石印本　八冊　存二十二
種三十四卷（醫學三字經一至四、女科要旨一
至四、張仲景傷寒論原文淺註一至六、十藥神
書註解一卷、洞主仙師白喉治法忌表抉微一
卷、咽喉脈證通論一卷、霍亂論一至二、急治
喉疹要法一卷、喉痧正的一卷、傷寒舌診一
卷、眼科捷徑一卷、本經便讀一卷、神農本草

經百種錄一卷、醫壘元戎一卷、名醫別錄一
卷、平辨脈法歌括一卷、局方發揮一卷、醫法
心傳一卷、增補食物秘書一卷、古今醫論一
卷、刺疔捷法一卷、急救經驗良方一卷）

510000－2722－0000729　00813

陳修園醫書四十種　（清）陳念祖撰　清末石
印本　七冊　存四種二十五卷（時方妙用一
至四、女科要旨一至四、金匱要略淺註六至
十、靈素提要淺註一至十二）

510000－2722－0000730　00815

陳修園醫書五十種　（清）陳念祖撰　清末上
海商務印書館鉛印本　十冊　存十八種五十
三卷（醫學三字經一至二、時方歌括一至二、
景岳新方砭一至四、女科要旨一至四、醫學實
在易一至四、金匱方歌括一至六、張仲景傷寒
論原文淺註一至三、靈素集註節要六至十二、
傷寒醫訣串解一至六、傷寒真方歌括一至六、
霍亂論一至二、弔腳痧方論一卷、爛喉痧病痧輯
要一卷、急治喉疹要法一卷、瘧疾論一卷、達
生編一卷、春溫三字訣一卷、養生鏡一卷）

510000－2722－0000731　00819

陳修園先生醫書新增七十二種　（清）陳念祖
撰　清末上海錦章圖書局石印本　四冊　存
十六種二十八卷（金匱方歌括一至六、靈素集
註節要五至十二、瘧疾論一卷、春溫三字訣一
卷、痢症三字訣一卷、濕熱條辨一卷、溫熱贅
言一卷、醫壘元戎一卷、局方發揮一卷、醫法
心傳一卷、古今醫論一卷、刺疔捷法一卷、肺
癆病療養法一卷、傳染病四要抉微一卷、驗方
必要一卷、保嬰秘言一卷）

510000－2722－0000732　00820

陳修園醫書五十種　（清）陳念祖撰　清末上
海商務印書館鉛印本　三冊　存二種十六卷
（醫學實在易一至四、靈素集註節要一至十
二）

510000－2722－0000733　00822

陳修園先生醫書□□種　（清）陳念祖撰　清
末石印本　一冊　存九種九卷（眼科捷徑一
卷、傷寒舌診一卷、咽喉脈證通論一卷、洞主

仙師白喉治法忌表抉微一卷、急治喉痧要法
一卷、喉痧正的一卷、春溫三字訣一卷、痢癥
三字訣一卷、濕熱條辨一卷)

510000－2722－0000734　00883
萬法歸宗五卷　(唐)李淳風撰　清光緒十四
年(1888)抄本　一冊　存一卷(二)

510000－2722－0000735　00889
修真指南不分卷　(□)□□著　清刻本　一
冊

510000－2722－0000736　00890
沙彌律儀要畧一卷沙彌威儀要畧一卷　(明)
釋袾宏集輯　清道光十八年(1838)成都文殊
院刻本　一冊

510000－2722－0000737　00891
古佛天真考證龍華真經四卷　(□)□□著
清末刻本　二冊　存二卷(二、四)

510000－2722－0000738　00933
錦江禪燈二十卷　(清)釋通醉著　(清)釋徹
綱輯　清康熙刻本　四冊

510000－2722－0000739　00935
地藏菩薩本願經三卷　(唐)釋實叉難陀譯
清刻本　二冊　存二卷(上至中)

510000－2722－0000740　00936
地藏菩薩本願經三卷　(唐)釋實叉難陀譯
地藏菩薩像靈驗記一卷　(宋)釋常謹集錄
清刻本　一冊

510000－2722－0000741　00937
佛經一卷　(□)□□著　清嘉慶二十三年
(1818)抄本　一冊

510000－2722－0000742　00958
金光明懺齋天法儀不分卷　□□著　清光緒
十七年(1891)刻本　一冊

510000－2722－0000743　00882
心學三卷　(清)傅金銓彙編　清刻本　一
冊

510000－2722－0000744　00884
萬國分類時務大成四十卷　(清)錢豐選輯

清石印本　二冊　存二卷(二十三、三十一)

510000－2722－0000745　00885
三農紀二十四卷　(清)張宗法著　清刻本
一冊　存三卷(十三至十五)

510000－2722－0000746　00886
赫胥黎天演論二卷　(英國)赫胥黎著　嚴復
學　清光緒二十八年(1902)志古堂刻本　一
冊

510000－2722－0000747　00921
**大佛頂如來密因修證了義諸菩薩萬行首楞嚴
經十卷附釋音**　(唐)釋般刺密帝譯　(清)釋
智旭文句　清刻本　一冊　存二卷(九至十)

510000－2722－0000748　00930
幽冥教主本尊地藏王菩薩本願經三卷　(唐)
釋實叉難陀譯　清刻本　一冊　存一卷(中)

510000－2722－0000749　00941
大乘百法明門論本事分中畧錄名數疏二卷
(唐)釋基原疏　(唐)釋義忠纂述　清刻本
一冊

510000－2722－0000750　00942
聖教文稿集要六卷　(□)□□著　清刻本
一冊　存一卷(五)

510000－2722－0000751　00957
仁王護國般若波羅蜜經不分卷　(後秦)釋鳩
摩羅什譯　清刻本　一冊

510000－2722－0000752　00913
金剛般若波羅蜜經不分卷　(後秦)釋鳩摩羅
什譯　清刻本　一冊

510000－2722－0000753　00917
金剛般若波羅蜜經不分卷　(後秦)釋鳩摩羅
什譯　清刻本　一冊

510000－2722－0000754　00918
金剛般若波羅蜜經不分卷　(後秦)釋鳩摩羅
什譯　清刻本　一冊

510000－2722－0000755　00926
金剛經註解不分卷　(□)□□著　清刻本
一冊

綿陽市安州區圖書館古籍普查登記目錄

510000 – 2722 – 0000756　00927

金剛句解□卷　（□）□□著　清刻本　一册
　存□卷（上、□）

510000 – 2722 – 0000757　00948

太上玉笈救劫金燈感應篇新註一卷　（□）彙
真子註　清光緒二十九年（1903）刻本　一
册

510000 – 2722 – 0000758　00881

瑜伽施食儀觀一卷　（明）釋袾宏補註　（清）
釋福聚訂　清末刻本　一册

510000 – 2722 – 0000759　00888

瑜伽燄口施食要集不分卷　（□）□□著　清
末刻本　一册

510000 – 2722 – 0000760　00902

瑜伽燄口施食要集不分卷　（□）□□著　清
末刻本　一册

510000 – 2722 – 0000761　00904

大乘入楞伽經七卷　（唐）釋實叉難陀譯　清
末刻本　二册

510000 – 2722 – 0000762　00909

妙法蓮華經台宗會義十六卷　（清）釋智旭述
　清刻本　八册

510000 – 2722 – 0000763　00923

大般涅槃經玄義二卷　（隋）釋灌頂撰　清刻
本　一册

510000 – 2722 – 0000764　00962

幽冥教主本尊地藏王菩薩本願經三卷　（唐）
釋實叉難陀譯　清刻本　二册　存二卷（上
至中）

510000 – 2722 – 0000765　00966

禪門日誦不分卷　（□）□□著　清刻本　一
册

510000 – 2722 – 0000766　00967

禪門日誦不分卷　（□）□□著　清刻本　一
册

510000 – 2722 – 0000767　00979

禪門日誦不分卷　（□）□□著　清刻本　一

510000 – 2722 – 0000768　01006

太上洞玄靈寶高上玉皇本行集經三卷　（□）
□□撰　清刻本　一册　存一卷（下）

510000 – 2722 – 0000769　01018

九天神霄天律經不分卷　（□）□□著　清刻
本　一册

510000 – 2722 – 0000770　01020

天元古佛救劫大梵王經一卷　（□）□□著
清光緒三十四年（1908）刻本　一册

510000 – 2722 – 0000771　01023

帖章不分卷　（□）□□著　清刻本　一册

510000 – 2722 – 0000772　01025

土皇經一卷　（□）□□著　清光緒三年
（1877）刻本　一册

510000 – 2722 – 0000773　00996

御批歷代通鑑輯覽一百二十卷　（清）傅恒等
編纂　清末石印本　一册　存五卷（三十一
至三十五）

510000 – 2722 – 0000774　00997

詩中畫二卷　（清）馬濤編繪　清光緒十一年
（1885）石印本　二册

510000 – 2722 – 0000775　00998

資治通鑑二百九十四卷　（宋）司馬光編集
（元）胡三省音註　清末石印本　一册　存六
卷（一至六）

510000 – 2722 – 0000776　00970

太上洞淵說請雨龍王經一卷　（□）□□著
清末刻本　一册

510000 – 2722 – 0000777　00980

三農紀二十四卷　（清）張宗法著　清刻本
一册　存三卷（十至十二）

510000 – 2722 – 0000778　00981

格物探原六卷　（英國）韋廉臣著　清光緒六
年（1880）刻本　四册

510000 – 2722 – 0000779　00982

齊民要術十卷　（北魏）賈思勰撰　清光緒十四年（1888）葉長高刻本　四冊

510000－2722－0000780　00993
中西星要　（清）倪榮桂輯　清安康張鵬飛刻本　一冊　存三種六卷（西法命盤圖說一卷、錄命要覽一至二、天文管窺一至三）

510000－2722－0000781　01010
度厄妙經□□卷　（□）□□著　清刻本　一冊　存一卷（五）

510000－2722－0000782　01011
大懺悔文畧解二卷二課回向直解一卷　（清）釋書玉釋　蒙山施食直解一卷　（宋）釋不動集　清末石印本　一冊

510000－2722－0000783　00960
妙法蓮華經七卷首一卷　（後秦）釋鳩摩羅什譯　清刻本　一冊　存三卷（一至二，首一卷）

510000－2722－0000784　00971
佛說阿彌陀經要解一卷　（後秦）釋鳩摩羅什譯　（清）釋智旭解　清刻本　一冊

510000－2722－0000785　00977
佛說阿彌陀經一卷　（後秦）釋鳩摩羅什譯　清刻本　一冊

510000－2722－0000786　00990
釋氏梵唄全集□□卷　（□）□□著　清抄本　一冊　存一卷（上）

510000－2722－0000787　00968
首楞嚴經指掌疏事義十卷懸示一卷　（清）釋心興撰　清光緒二十七年（1901）刻本　一冊

510000－2722－0000788　00978
大佛頂如來密因修證了義諸菩薩萬行首楞嚴經十卷　（唐）釋般刺密諦譯　清刻本　三冊

510000－2722－0000789　00989
天主聖教十誡二卷　（葡萄牙）陽瑪諾述　清京都始胎大堂刻本　一冊

510000－2722－0000790　01013
皇朝經世文編一百二十卷　（清）賀長齡輯　清藝雲書局刻本　七冊　存十卷（十七、三十四、五十七、六十至六十二、六十四、六十五、七十二、七十三）

510000－2722－0000791　01014
皇朝經世文編一百二十卷　（清）賀長齡輯　清光緒二十八年（1902）鉛印本　六冊　存三十二卷（二十至二十三、三十至三十四、五十六至六十一、七十九至八十三、八十八至九十三、一百零五至一百十）

510000－2722－0000792　01015
皇朝經世文編初續一百二十卷姓名總目一卷生存姓名總目一卷　（清）饒玉成輯　清刻本　二冊　存七卷（十一至十四、五十八至六十）

510000－2722－0000793　01016
皇朝經世文編一百二十卷　（清）賀長齡輯　清末石印本　一冊　存十卷（一百零一至一百一十）

510000－2722－0000794　01017
皇朝五經彙解二百七十卷　（清）抉經心室主人原纂　清末石印本　七冊　存四十八卷（六至十三、二十三至三十一、一百三十六至一百四十四、二百三十五至二百四十一、二百五十至二百六十四）

510000－2722－0000795　01026
皇朝五經彙解二百七十卷　（清）抉經心室主人原纂　清末石印本　一冊　存七卷（二百五十八至二百六十四）

510000－2722－0000796　00964
一切經音義二十五卷　（唐）釋玄應撰　清刻本　四冊

510000－2722－0000797　00983
佛祖心燈一卷附刺麻溯源一卷　（清）釋守一編　清刻本　一冊

510000－2722－0000798　00992
朝時課誦不分卷　（□）□□著　清抄本　一

綿陽市安州區圖書館古籍普查登記目錄

册

510000－2722－0000799　00994

盛世危言□□卷　鄭觀應輯箸　清刻本　二
册　存二卷(二、四)

510000－2722－0000800　01008

神相全編十二卷首一卷　(宋)陳搏秘傳
(明)袁忠徹訂正　清末石印本　一册　存三
卷(一至二,首一卷)

510000－2722－0000801　01012

觀音大士九品蓮花經不分卷　(□)□□著
清刻本　一册

510000－2722－0000802　01019

維摩詰所說經三卷　(後秦)釋鳩摩羅什譯
清刻本　一册

510000－2722－0000803　01021

維摩詰所說經三卷　(後秦)釋鳩摩羅什譯
清刻本　一册

510000－2722－0000804　01022

阿彌陀經疏鈔事義四卷　(明)袾宏述　清昭
慶經房刻本　二册

510000－2722－0000805　01028

禪林規約二卷　(□)釋聖水校訂　清抄本
一册

510000－2722－0000806　01032

金剛經一卷　(後秦)釋鳩摩羅什譯　清刻本
　一册

510000－2722－0000807　01033

入地眼全書十卷　(宋)釋靜道著　(清)萬樹
華編次　清道光元年(1821)大道堂刻本　五
册　缺二卷(五至六)

510000－2722－0000808　01050

淵鑒齋御纂朱子全書六十六卷　(宋)朱熹撰
　(清)熊賜履等修　清同治八年(1869)刻本
四十册

510000－2722－0000809　01057

淵鑒齋御纂朱子全書六十六卷　(宋)朱熹撰
　(清)熊賜履等修　清刻本　一册　存二卷

(四十三至四十四)

510000－2722－0000810　01058

佩文韻府五卷　(清)張玉書等撰　清石印本
十一册　存四卷(二至五)

510000－2722－0000811　01061

韻府拾遺五卷　(清)汪灝等纂修　(清)張廷
玉等校勘　清石印本　二册

510000－2722－0000812　01067

揚子法言十三卷音義一卷輶軒絕代語一卷
(漢)揚雄著　(晉)李軌注　清光緒十年
(1884)樂道齋刻本　一册

510000－2722－0000813　00999

龍神真經全集一卷　(□)□□著　清抄本
一册

510000－2722－0000814　01000

天臺四教儀一卷　(高麗)釋諦觀錄　始終心
要一卷　(唐)釋湛然述　(宋)釋從義註　天
臺八教大意一卷　(隋)釋灌頂撰　清宣統元
年(1909)揚州藏經院刻本　一册

510000－2722－0000815　01001

佛說四十二章經解一卷附佛遺教經解一卷
(清)釋智旭著　八大人覺經畧解一卷　西土
聖賢集　(漢)安世高譯　(明)釋智旭解　清
同治十年(1871)綠天蘭若刻本　一册

510000－2722－0000816　01002

**誦梵綱經儀式一卷佛說梵綱經一卷佛說得道
梯陞錫杖經一卷**　(後秦)釋鳩摩羅什譯　清
道光十八年(1838)成都文殊禪院刻本　一
册

510000－2722－0000817　01003

妙法蓮華經觀世音普門品一卷　(後秦)釋鳩
摩羅什譯　清抄本　一册

510000－2722－0000818　01055

求闕齋日記類鈔二卷　(清)曾國藩隨筆
(清)王啟原校編　清光緒十四年(1888)上海
鴻文書局鉛印本　一册

510000－2722－0000819　01065

四川省十一家收藏單位古籍普查登記目録

菜根譚二卷 （明）洪應明著 清同治四年
(1865)寶光寺刻本 一冊

510000－2722－0000820 01068

菜根譚二卷 （明）洪應明著 清同治四年
(1865)寶光寺刻本 一冊

510000－2722－0000821 01070

劉子二卷 （北齊）劉晝撰 清光緒元年
(1875)湖北崇文書局刻本 二冊

510000－2722－0000822 01029

施食補注一卷 （明）釋袾宏著 清刻本 一
冊

510000－2722－0000823 01030

施食儀□卷 （□）□□著 清刻本 一冊
存□卷

510000－2722－0000824 01037

呂祖年譜海山奇遇七卷 （清）火西月編 清
刻本 二冊 存四卷(二、五至七)

510000－2722－0000825 01038

呂祖師編年詩集年譜七卷 （清）火西月述
清刻本 二冊 存三卷(一至三)

510000－2722－0000826 01039

玉海二百卷附辭學指南四卷附刻十三種
（宋）王應麟撰 清刻本 八十五冊 存一百
九十二卷(三至二十一、二十四至一百三十
二、一百三十五至一百五十二、一百五十五至
二百)

510000－2722－0000827 01040

濟一子證道秘書 （清）傅金銓撰 清刻本
一冊 存二種二卷(道海津梁一卷、丹經示讀
一卷)

510000－2722－0000828 01043

新鐫道書度人梯徑八卷 （清）傅金銓錄 清
楊春圃刻本 一冊 存四卷(五至八)

510000－2722－0000829 01044

道書一貫真機易簡錄十二卷 （清）傅金銓彙
輯 清刻本 二冊 存九卷(四至十二)

510000－2722－0000830 01048

莊子南華真經十卷 （戰國）莊周著 （晉）郭
象注 音義一卷 （唐）陸德明著 清光緒十
一年(1885)傳忠書局刻本 七冊 存八卷
(一至四、六至七、九至十)

510000－2722－0000831 01049

南宋樂府一卷 （清）章季英著 （清）趙葆燧
纂註 清光緒二年(1876)歸安趙氏成都刻本
一冊

510000－2722－0000832 01052

圓明催舟寶傳二卷 （□）□□著 清光緒二
十二年(1896)刻本 一冊

510000－2722－0000833 01053

芥子園畫傳初集六卷二集九卷三集六卷
（清）王槩等繪 清光緒三十四年(1908)章福
記書局石印本 六冊 存十卷(初集三、五至
六,二集一至四、六,三集一至二)

510000－2722－0000834 01056

芥子園畫傳二集九卷 （清）王槩繪 清石印
本 三冊 存七卷(三至九)

510000－2722－0000835 01063

讒書五卷 （唐）羅隱撰 附校一卷 （清）吳
騫校 清光緒邵武徐氏刻本 一冊

510000－2722－0000836 01009

抄經一卷 （□）□□著 清抄本 一冊

510000－2722－0000837 01042

抄經一卷 （□）□□著 清抄本 一冊

510000－2722－0000838 01045

天文揭要四卷 （美國）赫士口譯 （清）周文
源筆述 清光緒二十八年(1902)義門氏刻本
四冊

510000－2722－0000839 00696

武經七書七種二十五卷 （□）□□輯 清光
緒二十四年(1898)成都志古堂刻本 一冊
存二種五卷(吳子一至二、司馬法一至三)

510000－2722－0000840 01041

皇朝五經彙解二百七十卷 （清）抉經心室原
纂 清末石印本 一冊 存十五卷(二百五

綿陽市安州區圖書館古籍普查登記目錄

十至二百六十四)

510000－2722－0000841 01071、01072

重刊道藏輯要二十八集 （清）彭定求輯 清刻本 九冊 存十四卷(太上玄元道德經一卷、太上道德真經四子古道集解一卷、南華真經一卷、黃帝陰符經十真集解一至三、黃帝陰符經一卷、黃帝陰符經一卷、黃帝陰符經一卷、黃帝陰符經一卷、陰符玄解一卷、參同契闡幽一至三)

510000－2722－0000842 01034

道經□□卷 （□）□□著 清刻本 三冊 存三卷(三、四、八)

510000－2722－0000843 01035

太上感應篇圖說八卷 （清）黃正元著 清刻本 一冊 存□卷(信、□)

510000－2722－0000844 01047

南華真經解六卷 （清）宣穎著 （清）王暉吉較 清刻本 六冊

510000－2722－0000845 01051

南華真經解六卷 （清）宣穎著 （清）王暉吉較 清元亨堂刻本 四冊 存三卷(一至三)

510000－2722－0000846 01054

益古演段三卷 （元）李冶撰 清同治十二年(1873)古荷池精舍刻本 一冊 存二卷(中至下)

510000－2722－0000847 01059

開方古義二卷 （清）華蘅芳學 清光緒八年(1882)梁谿華氏刻本 一冊

510000－2722－0000848 01060

天文歌略一卷地學歌略一卷附地輿詞略補注一卷 （清）葉瀚 （清）葉瀾著 清光緒二十三年(1897)武林葉子義氏刻本 一冊

510000－2722－0000849 01064

四元玉鑑細艸三卷四象細艸假令之圖一卷 （元）朱世傑著 （清）羅士琳補 **四元釋例一卷** （清）易之瀚著 **補增諸例一卷** （清）羅士琳著 清末石印本 一冊

510000－2722－0000850 01066

體性圖說一卷重學圖說一卷 （英國）傅蘭雅著 清光緒十一年(1885)刻本 一冊

510000－2722－0000851 01069

礦務叢鈔□□種□□卷 （□）□□輯 清光緒二十三年(1897)石印本 二冊 存二卷(鍊金要法一卷、鍊銀要法一卷)

510000－2722－0000852 01073

濟一子證道秘書 （清）傅金銓著 清刻本 一冊 存二種二卷(性天正鵠一卷、三豐丹訣一卷)

510000－2722－0000853 01135

御刻三希堂石渠寶笈法帖不分卷三希堂續刻灋帖不分卷 （清）梁詩正編 清末影印本 二十八冊 缺四冊(一、七、十五、二十五)

510000－2722－0000854 01112

測圓密率三卷 （清）徐有壬著 清末石印本 一冊

510000－2722－0000855 01119

學算筆談十二卷 （清）華蘅芳學 清刻本 一冊 存二卷(一至二)

510000－2722－0000856 01127

采風記五卷 （清）宋育仁編 清光緒二十三年(1897)成都刻本 三冊

510000－2722－0000857 01130

采風記五卷 （清）宋育仁編 清刻本 一冊 存二卷(四至五)

510000－2722－0000858 01132

時務論一卷 （清）宋育仁撰 清刻本 一冊

510000－2722－0000859 01134

西藏宗教源流考不分卷 （清）張其勤編輯 清宣統二年(1910)四川官印刷局鉛本 一冊

510000－2722－0000860 01143

紅樓夢一百二十回 （清）曹雪芹著 清刻本 一冊 存七回(六十八至七十四)

四川省十二家收藏單位古籍普查登記目錄

510000－2722－0000861　01149

七家詞鈔　（清）汪世泰輯　清隨園刻本　一冊　存四種六卷(玉山堂詞一卷、崇睦山房詞一卷、過雲精舍詞一至二、碧梧山館詞一至二)

510000－2722－0000862　01153

楚辭十七卷　（漢）劉向集　（漢）王逸章句　清刻本　六冊

510000－2722－0000863　01084

俗言一卷　（清）劉沅著　清刻本　一冊

510000－2722－0000864　01085

劉子聖學宗要人譜類記合刻五卷　（明）劉宗周輯並註　（清）劉開蒙校編　清明性堂刻本　二冊

510000－2722－0000865　01096

周子全書九卷首二卷末一卷　（宋）周敦頤撰　（清）鄧顯鶴編　清刻本　三冊　存九卷(周子全書四至九,首二卷、末一卷)

510000－2722－0000866　01106

新鐫曆法便覽象吉備要通書大全二十九卷　(清)魏鑑彙述　清大道堂刻本　四冊　存九卷(一至三、七至九、十四至十六)

510000－2722－0000867　01107

農學纂要四卷　（清）陳恢吾纂　清光緒二十八年(1902)刻本　四冊

510000－2722－0000868　01123

新增說文韻府羣玉二十卷　（元）陰時夫編輯　（元）陰中夫編註　（明）王元貞校　清奎光堂刻本　二冊　存四卷(一至四)

510000－2722－0000869　01128

皇極經世緒言九卷首二卷　（宋）邵雍著　(明)黃佐註釋　（清）劉斯組述　清刻本　二冊　存二卷(三至四)

510000－2722－0000870　01129

古文苑九卷　（宋）韓元吉編　清光緒五年(1879)宏達堂刻本　三冊

510000－2722－0000871　01146

古文苑二十一卷　（宋）章樵註　清光緒十四年(1888)蘊石齋刻本　四冊

510000－2722－0000872　01148

文選六十卷　（南朝梁）昭明太子蕭統撰　(唐)李善注　清光緒元年(1875)成都尊經書院刻本　十二冊

510000－2722－0000873　01150

文選六十卷　（南朝梁）昭明太子蕭統撰　(唐)李善注　清光緒元年(1875)成都尊經書院刻本　十冊

510000－2722－0000874　01078

大學章句本義滙叅三卷　（清）王步青輯　(清)王士龍編　清刻本　一冊　存一卷(三)

510000－2722－0000875　01079

新刻對聯不俗□□卷　（□）□□著　清刻本　一冊　存十卷(一至十)

510000－2722－0000876　01086

楹聯叢話十二卷續話四卷　（清）梁章鉅輯　清吳三讓堂刻本　三冊　存十二卷(一至八、續話一至四)

510000－2722－0000877　01087

天下名勝楹聯一卷　（清）雲水散人選輯　清光緒十七年(1891)錦城文芳堂刻本　一冊

510000－2722－0000878　01088

大學古本質言一卷　（清）劉沅撰　清咸豐二年(1852)槐蔭書屋刻本　一冊

510000－2722－0000879　01098

蕺山先生人譜一卷人譜類記二卷　（明）劉宗周著　（清）洪正治校編　清教忠堂刻本　二冊

510000－2722－0000880　01099

文子纘義十二卷　（宋）杜道堅撰　清湖南傳忠書局刻本　六冊

510000－2722－0000881　01100

太玄集注四卷　（宋）司馬光撰　（宋）許翰撰　（清）孫澍增補　清道光十一年(1831)鵝溪孫氏青棠書屋刻本　二冊　存二卷(一至二)

綿陽市安州區圖書館古籍普查登記目錄

510000－2722－0000882　01109

皇極經世緒言九卷首二卷　（宋）邵雍著
（明）黃佐註釋　（清）劉斯組述　清刻本　四
冊　存六卷（一至三、七至九）

510000－2722－0000883　01110

博物新編三集不分卷　（英國）合信著　清咸
豐五年（1855）刻本　一冊

510000－2722－0000884　01115

算學入門三卷　（清）周廣詢輯錄　清光緒二
十四年（1898）中江知興舘刻本　四冊

510000－2722－0000885　01118

鏡花緣二十卷一百回　（清）李汝珍撰　清刻
本　七冊　存十四卷（五至六、九至二十）

510000－2722－0000886　01133

易藝舉隅六卷　（清）陳本淦纂　清刻本　一
冊　存二卷（三至四）

510000－2722－0000887　01141

竹齋詩集四卷附梅先生傳一卷　（元）王冕著
　清邵武徐氏刻本　二冊

510000－2722－0000888　01142

呂祖師編年詩集年譜七卷　（清）火西月述
清刻本　一冊　存一卷（一）

510000－2722－0000889　01144

詩料備覽十四卷　（清）劉豹君原本　清光緒
七年（1881）大道堂刻本　二冊

510000－2722－0000890　01147

唐宋八家鈔八卷　（清）高塽著　清刻本　四
冊　存四卷（二、五至七）

510000－2722－0000891　01074

太上元陽上帝無始天尊說三五火車王靈官真
經一卷　（□）□□著　清咸豐六年（1856）刻
本　一冊

510000－2722－0000892　01092

莊子王氏注內篇二卷　（戰國）莊周撰　王闓
運注　清同治八年（1869）長沙王氏刻本　二
冊

510000－2722－0000893　01097

閱微草堂筆記二十四卷　（清）觀弈道人撰
清光緒二十四年（1898）宏文閣鉛印本　六
冊

510000－2722－0000894　01103

世說新語補二十卷附釋名一卷　（南朝宋）劉
義慶著　（明）何良俊補　清葛氏嘯園刻本
六冊

510000－2722－0000895　01114

子史精華一百六十卷　（清）吳士玉等輯　清
刻本　三十六冊　缺十六卷（一至八、八十二
至八十九）

510000－2722－0000896　01080、01089、01090

重刊道藏輯要二十八集　（清）彭定求輯　清
刻本　十四冊　存三集十九卷（太上黃庭內
景玉經一至三，黃庭內景經一卷，太上黃庭外
景經一卷，太上黃庭內景玉經一卷，太上黃庭
中景經一卷，雲笈七籤一卷，張三豐先生全集
一至八、張三豐祖師無根樹詞註解一卷、如意
寶珠一至二）

510000－2722－0000897　01091

重刊道藏輯要上清靈寶文檢十卷附符圖二卷
　（清）金體原編輯　清刻本　四冊　存八卷
（重刊道藏輯要上清靈寶文檢一至三、八至
十，符圖一至二）

510000－2722－0000898　01111

欽定授時通考七十八卷　（清）鄂爾泰等著
清刻本　一冊　存三卷（六十七至六十九）

510000－2722－0000899　01117

地理末學六卷　（清）紀大奎輯　清刻本　四
冊

510000－2722－0000900　01145

詞律二十卷　（清）萬樹輯　清刻本　十一
冊

510000－2722－0000901　01152

校訂定盦全集十卷　（清）龔自珍譔　附定盦
年譜藁本一卷　（清）黃守恒編　清宣統元年
（1909）上海時中書局鉛印本　八冊

510000－2722－0000902　01075

藝文類聚一百卷　（唐）歐陽詢撰　（明）王元貞校　清光緒五年(1879)華陽宏達堂刻本　四十冊

510000－2722－0000903　01081

輶軒語不分卷　（清）張之洞撰　清末刻本　一冊

510000－2722－0000904　01082

教女遺規三卷　（清）陳弘謀編輯　清乾隆三十七年(1772)刻本　一冊

510000－2722－0000905　01083

讀書作文譜二卷父師善誘法十二卷　（清）唐彪輯著　清藜照書屋刻本　三冊　存十一卷（讀書作文譜一至二、父師善誘法一至九）

510000－2722－0000906　01093

孔子家語十卷　（三國魏）王肅注　清道光十四年(1834)致盛堂刻本　一冊　存二卷（一至二）

510000－2722－0000907　01094

養正遺規補編一卷　（清）陳弘謀輯　清刻本　一冊

510000－2722－0000908　01095

訓俗遺規四卷補編一卷　（清）陳弘謀編輯　清刻本　一冊　存一卷（三）

510000－2722－0000909　01101

荀子二十卷　（戰國）荀況撰　（唐）楊倞注　清刻本　四冊　存七卷（四至六、十一至十二、十七至十八）

510000－2722－0000910　01102

墨卷約選不分卷　（□）□□輯　清刻本　一冊

510000－2722－0000911　01104

食舊德齋襍箸不分卷　（清）劉嶽雲撰　清末四川尊經書院刻本　二冊

510000－2722－0000912　01108

國朝畫徵錄三卷續錄二卷　（清）張庚著　清京都墨林齋刻本　一冊

510000－2722－0000913　01113

古書疑義舉例七卷　（清）俞樾箸　清末宏達堂刻本　二冊

510000－2722－0000914　01120

古書疑義舉例七卷　（清）俞樾箸　清末宏達堂刻本　一冊　存四卷（四至七）

510000－2722－0000915　01124

墨藝範圍不分卷　（□）□□著　清刻本　一冊

510000－2722－0000916　01126

增訂一夕話新集六卷　（清）咄咄夫撰　清刻本　一冊　存一卷（六）

510000－2722－0000917　01076

諸子彙函九十三種　（明）歸有光蒐輯　（明）文震孟糸訂　清刻本　二十六冊

510000－2722－0000918　01121

二十五子彙函　（清）鴻文書局輯　清光緒十九年(1893)上海鴻文書局石印本　十三冊　存二十種二百九十卷（孔子集語一至十七,老子道德經一至二、音義一卷,管子一至二十四,墨子一至十六,列子一至八,尸子一至二、存疑一卷,莊子一至十,孫子十家注一至十三、敘錄一卷、遺說一卷,荀子一至二十、校勘補遺一卷,文子纘義一至十二,商君書一至五、附攷一卷,呂氏春秋一至二十六、附攷一卷,韓非子一至二十、附識誤一至三,竹書紀年統箋一至十二、前編一卷、雜述一卷,淮南子一至二十一,董子春秋繁露一至十七、附錄一卷,揚子法言一至十三、附音義一卷,賈子新書一至十,文中子中說一至十,山海經一至十八）

510000－2722－0000919　01158

唐詩選不分卷　（清）魏朝俊選　清刻本　一冊

510000－2722－0000920　01161

唐詩選六卷　王闓運撰　清刻本　三冊　存三卷（四至六）

510000－2722－0000921　01177

綿陽市安州區圖書館古籍普查登記目錄

經史百家簡編二卷　（清）曾國藩纂　清光緒十四年(1888)上海鴻文書局鉛印本　一冊

510000－2722－0000922　01183

經史百家雜鈔二十六卷　（清）曾國藩纂　清末鉛印本　一冊　存四卷(二十三至二十六)

510000－2722－0000923　01193

飲冰室壬寅文集十六卷　梁啟超著　清末石印本　十冊　存十卷(二至五、七、九至十一、十三、十五至十六)

510000－2722－0000924　01198

飲冰室壬寅文集十六卷　梁啟超著　清末石印本　六冊　存六卷(四至六、八至十)

510000－2722－0000925　01208、01202

飲冰室壬寅文集十六卷癸卯文集□□卷　梁啟超著　清末上海錦章圖書局石印本　十八冊　存十八卷(飲冰室壬寅文集一至八、十一至十二,癸卯文集一至四、十三至十六)

510000－2722－0000926　01215

飲冰室詩話五卷　梁啟超著　清宣統二年(1910)上海書局石印本　五冊

510000－2722－0000927　01154

文選六十卷　（南朝梁）昭明太子蕭統撰　（唐）李善注　清刻本　八冊　存五十卷(五至三十六、四十三至六十)

510000－2722－0000928　01155

文選六十卷　（南朝梁）昭明太子蕭統撰　（唐）李善注　清光緒元年(1875)成都尊經書院刻本　十冊

510000－2722－0000929　01162

御選唐宋詩醇四十七卷目錄二卷　（清）高宗弘曆選輯　清乾隆二十五年(1760)書業堂刻本　二十四冊

510000－2722－0000930　01163

唐詩選六卷　王闓運撰　清光緒十二年(1886)尊經書局刻本　四冊

510000－2722－0000931　01164

絕妙好詞箋七卷　（元）周密輯　（清）查為仁

箋　（清）厲鶚箋　續鈔二卷　（清）余集鈔撮　清同治十一年(1872)會稽章氏刻本　四冊

510000－2722－0000932　01165

八代詩選二十卷　王闓運撰　清光緒七年(1881)四川尊經書局刻本　六冊

510000－2722－0000933　01166

彙纂詩法度鍼三十三卷首一卷　（清）徐文弼編輯　清同人堂刻本　八冊

510000－2722－0000934　01167

七十家賦鈔六卷　（清）張惠言輯　清光緒四年(1878)大成會刻本　一冊　存一卷(一)

510000－2722－0000935　01185

七十家賦鈔六卷　（清）張惠言輯　清刻本　四冊

510000－2722－0000936　01186

續古文辭類纂三十四卷　（清）王先謙輯　清光緒八年(1882)王氏虛受堂刻本　三冊　存十一卷(一至三、七至九、十八至二十二)

510000－2722－0000937　01187

駢體文鈔三十一卷　（清）李兆洛輯　清刻本　三冊　存九卷(二十三至三十一)

510000－2722－0000938　01188

古文辭類纂七十四卷　（清）姚鼐纂　清光緒十九年(1893)思賢講舍刻本　十冊　存六十二卷(一至十、十六至六十、六十八至七十四)

510000－2722－0000939　01189

文選六十卷　（南朝梁）昭明太子蕭統撰　（唐）李善注　清刻本　五冊　存二十五卷(十一至十五、三十至三十九、四十五至四十九、五十六至六十)

510000－2722－0000940　01190

全唐詩九百卷　（清）聖祖玄燁欽定　（清）曹寅等校刊　清刻本　四十三冊

510000－2722－0000941　01217

存齋偶編一卷　（清）胡宗藩輯　清同治十年(1871)桐江存齋居士胡宗藩刻本　一冊

510000－2722－0000942　01156

十八家詩鈔二十八卷　（清）曾國藩纂　清光緒十四年(1888)上海鴻文書局鉛印本　三冊　存十一卷(一至八、二十六至二十八)

510000－2722－0000943　01157

七言古詩聲調細論一卷附錄聲調論十四則（清）魏景文著　清光緒十年(1884)新都魏氏古香閣刻本　一冊　存一卷(七言古詩聲調細論一卷)

510000－2722－0000944　01160

復堂類集文四卷詩十一卷詞三卷日記六卷（清）譚獻撰　清同治至光緒仁和譚氏刻本　四冊　存十八卷(復堂類集文一至四、詩一至十一、詞一至三)

510000－2722－0000945　00725

國朝四十名家墨蹟不分卷　（清）沈鈞輯　清光緒三十四年(1908)上海教育圖書館石印本　三冊

510000－2722－0000946　01168

御選唐宋詩醇四十七卷目錄二卷　（清）高宗弘曆編　清光緒三年(1877)刻本　十五冊

510000－2722－0000947　01169

重訂文選集評十五卷首一卷末一卷　（清）于光華編次　清刻本　四冊　存五卷(一、五、十四至十五,末一卷)

510000－2722－0000948　01173

玉臺新詠十卷劄記一卷　（南朝陳）徐陵編（清）吳兆宜注　（清）程琰刪補　清刻本　一冊　存一卷(九)

510000－2722－0000949　01174

紗籠文選八卷　（清）釋含澈纂述　清光緒十年(1884)新繁龍藏寺刻本　八冊

510000－2722－0000950　01178

紗籠文選八卷　（清）釋含澈纂述　清刻本四冊　存四卷(二至五)

510000－2722－0000951　01179

陶詩彙評四卷　（晉）陶潛撰　（清）溫汝能纂

訂　清宣統元年(1909)掃葉山房石印本　一冊　存二卷(一至二)

510000－2722－0000952　01180、01182

邵武徐氏叢書　（清）徐榦編　清光緒邵武徐氏刻本　五冊　存二種十三卷(文章緣起一卷、本事詩一至十二)

510000－2722－0000953　01191

雨村詩話十六卷　（清）李調元撰　清刻本一冊　存三卷(十一至十三)

510000－2722－0000954　01192

雨村詩話二卷詞話四卷曲話二卷　（清）李調元撰　清刻本　一冊　存七卷(雨村詩話下、詞話四卷、曲話二卷)

510000－2722－0000955　01194

靖節先生集十卷首一卷年譜攷異二卷　（晉）陶潛撰　（清）陶澍集注　清道光二十年(1840)惜陰書舍刻本　六冊

510000－2722－0000956　01195

兩般秋雨盦隨筆八卷　（清）梁紹壬纂　清崇儒堂刻本　八冊

510000－2722－0000957　01200

篋中詞六卷續四卷　（清）譚獻饌錄　清光緒八年(1882)刻本　三冊

510000－2722－0000958　01204

白香詞譜箋四卷　（清）舒夢蘭輯　（清）謝朝徵箋　清光緒十一年(1885)刻本　二冊

510000－2722－0000959　01211

楚詞釋十一卷　（漢）王逸章句　王闓運注清光緒十二年(1886)成都尊經書院刻本　二冊

510000－2722－0000960　01212

楚詞釋十一卷　（漢）王逸章句　王闓運注清刻本　一冊　存七卷(五至十一)

510000－2722－0000961　01139

南華堂不分卷　（□）□□著　清末刻本　一冊

510000－2722－0000962　01140

文選六十卷　（南朝梁）昭明太子蕭統撰
（唐）李善注　清光緒元年(1875)成都尊經書
院刻本　十二冊

510000－2722－0000963　01176

文選六十卷　（南朝梁）昭明太子蕭統撰
（唐）李善注　清光緒元年(1875)成都尊經書
院刻本　十冊

510000－2722－0000964　01201

讀杜小箋三卷二箋二卷　（清）錢謙益撰　清
宣統三年(1911)上海國學扶輪社石印本　一
冊

510000－2722－0000965　01205

庾子山集十六卷　（北周）庾信著　（清）倪璠
註釋　庾集總釋一卷　（清）倪璠著　清光緒
十六年(1890)成都試院刻本　十二冊

510000－2722－0000966　01206

庾子山集十六卷　（北周）庾信著　（清）倪璠
註釋　庾集總釋一卷　（清）倪璠著　清光緒
十六年(1890)成都試院刻本　四冊　存六卷
（五至六、十三至十四、十六，總釋一卷）

510000－2722－0000967　01159

文選六十卷　（南朝梁）昭明太子蕭統撰
（唐）李善注　清海錄軒刻朱墨套印本　六冊
　　存四十六卷（一至十五、二十三至三十七、
四十五至六十）

510000－2722－0000968　01196、01197

四大奇書第一種五十一卷凡例一卷讀法一卷
圖像一卷　（明）羅貫中著　（清）金聖嘆外書
　（清）毛宗崗評　清刻本　七冊　存二十九
卷（一至九、十至十六、二十一至二十八、四十
一至四十五）

510000－2722－0000969　01209

昌黎先生集四十卷外集十卷遺文一卷朱子校
昌黎先生集傳一卷　（唐）韓愈著　（唐）李漢
編　韓集點勘四卷　（清）陳景雲著　清宣統
二年(1910)掃葉山房石印本　十二冊　缺四
卷（韓集點勘一至四）

510000－2722－0000970　01214

五百家註音辯昌黎先生文集四十卷　（唐）韓
愈著　（唐）李漢編　清末石印本　一冊　存
三卷(五至七)

510000－2722－0000971　01220

詩紀前集十卷附錄一卷　（明）馮惟訥編　清
抄本　二冊

510000－2722－0000972　01131

子書百家　（清）崇文書局輯　清光緒元年
(1875)湖北崇文書局刻本　七十九冊　缺十
七種一百四十九卷（荀子一至三，潛夫論一至
十，鶡子知言一至六、附錄一卷、疑義一卷，薛
子道論一至三，海樵子一卷、風後握奇經一
卷、附握奇經續圖一卷，八陣總述一卷、六韜
一至三，何博士備論一至二，宋丞相李忠定公
輔政本末一卷，管子一至二十四，齊民要術一
至十、雜說一卷，太玄經一至十，論衡一至三
十，搜神記一至二十、搜神後記一至十，老子
道德經一至二，抱樸子內篇一至四、外篇一至
四）

510000－2722－0000973　01210

唐詩三百首不分卷　（清）蘅塘退士手編　清
文會堂刻本　二冊

510000－2722－0000974　01213

唐詩三百首註疏六卷　（清）蘅塘退士手編
（清）章燮註　清刻本　一冊　存一卷(三)

510000－2722－0000975　01216

文選補遺四十卷　（宋）陳仁子輯誦　（宋）譚
紹烈纂類　清同治十年(1871)刻本　十冊

510000－2722－0000976　01219

四種詞四種四卷　（□）□□輯　清成都存古
書局刻本　三冊　存三種三卷（白石道人歌
曲一卷、日湖漁唱一卷、蘋洲漁笛譜一卷）

510000－2722－0000977　01170

文選六十卷　（南朝梁）昭明太子蕭統撰
（唐）李善注　清海錄軒刻朱墨套印本　五冊
　　存二十二卷(二十七至三十八、四十一至四
十五、四十九至五十三)

510000－2722－0000978　01172

四川省十一家收藏單位古籍普查登記目錄

文選六十卷　（南朝梁）昭明太子蕭統撰
（唐）李善注　清海錄軒刻朱墨套印本　二冊
　　存十卷(五十一至六十)

510000－2722－0000979　01175
文選六十卷　（南朝梁）昭明太子蕭統撰
（唐）李善注　清海錄軒刻朱墨套印本　一冊
　　存六卷(五十五至六十)

510000－2722－0000980　01181
文選六十卷　（南朝梁）昭明太子蕭統撰
（唐）李善注　清刻本　二冊　存十卷(十六
　　至二十、三十一至三十五)

510000－2722－0000981　01199
四大奇書第一種五十一卷凡例一卷讀法一卷
圖像一卷　（明）羅貫中著　（清）金聖嘆外書
　　（清）毛宗崗評　清刻本　十冊　存三十六
　　卷(一至五、十至三十六、四十二至四十五)

510000－2722－0000982　01207
昌黎先生集四十卷外集十卷遺文一卷朱子校
昌黎先生集傳一卷　（唐）韓愈著　（唐）李漢
編　韓集點勘四卷　（清）陳景雲著　清宣統
二年(1910)掃葉山房石印本　十一冊　存四
十五卷(昌黎先生集一至四十、遺文、韓集點
勘一至四)

510000－2722－0000983　01232
漢魏六朝百三名家集一百三種　（明）張浦輯
　　清光緒三年(1877)滇南唐氏壽考堂刻本
　　一百冊

510000－2722－0000984　01233
漢魏六朝百三名家集一百三種　（明）張浦輯
　　清光緒三年(1877)滇南唐氏壽考堂刻本
　　一百六冊　缺十種十三卷(司馬文園集一卷、
　　東方大中集一卷、班蘭台集一卷、潘黃門集一
　　卷、晉成公子安集一卷、晉張孟陽集一卷、陶
　　隱居集一卷、梁丘司空集一卷、任中丞集一
　　卷、沈侍中集一卷、江醴陵集二、沈隱侯集二、
　　庾開府集二)

510000－2722－0000985　01250
戴東原集十二卷　（清）戴震譔　清宣統二年

（1910）渭南嚴氏成都刻本　五冊

510000－2722－0000986　01256
戴東原先生年譜不分卷　（清）段玉裁編　清
宣統二年(1910)渭南嚴氏成都刻本　一冊

510000－2722－0000987　01265
李太白全集十六卷　（唐）李白著　（清）李調
元編訂　（清）鄧在珩編訂　清刻本　四冊
　　存八卷(三至六、八至九、十三至十四)

510000－2722－0000988　01273
中甯縣崇文堂新訂千家詩二卷附張子房入山
詩不分卷解學士詩選不分卷　（清）李希賢重
校　清道光二十四年(1844)續道堂刻本　一
冊

510000－2722－0000989　01236
雲膚山房詩稿六卷首一卷末一卷　（清）黎光
地著　清鹿園刻本　一冊　存四卷(一至三,
首一卷)

510000－2722－0000990　01237
隨園詩話十六卷　（清）倉山居士（袁枚）著
清隨園刻本　五冊　存十三卷(一至十、十四
至十六)

510000－2722－0000991　01239
同聲詩集八卷首卷前編一卷後編一卷末一卷
　　（清）李芳毅輯　清道光壽柏山房刻本　一
冊　存四卷(一至二,首卷前編一卷,後編一
卷)

510000－2722－0000992　01246
曾文正公家書十卷　（清）曾國藩撰　清刻本
　　三冊　存三卷(六、八至九)

510000－2722－0000993　01247
曾文正公家書□□卷　（清）曾國藩撰　清刻
本　一冊　存一卷(三)

510000－2722－0000994　01248
梅村集二十卷　（清）吳偉業著　（清）周瓚編
　　清宣統二年(1910)上海國學昌明社石印本
　　六冊

510000－2722－0000995　01249

綿陽市安州區圖書館古籍普查登記目錄

湘綺樓自定本四卷　王闓運撰　清成都鳳鳴堂刻本　一冊

510000－2722－0000996　01259

湘綺樓全集三十卷　王闓運撰　清光緒三十三年(1907)墨莊劉氏長沙刻本　十六冊

510000－2722－0000997　01260

李長吉歌詩四卷首卷一卷外集一卷　（唐）李賀著　（清）王琦彙解　清光緒四年(1878)宏達堂刻本　四冊

510000－2722－0000998　01261

樵川二家詩六卷　（宋）嚴羽著　（清）徐榦輯　清光緒七年(1881)邵武徐氏刻本　二冊

510000－2722－0000999　01262

八代詩選二十卷　王闓運撰　清刻本　二冊　存四卷(十一至十四)

510000－2722－0001000　01255

隨園詩話補遺十卷　（清）袁枚著　清刻本　二冊

510000－2722－0001001　01257

王子安集十六卷　（唐）王勃撰　清光緒五年(1879)華陽醉經堂刻本　四冊

510000－2722－0001002　01258

吳摯甫文集四卷附鈔深州風土記四篇　（清）吳汝綸撰　清宣統元年(1909)國學扶輪社石印本　五冊

510000－2722－0001003　01266

林嚴文鈔四卷　林紓、嚴復著　清宣統元年(1909)國學扶輪社鉛印本　四冊

510000－2722－0001004　01274

翫春黌閣八代雜言詩鈔□□卷　（清）陳崇哲撰　清光緒十年(1884)富順攷雋堂刻本　一冊　存二卷(一至二)

510000－2722－0001005　01275

茗柯文初編一卷二編二卷三編一卷四編一卷　（清）張惠言撰　清宣統三年(1911)上海掃葉山房石印本　一冊　存三卷(初編一卷,二編二卷)

510000－2722－0001006　01218

古唐詩合解十二卷附古詩四卷　（清）王堯衢註　（清）李模　（清）李桓校　清光緒七年(1881)大道堂刻本　二冊　存五卷(一至二、十至十二)

510000－2722－0001007　01252

劍南詩鈔不分卷　（宋）陸遊著　（清）楊大鶴選　清刻本　六冊

510000－2722－0001008　01253

劍南詩鈔不分卷　（宋）陸遊著　（清）楊大鶴選　清光緒五年(1879)善成堂刻本　六冊

510000－2722－0001009　01277

隨園駢體文註十六卷　（清）袁枚著　（清）黎光地註　清刻本　一冊　存二卷(十三至十四)

510000－2722－0001010　01244

亨甫詩選八卷　（清）張際亮著　（清）徐榦選　清光緒八年(1882)邵武徐氏刻本　六冊

510000－2722－0001011　01264

涪雅堂詩草二卷　（清）吳朝品著　清光緒二十七年(1901)刻本　一冊　存一卷(一)

510000－2722－0001012　01272

嘯園叢書　（清）葛元煦輯　清光緒仁和葛氏嘯園刻本　二十二冊　存四函三十五種一百零七卷(雲仙雜記一至十,赤雅一至三,清嘉錄一至十二,清波小志一至二,清波小志補一卷,韻石齋筆談上,書蕉上,黃嬭餘話一至八,劇談錄上,泊宅編上,西溪叢語上,味水軒日記一至八,古夫於亭雜錄一至六,說部精華一至十二,放翁題跋一至六,放翁家訓一卷,漁洋書籍跋尾上,南田畫跋一卷,賜硯齋題畫偶錄一卷,嘉應平寇紀略一卷,古詩十九首說一卷,說詩晬語一至二,梅道人遺墨一卷,論印絕句一卷、續編一卷,醉盦硯銘一卷,曼盦壺盧銘一卷,香研居詞塵一至五,詞林正韻一至三,臨民要略(學治一得編一卷、附錄一卷,明刑管見錄一卷,讀律琯朗一卷),吳中判牘一卷,洄溪醫案一卷,慎疾芻言一卷,景岳新方砭一至四,理虛元鑑一至二,保生胎養良方一

四川省十一家收藏單位古籍普查登記目錄

卷）

510000－2722－0001013　01224
白石道人歌曲不分卷　（宋）姜夔著　清刻本
　一冊

510000－2722－0001014　01225
雪中人一卷　（清）李士珠正譜　（清）蔣士銓
填詞　（清）錢世錫評點　清刻本　一冊

510000－2722－0001015　01226
鳴原堂論文二卷　（清）曾國藩撰　（清）曾國
荃審訂　清光緒十四年（1888）上海鴻文書局
鉛印本　一冊

510000－2722－0001016　01227
岳容齋詩集四卷　（清）岳鍾琪著　清道光鵝
溪孫氏刻本　一冊

510000－2722－0001017　01228
半廠叢書初編　（清）譚獻輯　清光緒仁和譚
氏刻本　一冊　存三種四卷（合肥三家詩錄
一至二、待堂文一卷、池上題襟小集一卷）

510000－2722－0001018　01230
文心雕龍十卷　（南朝梁）劉勰撰　（清）黃叔
琳注　（清）紀昀評　清京都聚奎堂刻本　二
冊　存四卷（一至四）

510000－2722－0001019　01234
詞選二卷附錄一卷　（清）張惠言錄　**續詞選
二卷**　（清）董毅錄　清同治十一年（1872）會
稽章氏刻本　二冊

510000－2722－0001020　01240
小倉山房詩集□□卷　（清）袁枚撰　清刻本
　七冊　存三十一卷（一至十七、二十三至三
十六）

510000－2722－0001021　01242
小倉選集八卷　（清）袁枚撰　（清）張懷溎選
　清刻本　一冊　存四卷（四至七）

510000－2722－0001022　01243
**石笥山房文集六卷補遺一卷詩集十一卷詩餘
一卷補遺二卷續補遺二卷**　（清）胡天遊著
　清咸豐二年（1852）刻本　十冊

510000－2722－0001023　01268
船山詩草二十卷　（清）張問陶撰　清刻本
一冊　存十二卷（一至十二）

510000－2722－0001024　01269
穀梁傳初學讀本不分卷　（□）□□撰　清劍
州衛閑道刻本　二冊

510000－2722－0001025　01270
新刻註釋張子房解學士千家詩講讀二卷
（清）湯海若校釋　清光緒十七年（1891）富興
堂刻本　一冊

510000－2722－0001026　01278
靜志居詩話二十四卷　（清）朱彝尊著　（清）
扶荔山房編輯　清扶荔山房刻本　二冊　存
四卷（二十一至二十四）

510000－2722－0001027　01325
增訂漢魏叢書　（清）王謨輯　清刻本　六十
三冊　存六十二種三百五十六卷（焦氏易林
一至四，易傳一至三，關氏易傳一卷，周易略
例一卷，古三墳一卷，汲塚周書一至十，詩傳
孔氏傳一卷，詩說一卷，韓詩外傳一至十，毛
詩草木鳥獸蟲魚疏一至二，大戴禮記一至十
三，春秋繁露一至十七，白虎通德論一至四，
獨斷一卷，忠經一卷，孝傳一卷，小爾雅一卷，
方言一至十三，博雅一至十，釋名一至四，竹
書紀年一至二，穆天子傳一至六，越絕一至十
五，吳越春秋一至六，西京雜記一至六，漢武
帝內傳一卷，飛燕外傳一卷，雜事秘辛一卷，
華陽國志一至十四，十六國春秋一至十六，元
經薛氏傳一至十，羣輔錄一卷，英雄記鈔一
卷，高士傳一至三，蓮社高賢傳一卷，神仙傳
一至十，孔叢一至二，附詰墨一卷，新語一至
二，新書一至十，新序一至十，說苑六至二十，
淮南鴻烈解一至二十一，鹽鐵論一至十二，法
言一至十，申鑒一至五，論衡一至三十，潛夫
論一至十，風俗通義一至十，顏氏家訓一至
二，參同契一卷，陰符經一卷，風後握奇經一
卷，附握奇經續圖一卷、八陣總述一卷，素書
一卷，心書一卷，搜神後記一至二，還冤記一
卷，神異經一卷，海內十洲記一卷，別國洞冥
記一至四，枕中書一卷，佛國記一卷，伽藍記

綿陽市安州區圖書館古籍普查登記目錄

一至五）

510000 – 2722 – 0001028　01303
小姑孃□□卷　（□）□□著　清刻本　一
冊

510000 – 2722 – 0001029　01305
太華紀遊略一卷　（清）趙嘉肇著　清光緒十
年(1884)刻本　一冊

510000 – 2722 – 0001030　01310
碑傳集一百六十卷首二卷末二卷　（清）錢儀
吉纂錄　清光緒十九年(1893)江蘇書局刻本
一百六十二冊

510000 – 2722 – 0001031　01311
續碑傳集八十六卷首二卷　（清）繆荃孫纂錄
清宣統二年(1910)江楚編譯書局刻本　二
十四冊

510000 – 2722 – 0001032　01326
中西學門經書七種　梁啟超著　清光緒二十
四年(1898)長沙刻本　一冊　存三卷(長興
學記一卷、輶軒今語一卷、時務學堂學約一
卷)

510000 – 2722 – 0001033　01297
唐丞相曲江張文獻公集十二卷附錄一卷
(唐)張九齡著　清刻本　一冊　存四卷(七
至十)

510000 – 2722 – 0001034　01298
四書改錯二十二卷　（清）毛奇齡稿　清刻本
三冊

510000 – 2722 – 0001035　01299
王文成公全書三十八卷　（明）王守仁撰　清
刻本　二十三冊

510000 – 2722 – 0001036　01300
王文成公全書三十八卷　（明）王守仁撰　清
末石印本　二冊　存八卷(二十至二十七)

510000 – 2722 – 0001037　01301
邵氏姓解辨誤一卷　（清）段朝端撰　清光緒
十三年(1887)邵武徐氏刻本　一冊

510000 – 2722 – 0001038　01317

汪狀元稿不分卷　（清）汪如洋著　清刻本
一冊

510000 – 2722 – 0001039　01318
龍文鞭影□□卷　（明）蕭良有著　（明）楊臣
諍增訂　清刻本　一冊　存一卷(上)

510000 – 2722 – 0001040　01320
隨園詩話十六卷　（清）袁枚著　清末上海埽
葉山房石印本　一冊　存四卷(五至八)

510000 – 2722 – 0001041　01321
古文辭類纂七十四卷　（清）姚鼐輯　續古文
辭類纂三十四卷　王先謙輯　清末石印本
四冊　存七卷(古文辭類纂二至三、十四至十
五,續古文辭類纂四至六)

510000 – 2722 – 0001042　01312
司空詩品註釋一卷賦品二十四則一卷畫品二
十四則一卷　（唐）司空圖撰　文品二十四則
一卷　（□）夏少庸著　詞品十二則一卷
(清)郭祥伯撰　續詞品十二則一卷　（清）楊
伯夔撰　書品二十四則一卷　（清）黃鉞著
清刻本　一冊

510000 – 2722 – 0001043　01315
貸園叢書初集十二種四十九卷　（清）周永年
輯　清刻本　一冊　二種三卷(蒿菴閒話一
至二、談龍錄一卷)

510000 – 2722 – 0001044　01329
國朝十家四六文鈔十種十一卷　王先謙輯
清光緒十五年(1889)長沙王氏刻本　四冊

510000 – 2722 – 0001045　01290
雙桂堂稿續編□□卷　（清）紀大奎撰　清同
治十一年(1872)刻本　一冊　存一卷(一)

510000 – 2722 – 0001046　01291
雙桂堂時文稿一卷附錄一卷　（清）紀大奎撰
清同治九年(1870)刻本　一冊　缺一卷
(附錄一卷)

510000 – 2722 – 0001047　01292
雙桂堂古文二卷　（清）紀大奎撰　清刻本
二冊

510000－2722－0001048　01293

雙桂堂詩稿□□卷　（清）紀大奎著　清同治十一年(1872)刻本　一冊　存一卷(一)

510000－2722－0001049　01308

雨村詩話十六卷　（清）李調元著　清刻本　五冊

510000－2722－0001050　01313

雨村詩話十六卷　（清）李調元著　清萬卷樓刻本　五冊　存十三卷(一至十、十四至十六)

510000－2722－0001051　01324

靜志居詩話二十四卷　（清）朱彝尊著　（清）扶荔山房編輯　清扶荔山房刻本　八冊　存十六卷(五至二十)

510000－2722－0001052　01327

駢文類纂四十六卷　王先謙纂集　清光緒二十八年(1902)思賢書局刻本　二十八冊

510000－2722－0001053　01330

駢體文鈔三十一卷　（清）李兆洛輯　清合河康氏家塾刻本　一冊　存三卷(二十一至二十三)

510000－2722－0001054　01136

天聞閣琴譜十六卷首三卷　（清）唐彝銘纂集　（清）張合脩同脩　清光緒二年(1876)成都葉宗祺刻本　十六冊

510000－2722－0001055　01137

天聞閣琴譜十六卷首三卷　（清）唐彝銘纂集　（清）張合脩同脩　清光緒二年(1876)成都葉宗祺刻本　十六冊

510000－2722－0001056　01138

太乙數統宗大全四十卷　（清）李自明編　清刻本　十二冊

510000－2722－0001057　01281

闈墨斯盛集不分卷　（□）□□輯　清刻本　一冊

510000－2722－0001058　01282

古文快筆貫通解四卷　（清）杭永年評解　清刻本　一冊　存一卷(一)

510000－2722－0001059　01283

王介甫文約選不分卷　（宋）王安石著　清刻本　一冊

510000－2722－0001060　01284

徐孝穆全集六卷　（南朝陳）徐陵撰　（清）吳兆宜箋注　清刻本　五冊　存五卷(二至六)

510000－2722－0001061　01285

劫灰集□□卷　（清）洪運開著　清刻本　四冊　存四卷(一至四)

510000－2722－0001062　01286

有正味齋試帖詩註八卷　（清）吳錫麒著　(清)吳清學等註　清婺源孫氏刻本　一冊　存二卷(四至五)

510000－2722－0001063　01287

諸葛忠武矦文集六卷首一卷　（三國蜀）諸葛亮著　（清）張澍編輯　清刻本　一冊　存四卷(三至六)

510000－2722－0001064　01288

陽明先生文章集四卷　（明）王守仁著　（明）施邦曜評輯　清光緒三十四年(1908)明明學社鉛印本　一冊

510000－2722－0001065　01296

隨園女弟子詩選六卷　（清）袁枚輯　清刻本　二冊

510000－2722－0001066　01302

欲及時齋古近體詩存□□卷　（清）何天祥著　清刻本　一冊　存二卷(六至七)

510000－2722－0001067　01304

詩韻合璧五卷詩腋不分卷詞林典腋不分卷　(清)湯文潞編　清光緒四年(1878)上海淞隱閣鉛印本　二冊　存四卷(詩韻合璧一至四)

510000－2722－0001068　01306

七家詩選七種七卷　（清）張熙宇輯評　清刻朱墨套印本　二冊

510000－2722－0001069　01307

七家詩選七種七卷　（清）張熙宇輯評　清刻

綿陽市安州區圖書館古籍普查登記目錄

本　二冊　存四種四卷(西漚試帖詩註一卷、簡學齋試帖詩註一卷、澹香齋試帖詩註一卷、桐雲閣試帖詩註一卷)

510000-2722-0001070　01316
邵武徐氏叢書　(清)徐幹輯　清光緒邵武徐氏刻本　七冊　存六種三十九卷(海東逸史一至十八、靖康傳信錄一至三、建炎進退志一至四、建炎時政記一至三,東觀餘論一至二、附錄一卷、琴操一至二、補一卷,支遁集一至二、補遺一卷,西昆酬唱集一至二)

510000-2722-0001071　01331
三才略三卷　(清)蔣德鈞輯　清刻本　一冊

510000-2722-0001072　01332
漱六山房初集一卷次集一卷　(□)□□著　清刻本　三冊

510000-2722-0001073　01335
中西星要五種十二卷　(清)倪榮桂輯　清刻本　一冊　存二種五卷(祿命要覽三至四、選擇當知一至三)

510000-2722-0001074　01341
守山閣叢書　(清)錢熙祚輯　清光緒十五年(1889)上海鴻文書局石印本　三十四冊　存四十五種二百七十一卷(易說四卷,易象鈎解四卷,禹貢說斷四卷、附禹貢山川總會之圖一卷,周禮疑義舉要七卷,儀禮釋宮一卷,儀禮釋例一卷,禮記訓義擇言八卷,春秋正旨一卷,古微書三十六卷,律呂新論二卷,經傳釋詞十卷,古韻標準四卷、首一卷,三國志辨誤三卷,宋季三朝政要六卷,大金弔伐錄四卷,平宋錄三卷,元朝征緬錄一卷,招捕總錄一卷,京口耆舊傳一至四,九國志十二卷、拾遺一卷,越史略三卷,吳郡志五十卷、校勘記一卷,七國考十四卷,歷代兵制八卷,籀史上,少儀外傳二卷,折獄龜鑒八卷,新義象法要三卷,簡平儀說一卷,渾蓋通憲圖說二卷、首一卷,樂府雜錄一卷,棋經一卷,遠西奇器圖說錄最三卷,諸器圖說一卷,潁川語小二卷,愛日齋叢鈔五卷,日損齋筆記一卷、附錄一卷,

樵香小記二卷,日聞錄一卷,漢武帝內傳一卷、附錄外傳逸文一卷、校勘記一卷,大方廣佛華嚴經音義四卷,文子二卷、校勘記一卷,古文苑二十一卷、校勘記一卷,觀林詩話一卷,餘師錄四卷,詞源二卷

510000-2722-0001075　00503
富文堂綱鑒易知錄九十二卷　(清)吳乘權　(清)周之炯　(清)周之燦輯　清刻本　九冊　存三十卷(一至二、九至十一、二十八至三十三、四十二至四十八、六十四至六十七、七十二至七十五、七十九至八十二)

510000-2722-0001076　01314
貸園叢書初集十二種四十九卷　(清)周永年輯　清刻本　十七冊

510000-2722-0001077　01353
貸園叢書初集十二種四十九卷　(清)周永年輯　清刻本　二冊　存二種三卷(蒿菴閒話一至二、談龍錄一卷)

510000-2722-0001078　01347
函海　(清)李調元輯　清刻本　一百六十二冊　缺八種三十二卷(古今風謠一卷,古今諺一卷,俗言一卷,麗情集一卷,卍齋璅錄一至二,蜀雅一至二十,醒園錄一卷,童山詩集二十六、三十二至三十五)

510000-2722-0001079　01348
函海　(清)李調元輯　清刻本　八十二冊　存八十三種三百九十八卷(華陽國志四至十二,郭子翼莊一卷,古今同姓名錄一至二,素履子一至二,緝古算經一卷,主客圖一卷,蘇氏演義一至二,心要經一卷,金華子雜編一至二,鄭氏古文尚書九至十,程氏考古編八至十,敷文鄭氏書說一卷,洪範統一一卷,孟子外書四篇一至四,續孟子二卷,伸蒙子三卷,廣成子解一卷,藏海詩話一卷,益州名畫錄三卷,韓氏山水純全集一卷,月波洞中記一卷,蜀檮杌上,顧顯經一卷,出行寶鏡一卷、圖一卷,翼元一至三、十一至十二,農書三卷,靖康傳信錄三卷,淳熙薦士錄一卷,江南餘載二卷,江淮異人錄二卷,青溪弄兵錄一卷,張氏

四川省十一家收藏單位古籍普查登記目錄

可書一卷,珍席放談二卷,鶴山筆錄一卷,家訓筆錄一卷,舊聞證誤四卷,建炎以來朝野雜記甲集一至四、十四至十九、乙集一至三、十四至二十,諸蕃志下,省心襍言一卷,三國雜事上,龍龕手鑑四卷,升庵經說十四卷,檀弓叢訓二卷,世說舊注一卷,山海經補註一卷,莊子闕誤一卷,秋林伐山一至十二,哲匠金桴三至五,轉注古音畧一至四,古音叢目五,古音獵要五卷,古音附錄一卷,奇字韻三至五,古音略例一卷,古音駢字一至三,升菴詩話一至四,畫品一卷,金石古文十四卷,古文韻語一卷,風雅逸篇一至八,丹鉛雜錄七至十,蜀碑記二至十,中麓畫品一卷,卮辭一卷,蜀碑記補十卷,卍齋璅錄一至七,諸家藏書簿六至十,博物要覽十二卷,金石存一至十,通俗編一至九,南越筆記一至六、十三至十六,賦話八至十,詩話上,尾蕉叢談四卷,奇字名一至二、十二,樂府侍兒小名二卷,通詁上,夢樓選集四卷,甌比選集五卷,童山選集一、四至七,全五代詩一至三、十三至二十六、二十八至三十七、四十五至四十八、五十四至六十七、七十三至八十五,童山詩集一至三十八、文集五至十五,粵東皇華集四卷)

510000－2722－0001080　01349

函海　(清)李調元輯　清刻本　三十五冊存二十二種一百六十一卷(程氏考古編三至十,敷文鄭氏書說一卷,洪範統一一卷,唐史論斷一至三,蜀檮杌一至二,翼元七至十,農書一,靖康傳信錄一至三,淳熙薦士錄一卷,三國雜事一至二,三國紀年一卷,五國故事一至二,龍龕手鑑三,秋林伐山十至十七,金石存一至八,通俗編一至八,奇字名一至七、九至十二,樂府侍兒小名一至二,通詁下,勦說一至四、全五代詩一至三十九、四十七至五十、六十一至一百、補遺一卷,童山詩集一至五)

510000－2722－0001081　01351

全五代詩一百卷補遺一卷　(清)李調元編清刻本　二冊　存九卷(二十七至三十五)

510000－2722－0001082　01352

函海　(清)李調元輯　清乾隆四十七年(1782)綿州李氏萬卷堂刻嘉慶十四年(1809)李鼎元、道光五年(1825)李朝夔重校補刻本一百六十冊

510000－2722－0001083　01350

歷代史論十二卷　(明)張溥論正　清光緒五年(1879)西江裴氏刻本　一冊　存四卷(一至四)

510000－2722－0001084　01334

聲調譔彙刻　(清)王祖源著　清末成都存古書局刻本　一冊　存四種七卷(聲調譜一至三、談龍錄一卷、然鐙記聞一卷、小石帆亭著錄一至二)

510000－2722－0001085　01336

制義叢話二十四卷　(清)梁章鉅撰　清光緒七年(1881)新都鄭思敬刻本　八冊

510000－2722－0001086　01345

船山經史論八種　(清)王夫之著　清光緒二十五年(1899)慎記書莊石印本　十六冊　存八種七十三卷(尚書引義六卷、周易外傳七卷、春秋家說三卷、詩廣傳五卷、宋論十五卷、讀通鑑論三十卷、春秋世論五卷、續春秋左氏傳博議二卷)

510000－2722－0001087　01339

八代文粹二百二十卷目錄十八卷　(清)簡燊(清)陳崇哲編　清光緒十一年(1885)富順攷雋堂刻本　八十八冊　存二百三十一卷(一至八十四、八十九至一百四十四、一百四十八至二百二十,目錄十八卷)

510000－2722－0001088　01354

增訂漢魏叢書九十種　(清)王謨輯　清光緒六年(1880)三餘堂刻本　六十一冊　存七十四種三百一十三卷(詩說一卷,詩外傳一至三,釋名一至四,越絕書一至十五,吳越春秋一至六,十六國春秋一至十六,元經薛氏傳一至十,竹書紀年一至二,穆天子傳一至六,漢武帝內傳一卷,飛燕外傳一卷,雜事秘辛一卷,群輔錄一卷,神仙傳一至十,高士傳一至三,蓮社高賢傳一卷,英雄紀鈔一卷,孔叢一

綿陽市安州區圖書館古籍普查登記目錄

197

至二、詰墨一卷,新語一至二,新書一至十,新序一至十,說苑一至二十,淮南鴻烈解一至二十一,鹽鐵論考證一卷,鹽鐵論一至十,法言一至十,申鑒一至五,潛夫論一至十,中論一至二,中說一至二,風俗通義一至四,人物志一至三,新編一至十,顏氏家訓一至二,參同契一卷,陰符經一卷,風後握奇經一卷,素書一卷,心書一卷,列子一至八,荀子一卷,道德經評註一至二,古今注一至三,中華古今注一至三,博物志一至十,文心雕龍一至十,詩品一至三,書品一卷,尤射一卷,拾遺記一至十,述異記一至二,續齊諧記一卷,搜神記一至八,搜神後記一至二,還冤記一卷,神異經一卷,海內十洲記一卷,別國洞冥記一至四,枕中書一卷,佛國記一卷,伽藍記一至五,三輔黃圖一至六,水經一至二,星經一至二,荊楚歲時記一卷,南方草木狀一至三,竹譜一卷,禽經一卷,古今刀劍錄一卷,鼎錄一卷,輶軒

絕代語一卷,鄴中記一卷,博異記一卷,世本一卷)

510000 - 2722 - 0001089　01337
高弧勾股合表一卷　(清)徐朝俊測算　清嘉慶十二年(1807)雲間徐氏刻本　六冊

510000 - 2722 - 0001090　01338
增訂格物入門七卷　(美國)丁韙良編　清刻本　十一冊

510000 - 2722 - 0001091　01342
經文戞造不分卷　(清)蔡光閣主人輯　清光緒十七年(1891)上海耕石齋石印本　十二冊　存詩經、禮記、書經、易經、春秋

510000 - 2722 - 0001092　00502
明儒學案六十二卷　(清)黃宗羲著　(清)萬言訂　清末上海文瑞樓石印本　十六冊

廣元市圖書館
古籍普查登記目録

全國古籍普查登記目録

國家圖書館出版社
National Library of China Publishing House

510000－2723－0000001　GY0002
八家詩選註釋八卷　（清）張熙宇輯評　清刻本　一冊　存二卷（樨花館試貼一卷、尚綱堂試貼一卷）

510000－2723－0000002　GY0003
八銘塾鈔初集不分卷　（清）吳懋政編次　清刻本　一冊　存上孟、下孟

510000－2723－0000003　GY0004
八銘塾鈔二集不分卷　（清）吳懋政編次　清刻本　一冊　存上孟、下孟

510000－2723－0000004　GY0005
本草綱目五十二卷　（明）李時珍撰　清刻本　九冊　存十五卷（二十四至二十六、三十四、三十七至四十三、四十九至五十二）

510000－2723－0000005　GY0007
插花窗詩草三卷　（清）楊昌光撰　清嘉慶二十三年（1818）萬仙樓刻本　一冊

510000－2723－0000006　GY0008
長沙方歌括六卷　（清）陳念祖著　清光緒三十四年（1908）上海章福記石印本　一冊

510000－2723－0000007　GY0009
長沙方歌括六卷　（清）陳念祖著　（清）陳元蔚註　清刻本　一冊

510000－2723－0000008　GY0010
陳方七局一卷　（清）陳方著　清刻本　一冊

510000－2723－0000009　GY0011
陳修園醫書五十種　（清）陳念祖著　清光緒三十一年（1905）上海商務印書館鉛印本　二十八冊

510000－2723－0000010　GY0012
仿宋相臺五經五種　（宋）岳珂編　清刻本　一冊　存一卷（春秋年表）

510000－2723－0000011　GY0013
春秋比二卷　（清）郝懿行輯　清光緒十六年（1890）尊經書局藏版刻本　一冊

510000－2723－0000012　GY0014
春秋經傳集解三十卷　（晉）杜預集解　清刻本　十二冊　缺六卷（二十一至二十四、二十九至三十）

510000－2723－0000013　GY0015
春秋經傳解詁十一卷　（清）何休解詁　（清）王闓運箋　清光緒十一年（1885）成都尊經書局刻本　五冊　缺三卷（九至十一）

510000－2723－0000014　GY0016
春秋全經左傳句解八卷　（宋）朱申注釋　（明）孫鑛評　清刻本　一冊　存一卷（八）

510000－2723－0000015　GY0017
春秋左傳精義旁訓十八卷　（清）魏朝俊輯　清光緒十年（1884）魏氏古香閣刻本　十二冊

510000－2723－0000016　GY0018
春秋左傳折衷八卷　（清）王之槐撰　清刻本　一冊　存一卷（七）

510000－2723－0000017　GY0019
淳化閣帖十卷　（宋）太宗趙炅敕編　清末民初拓印本　一冊　存一卷（諸家古法帖）

510000－2723－0000018　GY0023
大清新法令不分卷　商務印書館編譯所編輯　清末民初商務印書館鉛印本　一冊　存大清新法令第五類目錄

510000－2723－0000019　GY0024
大學不分卷　□□撰　清刻本　一冊

510000－2723－0000020　GY0025
大學古本質言不分卷　（清）劉沅撰　清光緒十七年（1891）李氏刻本　一冊

510000－2723－0000021　GY0026
丹桂籍參輯□卷　（□）□□輯　清光緒三十四年（1908）年上海章福記石印本　一冊　存一卷（上）

510000－2723－0000022　GY0027
釣渭閒褢膽五種　（清）潘炤撰　清嘉慶二十年（1815）小百尺樓刻本　三冊　存四種（海喇行不分卷、涷水鈔不分卷、從心錄不分卷、西泠舊事百詠不分卷）

510000－2723－0000023　GY0029

廣元市圖書館古籍普查登記目錄

東漢史晨碑不分卷　□□編　清末拓本
一冊

510000－2723－0000024　GY0030
東華錄六種　(清)王先謙編　清光緒十七年
(1891)上海廣百宋齋刻本　三十二冊　存一
百八十八卷(天命朝一至四、天聰朝七至十
一、崇德朝一至七、順治朝一至三十六、康熙
朝一至一百一十、雍正朝一至二十六)

510000－2723－0000025　GY0031
東華續錄三種　(清)王先謙編　清光緒十七
年(1891)上海廣百宋齋刻本　四十四冊

510000－2723－0000026　GY0032
痘科秘訣□□卷　(□)□□撰　清抄本
一冊

510000－2723－0000027　GY0033
讀史方與紀要一百三十卷　(清)顧祖禹輯
(清)彭元瑞校　清錦里龍萬育雙堂刻本　二
十八冊　缺三十四卷(三、五至九、三十四至
三十五、四十三至四十五、五十二至七十四)

510000－2723－0000028　GY0034
杜詩鏡銓二十卷附讀書堂杜工部文集註解二
卷　(清)楊倫編　讀書堂杜工部文集註解
(清)張溍評註　清光緒十八年(1892)鉛印本
六冊

510000－2723－0000029　GY0035
爾雅二卷　(清)張孝楷校　清光緒六年
(1880)成都書局刻本　二冊

510000－2723－0000030　GY0036
爾雅註疏十一卷　(晉)郭璞注　(宋)邢昺疏
清正學齋刻本　二冊　存五卷(一至五)

510000－2723－0000031　GY0037
二十二子全書二十二種　(清)浙江書局輯
清光緒元年至三年(1875－1877)浙江書局刻
本　三十九冊　存七種八十八卷(管子十二
至二十四,淮南子一至八、十二至十四、十八
至二十一,文子纘義存七至十二,補注黃帝內
經素問存三十七卷,墨子存十七卷,孫子十家
注存十五卷,孔子存十七卷)

510000－2723－0000032　GY0038
二十四史二十四種　(漢)司馬遷　(漢)班固
(唐)姚思廉　(晉)劉昫　(元)脫脫等撰
清光緒二十八年(1902)武林竹蘭齋石印本
二百六冊　缺六種一百七十九卷(史記一
至十二、三國志一至六十五、梁書一至五十
六、陳書一至三十六、金史一至九、元史二百
零九)

510000－2723－0000033　GY0040
重刊宋本十三經注疏附校勘記十三種　(清)
阮元輯　(清)盧宣旬摘錄　清光緒十八年
(1892)湖南寶慶務本書局刻本　一百九冊
缺三種(孝經注疏附校勘記、孟子注疏解經附
校勘記、春秋左傳注疏附校勘記)

510000－2723－0000034　GY0041
鳳洲綱鑑會纂三種　(明)王世貞纂　清刻本
十九冊　存四十三卷(重訂王鳳洲先生會
纂綱鑑三至七、十三至十六、二十三至二十
六、三十二至四十二,重訂王鳳洲先生會纂綱
鑑續宋元存一至六、九至十、十八至十九,御
纂資治通鑑綱目三編一至四、十六至二十)

510000－2723－0000035　GY0043
賦學指南十六卷附一卷　(清)余丙照編輯
清同治七年(1868)醉經堂刻本　二冊　存十
卷(一至十)

510000－2723－0000036　GY0044
高等學堂章程不分卷　□□撰　清光緒三十
年(1904)成都官報書局排印本　一冊

510000－2723－0000037　GY0047
古文快筆貫通解三卷　(清)杭永年評解　清
刻本　一冊　存一卷(下)

510000－2723－0000038　GY0048
古文雅正十四卷　(清)蔡世遠選評　清刻本
五冊　缺二卷(八至九)

510000－2723－0000039　GY0049
[道光]廣元縣志五十八卷　(清)陳初田輯
清道光抄本　四冊　存二十九卷(三十至五
十八)

四川省十一家收藏單位古籍普查登記目錄

510000－2723－0000040　GY0051
海棠七家詩七卷　(清)劉嗣綰等著　清刻本
一冊　存二卷(尚絅堂試貼一卷、樨花堂試
貼一卷)

510000－2723－0000041　GY0052
漢泰山君碑不分卷　□□編　清拓本　一冊

510000－2723－0000042　GY0053
漢魏六朝百三家集一百一十八卷　(明)張溥
輯　清壽考堂刻本　八十冊　存七十五卷
(司馬文園集一卷、董膠西集一卷、東方大中
集一卷、張河間集二卷、漢褚先生集一卷、王
諫議集一卷、楊侍郎集一卷、漢劉子駿集一
卷、馮曲陽集一卷、班蘭臺集一卷、東漢崔亭
伯集一卷、阮步兵集一卷、嵇中散集一卷、晉
杜征南集一卷、魏鍾司徒集一卷、傅鶉觚集一
卷、漢劉中壘集二卷、宋謝康樂集二卷、顏光
祿集一卷、晉束廣微集一卷、夏侯常侍集一
卷、宋袁陽源集一卷、謝法曹集一卷、南齊竟
陵王集一卷、王文憲集一卷、王甯朔集一卷、
陸清河集二卷、晉成公子安集一卷、晉張孟陽
集一卷、晉張景陽集一卷、鮑參軍集二卷、潘
黃門集一卷、傅中丞集一卷、宋傅光祿集一
卷、宋何衡陽集一卷、晉王大令集一卷、孫廷
尉集一卷、晉王右軍集二卷、郭弘農集二卷、
劉越石集一卷、魏阮元瑜集一卷、王侍中集一
卷、陳記室集一卷、魏文帝集二卷、魏武帝集
一卷、諸葛丞相集一卷、東漢王叔師集一卷、
蔡中郎集二卷、漢蘭臺令李伯仁集一卷、東漢
馬季長集一卷、陸平原集一卷、陳思王集一
卷、梁武帝御製集一卷、劉秘書集一卷、王詹
事集一卷、陸太常集一卷、王左丞集一卷、梁
丘司空集一卷、陶隱居集一卷、沈隱疾集二
卷、晉張司空集一卷、齊張長史集一卷、江醴
陵集二卷、謝宣城集一卷)

510000－2723－0000043　GY0054
喉症全科紫珍集圖本二卷　(清)朱翔宇輯
清刻本　一冊　存一卷(下)

510000－2723－0000044　GY0055
後漢書一百三十卷　(南朝)范曄撰　(唐)李
賢注　清光緒十四年(1888)上海蜚英館石印

本　十二冊

510000－2723－0000045　GY0056
後漢書一百三十卷　(南朝)范曄撰　(唐)李
賢注　清刻本　二十六冊

510000－2723－0000046　GY0057
後漢書一百三十卷　(南朝)范曄撰　(唐)李
賢注　清刻本　一冊　存四卷(六至九)

510000－2723－0000047　GY0058
槐雲語錄一卷　(清)李思棟門人輯　清光緒
十二年(1886)槐雲書屋刻本　一冊

510000－2723－0000048　GY0059
皇朝經世文編初續一百二十卷　(□)□□輯
清刻本　三十四冊　存一百零一卷(二十
至一百二十)

510000－2723－0000049　GY0060
皇朝經世文編一百二十卷　(清)賀長齡輯
清光緒十六年(1890)上海廣百宋齋鉛印本
十二冊

510000－2723－0000050　GY0061
皇朝經世文編一百二十卷附姓名總目二卷
(清)賀長齡輯　清光緒十七年(1891)邵州經
綸書局刻本　六十七冊　缺二十五卷(一至
二、七至八、十九、二十、二十三至二十六、三
十二、三十三、五十二、七十八、九十至九十
四、一百零八至一百一十三)

510000－2723－0000051　GY0062
皇朝經世文三編八十卷　(清)陳忠倚編　清
光緒二十七年(1901)上海書局石印本　十
六冊

510000－2723－0000052　GY0063
皇朝經世文四編五十二卷　(清)何良棟輯
清光緒二十八年(1902)上海書局石印本　八冊

510000－2723－0000053　GY0064
皇朝經世文新編三十二卷　(清)麥仲華輯
清光緒二十七年(1901)上海書局石印本　十
五冊　缺二卷(三十一至三十二)

510000－2723－0000054　GY0065

廣元市圖書館古籍普查登記目錄

皇朝經世文新編三十二卷　（清）麥仲華輯
清光緒二十七年（1901）上海書局石印本　二
冊　存三卷（一至三）

510000－2723－0000055　GY0066

皇朝經世文續編一百二十卷　（清）葛士濬輯
　清末民初石印本　四冊　存三十一卷（八
至十二、十五至二十四、四十七至五十六、九
十至九十五）

510000－2723－0000056　GY0067

皇朝經世文續編一百二十卷　（清）葛士濬輯
　清末民初鉛印本　十五冊　存六十八卷
（二十四至三十三、六十二至一百二十）

510000－2723－0000057　GY0068

皇朝經世文續新編三十卷　（清）儲桂山輯
清光緒二十八年（1902）義記書局石印本　十
二冊

510000－2723－0000058　GY0069

皇朝通典一百卷　（清）嵇璜等撰　清光緒二
十七年（1901）上海圖書集成局鉛印本　十冊

510000－2723－0000059　GY0070

皇朝通志一百二十六卷　（清）嵇璜等撰　清
光緒二十七年（1901）上海圖書集成局鉛印本
　十二冊

510000－2723－0000060　GY0071

皇朝通志一百二十六卷　（清）嵇璜等撰　清
光緒八年（1882）浙江書局刻本　四十冊

510000－2723－0000061　GY0072

皇朝文獻通考三百卷　（清）嵇璜等撰　清光
緒二十七年（1901）上海圖書集成局鉛印本
四十二冊

510000－2723－0000062　GY0073

皇朝五經彙解二百七十卷　（清）抉經心室主
人編　清光緒十四年（1888）上海鴻文書局石
印本　十四冊　存一百二十一卷（一至七十、
九十三至一百四十三）

510000－2723－0000063　GY0074

皇清經解一百九十種一千四百八卷　（清）阮

元編　清咸豐十一年（1861）廣東學海堂補刊
本　三百五十一冊　缺五十五卷（三百一十
三至三百一十五、三百三十至三百五十二、六
百六十三至六百六十六、八百零七至八百二
十八、一千一百七十至一千一百七十二）

510000－2723－0000064　GY0075

黃帝內經素問九卷　（清）張志聰集註　（清）
莫承藝參訂　（清）朱景韓校正　清刻本　六
冊　缺二卷（三至四）

510000－2723－0000065　GY0077

回生集二卷續集二卷　（清）陳傑輯　清刻本
　一冊　存一卷（回生集上）

510000－2723－0000066　GY0078

紀年便覽一卷　（□）□□撰　清末抄本
一冊

510000－2723－0000067　GY0079

續春秋左氏傳博議二卷　（清）王夫之著　清
刻本　一冊

510000－2723－0000068　GY0082

新書十卷　（漢）賈誼撰　清光緒元年（1875）
浙江書局據盧氏抱經堂校刻本　二冊

510000－2723－0000069　GY0083

金匱要略淺註十卷　（清）陳念祖著　清刻本
　一冊　存四卷（三至六）

510000－2723－0000070　GY0084

金匱要略淺註十卷金匱歌括六卷　（清）陳念
祖集註　清光緒三十四年（1908）上海章福記
石印本　一冊

510000－2723－0000071　GY0085

經餘必讀八卷　（清）雷琳等輯　清刻本　一
冊　存二卷（七至八）

510000－2723－0000072　GY0086

精訂綱鑑二十四史通俗衍義六卷　（清）呂撫
輯　清光緒二十一年（1895）珍藝書局石印本
　六冊

510000－2723－0000073　GY0087

景岳全書六十四卷　（明）張介賓撰　清刻本

一冊　存十二卷(十三至十五、三十四至三十九、四十六、五十一、五十四)

510000－2723－0000074　GY0088

景岳全書六十四卷　(明)張介賓撰　清刻本
四冊　存十六卷(五至十三、二十一至二十四、四十一至四十三)

510000－2723－0000075　GY0089

舊約全書不分卷新約全書不分卷　□□撰
聖經公會鉛印本　一冊

510000－2723－0000076　GY0090

開方表一卷　(清)賈步緯撰　清光緒二十三年(1897)刻本　一冊

510000－2723－0000077　GY0091

康熙字典十二集三十六卷檢字一卷辨似一卷等韻一卷總目一卷備考一卷補遺一卷　(清)張玉書　(清)陳廷敬等纂　清道光七年(1827)刻本　三十四冊　缺四卷(巳集下、午集下、申集中、申集下)

510000－2723－0000078　GY0092

康熙字典十二集三十六卷檢字一卷辨似一卷等韻一卷總目一卷備考一卷補遺一卷　(清)張玉書等纂　清道光七年至十七年(1827－1837)刻本　三十四冊五函　缺六卷(午集上中下、未集上中下)

510000－2723－0000079　GY0093

康熙字典十二集三十六卷總目一卷檢字一卷辨似一卷等韻一卷備考一卷補遺一卷　(清)張玉書等纂　清宏德堂刻本　二十八冊　缺十二卷(寅集上中下、卯集上中下、辰集上中下、巳集上中下)

510000－2723－0000080　GY0094

康熙字典十二集三十六卷檢字一卷辨似一卷等韻一卷總目一卷備考一卷補遺一卷　(清)張玉書等纂　清道光七年(1827)刻本　六冊　存六卷(辰集上中下、巳集上中下)

510000－2723－0000081　GY0095

康熙字典十二集三十六卷總目一卷檢字一卷辨似一卷等韻一卷備考一卷補遺一卷　(清)

張玉書等纂　清光緒十三年(1887)上海點石齋石印本　六冊

510000－2723－0000082　GY0096

康熙字典十二集三十六卷總目一卷檢字一卷辨似一卷等韻一卷備考一卷補遺一卷　(清)張玉書等纂　清刻本　二冊　存二卷(卯集上、備考一卷)

510000－2723－0000083　GY0097

蘭閨寶錄六卷　(清)惲珠輯　清紅香館刻本
三冊　存二卷(一殘、二)

510000－2723－0000084　GY0099

禮記二十卷附考證二十卷　(漢)鄭玄注　清刻本　八冊

510000－2723－0000085　GY0100

禮記二十卷附考證二十卷　(漢)鄭玄注　清刻本　一冊　存二卷(七至八)

510000－2723－0000086　GY0101

禮記箋四十六卷　(漢)鄭玄注　(清)王闓運箋　清光緒十一年(1885)成都尊經書局刻本
八冊

510000－2723－0000087　GY0102

禮記箋四十六卷　(漢)鄭玄注　(清)王闓運箋　清光緒十一年(1885)成都尊經書局刻本
八冊

510000－2723－0000088　GY0103

禮記精義旁訓六卷　(清)徐立綱撰　精義(清)黃淦撰　清光緒二十年(1894)魏氏古香閣刻本　六冊

510000－2723－0000089　GY0104

禮記精義旁訓六卷　(清)徐立綱撰　精義(清)黃淦撰　清光緒二十年(1894)魏氏古香閣刻本　六冊

510000－2723－0000090　GY0105

禮記精義旁訓六卷　(清)徐立綱撰　精義(清)黃淦撰　清光緒二十年(1894)魏氏古香閣刻本　一冊　存一卷(一)

510000－2723－0000091　GY0107

廣元市圖書館古籍普查登記目錄

大戴禮記正本一卷 （清）姜國伊撰 清光緒
二十一年(1895)刻本 一冊

510000－2723－0000092 GY0108

禮經箋十七卷 （漢）鄭玄注 （清）王闓運箋
清光緒十一年(1885)成都尊經書局刻本
四冊

510000－2723－0000093 GY0109

禮經箋十七卷 （漢）鄭玄注 （清）王闓運箋
清光緒十一年(1885)成都尊經書局刻本
四冊

510000－2723－0000094 GY0110

歷代帝王年表十四卷附帝王廟諡年諱譜一卷
（清）齊召南撰 清同治二年(1863)武林葉
敦怡堂重刊本 四冊

510000－2723－0000095 GY0111

歷代史論二十二卷 （明）張溥撰 清光緒浙
江書局朱墨套印本 八冊

510000－2723－0000096 GY0112

聊齋志異新評十六卷 （清）蒲松齡著 （清）
王士正評 （清）但明倫新評 清刻本 八冊
存八卷(一、六至十、十四、十六)

510000－2723－0000097 GY0113

臨文便覽不分卷 （清）張啟泰編 清光緒九
年(1883)和溪書院刻本 二冊

510000－2723－0000098 GY0114

靈樞經十卷 （清）張志聰集註 清光緒三年
(1877)刻本 七冊 缺三卷(二至三、十)

510000－2723－0000099 GY0115

靈素節要淺註十二卷 （清）陳念祖集註 清
刻本 一冊 存二卷(五至六)

510000－2723－0000100 GY0117

呂叔簡先生訓世文一卷 （明）呂坤撰 清同
治九年(1870)成都友書堂刻本 一冊

510000－2723－0000101 GY0118

文獻通考三百四十八卷附欽定通考考證三卷
（元）馬端臨著 清光緒二十七年(1901)上
海圖書集成局鉛印本 四十三冊 缺六卷

(八十五至九十)

510000－2723－0000102 GY0119

毛詩二十卷附考證 （漢）鄭玄箋 清刻本
七冊

510000－2723－0000103 GY0121

孟子集註本義匯參二十卷 （清）王步青輯
清敦復堂刻本 十冊

510000－2723－0000104 GY0125

女科仙方四卷 （清）傅山撰 清光緒十三年
(1887)有餘堂刻本 一冊 存一卷(三)

510000－2723－0000105 GY0126

女科仙方四卷 （清）傅山著 清光緒十六年
(1890)重慶大梁子通國堂藏版刻本 一冊
存二卷(一至二)

510000－2723－0000106 GY0128

佩文韻府一百零六卷佩文拾遺一百零六卷
（清）張玉書等編 佩文拾遺 （清）張廷玉等
編 清刻本 一百五十七冊 缺十一卷(佩
文韻府二至三、四十七至四十八、五十四、六
十八、七十一、八十三、八十六、九十四、一百
三)

510000－2723－0000107 GY0129

駢雅訓纂十六卷序目一卷 （明）朱謀㙔撰
清光緒七年(1881)成都瀹雅齋刻本 八冊

510000－2723－0000108 GY0133

憑山閣增輯留青新集三十卷 （清）陳枚輯
清刻本 一冊 存一卷(三)

510000－2723－0000109 GY0137

齊氏醫案崇正辨訛六卷 （清）齊秉慧撰 清
刻本 三冊 存三卷(三、五至六)

510000－2723－0000110 GY0138

前漢書一百二十卷 （漢）班固撰 （唐）顏師
古注 清刻本 三十一冊 存九十八卷(三
至一百)

510000－2723－0000111 GY0139

前漢書一百二十卷 （漢）班固撰 （唐）顏師
古注 清光緒十八年(1892)文瑞樓石印本

四川省十二家收藏單位古籍普查登記目錄

十五冊

510000 – 2723 – 0000112　GY0140
三希堂帖不分卷　□□輯　清末民初拓印本
　一冊

510000 – 2723 – 0000113　GY0141
三指禪三卷　（清）周學霆著　清光緒二十九
年(1903)文益書局刻本　三冊

510000 – 2723 – 0000114　GY0142
山海經十八卷　（晉）郭璞傳　（清）畢沅校正
　清光緒三年(1877)浙江書局據畢氏靈巖山
館本校刻本　三冊

510000 – 2723 – 0000115　GY0143
傷寒醫訣串解六卷　（清）陳念祖撰　清光緒
三十四年(1908)上海章福記石印本　一冊

510000 – 2723 – 0000116　GY0144
尚論後編四卷　（清）喻昌著　清刻本　一冊
　存二卷(三至四)

510000 – 2723 – 0000117　GY0145
尚書十三卷　（漢）孔安國撰傳　清刻本
三冊

510000 – 2723 – 0000118　GY0146
尚書十三卷　（漢）孔安國撰傳　清刻本
四冊

510000 – 2723 – 0000119　GY0147
詩經初學讀本不分卷　（清）萬廷蘭校刊　清
光緒二年(1876)四川學院衙門刻本　一冊

510000 – 2723 – 0000120　GY0148
詩經精華十卷首一卷　（清）薛嘉穎撰　清魏
氏古香閣刻本　五冊

510000 – 2723 – 0000121　GY0149
詩經精義旁訓四卷　（清）徐立綱撰　**精義**
（清）黃淦撰　清光緒九年(1883)魏氏古香閣
刻本　四冊

510000 – 2723 – 0000122　GY0150
詩經精義旁訓四卷　（清）徐立綱撰　**精義**
（清）黃淦撰　清光緒九年(1883)魏氏古香閣
刻本　四冊

510000 – 2723 – 0000123　GY0151
詩經精義旁訓四卷　（清）徐立綱撰　**精義**
（清）黃淦撰　清光緒二十九年(1903)魏氏古
香閣刻本　四冊

510000 – 2723 – 0000124　GY0152
十三經集字摹本不分卷　（清）彭玉雯輯
（清）萬青銓校正　清咸豐二年(1852)刻本
二冊

510000 – 2723 – 0000125　GY0153
十一經初學讀本十一種　（清）萬廷蘭校刊
清光緒二年(1876)四川學院衙門刻本　二十
六冊

510000 – 2723 – 0000126　GY0154
時務通攷三十一卷首一卷　（清）杞盧主人撰
　清石印本　一冊　存一卷(十二)

510000 – 2723 – 0000127　GY0155
史記一百三十卷　（漢）司馬遷撰　清光緒十
四年(1888)上海蜚英館石印本　十二冊

510000 – 2723 – 0000128　GY0156
史通通釋二十卷附錄一卷　（清）浦起龍撰
清光緒十九年(1893)文瑞樓石印本　八冊
一函

510000 – 2723 – 0000129　GY0157
史通削繁四卷　（清）紀昀撰　（清）浦起龍注
　清光緒元年(1875)湖北崇文書局刻本
四冊

510000 – 2723 – 0000130　GY0158
史學提要箋釋五卷　（宋）黃繼善撰　（清）楊
錫祐釋　清刻本　五冊

510000 – 2723 – 0000131　GY0159
書法正傳四卷　（清）蔣和輯　清光緒九年
(1883)和溪書院刻本　一冊

510000 – 2723 – 0000132　GY0160
書經初學讀本四卷　（清）萬廷蘭校刊　清光
緒二年(1876)四川學院衙門刻本　一冊

510000 – 2723 – 0000133　GY0161
書經精華十卷首一卷　（清）王巨源選　清光

廣元市圖書館古籍普查登記目錄

緒魏氏古香閣刻本 六冊

510000－2723－0000134 GY0162
書經精華十卷首一卷 （清）王巨源選 清光
緒魏氏古香閣刻本 五冊

510000－2723－0000135 GY0163
書經精義旁訓四卷 （宋）蔡沈撰 清光緒十
一年(1885)魏氏古香閣刻本 四冊

510000－2723－0000136 GY0164
書經精義旁訓四卷 （宋）蔡沈撰 清光緒十
一年(1885)魏氏古香閣刻本 四冊

510000－2723－0000137 GY0166
蜀碧四卷 （清）彭遵泗編 清肇經堂刻本
二冊

510000－2723－0000138 GY0167
蜀典十二卷 （清）張澍輯 清刻本 二冊
存七卷(五至九、十一下至十二)

510000－2723－0000139 GY0168
蜀故二十七卷 （清）彭遵泗輯 清光緒二年
(1876)讀書堂刻本 二冊 存八卷(一至五、
十七至十九)

510000－2723－0000140 GY0170
說文解字句讀三十卷 （清）王筠撰 清光緒
八年(1882)四川尊經書局刻本 十四冊

510000－2723－0000141 GY0171
說文解字十五卷 （漢）許慎撰 清刻本
四冊

510000－2723－0000142 GY0172
說文釋例二十卷附補正 （清）王筠撰 清光
緒九年(1883)成都禦風樓刻本 十九冊 缺
一卷(五)

510000－2723－0000143 GY0173
說文通檢十四卷首一卷末一卷 （清）黎永椿
編 清刻本 四冊

510000－2723－0000144 GY0179
四書補註備旨題竅滙參十卷 （明）鄧林著
（清）鄒汝達輯 清正益堂藏版刻本 一冊
存三卷(大學一、中庸一至二)

510000－2723－0000145 GY0180
四書大全摘要二十卷 （清）李武纂輯 清刻
本 五冊

510000－2723－0000146 GY0182
四憶堂詩集六卷遺稿一卷 （清）侯方域撰
清掃葉山房石印本 一冊 存四卷(四至六、
遺稿一卷)

510000－2723－0000147 GY0183
四音辨要四卷 駱成驤撰 清刻本 一冊
存一卷(□□卷)

510000－2723－0000148 GY0184
宋淳熙敕編古玉圖譜一百卷 （宋）龍大淵等
奉敕纂 清刻本 二冊 存八卷(三十至三
十七)

510000－2723－0000149 GY0185
隨園詩話補遺十卷 （清）袁枚著 清隨園刻
本 二冊 存五卷(一至三、六至七)

510000－2723－0000150 GY0186
隨園詩話十六卷 （清）袁枚著 清刻本 一
冊 存二卷(五至六)

510000－2723－0000151 GY0187
隨園食單不分卷 （清）袁枚撰 清刻本
一冊

510000－2723－0000152 GY0188
孫真人備急千金要方九十六卷 （唐）孫思邈
著 清同治七年(1868)京都太醫院重刊本
二十冊 缺十六卷(六至十、三十七至四十、
五十二至五十五、六十四至六十六)

510000－2723－0000153 GY0189
葛根湯一卷 （□）□□撰 清刻本 一冊
存一卷(上)

510000－2723－0000154 GY0191
天下郡國利病書一百二十卷 （清）顧炎武輯
清敷文閣聚珍刻本 四十四冊

510000－2723－0000155 GY0192
通志二百卷 （宋）鄭樵撰 清光緒二十七年
(1901)上海圖書集成局鉛印本 六十冊

510000－2723－0000156　GY0193

同治東華續錄一百卷　（清）王先謙編　清光緒二十四年(1898)文瀾書局石印本　二十四冊

510000－2723－0000157　GY0196

圖註八十一難經辨真四卷　（明）張世賢註　清刻本　二冊

510000－2723－0000158　GY0197

王船山經史論八種　（清）王夫之譔　清光緒二十五年(1899)上海慎記書莊石印本　十冊　存八種（讀通鑑論一至五、十九至二十二，宋論七至十五，周易外傳七卷，尚書引義六卷，詩廣傳五卷，春秋家說三卷，春秋世論五卷，繼春秋左氏傳博議二卷）

510000－2723－0000159　GY0198

溫病法律不分卷　□□撰　抄本　一冊

510000－2723－0000160　GY0199

溫病條辨六卷首一卷　（清）吳塘撰　清咸豐九年(1859)天津刻本　一冊　存二卷（一，首一卷）

510000－2723－0000161　GY0200

文格通比十二卷　駱成驤撰　刻本　一冊

510000－2723－0000162　GY0201

文心雕龍十卷　（南朝梁）劉勰撰　（清）黃叔琳注　（清）紀昀評　清光緒二十年(1894)朱墨套印刻本　四冊

510000－2723－0000163　GY0202

文中子中說十卷　（宋）阮逸注　清光緒二年(1876)浙江書局據明世德堂本刻本　二冊

510000－2723－0000164　GY0204

烏闌誓傳奇二卷　（清）潘炤撰　清嘉慶二十年(1815)小百尺樓刻本　一冊　存一卷（一）

510000－2723－0000165　GY0205

廣廣事類賦三十二卷續廣事類賦三十卷重訂廣事類賦四十卷重訂事類賦三十卷事類賦補遺十四卷　吳世旂撰注　續廣事類賦　（清）王鳳喈撰注　重訂廣事類賦　（清）華希閔著

重訂事類賦　（宋）吳淑撰註　事類賦補遺　（清）張均編　清光緒三年(1877)三義會刻本　三十二冊

510000－2723－0000166　GY0206

五經小學述二卷　（清）莊述祖撰　清刻本　一冊

510000－2723－0000167　GY0207

西湖志四十八卷　（清）李衛等修　清乾隆刻本　八冊　存十九卷（五至十七、二十一至二十三、三十二至三十四）

510000－2723－0000168　GY0208

[咸豐]東華續錄六十九卷　（清）潘頤福編　清光緒十八年(1892)上海圖書集成印書局刻本　十六冊

510000－2723－0000169　GY0209

相臺五經五種　（宋）岳珂輯　清刻本　二十冊　存五十六卷（周易一至六、毛詩一至二十、春秋一至三十）

510000－2723－0000170　GY0211

小學考五十卷　（清）謝啟昆恭錄　清光緒十四年(1888)浙江書局刻本　十六冊一函

510000－2723－0000171　GY0213

較正醫林狀元壽世保元十集五十五卷　（清）龔廷賢編　清刻本　七冊　存七卷（乙集二十五頁、丙集一冊、丁集一頁、戊集五、辛集八、壬集九、癸集十）

510000－2723－0000172　GY0216

續資治通鑑二百二十卷　（清）畢沅編　清光緒二十六年(1900)圖書集成局鉛印本　二十八冊

510000－2723－0000173　GY0218

延古齋四書旁訓體註□□卷　（清）范翔參訂　清刻本　六冊　存十九卷（大學章句一、中庸章句一、論語一至十、孟子一至七）

510000－2723－0000174　GY0219

一囊春附錄仲景醫聖金匱經方□□卷　（漢）張仲景著　清刻本　一冊　存一卷（下）

510000 – 2723 – 0000175　GY0220

一囊春附錄仲景醫聖傷寒經方□□卷　（漢）
張仲景著　清刻本　一冊　存一卷（中）

510000 – 2723 – 0000176　GY0221

醫法圓通四卷　（清）鄭壽全編輯　清刻本
二冊　存二卷（二至三）

510000 – 2723 – 0000177　GY0222

醫方捷徑監本二卷增補珍珠囊藥性賦二卷
（清）李東垣著　清刻本　一冊

510000 – 2723 – 0000178　GY0223

醫理真傳四卷　（清）鄭壽全撰　清光緒十三
年（1887）五福堂刻本　三冊　存三卷（一至
三）

510000 – 2723 – 0000179　GY0225

醫門法律六卷　（清）俞昌著　清刻本　五冊
存四卷（一至三、五）

510000 – 2723 – 0000180　GY0227

醫學從衆錄八卷　（清）陳念祖著　清光緒三
十四年（1908）上海章福記石印本　一冊

510000 – 2723 – 0000181　GY0228

醫學實在易八卷　（清）陳念祖撰　清光緒三
十四年（1908）上海章福記石印本　一冊

510000 – 2723 – 0000182　GY0229

醫學心悟五卷附外科十法一卷　（清）程國彭
著　清宏道堂刻本　一冊　存一卷（一）

510000 – 2723 – 0000183　GY0230

醫學心悟五卷　（清）程國彭著　清刻本　一
冊　存一卷（三）

510000 – 2723 – 0000184　GY0231

儀禮古今考二卷　（清）李調元撰　清刻本
一冊

510000 – 2723 – 0000185　GY0232

儀禮鄭註句讀十七卷附校勘記一卷　（漢）鄭
玄箋　（清）張爾岐句讀　清光緒八年（1882）
錦江書局刻本　六冊

510000 – 2723 – 0000186　GY0233

易經精華六卷首一卷末一卷　（清）薛嘉穎輯

清光緒十四年（1888）魏氏古香閣刻本　一
冊　存三卷（一至二，首一卷）

510000 – 2723 – 0000187　GY0234

易經精華六卷首一卷末一卷　（清）薛嘉穎輯
清光緒魏氏古香閣刻本　二冊　存三卷
（三至五）

510000 – 2723 – 0000188　GY0235

易氏醫按一卷醫壘元戎一卷局方發揮一卷
（清）易大艮撰　醫壘元戎　（元）王好古撰
局方發揮　（元）朱震亨撰　清光緒三十四年
（1908）上海章福記石印本　一冊

510000 – 2723 – 0000189　GY0236

音註分類交際尺牘大全□□卷　王有珩編
清末民初石印本　一冊　存四類（勸誡類、謙
遜類、諉卻類、商辦類）

510000 – 2723 – 0000190　GY237

御纂七經二百九十四卷　（清）李光地等輯
清光緒十九年（1893）湖南省城漱芳閣重刻江
南書局本　六十一冊　缺一百一十四卷（欽
定詩經傳說彙纂二十卷、首二卷、詩序二卷，
欽定禮記義疏八十二卷、首一卷，欽定書經傳
說彙纂一至三、十五至十八）

510000 – 2723 – 0000191　GY0238

欽定春秋傳說彙纂三十八卷首二卷　（清）王
掞等撰　清刻本　二十四冊

510000 – 2723 – 0000192　GY0239

欽定禮記義疏八十二卷首一卷　（清）鄂爾泰
等撰　清刻本　四十六冊　缺六卷（一、三十
六至三十七、四十九至五十，首一卷）

510000 – 2723 – 0000193　GY0240

欽定錢錄十六卷　（清）梁詩正等敕撰　清光
緒二十年（1894）上海積山書局石印本　一冊
存三卷（一至三）

510000 – 2723 – 0000194　GY0241

欽定三國志六十五卷　（晉）陳壽撰　（南朝
宋）裴松之注　清光緒十四年（1888）上海蜚
英館石印本　八冊　存六十五卷（魏志三十
卷、蜀志十五卷、吳志二十卷）

510000－2723－0000195　GY0242

欽定書經傳說彙纂二十一卷　（清）王頊齡等撰　清刻本　十四冊

510000－2723－0000196　GY0244

欽定續通典一百五十卷　（清）嵇璜等撰　清光緒二十七年（1901）上海圖書集成局鉛印本　十六冊

510000－2723－0000197　GY0245

欽定續通志六百四十卷　（清）嵇璜等撰　清光緒二十七年（1901）上海圖書集成局鉛印本　六十冊

510000－2723－0000198　GY0246

欽定續文獻通考二百五十卷　（清）嵇璜等撰　清光緒二十七年（1901）上海圖書集成局鉛印本　三十六冊

510000－2723－0000199　GY0248

欽定儀禮義疏四十八卷首二卷　（清）鄂爾泰等撰　清刻本　三十冊　缺七卷（一至七）

510000－2723－0000200　GY0250

欽定周官義疏四十八卷首一卷　（清）鄂爾泰等撰　清刻本　二十九冊　缺一卷（首一卷）

510000－2723－0000201　GY0252

御批增補了凡綱鑑二十卷末一卷　（明）袁黃編撰　清光緒十三年（1887）善成堂刻本　四十冊

510000－2723－0000202　GY0253

御批資治通鑑綱目前編舉要一卷　（清）高宗弘曆敕撰　清刻本　一冊

510000－2723－0000203　GY0254

御批資治通鑑綱目前編十八卷外紀一卷　（清）高宗弘曆敕撰　清刻本　十冊

510000－2723－0000204　GY0255

御選唐宋文醇五十八卷　（清）高宗弘曆敕選　清光緒三年（1877）浙江書局刻本　二十四冊

510000－2723－0000205　GY0256

御製數理精蘊二編四十五卷表八卷　（清）聖祖玄燁敕撰　清光緒八年（1882）江寧藩署刻本　十八冊　存十四卷（下編一、四至五、十八至二十四,表三至六）

510000－2723－0000206　GY0259

御纂醫宗金鑑九十卷首一卷　（清）吳謙等纂　清光緒十八年（1892）年上海圖書集成印書局石印本　十四冊　缺三十四卷（三十四至三十八、四十四至五十九、六十三至七十四,首一卷）

510000－2723－0000207　GY0260

御纂醫宗金鑑九十卷首一卷　（清）吳謙等纂　清會友堂刻本　二十六冊　缺三十卷（十八至十九、二十六至三十四、三十七至四十三、五十一至五十二、五十五至五十九、六十三、七十一至七十四）

510000－2723－0000208　GY0261

御纂周易折中二十二卷　（清）李光地等輯　清刻本　十一冊

510000－2723－0000209　GY0265

韻辨附文五卷　（清）沈兆霖撰　清同治十二年（1873）東川書院刻本　五冊

510000－2723－0000210　GY0266

增批東萊博議四卷附增補虛字註釋一卷　（宋）呂祖謙撰　（清）孫執升評　（清）張明德評　增補虛字注釋　（清）馮泰松點定　清光緒二十二年（1896）金陵三善書屋刻本　四冊

510000－2723－0000211　GY0267

增補事類統編九十三卷　（清）黃葆真輯　清石印本　六冊一函　存五十一卷（四十三至九十三）

510000－2723－0000212　GY0268

增補蘇批孟子二卷附年譜　（宋）蘇洵原批　（清）趙大浣增補　清掃葉山房石印本　一冊　存二卷（孟子下一卷、年譜一卷）

510000－2723－0000213　GY0269

增廣大生要旨五卷　（清）唐千頃纂　（清）葉灝增訂　清光緒三十四年（1908）上海章福記石印本　一冊

廣元市圖書館古籍普查登記目錄

510000－2723－0000214　GY0271

增註秋水軒尺牘四卷　（清）許思湄撰　（清）婁世瑞註　清上海鴻寶齋書局石印本　一冊　存一卷（下）

510000－2723－0000215　GY0273

正宗祖派源流全部不分卷　□□撰　清宣統三年（1911）黔省慶玄庵刻本　一冊

510000－2723－0000216　GY0274

證治輯要四卷　姚濟蒼編　清刻本　一冊　存二卷（三至四）

510000－2723－0000217　GY0275

制義叢話二十四卷附題名一卷　（清）梁章鉅撰　清咸豐九年（1859）知足知不足齋刻本六冊　缺七卷（十三至十五、十九至二十二）

510000－2723－0000218　GY0278

重訂外科正宗十二卷　（明）陳實功撰　（清）張鷟翼重訂　清善成堂刻本　三冊　存九卷（三至十一）

510000－2723－0000219　GY0279

重訂文選集評十五卷首一卷末一卷　（南朝梁）蕭統撰　（清）于光華編　清刻本　十一冊　缺一卷（八）

510000－2723－0000220　GY0280

重刊史鑑節要便讀六卷　（清）鮑東里編　清同治十二年（1873）刻本　六冊

510000－2723－0000221　GY0282

重刻文選六十卷　（南朝梁）蕭統撰　（唐）李善注　清光緒元年（1875）尊經書院刻本　十二冊

510000－2723－0000222　GY0283

重樓玉鑰二卷　（清）鄭梅澗撰　清末民初石印本　一冊　存一卷（二）

510000－2723－0000223　GY0284

重校十三經不貳字不分卷　（清）李鴻藻輯　清光緒九年（1883）和溪書院刻本　一冊

510000－2723－0000224　GY0288

周官精義十二卷　（清）連斗山編　清善成堂

刻本　四冊

510000－2723－0000225　GY0289

周禮六卷附校勘記一卷　（漢）鄭玄注　（唐）陸德明音義　清光緒八年（1882）錦江書局刻本　五冊　缺一卷（三）

510000－2723－0000226　GY0290

淳化閣帖十卷　（宋）太宗趙炅敕編　清末民初拓印本　一冊　存一卷（諸家古法帖）

510000－2723－0000227　GY0291

竹書紀年統箋十二卷前編一卷雜述一卷　（南朝梁）沈約注　（清）徐文靖箋　（清）馬陽　（清）崔萬烜校訂　清光緒三年（1877）浙江書局刻本　四冊

510000－2723－0000228　GY0293

卓異記一卷　（唐）李翱撰　清刻本　一冊

510000－2723－0000229　GY0294

資治通鑑二百九十四卷　（宋）司馬光編　清光緒二十六年（1900）圖書集成局鉛印本　四十四冊

510000－2723－0000230　GY0296

左繡三十卷首一卷春秋經傳集解三十卷首一卷　（清）馮李驊　陸浩評輯　**春秋經傳集解三十卷首一卷**　（晉）杜預撰　（宋）林堯叟附注　（唐）陸德明音義　（清）馮李驊增訂　清三槐書屋刻本　十冊　缺五卷（十三至十五、二十一至二十二）

510000－2723－0000231　GY0297

左繡三十卷首一卷春秋經傳集解三十卷首一卷　（清）馮李驊　陸浩評輯　**春秋經傳集解三十卷首一卷**　（晉）杜預撰　（宋）林堯叟附注　（唐）陸德明音義　（清）馮李驊增訂　清文淵堂刻本　十二冊

510000－2723－0000232　GY0298

憑山閣增輯留青新集三十卷　（清）陳枚選（清）陳德裕增輯　清刻本　一冊　存一卷（三）

劍閣縣圖書館
古籍普查登記目錄

全國古籍普查登記目錄

國家圖書館出版社
National Library of China Publishing House

510000－5713－0000001　　經 001

禮記集說十卷　（元）陳澔撰　清刻本　一冊
　　存一卷（七）

510000－5713－0000002　　經 003

春秋穀梁傳註疏二十卷　（晉）范甯集解
（唐）楊士勛疏　清刻本　五冊

510000－5713－0000003　　經 004

春秋恆解八卷　（清）劉沅輯註　清末民初致
福樓刻本　二冊　存二卷（二、五）

510000－5713－0000004　　經 006

春秋全經左傳句解八卷　（宋）朱申注釋　清
刻本　四冊　存四卷（三、六至八）

510000－5713－0000005　　經 007

春秋全經左傳句解八卷　（宋）朱申注釋
（明）孫鑛批點　清同治八年（1869）務本堂刻
本　七冊

510000－5713－0000006　　經 010

爾雅讀本十一卷　（晉）郭璞注　清魏氏刻本
　　一冊　存一卷（三）

510000－5713－0000007　　經 011

爾雅二卷　（清）張孝楷　（清）袁登穀校　清
光緒六年（1880）成都書局刻本　一冊

510000－5713－0000008　　經 012

爾雅註疏十一卷　（晉）郭璞註　（宋）邢昺疏
　　清咸豐四年（1854）天德堂刻本　四冊

510000－5713－0000009　　經 013

附釋音毛詩注疏二十卷　（漢）鄭玄注　（唐）
孔穎達疏　清光緒十八年（1892）湖南寶慶務
本書局刻本　十五冊　缺五卷（六至七、十、
十四至十五）

510000－5713－0000010　　經 015

經典釋文攷證三十卷　（清）盧文弨輯　清同
治八年（1869）湖北崇文書局刻本　二冊　存
三卷（一至二、三十）

510000－5713－0000011　　經 016

經典釋文三十卷　（唐）陸德明撰　清同治八
年（1869）湖北崇文書局刻本　十冊

510000－5713－0000012　　經 017

經書字音辨要九卷　（清）楊名颺編　清咸豐
元年（1851）竹橋齋刻本　二冊

510000－5713－0000013　　經 019

康熙字典十二集三十六卷總目一卷檢字辨似
一卷等韻一卷備考一卷補遺一卷　（清）張玉
書等編　清刻本　二十三冊　缺十八卷（等
韻上,丑集上、中、下,寅集下,卯集中、下,辰
集上、中,巳集中、下,午集下,未集上,申集
上,酉集下,亥集上、中、下）

510000－5713－0000014　　經 022

禮記恆解四十九卷　（清）劉沅輯註　清末民
初致福樓刻本　二冊　存十二卷（三至四、四
十至四十九）

510000－5713－0000015　　經 023

禮記恆解四十九卷　（清）劉沅輯註　清刻本
　　五冊　存十五卷（三至六、十一至二十一）

510000－5713－0000016　　經 024

禮記易讀二卷　（清）志遠堂主人編　清恒言
堂刻本　一冊　存一卷（二）

510000－5713－0000017　　經 026

禮記鄭註二十卷　（漢）鄭玄註　清光緒十年
（1884）柚香閣刻本　九冊　缺二卷（三至四）

510000－5713－0000018　　經 027

龍文鞭影二卷　（明）蕭良有著　清刻本
四冊

510000－5713－0000019　　經 030

批點春秋綱目左傳句解彙雋六卷　（清）韓菼
重訂　清刻本　一冊　存一卷（六）

510000－5713－0000020　　經 031

批點春秋綱目左傳句解彙雋六卷　（清）韓菼
重訂　清務本堂刻本　三冊　缺三卷（一至
三）

510000－5713－0000021　　經 032

批點春秋綱目左傳句解彙雋六卷　（清）韓菼
重訂　清海清樓刻本　一冊　缺五卷（一、三
至六）

劍閣縣圖書館古籍普查登記目錄

510000－5713－0000022　經033
批點春秋綱目左傳句解彙雋六卷 （清）韓菼
重訂　清崇順堂刻本　二冊　缺四卷(二至
五)

510000－5713－0000023　經034
評點春秋綱目左傳句解彙雋六卷 （清）韓菼
重訂　清刻本　七冊　缺二卷(一、六)

510000－5713－0000024　經035
評點春秋綱目左傳句解彙雋六卷 （清）韓菼
重訂　清恒言堂刻本　三冊　缺三卷(二至
三、六)

510000－5713－0000025　經036
評點春秋綱目左傳句解彙雋六卷 （清）韓菼
重訂　清刻本　一冊　缺五卷(一至四、六)

510000－5713－0000026　經037
入德第一門木部□卷 （□）古泉體　龍崗執
著　清刻本　一冊　存一卷(二)

510000－5713－0000027　經039
尚書離句六卷 （清）錢在培輯解　清刻本
一冊　存一卷(六)

510000－5713－0000028　經040
聲律啟蒙撮要二卷 （清）車萬育撰　清元順
堂刻本　一冊　存一卷(二)

510000－5713－0000029　經041
聲律啟蒙撮要二卷 （清）車萬育撰　清光緒
九年(1883)保郡恒言堂刻本　一冊

510000－5713－0000030　經042
詩經讀本□卷 （宋）朱熹集傳　清宣統二年
(1910)上海鑄記書局石印本　一冊　存一卷
(五)

510000－5713－0000031　經043
詩經詁要六卷 （清）龍萬育撰　清道光八年
(1828)敷文閣刻本　二冊　存三卷(一至二、
四)

510000－5713－0000032　經044
詩經恆解六卷 （清）劉沅輯註　清末民初致
福樓刻本　二冊　缺二卷(一、五)

510000－5713－0000033　經045
詩經體註大全合參八卷 （清）高朝瓔撰　清
學源堂刻本　三冊　存五卷(一至五)

510000－5713－0000034　經046
詩經校字□卷 （清）□□編　清刻本　一冊
存二卷(四至五)

510000－5713－0000035　經047
詩經增訂旁訓四卷 （清）王翼軒參閱　清咸
豐三年(1853)竹橋齋刻本　四冊

510000－5713－0000036　經048
書經恆解六卷 （清）劉沅輯註　清刻本　一
冊　存一卷(五)

510000－5713－0000037　經049
書經恆解六卷 （清）劉沅輯註　清末民初致
福樓刻本　一冊　存二卷(五至六)

510000－5713－0000038　經050
書經恆解六卷書序辨正一卷 （清）劉沅輯註
　清豫誠堂刻本　五冊　缺一卷(六)

510000－5713－0000039　經051
書經精義旁訓四卷 （宋）蔡沈集傳　清光緒
十一年(1885)魏氏古香閣刻本　四冊

510000－5713－0000040　經052
詩經精義旁訓四卷 （清）徐立綱撰　**精義**
（清）黃淦撰　清光緒九年(1883)魏氏古香閣
刻本　三冊　缺一卷(四)

510000－5713－0000041　經053_1
書經體註大全合參六卷書經六卷 （清）錢希
祥纂輯　**書經** （宋）蔡沈集傳　清刻本　二
冊　存二卷(三至四)

510000－5713－0000042　經053_2
書經體註大全合參六卷書經六卷 （清）錢希
祥纂輯　**書經** （宋）蔡沈集傳　清刻本　一
冊　存二卷(一至二)

510000－5713－0000043　經054
書經體註大全合參六卷書經六卷 （清）錢希
祥纂輯　**書經** （宋）蔡沈集傳　清刻本　五
冊　缺一卷(一)

510000－5713－0000044　經 055

書經增訂旁訓四卷　(清)王翼軒參閱　清咸豐三年(1853)竹橋齋刻本　一冊　存一卷(一)

510000－5713－0000045　經 056

書經正文□□卷　(清)□□編　清刻本　一冊　存一卷(三)

510000－5713－0000046　經 057

漱芳軒合纂禮記體註四卷　(清)范翔輯　清六也樓刻本　二冊　存二卷(一、四)

510000－5713－0000047　經 058

說文解字注十五卷六書音韻表二卷說文訂一卷附部目分韻一卷　(清)段玉裁注　**部目分韻**　(清)陳煥編　清光緒三年(1877)成都尊經書院重刊經韻樓刻本　二十冊　存十四卷(說文解字一至十三、部目分韻一)

510000－5713－0000048　經 059

說文解字注十五卷附六書音韻表二卷說文訂一卷　(清)段玉裁注　清刻本　一冊　說文解字存一卷(十四)

510000－5713－0000049　經 060

四書便蒙十九卷　(宋)朱熹集註　清刻本　一冊　存一卷(下論上)

510000－5713－0000050　經 062

四書集註四種　(宋)朱熹集註　清刻本　三冊　存八卷(中庸集註一、孟子集註二至三、論語集註六至十)

510000－5713－0000051　經 063

四書旁訓八卷　(清)□□編　清刻本　一冊　存一卷(上孟一卷)

510000－5713－0000052　經 064

四書旁訓八卷　(清)□□編　清竹橋齋刻本　二冊　存二卷(下論一卷、下孟上一卷)

510000－5713－0000053　經 065

四書人物類典串珠四十卷　(清)臧志仁編輯　清同治十二年(1873)刻本　五冊　缺十二卷(一至五、三十四至四十)

510000－5713－0000054　經 066

五經備旨五種　(清)鄒聖脈纂輯　(清)鄒廷猷編　(清)鄒景陽訂　清刻本　五冊　存十二卷(禮記備旨五至八,春秋備旨一至三、七至八,詩經備旨六至八)

510000－5713－0000055　經 067

小學集解六卷　(明)陳選集註　(清)高愈纂註　(清)王炳瀛訂　清同治九年(1870)刻本　三冊　存五卷(一至四、六)

510000－5713－0000056　經 068

孝經□□卷　(□)□□撰　清刻本　一冊

510000－5713－0000057　經 069

新訂四書補註備旨十卷　(明)鄧林撰　(清)杜定基增訂　清嘉慶十五年(1810)文順堂刻本　五冊　缺四卷((下論一至二、下孟一至二)

510000－5713－0000058　經 070

新訂四書補註備旨十卷　(明)鄧林撰　(清)杜定基增訂　清刻本　一冊　存二卷(三至四)

510000－5713－0000059　經 071

新刻來瞿唐先生易註十六卷首一卷末一卷　(明)來知德撰　(清)凌夫純圈點　(清)高喬映校　清朝爽堂刻本　二冊　存五卷(五至六、十一至十三)

510000－5713－0000060　經 072

新刻書經備旨輯要六卷　(清)馬大猷輯　清刻本　一冊　存一卷(三)

510000－5713－0000061　經 073

新刻書經備旨輯要六卷　(清)馬大猷輯　清刻本　一冊　存一卷(三)

510000－5713－0000062　經 074

新刻書經備旨輯要善本六卷　(清)馬大猷輯　清海清樓刻本　一冊　存一卷(六)

510000－5713－0000063　經 075

新刻書經備旨輯要善本六卷　(清)馬大猷輯　清文林堂刻本　一冊　存一卷(四)

510000－5713－0000064　經076

新刻書經備旨輯要善本六卷　（清）馬大猷輯
清刻本　一冊　存一卷(六)

510000－5713－0000065　經077

新刻書經備旨善本輯要六卷　（清）馬大猷輯
清正益堂刻本　一冊　存二卷(一至二)

510000－5713－0000066　經078

新刻書經備旨善本輯要六卷　（清）馬大猷輯
清桂林堂刻本　四冊

510000－5713－0000067　經080

新增詩經補註附考備旨八卷　（清）鄒聖脈纂
輯　清文林堂刻本　五冊　缺二卷(五、八)

510000－5713－0000068　經081

新增詩經補註附考備旨八卷　（清）鄒聖脈纂
輯　清源順堂刻本　四冊　存七卷(一至五、
七至八)

510000－5713－0000069　經085

儀禮恆解十六卷　（清）劉沅輯注　清刻本
一冊　存三卷(九至十一)

510000－5713－0000070　經086

儀禮恆解十六卷　（清）劉沅輯注　清末民初
致福樓刻本　一冊　存二卷(六至七)

510000－5713－0000071　經087

易經旁音□□卷　（□）□□撰　清光緒十年
(1884)遂寧厚德堂刻本　一冊　存一卷(一)

510000－5713－0000072　經088

易經旁音□□卷　（□）□□撰　清厚德堂刻
本　二冊　存三卷(二至四)

510000－5713－0000073　經089

韻法直圖一卷橫圖一卷　（明）梅膺祚撰　清
刻本　一冊

510000－5713－0000074　經090

正蒙四書離句辨讀□□卷　□□撰　清刻本
一冊　存二卷(離婁章句上至下)

510000－5713－0000075　經092

周官恆解六卷　（清）劉沅輯注　清末民初致
福樓刻本　一冊　存一卷(六)

510000－5713－0000076　經093

周禮註釋□□卷　（清）鮑梁纂輯　清刻本
一冊　存三卷(十至十二)

510000－5713－0000077　經094

周易恆解五卷　（清）劉沅輯注　清刻本　一
冊　存一卷(五)

510000－5713－0000078　經096

字學舉隅不分卷　（清）龍啟瑞輯　清刻本
一冊

510000－5713－0000079　史009

[道光]保寧府志六十二卷圖考一卷補遺一卷
（清）黎學錦等修　清道光元年(1821)刻本
十一冊　存三十二卷(十一至十六、二十四
至三十四、四十二至四十四、五十二至六十
二,圖考一卷)

510000－5713－0000080　史010

[乾隆]富順縣志五卷首一卷　（清）段玉裁纂
清光緒八年(1882)釜江書社刻本　一冊
存二卷(一、首一卷)

510000－5713－0000081　史011

[同治]劍州志十卷　（清）李榕纂修　清同治
十二年(1873)刻本　三冊　缺一卷(十上)

510000－5713－0000082　史012

[同治]劍州志十卷　（清）李榕纂修　清同治
十二年(1873)刻本　一冊　存一卷(十下)

510000－5713－0000083　史013

[同治]劍州志十卷　（清）李榕纂修　清刻本
三冊　存一卷(十下)

510000－5713－0000084　史014

[道光]夔州府志三十七卷　（清）恩成修
（清）劉德銓纂　清刻本　十五冊　存十七卷
(五至六、九至十、十七至二十五、三十四至三
十七)

510000－5713－0000085　史015

[道光]夔州府志三十七卷　（清）恩成修
（清）劉德銓纂　清刻本　一冊　存一卷(三
十六)

四川省十一家收藏單位古籍普查登記目錄

510000－5713－0000086　史016

[光緒]新修潼川府志三十卷　（清）阿麟等纂修　清刻本　十一冊　存二十二卷（三至二十、二十四至二十六、三十）

510000－5713－0000087　史017

[光緒]續修安嶽縣志四卷　（清）陳其寬修　（清）鄒宗垣纂　清光緒二十三年（1897）刻本　一冊　存一卷（一）

510000－5713－0000088　史018

北齊書五十卷　（唐）李百藥撰　清同治十三年（1874）金陵書局刻本　六冊

510000－5713－0000089　史019

北史一百卷　（唐）李延壽撰　清同治十一年（1872）金陵書局刻本　二十八冊　缺七卷（六十一至六十三、九十四至九十七）

510000－5713－0000090　史020

陳書三十六卷　（唐）姚思廉撰　清同治十一年（1872）金陵書局刻本　四冊

510000－5713－0000091　史021

地球韻言四卷　（清）張士瀛撰　清光緒二十七年（1901）崇陽紫雲書館刻本　二冊

510000－5713－0000092　史022

地球韻言四卷附重訂天文歌略一卷　（清）張士瀛撰　重訂天文歌略　（清）葉蘭著　清刻本　一冊　存三卷（地球韻言一至二、重訂天文歌略上）

510000－5713－0000093　史023

東華錄三十二卷　（清）蔣良騏撰　清刻本　一冊　存二卷（四至五）

510000－5713－0000094　史024

讀史方輿紀要一百三十卷附地圖總說　（清）顧祖禹著　清錦里龍萬育蠻堂校刻本　五十七冊　缺二卷（二十八至二十九）

510000－5713－0000095　史025

讀史論略二卷　（清）杜詔撰　清末民初石印本　一冊　存一卷（一）

510000－5713－0000096　史026

讀通鑑論十六卷附宋論十五卷　（清）王夫之撰　清光緒三十一年（1905）上海商務印書館鉛印本　四冊　存十三卷（一至二、七至八、十三至十四,宋論一至七）

510000－5713－0000097　史027

鳳洲綱鑑會纂三種　（明）王世貞纂　御纂資治通鑑綱目三編　（清）張廷玉等纂　清大道堂刻本　二十四冊　存三種缺三十三卷（重訂王鳳洲先生綱鑑會纂二至四、十至十一、十六至十七、二十至二十一、二十九至三十二、三十七至四十、四十五至四十六,重訂王鳳洲先生綱鑑會纂續宋元一、四至七、十二至十四、二十一,御纂資治通鑑綱目三編十一至十五）

510000－5713－0000098　史028

綱鑑會纂三十九卷首一卷　（明）王世貞撰　清刻本　四冊　存四卷（二十二至二十四、二十八）

510000－5713－0000099　史030

弘簡錄二百五十四卷續弘簡錄元史類編四十二卷　（明）邵經邦撰　清康熙二十七年（1688）刻本　七十九冊　缺三十卷（五十四至五十七、六十五至六十七、一百零八至一百一十、一百二十八至一百三十一、二百一十一至二百一十三、二百四十六至二百五十四,續弘簡錄元史類編十五至十六、三十九、四十二）

510000－5713－0000100　史031

後漢書九十卷附續漢志三十卷　（南朝宋）范曄撰　（唐）李賢注　（晉）司馬彪續　（南朝梁）劉昭注　清同治八年（1869）金陵書局刻本　二十冊　缺十一卷（後漢書二十九至三十九）

510000－5713－0000101　史033

後漢書一百三十卷　（南朝宋）范曄撰　（南朝梁）劉昭注　（唐）李賢注　清同治十年（1871）成都書局刻本　二十六冊

510000－5713－0000102　史034

後漢書一百三十卷　（南朝宋）范曄撰　（南

劍閣縣圖書館古籍普查登記目錄

朝梁)劉昭注　（唐）李賢注　清同治十年(1871)成都書局刻本　二十五冊　缺三卷(七十七至七十九)

510000 – 5713 – 0000103　史036
晉書一百三十卷　（唐）房玄齡撰　清同治十年(1871)金陵書局刻本　二十七冊　缺八卷(一百十五至一百二十二)

510000 – 5713 – 0000104　史037
舊唐書二百十四卷　（晉）劉昫撰　清同治十一年(1872)浙江書局刻本　二十三冊　缺四十六卷(八至十六、二十二至二十五、六十七至九十五、一百九十一至一百九十四)

510000 – 5713 – 0000105　史038
舊五代史一百五十卷　（宋）薛居正等撰　清同治十一年(1872)湖北崇文書局刻本　十六冊

510000 – 5713 – 0000106　史039
歷代帝王年表三卷　（清）齊召南撰　清光緒二十九年(1903)方亨知不足齋刻本　一冊　存一卷(一)

510000 – 5713 – 0000107　史040
歷代史論十二卷　（明）張溥撰　清刻本　一冊　存三卷(宋史論一至三)

510000 – 5713 – 0000108　史041
歷代職官表六卷　（清）黃本驥校　清華陽馮氏刻本　一冊　存三卷(一至三)

510000 – 5713 – 0000109　史042
梁書五十六卷　（唐）姚思廉撰　清同治十三年(1874)金陵書局刻本　八冊

510000 – 5713 – 0000110　史043
明史藁三百一十卷目錄二卷　（清）王鴻緒編　清康熙三十六年(1697)敬慎堂刻本　七十八冊　缺九卷(一百四十四至一百五十二)

510000 – 5713 – 0000111　史044
南齊書五十九卷　（梁）蕭子顯撰　清同治十三年(1874)金陵書局刻本　七冊　缺八卷(五十二至五十九)

510000 – 5713 – 0000112　史045
南史八十卷　（唐）李延壽撰　清同治十一年(1872)金陵書局刻本　十七冊　缺五卷(二十至二十四)

510000 – 5713 – 0000113　史047
廿二史劄記三十六卷首一卷補遺一卷　（清）趙翼撰　清末民初上海鴻章書局石印本　七冊　缺十五卷(四至七、二十一至二十四、二十八至三十四)

510000 – 5713 – 0000114　史048
前漢書一百二十卷　（漢）班固撰　（唐）顏師古注　清同治十年(1871)成都書局刻本　三十一冊　缺二十卷(一百一至一百二十)

510000 – 5713 – 0000115　史049
前漢書一百二十卷　（漢）班固撰　（唐）顏師古注　清金陵書局刻本　十五冊　存六十三卷(十六至十七、二十四至二十五、二十七至三十、三十六至六十八、七十四至九十、九十六至一百)

510000 – 5713 – 0000116　史050
前漢書一百二十卷　（漢）班固撰　（唐）顏師古注　清同治十年(1871)成都書局刻本　二十六冊　缺二十四卷(二十五至二十六、五十至五十三、七十六至九十三)

510000 – 5713 – 0000117　史051
前漢書一百二十卷　（漢）班固撰　清同治十年(1871)成都書局刻本　十九冊　缺七十卷(二下、九至十六、十八至二十五下、二十八、三十二至四十二、五十三至六十六、八十一至八十四、九十四中至九十六中、一百一至一百二十)

510000 – 5713 – 0000118　史053
欽定元史語解二十四卷　（清）高宗弘曆敕撰　清刻本　一冊　存五卷(一至五)

510000 – 5713 – 0000119　史054
三國志六十五卷　（晉）陳壽撰　（南朝宋）裴松之注　清同治九年(1870)金陵書局刻本　一冊　存三卷(一至三)

510000 – 5713 – 0000120　史 056

十六國春秋一百卷　（北魏）崔鴻撰　清刻本
六冊　存二十一卷(一至二十一)

510000 – 5713 – 0000121　史 057

史記一百三十卷　（漢）司馬遷撰　（南朝宋）
裴駰集解　（唐）司馬貞索隱　（唐）張守節正
義　清刻本　一冊　存六卷(六十六至七十
一)

510000 – 5713 – 0000122　史 059

**史記一百三十卷史記正義論例諡法解列國分
解一卷史記考證拔語一卷補史記序一卷補史
記一卷**　（漢）司馬遷撰　（南朝宋）裴駰集解
（唐）司馬貞索隱　（唐）張守節正義　清同
治十一年(1872)成都書局刻本　二十三冊
缺十三卷(六至七、十七至十八、二十五至二
十七、四十四至四十六、四十八至五十)

510000 – 5713 – 0000123　史 060

**史記一百三十卷史記正義論例諡法解列國分
解一卷史記考證拔語一卷補史記序一卷補史
記一卷**　（漢）司馬遷撰　（南朝宋）裴駰集解
（唐）司馬貞索隱　（唐）張守節正義　清同
治十一年(1872)成都書局刻本　二十一冊

510000 – 5713 – 0000124　史 061

史論啓蒙不分卷　（清）正蒙公塾編　清光緒
三十一年(1905)板藏正蒙公塾刻本　一冊

510000 – 5713 – 0000125　史 063

史學提要箋釋五卷　（宋）黃繼善撰　（清）楊
錫祐釋　清刻本　五冊

510000 – 5713 – 0000126　史 064

水道提綱二十八卷　（清）齊召南編　清刻本
八冊

510000 – 5713 – 0000127　史 065

水經注四十卷首一卷附錄二卷　（北魏）酈道
元撰　清光緒十八年(1892)長沙思賢講舍刻
本　十五冊　缺四卷(二十九至三十二)

510000 – 5713 – 0000128　史 066

水經注四十卷首一卷　（北魏）酈道元撰　清
光緒三年(1877)湖北崇文書局刻本　十二冊

510000 – 5713 – 0000129　史 067

宋書一百卷　（南朝梁）沈約撰　清金陵書局
刻本　十五冊　缺十九卷(一至十九)

510000 – 5713 – 0000130　史 068

隋書八十五卷　（唐）魏徵撰　清同治十年
(1871)淮南書局刻本　十五冊

510000 – 5713 – 0000131　史 069

唐書二百二十五卷　（宋）歐陽修等撰　清同
治十二年(1873)浙江書局刻本　四十八冊

510000 – 5713 – 0000132　史 070

通典二百卷　（唐）杜佑輯　明刻本　十二冊
存七十五卷(一至七十五)

510000 – 5713 – 0000133　史 071

通鑑紀事本末二百三十九卷　（宋）袁樞撰
(明)張溥論正　清末民初石印本　六冊　存
五十九卷(二十二至四十八、六十二至八十
四、一百三十四至一百四十二)

510000 – 5713 – 0000134　史 072

魏書一百一十四卷　（北齊）魏收撰　清同治
十一年(1872)金陵書局刻本　十四冊　存五
十三卷(一至十五、七十七至一百一十四)

510000 – 5713 – 0000135　史 074

文獻通考三百四十八卷目錄一卷　（元）馬端
臨著　清刻本　一百十八冊　缺五卷(一百
六十六至一百六十七、一百七十四至一百七
十六)

510000 – 5713 – 0000136　史 075

文獻通考詳節二十四卷　（元）馬端臨著
(清)嚴虞惇錄　清刻本　十冊　存二十卷
(一至六、九、十一至十八、二十至二十四)

510000 – 5713 – 0000137　史 076

三國志六十五卷　（晉）陳壽撰　（南朝宋）裴
松之注　清刻本　一冊　存五卷(吳志十至
十四)

510000 – 5713 – 0000138　史 077

五大書院課藝四卷　（清）汪先弼輯　清刻本
一冊　存一卷(輿地一卷)

劍閣縣圖書館古籍普查登記目錄

510000 – 5713 – 0000139　史 078

五代史七十四卷　（宋）歐陽修撰　（宋）徐無黨注　清同治十一年（1872）湖北崇文書局刻本　八冊

510000 – 5713 – 0000140　史 079

御批歷代通鑑輯覽一百二十卷　（清）傅恒等撰　清光緒二十七年（1901）慎記書莊石印本　十冊

510000 – 5713 – 0000141　史 081

御撰資治通鑑綱目三編二十卷　（清）張廷玉等纂　清刻本　六冊

510000 – 5713 – 0000142　史 082

元史二百一十卷　（明）宋濂撰　清刻本　三十三冊　缺四十四卷（一至三、四十二至五十一、六十七至七十六、八十一至八十四、九十七至一百、一百六至一百一十三、一百七十一至一百七十五、

510000 – 5713 – 0000143　史 083

元史藝文志四卷　（清）錢大昕補纂　清江蘇書局刻本　一冊

510000 – 5713 – 0000144　史 085

重刊史鑑節要便讀六卷末一卷　（清）鮑東里輯　清同治十二年（1873）刻本　一冊　存三卷（一至三）

510000 – 5713 – 0000145　史 086

周書五十卷　（唐）令狐德棻撰　清同治十三年（1874）金陵書局刻本　六冊

510000 – 5713 – 0000146　史 088

資治通鑑二百九十四卷附釋文辨誤十二卷　（宋）司馬光撰　附釋文辨誤　（元）胡三省撰　清嘉慶二十一年（1816）胡克家影元刻本　一百十三冊　存一百三十三卷（一至十、二十一至二十六、三十二至三十七、四十三至四十七、五十八至六十七、七十三至七十七、九十三至九十七、一百零三至一百零七、一百一十三至一百一十七、一百三十四至一百三十八、一百六十五至一百六十九、一百八十五至一百八十九、二百一十至二百一十九、二百二十

至二百四十四、二百七十五至二百九十四，附釋文辨誤一至六）

510000 – 5713 – 0000147　子 001

策學總纂大成四十六卷目錄二卷　（清）蔡壽祺輯　清刻本　一冊　存六卷（三十四至三十九）

510000 – 5713 – 0000148　子 002

初等小學手工教授書　（清）學部編譯圖書局編纂　清光緒三十四年（1908）四川學務公所刻本　一冊

510000 – 5713 – 0000149　子 003

達生編二卷　（清）亟齋居士撰　清刻本　一冊　存一卷（上，殘）

510000 – 5713 – 0000150　子 004

大乘意講□□卷　□□撰　刻本　一冊　存一卷（七）

510000 – 5713 – 0000151　子 005

淡墨錄十六卷　（清）李調元撰　清刻本　四冊

510000 – 5713 – 0000152　子 007

東周列國全志二十三卷一百八回　（清）蔡昇批評　清善成堂刻本　四冊　存七卷（一、十至十三、十六至十七）

510000 – 5713 – 0000153　子 009

法學通論講義不分卷　劉英山講述　清宣統三年（1911）公立四川法政專門學堂鉛印本　一冊

510000 – 5713 – 0000154　子 010

古雋八卷　（明）楊慎撰　（清）李調元校　清刻本　二冊

510000 – 5713 – 0000155　子 014

淮南鴻烈解二十一卷　（漢）劉向撰　清刻本　一冊　存四卷（四至七）

510000 – 5713 – 0000156　子 016

槐軒雜著四卷　（清）劉沅輯注　清致福樓刻本　一冊　存一卷（三）

510000 – 5713 – 0000157　子 017

四川省十一家收藏單位古籍普查登記目錄

金匱方歌括六卷　（清）陳念祖定　清道光十六年（1836）刻本　一冊

510000－5713－0000158　子018

金匱要畧淺註八卷　（漢）張仲景原文　（清）陳念祖著　清刻本　一冊　存二卷（三至四）

510000－5713－0000159　子019

京鍥神峯張先生通考闢謬命理正宗大全六卷　（明）張楠撰　清刻本　一冊　存一卷（六）

510000－5713－0000160　子020

均藻四卷　（明）楊慎撰　（清）李調元校　清刻本　二冊

510000－5713－0000161　子023

律例館校正洗冤錄四卷　（清）律例館輯　清刻本　一冊　存一卷（三）

510000－5713－0000162　子024－1

論衡三十卷　（漢）王充著　清刻本　一冊　存三卷（二十三至二十五）

510000－5713－0000163　子024－2

論衡三十卷　（漢）王充著　清刻本　一冊　存三卷（九至十一）

510000－5713－0000164　子026

女四書四卷　（明）王相箋注　清刻本　一冊　存一卷（四）

510000－5713－0000165　子027

日知錄三十二卷　（清）顧炎武撰　清同治八年（1869）重刻遂初堂本　十一冊　缺三卷（三至五）

510000－5713－0000166　子029

詩韻集成十卷詞林典腋一卷　（清）余照輯　清光緒十八年（1892）保寧恒言堂刻本　一冊　存四卷（一至四）

510000－5713－0000167　子030

拾餘四種　（清）劉沅撰　清守經堂刻本　一冊

510000－5713－0000168　子031

素書一卷心書一卷古今注三卷　（漢）黃石公撰　心書（漢）諸葛亮　古今注（晉）崔豹著　清刻本　一冊

510000－5713－0000169　子033

藏頭詩不分卷　□□撰　清刻本　一冊

510000－5713－0000170　子034

圖註八十一難經辨眞四卷　（戰國）秦越人著　（明）張世賢圖注　清海清樓刻本　二冊　存二卷（二、四）

510000－5713－0000171　子035

萬斛珠類編八卷　（明）王世貞撰　（清）秦錫淳校　清刻本　七冊　缺一卷（三）

510000－5713－0000172　子036

萬斛珠類編八卷　（明）王世貞撰　（清）秦錫淳校　清刻本　五冊　缺三卷（一、三、七）

510000－5713－0000173　子037

新語二卷　（漢）陸賈撰　清刻本　一冊

510000－5713－0000174　子038

寄傲山房塾課新增幼學故事瓊林四卷首一卷　（清）程登吉撰　（清）鄒聖脈增補　清光緒十三年（1887）文德堂書林刻本　一冊　存二卷（一、首一卷）

510000－5713－0000175　子039

寄傲山房塾課新增幼學故事瓊林四卷首一卷　（清）程登吉撰　（清）鄒聖脈增補　清刻本　一冊　存二卷（三至四）

510000－5713－0000176　子040

寄傲山房塾課新增幼學故事瓊林四卷首一卷　（清）程登吉撰　（清）鄒聖脈增補　清刻本　一冊　存一卷（四）

510000－5713－0000177　子041

新增幼學故事瓊林四卷首一卷　（清）程登吉撰　（清）鄒聖脈增補　清務本堂刻本　二冊　存二卷（二至三）

510000－5713－0000178　子046

醫宗說約六卷　（清）蔣示吉撰　清光緒十九年（1893）文林堂刻本　一冊　存一卷（一）

510000－5713－0000179　子047

翼元十二卷　（宋）張行成撰　清刻本　三冊

劍閣縣圖書館古籍普查登記目錄

510000－5713－0000180　子050

增訂格物入門七卷　（美國）丁韙良撰　清光緒二十三年(1897)歸安姚氏刻本　十三冊

510000－5713－0000181　子052

朱子原訂近思錄十四卷　（宋）朱熹輯　（清）江永集註　清同治七年(1868)崇文書局刻本　四冊

510000－5713－0000182　集001

安序堂文鈔三十卷　（清）毛際可撰　清刻本　一冊　存四卷(一至四)

510000－5713－0000183　集004

丹山堂古文觀止十二卷　（清）吳承權　（清）吳大職編　清刻本　三冊　存六卷(五至六、九至十二)

510000－5713－0000184　集006

杜詩詳注二十五卷首一卷　（唐）杜甫撰　（清）仇兆鰲輯注　清大文堂刻本　六冊　存八卷(一至七、首一卷)

510000－5713－0000185　集007

杜詩詳注二十五卷首一卷附錄二卷　（唐）杜甫撰　（清）仇兆鰲輯注　清崇順堂刻本　十八冊(二函)　缺八卷(一至七、首一卷)

510000－5713－0000186　集010

古唐詩合解唐詩十二卷古詩四卷　（清）王堯衢注　清刻本　四冊　缺六卷(唐詩一至二、五至八)

510000－5713－0000187　集011

古唐詩合解唐詩十二卷古詩四卷　（清）王堯衢注　清刻本　二冊　存六卷(唐詩六至十一)

510000－5713－0000188　集012

古唐詩合解唐詩十二卷古詩四卷　（清）王堯衢注　清刻本　一冊　缺十卷(唐詩一至十)

510000－5713－0000189　集014

古文觀止十二卷　（清）吳承權　（清）吳大職編　清魏氏校刻本　二冊　存四卷(三至四、十一至十二)

510000－5713－0000190　集015

古文快筆貫通解三卷　（清）杭永年評解　清同治六年(1867)海清樓刻本　二冊　存二卷(一、三)

510000－5713－0000191　集017

漢魏六朝百三家集一百一十八卷　（明）張溥輯　清壽考堂刻本　七十三冊　存八十卷(董膠西集一卷、東方大中集一卷、漢褚先生集一卷、王諫議集一卷、漢劉中壘集一卷、揚侍郎集一卷、劉子駿集一卷、諸葛丞相集一卷、馮曲陽集一卷、班蘭臺集一卷、東漢崔亭伯集一卷、漢蘭臺令李伯仁集一卷、蔡中郎集一卷、魏武帝集一卷、魏文帝集一卷、陳思王集二卷、陳記室集一卷、王侍中集一卷、魏阮元瑜集一卷、魏劉公幹集一卷、魏應德連集一卷、魏應休連集一卷、阮步兵集一卷、嵇中散集一卷、鍾司徒集一卷、晉杜征南集一卷、傅鶉觚集一卷、晉張司空集一卷、孫馮翌集一卷、晉束廣微集一卷、潘黃門集一卷、陸平原集二卷、郭弘農集二卷、晉王右軍集一卷、晉王大令集一卷、陶彭澤集一卷、宋何衡陽集一卷、宋傅光祿集一卷、顏光祿集一卷、鮑參軍集二卷、南齊竟陵王集二卷、王文憲集一卷、謝宣城集一卷、齊張長史集一卷、梁武帝御製集一卷、梁昭明太子集一卷、梁簡文帝御製集二卷、梁元帝集一卷、沈隱侯集二卷、陶隱居集一卷、梁丘司空集一卷、陸太常集一卷、劉戶曹集一卷、王詹事集一卷、劉秘書集一卷、何記室集一卷、劉豫章集一卷、庾度之集一卷、陳後主集一卷、徐僕射集二卷、沈侍中集一卷、溫侍讀集一卷、邢特進集一卷、魏特進集一卷、庾開府集二卷、王司空集一卷、盧武陽集一卷、李懷洲集一卷、隋煬帝集一卷、牛奇章集一卷、薛司隸集一卷、溫侍讀集一卷)

510000－5713－0000192　集018

漢魏六朝百三家集一百一十八卷　（明）張溥輯　清刻本　三十一冊　存五十八卷(張河間集二卷、馮曲陽集一卷、班蘭臺集一卷、魏武帝集一卷、陳思王集二卷、王侍中集一卷、魏阮元瑜集一卷、魏劉公幹集一卷、魏應德連集一卷、魏應休連集一卷、阮步兵集一卷、嵇中散集一卷、鍾司徒集一卷、魏荀公增集一卷、晉成公子安集一卷、晉張孟陽集一卷、晉劉越石集一卷、晉張景陽集一卷、傅中丞集一卷、潘太常集一卷、傅鶉觚集一卷、晉張司空集一卷、孫馮翊集一卷、晉束廣微集一卷、潘黃門集一卷、晉摯太常集一卷、夏侯常侍集一卷、陸平原集二卷、晉王大令集一卷、孫廷尉集一卷、陶彭澤集一卷、宋袁陽源集一卷、謝法曹集一卷、謝光祿集一卷、吳朝清集一卷、任中丞集一卷、王左丞集一卷、陸太常集一卷、劉戶曹集一卷、梁元帝集一卷、沈隱侯集二卷、陶隱居集一卷、梁丘司空集一卷、姜禮陵集一卷、江令君集一卷、陳張散騎集一卷、高令公集一卷、溫侍讀集一卷、王司空集一卷、隋煬帝集一卷、牛奇章集一卷、薛司隸集一卷、邢特進集一卷）

510000－5713－0000193　集019
合刻註釋張子房解學士千家詩講讀一卷　(明)湯顯祖校釋　清同治刻本　一冊

510000－5713－0000194　集020
彙纂詩法度鍼三十三卷首一卷　（清)徐文弼編輯　清刻本　一冊　存二卷(三十至三十一)

510000－5713－0000195　集021
劍南詩稾八十五卷　（宋)陸遊撰　清養雲書屋木活字本　五冊　存十六卷(七十至八十五)

510000－5713－0000196　集028
七家詩選七卷八家詩選八卷　（清)張熙宇輯評　清刻本　二冊　存四卷(七家詩選存修竹齋一卷、尚剛堂一卷、櫻花堂一卷、八家詩選存隨月山房一卷)

510000－5713－0000197　集029
七家詩選七卷八家詩選八卷　（清)張熙宇輯評　清刻本　二冊　存五卷(七家詩選存澹香齋一卷、八家詩選存櫻花館一卷、尚剛堂一卷、桐雲閣一卷、修竹齋一卷)

510000－5713－0000198　集031
三多齋古文十二卷　（清)吳承權　（清)吳大

職編　清刻本　二冊　存二卷(五至六)

510000－5713－0000199　集033
十三峯書屋詩集二卷　（清)李榕著　清末民初鉛印本　一冊

510000－5713－0000200　集034
蜀雅二十卷　（清)李調元選　清億書樓刻本　四冊

510000－5713－0000201　集035
四大奇書第一種十九卷一百二十回　（明)羅貫中撰　（清)毛宗崗評　清刻本　一冊　存二卷(十六至十七)

510000－5713－0000202　集036
唐詩類鈔八卷　（明)顧應祥輯　清刻本　四冊　存四卷(二至三、六至七)

510000－5713－0000203　集037
唐詩三百首註疏六卷續選二卷　（清)蘅塘退士(孫洙)編　（清)章燮注　清道光十四年(1834)刻本　八冊

510000－5713－0000204　集039
童山詩集四十二卷附蠢翁詞二卷文集二十卷文集補遺一卷　（清)李調元撰　清刻本　七冊　缺二十二卷(詩集一至八、二十九至三十五，文集十一至十六，補遺二)

510000－5713－0000205　集048
學源堂古文十二卷　（清)吳乘權　（清)吳大職編　清光緒六年(1880)三多齋刻本　八冊　缺三卷(四至六)

510000－5713－0000206　集049
學源堂古文十二卷　（清)吳乘權　（清)吳大職編　清刻本　一冊　存二卷(九至十)

510000－5713－0000207　集050
壞簏集十卷　（清)劉沅撰　清致福樓刻本　一冊　存二卷(九至十)

510000－5713－0000208　集052
御定歷代題畫詩類一百二十卷　（清)陳邦彥校　清嘉慶二十二年(1817)裕文堂刻本　二十八冊　缺十六卷(二十五至三十一、四十五

至四十八、八十三至八十七）

510000－5713－0000209　集053

御選唐宋詩醇四十七卷　（清）高宗弘曆選
清刻本　一冊　存五卷（三十至三十四）

510000－5713－0000210　集054

增廣留青新集二十四卷　（清）陳枚輯　清光
緒二十五年（1899）石印本　十冊　缺二卷
（十二至十三）

510000－5713－0000211　集055

重訂文選集評十五卷首一卷末一卷　（清）于
光華編　清刻本　八冊　存八卷（一、三至

四、七至八、十至十一,首一卷）

510000－5713－0000212　集057

初學論說文範四卷　邵伯棠撰　清刻本
一冊

510000－5713－0000213　集058

賦學指南十六卷　（清）余丙照編輯　清光緒
九年（1883）經綸堂刻本　一冊　存五卷（一
至五）

510000－5713－0000214　集059

太史升庵全集八十一卷　（明）楊慎撰　清刻
本　一冊　存三卷（七十四至七十六）

蒼溪縣圖書館
古籍普查登記目錄

全國古籍普查登記目錄

國家圖書館出版社
National Library of China Publishing House

510000－5714－0000001　1

史記一百三十卷　（漢）司馬遷撰　（南朝宋）裴駰集解　（唐）司馬貞索引　（唐）張守節正義　**正義論例謚法解列國分野一卷**　（唐）張守節撰　**補史記序一卷**　（唐）司馬貞撰　清同治十一年(1872)成都書局刻本　二十五冊　缺二卷(十三至十四)

510000－5714－0000002　2

史記一百三十卷　（漢）司馬遷撰　（南朝宋）裴駰集解　（唐）司馬貞索引　（唐）張守節正義　清同治十一年(1872)成都書局刻本　三冊　存二十卷(四十四至四十七、一百零一至一百零九、一百二十一至一百二十七)

510000－5714－0000003　3

諸子平議三十五卷補錄二十卷　（清）俞樾撰　清末民初雙流李氏刻本　七冊　存二十二卷(諸子平議九至十一、十七至十九、二十五至二十八、二十九至三十、三十一至三十三、三十四至三十五,補錄一至五)

510000－5714－0000004　4

漢書一百卷　（漢）班固撰　（唐）顏師古注　清中期刻本　四冊　存十六卷(二十一至二十二、三十一至三十五、四十七至五十一、九十一至九十四)

510000－5714－0000005　5

後漢書九十卷　（唐）李賢注　清中期刻本　二冊　存十一卷(三十四至三十九、六十六至七十)

510000－5714－0000006　6

前漢書一百卷　（漢）班固撰　（唐）顏師古注　清同治十年(1871)成都書局刻本　一冊　存一卷(一)

510000－5714－0000007　7

前漢書一百卷　（漢）班固撰　（唐）顏師古注　清同治十年(1871)成都書局刻本　三冊　存八卷(一至二、六殘、七殘、二十三至二十五上、九十九上中)

510000－5714－0000008　10

桐鳳集一卷　（清）曾彥撰　清末民初成都昌福公司鉛印本　一冊

510000－5714－0000009　12

袁文箋正十六卷補註一卷　（清）袁枚著　（清）石韞玉箋　清末民初石印本　三冊　缺六卷(一至六)

510000－5714－0000010　19

曲江書屋新訂批註左傳快讀十八卷首一卷　（晉）杜預原註　（唐）陸德明音義　（清）李紹崧選訂　清末民初石印本　四冊　存四卷(十三至十四、十六至十七)

510000－5714－0000011　20

春秋左傳五十卷　（晉）杜預註　（唐）陸德明音義　（宋）林堯叟補注　（明）孫鑛等評點　清末民初石印本　八冊　存三十二卷(一至三、十至二十九、三十八至四十六)

510000－5714－0000012　21

賦海大觀三十二卷目錄一卷　（清）鴻寶齋編　清光緒十九年(1893)鴻寶齋石印本　二十八冊

510000－5714－0000013　23

重訂王鳳洲先生綱鑑會纂四十六卷　（明）王世貞纂　（明）陳仁錫訂　清光緒二十五年(1899)上海章福記石印本　三冊　存二十卷(八至二十七)

510000－5714－0000014　24

袁王加批綱鑑彙纂三十九卷首一卷　（明）袁黃　（明）王世貞編纂　清末民初掃葉山房石印本　十三冊　缺十六卷(十一至十二、十七至二十二、三十二至三十九)

510000－5714－0000015　28

律例館校正洗冤錄四卷　（清）律例館編　清刻本　一冊　存一卷(四)

510000－5714－0000016　29

補註洗冤錄集證六卷附刊一卷　（宋）宋慈撰　（清）阮其新補註　清道光二十三年(1843)三色套印補道光二十七年(1847)朱墨套印本　四冊　缺一卷(五)

蒼溪縣圖書館古籍普查登記目錄

510000 – 5714 – 0000017　32

評點春秋綱目左傳句解彙雋六卷　（清）韓菼重訂　清續道堂刻本　五冊　存二卷（三、六）

510000 – 5714 – 0000018　33

評點春秋綱目左傳句解彙雋□卷　（清）韓菼重訂　清刻本　一冊　存一卷（五）

510000 – 5714 – 0000019　34

文選六十卷　（南朝梁）蕭統撰　（唐）李善注　清乾隆三十七年（1772）葉氏海録軒刻朱墨套印本　十六冊

510000 – 5714 – 0000020　35

顏氏家訓七卷附考證一卷　（北齊）顏之推撰　清咸豐七年（1857）成都志古堂刻本　二冊

510000 – 5714 – 0000021　40

輶軒語一卷　（清）張之洞著　清刻本　一冊

510000 – 5714 – 0000022　43

洗冤録駁義一卷　□□撰　李鴻藻識　清抄本　一冊

510000 – 5714 – 0000023　45

資治通鑑二百九十四卷　（宋）司馬光撰　清咸豐七年（1857）珥州武氏刻本　八十冊

510000 – 5714 – 0000024　53

說文解字三十二卷附汲古閣說文訂一卷　（漢）許慎撰　（清）段玉裁注　清同治十一年（1872）湖北崇文書局重刻本　三十一冊

510000 – 5714 – 0000025　54

唐陸宣公集二十二卷　（唐）陸贄撰　（清）年羹堯重訂　清光緒二十四年（1898）著易堂石印本　二冊　存九卷（十四至二十二）

510000 – 5714 – 0000026　57

[嘉慶]四川通志二百四卷首二十二卷　（清）常明修　清嘉慶二十一年（1816）四川督署刻本　二十九冊　存六十五卷（一至九、十四至二十一、六十二至七十一、八十六至一百、一百六十九至一百七十三、一百七十六至一百八十二,首一至六、十六至二十）

510000 – 5714 – 0000027　60

胡文忠公遺集八十六卷首一卷目録一卷　（清）胡林翼編　清光緒十四年（1888）上海著易堂石印本　八冊

510000 – 5714 – 0000028　62

莊子集釋十卷　（清）郭慶藩輯　清光緒思賢講舍刻本　八冊

510000 – 5714 – 0000029　63

御選唐宋詩醇四十七卷　（清）梁詩正等編　清末刻本　一冊　存二卷（三十六至三十七）

510000 – 5714 – 0000030　65

女學六卷　（清）藍鼎元輯　清刻本　一冊　存二卷（二至三）

510000 – 5714 – 0000031　72

溫飛卿詩集九卷　（唐）溫庭筠撰　（明）曾謙注　清宣統二年（1910）廣益書局石印本　四冊

510000 – 5714 – 0000032　74

李義山詩集三卷詩譜一卷附録諸家詩評一卷　（唐）李商隱撰　（清）朱鶴齡箋註　（清）沈厚塽輯評　清同治九年（1870）廣州倅署刻三色套印本　四冊

510000 – 5714 – 0000033　84

增訂漢魏叢書九十六種　（清）王謨輯　清宣統三年（1911）上海大通書局石印本　二十四冊　缺十一種八十五卷（三國志辨誤一、法言一至十、申鑑一至五、論衡一至三十、潛夫論一至十、中論一至二、中說一至二、風俗通義一至十、人物志一至三、新論一至十、顏氏家訓一至二）

510000 – 5714 – 0000034　90

莊子南華真經十卷　（晉）郭象注　清刻本　二冊　存三卷（三、五至六）

510000 – 5714 – 0000035　91

欽定周官義疏四十八卷首一卷　（清）鄂爾泰等撰　清道光二十四年（1844）刻本　三十一冊　缺二卷（二十六至二十七）

510000 – 5714 – 0000036　92

欽定儀禮義疏四十八卷首二卷　（清）鄂爾泰撰　清道光二十四年(1844)刻本　四十冊

510000 – 5714 – 0000037　93

來瞿唐先生易註十五卷首一卷末一卷圖像一卷　（明）來知德撰　清寧遠堂刻本　九冊缺二卷(十三至十四)

510000 – 5714 – 0000038　98

溫熱經緯五卷　（清）王士雄撰　清光緒二十三年(1897)刻本　一冊　存二卷(一至二)

510000 – 5714 – 0000039　99

玉溪生詩意八卷　（唐）李商隱撰　清末民初石印本　一冊　存一卷(三)

510000 – 5714 – 0000040　101

圓圓傳雜輯　□□輯　清有斐閣刻本　一冊

510000 – 5714 – 0000041　105

花間集十卷　（五代）趙崇祚編　清光緒邵武徐氏刻本　一冊　存五卷(一至五)

510000 – 5714 – 0000042　106

花間集十卷　（五代）趙崇祚編　清光緒邵武徐氏刻本　二冊

510000 – 5714 – 0000043　110

康熙字典十二集三十六卷總目一卷檢字辨似一卷等韻一卷備考一卷補遺一卷　（清）張玉書等編　清刻本　十九冊　缺十七卷(子集上、寅集下、卯集中、辰集中至下、午集、未集中、申集下、酉集上至中、戌集、亥集中至下)

510000 – 5714 – 0000044　113

八家四六文註八卷補註一卷　（清）孫星衍著　（清）許貞幹註　清光緒十八年(1892)上海圖書集成局鉛印本　六冊　缺二卷(三至四)

510000 – 5714 – 0000045　115

六書直解一卷說文部首略注讀本一卷六書說一卷說文淺說一卷　李天根著　六書說一卷　江聲著　說文淺說一卷　鄭知同著　清光緒四年(1878)宏達堂刻本　一冊

510000 – 5714 – 0000046　117

第一才子□□卷　（清）毛宗崗評　（清）鄒梧岡訂　清刻本　二冊　存五卷(三十三至三十七)

510000 – 5714 – 0000047　119

唐陸宣公集二十二卷　（唐）陸贄撰　清刻本　一冊　存四卷(十三至十六)

510000 – 5714 – 0000048　122

陰符集證一卷　（清）諸葛光榮輯　清光緒二十四年(1898)刻本　一冊

510000 – 5714 – 0000049　123

毛詩二十卷　（漢）鄭玄箋　清刻本　一冊　存三卷(八至十)

510000 – 5714 – 0000050　124

象山先生文集三十六卷　（宋）陸九淵撰　清末江左林石印本　八冊

510000 – 5714 – 0000051　128

重刊宋本十三經注疏附校勘記十三種　（清）阮元撰校勘記　（清）盧宣旬摘錄　清光緒十三年(1887)上海脈望仙館石印本　九冊　存一種十五卷(附釋音尚書注疏一至十五)

510000 – 5714 – 0000052　139

勘驗須知　（□）林主任著　稿抄本　一冊

510000 – 5714 – 0000053　144

楚辭十七卷　（漢）王逸章句　清刻本　一冊　存七卷(一至七)

510000 – 5714 – 0000054　147

新增繪圖幼學故事瓊林四卷最新學堂尺牘問答教科書一卷增補同音字類標韻一卷　上海昌文書局編　清末民初上海昌文書局石印本　一冊

510000 – 5714 – 0000055　149

古文淵鑒六十四卷　（清）徐乾學等編　清初四色套印本　二冊　存二卷(三十四、三十七)

蒼溪縣圖書館古籍普查登記目錄

犍爲縣圖書館
古籍普查登記目録

全國古籍普查登記目録

國家圖書館出版社
National Library of China Publishing House

510000－2712－0000001　集00001

皇朝經世文編一百二十卷姓名總目二卷
(清)賀長齡輯　清道光七年(1827)刻本　六
十三冊　存八十五卷(一至二、五至十、十六
至十七、十九至二十四、二十九至三十二、四
十一至六十六、六十九至八十二、八十四至八
十六、八十八至九十一、九十四至九十九、一
百零二至一百一十二、一百一十四至一百二
十,姓名總目一至二)

510000－2712－0000002　集00002

皇朝經世文四編二十一卷　(清)麥仲華輯
清末民初鉛印本　十七冊　存二十卷(一下、
二至十七、十九至二十一)

510000－2712－0000003　集00003

皇朝經世文編一百二十卷　(清)賀長齡輯
(清)魏源編次　(清)曹堉校勘　清刻本　七
冊　存十二卷(三至四、十四至十五、三十九
至四十、六十七至六十八、八十三、一百、一百
一、一百十三)

510000－2712－0000004　集00004

皇朝經世文三編八十卷　(清)陳忠倚輯　清
光緒石印本　八冊　存四十卷(一至三十五、
五十六至六十)

510000－2712－0000005　集00005

皇朝經世文續編一百二十卷　(清)葛士濬輯
清光緒石印本　五冊　存三十二卷(十一
至十八、五十九至六十六、六十七至七十二、
一百零五至一百一十四)

510000－2712－0000006　集00007

皇朝經世文三編八十卷　(清)陳忠倚輯　清
光緒二十八年(1902)四川重慶中西書局鉛印
本　十四冊

510000－2712－0000007　集00008

皇朝經世文續編一百二十卷　(清)葛士濬輯
清末石印本　十二冊　存三十卷(十八至
三十四、四十至五十五、七十八至八十八、一
百至一百一十五)

510000－2712－0000008　集00009

皇朝經世文續編一百二十卷　(清)葛士濬輯
清光緒二十七年(1901)精宏書局鉛印本
十九冊　存一百一十三卷(一至五十五、六十
四至一百二十)

510000－2712－0000009　經00001

禮記析疑四十八卷　(清)方苞撰　清刻本
三冊　存三十五卷(七至四十四)

510000－2712－0000010　經00002

欽定禮記義疏八十二卷首一卷　(清)鄂爾泰
等撰　清刻本　四十五冊

510000－2712－0000011　經00003

儀禮識誤三卷　(宋)張淳撰　(清)茅元銘校
清刻本　一冊

510000－2712－0000012　經00004

説文釋例二十卷　(清)王筠學　清刻本　十
七冊

510000－2712－0000013　經00005

大戴禮記十三卷　(漢)戴德撰　清刻武英殿
聚珍版本　四冊

510000－2712－0000014　經00006

説文解字□□卷　(漢)許慎著　清刻本　二
冊　存三卷(四、五、十)

510000－2712－0000015　經00007

春秋筆削微旨二十六卷　(清)劉紹攽集註
清刻本　四冊　存十八卷(一至十四、十九至
二十二)

510000－2712－0000016　經00008

説文苔問疏證六卷　(清)薛傳均著　清光緒
九年(1883)思進齋刻本　一冊

510000－2712－0000017　經00012

春秋説志五卷　(清)李錫齡校　清刻本　一
冊　存二卷(四至五)

510000－2712－0000018　經00015

春秋比事目錄四卷　(清)方苞撰　清乾隆抗
希堂刻本　二冊

510000－2712－0000019　經00016

尚書説要五卷　(明)呂柟著　(清)李錫齡校

235

清光緒二十二年(1896)刻惜陰軒叢書本
一冊

510000－2712－0000020　　經00022
**易緯是類謀一卷易緯稽覽圖二卷易緯通卦驗
二卷**　(漢)鄭玄注　清道光刻本　一冊

510000－2712－0000021　　經00024
周易説翼三卷　(明)呂柟著　(清)李錫齡校
清光緒二十二年(1896)刻惜陰軒叢書本
一冊　存二卷(一至二)

510000－2712－0000022　　經00025
欽定詩經傳説彙纂二十一卷首二卷詩序二卷
(清)王鴻緒等撰　清刻本　十五冊

510000－2712－0000023　　經00029
絜齋毛詩經筵講義四卷　(宋)袁燮撰　清刻
本　一冊

510000－2712－0000024　　經00031
觀易外編六卷　(清)紀大奎著　清刻本　二
冊　存四卷(三至六)

510000－2712－0000025　　經00033
穀梁春秋經傳古義疏十一卷　廖平學　清刻
本　六冊　存六卷(三至八)

510000－2712－0000026　　經00035
禮記二十卷　(清)鄭玄注　清刻本　七冊
缺二卷(五至六)

510000－2712－0000027　　經00036
禮記二十卷　(漢)鄭玄注　清刻本　六冊
存十四卷(一至二、六至十七)

510000－2712－0000028　　經00037
毛詩二十卷　(漢)毛亨撰　清刻本　四冊

510000－2712－0000029　　經00038
周官精義十二卷　(清)連斗山編　清宏道堂
刻本　五冊

510000－2712－0000030　　經00039
皇清經解一百七十四種　(清)阮元輯　清光
緒十三年(1887)石印本　三十一冊　存一百
零二種六百六十卷(經義叢鈔三十卷、經讀考
異八卷、問字堂集一卷、日知錄集釋二卷、說

文解字十五卷、尚書後案三十一卷、十三經註
疏校勘記十三種、公羊禮說一卷、春秋公羊經
何氏釋例十卷、公羊春秋何氏解詁箋一卷、發
墨守評一卷、穀梁廢疾申何二卷、疇人傳九
卷、揅經室集七卷、戴東原集二卷、積古齋鐘
鼎彝器欵識二卷、虠齋遺稿一卷、說緯一卷、
鐘山札記一卷、龍城札記一卷、五經異義疏證
三卷、左海經辨二卷、左海文集二卷、鑑止水
齋集二卷、聲律小記一卷、研六室雜著一卷、
寶甓齋札記一卷、寶甓齋文集一卷、夏小正疏
義四卷異字記一卷釋音一卷、秋搓雜記一卷、
吾亦廬稿四卷、經書算學天文攷一卷、磬折古
義一卷、九穀考四卷、釋草小記一卷、周易述
二十一卷、周易補疏二卷、易音三卷、易說六
卷、周易述補四卷、經學卮言六卷、經義述聞
二十八卷、古文尚書考二卷、尚書地理今釋一
卷、爾雅正義二十卷、周禮軍賦說四卷、周禮
疑義舉要七卷、禮說十四卷、校禮堂文集一
卷、劉氏遺書一卷、述學二卷、經義知新記一
卷、讀書脞祿二卷續編二卷、質疑一卷、學禮
質疑二卷、曾子注釋四卷、燕寢考三卷、果堂
集一卷、易章句十二卷、易通釋二十卷、易圖
略八卷、九經古義十六卷、經問十四卷補一
卷、潛邱劄記二卷、國朝石經攷異一卷、漢石
經攷異一卷、魏石經攷異一卷、唐石經攷異一
卷、蜀石經攷異一卷、北宋石經攷異一卷、經
史問答七卷、註疏考證六卷、經傳攷證八卷、
解春集二卷、羣經補義五卷、白田草堂存稿一
卷、經韻樓集六卷、六書音韻表五卷、湛園札
記一卷、經義雜記十卷、周官祿田考三卷、水
地小記一卷、溝洫疆理小記一卷、周禮漢讀考
六卷、宗法小記一卷、儀禮喪服文足徵記十
卷、釋宮一卷、深衣考誤一卷、春秋地理考實
四卷、禮學卮言六卷、禮箋三卷、考工記圖二
卷、考工記車制圖解二卷、考工創物小記四
卷、大戴禮記正誤一卷、大戴禮記補注十三
卷、禮記補疏三卷、尚書集注音疏十三卷尚書
師經系表一卷、禹貢錐指二十卷例畧圖一卷、
尚書釋天六卷、禹貢三江考三卷、尚書補疏二
卷)

510000－2712－0000031　　經00040

四川省十一家收藏單位古籍普查登記目錄

禮記旁訓六卷　（元）陳澔撰　清光緒十年(1884)魏氏古香閣刻本　四冊　存四卷(一至三、五)

510000－2712－0000032　經00042
毛詩二十卷　（漢）毛亨撰　清刻本　五冊

510000－2712－0000033　經00043
周官集註十二卷　（清）方苞撰　清抗希堂刻本　五冊

510000－2712－0000034　經00044
禮記旁訓六卷　（元）陳澔撰　清光緒十年(1884)刻本　六冊

510000－2712－0000035　經00045
說文解字三十二卷　（清）段玉裁注　清光緒三年(1877)成都尊經書院重刻經韻樓本　十四冊

510000－2712－0000036　經00046
毛詩讀三十卷　（清）王劼撰　清刻本　十二冊

510000－2712－0000037　經00047
詩經旁訓四卷　（□）□□撰　清咸豐五年(1855)聚源堂刻本　一冊　存一卷(一)

510000－2712－0000038　經00048
欽定書經傳說彙纂二十一卷首二卷書序一卷　（清）王頊齡等撰　清道光刻本　十二冊

510000－2712－0000039　經00054
皇朝五經彙解二百七十卷　（清）抉經心室主人編　清光緒十四年(1888)鴻文書局石印本　三十冊

510000－2712－0000040　經00055
易一貫六卷　（明）呂調陽述　清光緒十四年(1888)刻觀象廬叢書本　一冊　存一卷(上經上)

510000－2712－0000041　經00056
詩經旁訓五卷　（清）徐立綱撰　清光緒九年(1883)刻本　四冊

510000－2712－0000042　經00057
詩經正文□□卷　（□）□□撰　清光緒十六年(1890)刻本　一冊　存一卷(一)

510000－2712－0000043　經00059
春秋攷十六卷　（宋）葉夢得撰　清刻本　二冊　存五卷(九至十一、十五至十六)

510000－2712－0000044　經00061
春秋直解十二卷　（清）方苞著　清抗希堂刻本　四冊

510000－2712－0000045　經00062
春秋經解十五卷　（宋）孫覺撰　清刻本　一冊　存一卷(六)

510000－2712－0000046　經00063
易經精華六卷末一卷　（清）薛嘉穎著　清光緒十四年(1888)古香閣刻本　四冊

510000－2712－0000047　經00065
穀梁春秋經傳古義疏十一卷　廖平撰　清刻本　九冊　存二卷(一、三)

510000－2712－0000048　經00066
欽定春秋傳説彙纂三十八卷首二卷　（清）王掞總裁　清道光十八年(1838)刻本　三十三冊

510000－2712－0000049　經00067
春秋穀梁傳十二卷　（晉）范甯集解　清光緒八年(1882)錦江書局影刻山東尚志堂本　四冊

510000－2712－0000050　經00068
經義鈔讀二卷　駱成驤鈔讀　清光緒二十九年(1903)成都志古堂刻本　二冊

510000－2712－0000051　經00069
春秋穀梁傳十二卷　（晉）范甯集解　清光緒八年(1882)錦江書局影刻山東尚志堂本　三冊

510000－2712－0000052　經00072
周易集解十七卷　（唐）李鼎祚集解　清成都志古堂刻本　四冊

510000－2712－0000053　經00073
評點春秋綱目左傳句解彙雋六卷　（清）韓菼重訂　清石印本　四冊　存四卷(三至六)

犍為縣圖書館古籍普查登記目録

510000－2712－0000054　　經00081

春秋公羊禮疏十一卷 （清）凌曙學 （清）姚
觀元校 清歸安姚觀元刻本 二冊 缺一卷
（十一）

510000－2712－0000055　　經00083

詩序義四卷 （清）呂調陽述 清觀象廬刻本
五冊

510000－2712－0000056　　經00085

涇野先生毛詩說序六卷 （明）呂柟著 （清）
李錫齡校 清光緒二十二年（1896）長沙刻本
二冊 存四卷（一上、四至六）

510000－2712－0000057　　經00086

欽定書經傳說彙纂二十一卷首二卷書序一卷
（清）王頊齡等撰 清道光刻本 十五冊

510000－2712－0000058　　經00087

詩經精華十卷 （清）薛嘉穎撰 清古香閣刻
本 五冊

510000－2712－0000059　　經00088

詩總聞二十卷 （宋）王質撰 清刻武英殿聚
珍版書本 八冊

510000－2712－0000060　　經00089

毛詩異同說四卷 （清）蕭光遠編 **鄭氏改字
一卷集傳改字一卷** （清）唐樹本校 （清）周
錫晉校 **詩雜說一卷** （清）王文鈞校 （清）
杜鐘秀校 清末刻本 一冊

510000－2712－0000061　　經00090

續呂氏家塾讀詩記三卷 （宋）戴溪撰 清刻
武英殿聚珍版書本 二冊

510000－2712－0000062　　經00092

宋本十三經注疏附校勘記十三種 （清）阮元
校勘 清光緒十三年（1887）脈望仙館石印本
二十一冊 存十一種七百七十八卷（附釋
音尚書注疏二十卷附釋音尚書注疏校勘記二
十卷,附釋音毛詩注疏七十卷附釋音毛詩註
疏校勘記七十卷,附釋音禮記註疏六十三卷
附釋音禮記註疏校勘記六十三卷,附釋音周
禮注疏四十二卷附釋音周禮注疏校勘記四十
二卷,儀禮疏五十卷儀禮疏校勘記五十卷,附

釋音春秋左傳註疏六十卷附釋音春秋左傳註
疏校勘記六十卷,監本附音春秋公羊注疏二
十八卷監本附音春秋公羊注疏校勘記二十八
卷,監本附音春秋穀梁注疏二十卷監本附音
春秋穀梁注疏校勘記二十卷,論語注疏解經
二十卷論語注疏解經校勘記二十卷,孝經注
疏九卷孝經註疏校勘記九卷,孟子注疏校勘
記十四卷）

510000－2712－0000063　　經00093

書經精華十卷首一卷 （清）薛嘉穎著 清光
緒十一年（1885）古香閣刻本 五冊

510000－2712－0000064　　經00094

書經精華十卷首一卷 （清）薛嘉穎著 清光
緒十一年（1885）古香閣刻本 六冊

510000－2712－0000065　　經00095

書經精華十卷首一卷 （清）薛嘉穎著 清光
緒十一年（1885）古香閣刻本 四冊

510000－2712－0000066　　經00100

周易本義爻徵二卷 （清）吳日慎著 清惜陰
軒刻本 三冊

510000－2712－0000067　　經00101

來瞿唐先生易註十五卷首一卷末一卷 （明）
來知德撰 清寧遠堂刻本 九冊

510000－2712－0000068　　經00104

書經精華十卷首一卷 （清）薛嘉穎著 清光
緒十一年（1885）古香閣刻本 十冊

510000－2712－0000069　　經00107

春秋集註四十卷 （宋）高閌撰 清刻武英殿
聚珍版書本 八冊 存三十三卷（一至三十
三）

510000－2712－0000070　　經00108

春秋經解十五卷 （宋）孫覺撰 清刻武英殿
聚珍版叢書本 六冊 缺三卷（五至七）

510000－2712－0000071　　經00110

御纂詩義折中二十卷 （清）傅恒等撰 清道
光刻本 六冊

510000－2712－0000072　　經00113

詩經一卷　（□）□□撰　清刻本　一冊

510000－2712－0000073　經00115

東萊先生左氏博議二十五卷　（宋）呂祖謙撰
（清）胡鳳丹校　清退補齋刻本　六冊

510000－2712－0000074　經00116

欽定詩經傳說彙纂二十一卷首二卷詩序二卷
（清）王鴻緒等修　清刻本（卷一葉一至十
四為手抄補配）　十四冊

510000－2712－0000075　經00119

春秋全經左傳句解八卷　（宋）朱申注釋
（明）顧梧芳較正　清刻本　八冊

510000－2712－0000076　經00120

春秋全經左傳句解八卷　（宋）朱申撰　清刻
本　六冊

510000－2712－0000077　經00122

周易二卷易圖一卷　（宋）程頤傳　晦庵先生
校正周易繫辭精義二卷　（宋）呂祖謙編　清
光緒三十一年（1905）涪州小學堂刻本　四冊

510000－2712－0000078　經00124

說文解字部首十四卷　（漢）許慎撰　清光緒
八年（1882）蜀南黃氏刻本　一冊

510000－2712－0000079　經00125

說文解字部首十四卷　（漢）許慎撰　清光緒
八年（1882）蜀南黃氏刻本　一冊

510000－2712－0000080　經00126

說文解字部首十四卷　（漢）許慎撰　清光緒
八年（1882）蜀南黃氏刻本　一冊

510000－2712－0000081　經00127

說文解字部首十四卷　（漢）許慎撰　清光緒
八年（1882）蜀南黃氏刻本　一冊

510000－2712－0000082　經00131

欽定周官義疏四十八卷首一卷　（清）鄂爾泰
等纂修　清刻本　三十冊

510000－2712－0000083　經00135

春秋比二卷　（清）郝懿行輯　清刻本　一冊

510000－2712－0000084　經00140

公羊探勝一卷　（清）席樹馨檢錄　（清）馮樹
清校　（清）席之校　清光緒四年（1878）刻本
一冊

510000－2712－0000085　經00145

周官析疑三十六卷　（清）方苞著　清抗希堂
刻本　六冊

510000－2712－0000086　經00149

韓詩外傳十卷校注拾遺一卷　（漢）韓嬰著
（清）周廷寀校注　清光緒元年（1875）望三益
齋刻本　四冊

510000－2712－0000087　經00150

詩緯氾曆樞訓纂一卷詩緯推度災訓纂一卷
（清）胡薇元撰　清玉津閣刻本　一冊

510000－2712－0000088　經00151

春秋公羊傳十一卷　（唐）陸德明音義　清山
東書局刻本　四冊

510000－2712－0000089　經00152

易一貫六卷學易總說一卷圖說一卷　（清）呂
調陽撰　清末刻本　四冊

510000－2712－0000090　經00155

春秋經傳集解三十卷　（晉）杜預注　清刻本
十一冊　存二十三卷（一至四、十至二十
二、二十五至三十）

510000－2712－0000091　經00170

周易十卷　（三國魏）王弼注　（晉）韓伯注
清仿武英殿刻本　三冊

510000－2712－0000092　經00171

詩緯含神霧訓纂一卷　（清）胡薇元撰　清玉
津閣刻本　一冊

510000－2712－0000093　經00173

左轉鈔六卷　（□）□□撰　清刻本　九冊

510000－2712－0000094　經00174

書經六卷　（宋）蔡沈集傳　清刻本　四冊

510000－2712－0000095　經00175

學易記五卷　（明）金賁亨著　（清）李錫齡校
清光緒二十二年（1896）長沙刻本　二冊

犍為縣圖書館古籍善書登記目錄

239

510000－2712－0000096　經00178

易問六卷　（清）紀大奎撰　清刻本　三冊

510000－2712－0000097　經00180

周易變通解六卷首一卷末一卷　（清）萬裕澐注　清同治十二年(1873)集錦堂刻本　六冊

510000－2712－0000098　經00181

左傳義法舉要一卷　（清）方苞撰　清刻本　一冊　殘

510000－2712－0000099　經00182

春秋左傳杜氏集解辨正二卷　廖平撰　鉛印本　一冊　存一卷(下)

510000－2712－0000100　經00183

御纂周易述義十卷　（清）傅恒著　清刻本　四冊　存六卷(一至六)

510000－2712－0000101　經00184

周禮精華六卷　（清）陳龍標輯　清光緒十一年(1885)古香閣刻本　三冊　存四卷(一至四)

510000－2712－0000102　經00185

欽定春秋傳説彙纂三十八卷首二卷　（清）王掞總裁　清刻本　十四冊　存十九卷(一至二、五至十七、三十三至三十六,首二卷)

510000－2712－0000103　經00187

春秋左傳旁訓十八卷　（明）郑惟岳著　清光緒十年(1884)古香閣刻本　十二冊

510000－2712－0000104　經00190

讀左補義五十卷首一卷　姜炳璋輯　清刻本　八冊　存三十一卷(一至二、五至六、八至十三、十四至十九、二十四至二十七、二十八至三十八)

510000－2712－0000105　經00191

孝經疑問一卷　（明）姚舜牧著　**公羊問答二卷**　（清）凌曙著　**藥言一卷**　（明）姚舜牧著　**前徽録一卷**　（清）姚世錫撰　清光緒歸安姚覲元校刻咫進齋叢書本　一冊

510000－2712－0000106　經00192

左氏蒙求註一卷　（元）吳化龍撰　（清）許乃

濟注　（清）王慶麟注　**左傳紺珠二卷**　（清）王武沂輯　（清）蕭士麟補　清刻本　一冊

510000－2712－0000107　經00196

易經旁訓三卷　（□）□□撰　清光緒九年(1883)魏氏古香閣刻本　一冊

510000－2712－0000108　經00197

春秋左傳集解三十卷　（晉）杜預原本　（唐）陸元朗音釋　（宋）林堯附註　（清）馮李驊增訂　清刻本　十二冊　存二十五卷(一至二、五至九、十三至三十)

510000－2712－0000109　經00198

春秋經傳集解三十卷　（晉）杜預原本　（唐）陸元朗音釋　（宋）林堯附註　（清）馮李驊增訂　清刻本　九冊　存十九卷(二至八、十二至十三、十六至二十三、二十八至二十九)

510000－2712－0000110　經00209

周易十卷　（三國魏）王弼注　（晉）韓伯注　清仿武英殿刻本　二冊

510000－2712－0000111　經00210

欽定儀禮義疏四十八卷首二卷　（清）朱軾等纂　清刻本　三十三冊　存四十四卷(一至二十八、三十五至四十八,首二卷)

510000－2712－0000112　經00213

毛詩品物圖攷七卷　（日本）岡元鳳纂輯　清末石印本　一冊　存四卷(四至七)

510000－2712－0000113　經00233

説文辨疑一卷　（清）顧廣圻撰　清光緒三年(1877)湖北崇文書局刻本　一冊

510000－2712－0000114　經00234

説文解字注三十二卷　（漢）許慎撰　（清）段玉裁注　清光緒三年(1877)成都尊經書院重刻經韵樓本　四冊　存六卷(一至二、二十三至二十四、三十一至三十二)

510000－2712－0000115　經00235

文字蒙求卷四卷　（清）王筠撰　清光緒五年(1879)會稽章氏刻本　一冊

510000－2712－0000116　經00238

四川省十一家收藏單位古籍普查登記目録

禹貢説斷四卷　（宋）傅寅撰　清刻本　一冊
　存一卷（二）

510000－2712－0000117　經00239

春秋辨疑四卷　（宋）蕭楚撰　清武英殿聚珍
版書本　一冊

510000－2712－0000118　經00240

春秋十二卷　（宋）姜國伊傳　清刻本　一冊
　存三卷（四至六）

510000－2712－0000119　經00241

春秋説志五卷　（明）呂柟撰　（清）李錫齡校
　清光緒二十二年（1896）惜陰軒刻本　一冊

510000－2712－0000120　經00253

經腴類纂二卷　（清）孫顔編輯　清小嬛嬛山
館刻本　一冊

510000－2712－0000121　經00255

詩韻合璧五卷　（清）湯文潞編　虚字韻藪一
卷　（清）潘維城輯　清光緒四年（1878）上海
淞隱閣鉛印本　四冊

510000－2712－0000122　經00256

春秋年表一卷　（□）□□撰　春秋名號歸一
圖二卷　（□）□□撰　清刻本　一冊

510000－2712－0000123　經00257

説文説一卷　（清）孫濟世撰　清光緒十三年
（1887）海寧許氏古均閣刻本　一冊

510000－2712－0000124　經00261

虚字説一卷　（清）袁仁林著　（清）李錫齡校
　（清）王德修較正　清光緒二十二年（1896）
長沙刻本　一冊

510000－2712－0000125　經00262

東萊先生左氏博議二十五卷　（宋）呂祖謙撰
　（清）胡鳳丹校　清退補齋刻本　一冊　存
五卷（四至八）

510000－2712－0000126　經00263

皇清經解續編二百九卷　王先謙輯　清光緒
十五年（1889）上海蜚英石印本　二十八冊

510000－2712－0000127　經00264

毛詩詁訓傳二十卷　（漢）毛亨撰　（漢）鄭玄

箋　清刻本　四冊　存八卷（一至二、五至
六、九至十、十二至十三）

510000－2712－0000128　經00265

韻補五卷　（宋）吳棫撰　清邵武徐氏刻本
一冊　存三卷（三至五）

510000－2712－0000129　經00268

尚書十三卷考證十三卷　（漢）孔安國注　清
刻本　一冊　存六卷（八至十三）

510000－2712－0000130　經00273

欽定春秋傳説彙纂三十八卷首二卷　（清）王
掞等撰　清刻本　一冊　存二卷（三十七至
三十八）

510000－2712－0000131　經00276

策學備纂三十二卷　（清）蔡啟盛輯　（清）吳
穎輯　清光緒十三年（1887）點石齋石印本
一冊　存一卷（一）

510000－2712－0000132　經00278

春秋左傳杜注校勘記一卷　（清）黎庶昌錄
孟子外書補註四卷　（宋）劉放原本　（清）陳
矩補註　陶靖節先生年譜一卷　（宋）吳仁傑
編次　清光緒刻本　一冊

510000－2712－0000133　經00279

説文解字五十卷　桂馥學　清同治九年
（1870）湖北崇文書局刻本　二十三冊

510000－2712－0000134　經00280

易經精華六卷首一卷末一卷　（清）薛嘉穎編
　清古香閣刻本　一冊　存二卷（三至四）

510000－2712－0000135　經00281

評點春秋綱目左傳句解彙雋六卷　（清）韓菼
重訂　清刻本　一冊　存一卷（一）

510000－2712－0000136　經00283

尚書□□卷　（漢）孔安國傳　清刻本　一冊
　存七卷（一至七）

510000－2712－0000137　經00284

詩韻集成題考合刻十卷首一卷　（清）余照輯
　（清）一適主人編次　（清）王文淵撰
（明）魏朝俊校　清光緒十四年（1888）古香閣

犍爲縣圖書館古籍普查登記目錄

魏氏刻本　二冊　存二卷(一、三)

510000－2712－0000138　經00285
書經旁訓　(□)□□撰　清古香閣刻本
一冊

510000－2712－0000139　史00001
皇朝經世文編一百二十卷　(清)賀長齡輯
清光緒二十八年(1902)四川重慶中西書屋鉛
印本　二十四冊

510000－2712－0000140　史00004
禹貢説斷四卷　(宋)傅寅著　清刻本　二冊
　存二卷(三至四)

510000－2712－0000141　史00005
皇朝經籍志六卷　(清)黃本驥輯　清道光二
十五年(1845)三長物齋刻本　二冊

510000－2712－0000142　史00006
皇朝經世文編一百二十卷　(清)賀長齡輯
清藝芸書局刻本　五冊　存八卷(十八、三十
三、三十四至三十八)

510000－2712－0000143　00002
小学考五十卷　(清)謝啓昆撰　清光緒十四
年(1888)浙江書局刻本　七冊　存十八卷
(一至七、十至十一、二十至二十二、四十三至
四十八)

510000－2712－0000144　00003
泰西新史攬要二十四卷附時事新論圖說一卷
　(英國)馬懇西撰　(英國)李提摩太譯
(清)蔡爾康述稿　清光緒二十三年(1897)刻
本　五冊　存二十卷(五至二十四)

510000－2712－0000145　00006
爾雅注疏十一卷　(晉)郭璞注　(宋)邢昺疏
　清刻本　一冊　存二卷(一至二)

510000－2712－0000146　00009
六書十二聲傳十二卷　(清)呂調陽述　清光
緒刻本　七冊　缺一卷(五)

510000－2712－0000147　00010
方言注十三卷　(漢)揚雄撰　(晉)郭璞注
清刻本　三冊

510000－2712－0000148　00011
聖武記十四卷　(清)魏源撰　清刻本　四冊
　存六卷(四至九)

510000－2712－0000149　00012
靖逆記六卷　題(清)蘭簃外史纂　清刻本
一冊　存三卷(四至六)

510000－2712－0000150　00013
西南紀事十二卷　(清)邵廷采撰　(清)徐幹
校　清邵武徐氏刻本　二冊

510000－2712－0000151　00014
論語意原四卷　(宋)鄭汝諧撰　清刻本
二冊

510000－2712－0000152　00015
四書撮言□□卷　(清)胡蓉芝輯　清刻本
五冊　存七卷(論語八至九、十九至二十，孟
子三、五、七)

510000－2712－0000153　00017
駢雅訓纂十六卷首一卷　(明)朱謀㙔撰　清
末瀹雅齋刻本　八冊

510000－2712－0000154　00018
增廣留青新集二十四卷　(清)陳枚輯　清石
印本　六冊　存十二卷(三至六、十七至二十
四)

510000－2712－0000155　00021
閩政領要三卷　(清)德福纂輯　清刻本
一冊

510000－2712－0000156　00022.1
蜀典十二卷　(清)張澍編輯　清光緒二年
(1876)尊經書院刻本　四冊

510000－2712－0000157　00022.2
蜀典十二卷　(清)張澍編輯　清光緒二年
(1876)尊經書院刻本　二冊　存五卷(八至
十二)

510000－2712－0000158　00031
六經天文編二卷　(宋)王應麟著　清光緒十
年(1884)成都志古堂刻本　二冊

510000－2712－0000159　00032

四川省十二家收藏單位古籍普查登記目錄

五代史七十四卷　（宋）歐陽修撰　清光緒元年(1875)成都書局刻本　六冊　存五十一卷（一至五十一）

510000－2712－0000160　00036

元史二百一十卷　（明）宋濂等撰　清光緒十四年(1888)上海圖書集成印書局鉛印本　十六冊　缺十七卷（七十四至八十二、一百七十二至一百七十九）

510000－2712－0000161　00037.1

袁王綱鑑合編三十九卷附御撰明紀綱目二十卷　（明）袁黃輯　（明）王世貞編　清光緒三十年(1904)上海商務印書館鉛印本　十六冊

510000－2712－0000162　00037.2

袁王綱鑑合編三十九卷附御撰明紀綱目二十卷　（明）袁黃輯　（明）王世貞編　清光緒三十年(1904)上海商務印書館鉛印本　十四冊　缺十五卷（袁王綱鑑合編三十至三十三、御撰明紀綱目十至二十）

510000－2712－0000163　00041

廣列女傳二十卷　（清）劉開纂　清刻本　五冊　存十六卷（一至十六）

510000－2712－0000164　00043

避諱錄五卷　（清）黃本驥撰　清道光二十六年(1846)刻本　一冊

510000－2712－0000165　00044

漢制考四卷　（宋）王應麟著　清刻本　一冊　存二卷（三至四）

510000－2712－0000166　00045

三通序三卷　（宋）馬端臨等著　蔣德均輯　清光緒二十九年(1903)刻本　一冊　存一卷（上）

510000－2712－0000167　00047

四書旁訓八卷　（□）□□撰　清光緒六年(1880)古香閣刻本　五冊　存六卷（大學一卷、中庸一卷、下論一卷、上孟下一卷、下孟上一卷、下孟下一卷）

510000－2712－0000168　00049

鼎鍥趙田了凡袁先生編纂古本歷史大方綱鑑補三十九卷　（明）袁黃編纂　御撰資治通鑑綱目三編二十卷　（清）張廷玉等纂　清末民初石印本　七冊　存八卷（鼎鍥趙田了凡袁先生編纂古本歷史大方綱鑑補二至四、六至七、九，御撰資治通鑑綱目三編一至二）

510000－2712－0000169　00051

皇朝瑣屑錄四十四卷　（清）鍾琦撰　清末刻本　四冊　存二十卷（十六至十九、二十五至四十）

510000－2712－0000170　00052

皇朝瑣屑錄四十四卷　（清）鍾琦撰　清末刻本　一冊　存四卷（三十八至四十一）

510000－2712－0000171　00053

牧令書二十三卷　（清）徐棟輯　清同治四年(1865)成都刻本　十五冊　缺一卷（二十）

510000－2712－0000172　00054

三朝北盟會編二百五十卷　（宋）徐夢莘編　清光緒三十四年(1908)刻本　三十五冊　缺三十卷（十八至二十二、九十七至一百零三、一百十一至一百十六、一百三十至一百四十一）

510000－2712－0000173　00055

儀禮析疑十七卷　（清）方苞撰　（清）程崟校　（清）方道興校　清刻本　四冊　存十二卷（一至六、十二至十七）

510000－2712－0000174　00058

西南紀事十二卷　（清）邵廷采撰　（清）徐幹校　清邵武徐氏刻本　二冊

510000－2712－0000175　00060

岷陽古帝墓祠後志八卷　（清）孫鎮輯　清道光十六年(1836)鵝溪孫氏刻本　一冊

510000－2712－0000176　00068

增像第六才子書六卷　（元）王實甫撰　清光緒二十七年(1901)上海書局石印本　一冊　存一卷（一）

510000－2712－0000177　00069

犍為縣圖書館古籍普查登記目錄

中國歷史戰爭形勢圖說附論二卷　（清）盧彤撰　清宣統二年(1910)武昌同倫學社鉛印本　一冊

510000－2712－0000178　00074

綱鑑總論二卷　（□）□□撰　清末民初刻本　一冊　存一卷(下)

510000－2712－0000179　00075

唐語林八卷　（宋）王讜撰　（清）李錫齡校　清刻本　二冊　存二卷(三、六)

510000－2712－0000180　00076

戰國策校注十卷　（宋）鮑彪校注　（元）吳師道重校　（清）李錫齡校訂　清光緒二十二年(1896)刻本　七冊　缺一卷(四)

510000－2712－0000181　00077

吾學錄初編二十四卷　（清）吳榮光撰　（清）黃本驥編　清光緒十年(1884)刻本　二冊　存五卷(一至三、十九至二十)

510000－2712－0000182　00078

沈文肅公政書七卷首一卷　（清）沈葆楨著　清光緒十年(1884)刻本　十冊　缺一卷(五)

510000－2712－0000183　00079

喪禮或問一卷附離騷經正義一卷　（清）方苞著　（清）顧琮訂　清刻本　一冊

510000－2712－0000184　00081

揮塵餘話二卷　（宋）王明清輯　清照曠閣刻本　一冊

510000－2712－0000185　00083

論語話解十卷　（清）陳澧撰　清光緒三十年(1904)星沙書業刻本　一冊　存二卷(一至二)

510000－2712－0000186　00086

論語十卷　（宋）朱熹集注　清光緒三十二年(1906)商務印書館鉛印本　二冊

510000－2712－0000187　00096

四書旁音□□卷　（□）□□撰　清儒興堂刻本　一冊　存一卷(下孟二)

510000－2712－0000188　00097

通鑑釋文辨誤十二卷　（元）胡三省撰　清光緒十五年(1889)刻本　三冊

510000－2712－0000189　00098

資治通鑑釋文三十卷　（宋）史炤撰　清光緒十五年(1889)刻本　六冊　存二十五卷(一至二十五)

510000－2712－0000190　00100

曰若編七卷　（清）呂調陽述　清刻本　六冊

510000－2712－0000191　00101

籌蜀篇二卷　（清）黃英撰　清刻本　一冊　存一卷(下)

510000－2712－0000192　00102

疇人傳三編七卷　（清）諸可寶纂錄　清末刻本　一冊　存三卷(五至七)

510000－2712－0000193　00105

籌蜀篇二卷　（清）黃英著　丁厚扶校　清光緒二十七年(1901)榮縣旭川書院刻本　一冊　存一卷(上)

510000－2712－0000194　00106

史鑑總論不分卷　（明）顧迴撰　清光緒三十年(1904)成都書局刻本　一冊　存一冊(上)

510000－2712－0000195　00109

東南紀事十二卷　（清）邵廷采撰　（清）徐幹校　清光緒刻本　一冊　存五卷(一至五)

510000－2712－0000196　00111

東南紀事十二卷　（清）邵廷采撰　（清）徐幹校　清光緒刻本　二冊

510000－2712－0000197　00112

河南邵氏聞見後錄三十卷　（宋）邵伯溫撰　清照曠閣刻本　一冊　存十五卷(十六至三十)

510000－2712－0000198　00113

禮記全經六卷　（□）□□著　清刻本　五冊

510000－2712－0000199　00115

義禮集釋三十卷　（宋）李如圭撰　清刻本　十二冊

510000－2712－0000200　00120

唐陸宣公奏議讀本四卷附制誥不分卷　（唐）陸贊撰　（清）汪銘謙輯　（清）馬傳庚評　清宣統元年(1909)會稽馬氏石印本　三冊

510000－2712－0000201　00121

蜀學編二卷　（清）方守道輯　（清）高廥春復輯　（清）伍肇齡訂　清光緒十四年(1888)成都尊經書局刻本　六冊

510000－2712－0000202　00122

通鑑觸緒十三卷　（清）易佩紳著　清光緒刻本　六冊

510000－2712－0000203　00139

四書補注備旨題竅匯參十卷　（明）鄧林撰（清）周汝達增輯　清光緒十年(1884)儒興堂刻本　四冊　存七卷(大學一卷、中庸一卷、上孟一卷、上論一至二、下論三至四)

510000－2712－0000204　00140

四書補注備旨十二卷附考　（明）鄧林撰　清光緒十二年(1886)魏氏古香閣刻本　二冊　存二卷(一、七)

510000－2712－0000205　00142

小爾雅疏證五卷　（清）葛其仁撰　清歸安姚氏刻本　一冊

510000－2712－0000206　00145

校刊資治通鑑全書八種　（宋）司馬光編（清）胡元常輯　清光緒十七年(1891)長沙楊氏刻本　九十六冊　缺三種四十六卷(資治通鑑十三至十六、二十四至三十、五十五至五十七、八十一至八十四、九十五至一百、一百一十七至一百一十九、一百三十一至一百三十三、一百五十一至一百五十五、二百零九至二百一十一、二百四十八至二百五十,目錄十至十二,考異一至二)

510000－2712－0000207　00146

吳疆域圖說三卷　（清）范本禮撰　清光緒南菁書院刻本　一冊　缺一卷(下)

510000－2712－0000208　00147

宋元學案粹語不分卷　吳虞撰　清光緒三十三年(1907)文論書局鉛印本　一冊

510000－2712－0000209　00154

文獻通考輯要二十四卷　（清）湯壽潛輯　清光緒二十八年(1902)成都三合山房刻本　十冊　缺三卷(十一下、十二、十八)

510000－2712－0000210　00157

宦游紀略二卷　（清）高廷瑤撰　清同治十二年(1873)成都刻本　一冊

510000－2712－0000211　00158

聖武記二編二卷　（清）魏源撰　清光緒十五年(1889)成都志古堂刻本　一冊

510000－2712－0000212　00160

聖武記十四卷　（清）魏源撰　清刻本　十冊

510000－2712－0000213　00161

聖武記十四卷　（清）魏源撰　清刻本　六冊　存八卷(二至四、七、九、十二至十四)

510000－2712－0000214　00165

皇朝通典一百卷　（清）永璇等纂　清末石印本　八冊

510000－2712－0000215　00169

五代會要三十卷　（宋）王溥撰　清刻本　五冊　缺五卷(二十六至三十)

510000－2712－0000216　00171

山東軍興紀略二十二卷　（清）管晏等撰　清刻本　八冊　缺三卷(一、十至十一)

510000－2712－0000217　00179.1

二曲集四十六卷　（清）李顒著　清末刻本　一冊　存五卷(十六至十七、二十四至二十六)

510000－2712－0000218　00179.2

二曲集四十六卷　（清）李顒著　清末刻本　一冊　存二卷(十六至十七)

510000－2712－0000219　00181

新編古今事文類聚前集六十卷後集五十卷續集二十八卷別集三十二卷目錄□卷　（宋）祝穆編　**新集三十六卷外集十五卷**　（元）富大用編　**遺集十五卷**　（明）祝淵編　明刻本

犍為縣圖書館古籍普查登記目錄

一百七十八冊　存一百七十八卷(前集一至二、七至三十九、四十四至六十,後集一至二十六、三十三至三十五、四十一至四十六、四十九至五十,續集一至二、六至二十七,別集一至三十二,外集一至九、十一至十二、十四,遺集一至十三,前集目錄二卷,後集目錄一卷,續集目錄一卷,別集目錄二卷,外集目錄一卷,遺集目錄一卷)

510000－2712－0000220　00183

威遠縣志三編三種　(清)吳容等纂　清光緒三費局刻本　十八冊

510000－2712－0000221　00185

融堂書解二十卷　(宋)錢時撰　(清)項家達等校　清刻本　五冊　缺三卷(十八至二十)

510000－2712－0000222　00186

吳園周易解九卷附錄一卷　(宋)張根撰　(清)吳舒帷校　清刻本　三冊

510000－2712－0000223　00187

大佛頂首楞嚴經正脈疏四十卷　(明)釋真鑑撰　清光緒二十二年(1896)金陵刻經處刻本　十三冊　缺三卷(十五至十七)

510000－2712－0000224　00188

郭氏傳家易說十一卷總論一卷　(宋)郭雍撰　(清)項家達等校　清刻本　八冊

510000－2712－0000225　00189

御纂周易折中二十二卷首一卷　(清)李光地等撰　清末刻本　十二冊

510000－2712－0000226　00190

說文釋例二十卷　(清)王筠撰　清同治四年(1865)刻本　三冊　存三卷(一、七、十七)

510000－2712－0000227　00191

說文測議七卷二徐說文同異附攷一卷　(清)董詔輯　(清)謝玉珩校　清道光二年(1822)羊城竹香齋刻本　二冊

510000－2712－0000228　00192

讀說文證疑一卷　(清)陳詩庭撰　(清)許湘祥校　清末刻本　一冊

510000－2712－0000229　00193

文字存真十四卷　(清)饒炯撰　(清)饒時中等參校　清刻本　四冊　缺二卷(一至二)

510000－2712－0000230　00194

儀禮肊測□□卷　(清)孔廣林撰　清刻本　一冊　存十八卷(一至十八)

510000－2712－0000231　00195

荊駝逸史□□種附平臺紀略一種　題(清)陳湖逸士輯　清刻本　五冊　存五種(三朝野紀七卷、東林事畧三卷、啟禎兩朝剝復錄三卷、滄州紀事不分卷、傚指南錄不分卷)

510000－2712－0000232　00196

易說六卷　(宋)司馬光撰　清刻本　三冊

510000－2712－0000233　00206

沈文肅公政書七卷　(清)沈葆楨著　清刻本　二冊　存二卷(五至六)

510000－2712－0000234　00216

聖武記十四卷　(清)魏源撰　清刻本　六冊　存九卷(一至三、七、十至十四)

510000－2712－0000235　00217

絳帖平六卷總錄一卷　(宋)姜夔撰　清刻本　一冊

510000－2712－0000236　00219

尚書詳解五十卷　(宋)陳經撰　清道光二十七年(1847)刻本　十二冊

510000－2712－0000237　00220

說文引經攷二卷補遺一卷　(清)吳玉搢撰　清歸安姚氏刻本　一冊

510000－2712－0000238　00224

說文管見三卷　(清)胡秉虔撰　清光緒八年(1882)漢州張氏刻本　一冊

510000－2712－0000239　00225

楞嚴經指掌疏十一卷附懸示一卷　(清)釋通理述　清刻本　八冊　缺四卷(六、九至十一)

510000－2712－0000240　00229

平平言四卷　(清)方大湜撰　清刻本　二冊

四川省十一家收藏單位古籍普查登記目錄

存二卷(三至四)

510000－2712－0000241　00236

彝軍紀略不分卷　（清）彭洵撰　清光緒十二年(1886)刻本　一冊　存一冊(上)

510000－2712－0000242　00242

蜀道驛程記二卷秦蜀道驛程後記二卷　（清）王士禎撰　清成都炳文堂刻本　四冊

510000－2712－0000243　00245

[光緒]重修彭縣志十三卷　（清）張龍甲修　清光緒四年(1878)刻本　七冊　存十卷(一至十)

510000－2712－0000244　00248

五代會要三十卷　（宋）王溥撰　清刻本　一冊　存五卷(二十六至三十)

510000－2712－0000245　00252

通志總序不分卷　（宋）鄭樵撰　清刻本　一冊

510000－2712－0000246　00253

春明退朝錄三卷　（宋）宋敏求撰　清照曠閣刻本　一冊

510000－2712－0000247　00254

避暑錄話二卷　（宋）葉夢得撰　清照曠閣刻本　一冊　存一卷(上)

510000－2712－0000248　00255

皇朝通志一百二十六卷　（清）嵇璜等撰　清光緒二十八年(1902)上海鴻寶書局石印本　八冊

510000－2712－0000249　00257

國朝先正事略六十卷　（清）李元度纂　清光緒十二年(1886)鉛印本　九冊　缺四卷(八至十一)

510000－2712－0000250　00259

東漢會要四十卷　（宋）徐天麟撰　清刻本　八冊

510000－2712－0000251　00260

欽定續通典一百五十卷　（清）嵇璜等纂　清末石印本　八冊　缺二十三卷(一百二十八至一百五十)

510000－2712－0000252　00261

欽定續通典一百五十卷　（清）嵇璜等纂　清光緒二十八年(1902)上海鴻寶書局石印本　五冊　缺五十九卷(十九至三十五、九十至一百零八、一百二十八至一百五十)

510000－2712－0000253　00262

皇朝通志一百二十六卷　（清）嵇璜等撰　清光緒二十七年(1901)上海圖書集成局石印本　十二冊　缺十二卷(一百一十五至一百二十六)

510000－2712－0000254　00263

皇朝政典挈要八卷　（日本）增田貢著　清光緒二十八年(1902)鉛印本　四冊

510000－2712－0000255　00264

聖域述聞二十八卷　（清）龍光甸修　（清）黃本驥輯　清道光二十七年(1847)刻本　一冊　存六卷(一至六)

510000－2712－0000256　00265

雲棧紀程八卷　（清）張邦伸輯　清刻本　二冊　存四卷(一至四)

510000－2712－0000257　00268

楊文憲升庵先生年譜一卷學宮禮器圖一卷　(清)簡紹芳編次　（清）程封改輯　（清）孫鎮補訂　清古棠書屋刻本　一冊

510000－2712－0000258　00269

朱子年譜考異四卷　（清）王懋竑撰　清白田草堂刻本　一冊

510000－2712－0000259　00270

胡文忠公遺集八十六卷首一卷　（清）胡林翼撰　（清）鄭敦謹纂輯　（清）曾國荃纂輯　清刻本　十四冊　存三十七卷(七至九、十三至十五、十九至二十二、二十八至三十、三十四至三十七、四十七至五十、五十四至五十八、六十七至七十二、七十八至八十、八十五、八十六)

510000－2712－0000260　00271

犍爲縣圖書館古籍普查登記目錄

資治通鑑外紀十卷目錄五卷　（宋）劉恕撰
清刻本　七冊　缺四卷（目錄一至四）

510000－2712－0000261　00272

胡文忠公遺集八十六卷首一卷　（清）胡林翼
撰　（清）鄭敦謹纂輯　（清）曾國荃纂輯　清
同治六年（1867）黃鶴樓刻本　二冊　存
□□卷

510000－2712－0000262　00274

古今法制表十六卷　（清）孫榮編　清刻本
四冊　存八卷（六至十三）

510000－2712－0000263　00280

曾文正公年譜十二卷　（清）黎庶昌撰　清光
緒二年（1876）傳忠書局刻本　一冊　存二卷
（一至二）

510000－2712－0000264　00282

［光緒］井研志四十二卷　（□）□□撰　清光
緒二十六年（1900）刻本　十二冊

510000－2712－0000265　00283

隨園八十壽言六卷　（清）袁枚輯　清末刻本
一冊　存二卷（一至二）

510000－2712－0000266　00284

國朝古文讀本一卷　（清）孫鏘輯　清刻本
一冊

510000－2712－0000267　00285

浦陽人物記二卷　（明）宋濂撰　（清）胡鳳丹
校　清退補齋刻本　一冊

510000－2712－0000268　00286

青樓集不分卷　題（□）雪蓑釣隱撰　清末郎
園刻本　一冊

510000－2712－0000269　00288

燕蘭小譜五卷附海漚小譜一卷　（清）吳長元
著　清宣統三年（1911）長沙葉氏刻本　一冊

510000－2712－0000270　00290

朱子年譜四卷　（清）王懋竑纂　清乾隆白田
草堂刻本　二冊

510000－2712－0000271　00292

求闕齋讀書錄十卷　（清）曾國藩著　（清）王

啟原輯　清光緒二年（1876）傳忠書局刻本
二冊　缺四卷（七至十）

510000－2712－0000272　00293

讀書錄十一卷　（明）薛瑄撰　（清）柏森校
清柏氏刻本　一冊　缺七卷（一至七）

510000－2712－0000273　00298

劉中丞奏議二十卷　（清）劉蓉著　清刻本
二冊　存四卷（五至八）

510000－2712－0000274　00299

沈文肅公政書七卷　（清）沈葆楨撰　清刻本
一冊　存一卷（七）

510000－2712－0000275　00304

［咸豐］開縣志二十七卷首一卷　（清）李肇奎
總纂　清咸豐三年（1853）刻本　六冊

510000－2712－0000276　00307

後漢書一百二十卷　（南朝宋）范燁撰　（唐）
李賢注　清光緒三十一年（1905）上海久敬齋
石印本　三冊　存三十六卷（一至十、四十一
至五十五、一百一十至一百二十）

510000－2712－0000277　00309

歷代都江堰功小傳一卷附公牘不分卷　（清）
王人文撰　清宣統二年（1910）刻本　一冊

510000－2712－0000278　00310

曾文正公奏稿三十六卷　（清）曾國藩撰　清
刻本　八冊　缺二十一卷（一、二、五至六、十
七至十八、二十一至三十、三十二至三十六）

510000－2712－0000279　00311

馬氏文通十卷　（清）馬建忠撰　清末民初鉛
印本　一冊　存一卷（七）

510000－2712－0000280　00313

讀史鏡古編三十二卷　（清）潘世恩輯　清刻
本　二冊　存十卷（七至十一、二十二至二十
六）

510000－2712－0000281　00317

重訂越南圖說六卷　（清）盛慶紱纂輯　（明）
呂調陽輯　清光緒十九年（1893）刻本　四冊

510000－2712－0000282　00320

讀史方輿紀要序二卷 （清）顧祖禹著 清尊
經廣業書局刻本 一冊

510000－2712－0000283 00323

琉球國志略十六卷附首一卷 （清）周煌輯
清刻本 六冊

510000－2712－0000284 00327

[光緒]秀山縣志十四卷首一卷 （清）王壽松
修 清光緒十七年(1891)刻本 六冊

510000－2712－0000285 00331

三通序三卷 （清）□□輯 清光緒二十九年
(1903)刻本 二冊

510000－2712－0000286 00332

三通序不分卷 （□）□□著 清刻本 一冊

510000－2712－0000287 00333

[乾隆]高縣志五十四卷 （清）□□修 清乾
隆二十八年(1763)刻本 七冊

510000－2712－0000288 00339

古史釋地三卷 （清）呂調陽述 清刻本
三冊

510000－2712－0000289 00340

通鑑釋文辯誤十二卷 （元）胡三省輯 清刻
本 四冊

510000－2712－0000290 00346

御批歷代通鑑輯覽一百二十卷 （清）傅恒等
編 清光緒三十四年(1908)鉛印本 二十冊
缺六十卷(十二至十八、三十至三十二、三
十九至四十一、五十七至六十九、七十六至七
十八、八十二至八十七、九十四至一百零五、
一百零八至一百二十)

510000－2712－0000291 00359

文昌帝君陰騭文廣義節錄三卷 （清）周夢顏
撰 清末刻本 二冊

510000－2712－0000292 00361

湖南方物志八卷附詩韻檢字一卷 （清）黃本
驥編輯 清道光二十六年(1846)知敬學齋刻
本 二冊

510000－2712－0000293 00366

[光緒]岳池縣志二十卷首一卷 （清）何其泰
修 吳新德纂 清光緒元年(1875)刻本
九冊

510000－2712－0000294 00368

[同治]南溪縣志八卷 （清）福倫總纂
（清）胡元翔等纂修 清同治十三年(1874)刻
本 八冊

510000－2712－0000295 00370

李氏五種合刊 （清）李兆洛輯 （清）六嚴等
編 清光緒十四年(1888)上海掃葉山房石印
本 三冊 缺一種(缺歷代地里法華圖一卷)

510000－2712－0000296 00373

皇朝輿地韻編一卷 （清）李兆洛輯 （清）六
嚴等編 清刻本 一冊 缺一卷(下)

510000－2712－0000297 00379

欽定周官義疏四十八卷首一卷 （清）鄂爾泰
等撰 清刻本 三十冊

510000－2712－0000298 00385

增訂袁文箋正四卷 （清）魏大緒撰 清文瑞
樓石印本 一冊

510000－2712－0000299 00386

袁文箋正十六卷袁文補注不分卷 （清）袁枚
撰 清文瑞樓石印本 三冊 缺四卷(七至
十)

510000－2712－0000300 00391

[光緒]昆明縣志十卷 （清）戴絅孫纂輯 清
光緒二十七年(1901)刻本 四冊 存六卷
(一至六)

510000－2712－0000301 00393

希臘史一卷 （日本）桑原啟一纂譯 清光緒
二十九年(1903)上海商務印書館鉛印本
一冊

510000－2712－0000302 00394

通志堂經解觀署不分卷 （□）□□著 清末
民初刻本 一冊

510000－2712－0000303 00395

福永堂彙鈔二卷 （清）賀瑞麟輯 清光緒二

犍爲縣圖書館古籍普查登記目錄

十六年(1900)柏經正堂刻本　一冊　存一卷
（上）

510000－2712－0000304　00397
妙法蓮華經七卷　（□）□□著　清末民初刻
本　三冊

510000－2712－0000305　00403
最新國文教科書不分卷　蔣維喬、莊俞編纂
　清光緒三十二年(1906)上海商務印書館鉛
印本　一冊

510000－2712－0000306　00408
丁文誠公奏稿二十六卷首一卷　（清）丁寶楨
撰　清光緒二十二年(1896)刻本　二十七冊

510000－2712－0000307　00409
通典二百卷附欽定通典考證二百卷　（唐）杜
佑撰　清末民初刻本　十一冊　缺十五卷
（一百四十三至一百五十七）

510000－2712－0000308　00410
[□□]廣安州新志四十三卷首一卷　（清）周
克堃重撰　清刻本　十冊

510000－2712－0000309　00411
[□□]茂州志四卷首一卷　（清）楊迦懌修
清刻本　二冊　存二卷(三至四)

510000－2712－0000310　00412
蜀中名勝記三十卷　（明）曹學佺著　清刻本
　八冊　缺七卷(九至十五)

510000－2712－0000311　00415
河南邵氏聞見前錄三十卷　（宋）邵博溫著
清乾隆刻本　一冊　存十卷(十一至二十)

510000－2712－0000312　00416
河南邵氏聞見後錄三十卷　（宋）邵博溫著
清乾隆刻本　一冊　存十五卷(一至十五)

510000－2712－0000313　00417.1
[嘉慶]洪雅縣志二十五卷首一卷　（清）王好
音纂修　清刻本　七冊

510000－2712－0000314　00417.2
[嘉慶]洪雅縣志二十五卷首一卷　（清）王好
音纂修　清刻本　六冊　缺四卷(二十二至

二十五)

510000－2712－0000315　00418.1
[光緒]洪雅縣續志十一卷首一卷　（清）郭世
棻纂修　清光緒十年(1884)洪雅縣署刻本
五冊

510000－2712－0000316　00418.2
[光緒]洪雅縣續志十一卷首一卷　（清）郭世
棻纂修　清光緒十年(1884)洪雅縣署刻本
五冊

510000－2712－0000317　00419
陰騭文廣義三卷　（清）周夢顏述　清末民初
刻本　二冊　缺一卷(下)

510000－2712－0000318　00421
修習止觀坐禪法要一卷　（隋）釋智顗述　清
光緒十八年(1892)金陵刻經處刻本　一冊

510000－2712－0000319　00423
西歸直指四卷首一卷　（清）周夢顏彙輯　清
末民初刻本　三冊

510000－2712－0000320　00425
淨土聖賢錄九卷　（□）□□著　清末民初刻
本　二冊　存四卷(一至四)

510000－2712－0000321　00427
朱子原訂近思錄十四卷　（清）江永集注　清
末民初刻本　一冊　存二卷(二至三)

510000－2712－0000322　00429
[嘉慶]四川通志二百四卷首二十二卷　（清）
常明等修　（清）楊芳燦等纂　清末民初刻本
　六十一冊　存八十六卷(二十四、二十六至
三十八、四十至四十七、六十七至八十一、八
十五、八十九、九十三至一百、一百一十、一百
四十、一百五十至一百六十、一百七十、一百
七十八至一百九十、一百九十二至二百零一,
首十至十一)

510000－2712－0000323　00430
欽定儀禮義疏四十八卷首二卷　（清）鄂爾泰
等撰　清刻本　三十一冊　缺九卷(三、十至
十六、四十七)

510000－2712－0000324　00431

天演論一卷　（英國）赫胥黎造論　嚴復達恉
　清光緒二十八年（1902）成都書局刻本
二冊

510000－2712－0000325　00438

人譜類記一卷　（明）劉宗周撰　清光緒二十
八年（1902）三原張普澤寰氏刻本　一冊

510000－2712－0000326　00439

福永堂彙鈔一卷　（清）約盦編　清光緒十二
年（1886）涇陽柏經正堂刻本　二冊

510000－2712－0000327　00447

歷代名臣言行錄二十四卷　（清）朱桓編輯
清末民初鉛印本　十一冊

510000－2712－0000328　00448

讀書續錄十二卷　（明）薛瑄撰　清光緒二十
年（1894）柏經堂刻本　二冊

510000－2712－0000329　00450

通典二百卷附欽定通典考證二百卷　（唐）杜
佑撰　清末民初刻本　十六冊　缺七卷（一
至七）

510000－2712－0000330　00451

文獻通考三百四十八卷附欽定通考考證三卷
　（元）馬端臨著　清光緒二十七年（1901）上
海圖書集成局鉛印本　四十四冊

510000－2712－0000331　00452

皇朝文獻通考三百卷　（清）嵇璜等纂　清光
緒二十七年（1901）上海圖書集成局鉛印本
四十七冊　缺七卷（六至十二）

510000－2712－0000332　00455

吾學錄初編二十四卷　（清）吳榮光述　清刻
本　一冊　存二卷（十六至十七）

510000－2712－0000333　00459

御選明臣奏議四十卷　（清）高宗弘曆敕修
（清）陳嗣龍等校　清刻本　十五冊　缺四卷
（一至二、三十九至四十）

510000－2712－0000334　00462

明夷待訪錄不分卷　（清）黃宗羲著　（清）黃
承乙校　清末成都官書局鉛印本　一冊

510000－2712－0000335　00463

輶軒語不分卷　（清）張之洞書　清刻本
一冊

510000－2712－0000336　00466

東萊呂紫薇師友雜志一卷雜說一卷　（宋）呂
本中撰　（清）陸心源校　清光緒三年（1877）
吳興陸氏十萬卷樓刻本　一冊

510000－2712－0000337　00467

李氏四世遺稿一卷　（清）李庚乾編　清光緒
二十五年（1899）思齋堂刻本　一冊

510000－2712－0000338　00470

遵義府志四十八卷　（清）平翰等編　清末民
初刻本　十八冊　缺四卷（九至十、四十一至
四十二）

510000－2712－0000339　00472

[□□]元和郡縣志二十卷　（唐）李吉甫撰
清末民初刻本　十五冊　缺二卷（三十二至
三十三）

510000－2712－0000340　00473

南疆繹史勘本三十卷摭遺十八卷首二卷
（清）溫睿臨撰　清刻本　五冊　存二十七卷
（南疆繹史勘本一至二、六至八、十至十七，摭
遺一至十一，首二卷）

510000－2712－0000341　00475

正蒙會稿四卷　（明）劉璣著　（清）李錫齡校
　清刻本　二冊　存二卷（二至三）

510000－2712－0000342　00479

大清新法令不分卷　（清）商務印書館編譯所
編輯　清宣統元年（1909）上海商務印書館鉛
印本　十五冊　缺五冊（一、六、九至十一）

510000－2712－0000343　00488.1

草廬經畧十二卷　（□）□□撰　清光緒七年
（1881）成都刻本　四冊

510000－2712－0000344　00488.2

草廬經畧十二卷　（□）□□撰　清刻本　一
冊　存三卷（七至九）

犍爲縣圖書館古籍普查登記目錄

510000－2712－0000345　00494

莊子集釋十卷　（清）郭慶藩輯　（清）孟純輯
　　清湖南思賢講舍刻本　十冊

510000－2712－0000346　00496

韓非子集解二十卷　（清）王先慎編　清末民
初刻本　五冊　缺二卷（一至二）

510000－2712－0000347　00508

歷代紀元表不分卷年號分韻錄不分卷　（清）
黃本驥編　（清）蔣環校　清道光二十八年
（1848）穀詒堂刻本　一冊

510000－2712－0000348　00509

紀元編三卷紀元編韻補一卷　（清）李兆洛撰
　　清刻本　三冊

510000－2712－0000349　00513

歷代名臣言行錄二十四卷　（清）朱桓輯　清
光緒三十年（1904）上海商務印書館鉛印本
七冊　缺五卷（六至十）

510000－2712－0000350　00516

歷代名臣言行錄二十四卷　（清）朱桓輯　清
末民初刻本　二十九冊　缺三卷（一、三下、
十七）

510000－2712－0000351　00520

務民義齋算學七種附銷煨抽煨書目一卷
（清）姚觀元輯　清光緒九年（1883）歸安姚氏
刻咫進齋叢書本　一冊　存六卷（測圜密率
三卷、橢圓正術一卷、截球解義一卷,銷煨抽
煨書目一卷）

510000－2712－0000352　00521

如是我聞四卷　（清）紀昀撰　清末民初刻本
　　一冊　存二卷（一至二）

510000－2712－0000353　00524

左恪靖侯奏稿初編三十八卷續編七十六卷三
編六卷　（清）左宗棠撰　清末刻本　五十五
冊　缺十卷（續編三十七至三十八、六十五至
六十六、七十四至七十六,三編四至六）

510000－2712－0000354　00525

重訂路史全本五種　（宋）羅泌輯　（宋）羅苹

註　清末民初刻本　十八冊　存五種三十三
卷（路史前紀一至二、七至九,路史后紀四至
十四,路史國名紀三至八,路史發揮二至五,
路史餘論四至十）

510000－2712－0000355　00527

欽定四庫全書考證一百卷　（清）王太岳等修
　　清刻本　八十九冊　缺五卷（二十八、三十
八、七十七、九十九、一百）

510000－2712－0000356　00530

資治通鑑目錄三十卷　（宋）司馬光撰　清末
民初刻本　二十三冊

510000－2712－0000357　00532

歷代名臣奏議三百一十九卷　（明）張溥刪正
　　清刻本　八十六冊　缺三十卷（一至十三、
一百二十九至一百三十、一百四十七至一百
五十二、一百六十一至一百六十九）

510000－2712－0000358　00533

歷代名臣奏議三百五十卷　（明）黃淮等輯
明崇禎八年（1635）東觀閣刻本　五十五冊
缺二十八卷（一至六、二百二十至二百四十一）

510000－2712－0000359　00538

理學正宗十五卷　（清）竇克勤編輯　清刻本
　　七冊　缺五卷（十至十四）

510000－2712－0000360　00543

續資治通鑑二百二十卷　（清）畢沅編集　清
光緒二十六年（1900）圖書集成局鉛印本　二
十七冊　缺十卷（一百七十四至一百八十三）

510000－2712－0000361　00544

碑傳集一百六十卷首二卷末二卷　（清）錢儀
吉纂錄　清光緒十九年（1893）刻本　五十一
冊　缺二十八卷（三十二至五十一、八十七至
九十、一百二十五至一百二十六、一百二十八
至一百二十九）

510000－2712－0000362　00545

御批歷代通鑑輯覽一百二十卷　（清）高宗弘
曆敕撰　清光緒刻本　五十七冊　存一百一
十卷（一至二、五至二十二、二十五至二十八、
三十至六十七、七十一至一百一十、一百一十

四川省十二家收藏單位古籍普查登記目錄

三至一百二十)

510000－2712－0000363　00548
[□□]三原縣新志八卷　(清)焦雲龍重修
(清)賀瑞麟編纂　清刻本　四冊

510000－2712－0000364　00549
楞嚴指掌事義十卷　(□)□□著　清光緒二
十七年(1901)刻本　一冊

510000－2712－0000365　00552
蠶桑備要不分卷　(□)曾鑒定　清末民初刻
本　一冊

510000－2712－0000366　00553
中西匯通醫經精義一卷　(清)唐宗海著　清
光緒三十四年(1908)成都文倫書局鉛印本
二冊

510000－2712－0000367　00556
周髀算經六卷周髀算經音義一卷　(漢)趙君
卿注　(周)甄鸞重述　(唐)李淳風釋
(唐)李籍撰　清末刻本　二冊

510000－2712－0000368　00558
傷寒明理論三卷　(宋)成無己撰　(明)吳勉
學閱　(明)徐鎔校　清光緒二十年(1894)鄧
氏刻本　一冊

510000－2712－0000369　00566
直齋書錄解題二十二卷　(宋)陳振孫撰　清
道光十年(1830)刻本　五冊　存十卷(七至
八、十三至十六、十九至二十二)

510000－2712－0000370　00567
[同治]大邑縣志二十卷　(清)趙霖纂修　清
末刻本　七冊　缺三卷(十六、十九至二十)

510000－2712－0000371　00569
姑妄聽之四卷　(清)紀昀撰　清刻本　二冊

510000－2712－0000372　00570
法言會纂五十卷　(清)劉沅著　清刻本　三
冊　缺二十三卷(一至二十三)

510000－2712－0000373　00576
菊逸山房地理正書三種　(清)寇宗輯　清刻
本　一冊　存一種三卷(疑龍三卷)

510000－2712－0000374　00585
朱子讀書法四卷　(宋)張洪等編　清末民初
刻本　一冊　存一卷(下)

510000－2712－0000375　00587
勸學篇不分卷　(清)張之洞撰　清光緒二十
四年(1898)刻本　一冊

510000－2712－0000376　00588
北溪字義二卷補遺一卷嚴陵講義一卷　(宋)
陳淳撰　清刻本　一冊　存二卷(北溪先生
字義下，嚴陵講義一卷)

510000－2712－0000377　00589
御定駢字類編二百四十卷　(清)聖祖玄燁敕
撰　清石印本　四十四冊　缺十三卷(五十
二至五十八、一百八十七至一百九十二)

510000－2712－0000378　00590
雨般秋雨盦隨筆□□卷　(清)梁紹壬纂　清
刻本　一冊　存一卷(五)

510000－2712－0000379　00592
琴操二卷　(漢)蔡邕撰　支遁集二卷　(晉)
釋慧皎撰　支遁集補遺一卷　(清)蔣清翊輯
清邵武徐氏刻本　一冊

510000－2712－0000380　00593
荊駝逸史五十八種　(清)陳湖逸士輯　清道
光古槐山房活字本　二十八冊　存四十六種
七十卷(三朝野紀一至四、七，東林事略不分
卷，啟禎兩朝剝復錄三卷，熹朝忠節死臣列傳
不分卷，甲申忠佞紀事不分卷，甲申紀變實錄
不分卷，甲申紀事不分卷，北使紀畧不分卷，
所知錄三卷，聖安本紀二至五，江陰城守記敘
二卷，荊溪盧司馬殉忠實錄不分卷，袁督師計
斬毛文龍始末不分卷，入長沙記不分卷，粵中
偶記不分卷，航澥遺聞不分卷，平蜀紀事不分
卷，李仲達被逮紀略不分卷，念陽徐公定蜀記
不分卷，攻渝紀事不分卷，遇變紀略不分卷，
四王合傳不分卷，江變紀略二卷，東塘日劄二
卷，滄州紀事不分卷，仿指南錄不分卷，甲行
日注八卷，閩遊月記二卷，風倒梧桐記二卷，
揚州十日記不分卷，庚寅十一月初五日始安
事畧不分卷，平回紀略不分卷，人變述略不分

卷,全吳紀略不分卷,歷年城守記不分卷,明亡述略二卷,劉公旦先生死義記不分卷,偽官據城記不分卷,懿安事略不分卷,江陵紀事不分卷,孫愷陽先生殉城論不分卷,永歷紀事不分卷,平定耿逆記不分卷,錢氏家變錄不分卷,兩粵夢遊記不分卷,平台紀略不分卷)

510000－2712－0000381　00596
金匱懸解二十二卷　（清）黃元御著　清刻本　一冊　存四卷(一至四)

510000－2712－0000382　00597
五藏山經傳五卷海内經附傳一卷　（清）呂調陽撰　清末民初刻本　一冊　存二卷(三至四)

510000－2712－0000383　00600
齊民錄不分卷　（清）蹇誅輯　清光緒十年(1884)刻本　一冊

510000－2712－0000384　00606
莊子因六卷　（清）林雲銘評述　清泉郡輔仁堂刻本　六冊

510000－2712－0000385　00611
五藏山經傳五卷　（清）呂調陽述　清末民初刻本　一冊　存二卷(一至二)

510000－2712－0000386　00612
唐語林八卷　（宋）王讜撰　（清）李錫齡校　清末民初刻本　二冊　存二卷(一、四)

510000－2712－0000387　00613
綠野仙踪不分卷八十回　（清）李百川撰　清光緒二十一年(1895)集誼會刻本　六冊　存四十五回(一至六、十八至三十三、五十一至五十七、六十五至八十)

510000－2712－0000388　00624
管子二十四卷　（戰國）管仲著　（唐）房玄齡注　（明）劉績補　清光緒二十三年(1897)圖書集成局鉛印本　三冊　缺八卷(十二至十九)

510000－2712－0000389　00631
人生必讀書十二卷　（清）唐彪著輯　清道光

二十二年(1842)刻本　八冊　缺二卷(五至六)

510000－2712－0000390　00632
十萬琳瑯閣詩存□□卷附訓蒙詩學淺話不分卷　（清）方燕昭著　清同治十三年(1874)刻本　一冊　存二卷(十萬琳瑯閣詩存一,訓蒙詩學淺話一卷)

510000－2712－0000391　00633
十萬琳瑯閣律賦存□□卷　（清）方燕昭著　清同治十三年(1874)刻本　一冊　存一卷(一)

510000－2712－0000392　00654
淵鑒齋御纂朱子全書六十六卷　（宋）朱熹撰　清刻本　二十八冊　缺四卷(一、二十一至二十三)

510000－2712－0000393　00656.1
注維摩詰經十卷　（後秦）釋僧肇選　清刻本　四冊

510000－2712－0000394　00656.2
注維摩詰經十卷　（後秦）釋僧肇選　清刻本　四冊

510000－2712－0000395　00659
廿一史戰略考三十三卷　（明）茅元儀原輯　清刻本　八冊　缺八卷(一至四、十五至十八)

510000－2712－0000396　00673
曾文正公家訓一卷　（清）曾國藩撰　清末民初石印本　一冊

510000－2712－0000397　00675
地理水法要訣五卷　（清）紀大奎著　（清）馮朝楨等校　清刻本　二冊

510000－2712－0000398　00676
稗海七十種　（明）商濬輯　清刻本　五十八冊　存六十七種四百一十三卷(博物志十卷;西京雜記六卷;王子年拾遺記十卷;搜神記八卷;述異記二卷;續博物志十卷;摭言一卷;小名錄二卷;雲溪友議十二卷;獨異志三卷;杜

四川省十一家收藏單位古籍普查登記目錄

陽雜編三卷;東觀奏記三卷;大唐新語十三卷;因話錄六卷;玉泉子一卷;北夢瑣言二十卷;樂善錄二卷;蠡海集一卷;過庭錄一卷;泊宅編三卷;閑窗括異志一卷;搜採異聞錄五卷;東軒筆錄十五卷;青箱雜記十卷;蒙齋筆談二卷;書墁錄一卷;游宦紀聞十卷;夢溪筆談二十六卷補筆談一卷;學齋佔畢纂一卷;袪疑說纂一卷;墨莊漫錄十卷;侍兒小名錄拾遺一卷;補侍兒小名錄一卷;續補侍兒小名錄一卷;嬾真子五卷;歸田錄二卷;東坡先生志林十二卷;蘇黃門龍川別志二卷;冷齋夜話十卷;老學庵筆記十卷;;石林燕語四至十;避暑錄話上;清波雜志三卷;墨客揮犀十卷;異聞總錄四卷;遂昌雜錄一卷;酉陽雜俎二十卷;宣室志七至十,補遺一卷;河東先生龍城錄二卷;鶴林玉露十六卷補遺一卷;儒林公議二卷;侯鯖錄八卷;暖車志六卷;江隣幾雜志一卷;程史十五卷;隨隱漫錄五卷;楓窗小牘二卷;耕祿藁一卷;厚德錄四卷;西溪叢語二卷;野客叢書一至六、十四至三十,附錄一卷;螢雪叢說二卷;錄孫公談圃三卷;許彥周詩話一卷;後山居士詩話一卷;齊東野語二十卷;癸辛雜識前集一卷后集一卷)

510000-2712-0000399　00678
四聖懸樞五卷　(清)黃元御著　清刻本
二冊

510000-2712-0000400　00681
人譜類記不分卷附蕺山先生人譜一卷　(明)劉宗周撰　清光緒二十八年(1902)刻本　一冊　存二卷(人譜類記上、蕺山先生人譜一卷)

510000-2712-0000401　00682
籌洋芻議不分卷　(清)薛福成撰　清光緒十三年(1887)刻本　一冊

510000-2712-0000402　00684
敬義堂家譜不分卷　(清)紀大奎撰　清同治十一年(1872)刻本　一冊

510000-2712-0000403　00685
宋四子抄釋二十一卷　(明)呂柟撰　清光緒

二十二年(1896)刻本　七冊　缺三卷

510000-2712-0000404　00686
地理點穴撼龍經十卷　(唐)楊益撰　清京都琉璃廠刻本　三冊

510000-2712-0000405　00687
讀書作文譜父師善誘法合刻二種　(清)唐彪輯著　清刻本　一冊

510000-2712-0000406　00688
事親庸言二十卷　(清)竇克勤撰　清刻本　一冊　存二卷(九至十)

510000-2712-0000407　00689
成唯識論十卷　(唐)釋玄奘譯　清光緒二十二年(1896)南京金陵刻經處刻本　二冊

510000-2712-0000408　00691
痘疹切要一卷　(清)楊子謨著　清光緒十四年(1888)文芳堂刻本　一冊　存一卷(上)

510000-2712-0000409　00692
九品蓮臺二卷　(□)蓮航居士編集　(清)徐敏校閱　清刻本　二冊

510000-2712-0000410　00694
新增格古要論十三卷　(明)曹昭著　(明)舒敏編　清刻本　四冊　存八卷(三至十)

510000-2712-0000411　00695
新增格古要論十三卷　(明)曹昭著　(明)舒敏編　清刻本　二冊　存五卷(一至二、八至十)

510000-2712-0000412　00697
大乘起信論不分卷　(南朝陳)釋真諦譯　清末民初刻本　一冊

510000-2712-0000413　00698
讀史兵略四十六卷　(清)胡林翼纂　清光緒元年(1875)湖北崇文書局刻本　十五冊　缺四卷(二十一至二十四)

510000-2712-0000414　00699
刪定管子不分卷　(清)方苞刪定　清刻本　二冊

鄧鳥縣圖書館古籍普查登記目錄

510000 – 2712 – 0000415   00700

困學紀聞二十卷　（宋）王應麟著　清末民初刻本　七冊

510000 – 2712 – 0000416   00702

大乘起信論義記七卷附別記一卷　（唐）釋法藏撰　清刻本　二冊　存四卷（三至六）

510000 – 2712 – 0000417   00704

三才略三卷　蔣德鈞輯　清刻本　一冊

510000 – 2712 – 0000418   00710

地理問答□□卷　（□）□□撰　清刻本　二冊　存二卷（下二至三）

510000 – 2712 – 0000419   00713

老子集解二卷附考異一卷　（明）薛蕙著　清光緒二十二年（1896）長沙刻本　一冊

510000 – 2712 – 0000420   00715

尺木堂綱鑑易知錄九十二卷　（清）吳乘權等輯　清光緒二十七年（1901）上海鑄史齋鉛印本　十二冊　缺十三卷（四十七至五十二、七十一至七十七）

510000 – 2712 – 0000421   00721

尺木堂明鑑易知錄十五卷　（清）吳乘權等輯　清光緒二十七年（1901）鉛印本　二冊

510000 – 2712 – 0000422   00723

求闕齋日記類鈔二卷　（清）曾國藩撰　清光緒二年（1876）傳忠書局刻本　二冊

510000 – 2712 – 0000423   00724

居易錄三十四卷　（清）王士禎撰　清刻本　二冊　存八卷（一至四、十八至二十一）

510000 – 2712 – 0000424   00725

齊東野語二十卷　（宋）周密撰　清刻本　二冊　存十卷（十一至二十）

510000 – 2712 – 0000425   00726

農桑輯要七卷　（元）司農司撰　（清）紀昀等校　清活字本　三冊

510000 – 2712 – 0000426   00727

衛生寶鑒二十四卷補遺一卷　（元）羅天益著　（清）李錫齡校　清光緒二十二年（1896）刻

本　六冊　缺七卷（九至十五）

510000 – 2712 – 0000427   00728

心眼指要四卷附元空秘旨不分卷　（清）章仲山著　清宣統元年（1909）刻本　二冊

510000 – 2712 – 0000428   00730.1

蜀燹述略六卷　（清）余鴻觀編輯　清末成都昌福公司鉛印本　三冊　存四卷（一至四）

510000 – 2712 – 0000429   00730.2

蜀燹述略六卷　（清）余鴻觀編輯　清末成都昌福公司鉛印本　二冊　存二卷（一至二）

510000 – 2712 – 0000430   00732

洴澼百金方十四卷　（清）惠麓酒民編　清刻本　三冊　存五卷（一、十一至十四）

510000 – 2712 – 0000431   00733

金湯借箸十二籌十二卷　（明）李盤等輯　清末民初本　三冊　存四卷（二、四、八至九）

510000 – 2712 – 0000432   00734

練兵實紀九卷雜集六卷　（明）戚繼光撰　清刻本　二冊　存五卷（練兵實紀二至四、九，雜集一）

510000 – 2712 – 0000433   00735

勸戒錄類編評注八卷　（清）梁敬叔著　清末民初石印本　七冊　缺一卷（八）

510000 – 2712 – 0000434   00737

太乙統宗寶鑑二十卷　（元）曉山老人撰　清末民初抄本　一冊

510000 – 2712 – 0000435   00738

士材三書三種附壽世正編二卷　（明）李中梓著述　（清）尤乘增訂　清康熙刻本　一冊　存一種一卷（本草通元三）

510000 – 2712 – 0000436   00739

重刻活幼心法大全一卷　（明）聶尚恒著　（清）黃光會校　清道光二十二年（1842）刻本　二冊

510000 – 2712 – 0000437   00745

九章算術九卷附音義一卷　（晉）劉徽注　（唐）李淳風注釋　清刻本　四冊

510000－2712－0000438　00746

孫子算經三卷海島算經一卷　（晉）劉徽撰（唐）李淳風注釋　清刻本　一冊

510000－2712－0000439　00747

見物五卷　（明）李蘇著　（清）李錫齡校　清光緒二十二年（1896）刻本　一冊　存二卷（一至二）

510000－2712－0000440　00748

醫心方三十卷　（日本）丹波康賴撰　清末民初國學學校抄本　九冊　存九卷（十一、十四至十八、二十、二十四、二十九至三十）

510000－2712－0000441　00753

新測更漏中星表三卷　（清）張作楠撰　清光緒二十三年（1897）上海鴻寶齋石印本　一冊

510000－2712－0000442　00756

子史精華一百六十卷　（清）聖祖玄燁撰　清刻本　三十七冊　缺十一卷（九至十二、一百一十六至一百一十八、一百二十三至一百二十六）

510000－2712－0000443　00760

幼幼集成六卷　（清）陳復正輯訂　清刻本　一冊　存一卷（二）

510000－2712－0000444　00763

風俗通義十卷　（漢）應劭著　清末民初刻本　一冊

510000－2712－0000445　00767

元城語錄解三卷行錄解一卷　（明）王崇慶著　（清）李錫齡校　清刻本　一冊　存二卷（元城語錄解下，行錄解一卷）

510000－2712－0000446　00768

蘭室秘藏三卷　（金）李杲撰　（明）吳勉學校　清刻本　一冊　存一卷（一）

510000－2712－0000447　00775

麻科活人全書四卷　（清）謝玉瓊纂　清刻本　六冊

510000－2712－0000448　00776

讀史兵略四十六卷　（清）胡林翼纂　清光緒二十一年（1895）刻本　十二冊　存二十二卷（一至三、十四至二十一、二十八至二十九、三十二至四十）

510000－2712－0000449　00778

重廣補注黃帝內經素問二十四卷　（唐）王冰注　清刻本　五冊

510000－2712－0000450　00779

寶真齋法書贊二十八卷　（宋）岳珂撰　清刻本　六冊　存十六卷（一至十六）

510000－2712－0000451　00780

醫理真傳四卷　（清）鄭壽全著　清同治十三年（1874）刻本　一冊　存一卷（一）

510000－2712－0000452　00781

醫學實在易詩續不分卷　（清）陳念祖著　清抄本　一冊

510000－2712－0000453　00782

公瀘導源不分卷　（清）胡薇元著　清末民初刻本　一冊

510000－2712－0000454　00783

讀書餘錄二卷　（清）俞樾著　清刻本　一冊　存一卷（一）

510000－2712－0000455　00784

孫子吳子司馬法合刻三種　（□）□□輯　清末刻本　一冊

510000－2712－0000456　00787

事親庸言二十卷　（清）寶克勤著　清刻本　十冊　缺三卷（二、九至十）

510000－2712－0000457　00788

士材三書三種附壽世正編二卷　（明）李中梓等著　清刻本　四冊

510000－2712－0000458　00793

達生編不分卷　（□）□□著　清末民初刻本　一冊

510000－2712－0000459　00795

野客叢書三十卷附錄一卷　（宋）王楙撰　清刻本　一冊　存七卷（七至十三）

510000 – 2712 – 0000460　00796

朱子原訂近思錄十四卷　（清）江永集注
（清）王鼎校　清光緒刻本　三冊　存十二卷
（一、四至十四）

510000 – 2712 – 0000461　00797

近思錄集解十四卷　（宋）葉采集解　清刻本
四冊

510000 – 2712 – 0000462　00798

咫進齋叢書□□種　（清）姚覲元輯　清同治
十三年（1874）刻本　一冊　存五種七卷（咽
喉脈證通論一卷，弧三角拾遺一卷，朔食九服
里差三卷，用表推日食三差一卷，造各表簡法
一卷）

510000 – 2712 – 0000463　00799

太素脈訣三卷　（明）張太素撰　清刻本　一
冊　缺一卷（下）

510000 – 2712 – 0000464　00804

志學編八種　（清）呂調陽撰　清刻本　一冊
存三種三卷（大學節訓一卷、中庸節訓一
卷、洪範原數一卷）

510000 – 2712 – 0000465　00806

容齋隨筆五種　（宋）洪邁撰　清光緒二十年
（1894）皖南洪氏刻本　十八冊　缺三卷（容
齋隨筆十四至十六）

510000 – 2712 – 0000466　00810

欽定授時通考七十八卷　（清）蔣溥等纂　清
刻本　二十四冊

510000 – 2712 – 0000467　00811

鼠璞二卷袪疑說不分卷　（宋）戴埴著　（宋）
儲泳撰　清刻本　一冊

510000 – 2712 – 0000468　00812

記事珠十卷　（清）張以謙輯　清刻本　五冊

510000 – 2712 – 0000469　00813

倉田通法續編三卷附八線類編不分卷　（清）
張作楠撰　清光緒二十三年（1897）上海鴻寶
齋石印本　一冊

510000 – 2712 – 0000470　00814

公餘隨錄四卷　（清）恒保著　清同治九年
（1870）刻本　一冊　存二卷（一至二）

510000 – 2712 – 0000471　00815

素靈微蘊四卷　（清）黃元御著　清刻本
二冊

510000 – 2712 – 0000472　00816

洞主仙師白喉治法忌表抉微不分卷　（清）耐
修子錄并注　清光緒三十二年（1906）刻本
一冊

510000 – 2712 – 0000473　00817

醫易通說一卷　（清）唐宗海撰　清光緒二十
七年（1901）刻本　一冊　存一卷（上）

510000 – 2712 – 0000474　00819

筆算便覽五卷　（清）紀大奎撰　清同治十一
年（1872）刻本　一冊　存一卷（一）

510000 – 2712 – 0000475　00823

痧喉正義一卷　（清）張振鋆輯　清光緒十五
年（1889）聚昌公司鉛印本　一冊

510000 – 2712 – 0000476　00824

佩文齋廣群芳譜一百卷目錄二卷　（清）汪灝
等撰　清同治七年（1868）江左書林刻本　三
十五冊

510000 – 2712 – 0000477　00830

觀象廬叢書二十八種　（清）呂調陽撰　清刻
本　一冊　存三種三卷（釋天一卷、重訂談天
正義一卷、三代紀年考一卷）

510000 – 2712 – 0000478　00831

海藏老人陰證略例一卷　（元）王好古撰
（清）陸心源校　清光緒五年（1879）十萬卷樓
刻本　一冊

510000 – 2712 – 0000479　00832

史載之方一卷　（宋）史堪撰　（清）陸心源校
清刻本　一冊　存一卷（上）

510000 – 2712 – 0000480　00833

篤素堂集鈔三卷　（清）張英撰　清光緒十四
年（1888）刻本　一冊

510000 – 2712 – 0000481　00834

四川省十一家收藏單位古籍普查登記目錄

傷寒論註□□卷　（漢）張仲景撰　（清）柯琴編注　清刻本　一冊　存一卷（二）

510000－2712－0000482　00835

損齋全書四種　（清）楊樹椿撰　清柏經正堂刻本　二冊　存二種四卷（損齋語錄鈔三卷、損齋全書附錄一卷）

510000－2712－0000483　00836

損齋文鈔十五卷外集鈔一卷　（清）楊樹椿撰　清柏經正堂刻本　一冊　存五卷（損齋文鈔十二至十五、外集鈔一卷）

510000－2712－0000484　00839

古書疑義舉例七卷　（清）俞樾著　清刻本　一冊　存四卷（四至七）

510000－2712－0000485　00842

外科症治全生集四卷　（清）王維德纂輯　清光緒元年（1875）刻本　一冊　存二卷（一至二）

510000－2712－0000486　00843

景岳全書六十四卷　（明）張介賓著　清刻本　二冊　存七卷（八至十四）

510000－2712－0000487　00844

續資治通鑑二百二十卷　（清）畢沅編　清同治六年（1867）嘉興馮氏刻本　九十七冊　缺七卷（三十一至三十三、一百七十六至一百七十七、一百八十八至一百八十九）

510000－2712－0000488　00845

北史一百卷　（唐）李延壽撰　清同治十一年（1872）金陵書局刻本　二十三冊　缺五卷（六十二至六十六）

510000－2712－0000489　00847

五代史七十四卷　（宋）歐陽修撰　（宋）徐無黨注　清光緒元年（1875）成都書局刻本　十冊

510000－2712－0000490　00848

舊唐書二百卷　（五代）劉昫等撰　清同治十一年（1872）浙江書局刻本　十一冊　存三十八卷（一至三十八）

510000－2712－0000491　00849

唐書二百二十五卷　（宋）歐陽修撰　清刻本　三十五冊　缺二十八卷（一至四、七十二、九十三至一百零一、一百二十四至一百三十一、一百九十九至二百零四）

510000－2712－0000492　00850

欽定協紀辨方書三十六卷　（清）李廷耀纂　清刻本　八冊　存十二卷（十四至十六、十九至二十三、二十六至二十九）

510000－2712－0000493　00852

公餘摘錄□□卷　（□）容齋恆保編次　清刻本　一冊　存二卷（三至四）

510000－2712－0000494　00858

漢書一百卷　（漢）班固撰　（唐）顏師古注　清同治八年（1869）金陵書局刻本　十六冊

510000－2712－0000495　00859

前漢書一百二十卷　（漢）班固撰　（唐）顏師古注　清光緒十四年（1888）上海圖書集成印書局鉛印本　十九冊　缺四卷（九十四至九十七）

510000－2712－0000496　00860

隋書八十五卷　（唐）魏徵等撰　清同治十年（1871）淮南書局刻本　十二冊

510000－2712－0000497　00861

舊五代史一百五十卷　（宋）薛居正等撰　清同治十一年（1872）湖北崇文書局重刻本　十六冊

510000－2712－0000498　00862

晉書一百三十卷　（唐）高宗李治撰　（唐）房玄齡等撰　清同治十年（1871）金陵書局刻本　二十三冊　缺六卷（八十七至九十二）

510000－2712－0000499　00863

魏書一百一十四卷　（北齊）魏收撰　清同治十二年（1873）金陵書局刻本　二十二冊　缺十二卷（二十一至二十七、六十三至六十七）

510000－2712－0000500　00870

十七史商榷一百卷目錄二卷　（清）王鳴盛撰

犍爲縣圖書館古籍普查登記目錄

清光緒六年(1880)王氏刻本　二十三冊
缺七卷(二十四至三十)

510000－2712－0000501　00877
陳書三十六卷　(唐)姚思廉撰　清光緒十四年(1888)上海圖書集成印書局鉛印本　四冊

510000－2712－0000502　00883
遼史一百一十六卷　(元)脫脫撰　清光緒十四年(1888)上海圖書集成印書局鉛印本　七冊　缺八卷(六十三至七十)

510000－2712－0000503　00887
金史一百三十五卷　(元)脫脫撰　清光緒十四年(1888)上海圖書集成印書局鉛印本　十五冊　缺十卷(三十二到四十一)

510000－2712－0000504　00893
南齊書五十九卷　(南朝梁)蕭子顯撰　清光緒十四年(1888)上海圖書集成印書局鉛印本　六冊

510000－2712－0000505　00894
梁書五十六卷　(唐)姚思廉撰　清光緒十四年(1888)上海圖書集成印書局鉛印本　四冊

510000－2712－0000506　00897
御批歷代通鑑輯覽一百二十卷　(清)傅恒等編　清光緒二十三年(1897)同文書局石印本　三十冊　缺七卷(七十至七十二、一百零八至一百一十一)

510000－2712－0000507　00905
舊唐書二百卷　(五代)劉昫撰　清光緒十四年(1888)上海圖書集成印書局鉛印本　二十八冊　缺十一卷(三十九至四十、六十二至七十)

510000－2712－0000508　00906
文獻通考三百四十八卷　(元)馬端臨撰　清光緒二十八年(1902)上海鴻寶書局石印本　三十二冊

510000－2712－0000509　00907.1
欽定續通志六百四十卷　(清)嵇璜等纂修　清光緒二十八年(1902)上海鴻寶書局石印本

四十冊

510000－2712－0000510　00907.2
欽定續通志六百四十卷　(清)嵇璜等纂修　清光緒二十八年(1902)上海鴻寶書局石印本　四十冊

510000－2712－0000511　00908
欽定續通志六百四十卷　(清)嵇璜等纂修　清光緒二十七年(1901)上海圖書集成局鉛印本　六十冊

510000－2712－0000512　00909.1
欽定續文獻通考二百五十卷　(清)嵇璜等纂修　清光緒二十八年(1902)上海鴻寶書局石印本　二十四冊

510000－2712－0000513　00909.2
欽定續文獻通考二百五十卷　(清)嵇璜等纂修　清光緒二十八年(1902)上海鴻寶書局石印本　二十一冊　缺四十卷(四十二至四十四、八十二至九十、一百一十至一百三十七)

510000－2712－0000514　00910
北史一百卷　(唐)李延壽撰　清光緒十四年(1888)上海圖書集成印書局鉛印本　十六冊

510000－2712－0000515　00912
宋史四百九十六卷目錄一卷　(元)脫脫撰　清刻本　七十五冊　缺十四卷(九十五至一百、二百二十八至二百二十九、二百三十二至二百三十三、二百三十六至二百三十八,目錄一卷)

510000－2712－0000516　00913
南齊書五十九卷　(南朝梁)蕭子顯撰　清同治十三年(1874)金陵書局刻本　五冊　缺二十二卷(十四至十九、四十四至五十九)

510000－2712－0000517　00914
宋書一百卷　(南朝梁)沈約撰　清光緒十四年(1888)上海圖書集成印書局鉛印本　十一冊　缺七卷(二十一至二十七)

510000－2712－0000518　00916
御批歷代通鑑輯覽一百二十卷　(清)傅恒等

四川省十一家收藏單位古籍普查登記目錄

纂修　清光緒三十年(1904)文通書局石印本
　二十八冊　缺十四卷(三十八至四十二、六
　十五至七十三)

510000－2712－0000519　00920
後漢書一百二十卷　(漢)班固撰　(唐)顏師
古注　清同治十年(1871)成都書局刻本　二
十八冊

510000－2712－0000520　00921
前漢書一百卷叙傳二十卷　(漢)班固撰
(唐)顏師古注　清刻本　三十一冊　缺二十
一卷(一百、叙傳一至二十)

510000－2712－0000521　00922
後漢書一百二十卷　(南朝宋)范曄撰　(唐)
李賢注　清末刻本　二十四冊　缺十卷(一
至二、六十二至六十九)

510000－2712－0000522　00923
後漢書一百二十卷　(南朝宋)范曄撰　(唐)
李賢注　清末刻本　二十七冊　缺六卷(三
十八至四十三)

510000－2712－0000523　00924
前漢書一百卷　(漢)班固撰　(唐)顏師古注
　清刻本　三十一冊　缺二卷(一至二)

510000－2712－0000524　00925
前漢書一百卷　(漢)班固撰　(唐)顏師古注
　清刻本　十六冊　缺四十一卷(一至十五、
二十至二十二、四十一至五十八、五十九至六
十三)

510000－2712－0000525　00926
後漢書一百卷續漢書志三十卷　(南朝宋)范
曄撰　(唐)李賢注　清同治八年(1869)金陵
書局刻本　十一冊　存六十八卷(一至三十
一、五十四至九十)

510000－2712－0000526　00927
前漢書一百卷　(漢)班固撰　(唐)顏師古注
　清刻本　二冊　存十卷(三十三至四十二)

510000－2712－0000527　00934
南史八十卷　(唐)李延壽撰　清刻本　十一

冊　缺二十六卷(一至三、十六至三十四、七
十七至八十)

510000－2712－0000528　00937.1
史記一百三十卷附史記考證　(漢)司馬遷撰
　(南朝宋)裴駰集解　(唐)司馬貞索引
(唐)張守節正義　清同治十一年(1872)成都
書局刻本　二十六冊

510000－2712－0000529　00937.2
史記一百三十卷附史記考證　(漢)司馬遷撰
　(南朝宋)裴駰集解　(唐)司馬貞索引
(唐)張守節正義　清同治十一年(1872)成都
書局刻本　二十六冊　缺一卷(七十二)

510000－2712－0000530　00938
史記一百三十卷　(漢)司馬遷撰　(南朝宋)
裴駰注　清金陵書局刻本　十六冊

510000－2712－0000531　00939
史記一百三十卷附史記考證　(漢)司馬遷撰
　(南朝宋)裴駰集解　(唐)司馬貞索引
(唐)張守節正義　清刻本　二十三冊　缺二
十卷(一至二、一百一十三至一百三十)

510000－2712－0000532　00943
皇朝通典一百卷　(清)嵇璜等纂　清光緒二
十七年(1901)上海圖書集成局鉛印本　十
二冊

510000－2712－0000533　00944
欽定續通典一百五十卷　(清)嵇璜等纂　清
光緒二十七年(1901)上海圖書集成局鉛印本
　十冊　缺三十卷(一百二十一至一百五十)

510000－2712－0000534　00945
廿二史劄記三十六卷　(清)趙翼撰　清刻本
　十二冊

510000－2712－0000535　00946
大事記解題十二卷　(宋)呂祖謙撰　(清)胡
鳳丹校　清退補齋刻本　九冊

510000－2712－0000536　00949
輿地廣記三十八卷　(宋)歐陽忞撰　清刻本
　八冊

犍為縣圖書館古籍普查登記目錄

510000－2712－0000537　00950

中東戰紀本末續編四卷首一卷末一卷　（美國）林樂知訂　蔡爾康纂輯　清光緒二十三年（1897）上海廣學會鉛印本　二冊

510000－2712－0000538　00951

中東戰紀本末八卷　（美國）林樂知訂　蔡爾康纂輯　清光緒二十三年（1897）上海廣學會鉛印本　五冊　缺三卷（一至二、四）

510000－2712－0000539　00960

史記一百三十卷附史記考證　（漢）司馬遷撰　（宋）裴駰集解　（唐）司馬貞索引　（唐）張守節正義　清刻本　六冊　存十七卷（三至五、八至二十一）

510000－2712－0000540　00961

明史藁三百一十卷目錄二卷史例議二卷　（清）王鴻緒撰　清光緒三年（1877）湖北崇文書局刻本　六十五冊　缺五十八卷（志四十四至五十六，列傳四十四至五十二、一百二十至一百四十、一百四十九至一百六十三）

510000－2712－0000541　00964

廿二史札記三十六卷補遺一卷　（清）趙翼撰　清末民初上海鴻章書局石印本　十二冊

510000－2712－0000542　00965

讀史鏡古編三十二卷　（清）潘世恩輯　清同治十三年（1874）冶城飛霞閣刻本　二冊　存十卷（一至六、十八至二十一）

510000－2712－0000543　00966

山東考古錄一卷　（清）顧炎武撰　清刻本　一冊

510000－2712－0000544　00972

天下郡國利病書一百二十卷　（清）顧炎武輯　（清）龍萬育訂　清慎記書莊石印本　十八冊　缺二十三卷（十至十二、二十二至二十六、六十五至七十五、一百零九至一百一十二）

510000－2712－0000545　00974

三國志六十五卷　（晉）陳壽撰　清同治十年（1871）成都書局刻本　十四冊

510000－2712－0000546　00975

三志合編七卷　（清）黃本驥編　（清）蔣璨校　清道光二十七年（1847）三長物齋刻本　一冊　缺三卷（五至七）

510000－2712－0000547　00976

居濟一得八卷　（清）張伯行著　清康熙刻本　三冊　存六卷（一至六）

510000－2712－0000548　00978

資治通鑑二百九十四卷　（宋）司馬光撰　（元）胡三省注　清光緒二十六年（1900）上海圖書集成局鉛印本　四十冊

510000－2712－0000549　00979

資治通鑑目錄三十卷　（宋）司馬光撰　清光緒二十六年（1900）上海圖書集成局鉛印本　四冊

510000－2712－0000550　00980

文史通義八卷附校讐通義三卷　（清）章學誠著　清光緒二十四年（1898）刻本　十冊

510000－2712－0000551　00981

文史通義八卷附校讐通義三卷　（清）章學誠著　清光緒三十一年（1905）廣益書局鉛印本　一冊　缺五卷（文史通義一至五）

510000－2712－0000552　00982

三通考輯要七十六卷　湯壽潛輯　清光緒二十五年（1899）圖書集成局鉛印本　三十冊

510000－2712－0000553　00985

麟臺故事五卷　（宋）程俱撰　清刻本　一冊

510000－2712－0000554　00987

歸潛志十四卷　（元）劉祁撰·清乾隆活字本　一冊　存三卷（一至三）

510000－2712－0000555　00988

節本泰西新史攬要八卷　（英國）馬懇西撰　（英國）李提摩太譯　（清）周慶雲節錄　清光緒二十七年（1901）夢坡室刻本　一冊

510000－2712－0000556　00995

大事記十二卷附通釋三卷解題十二卷　（宋）呂祖謙撰　（清）胡鳳丹校　清同治十二年

四川省十一家收藏單位古籍普查登記目錄

(1873)永康胡氏退補齋刻本　四冊

510000－2712－0000557　00998

北史識小錄十四卷　（清）沈名蓀　（清）朱昆田輯　（清）張應昌補正　清刻本　一冊　存二卷（九至十）

510000－2712－0000558　00999

帝王廟謚年諱譜一卷　（清）陸費墀編　清刻本　一冊

510000－2712－0000559　01000.1

通典二百卷　（唐）杜佑纂　清光緒二十八年（1902）上海鴻寶書局石印本　十二冊

510000－2712－0000560　01000.2

通典二百卷　（唐）杜佑纂　清光緒二十八年（1902）上海鴻寶書局石印本　一冊　存十五卷（一百四十三至一百五十七）

510000－2712－0000561　01001.1

皇朝文獻通考三百卷　（清）嵇璜等纂修　清光緒二十八年（1902）上海鴻寶書局石印本　三十二冊

510000－2712－0000562　01001.2

皇朝文獻通考三百卷　（清）嵇璜等纂修　清光緒二十八年（1902）上海鴻寶書局石印本　三十二冊

510000－2712－0000563　01002.1

通志二百卷　（宋）鄭樵撰　清光緒二十八年（1902）上海鴻寶書局石印本　三十八冊　缺十一卷（一百五十五至一百五十九、一百九十至一百九十五）

510000－2712－0000564　01002.2

通志二百卷　（宋）鄭樵撰　**欽定通志考證三卷**　（清）嵇璜等纂修　清光緒二十八年（1902）上海鴻寶書局石印本　二冊　存八卷（一百零九至一百一十一、一百九十六至二百）

510000－2712－0000565　01003

欽定續文獻通考二百五十卷　（清）嵇璜等纂修　清光緒二十七年（1901）上海圖書集成局

鉛印本　三十五冊　缺六卷（一至六）

510000－2712－0000566　01004

皇朝通志一百二十六卷　（清）嵇璜等纂修　清光緒二十八年（1902）上海鴻寶書局石印本　七冊　缺二十四卷（九十一至一百一十四）

510000－2712－0000567　01005

通志二百卷　（宋）鄭樵撰　**欽定通志考證三卷**　（清）嵇璜等纂修　清末鉛印本　五十四冊　缺二十二卷（七至九、四十四至五十、六十八至七十二、八十至八十四、九十八、九十九）

510000－2712－0000568　01006

函海□□種　（清）李調元輯　清乾隆四十七年（1782）綿州李氏萬卷堂刻嘉慶補刻道光補刻本　一百三十冊　存一百三十三種八百二十四卷（郭子翼莊不分卷，古今同姓名錄二卷，素履子三卷，說文解字韻譜五卷，緝古筭經不分卷，主客圖不分卷，蘇氏演義二卷，寶藏論不分卷，心要經不分卷，金華子雜編二卷，易傳燈四卷，鄭氏古文尚書十卷，程氏考古編十卷，敘文鄭氏書說不分卷，洪範統一不分卷，唐史論斷三卷附錄一卷，東坡烏臺詩案不分卷，藏海詩話不分卷，益州名畫錄三卷，韓氏山水純全集不分卷，月波洞中記不分卷，蜀檮杌二卷，產育寶慶集二卷，顧顯經不分卷，出行寶鏡不分卷指掌圖不分卷附錄不分卷，翼元十二卷，農書三卷，芻言三卷，常談不分卷，靖康傳信錄三卷，江南余載二卷，江淮異人錄二卷，青溪弄兵錄不分卷，張氏可書不分卷，珍席放談二卷，鶴山筆錄不分卷，建炎筆錄三卷，辯誣筆錄不分卷，采石瓜洲記不分卷，家訓筆錄不分卷，舊聞證誤四卷，建炎以來朝野雜記甲集二十卷乙集二十卷，州縣提綱四卷，諸蕃志二卷，省心襍言不分卷，三國雜事二卷，三國紀年不分卷，五國故事不分卷，東原錄不分卷，龍龕手鑒四卷，雪履齋筆記不分卷，日聞錄不分卷，吳中舊事不分卷，鳴鶴餘音不分卷，升菴經說十四卷，檀弓叢訓二卷，山海經補註不分卷，莊子闕誤不分卷，秋林伐山二十卷，古雋八卷，謝華啓秀八卷，

犍爲縣圖書館古籍普查登記目錄

哲匠金桴五卷,均藻四卷,譚苑醍醐八卷,轉注古音畧五卷,古音叢目五卷,古音獵要五卷,古音附錄不分卷,古音餘五卷,奇字韻五卷,古音略例不分卷,古音駢字五卷,古音複字五卷,希姓錄五卷,升菴詩話十二卷詩話補遺二卷,詞品六卷拾遺二卷,墨池瑣錄二卷,法帖神品目不分卷,名畫神品目不分卷,書品不分卷,畫品不分卷,金石古文十四卷,古文韻語不分卷,石鼓文音釋三卷附錄不分卷,風雅逸篇十卷,古今風謠不分卷,古今諺不分卷,丹鉛襍錄十卷,玉名詁不分卷,異魚圖贊四卷,升菴先生年譜不分卷,異魚圖贊補三卷閏集不分卷,大學古本旁註不分卷,月令氣候圖說不分卷,尚書古文考不分卷,詩音辯略二卷,禮記補註四卷,易古文三卷,逸孟子不分卷,十三經注疏錦字四卷,左傳官名考二卷,春秋三傳比二卷,卍齋璅錄十卷,左傳事緯四卷,夏小正箋不分卷,諸家藏書簿十卷,博物要覽十二卷,通俗編十六卷,南越筆記十六卷,賦話十卷,詩話二卷,詞話四卷,曲話二卷,六書分毫三卷,古音合二卷,尾蔗叢談四卷,奇字名十二卷,樂府侍兒小名二卷,通誑二卷,勦說四卷,制義科瑣記四卷,然犀志二卷,出口程記不分卷,方言藻二卷,粵風四卷,蜀雅二十卷,萬善堂集十卷李石亭文集六卷,全五代詩九十卷五代帝王廟諡年諱譜不分卷補遺不分卷,童山詩集四十二卷,童山文集二十卷,粵東皇華集四卷,淡墨錄十六卷,羅江縣志十卷)

510000－2712－0000569　01006(1)

四家選集四種　(清)張懷淮選　清刻本　四冊　缺四卷(小倉選集五至八)

510000－2712－0000570　01007

歷代帝王年表三卷　(清)齊召南編　清光緒二十九年(1903)方亭知不足齋刻本　三冊

510000－2712－0000571　01010

南史識小錄十四卷　(清)沈名蓀　(清)朱昆田輯　(清)張應昌補正　清刻本　五冊　存十卷(三至四、七至十四)

510000－2712－0000572　01011

邵氏姓解辨誤一卷　(清)段朝瑞撰　(清)徐幹校　清光緒邵武徐氏刻本　一冊

510000－2712－0000573　01016

吳越備史四卷附補遺一卷　(宋)范坰　(宋)林禹撰　清照曠閣刻本　一冊　缺一卷(一)

510000－2712－0000574　01017

商周彝器釋銘六卷附解字警言一卷　(清)呂調陽輯　清觀象廬叢書刻本　二冊　存三卷(五至六、解字警言一卷)

510000－2712－0000575　01018

雍州金石記十卷附記餘一卷　(清)朱楓著　(清)李錫齡校　清刻本　一冊　存六卷(六至十、記餘一卷)

510000－2712－0000576　01019

地球韻言四卷　(清)張士瀛撰　清刻本　一冊　存二卷(三至四)

510000－2712－0000577　01020

海東逸史十八卷　(清)翁洲老民撰　(清)徐幹校　清光緒邵武徐氏刻本　一冊

510000－2712－0000578　01026

古誌石華三十卷　(清)黃本驥撰　清道光二十七年(1847)刻本　二冊　存十卷(一至十)

510000－2712－0000579　01027

京畿金石考二卷　(清)孫星衍編　(清)李錫齡校　清光緒二十二年(1896)長沙刻本　二冊

510000－2712－0000580　01028

中州金石目八卷　(清)楊鐸撰　清刻本　一冊　存四卷(一至四)

510000－2712－0000581　01029

史外八卷　(清)汪有典著　清刻本　八冊

510000－2712－0000582　01031

靖康傳信錄三卷　(宋)李綱著　清光緒十年(1884)邵武徐氏刻本　一冊

510000－2712－0000583　01034

國朝先正事略六十卷　(清)李元度編　清同治八年(1869)循陔草堂刻本　十七冊　缺十

九卷(六至七、十六至十七、二十至二十一、三十九至四十二、五十二至六十)

犍為縣圖書館古籍普查登記目錄

續古文辭類纂二十八卷 （清）黎庶昌纂 清
光緒十六年（1890）金陵書局遵義黎氏刻本
七冊 缺三卷（六至八）

510000－2712－0000592 01105
古文析義二編八卷 （清）林雲銘評註 清宏
道堂刻本 八冊

510000－2712－0000593 01106
古文析義初編六卷二編八卷 （清）林雲銘評
註 清志古堂刻本 十四冊

510000－2712－0000594 01107
船山詩草二十卷补遺六卷 （清）張問陶撰
清道光二十九年（1849）刻本 八冊

510000－2712－0000595 01109
西漚全集十卷外集八卷 （清）李惺撰 （清）
童槭等編輯 清刻本 十四冊 缺三卷（全
集一至三）

510000－2712－0000596 01171.1
新刊權載之文集五十卷補刻一卷 （唐）權德
興撰 清刻本 八冊

510000－2712－0000597 01171.2
新刊權載之文集五十卷補刻一卷 （唐）權德
興撰 清刻本 七冊 缺四卷（一至四）

510000－2712－0000598 01200
魏莊渠先生集二卷 （明）魏校撰 （清）張伯
行訂 清同治七年（1868）福州正誼書院刻本
一冊

510000－2712－0000599 01201
邁堂文略四卷 （清）李祖陶撰 清同治七年
（1868）敖陽尚友樓刻本 四冊

510000－2712－0000600 01202
清麓文集二十三卷附日記五卷 （清）賀瑞麟
撰 清傳經堂刻本 二十二冊 缺九卷（文
集七至九、十一、十五至十八、二十三，日記五
卷）

510000－2712－0000601 01203
槐軒雜著四卷 （清）劉沅撰 清光緒二十七
年（1901）刻本 四冊

510000－2712－0000602 01204
重訂文選集評十五卷首一卷末一卷 （清）于
光華編 清咸豐八年（1858）刻本 十三冊
缺三卷（二、十、十二）

510000－2712－0000603 01205
東萊先生古文關鍵二卷 （宋）呂祖謙評 清
同治九年（1870）古閩晏湖張氏勵志書屋刻本
二冊

510000－2712－0000604 01206
初學集二十卷牧翁先生年譜一卷 （清）錢謙
益撰 清宣統三年（1911）國學扶輪社石印本
十一冊 缺一卷（二十）

510000－2712－0000605 01207
離憂集二卷 （清）陳瑚輯 清宣統三年
（1911）峭帆樓刻本 四冊

510000－2712－0000606 01208
六朝文絜四卷 （清）許槤評撰 （清）朱鈞參
校 清光緒四年（1878）萏金寶石齋刻本
一冊

510000－2712－0000607 01209
壯悔堂文集十卷附遺稿一卷 （清）侯方域撰
（清）賈開宗等評點 清刻本 六冊

510000－2712－0000608 01212
孟東野詩集十卷 （唐）孟郊撰 清宣統二年
（1910）上海著易堂石印本 一冊 存四卷
（一至四）

510000－2712－0000609 01230
陳檢討集二十卷 （清）陳維崧撰 （清）程師
恭注 清同治六年（1867）古桂山房刻本 四
冊 存十三卷（一至二、十至二十）

510000－2712－0000610 01232
甌北全集七種 （清）趙翼撰 清嘉慶十七年
（1812）壽考堂刻本 四十八冊 存六種一百
三十三卷（甌北集五十三卷、陔餘叢考四十三
卷、簷曝雜記六卷、皇朝武功紀盛四卷、甌北
詩話十卷、甌北詩鈔十七卷）

510000－2712－0000611 01234

四川省十一家收藏單位古籍普查登記目錄

文選六十卷考異十卷 （南朝梁）蕭統輯 （唐）李善注 清湖北崇文書局刻本 二十四冊

510000－2712－0000612 01236

文選六十卷 （南朝梁）蕭統輯 （唐）李善注 清光緒元年(1875)尊經書院刻本 十冊

510000－2712－0000613 01267

重訂六譯館叢書□□種 廖平撰 清光緒至民國刻本 五十二冊 存五十三種一百六十五卷(公羊春秋經傳驗推補證十一卷擬大統春秋條例一卷圖一卷九世異辭表一卷、何氏公羊春秋十論一卷續十論一卷再續十論一卷、春秋左傳古義凡例五十則一卷、四益館經學四變記一卷五變記二卷、春秋圖表二卷、羣經凡例不分卷、尚書今文新義一卷、書經大統凡例一卷、書尚書弘道編一卷、今古學攷二卷、古學攷一卷、知聖篇二卷、經學初程一卷、王制訂一卷、世界哲理進化退化演說一卷、六書舊義一卷、經話甲編二卷、地學答問一卷、漢志三統歷表一卷圖一卷、起起穀梁癈疾一卷、釋范一卷、禮記識二卷禮運三篇合解不分卷禮記不分卷、易經古本一卷、倫理約編一卷附錄一卷、坊記新解一卷、經傳九州通解一卷、左氏春秋古經說十二卷、長短經不分卷、家學樹坊一卷、王制集說一卷、周禮訂本略注三卷周禮鄭注商榷一卷周禮新義凡例一卷、羣經大義一卷羣經大義補題一卷、光緒己丑科會試硃卷不分卷、三巴金石苑目錄不分卷、書經周禮皇帝疆域圖表四十二卷、撼龍經傳訂本注一卷、莊子新解一卷、莊子經說叙意一卷、大學中庸演義一卷、春秋三傳折中不分卷、黃帝內經明堂一卷黃帝內經太素篇目一卷靈樞隋楊氏太素注本目錄一卷素問隋楊氏太素注本目錄一卷黃帝內經明堂敘一卷舊鈔太素經校本敘一卷黃帝內經九卷集注敘不分卷圖書集成醫部總目表不分卷攝生消息輪不分卷、地理辨正補證三卷都天寶照經不分卷、中外比較改良編序不分卷、文學處士嚴君家傳不分卷、何君俶尹六十壽序不分卷、與廖季平書不分卷、廖氏學案序不分卷、四譯戍書目不分卷、四譯館穀梁春秋外編敘目不分卷、中

國文字問題一卷、光緒會典四卷會典學十要一卷內閣要義一卷六部總義一卷欽定職官總目一卷職官增減裁併及堂屬簡明表一卷、四益館文鈔不分卷、四益館雜著□□種)

510000－2712－0000614 01268

船山遺書□□種 （清）王夫之撰 **王船山叢書校勘記二卷** （清）劉毓崧撰 清同治四年(1865)湘鄉曾氏金陵刻光緒十三年(1887)船山書院補刻本 九十四冊 存五十五種三百零二卷(說文廣義二至三、讀通鑑論四至三十、周易內傳六卷發例一卷、周易大象解一卷、周易稗疏四卷、周易攷異一卷、周易外傳七卷、書經稗疏四卷、尚書引義六卷、詩經稗疏四卷、詩經攷異一卷、詩經叶韻辨一卷、詩廣傳五卷、禮記章句四十九卷、春秋家說七卷、春秋稗疏二卷、春秋世論五卷、續春秋左氏傳博議二卷、讀四書大全說十卷、四書稗疏一卷、四書攷異一卷、說文廣義三卷、讀通鑑論三十卷末一卷、宋論十五卷、張子正蒙注九卷、思問錄內篇一卷外篇一卷、俟解一卷、噩夢一卷、黃書一卷、識小錄一卷、老子衍一卷、莊子解三十三卷、莊子通一卷、楚辭通釋十四卷末一卷、薑齋文集十卷、遣興詩一卷、和梅花百詠詩一卷、洞庭秋詩一卷、雁字詩一卷、倣體詩一卷、嶽餘集一卷、鼓棹初集一卷、鼓棹二集一卷、瀟湘怨詞一卷、詩譯一卷、夕堂永日緒論內編一卷外編一卷、南窗漫記一卷、龍舟會雜劇一卷、經義一卷、薑齋詩分體藁四卷、薑齋文集補遺二卷、五十自定稿一卷、六十自定稿一卷、七十自定稿一卷、柳岸吟一卷)

510000－2712－0000615 01269

漢魏六朝百三家集一百零三種 （明）張溥編 清光緒三年(1877)刻民國七年(1918)四川官印刷局重印本 八十七冊 存九十二種一百一十五卷(賈長沙集一卷、董膠西集一卷、東方大中集一卷、漢褚先生集一卷、王諫議集一卷、漢劉中壘集一卷、漢劉子駿集一卷、馮曲陽集一卷、東漢崔亭伯集一卷、張河間集二卷、漢蘭臺令李伯仁集一卷、東漢馬季長集一卷、東漢荀侍中集一卷、蔡中郎集二卷、東漢

犍為縣圖書館古籍普查登記目錄

267

王叔師集一卷、孔少府集一卷、諸葛丞相集一卷、魏武帝集一卷、魏文帝集二卷、陳思王集二卷、陳記室集一卷、王侍中集一卷、魏阮元瑜集一卷、魏劉公幹集一卷、魏應德璉集一卷、魏應休璉集一卷、阮步兵集一卷、嵇中散集一卷、魏鍾司徒集一卷、晉杜征南集一卷、魏荀公曾集一卷、傅鶉觚集一卷、晉張司空集一卷、孫馮翌集一卷、晉摯太常集一卷、晉束廣微集一卷、夏侯常侍集一卷、潘黃門集一卷、傅中丞集一卷、潘太常集一卷、陸平原集二卷、陸清河集二卷、晉成公子安集一卷、晉張孟陽集一卷、晉張景陽集一卷、劉越石集一卷、郭弘農集二卷、晉王右軍集一、晉王大令集一卷、孫廷尉集一卷、陶彭澤集一卷、宋何衡陽集一卷、宋傅光祿集一卷、謝康樂集二卷、顏光祿集一卷、鮑參軍集二卷、謝光祿集一卷、南齊竟陵王集二卷、王文憲集一卷、王甯朔集一卷、謝宣城集一卷、齊張長史集一卷、南齊孔詹事集一卷、梁武帝御製集一卷、梁昭明太子集一卷、梁簡文帝御製集二卷、梁元帝集二卷、江醴陵集二卷、沈隱侯集二卷、陶隱居集一卷、梁丘司空集一卷、任中丞集一卷、王左丞集一卷、陸太常集一卷、劉戶曹集一卷、王詹事集一卷、何記室集一卷、吳朝請集一卷、徐僕射集一卷、沈侍中集一卷、江令君集一卷、陳張散騎集一卷、高令公集不分卷、溫侍讀集一卷、邢特進集一卷、魏特進集一卷、庾開府集二卷、隋煬帝集一卷、盧武陽集一卷、李懷州集一卷、牛奇章集一卷、薛司隸集一卷)

510000－2712－0000616 01288
資治通鑑釋例一卷 (宋)司馬光撰 清光緒十四年(1888)刻本 一冊

510000－2712－0000617 01390
陳北溪先生文集十四卷 (清)劉淳撰 清光緒九年(1883)劉傳經堂刻本 三冊 缺三卷(十二至十四)

510000－2712－0000618 01391
二曲集二十六卷 (清)李顒撰 清刻本 六冊 缺二卷(十六至十七)

510000－2712－0000619 01410
斜川集六卷 (宋)蘇過撰 清刻本 二冊 缺一卷(四)

510000－2712－0000620 01412
謝疊山先生集二卷 (宋)謝枋得撰 (清)張伯行訂 清同治福州正誼書院刻本 一冊

510000－2712－0000621 01416
漁洋山人精華錄十卷 (清)王士禎撰 清末民初石印本 三冊 存六卷(二至七)

510000－2712－0000622 01449
船山詩草二十卷 (清)張問陶撰 清宣統二年(1910)掃葉山房石印本 四冊 缺六卷(十一至十六)

510000－2712－0000623 01450
三蘇全集四種 (宋)蘇洵等撰 清光緒十二年(1886)眉州三蘇祠刻本 七十六冊 存四種一百八十六卷(東坡全集八十四卷、目錄二卷,嘉佑集二十卷,欒城集一至四十三、目錄一卷,欒城應詔集七至十二,欒城第三集一至五,欒城後集二十四卷,斜川集二至六)

510000－2712－0000624 01451
宋張宣公全集三種 (宋)張栻撰 清末綿邑南軒祠刻本 十五冊 缺三卷(南軒孟子說二至四)

510000－2712－0000625 01453
三蘇全集四種 (宋)蘇洵等撰 清刻本 三十四冊 存二種七十四卷(東坡集一至六、九至二十一、二十五至二十六、三十至四十二、四十五至七十二、八十一至八十四,目錄二卷;斜川集一至六)

510000－2712－0000626 01454
三蘇全集四種 (清)弓翊清校 清道光十二年(1832)刻本 七十四冊 存四種一百九十二卷(東坡全集一至十六、十九至八十,目錄二卷;嘉佑集二十卷;欒城集一至八、十五至四十八、目錄二卷,欒城應詔集一至八,欒城第三集一至十,欒城後集二十四一至二十四;斜川集一至六)

510000－2712－0000627　01455

剡源集三十卷附札記一卷　（元）戴表元撰
清刻本　五冊　存二十三卷(三至二十五)

510000－2712－0000628　01456

西堂全集四種附一種　（清）尤侗撰　清康熙
刻本　十一冊　缺四卷(看雲草堂集五至八)

510000－2712－0000629　01457

唐陸宣公集二十二卷　（唐）陸贄撰　清刻本
六冊

510000－2712－0000630　01461

亭林文集六卷　（清）顧炎武撰　清宣統二年
(1910)埽葉山房石印本　二冊

510000－2712－0000631　01462

亭林文集六卷　（清）顧炎武撰　清末埽葉山
房石印本　一冊　存四卷(一至四)

510000－2712－0000632　01467

經史百家雜鈔二十六卷　（清）曾國藩撰
（清）李鴻章校　清末民初鉛印本　八冊　存
十卷(十三至二十二)

510000－2712－0000633　01475

海山仙館叢書五十六種四百七十八卷　（清）
潘仕成編　清道光二十六年(1846)刻本　一
百十一冊　缺四十三卷(易大義一卷、一切經
音義一至四、四書易箋六卷、古史輯要六卷、
庚申外史二卷、漁隱叢話五十三至六十、宋四
六話七至九、新釋地理備考全書五至六、全體
新論六至十)

510000－2712－0000634　01483

儀鄭堂遺稿一卷　（清）孔廣森著　清末刻本
一冊

510000－2712－0000635　01487

欣賞齋尺牘六卷　（清）曹仁鏡輯　清光緒十
九年(1893)上洋行素軒刻本　一冊　存二卷
(一至二)

510000－2712－0000636　01488

箏船詞一卷　（清）劉嗣綰著　清刻本　一冊

510000－2712－0000637　01492

孟東野集十卷附錄一卷　（唐）孟郊撰　清上
海著易堂石印本　一冊　存三卷(九至十、附
錄一卷)

510000－2712－0000638　01493

玉芝堂文集六卷　（清）邵齊燾撰　清刻本
一冊　存一卷(一)

510000－2712－0000639　01494

思補堂文集一卷　（清）劉星煒著　清刻本
一冊

510000－2712－0000640　01496

板橋詞鈔一卷　（清）鄭燮著　清末民初石印
本　一冊

510000－2712－0000641　01500

女子絕妙好詞十四卷　（清）周銘編　清末民
初石印本　一冊　存四卷(三至六)

510000－2712－0000642　01541

讀史方輿紀要一百三十卷　（清）顧祖禹輯
清石印本　二十四冊　存一百一十二卷(一
至二十二、二十五至六十五、七十五至一百二
十三)

510000－2712－0000643　01542

玲瓏山館叢書□□種　（清）傅世洵輯　清刻
本　四十冊　存六十種一百六十四卷(別雅
五卷、埤雅二十卷、說文新附攷六卷、篆訣辯
釋一卷、說文通論一卷、說文答問疏證六卷、
字林經策萃華八卷、比雅十九卷、廣雅十卷、
郭氏詩譜攷正不分卷、宋葉文康公禮經會元
節本四卷、國朝宋學淵源記二卷附記一卷、廣
釋名二卷首一卷、爾雅補郭二卷、十三經注疏
序二卷、國朝漢學師承記八卷、經師經義目錄
一卷、文選古字通疏證六卷、六藝綱目二卷附
錄二卷、經書算學天文攷二卷、菊逸山房天學
一卷、天元一術圖說一卷、春秋緯潛潭巴二
卷、春秋緯說題辭一卷、春秋緯演孔圖一卷、
春秋緯元命苞二卷、春秋內事一卷、春秋緯文
耀鉤一卷、春秋緯運斗樞一卷、春秋緯感精符
一卷、春秋緯合誠圖一卷、春秋緯考異郵一
卷、春秋緯保乾圖一卷、春秋緯漢含孳一卷、
春秋緯佐助期一卷、春秋緯握誠圖一卷、緯書

犍爲縣圖書館古籍普查登記目錄

補二卷、孝經緯援神契二卷、孝經緯鉤命訣一卷、孝經中契一卷、孝經內事圖一卷、孝經章句一卷、孝經雌雄圖一卷、孝經古秘一卷、論語讖八卷、尚書中侯三卷、尚書緯璇璣鈐一卷、尚書緯考靈曜一卷、尚書緯刑德放一卷、尚書緯帝命驗一卷、尚書緯運期授一卷、詩緯推度炎一卷、詩緯汜歷樞一卷、詩緯含神霧一卷、禮緯含文嘉一卷、禮緯稽命徵一卷、禮緯斗威儀一卷、樂緯動聲儀一卷、樂緯稽耀嘉一卷、樂緯叶圖徵一卷)

510000－2712－0000644　01556.1
李太白全集十六卷　(唐)李白著　(清)李調元編　(清)鄧在珩編　清乾隆二十九年(1764)刻本　六冊

510000－2712－0000645　01556.2
李太白全集十六卷　(唐)李白著　(清)李調元編　(清)鄧在珩編　清刻本　五冊　缺三卷(十四至十六)

510000－2712－0000646　01560
涵芬樓古今文鈔一百卷附文體芻言一卷　吳曾祺纂錄　清宣統二年(1910)上海商務印書館鉛印本　九十一冊　缺九卷(六十二、七十六、九十二至九十八)

510000－2712－0000647　01587
王臨川文集四卷　(宋)王安石撰　清宣統二年(1910)上海會文堂書局石印本　二冊　存二卷(一至二)

510000－2712－0000648　01588
鑄史駢言十二卷　(清)孫玉田輯　清光緒十三年(1887)石印本　一冊

510000－2712－0000649　01590
玉函山房輯佚書五百八十八種附目耕帖三十一卷　(清)馬國翰撰　清同治十年(1871)濟南皇華館書局刻本　八十冊

510000－2712－0000650　01597
香屑集十八卷首一卷末一卷　(清)黃之雋撰　清宣統二年(1910)上海文瑞樓石印本　四冊

510000－2712－0000651　01606
總纂升菴合集二百四十卷　(明)楊慎著　清光緒八年(1882)新都王鴻文堂刻本　八十三冊　缺三十九卷(三十二至三十四、四十一至四十六、一百一十八至一百一十九、一百二十四至一百二十五、一百三十四至一百三十五、一百三十七至一百四十三、一百四十六至一百四十七、一百六十四至一百六十五、一百六十九至一百七十一、一百七十五至一百七十六、二百一十、二百一十八至二百一十九、二百三十三至二百三十六)

510000－2712－0000652　01628
湘綺樓文集八卷詩集十四卷啟箋八卷　王闓運撰　清宣統二年(1910)上海國學扶輪社石印本　十一冊　缺五卷(詩集六至十)

510000－2712－0000653　01643
惜抱軒尺牘八卷　(清)姚鼐撰　清宣統三年(1911)國學扶輪社鉛印本　一冊

510000－2712－0000654　01667
陽宅三要四卷　(清)趙廷棟撰　清乾隆五十一年(1786)刻本　一冊

510000－2712－0000655　01668
飣餖吟十二卷　(清)石贊清撰　清刻本　三冊　存八卷(一至八)

510000－2712－0000656　01673
廣治平畧三十六卷　(清)蔡方炳著　清刻本　五冊　缺十二卷(一至八、二十三至二十六)

510000－2712－0000657　01674
史記一百三十卷補史記一卷附史記正義論例諡法解列國分野不分卷　(漢)司馬遷撰　清光緒十四年(1888)上海圖書集成印書局鉛印本　十一冊　缺四十卷(一至四、十一至十六、五十三至六十八、九十七至一百一十)

510000－2712－0000658　01675
周書五十卷　(唐)令狐德棻等撰　清光緒十四年(1888)上海圖書集成印書局鉛印本　三

四川省十一家收藏單位古籍普查登記目錄

册　缺十五卷(十三至二十七)

510000 - 2712 - 0000659　01676

五代史七十四卷　(宋)歐陽修撰　清光緒十
四年(1888)上海圖書集成印書局鉛印本
六冊

510000 - 2712 - 0000660　01681

有正味齋文續集一卷　(清)吳錫麒撰　清刻
本　一冊

510000 - 2712 - 0000661　01687

太上寶筏不分卷　(□)□□撰　清光緒二十
六年(1900)鉛印本　三冊　存孝、弟、忠、信、
禮、義

510000 - 2712 - 0000662　01688

太上寶筏不分卷　(□)□□撰　清光緒二十
六年(1900)鉛印本　一冊　存孝、弟

510000 - 2712 - 0000663　01689

太上寶筏圖說不分卷　(□)□□撰　清光緒
二十八年(1902)石印本　六冊　存孝、忠、
信、禮、義、恥

510000 - 2712 - 0000664　01692

西清古鑑四十卷附錢錄十六卷　(清)高宗
弘曆敕撰　(清)梁詩正等編　清末民初影
印本　八冊　存十三卷(三至四、十六至十
七、二十六至二十九、三十三、三十六至三十
九)

510000 - 2712 - 0000665　01695

古文筆法□□卷　(清)李扶九選編　清末民
初石印本　一冊　存三卷(四至六)

510000 - 2712 - 0000666　01698

陳修園醫書五十種　(清)陳念祖撰　清光緒
三十一年(1905)上海商務印書館鉛印本
二冊

510000 - 2712 - 0000667　01700

欽定協紀辨方書三十六卷　(清)允祿等纂修
清刻本　十三冊　存十四卷(一至二、四至
十、十七至十八、三十三、三十五至三十六)

510000 - 2712 - 0000668　01701

張燕公集二十五卷　(唐)張説撰　清活字本
三冊　存十七卷(一至十七)

510000 - 2712 - 0000669　01702

廣事類賦四十卷　(清)華希閔撰　清乾隆五
十四年(1789)劍光閣刻本　六冊　存二十八
卷(一至十七、三十至四十)

510000 - 2712 - 0000670　01703

岳忠武王文集八卷首一卷末一卷　(宋)岳飛
撰　清同治十二年(1873)述荊堂刻本　四冊

510000 - 2712 - 0000671　01704

諸葛忠武侯文集四卷首一卷故事五卷　(三
國蜀)諸葛亮撰　清同治十二年(1873)述荊
堂刻本　二冊　存三卷(三至四,首一)

510000 - 2712 - 0000672　01705

宋宗忠簡公文集四卷首一卷補遺一卷遺事二
卷　(宋)宗澤撰　清同治十二年(1873)述荊
堂刻本　四冊

510000 - 2712 - 0000673　01706

宋文憲公全集五十三卷首一卷　(明)宋濂撰
清刻本　六冊

510000 - 2712 - 0000674　01708.1

奉教原由不分卷　(□)□□撰　清刻本
一冊

510000 - 2712 - 0000675　01708.2

奉教原由不分卷　(□)□□撰　清刻本
一冊

510000 - 2712 - 0000676　01711

甌北詩鈔十七卷　(清)趙翼撰　清末民初上
海埽葉山房石印本　五冊　存十卷(五言古
一至四、七言古一至五、五言律一)

510000 - 2712 - 0000677　01716

昌黎先生集四十卷外集十卷遺文一卷點勘四
卷　(唐)韓愈撰　清末民初上海埽葉山房石
印本　三冊　存十三卷(二十一至二十四、三
十七至四十,遺文一卷,點勘四卷)

510000 - 2712 - 0000678　01717

事物紀原十卷　(宋)高承撰　(明)李果訂

犍爲縣圖書館古籍普查登記目錄

清惜陰軒刻本　六冊　存七卷（一至六、十）

510000－2712－0000679　01718
事物紀原十卷　（宋）高承撰　（明）李果訂
清惜陰軒刻本　八冊

510000－2712－0000680　01719
庾子山集十六卷總釋一卷　（北周）庾信著
（清）倪璠註釋　清刻本　十二冊

510000－2712－0000681　01722
紗籠文選八卷　（清）釋含澈纂述　清刻本
四冊　存四卷（五至八）

510000－2712－0000682　01723
眞西山先生集八卷　（宋）眞德秀撰　（清）張
伯行輯　清同治五年（1866）福州正誼書院刻
本　二冊

510000－2712－0000683　01724
伊川擊壤集二十卷補遺一卷　（宋）邵雍撰
清刻本　六冊

510000－2712－0000684　01725
伊川擊壤集二十卷補遺一卷　（宋）邵雍撰
清刻本　四冊　存十三卷（七至八、十至二
十）

510000－2712－0000685　01727
春在堂全書三十四種　（清）俞樾撰　清光緒
二十五年（1899）刻本　四十七冊　存九種二
百零八卷（羣經平議一至三十二、諸子平議三
十五卷、第一樓叢書三十卷、曲園襍纂五十
卷、俞樓襍纂五十卷、春在堂詩編一至四、太
上感應篇續議二卷、游藝錄六卷、春在堂全書
錄要一卷）

510000－2712－0000686　01728
三十家詩鈔六卷首一卷末一卷　（清）曾國藩
纂　清同治十三年（1874）傳忠書局刻本
六冊

510000－2712－0000687　01729
知不足齋叢書三十集　（清）鮑廷博輯　（清）
鮑志祖續輯　清同治十一年（1872）嶺南蘇氏
刻本　二百十九冊　缺八卷（論語集解義疏

一、皇宋書錄下、測圓海鏡細草九至十三、廣
釋名二）

510000－2712－0000688　01729（1）
清虛雜著三卷補闕一卷　（宋）王鞏撰　清同
治十一年（1872）嶺南蘇氏刻本　一冊

510000－2712－0000689　01729（2）
黃孝子紀程二卷附一卷　（清）黃向堅撰　清
同治十一年（1872）嶺南蘇氏刻本　一冊

510000－2712－0000690　01729（3）
石湖紀行三錄　（宋）范成大撰　清同治十一
年（1872）嶺南蘇氏刻本　二冊

510000－2712－0000691　01730
御選唐宋文醇五十八卷　（清）高宗弘曆選
清刻本　十九冊　缺一冊（目錄）

510000－2712－0000692　01731
御選唐宋詩醇四十七卷附目錄二卷　（清）高
宗弘曆選　清刻本　十一冊　缺二十七卷
（四至七、十至十三、十六至十七、二十五至二
十九、三十四至四十一、四十三至四十五，目
錄二）

510000－2712－0000693　01732
御選唐宋詩醇四十七卷附目錄二卷　（清）高
宗弘曆選　清朱墨套印本　二十一冊　缺五
卷（四至五、三十八至三十九，目錄一）

510000－2712－0000694　01733
文選補遺四十卷　（元）陳仁子輯　清刻本
八冊　缺九卷（一至二、二十七至二十九、三
十七至四十）

510000－2712－0000695　01734
陳伯玉文集三卷詩集二卷附錄一卷　（唐）陳
子昂撰　清刻本　四冊

510000－2712－0000696　01735
陳伯玉文集三卷詩集二卷附錄一卷　（唐）陳
子昂撰　清刻本　四冊

510000－2712－0000697　01736.1
問琴閣文錄二卷詩文記事不分卷　宋育仁著
清末民初鉛印本　一冊

四川省十一家收藏單位古籍普查登記目錄

510000－2712－0000698　01736.2

問琴閣文錄二卷詩文記事不分卷　宋育仁著
清末民初鉛印本　一冊

510000－2712－0000699　01738

羣學肆言不分卷　（英國）斯賓塞爾著　清刻
本　四冊

510000－2712－0000700　01739

錢錄□□卷　（清）梁詩正等撰　清光緒二十
八年(1902)史學會社石印本　二冊　缺三卷
(十四至十六)

510000－2712－0000701　01741

損齋全書四種　（清）楊樹椿撰　清光緒十九
年(1893)柏經正堂刻本　五冊

510000－2712－0000702　01742

損齋遺書三十卷　（清）楊樹椿著　清光緒二
十一年(1895)李氏家塾刻本　四冊

510000－2712－0000703　01743

原富甲二卷乙一卷丙一卷丁二卷戊二卷
（英國）斯密亞丹著　（清）嚴復翻譯　清光緒
二十八年(1902)南洋公學譯書院鉛印本
八冊

510000－2712－0000704　01746.1

玉井山館詩十五卷詩餘一卷　（清）許宗衡撰
清鉛印本　二冊

510000－2712－0000705　01746.2

玉井山館詩十五卷詩餘一卷　（清）許宗衡撰
清鉛印本　二冊

510000－2712－0000706　01748

三長物齋詩略五卷夏小正詩帖一卷　（清）黃
本驥撰　清刻本　三冊

510000－2712－0000707　01750

李氏五種　（清）李兆洛輯　清光緒十八年
(1892)長沙草素書局刻本　一冊

510000－2712－0000708　01753

重刊五百家註音辯昌黎先生文集四十卷
(唐)韓愈撰　清刻本　十一冊　缺十四卷
(五至六、二十一至二十三、三十二至四十)

510000－2712－0000709　01754

顏魯公文集三十卷補遺一卷　（唐）顏真卿撰
（清）黃本驥編訂　清道光二十五年(1845)
三長物齋刻本　五冊　存十六卷(一至十五、
補遺一)

510000－2712－0000710　01755

常惺惺齋文集十卷　（清）李炳奎撰　清末鉛
印本　二冊

510000－2712－0000711　01756

文山先生文集二卷　（宋）文天祥撰　（清）張
伯行甫訂　清同治五年(1866)福州正誼書院
刻本　二冊

510000－2712－0000712　01757

竹齋詩集四卷　（元）王冕著　清邵武徐氏刻
本　二冊

510000－2712－0000713　01758

西崑酬唱集二卷　（宋）楊億編　清邵武徐氏
刻本　一冊

510000－2712－0000714　01759

修筠閣詩草四卷題詞一卷　（清）史致康撰
清同治二年(1863)俯青堂刻本　四冊

510000－2712－0000715　01760

國朝山左詩鈔六十卷　（清）盧見曾輯　清刻
本　九冊　存二十六卷(一至二、六至二十、
二十四至三十二)

510000－2712－0000716　01761

杜韓詩句集韻八卷　（清）汪文柏輯　清道光
五年(1825)萬卷樓刻本　四冊

510000－2712－0000717　01762.1

原獻文錄四卷　（清）賀瑞麟編　清光緒刻本
四冊

510000－2712－0000718　01762.2

原獻文錄四卷　（清）賀瑞麟編　清光緒刻本
一冊　存一卷(一)

510000－2712－0000719　01762.3

原獻文錄四卷　（清）賀瑞麟編　清光緒刻本
四冊

犍爲縣圖書館古籍普查登記目錄

510000 – 2712 – 0000720　01763

原故文錄一卷　（清）賀瑞麟編　清光緒刻本
　　一冊

510000 – 2712 – 0000721　01764

原獻詩錄三卷　（清）賀瑞麟編　清光緒刻本
　　三冊

510000 – 2712 – 0000722　01765

雙桂堂時文稿一卷附錄一卷　（清）紀大奎撰
　　清同治九年(1870)什邡縣刻本　一冊

510000 – 2712 – 0000723　01766

雙桂堂古文二卷　（清）紀大奎撰　清同治十
一年(1872)刻本　二冊

510000 – 2712 – 0000724　01767

雙桂堂詩稿一卷　（清）紀大奎撰　清同治十
一年(1872)刻本　一冊

510000 – 2712 – 0000725　01768

雙桂堂稿續編一卷　（清）紀大奎撰　清同治
十一年(1872)刻本　一冊

510000 – 2712 – 0000726　01770

王子安集十六卷　（唐）王勃撰　清末民初刻
本　二冊　存八卷(九至十六)

510000 – 2712 – 0000727　01771

白鶴堂文稿不分卷附晚年自訂詩稿二卷晚年
詩續刻一卷戊戌草一卷雪夜詩談三卷　（清）
彭端淑撰　清同治六年(1867)刻本　三冊

510000 – 2712 – 0000728　01773

花間集十卷　（五代）趙崇祚集　清光緒十四
年(1888)邵武徐氏刻本　二冊

510000 – 2712 – 0000729　01774

池上草堂筆記近錄六卷續錄六卷三錄六卷四
錄六卷　（清）梁恭辰撰　清刻本　二冊　存
六卷(三錄一至三、四錄一至三)

510000 – 2712 – 0000730　01777

東湖草堂賦鈔四集　（清）程祥棟編　清同治
六年(1867)抱朴山房刻本　六冊　殘

510000 – 2712 – 0000731　01778

古文苑二十一卷　（宋）章樵注　清光緒十四

年(1888)刻本　三冊　存十卷(一至六、十至
十三)

510000 – 2712 – 0000732　01779

壹是紀始二十二卷附補遺一卷　（清）魏崧撰
　　清刻本　五冊　存十九卷(二至八、十至二
十一)

510000 – 2712 – 0000733　01780.1

陳文恭公手札節要三卷　（清）陳宏謀撰　清
刻本　一冊

510000 – 2712 – 0000734　01780.2

陳文恭公手札節要三卷　（清）陳宏謀撰　清
刻本　一冊

510000 – 2712 – 0000735　01782

海客日譚六卷首一卷　（清）王芝著　清光緒
刻本　三冊　缺一卷(四)

510000 – 2712 – 0000736　01783

古文詞畧二十卷　（清）梅曾亮選　清光緒二
十五年(1899)成都志古堂刻本　六冊

510000 – 2712 – 0000737　01784

兩漢刊誤補遺十卷　（宋）吳仁傑撰　清刻本
　　二冊　缺二卷(一至二)

510000 – 2712 – 0000738　01787

亦囂囂堂詩鈔八卷　（清）鍾琦著　清光緒刻
本　四冊

510000 – 2712 – 0000739　01788

通介堂經說十二卷　（清）徐灝著　清刻本
二冊　缺六卷(一至六)

510000 – 2712 – 0000740　01794

善卷堂四六十卷拾遺一卷　（清）陸繁弨撰
清同治十二年(1873)濟經堂刻本　五冊

510000 – 2712 – 0000741　01795

詩經精華十卷　（清）薛嘉穎撰　清刻本　二
冊　存六卷(五至十)

510000 – 2712 – 0000742　01796

練兵實紀九卷　（明）戚繼光撰　清末民初刻
本　一冊　存四卷(五至八)

四川省十一家收藏單位古籍普查登記目錄

510000－2712－0000743　01797
灩澦囊□□卷　（清）李馥榮輯　清末民初刻本　三册　存四卷（二至五）

510000－2712－0000744　01798
萬善先資集四卷　（清）周思仁述　清末民初刻本　二册

510000－2712－0000745　01799
萬善先資集四卷　（清）周思仁述　清末民初刻本　一册　存二卷（三至四）

510000－2712－0000746　01801
正誼堂文集二十四卷　（清）董詔著　（清）謝玉珩編次　清光緒刻本　六册

510000－2712－0000747　01802
正誼堂詩集十卷　（清）董詔著　（清）謝玉珩編次　清刻本　三册

510000－2712－0000748　01803
亨甫詩選八卷　（清）張際亮撰　清光緒八年（1882）邵武徐氏刻本　三册　缺二卷（七至八）

510000－2712－0000749　01804
嵰山甜雪十二卷　（清）黄本驥撰　清道光二十七年（1847）刻本　二册　缺四卷（五至八）

510000－2712－0000750　01810
瘦石詩鈔三十三卷　（清）孫錤著　清古棠書屋刻本　五册　存十九卷（一至五、十三至二十六）

510000－2712－0000751　01811.1
龍文鞭影注釋一卷　（□）□□撰　清刻本　一册　存一卷（上）

510000－2712－0000752　01811.2
龍文鞭影注釋一卷　（□）□□撰　清末民初刻本　一册　存一卷（上）

510000－2712－0000753　01813
思辨錄輯要二十二卷後集十三卷　（明）陸世儀撰　清末民初鉛印本　二册　存十一卷（十二至二十二）

510000－2712－0000754　01821
石均軒詩初集二卷二集二卷三集二卷　鄧元鏸著　清末民初刻本　三册　存三卷（初級一、二集一、三集一）

510000－2712－0000755　01823
駢體文鈔三十一卷　（清）李兆洛編　清刻本　六册　存二十四卷（四至十五、二十至三十一）

510000－2712－0000756　01825
惜陰軒叢書三十四種續編一種　（清）李錫齡輯　清刻本　十四册　存五種四十四卷（新增格古要論十三卷、老子集解二卷附考異一卷、世説新語三卷、古文苑二十一卷、陣紀四卷）

510000－2712－0000757　01826
惜陰軒叢書三十四種續編一種　（清）李錫齡輯　清光緒二十二年（1896）刻本　四十一册　存十六種一百零八卷（吕涇野先生禮問二卷，唐語林一至二、七至八，清異錄二卷，兩山墨談一至四、十至十八，世説新語三卷，古文周易叅同契注八卷，書敘指南二十卷，楚辭補注一至八、十四至十七，古文苑二十一卷，陣紀四卷，授經圖義例四卷，書法離鉤一至五，北溪字義上補遺一卷嚴陵講義一卷，表異錄一至三，會稽三賦注四卷，新增格古要論一至二）

510000－2712－0000758　01827
司馬溫公文集十四卷　（宋）司馬光撰　（清）張伯行重訂　清刻本　六册　存九卷（一至七、十至十一）

510000－2712－0000759　01828
司馬溫公詩集三卷　（宋）司馬光撰　（清）張伯行重訂　清道光鵝溪孫氏刻本　一册

510000－2712－0000760　01830
凌雲詩鈔八卷附刻碑記一卷　（清）禮汀編　清道光八年（1828）刻本　二册

510000－2712－0000761　01831
平津館叢書三十二種　（清）孫星衍編　清光緒十一年（1885）吴縣朱氏槐廬家塾刻本　四

十八冊　存二十九種三百二十八卷(六韜六卷附逸文一卷、尸子二卷、燕丹子三卷、牟子一卷、黃帝五書、漢官七種、魏三體石經遺字考一卷、琴操二卷附補遺一卷、穆天子傳六卷附錄一卷、竹書紀年二卷、物理論一卷、譙周古史考一卷、建立伏博士始末二卷、華氏中藏經三卷、素女方一卷、祕授清寧丸方一卷、千金寶要六卷、寰宇訪碑錄十二卷附刊謬一卷、說文解字十五卷、渚宮舊事五卷補遺一卷、三輔黃圖一卷、孔子集語十七卷、尚書考異六卷、古刻叢鈔一卷、續古文苑二十卷、抱樸子內篇二十卷外篇五十卷附佚文一卷神仙金汋經三卷校勘記一卷、尚書今古文註疏三十卷、芳茂山人詩錄九卷、長離閣詩集一卷附小傳一卷墓志銘一卷)

510000－2712－0000762　01831(1)
黃帝五書　(清)孫星衍校　清嘉慶十二年(1807)蘭陵孫氏刻本　一冊

510000－2712－0000763　01831(2)
漢官七種　(清)孫星衍校　清光緒十一年(1885)白堤孫氏刻本　一冊

510000－2712－0000764　01832
思綺堂文集十卷　(清)章藻功撰　清聚錦堂刻本　九冊　缺一卷(五)

510000－2712－0000765　01833
八銘堂塾鈔二集□□卷　(清)吳懋政撰　清刻本　三冊　缺一卷(六)

510000－2712－0000766　01834
八銘堂塾鈔初集□□卷　(清)吳懋政撰　清刻本　三冊　缺二卷(一至二)

510000－2712－0000767　01851
瘦石文鈔十三卷外集二卷　(清)孫鍇撰　清刻本　一冊　存二卷(外集二卷)

510000－2712－0000768　01852
瘦石詩鈔□□卷　(清)孫鍇撰　清刻本　一冊　存三卷(十至十二)

510000－2712－0000769　01856
文章軌範七卷　(宋)謝枋得批點　(□)戴許

光重訂　清光緒三十四年(1908)成都志古堂刻本　二冊

510000－2712－0000770　01860
白香詞譜箋四卷　(清)舒夢蘭輯　清謝氏刻本　三冊　缺一卷(二)

510000－2712－0000771　01861
白香詞譜箋四卷　(清)舒夢蘭撰　清末成都志古堂刻本　二冊

510000－2712－0000772　01866
讀通鑑論三十卷末一卷　(清)王夫之著　清刻本　五冊　存十三卷(一至六、七至十一、十四至十五)

510000－2712－0000773　01867
魏志三十卷蜀志十五卷吳志二十卷　(晉)陳壽撰　(南朝宋)裴松之注　清同治十年(1871)成都書局刻本　十六冊

510000－2712－0000774　01868
西藏圖考八卷首一卷　(清)黃沛翹編　清末民初刻本　二冊　存七卷(一至六、首一)

510000－2712－0000775　01870
金石錄三十卷　(宋)趙明誠著　清刻本　四冊

510000－2712－0000776　01875
史記菁華錄六卷　(清)芋田氏輯　清刻朱墨套印本　一冊　存一卷(一)

510000－2712－0000777　01876
宋書一百卷　(南朝梁)沈約撰　清金陵書局刻本　五冊　存十七卷(八至十一、十三至十八、二十八至三十四)

510000－2712－0000778　01877
五代史七十四卷　(宋)歐陽修撰　(宋)徐無黨注　清同治十一年(1872)湖北崇文書局刻本　八冊

510000－2712－0000779　01878
梁書五十六卷　(唐)姚思廉撰　清刻本　六冊　缺十四卷(一至三、十二至二十、五十五至五十六)

四川省十一家收藏單位古籍普查登記目錄

510000－2712－0000780　01879

續漢書八志三十卷　（南朝梁）劉昭注補　清刻本　二冊

510000－2712－0000781　01880

通志二百卷　（宋）鄭樵撰　清光緒二十八年(1902)上海鴻寶書局石印本　三十七冊　缺十二卷(十至十二、一百零九至一百一十一、一百九十五至二百)

510000－2712－0000782　01881

齊民要術十卷附襍說一卷　（北魏）賈思勰撰　清末民初刻本　二冊　缺五卷(六至十)

510000－2712－0000783　01882

金源紀事詩八卷　（清）湯運泰撰　清同治十二年(1873)淮南書局刻本　四冊

510000－2712－0000784　01883

東觀餘論一卷附錄一卷　（宋）黃伯思撰　清光緒邵武徐氏刻本　二冊

510000－2712－0000785　01884

歷代帝王年表不分卷　（清）齊召南撰　清刻本　三冊

510000－2712－0000786　01885

陽明先生集要三種　（明）王守仁撰　清刻本　八冊　存三種十一卷(理學編四,經濟編一至二、四至七,文章編一至四)

510000－2712－0000787　01887

[同治]重修涪州志十六卷首一卷附涪州義勇彙編一卷　（清）呂紹衣等修　清刻本　七冊　缺一卷(一)

510000－2712－0000788　01888

[乾隆]武功縣志三卷首一卷　（明）康海撰　清刻本　一冊

510000－2712－0000789　01889

[光緒]富順縣志五卷首一卷　（清）段玉裁等修　清刻本　四冊　存四卷(二至五)

510000－2712－0000790　01890

歷代職官表六卷　（清）黃本驥編　清光緒六年(1880)膺詁齋刻本　二冊　缺二卷(五至六)

510000－2712－0000791　01891

五代史七十四卷　（宋）歐陽修撰　清刻本　四冊　存二十三卷(五十二至七十四)

510000－2712－0000792　01892

漢地理志詳釋四卷　（清）呂調陽撰　清刻本　三冊　缺一卷(二)

510000－2712－0000793　01893

三國志六十五卷　（晉）陳壽著　清同治九年(1870)金陵書局刻本　六冊　缺十三卷(十二至二十四)

510000－2712－0000794　01894.1

五千年中外交涉史九十七卷　（清）屯廬主人輯　清光緒二十九年(1903)上海蜚英書局鉛印本　二十冊

510000－2712－0000795　01894.2

五千年中外交涉史九十七卷　（清）屯廬主人輯　清光緒二十九年(1903)上海蜚英書局鉛印本　十一冊　缺四十卷(一至六、二十一至三十六、四十一至四十四、六十八至七十二、八十六至九十、九十四至九十七)

510000－2712－0000796　01897

紅豆村人詩稿十四卷　（清）袁樹撰　清刻本　二冊　缺四卷(一至四)

510000－2712－0000797　01898

資治通鑑二百九十四卷　（宋）司馬光編（元）胡三省音注　清末民初石印本　三冊　存三十卷(十一至三十、五十一至六十)

510000－2712－0000798　01901

南華經解三十三卷　（清）宣穎撰　清刻本　三冊

510000－2712－0000799　01902

武經彙解□□卷　（□）□□撰　清刻本　二冊　存二卷(五、七)

510000－2712－0000800　01903

古文淵鑑六十四卷　（清）聖祖玄燁選　清刻本　三十六冊　殘

犍爲縣圖書館古籍普查登記目錄

510000 – 2712 – 0000801　01904

[□□]華陽國志十二卷　（晉）常璩撰　清刻本　三冊　存八卷(五至十二)

510000 – 2712 – 0000802　01905

三蘇全集四種　（宋）蘇洵等撰　（清）弓翊清校　清道光十二年(1832)眉州三蘇祠刻本　二十九冊　存二種一百一十四卷(嘉佑集二十卷,欒城集四十八卷、欒城後集二十四卷、欒城第三集十卷、應詔集十二卷)

510000 – 2712 – 0000803　01907

文昌帝君陰騭文廣義節錄三卷　（清）周夢顏述　清刻本　三冊　存二卷(上至中)

510000 – 2712 – 0000804　01910

[嘉慶]邛州直隸州志四十六卷首一卷　（清）吳鞏等修　清刻本　十二冊

510000 – 2712 – 0000805　01911

[□□]羅江縣志□□卷　（□）□□修　清刻本　四冊　存二十卷(十七至三十六)

510000 – 2712 – 0000806　01912

[同治]續修羅江縣志二十四卷　（清）馬傳業修　清同治四年(1865)刻本　二冊

510000 – 2712 – 0000807　01913

[□□]重修彭顯志十三卷首一卷末一卷補遺一卷　（清）張龍甲修　清刻本　一冊　存五卷(十一至十三、末一卷、補遺一卷)

510000 – 2712 – 0000808　01914

趙子常選杜律五言註三卷　（唐）杜甫撰（清）查宏道補　清同治十二年(1873)刻本　一冊

510000 – 2712 – 0000809　01915

史忠正公文集四卷首一卷　（明）史可法撰（清）劉質慧輯　清同治十二年(1873)刻本　一冊　缺二卷(三至四)

510000 – 2712 – 0000810　01916

老子約說四卷　（清）紀大奎撰　清同治九年(1870)刻本　一冊

510000 – 2712 – 0000811　01917

熙燼集七卷　黃紹驤著　清刻本　一冊

510000 – 2712 – 0000812　01919

厩窆摭筆四卷　張慎儀撰　清刻本　一冊

510000 – 2712 – 0000813　01921

今古地理述十八卷　（清）王子音撰　清刻本　三冊　存三卷(四至六)

510000 – 2712 – 0000814　01922

湖南文徵一百九十卷　（清）羅汝懷輯　清刻本　三冊　存六卷(一至二、四十五至四十七、一百三十六)

510000 – 2712 – 0000815　01930

屬古文詞舉隅不分卷　（清）孫鏘輯　清光緒二十九年(1903)刻本　一冊

510000 – 2712 – 0000816　01931

靈峯草堂集叢書四卷　陳矩撰　清刻本　一冊

510000 – 2712 – 0000817　01933

東垣十書附二種　（明）□□輯　清光緒三十四年(1908)刻本　九冊　存八種十八卷(局方發揮一卷脈訣二卷、此事難知二卷、脾胃論三卷、蘭室秘藏三卷、格致餘論一卷、醫經溯洄集一卷、外科精義二卷、湯液本草三卷)

510000 – 2712 – 0000818　01934

隸釋二十七卷　（宋）洪適撰　清同治十年(1871)刻本　三冊　存十七卷(一至四、十至十六、二十二至二十七)

510000 – 2712 – 0000819　01935

隸續二十七卷　（宋）洪適撰　清同治十年(1871)刻本　二冊　存十八卷(一至七、十一至二十一)

510000 – 2712 – 0000820　01936

資治通鑑問疑一卷　（宋）劉義仲撰　清光緒十四年(1888)刻本　一冊

510000 – 2712 – 0000821　01937

尊經題目不分卷　（□）□□撰　清光緒刻本　一冊

510000 - 2712 - 0000822　01938
受經堂集不分卷　（清）張祥齡撰　清末民初
四川存古書局刻本　一冊

510000 - 2712 - 0000823　01940
論學三書不分卷　廖平撰　清末民初四川存

古書局刻本　一冊

510000 - 2712 - 0000824　01941
子苾詞鈔不分卷　（清）張祥齡撰　清末民初
四川存古書局刻本　一冊

成都中醫藥大學圖書館古籍普查登記目錄

全國古籍普查登記目錄

國家圖書館出版社
National Library of China Publishing House

510000－2743－0000001　27232

傅青主女科二種　（清）傅山撰　清光緒三十一年（1905）成都書局鉛印本　二冊

510000－2743－0000002　10111/1042/175900－01

新刻重校增補圓機活法詩學全書二十四卷（明）王世貞校正　（日本）石川鴻齋校正　清光緒四年（1878）刻本　二冊

510000－2743－0000003　10111/1042/362351

新刊校正增補圓機韻學活法全書十四卷（明）王世貞增校　清刻本　一冊　存二卷（九、十）

510000－2743－0000004　101126/1240/069361－9

道咸同光四朝詩史甲集八卷首一卷乙集八卷（清）孫雄輯　清宣統二年至三年（1910－1911）刻本　九冊

510000－2743－0000005　101132/7520/069400－11

詩毛氏傳疏三十卷　（清）陳奐撰　清道光二十七年（1847）吳門南園埽葉山莊陳氏刻本十二冊

510000－2743－0000006　101135/4450/46913－22

杜工部集二十卷首一卷　（唐）杜甫撰　（清）盧坤輯評　清光緒二年（1876）粵東翰墨園刻五色套印本　十冊

510000－2743－0000007　101135/4913/14750－1 10912/4462/14744－49

唐宋八家鈔八卷　（清）高嵣輯　清光緒二十六年（1900）成都書局刻本　八冊

510000－2743－0000008　101136/1126/117424－35

讀書堂杜工部詩集註解二十卷目錄一卷附杜文註解二卷　（唐）杜甫撰　（清）張溍評註清道光二十一年（1841）張篋重刻本　十二冊

510000－2743－0000009　103113/8016/91394－91413

漢宋奇書六十卷英雄譜像一卷讀三國志法一卷英雄譜總目一卷　（清）金聖嘆批點　（清）毛宗崗評　清雲香堂刻本　二十冊

510000－2743－0000010　104166/8064/097739－78

曾文正公手書日記不分卷　（清）曾國藩撰

清宣統元年（1909）上海中國圖書公司石印本四十冊

510000－2743－0000011　10912/1013/117414－23

初唐四傑集三十七卷　（清）項家達輯　清同治十二年（1873）觳雅居重刻星渚項氏本九冊

510000－2743－0000012　10912/4420（2）/085854－65

文選六十卷　（南朝梁）蕭統撰　（唐）李善注（清）葉樹藩參訂　清羊城翰墨園朱墨套印本　十二冊

510000－2743－0000013　10912/4420/657085－100

重刊昭明文選李善注六十卷　（南朝梁）蕭統撰　（唐）李善注　清雙桂堂刻朱墨套印本十五冊　存四十六卷（一至五、十二至四十三、四十六至五十一、五十五至五十七）

510000－2743－0000014　10914－317.4040/112519－68

隨園三十六種　（清）袁枚撰　清光緒十八年（1892）上海圖書集成印書局鉛印本　五十冊

510000－2743－0000015　11.3（013）－113.2/4638（b）0125687－726

御批歷代通鑑輯覽一百二十卷奏疏一卷進表一卷職名一卷　（清）傅恒纂　清光緒三十一年（1905）商務印書館鉛印本　四十冊

510000－2743－0000016　11.3/0018/06398－405

皇朝通典一百卷　（清）嵇璜纂　清光緒二十八年（1902）上海鴻寶書局石印本　八冊

510000－2743－0000017　11.3/0018/06406－36

皇朝文獻通考三百卷　（清）嵇璜纂　清光緒二十八年（1902）上海鴻寶書局石印本　三十冊

510000－2743－0000018　11.3/0124/362352、362300－362305、362295－362299

前漢書一百卷目錄一卷　（漢）班固撰　（唐）顏師古注　清光緒三十一年（1905）上海久敬齋石印本　十二冊

成都中醫藥大學圖書館古籍普查登記目錄

510000－2743－0000019　11.3/1450/362289－362294

史記一百三十卷目錄一卷 （漢）司馬遷撰 （南朝宋）裴駰集解　（唐）司馬貞索引 （唐）張守節正義　清光緒三十一年(1905)上 海久敬齋石印本　六冊　缺十八卷（一至十 八）

510000－2743－0000020　11.3/1450/362331－362334

三國志六十五卷目錄一卷 （晉）陳壽撰 （南朝宋）裴松之注　清光緒三十一年(1905) 上海久敬齋石印本　四冊

510000－2743－0000021　11.3/1702/06286－ 317　11.3/2314（1）06358－65　11.3/0018 （1）/06390－397　11.3/1253/06274－285　11. 3/2314/06318－57　11.3/2314/031975－98 11.3/8740/031823－54

九通 （清）□□輯　清光緒二十八年(1902) 上海鴻寶書局石印本　一百六十四冊

510000－2743－0000022　11.3/3343/16241－8

史通通釋二十卷 （清）浦起龍著　清光緒二 十五年(1899)金匱浦氏上海寶文書局石印本 八冊

510000－2743－0000023　11.3/3741/16272－86

左繡三十卷首一卷 （清）馮李驊 （清）陸浩 評輯　**春秋經傳集解三十卷** （晉）杜預撰 （唐）陸元朗音釋　（宋）林堯叟注　（清）馮 李驊增訂　清宣統三年(1911)上海會文堂石 印本　十五冊

510000－2743－0000024　11.3/4464/362323－30

後漢書一百二十卷 （南朝宋）范曄撰 （唐） 李賢注　清光緒三十一年(1905)上海久敬齋 石印本　八冊

510000－2743－0000025　11.3/7762/07403－8252

二十四史二十四種 （清）陳焯之編　清同治 八年(1869)刻本　八百五十冊

510000－2743－0000026　11.3－17/2699/75278－87

歷代名人年譜十卷 （清）吳榮光撰　清咸豐 刻本　十冊

510000－2743－0000027　11.34/1713/129624－39

北史一百卷 （唐）李延壽撰　清光緒三十四 年(1908)上海集成圖書公司鉛印本　十六冊

510000－2743－0000028　11.34/1713/ 129779－84　11.34/1713/129687－98　11. 34/1713/129528－35　11.34/1713/129739－ 78　11.34/1713/129416－479　11.34/1713/ 129512－527　11.34/1713/129715－718 11.34/1713/129506－511　11.34/1713/ 129536－547　11.34/1713/129502－505 11.34/1713/129785－814　11.34/1713/ 129699－714　11.34/1713/129548－63　11. 34/1713/129612－23　11.34/173/129640－ 70　11.34/1713/129719－38　11.34/1713/ 129572－87　11.34/1713/129564－71　11. 34/1713/129496－501　11.34/1713/129492－5 11.34/1713/129480－－91　11.34/1713/ 129588－611　11.34/1713/129671－86

二十四史 （□）□□輯　清光緒三十四年 (1908)上海集成圖書公司鉛印本　三百八十 三冊

510000－2743－0000029　11.341.3.6030（2）/ 14041－140

續資治通鑑二百二十卷 （清）畢沅編　清光 緒二十九年(1903)珠江同馨書局刻本　一 百冊

510000－2743－0000030　11.3417/2760/362350

史通削繁四卷 （唐）劉知幾撰　（清）紀昀削 繁　（清）浦起龍注　清刻本　一冊　存一卷 （四）

510000－2743－0000031　11.342/2627/42409－12

戰國策十卷 （明）吳勉學校正　清刻本 四冊

510000－2743－0000032　11.342/4410/14740、 140742－3

春秋左傳四十六卷 （晉）杜預 （宋）林堯叟 注釋　（唐）陸德明音義　（明）鍾惺等評　清 宣統二年(1910)明達書局石印本　三冊

510000－2743－0000033　11.344/1030/17684－17715

漢書補註一百卷首一卷 （漢）班固撰　（唐）

四川省十一家收藏單位古籍普查登記目錄

顏師古註　王先謙撰　清光緒二十六年(1900)長沙王氏刻本　三十二冊

510000－2743－0000034　12.211/2642/42334－6

山海經圖五卷山海經廣註□□卷　(清)吳任臣注　清崇義書院刻本　三冊　存八卷(山海經圖一至五、山海經廣註一至三)

510000－2743－0000035　12.211/3124/072230－3

山海經存九卷首一卷　(清)汪紱釋　清光緒二十一年(1895)石印本　四冊

510000－2743－0000036　12.211/4742(2)/072240－3

山海經十八卷　(晉)郭璞傳　(清)郝懿行箋疏　山海經圖讚一卷　(晉)郭璞撰　山海經訂誤一卷　(清)郝懿行撰　清光緒七年(1881)刻本　四冊

510000－2743－0000037　14(3)/3240/27399－402

儒門醫學三卷　(英國)海德蘭撰　(英國)傅蘭雅釋　(清)趙元益筆述　清江南製造總局刻本　四冊

510000－2743－0000038　14.(3)/3240/17123－25、11268

儒門醫學三卷　(英國)海德蘭撰　(英國)傅蘭雅釋　(清)趙元益筆述　清江南製造總局刻本　四冊

510000－2743－0000039　14.10/8200/64244

婦嬰新說一卷　(英國)合信氏　(清)管茂材撰　清咸豐八年(1858)江蘇上海仁濟醫館刻本　一冊

510000－2743－0000040　14.12(3)/2573/75508－9

丹溪先生治法心要八卷　(元)朱震亨著　(明)高叔宗校　清宣統元年(1909)武林蕭氏鉛印本　二冊

510000－2743－0000041　14.12.(3)/0007/070775－80

醫學探驪集六卷　(清)康應辰著　清宣統二年(1910)上海鄭家木橋書葉公司石印本　六冊

510000－2743－0000042　14.12.(3)/0060/66526－31

六種新編　(清)文晟輯　清同治十一年(1872)刻本　六冊

510000－2743－0000043　14.12.(3)/2573/073558

活法機要不分卷　(元)朱震亨撰　(明)吳中珩校　清二酉堂刻本　一冊

510000－2743－0000044　14.12.(3)/6053/070507－14

古今名醫彙粹八卷　(清)羅美輯　(清)席世臣校　清嘉慶六年(1801)刻本　八冊

510000－2743－0000045　14.12.(3)/6053/75331－34

名醫彙粹八卷　(清)羅美輯　(清)席世臣校　清刻本　四冊

510000－2743－0000046　14.12.(3)/7132/17010－5

醫悟十二卷　(清)馬冠群撰　清光緒二十三年(1897)寄廎活字本　六冊

510000－2743－0000047　14.12.(3)/7132/75488－91

醫悟十二卷　(清)馬冠群撰　清光緒二十三年(1897)寄廎活字本　四冊

510000－2743－0000048　14.12.(3)03/4430/204032－5

萬氏家傳保命歌括三十五卷　(明)萬全撰　清刻本　四冊

510000－2743－0000049　14.12.《3》/4510/42358－60

證治要訣十二卷　(明)戴元禮撰　證治要訣類方四卷　(明)戴元禮輯　(明)吳中珩校　清慎修堂刻本　三冊

510000－2743－0000050　14.12.《3》04/0043(5)/28343－28344

高士宗先生手授醫學真傳二卷　(清)高世栻撰　清光緒三十二年(1906)成都刻本　二冊

510000－2743－0000051　14.12.《3》04/3136/1440－2

成都中醫藥大學圖書館古籍普查登記目錄

筆花醫鏡四卷 （清）江涵暾著 清光緒七年
（1881）內江官廨重刻本 三冊

510000－2743－0000052 14.12.《3》04/7548(8)/
151947－151960

辨證錄十四卷附胎產秘書三卷 （清）陳士鐸
著 清光緒十年（1884）善成堂刻本 十四冊

510000－2743－0000053 14.12.《3》04/7548c
(3)/204162－204163

辨證冰鑑十二卷 （清）陳士鐸著 清末石印
本 二冊

510000－2743－0000054 14.12.《3》04/3136/
31819－22

筆花醫鏡四卷 （清）江涵暾著 清光緒七年
（1881）內江官廨重刻本 四冊

510000－2743－0000055 14.12.1/4628/08318

素靈微蘊四卷 （清）黃元御撰 清刻本
一冊

510000－2743－0000056 14.12.10./4414/25734－45

臨證指南醫案十卷附種福堂公選溫熱論醫案
一卷種福堂公選良方三卷 （清）葉桂撰 清
道光二十四年（1844）蘇州經鉏堂刻本 十
二冊

510000－2743－0000057 14.12.10/0025（2）/
27332－7

齊氏醫案六卷 （清）齊秉慧撰 清道光十三
年（1833）刻本 六冊

510000－2743－0000058 14.12.10/0025.1/
30139－44

齊氏醫案崇正辨訛六卷 （清）齊秉慧纂著
（清）齊高較録 （清）齊瑞參訂 清刻本
六冊

510000－2743－0000059 14.12.10/0025/27969－71

齊氏醫案六卷 （清）齊秉慧纂著 （清）齊高
較録 （清）齊瑞參訂 （清）楊宗煦等較閱
清刻本 三冊 存三卷（四至六）

510000－2743－0000060 14.12.10/0025/28843－8

齊氏醫案崇正辨訛六卷 （清）齊秉慧纂著

（清）齊高較録 （清）齊瑞參訂 清道光十三
年（1833）刻本 六冊

510000－2743－0000061 14.12.10/1014（1）/
26486－8

王氏醫案二卷續編八卷附霍亂論二卷 （清）
王士雄著 清光緒十七年（1891）蒲圻但氏刻
本 四冊

510000－2743－0000062 14.12.10/1014（1）/5807

霍亂論二卷 （清）王士雄撰 清光緒十七年
（1891）蒲圻但氏刻本 一冊

510000－2743－0000063 14.12.10/1014.1/28624－6

王氏醫案二卷續編八卷附霍亂論二卷 （清）
王士雄著 清光緒十八年（1892）上海醉六堂
刻本 三冊 缺二卷（霍亂論一至二）

510000－2743－0000064 14.12.10/1014/26876－9

王氏醫案二卷續編八卷附霍亂論二卷 （清）
王士雄著 清光緒十七年（1891）蒲圻但氏刻
本 四冊

510000－2743－0000065 14.12.10/1014/29006－9

王氏醫案二卷續編八卷附霍亂論二卷 （清）
王士雄著 清光緒十七年（1891）蒲圻但氏刻
本 四冊

510000－2743－0000066 14.12.10/1014/30392－5

王氏醫案二卷續編八卷附霍亂論二卷 （清）
王士雄著 清光緒十七年（1891）蒲圻但氏刻
本 四冊

510000－2743－0000067 14.12.10/1014/3246－7

王氏醫案二卷續編八卷附霍亂論二卷 （清）
王士雄著 清光緒十七年（1891）蒲圻但氏刻
本 二冊 存五卷（醫案一至二、續編一志
三）

510000－2743－0000068 14.12.10/1014B（2）/
064338－41

王氏醫案二卷續編八卷 （清）王士雄著
（清）周鑅輯 清光緒十八年（1892）上海醉六
堂刻本 四冊

510000－2743－0000069 14.12.10/1029/3251

醫案類錄一卷 （清）羅定昌撰 清光緒三十年（1904）文滙堂刻本 一冊

510000－2743－0000070 14.12.10/1040.2/26487－8

王氏醫案不分卷 （清）王泰林著 方仁淵絫訂 清末抄本 二冊

510000－2743－0000071 14.12.10/2631.1/26991－7006

續名醫類案三十六卷 （清）魏之琇編集（清）王士雄等校 清宣統元年（1909）上海書局石印本 十六冊

510000－2743－0000072 14.12.10/2645/066466－7

醫案初集一卷醫案續錄一卷醫案輯錄一卷（清）程文囿著 （清）程文婉等校 清光緒十七年（1891）漢上刻本 二冊

510000－2743－0000073 14.12.10/2645/085584

醫案初集一卷醫案續錄一卷 （清）程文囿著 （清）程文婉等校 清光緒十七年（1891）漢上刻本 一冊

510000－2743－0000074 14.12.10/2680/064225－30

臨溪醫案筆記六卷 （清）吳篪著 清刻本 六冊

510000－2743－0000075 14.12.10/2680/28078－83

臨證醫案筆記六卷 （清）吳篪著 清道光十六年（1836）樹滋堂刻本 六冊

510000 － 2743 － 0000076 14. 12. 10/2684（8）/42277

三家醫案合刻三卷附醫效秘傳三卷 （清）葉桂撰 （清）吳金壽纂 溫熱贅言一卷 （清）寄瓢子撰 清光緒三十三年（1907）上洋海左書局石印本 一冊

510000－2743－0000077 14.12.10/2684/065072

三家醫案合刻三卷 （清）吳金壽輯 附醫效秘傳三卷 （清）葉桂撰 （清）吳金壽校 溫熱贅言一卷 （清）寄瓢子撰 清光緒三十三年（1907）上洋海左書局石印本 一冊

510000－2743－0000078 14.12.10/2684/27792

三家醫案合刻三卷 （清）吳金壽輯 附醫效

秘傳三卷 （清）葉桂撰 （清）吳金壽校 溫熱贅言一卷 （清）寄瓢子撰 清光緒二十五年（1899）上海書局石印本 一冊

510000－2743－0000079 14.12.10/2817（1）/14191、166131

洄溪醫案一卷慎疾芻言一卷 （清）徐大椿著 （清）王士雄編 清半松書屋刻本 二冊

510000－2743－0000080 14.12.10/2817/4977

洄溪醫案一卷附刻許辛木農部劄一卷 （清）徐大椿著 （清）王士雄編 清刻本 一冊

510000－2743－0000081 14.12.10/2817/657267

洄溪醫案一卷 （清）徐大椿著 （清）王士雄編 清刻本 二冊

510000－2743－0000082 14.12.10/3110.3/28154－65

名醫類案十二卷 （明）江瓘集 清同治十年（1871）藏修堂重刻知不足齋本 十二冊

510000－2743－0000083 14.12.10/3110/1829－48

名醫類案十二卷 （明）江瓘輯 續名醫類案三十六卷 （清）魏之銹輯 清光緒二十二年（1896）畊餘堂鉛印本 二十冊

510000－2743－0000084 14.12.10/3110/26916－9

名醫類案十二卷 （明）江瓘集 清宣統元年（1909）上海書局石印本 四冊

510000－2743－0000085 14.12.10/3110/28142－4、28148－53

名醫類案十二卷 （明）江瓘集 清同治十年（1871）藏修堂重刻知不足齋本 九冊 缺三卷（四至六）

510000－2743－0000086 14.12.10/3184/29722－5

吳門治驗錄四卷 （清）顧金壽撰 清上海千頃堂書局石印本 四冊

510000－2743－0000087 14.12.10/3184/64214－7

吳門治驗錄四卷 （清）顧金壽著 清光緒十二年（1886）揚州文富堂刻本 四冊

510000－2743－0000088 14.12.10/3647/1576

溫氏醫案一卷 （清）溫存厚撰 清光緒刻本

成都中醫藥大學圖書館古籍普查登記目錄

一册

510000－2743－0000089　14.12.10/4032/065474－5
仿寓意草二卷　（清）李冠仙著　清光緒十三年(1887)含飴堂刻本　二冊

510000－2743－0000090　14.12.10/4414.2/4952－63
徐批臨證指南醫案十卷　（清）葉桂著　（清）徐靈胎評　（清）李大瞻等校　清光緒十二年(1886)成都培元堂刻本　十二冊

510000－2743－0000091　14.12.10/4414.3/3735－44
徐批臨證指南醫案十卷　（清）葉桂著　（清）徐大椿評　（清）李大瞻等校　清光緒十二年(1886)成都培元堂刻本　十冊

510000－2743－0000092　14.12.10/4414.5/27972－81
徐批臨證指南醫案十卷附種福堂公選溫熱論醫案一卷種福堂公選良方三卷　（清）葉桂著　（清）徐大椿評　（清）李大瞻等校　清光緒十四年(1888)蒲圻但氏刻本　十冊

510000－2743－0000093　14.12.10/4414/11401－11
徐批臨證指南醫案十卷附種福堂公選溫熱論醫案一卷種福堂公選良方三卷　（清）葉桂著　（清）徐大椿評　（清）李大瞻等校　清光緒十四年(1888)蒲圻但氏刻本　十冊　存八卷（徐批臨證指南醫案一至六、九至十）

510000－2743－0000094　14.12.10/4414/1430－39
徐批臨證指南醫案十卷附種福堂公選溫熱論醫案一卷種福堂公選良方三卷　（清）葉桂著　（清）徐大椿評　（清）李大瞻等校　清光緒十四年(1888)蒲圻但氏刻本　十冊

510000－2743－0000095　14.12.10/4414/14707－14
臨證指南醫案八卷　（清）葉桂著　清光緒三十二年(1906)上海龍文書局石印本　八冊

510000－2743－0000096　14.12.10/4414/27345－58
徐批臨證指南醫案十卷附種福堂公選溫熱論醫案一卷種福堂公選良方三卷　（清）葉桂著　（清）徐大椿評　（清）李大瞻等校　清光緒十四年(1888)蒲圻但氏刻本　十四冊

510000－2743－0000097　14.12.10/4414/28424－33
徐批臨證指南醫案十卷附種福堂公選溫熱論醫案一卷種福堂公選良方三卷　（清）葉桂著　（清）徐大椿評　（清）李大瞻等校　清光緒十四年(1888)蒲圻但氏刻本　十冊

510000－2743－0000098　14.12.10/4414/37－8
徐批臨證指南醫案十卷附種福堂公選溫熱論醫案一卷種福堂公選良方三卷　（清）葉桂著　（清）徐大椿評　（清）李大瞻等校　清光緒十四年(1888)蒲圻但氏刻本　二冊　存二卷（徐批臨證指南醫案七至八）

510000－2743－0000099　14.12.10/4430/63959－64
問齋醫案五卷　（清）蔣寶素著　清道光三十年(1850)鎮江快志堂刻本　六冊

510000－2743－0000100　14.12.10/4430/64275－80
問齋醫案五卷　（清）蔣寶素著　清道光三十年(1850)鎮江快志堂刻本　六冊

510000－2743－0000101　14.12.10/4724/2859－62
醫門奇驗四卷　（清）胡金相著　清刻本　四冊

510000－2743－0000102　14.12.10/4918/1563
枌榆小草一卷　（清）趙澍著　清刻本　一冊

510000－2743－0000103　14.12.10/7512/066525
診餘舉隅錄二卷　（清）陳廷儒撰　清光緒二十四年(1898)鉛印本　一冊

510000－2743－0000104　14.12.10/8010(1)/031956－65
古今醫案按十卷　（清）俞震纂輯　（清）李齡壽重較輯　清宣統元年(1909)上海會文堂書局石印本　十冊

510000－2743－0000105　14.12.10/8010/29438－41
古今醫案按選四卷　（清）俞震輯　（清）王士雄選　清刻本　四冊

510000－2743－0000106　14.12.10/8010/29766－75
古今醫案按十卷　（清）俞震纂輯　（清）李齡壽重較輯　清宣統元年(1909)上海會文堂書局石印本　十冊

510000－2743－0000107　14.12.1013/3110.3/166111－22

名醫類案十二卷　（明）江瓘編輯　清同治十年(1871)藏修堂重刻知不足齋刻本　十二冊

510000－2743－0000108　14.12.1014/2686/97652－6

三家醫案合刻三卷附醫效秘傳三卷　（清）吳金壽纂　清蘇州綠蔭堂刻本　五冊

510000－2743－0000109　14.12.1024/1149/166234

評選愛廬醫案一卷　（清）張大曦撰　（清）劉寶詒選評　清光緒二十五年(1899)惜餘小舍刻本　一冊

510000－2743－0000110　14.12.1024/2817(6)/166131

洄溪道情一卷　（清）徐大椿撰　清刻本　一冊

510000－2743－0000111　14.12.1024/2817(6)/166132

洄溪醫案一卷　（清）徐大椿撰　（清）王士雄編　清刻本　一冊

510000－2743－0000112　14.12.1024/4343/166235

評選靜香樓醫案二卷　（清）尤怡撰　（清）柳寶詒選評　清光緒三十年(1904)惜餘小舍刻本　一冊

510000－2743－0000113　14.12.1024/4414/77353－77357

評琴書屋葉案括要八卷　（清）潘名熊纂　清同治十三年(1874)拾芥園刻本　五冊　缺一卷(八)

510000－2743－0000114　14.12.1024/4414F/204057－204060

評琴書屋葉案括要八卷　（清）潘名熊纂　清同治十二年(1873)評琴書屋刻本　四冊

510000－2743－0000115　14.12.1024/4918/204149

枌榆小草二卷　（清）趙澍著　清同治七年(1868)刻本　一冊

510000－2743－0000116　14.12.1024/5522(1)/166233

評選繼志堂醫案二卷　（清）曹存心著　（清）柳寶詒評選　清光緒二十六年(1900)惜餘小舍刻本　一冊

510000－2743－0000117　14.12.11./0033(2)/71041－4

勉學堂鍼灸集成四卷　（清）廖潤鴻撰　清光緒五年(1879)京門琉璃廠寶名齋刻本　四冊

510000－2743－0000118　14.12.11./1030/25916－25

補注黃帝內經素問二十四卷附遺篇一卷黃帝內經靈樞十二卷　（宋）林億等校　（宋）孫兆改誤　清光緒三年(1877)浙江書局刻本　十冊

510000－2743－0000119　14.12.11./1174/4853－72

黃帝內經素問九卷靈樞經十卷　（清）張志聰集注　清瀛洲書屋刻本　二十冊

510000－2743－0000120　14.12.11./1174/956－71

黃帝內經素問靈樞合編十八卷附素問補遺一卷　（明）馬蒔注　清光緒五年(1879)刻本　十六冊

510000－2743－0000121　14.12.11./2650/2258－63

鍼灸甲乙經十二卷　（晉）皇甫謐撰　清光緒十一年(1885)四明存存軒刻本　六冊

510000－2743－0000122　14.12.11./4078/1544

備急灸方一卷　（宋）聞人耆年撰　針灸擇日編集一卷　（朝鮮）全循義　（朝鮮）金義孫編　清光緒十八年(1892)海寧鍾氏刻本　一冊

510000－2743－0000123　14.12.11./4078/27565

備急灸方一卷　（宋）聞人耆年撰　針灸擇日編集一卷　（朝鮮）全循義　（朝鮮）金義孫編　清光緒十八年(1892)海寧鍾氏刻本　一冊

510000－2743－0000124　14.12.11./4482/65075

太乙神鍼一卷　（清）范毓撰　清光緒二十三年(1897)琉璃廠梓文齋刻本　一冊

510000－2743－0000125　14.12.11./4600/29200

同人灸法不分卷　（清）釋本圓超撰　清道光

十二年(1832)讀書堂刻本　一冊

510000－2743－0000126　14.12.11./4623(5)/
24521－24530

鍼灸大成十卷　(清)章廷珪重修　清咸豐十
年(1860)宏道堂刻本　十冊

510000－2743－0000127　14.12.11.013/4623
(12)/204105－204110

繪圖針灸大成十卷　(清)章廷珪重修　清光
緒三十四年(1908)上海章福記石印本　六冊

510000－2743－0000128　14.12.11.1/0830/100715

東醫寶鑑鍼灸篇二卷　(朝鮮)許浚撰　清道
光十一年(1831)富春堂刻本　一冊

510000－2743－0000129　14.12.11.1/4430/100714

同人鍼灸不分卷　(清)釋本圓超撰　清同治
八年(1869)貴文堂刻本　一冊

510000－2743－0000130　14.12.11/1030/103－112

補注黃帝內經素問二十四卷靈樞十二卷素問
遺篇一卷　(唐)王冰注　(宋)林億等校
(宋)孫兆重改誤　清光緒三年(1877)浙江書
局刻本　十冊

510000－2743－0000131　14.12.11/1030/30201－9

補注黃帝內經素問二十四卷靈樞十二卷素問
遺篇一卷　(唐)王冰注　(宋)林億等校
(宋)孫兆重改誤　清光緒三年(1877)浙江書
局刻本　十冊

510000－2743－0000132　14.12.11/1030/6019－6028

補注黃帝內經素問二十四卷靈樞十二卷素問
遺篇一卷　(唐)王冰注　(宋)林億等校
(宋)孫兆重改誤　清光緒三年(1877)浙江書
局刻本　十冊

510000－2743－0000133　14.12.11/1088/28991

鍼灸便覽一卷　(清)王錫鑫編　清刻本
一冊

510000－2743－0000134　14.12.11/1088/5231

鍼灸便覽一卷　(清)王錫鑫編　清刻本
一冊

510000－2743－0000135　14.12.11/1147(1)/
27243－44

圖注八十一難經四卷　(戰國)秦越人(扁鵲)
撰　(明)張世賢注　清刻本　二冊

510000－2743－0000136　14.12.11/1147
(2)/3028－9

圖注八十一難經辨真四卷　(戰國)秦越人述
(明)張世賢圖注　(清)沈鏡重校　清康熙
刻本　二冊

510000－2743－0000137　14.12.11/1147(4)/
26239－40

圖注八十一難經辨真四卷　(戰國)秦越人
(扁鵲)著　(明)張世賢圖注　(清)沈鏡重
校　清刻本　二冊

510000－2743－0000138　14.12.11/1147(4)/
26241－42

圖注脈訣辨真四卷　(晉)王叔和撰　(明)張
世賢注　清文華堂刻本　二冊

510000－2743－0000139　14.12.11/1147(7)/
27239－42

圖注八十一難經辨真四卷　(戰國)秦越人
(扁鵲)撰　(明)張世賢圖注　清書林乾元堂
刻本　四冊

510000－2743－0000140　14.12.11/1147.5/17132－3

圖注八十一難經辨真四卷　(戰國)秦越人
(扁鵲)述　(清)蔡伯遴謹識　清刻本　二冊

510000－2743－0000141　14.12.11/1147/13677－8

圖注八十一難經辨真四卷　(戰國)秦越人
(扁鵲)著　(明)張世賢圖注　(清)沈鏡重
校　清刻本　二冊

510000－2743－0000142　14.12.11/1147/14172－3

圖注八十一難經辨真四卷　(戰國)秦越人
(扁鵲)述　(明)張世賢圖注　清刻本　二冊

510000－2743－0000143　14.12.11/1147/
3306/11450

圖注八十一難經辨真四卷　(戰國)秦越人述
(明)張世賢圖注　(清)沈鏡重校　清刻本
二冊

四川省十一家收藏單位古籍普查登記目錄

510000－2743－0000144　14.12.11/1147/4712－3

圖注八十一難經辨真四卷　（戰國）秦越人述　（明）張世賢圖注　（清）沈鏡重校　清刻本　二冊

510000－2743－0000145　14.12.11/1147/657122－3

圖注八十一難經四卷　（戰國）秦越人（扁鵲）述　（明）張世賢注　清刻本　二冊

510000－2743－0000146　14.12.11/1147/683－4

圖注八十一難經四卷　（戰國）秦越人（扁鵲）述　（明）張世賢注　清刻本　二冊

510000－2743－0000147　14.12.11/1174（1）/14715－30

黃帝內經素問九卷黃帝內經靈樞注證發微十卷　（清）張志聰注　（清）莫承藝訂　（清）朱景韓校　清刻本　十六冊

510000－2743－0000148　14.12.11/1174（9）/91440－53

黃帝內經素問九卷靈樞經九卷　（清）張志聰注　（清）莫承藝訂　（清）朱景韓校　清光緒十六年（1890）浙江書局刻本　十四冊　存八卷（黃帝內經素問一至八）

510000－2743－0000149　14.12.11/1174.8/27998－28000

黃帝內經靈樞十二卷　（唐）王冰注　（宋）林億等校正　清刻本　三冊

510000－2743－0000150　14.12.11/1174/17425－6/17429－36

黃帝內經靈樞經十卷　（清）張志聰集註　清刻本　十冊

510000－2743－0000151　14.12.11/1174/2128－44

黃帝內經素問靈樞合注十八卷附素問補遺一卷　（明）馬蒔注證　清刻本　十七冊

510000－2743－0000152　14.12.11/1183.1/5449－78

張氏類經三十二卷類經圖翼十一卷附翼四卷　（明）張介賓撰　清嘉慶四年（1799）萃英堂刻本　三十冊

510000－2743－0000153　14.12.11/1183/28213－40

張氏類經三十二卷類經圖翼十一卷附翼四卷　（明）張介賓撰　清嘉慶四年（1799）萃英堂刻本　二十八冊

510000－2743－0000154　14.12.11/1262.1/75533－4

中藏經八卷附華佗內照法一卷　（漢）華佗撰　清光緒六年（1880）上虞蘭蘭山房徐氏刻本　二冊

510000－2743－0000155　14.12.11/1262.2/29877－8

中藏經八卷附華佗內照法一卷　（漢）華佗撰　清光緒六年（1880）上虞蘭蘭山房徐氏刻本　二冊

510000－2743－0000156　14.12.11/1262.3/29856－58

華氏中藏經三卷　（漢）華佗撰　清光緒九年（1883）平津館刻本　三冊

510000－2743－0000157　14.12.11/1262/66083

中藏經八卷　（漢）華佗著　清江陰朱氏刻本　一冊

510000－2743－0000158　14.12.11/2642（1）/29329－334

黃帝內經素問二十四卷　（明）吳崐注　清隆文堂刻本　六冊

510000－2743－0000159　14.12.11/2642（2）/3729－3734

黃帝內經素問二十四卷　（明）吳崐注　清正學齋刻本　六冊

510000－2743－0000160　14.12.11/2642/27362－69

黃帝內經素問二十四卷　（明）吳崐注　清刻本　八冊

510000－2743－0000161　14.12.11/2642/28170－75

黃帝內經素問二十四卷　（明）吳崐注　清刻本　六冊

510000－2743－0000162　14.12.11/2642/2849－52

黃帝內經素問二十四卷　（明）吳崐注　清隆文堂刻本　四冊

510000－2743－0000163　14.12.11/2642/5209－14

黃帝內經素問二十四卷　（明）吳崐注　清隆

成都中醫藥大學圖書館古籍普查登記目錄

文堂刻本　六册

510000－2743－0000164　14.12.11/2642/5245－48
黄帝内經素問二十四卷　（明）吳崐注　清正學齋刻本　四册

510000－2743－0000165　14.12.11/2650/3008、06577、06547、06557
鍼灸甲乙經十二卷　（晉）皇甫謐撰　清刻本　四册

510000－2743－0000166　14.12.11/2650/657106－112
鍼灸甲乙經十二卷　（晉）皇甫謐撰　清光緒十一年（1885）四明存軒刻本　七册

510000－2743－0000167　14.12.11/2817/27885－6
難經經釋二卷　（戰國）秦越人（扁鵲）著（清）徐大椿釋　（清）彭樹萱校　清同治三年（1864）善成堂刻本　二册

510000－2743－0000168　14.12.11/2817/4836－7
洄溪道情一卷難經經釋二卷　（清）徐大椿著　難經經釋　（戰國）秦越人（扁鵲）撰　清刻本　二册

510000－2743－0000169　14.12.11/3740/073481－2
增輯難經本義二卷　（戰國）秦越人（扁鵲）撰　（元）滑壽注　（清）周學海增輯　清光緒十七年（1891）池陽周氏刻本　二册

510000－2743－0000170　14.12.11/3740/28619－20
難經本義二卷　（元）滑壽注　（明）吳中珩校　清刻本　二册

510000－2743－0000171　14.12.11/4422/26861－6
醫經原旨六卷　（清）薛雪集注　清簡香齋刻本　六册

510000－2743－0000172　14.12.11/4422/33449－54
醫經原旨六卷　（清）薛雪集注　清宣統元年（1909）同文會刻本　六册

510000－2743－0000173　14.12.11/4444/27323
素靈微蘊四卷　（清）黄元御撰　清刻本　一册

510000－2743－0000174　14.12.11/4444/48165－71

素問懸解十三卷　（清）黄元御撰　清同治十一年（1872）陽湖馮氏刻本　七册

510000－2743－0000175　14.12.11/4623/8331－5
繪圖針灸大成十卷　（明）楊繼洲撰　清光緒三十四年（1908）上海章福記石印本　五册

510000－2743－0000176　14.12.11/7526/28597－28601
靈素集註節要十二卷　（清）陳念祖集注　清光緒二十四年（1898）刻本　五册

510000－2743－0000177　14.12.11/7526/5039－5044
靈素集註節要十二卷　（清）陳念祖集注　清五福堂刻本　六册

510000－2743－0000178　14.12.111/1174（5）/75492－97
黄帝内經素問九卷　（清）張志聰注　清光緒十六年（1890）刻本　六册

510000－2743－0000179　14.12.－113./2780/066458、66455
醫林集要尋源二卷　（清）詹善言輯　清光緒九年（1883）紫陽書院刻本　二册

510000－2743－0000180　14.12.－113./3124（2）/66422－31
醫林纂要探源十卷附錄一卷　（清）汪紱輯　清光緒二十三年（1897）江蘇書局刻本　十册

510000－2743－0000181　14.12.－113.1/7526（1）/26843
醫學實在易八卷　（清）陳念祖著　（清）陳元犀訂　清刻本　一册　存二卷（一至二）

510000－2743－0000182　14.12.－113.1/7526（3）/5052－57
醫學實在易八卷　（清）陳念祖著　（清）陳元犀訂　清咸豐二年（1852）兩儀堂刻本　六册

510000－2743－0000183　14.12.113/1120/100705
黄帝八十一難經正本一卷附義生堂書目提要一卷　（戰國）秦越人（扁鵲）章句　張驥校補　清光緒三年（1877）成都義生堂藥號刻本　一册

四川省十一家收藏單位古籍普查登記目錄

510000－2743－0000184　14.12.－113/1730/066092－4

醫學啟蒙彙編六卷　（清）翟良撰　清文盛堂刻本　三冊

510000－2743－0000185　14.12.－113/1730/086236－41

醫學啟蒙彙編六卷附方藥治症提綱一卷（清）翟良撰　清康熙刻本　六冊

510000－2743－0000186　14.12.114./2282/657244

中西匯參銅人圖說一卷　（清）劉鍾衡著　清光緒二十五年(1899)上海江南機器製造總局石印本　一冊

510000－2743－0000187　14.12.－116./1218/066156－179

赤水玄珠三十卷附醫旨緒餘二卷　（明）孫一奎著　清刻本　二十四冊　缺二卷（醫旨緒餘二卷）

510000－2743－0000188　14.12.－116./4431/18941－3/18344－5、11236、18947－56

醫書滙參輯成二十四卷　（清）蔡宗玉輯　清嘉慶十二年(1807)次知齋刻本　十三冊　存二十卷(五至二十四)

510000－2743－0000189　14.12.－116./4431/71516－27

醫書滙參輯成二十四卷　（清）蔡宗玉輯　清嘉慶十二年(1807)次知齋刻本　十二冊

510000－2743－0000190　14.12.－116./7444(2)/068764－068771

世補齋醫書六種　（清）陸懋修撰並輯　清光緒十年(1884)刻本　八冊

510000－2743－0000191　14.12.－116.3/7426/166183、166185、11118

陳修園醫書二十一種　（清）陳念祖撰　清光緒十八年(1892)上海圖書集成印書局鉛印本　三冊　存三種二十八卷(靈樞素問集註一至十二、金匱要略淺注一至十、金匱方歌括一至六)

510000－2743－0000192　14.12.－116/1112/

0017813－18

儒門事親十五卷　（金）張從正著　（明）吳勉學校　清刻本　六冊

510000－2743－0000193　14.12.－116/1161(2)/26136－26143

張氏醫書七種　（清）張璐撰　清光緒三十三年(1907)上海書局石印本　八冊

510000－2743－0000194　14.12.－116/1161(2)/26144

傷寒緒論二卷　（清）張璐撰　清光緒三十三年(1907)上海書局石印本　一冊　存一卷(上)

510000－2743－0000195　14.12.－116/1162/2075－2087

景岳全書六十四卷　（明）張介賓著　清刻本　十五冊　存二十七卷(三十八至六十四)

510000－2743－0000196　14.12.－116/1218/063971－4000

赤水玄珠三十卷　（明）孫一奎著輯　清刻本　十冊

510000－2743－0000197　14.12.－116/1283/28912－35

景岳全書　（清）張介賓著　清刻本　二十四冊

510000－2743－0000198　14.12.－116/2656/070877－80

醫學求是四卷　（清）吳達著　清光緒十年(1884)江陰吳氏刻本　四冊

510000－2743－0000199　14.12.－116/8040/75288－318

醫鈔類編二十四卷　（清）藻稼江編　清道光十年(1830)奉新許氏刻本　二十六冊

510000－2743－0000200　14.12.－117./0033/13436－37

中西醫解二卷　唐宗海著　清光緒二十五年(1899)四川成都刻本　二冊

510000－2743－0000201　14.12.－117./1014B

成都中醫藥大學圖書館古籍普查登記目錄

293

潛齋醫書五種　（清）王士雄撰　清光緒三十年(1904)石印本　八冊

510000－2743－0000202　14.12.－117./4054/290－5

東垣十書　（明）□□輯　清光緒三十三年(1907)上海書局石印本　六冊

510000－2743－0000203　14.12.－117./4410.1/066291－8

中外醫書八種　（清）□□編　清光緒三十年(1904)文匯堂刻本　八冊

510000－2743－0000204　14.12.－117./4470/2921－48/2951－60

薛氏醫按二十四種　（明）吳琯輯　清書業堂刻本　三十七冊

510000－2743－0000205　14.12.－117./7773/70533－86、70591－93、70597－604

周氏醫學叢書三十二種　（清）周學海編　清光緒十七年至宣統三年(1891－1911)池陽周氏刻本　六十五冊　存二十九種二百二十七卷(本艸經三卷、本艸經疏三十卷、脈經十卷、脈訣刊誤集解二卷附錄一卷、增輯難經本義二卷、中藏經三卷附方一卷、內照法一卷、巢氏諸病源候總論五十卷、脈因證治四卷、小兒藥證直訣三卷附方一卷、閻氏小兒方論一卷、小兒斑疹備急方論一卷、脈義簡摩八卷、脈簡補義二卷、診家直訣二卷、辨脈平脈章句二卷、內經評文素問二十四卷遺篇一卷靈樞十二卷、診家樞要一卷附錄一卷、藏府標本藥式一卷、三消論一卷、溫熱論一卷、幼科要畧二卷、金匱鉤玄三卷、評註史載之方二卷、慎柔五書五卷、韓式醫通二卷、傷寒補例二卷、形色外診簡摩二卷、重訂診家直訣二卷)

510000－2743－0000206　14.12.－117.1/4054(6)166316－21

東垣十書　（明）□□輯　清光緒三十三年(1907)上海書局石印本　六冊

510000－2743－0000207　14.12.－117.3/4444/117440－3

黃氏醫書八種　（清）黃玉璐撰　清光緒三十年(1904)上海圖書集成印書局鉛印本　四冊

510000－2743－0000208　14.12.－117.3/4444/204082－5

黃氏醫書八種　（清）黃玉璐撰　清宣統元年(1909)上海江左書林石印本　四冊

510000－2743－0000209　14.12.－117/2645/92282－97

醫述十六卷　（清）程杏軒著　清刻本　十六冊

510000－2743－0000210　14.12.－117/4400/5419－5448

薛氏醫案二十四種　（明）薛己撰　清刻本　三十冊　缺一種三卷(外科精要一至三)

510000－2743－0000211　14.12.12(02)/1174.1/000011119

黃帝內經素問二十四卷　（清）張志聰集注　清刻本　一冊　缺二卷(八殘、九)

510000－2743－0000212　14.12.12./2624A/66137

理瀹外治方要二十一種膏藥一卷附二十一種膏藥方藥熬法一卷　（清）吳師機著　清光緒九年(1883)江西書局刻本　一冊

510000－2743－0000213　14.12.12./2624B/65074

二十一種膏藥方藥熬法　（清）張涵中　（清）彭祖錢校　清刻本　一冊

510000－2743－0000214　14.12.12./2743/73460－73463

外治壽世方初編四卷　（清）鄒存淦輯　（清）胡增彬校　清光緒三年(1877)杭州勤藝堂刻本　四冊

510000－2743－0000215　14.12.12/0033/024633－4

中西匯通醫經精義二卷　（清）唐宗海著　清光緒三十四年(1908)成都文倫書局鉛印本　二冊

510000－2743－0000216　14.12.12/0221(2)/31915－6

增輯難經本義二卷　（戰國）秦越人(扁鵲)撰

四川省十二家收藏單位古籍普查登記目錄

(5)/73473－73480

（元）滑壽本義 （清）周學海增輯 清光緒
十七年(1891)池陽周氏刻本 二冊

510000－2743－0000217 14.12.12/0233/27371
新刊註釋素問玄機原病式二卷 （金）劉完素
撰集 （元）薛時平注釋 明金谿吳起祥刻本
一冊

510000－2743－0000218 14.12.12/1012/28361－2
類經纂要三卷追憶舊錄四川治驗醫案 （清）
虞庠輯 （清）王廷俊增注 清刻本 二冊

510000－2743－0000219 14.12.12/2624.1/65073
理瀹駢文摘要不分卷 （清）吳師機著 清光
緒三年(1877)吳縣潘敏德堂刻本 一冊

510000－2743－0000220 14.12.12/2624B/65073
理瀹駢文摘要不分卷 （清）吳師機著 清光
緒三年(1877)吳縣潘敏德堂刻本 一冊

510000－2743－0000221 14.12.12/3104（5）/
75633－75635
素問靈樞類纂約注三卷 （清）汪昂纂輯 清
刻本 三冊

510000－2743－0000222 14.12.12/622(2)/29383
黃帝內經素問二十四卷 （明）吳崐注 清刻
本 一冊 存五卷(四至八)

510000－2743－0000223 14.12.12/7235/27361
素問病機氣宜保命集三卷 （金）劉完素撰
清刻本 一冊

510000－2743－0000224 14.12.－120/100880/
066409－13
明醫雜著六卷 （明）王綸集 （明）薛己注
（明）吳玄有校 清刻本 五冊

510000－2743－0000225 14.12.－120/3477/
70868－9
太醫局諸科程文九卷 （宋）太醫局編 （清）
四庫全書館輯 清光緒四年(1878)當歸草堂
刻本 二冊

510000－2743－0000226 14.12.－120/
4343/64158
醫學讀書記三卷醫學續記一卷附靜香樓醫案

三十一條 （清）尤怡撰 清上海文瑞樓石印
本 一冊

510000－2743－0000227 14.12.－1201/2656/
091436－7 14.12.－1201/2656/091438
醫學求是二卷醫案一卷 （清）吳達著 清光
緒十一年(1885)刻本 三冊

510000－2743－0000228 14.12.－1201/
2656/091439
醫學求是二卷醫案一卷 （清）吳達著 清光
緒十一年(1885)刻本 一冊 存一卷(上)

510000－2743－0000229 14.12.－12014/
2817/166152
醫貫砭二卷 （清）徐大椿著 清半松齋刻本
一冊

510000－2743－0000230 14.12.－12014/2817/
166155－6
醫學源流論二卷 （清）徐大椿著 清半松齋
刻本 二冊

510000－2743－0000231 14.12.－12014/4414/
166223－4
葉天士醫衡二卷附薛生白日講雜記一卷
（清）葉桂著 清同治十二年(1873)正古書屋
刻本 二冊

510000－2743－0000232 14.12.－1202/
2817/75499
慎疾芻言一卷 （清）徐大椿撰 清道光二十
八年(1848)刻本 一冊

510000－2743－0000233 14.12.－12024/2817
(3)/166133
慎疾芻言一卷 （清）徐大椿撰 清半松書屋
刻本 一冊

510000－2743－0000234 14.12.－12024/2817
(3)/166134
道德經二卷 題(漢)河上公撰 清善成堂刻
本 一冊

510000－2743－0000235 14.12.－1203./
4343/85620

成都中醫藥大學圖書館古籍普查登記目錄

醫學讀書記三卷醫學續記一卷附靜香樓醫案三十一條　（清）尤怡撰　清上海文瑞樓石印本　一冊

510000－2743－0000236　14.12.1242/2817（3）/166146

難經經釋二卷　（戰國）秦越人（扁鵲）著　（清）徐大椿釋　（清）彭樹萱校　清同治三年（1864）善成堂刻本　一冊

510000－2743－0000237　14.12.125/3100/657257－259

素問靈樞類纂約注三卷　（清）汪昂纂輯　清無錫日升山房書莊刻本　三冊

510000－2743－0000238　14.12.125/3104（8）/35980－82

素問靈樞類纂約注三卷　（清）汪昂纂輯　清光緒六年（1880）紫文閣刻本　三冊

510000－2743－0000239　14.12.125/3104（8）/73512－14

素問靈樞類類纂約注三卷　（清）汪昂纂輯　清寶文堂刻本　三冊

510000－2743－0000240　14.12.125/7526/166247

靈素提要淺注三卷　（清）陳念祖集注　清末鉛印本　一冊

510000－2743－0000241　14.12.13./0114/24619

新刻小兒推拿方脈活嬰秘旨全書三卷　（明）龔雲林撰　（明）姚國禎補輯　（明）胡連壁校　清恒言堂刻本　一冊

510000－2743－0000242　14.12.－13./3151/28670－73

醫家四要四卷　（清）江誠　（清）程曦　（清）雷大震纂　清無錫日升山房刻本　四冊

510000－2743－0000243　14.12.－13./4444（1）/4910－12

四聖心源十卷　（清）黃元御著　清刻本　三冊

510000－2743－0000244　14.12.－13./4444（3）/2252－3

四聖心源十卷　（清）黃元御著　清刻本　二冊

510000－2743－0000245　14.12.－13./4444（3）/27385－88

四聖心源十卷　（清）黃元御著　清刻本　四冊

510000－2743－0000246　14.12.－13./4444（3）/8384

四聖心源十卷　（清）黃元御著　清燮穌精舍刻本　一冊　存五卷（一至五）

510000－2743－0000247　14.12.－13./4932/27881－4

趙李合璧八卷　（清）趙廷儒　（清）李環山纂　清光緒三十四年（1908）張興龍刻本　四冊

510000－2743－0000248　14.12.－13./4932/4913－6

趙李合璧八卷　（清）趙廷儒　（清）李環山纂　清光緒三十四年（1908）張興龍刻本　四冊

510000－2743－0000249　14.12.－13.1/7526（1）/0026656－8

醫學實在易八卷　（清）陳念祖著　（清）陳元犀等校　清刻本　三冊　存六卷（一至六）

510000－2743－0000250　14.12.－13.1/7526（1）/0026656－9

醫學實在易八卷　（清）陳念祖著　（清）陳元犀訂　清刻本　四冊　存六卷（一至六）

510000－2743－0000251　14.12.－13.1/7526（1）/26656－9

醫學實在易八卷　（清）陳念祖著　（清）陳元犀訂　清刻本　四冊

510000－2743－0000252　14.12.－13/0042（2）/64602－4

醫宗己任編四種　（清）楊乘六輯　清刻本　三冊

510000－2743－0000253　14.12.13/0043/064849－56

黃帝內經素問九卷　（清）高世栻注解　清光緒十三年（1887）浙江書局重刻本　八冊

四川省十一家收藏單位古籍普查登記目錄

510000－2743－0000254　14. 12. －13/1036/
3031、3033

醫方捷徑指南全書二卷　（明）王宗顯輯
（明）錢允治校　清全世堂刻本　二冊

510000－2743－0000255　14. 12. －13/2817（1）/
086572－3

醫學源流論二卷　（清）徐大椿著　（清）徐燨
校　清刻本　二冊

510000－2743－0000256　14. 12. －13/2817（2）/
4839－40

醫學源流論二卷　（清）徐大椿著　（清）徐燨
校　清刻本　二冊

510000－2743－0000257　14. 12. －13/2817.
1/75556

醫貫砭二卷洄溪道情一卷　（清）徐大椿著
清道光四年(1824)半松齋刻本　一冊

510000－2743－0000258　14. 12. －13/3124/
17000－9

醫林纂要探源十卷　（清）汪紱輯　清道光三
十年(1850)遺經堂刻本　十冊

510000－2743－0000259　14. 12. 13/7114（2）/
75349－66

**黃帝內經素問注證發微九卷黃帝內經靈樞注
證發微十卷**　（明）馬蒔注證　清光緒五年
(1879)善成堂刻本　十八冊

510000－2743－0000260　14. 12. 13/7114/18431－52

**黃帝內經素問注證發微九卷附素問補遺一卷
黃帝內經靈樞注證發微九卷**　（明）馬蒔注
清光緒五年(1879)太醫院刻本　二十二冊

510000－2743－0000261　14. 12. 13/7114/42322－33

黃帝內經素問注證發微九卷　（明）馬蒔注
清嘉慶十年(1805)古歙慎餘堂鮑氏刻本　十
二冊

510000－2743－0000262　14. 12. －13/7526/11121

醫學實在易八卷　（清）陳念祖撰　清光緒十
五年(1889)遂寧務本堂刻本　一冊　缺一卷
（一）

510000－2743－0000263　14. 12. 13/7784/071020－23

傷寒六書　（明）陶華撰　（明）朱映璧等校
清敦化堂刻本　四冊

510000－2743－0000264　14. 12. 131/4413/29041－4

醫經原旨六卷　（清）薛雪集注　清刻本
四冊

510000－2743－0000265　14. 12. 131/4730/75348

黃帝內經素問校義一卷　（清）胡澍學　清光
緒五年(1879)世澤樓刻本　一冊

510000－2743－0000266　14. 12. 14./0840. 1/
16679－84

洗冤錄詳義四卷首一卷　（清）許槤編　**洗冤
錄撫遺二卷**　（清）葛元煦著　清光緒五年
(1879)浙江刻本　六冊

510000－2743－0000267　14. 12. 14./0840. 3/
17098－103

洗冤錄四卷首一卷　（清）許槤編校　**洗冤錄
撫遺二卷**　（清）葛元煦著　清光緒二年
(1876)刻本　六冊

510000－2743－0000268　14. 12. 14./0840/1072－5

洗冤錄詳義四卷首一卷　（清）許槤編校　**洗
冤錄撫遺二卷遺補一卷**　（清）葛元煦著　清
光緒三年(1877)湖北藩署刻本　四冊

510000－2743－0000269　14. 12. 14./2282/4978

中西匯參銅人圖說一卷　（清）劉鍾衡著　清
光緒二十五年(1899)上海江南機器製造總局
石印本　一冊

510000－2743－0000270　14. 12. 14/1032. 1/5017－8

醫林改錯二卷　（清）王清任著　清道光二十
九年(1849)金陵文英堂刻本　二冊

510000－2743－0000271　14. 12. 14/1032/14145－6

醫林改錯二卷　（清）王清任著　清刻本
二冊

510000－2743－0000272　14. 12. 14/1032/24620

醫林改錯二卷　（清）王清任著　清刻本
一冊

510000－2743－0000273　14. 12. 14/1032/30380－81

成都中醫藥大學圖書館古籍普查登記目錄

醫林改錯二卷　（清）王清任著　清道光二十
九年（1849）宏道堂刻本　二冊

510000－2743－0000274　14.12.－14/1045/
1118－21

中西匯參醫學圖說不分卷　（清）王有忠編輯
清光緒三十二年（1906）上海樂羣圖書局石
印本　四冊

510000－2743－0000275　14.12.14/6036/3256－8

臟腑圖說症治合璧三卷　（清）羅定昌撰　清
光緒三十年（1904）文滙堂刻本　三冊

510000－2743－0000276　14.12.14/7140（6）/
42389－93

重刊補註洗冤錄集證五卷　（清）王又槐增輯
李觀瀾補輯　續增洗冤錄辨正三卷　（清）
瞿中溶撰　（清）李璋煜重訂　清石印本
五冊

510000－2743－0000277　14.12.14/7140/085619

重刊補註洗冤錄集證五卷　（清）王又槐增輯
李觀瀾補輯　續增洗冤錄辨正三卷　（清）
瞿中溶撰　（清）李璋煜重訂　清光緒三十三
年（1907）石印本　一冊

510000－2743－0000278　14.12.14/7140/27588－9

補註洗冤錄集證四卷附檢骨圖格一卷　（清）
王又槐輯　清刻本　二冊

510000－2743－0000279　14.12.14/8230/
17104－107

重刊補註洗冤錄集證五卷附作吏要言一卷
（清）王又槐輯　清道光二十三年（1843）三色
套印本　四冊

510000－2743－0000280　14.12.14/8230/8346－49

補註洗冤錄集證五卷附檢骨圖格一卷　（清）
王又槐增輯　李觀瀾補輯　清同治四年
（1865）粵東省署重刻本　四冊

510000－2743－0000281　14.12.141/7556（1）/
11269－70

經脈圖考四卷　（清）陳惠疇著　清光緒四年
（1878）貴州巡撫部院刻本　二冊

510000－2743－0000282　14.12.141/7556/
070527－30

經脈圖考四卷　（清）陳惠疇著　清刻本
四冊

510000－2743－0000283　14.12.15/0846/29417－21

外科證治全書五卷末一卷　（清）許克昌
（清）畢法輯　清光緒二十六年（1900）學道街
刻本　五冊

510000－2743－0000284　14.12.－153/3124/
123359－123360

家傳醫學入門二卷　（清）江秉乾編　清宣統
三年（1911）師古堂刻本　二冊

510000－2743－0000285　14.12.－16

儒門事親十五卷　（金）張從正撰　（明）吳勉
學校　清刻本　二冊

510000－2743－0000286　14.12.－16./1112/
29547－52

儒門事親十五卷　（金）張從正撰　（明）吳勉
學校　清宣統二年（1910）上海千頃堂書局石
印本　六冊

510000－2743－0000287　14.12.－16./1112/
29895－29900

儒門事親十五卷　（金）張從正撰　（明）吳勉
學校　清宣統二年（1910）上海千頃堂書局石
印本　六冊

510000－2743－0000288　14.12.－16./1112/
30216－21

儒門事親十五卷　（金）張從正撰　（明）吳勉
學校　清宣統二年（1910）上海千頃堂書局石
印本　六冊

510000－2743－0000289　14.12.－16./3146（1）/
28824－42

馮氏錦囊秘錄八種　（清）馮兆張纂　清末刻
本　十九冊

510000－2743－0000290　14.12.－16./3146/
064109－27

馮氏錦囊秘錄八種　（清）馮兆張纂輯　清刻
本　十九冊　存五種三十四卷（痘疹全集十

四川省十一家收藏單位古籍普查登記目錄

五卷、女科精要三卷、外科大小合參一卷,藥
按一卷、雜症大小合參十四卷)

510000－2743－0000291　14.12.－16./
3146/5079－91
馮氏錦囊秘錄八種　（清）馮兆張纂輯　清大
文堂刻本　十三冊

510000－2743－0000292　14.12.－16./3485(1)/
18267－86
沈氏尊生書五種　（清）沈金鰲撰　清宣統元
年(1909)石印本　二十冊

510000－2743－0000293　14.12.－16./3485(1):
1/28967－90
沈氏尊生書五種　（清）沈金鰲撰　清光緒二
十一年(1895)上海圖書集成印書局鉛印本
二十四冊

510000－2743－0000294　14.12.－16./3485(2)/
17072－97
沈氏尊生書五種　（清）沈金鰲撰　清同治十
三年(1874)湖北崇文書局刻本　二十六冊

510000－2743－0000295　14.12.－16./3485(2)/
28501－26
沈氏尊生書五種　（清）沈金鰲撰　清同治十
三年(1874)湖北崇文書局刻本　二十六冊

510000－2743－0000296　14.12.－16./3485/3702－
10、12－25、30
沈氏尊生書五種　（清）沈金鰲撰　清光緒二
十一年(1895)上海圖書集成印書局鉛印本
二十四冊

510000－2743－0000297　14.12.－16./4424(3)/
17491－5
醫宗說約六卷　（清）蔣示吉纂　清嘉慶二十
五年(1820)文發堂刻本　五冊

510000－2743－0000298　14.12.－16./
4424/2274－7
醫宗說約六卷　（清）蔣示吉纂　清榮茂堂刻
本　四冊

510000－2743－0000299　14.12.－16./4424/
26957－60
醫宗說約六卷　（清）蔣示吉纂　清藜照書屋
刻本　四冊

510000－2743－0000300　14.12.－16./
4424/3252－5
醫宗說約六卷　（清）蔣示吉纂　清藜照書屋
刻本　四冊

510000－2743－0000301　14.12.－16./4431/
18941－3
醫書滙參輯成二十四卷　（清）蔡宗玉輯　清
道光十九年(1839)刻本　三冊　存五卷(一
至五)

510000－2743－0000302　14.12.－16./4431/
26621－43
醫書滙參輯成二十四卷　（清）蔡宗玉輯　清
道光十九年(1839)刻本　二十三冊

510000－2743－0000303　14.12.－16./
4444/1593－96
金匱懸解二十二卷　（清）黄元御著　（清）徐
樹銘校　清燮龢精舍刻本　四冊

510000－2743－0000304　14.12.－16./4444/3757
玉楸藥解八卷　（清）黄元御著　清燮龢精舍
刻本　一冊

510000－2743－0000305　14.12.－16./5092－
109、5080、0657226－36
馮氏錦囊秘錄八種　（清）馮兆張纂輯　清刻
本　三十冊　存三種十三卷(痘疹全集存一
至十二、十三殘)

510000－2743－0000306　14.12.－16./
7526/1623－32
陳修園醫書三十種　（清）陳念祖撰　清光緒
三十一年(1905)上海商務印書館鉛印本　十
冊　存十種五十卷(金匱方歌括六卷、長沙方
歌括六卷。醫學實在易八卷、醫學從衆錄八
卷、女科要旨四卷、神農本草經讀四卷、醫學
三字經四卷、景岳新方砭四卷、時方妙用四
卷、時方歌括二卷)

510000－2743－0000307　14.12.－16./7526/

成都中醫藥大學圖書館古籍普查登記目錄

28577 – 8

金匱方歌括六卷 （清）陳念祖著 清光緒二十四年(1898)刻本 二冊

510000 – 2743 – 0000308 14. 12. – 16./7742/1135 – 38

簡易醫訣四卷 （清）周雲章著 清宣統元年(1909)志古堂刻本 四冊

510000 – 2743 – 0000309 14. 12. – 16./7742/1135 – 8

簡易醫訣四卷 （清）周雲章著 清宣統元年(1909)志古堂刻本 四冊

510000 – 2743 – 0000310 14. 12. – 16./7742/25863 – 25864

簡易醫訣四卷 （清）周雲章著 清宣統元年(1909)刻本 二冊 存二卷(一至二)

510000 – 2743 – 0000311 14. 12. – 16./7742/657293 – 657296

簡易醫訣四卷 （清）周雲章著 清宣統元年(1909)刻本 四冊

510000 – 2743 – 0000312 14. 12. – 16/0032（3）(b)/5142 – 5

中西匯通醫書五種二十九卷 （清）唐宗海著 清光緒三十四年(1908)千頃堂石印本 四冊 缺一種三卷(金匱要畧淺註補正七至九)

510000 – 2743 – 0000313 14. 12. – 16/0114(1)/27946 – 55

新刊醫林狀元壽世保元十卷 （明）龔雲林編 清道光二十三年(1843)致盛堂刻本 十冊

510000 – 2743 – 0000314 14. 12. – 16/0114(2)/29388 – 97

校正醫林狀元壽世保元十卷 （明）龔雲林編 清道光三年(1823)藜照書屋刻本 十冊

510000 – 2743 – 0000315 14. 12. – 16/0114(2)/29867 – 76

校正醫林狀元壽世保元十卷 （明）龔雲林編 清道光三年(1823)藜照書屋刻本 十冊

510000 – 2743 – 0000316 14. 12. – 16/0114（4）/

29070 – 9

校正醫林狀元壽世保元十卷 （明）龔雲林編 清道光三年(1823)崇順堂刻本 十冊

510000 – 2743 – 0000317 14. 12. – 16/0114/1748 – 55

增補醫林狀元壽世保元十卷 （明）龔雲林編 清宣統三年(1911)上海錦章圖書局石印本 八冊

510000 – 2743 – 0000318 14. 12. – 16/0114/65224

較正醫林狀元壽世保元十卷 （明）龔廷賢編 清廣順堂刻本 一冊 存一卷(八)

510000 – 2743 – 0000319 14. 12. – 16/0114/657159 – 60

較正醫林狀元壽世保元十卷 （明）龔廷賢編 清廣順堂刻本 二冊 存二卷(七至八)

510000 – 2743 – 0000320 14. 12. – 16/0114/657214 – 23

新刊醫林狀元壽世保元十卷 （明）龔廷賢編 （清）周亮登校 清同治十二年(1873)乾元堂刻本 十冊

510000 – 2743 – 0000321 14. 12. – 16/1029/6105/0601 – 40

六科準繩六種 （明）王肯堂輯 （清）程永培校 清光緒十八年(1892)上海圖書集成印書局鉛印本 四十冊

510000 – 2743 – 0000322 14. 12. – 16/1040/18251 – 66

唐王燾先生外臺秘要方四十卷 （唐）王燾撰 （宋）林億等進 （清）陸錫明校 （明）程衍道訂 清光緒二十四年(1898)上海圖書集成印書局鉛印本 十六冊

510000 – 2743 – 0000323 14. 12. – 16/1046/28176 – 28181

王氏醫存十七卷附新選驗方一卷 （清）王燕昌撰 清同治十三年(1874)皖城黃竹友齋刻本 六冊

510000 – 2743 – 0000324 14. 12. – 16/1046：1/17603 – 17606

四川省十一家收藏單位古籍普查登記目錄

王氏醫存十七卷附新選驗方一卷　（清）王燕昌撰　清同治十三年(1874)皖城黃竹友齋刻本　四冊

510000 － 2743 － 0000325　14. 12. － 16/1084/28704 － 15

利溥集三種　（清）王鴻驥編輯　清宣統二年(1910)閑存齋刻本　十二冊

510000 － 2743 － 0000326　14. 12. － 16/1088/13724 － 28

醫學切要全集八卷　（清）王錫鑫編輯　清光緒八年(1882)古渝蔚文山房刻本　五冊

510000 － 2743 － 0000327　14. 12. － 16/1112

儒門事親十五卷　（金）張從正撰　（明）吳勉學校　清宣統二年(1910)上海千頃堂書局石印本　十八冊

510000 － 2743 － 0000328　14. 12. － 16/1112（1）28369 － 78

儒門事親十五卷　（金）張從正著　（明）吳勉學校　清抄本　十冊

510000 － 2743 － 0000329　14. 12. － 16/1161. 1/1849 － 1874

張氏醫書七種　（清）張璐等撰　清三元堂刻本　二十六冊

510000 － 2743 － 0000330　14. 12. － 16/1283/28269 － 80

景岳全書六十四卷　（明）張介賓著　（清）魯超訂　清刻本　四十五冊

510000 － 2743 － 0000331　14. 12. 16/2817/13711 － 23

徐靈胎全集十二種　（清）徐大椿撰　清刻本　十三冊

510000 － 2743 － 0000332　14. 12. － 16/2817/28325 － 340

徐靈胎全集十二種　（清）徐大椿撰　清同治三年(1864)吳江半松齋刻本　十六冊

510000 － 2743 － 0000333　14. 12. － 16/2817/5197 － 208

徐靈胎全集十二種　（清）徐大椿撰　清同治三年(1864)善成堂刻本　十二冊

510000 － 2743 － 0000334　14. 12. － 16/2817﹔57/64306 － 23

徐靈胎醫略六書　（清）徐大椿撰　清光緒二十九年(1903)上海趙翰香居鉛印本　十八冊

510000 － 2743 － 0000335　14. 12. － 16/3102/29861 － 29866

醫學金鍼八卷　（清）陳念祖撰　（清）潘霨增輯　清光緒四年(1878)敏德堂刻本　六冊

510000 － 2743 － 0000336　14. 12. － 16/3485（1）/27299 － 27318

沈氏尊生書五種　（清）沈金鰲撰　清宣統元年(1909)石印本　二十冊

510000 － 2743 － 0000337　14. 12. － 16/4040（1）/28550 － 61

編注醫學入門內集七卷首一卷　（明）李梴編注　清光緒二十年(1894)宏道堂刻本　十二冊

510000 － 2743 － 0000338　14. 12. － 16/4040/2164 － 79

醫學入門七卷首一卷　（明）李挺編注　清嘉慶二十四年(1819)文發堂刻本　十六冊

510000 － 2743 － 0000339　14. 12. － 16/4054/27595 － 600

合鐫增補士材三書　（明）李中梓著　（清）尤乘增輯　清刻本　六冊

510000 － 2743 － 0000340　14. 12. － 16/4054/657287 － 92

合鐫增補士材三書　（明）李中梓著　（清）尤乘增補　清刻本　六冊

510000 － 2743 － 0000341　14. 12. － 16/4416/16741 － 9

醫級十卷　（清）董西園撰　清刻本　九冊　存九卷(二至十)

510000 － 2743 － 0000342　14. 12. － 16/4444. 2/8382 － 3

傷寒說意十卷首一卷　（清）黃元御著　清刻

成都中醫藥大學圖書館古籍普查登記目錄

本　二冊

510000－2743－0000343　14.12.－16/4444/1589－92、26694－5

黃氏醫書八種　（清）黃元御著　清咸豐十年（1860）長沙燮穌精舍刻本　六冊　存兩種

510000－2743－0000344　14.12.－16/4444/26880－26895

黃氏醫書八種　（清）黃元御著　清同治七年（1868）成都刻本　十六冊

510000－2743－0000345　14.12.－16/4444/3759

素靈微蘊四卷　（清）黃元御著　（清）徐樹銘校　清燮穌精舍刻本　一冊

510000－2743－0000346　14.12.－16/4444/3760－3763

黃氏醫書八種　（清）黃元御著　（清）徐樹銘校　清七曲會刻本　四冊　存一種十五卷（傷寒懸解一至十四、首一卷）

510000－2743－0000347　14.12.－16/4444/4969

玉楸藥解八卷　（清）黃元御著　清刻本　一冊

510000－2743－0000348　14.12.－16/4444/5180－5191

黃氏醫書八種　（清）黃元御著　清咸豐十年（1860）刻本　十二冊　缺一種二十二卷（金匱懸解一至二十二）

510000－2743－0000349　14.12.16/4709/070803－4

新刻太素心要二卷　（明）胡文煥校正　清刻本　二冊

510000－2743－0000350　14.12.16/5480/071383

難經一卷　（戰國）秦越人（扁鵲）撰　清康熙刻本　一冊

510000－2743－0000351　14.12.－16/6024/17480－4

醫學考辨十二卷　（清）羅紹芳纂輯　（清）羅文溥編　（清）方問經校　清羅氏粹白齋刻本　五冊

510000－2743－0000352　14.12.－16/6024/

29434－7

醫學考辨十二卷　（清）羅紹芳纂輯　（清）羅文溥編　（清）方問經校　清羅氏粹白齋刻本　四冊

510000－2743－0000353　14.12.－16/6840（1）/4946－51、5073－8

喻氏醫書三種　（清）喻昌著　清善成堂刻本　十二冊

510000－2743－0000354　14.12.－16/6840.9/28247－58

喻氏醫書三種　（清）喻昌著　清刻本　十二冊

510000－2743－0000355　14.12.－16/744（2）/26022－26031

世補齋醫書六種　（清）陸懋修撰並輯　清光緒十年（1884）刻本　十冊

510000－2743－0000356　14.12.－16/7442/657147－657154

世補齋醫書六種　（清）陸懋修撰並輯　清刻本　八冊

510000－2743－0000357　14.12.－16/7526（4）/30097

長沙方歌括六卷首一卷　（清）陳念祖著　清光緒三十四年（1908）上海章福記石印本　一冊

510000－2743－0000358　14.12.－16/7526.8/28573－6

金匱要略淺注十卷　（漢）張仲景（張機）撰（清）陳念祖集註　清光緒二十四年（1898）刻本　四冊

510000－2743－0000359　14.12.－16/7526/13871－90

陳修園醫書四十八種　（清）陳念祖撰　清光緒三十四年（1908）上海章福記書局石印本二十冊　缺一種四卷（醫學三字經一至四）

510000－2743－0000360　14.12.－16/7526/26644、26649－55

陳修園公餘醫錄六種　（清）陳念祖撰　清光

四川省十一家收藏單位古籍普查登記目錄

緒十三年（1887）務本堂仿南雅書屋刻本
八冊

510000－2743－0000361　14.12.－16/7526/
26645－8

醫學實在易八卷　（清）陳念祖著　（清）陳元
犀訂　清刻本　四冊

510000－2743－0000362　14.12.－16/7526/
26660－1

景岳新方砭四卷　（清）陳念祖著　清光緒十
五年（1889）務本堂刻本　二冊

510000－2743－0000363　14.12.－16/7526/28562－
72、79－80、93－96

陳修園醫書十種　（清）陳念祖撰　清光緒十
三年（1887）務本堂刻本　十七冊

510000－2743－0000364　14.12.－16/7526/
30078－87

陳修園醫書四十種　（清）陳念祖撰　清商務
印書館石印本　十冊　存二十三種

510000－2743－0000365　14.12.－16/7526/30088－
96、30098－9、30102－7

陳修園醫書四十八種　（清）陳念祖輯　清光
緒三十四年（1908）上海章福記石印本　十七
冊　存三十七種三十七卷（養生鏡一卷，達生
編一卷，傷寒舌鑑一卷，眼科捷徑一卷，傷寒
醫訣串解一至六，霍亂論一至二，吊腳痧方論
一卷，爛喉丹砂輯要一卷，急治喉痧要法一
卷，瘧疾論一卷，喉痧正的一卷，女科要旨一
至四，張仲景傷寒論原文淺注一至六，經驗百
病內外方一卷，洞主仙師白喉治法忌表抉微
一卷，福幼編一卷，咽喉脈證通論一卷，救迷
良方一卷，太乙神針方一卷，王洪緒先生外科
證治全生集一卷，十藥神書注釋全書一卷，急
救異痧奇方一卷，瘟疫明辨四卷附瘟疫明辨
方一卷）

510000－2743－0000366　14.12.－16/7526/
8403－18

陳修園醫書四十種　（清）陳念祖輯　清光緒
三十一年（1905）上海商務印書館石印本　十
六冊　存三十一種一百零六卷（咽喉脈證通

論一卷，洞主仙師白喉治法抉微一卷，白喉症
治養陰忌表歌括一卷，爛喉丹痧輯要一卷，急
治喉痧要法一卷，喉痧正的一卷，眼科捷徑一
卷，神農本草經讀一至四，醫學三字經一至
四，時方歌括一至二，時方妙用一至四，景岳
新方砭一至四，女科要旨一至四，達生編大意
一卷，福幼編一卷，增廣保嬰要旨一卷，引痘
略一卷，醫學實在易一至八，醫學從眾錄一至
八，靈素集注節要一至十二，金匱要略淺注一
至十，金匱方歌括一至六，長沙方歌括一至
六，張仲景傷寒論原文淺注一至六，傷寒醫訣
串解一至六，傷寒真方歌括一至六，傷寒舌鑒
一卷，王洪緒先生外科證治全生集一卷，十藥
神書注解一卷，經驗百病內外方一卷，太乙神
針方一卷）

510000－2743－0000367　14.12.－16/7742/
1135－1138

簡易醫訣四卷　（清）周雲章著　清宣統元年
（1909）刻本　四冊

510000－2743－0000368　14.12.－16/7742/14371

簡易醫訣四卷　（清）周雲章著　清宣統元年
（1909）刻本　一冊　存一卷（一）

510000－2743－0000369　14.12.－16/7742/
1553－1556

簡易醫訣四卷　（清）周雲章著　清宣統元年
（1909）刻本　四冊

510000－2743－0000370　14.12.－16/7742/1553－6

簡易醫訣四卷　（清）周雲章著　清宣統元年
（1909）刻本　四冊

510000－2743－0000371　14.12.－16/7742/
657293－657296

簡易醫訣四卷　（清）周雲章著　清宣統元年
（1909）刻本　四冊

510000－2743－0000372　14.12.－160830/
5111－5138

東醫寶鑒二十三卷總目一卷目錄二卷　（朝
鮮）許浚撰　清道光十一年（1831）富春堂刻
本　二十八冊

成都中醫藥大學圖書館古籍普查登記目錄

510000－2743－0000373　14.12.－17./1012(3)/17504－15

醫書十二種　（清）王琢崖纂輯　清寶笏樓刻本　十二冊

510000－2743－0000374　14.12.－17./1014/64097－64103

潛齋醫書五種　（清）王士雄著　清光緒二十二年(1896)上海圖書集成印書局鉛印本　七冊

510000－2743－0000375　14.12.－17.4444/055372－5

藥性二卷時方歌括二卷　（□）□□撰　清末抄本　四冊

510000－2743－0000376　14.12.17/0001/64324－6

吳醫彙講十一卷　（清）唐大烈纂　清校經山房刻本　四冊

510000－2743－0000377　14.12.－17/1012/28812－19

醫林指月十二種　（清）王琦輯　清光緒二十二年(1896)上海圖書集成印書局鉛印本　八冊

510000－2743－0000378　14.12.－17/1014/64097－64103

潛齋醫書五種　（清）王士雄撰　清光緒二十二年(1896)上海圖書集成印書局鉛印本　七冊

510000－2743－0000379　14.12.－17/1014/64346－7

隨息居重訂霍亂論四卷　（清）王士雄纂　清光緒十八年(1892)上海醉六堂刻本　二冊

510000－2743－0000380　14.12.－17/1014/64348－9

隨息居飲食譜不分卷　（清）王士雄纂　（清）陳亨校　清光緒十八年(1892)上海醉六堂刻本　二冊

510000－2743－0000381　14.12.－17/1042/26809－26820

當歸草堂醫學叢書初編十種　（清）丁丙輯

清光緒四年(1878)錢唐丁氏當歸草堂刻本　十二冊

510000－2743－0000382　14.12.－17/2573/27485－95

丹溪心法五卷附餘六種　（明）朱震亨著　清刻本　十一冊

510000－2743－0000383　14.12.－17/2600/0002991－3021

御纂醫宗金鑑十五種　（清）吳謙撰　清刻本　三十一冊

510000－2743－0000384　14.12.－17/2600/0004742－76

御纂醫宗金鑑十五種　（清）吳謙撰　清刻本　三十五冊

510000－2743－0000385　14.12.－17/2600/379－417

御纂醫宗金鑑十五種　（清）吳謙輯　清刻本　四十冊

510000－2743－0000386　14.12.－17/2600/4776－815

御纂醫宗金鑑十五種　（清）吳謙輯　清刻本　四十冊

510000－2743－0000387　14.12.－17/4054/27670－5、2186－93

東垣十書　（明）□□輯　清光緒三十四年(1908)肇經堂刻本　十六冊

510000－2743－0000388　14.12.－17/4054/8467－79、27683－85

東垣十書　（明）□□輯　清光緒三十四年(1908)肇經堂刻本　十六冊

510000－2743－0000389　14.12.－17/4054/8488、13695－99、13700－6、13708－10

東垣十書　（明）□□輯　清光緒三十四年(1908)肇經堂刻本　十六冊

510000－2743－0000390　14.12.－17/4470/725－729、731、755－759

薛氏醫案二十四種　（明）薛己撰　清刻本

四川省十一家收藏單位古籍普查登記目錄

十一冊　存十種五十一卷(外科心法七卷、外科精要三卷、立齋外科發揮八卷、明醫雜著六卷、金鏡錄圖方一卷、傷寒鈐法一卷、原機啟微二卷、外科經驗方一卷、正體驗要二卷、保嬰撮要二十卷)

510000－2743－0000391　14.12.－17/4470/731－48
薛氏醫按二十四種　(明)吳琯輯　清刻本
十八冊　存五種四十五卷(保嬰撮要五至二十、錢氏小兒直訣四卷、保嬰金鏡錄一卷、陳氏小兒痘疹方論一卷、婦人良方二十三卷)

510000－2743－0000392　14.12.－20/0043/1574
高士宗先生手授醫學真傳二卷　(清)高世拭撰　(清)王嘉嗣等撰　陳氏醫案一卷　(清)陳念祖撰　清光緒三十二年(1906)望海堂刻本　一冊

510000－2743－0000393　14.12.－20/1029/25981－6
衛濟餘編十八卷　(清)王纘堂編　清道光十六年(1836)寶翰堂刻本　六冊

510000－2743－0000394　14.12.－20/1088/28992
亞拙醫鑑不分卷　(清)王錫鑫撰　清光緒二十七年(1901)刻本　一冊

510000－2743－0000395　14.12.－20/4022/0026220－7
醫鈐八卷　(清)李舟虛著　清乾元堂刻本　八冊

510000－2743－0000396　14.12.－20/4022/27690－705
醫鈐八卷　(清)李舟虛著　清乾元堂刻本　十六冊

510000－2743－0000397　14.12.－20/4210/26688－91
景岳全書發揮四卷　(清)葉桂著　清光緒五年(1879)吳氏醉六堂刻本　四冊

510000－2743－0000398　14.12.－20/7230/1565
醫理大概約說一卷　(清)劉沅著　清光緒三十二年(1906)成都守經堂刻本　一冊

510000－2743－0000399　14.12.－20/8783/28460－28463
醫法圓通四卷　(清)鄭壽全編　清同治十三年(1874)成都劉氏刻本　四冊

510000－2743－0000400　14.12.－20/8783/28472－28475
醫法圓通四卷　(清)鄭壽全編輯　(清)易廷金校　(清)馮景奎校　清同治十三年(1874)成都刻本　四冊

510000－2743－0000401　14.12.－20/8783/28472－5
醫法圓通四卷　(清)鄭壽全編　清同治十三年(1874)成都劉氏刻本　四冊

510000－2743－0000402　14.12.－21
雅尚齋遵生八箋十九卷　(明)高濂編　明萬曆十九年(1591)高濂刻本　二十四冊

510000－2743－0000403　14.12.－21/1014/17537
隨息居飲食譜不分卷　(清)王士雄撰　清同治二年(1863)刻本　一冊

510000－2743－0000404　14.12.21/2210/028346－49
重刊巢氏諸病源候總論五十卷　(隋)巢元方撰　清光緒十二年(1886)湖北官書處刻本　四冊　存二十卷(一至二十)

510000－2743－0000405　14.12.21/2210/29102－03
重刊巢氏諸病源候總論五十卷　(隋)巢元方撰　清光緒二十二年(1896)博文書局石印本　二冊

510000－2743－0000406　14.12.－21/8224/28094－109
弦雪居重訂遵生八箋十九卷　(明)高濂編　(明)鍾惺校　明刻本　十六冊

510000－2743－0000407　14.12.23/1022/071314－9
脈經十卷　(晉)王熙撰　(明)袁表撰　明萬曆五年(1577)童文舉刻本　六冊

510000－2743－0000408　14.12.23/1022/26821－4
脈經十卷　(晉)王熙撰　清光緒二十二年(1896)新化三味堂刻本　四冊

成都中醫藥大學圖書館古籍普查登記目錄

510000－2743－0000409　14.12.23/1022/26825－8
脈經十卷　（晉）王熙撰　清光緒二十二年
(1896)新化三味堂刻本　四冊

510000－2743－0000410　14.12.23/1022/26947－50
脈經十卷　（晉）王熙撰　清光緒十七年
(1891)池陽周氏刻本　四冊

510000－2743－0000411　14.12.23/1022/2879－
83、2886
脈經十卷附錄一卷　（晉）王熙撰　清宣統元
年(1909)借月山房刻本　六冊

510000－2743－0000412　14.12.23/1088/5860－63
亞拙醫鑑不分卷　（清）王文選編　清同仁堂
刻本　四冊

510000－2743－0000413　14.12.23/1145/30288－90
太素脈訣三卷　題（明）張太素撰　清刻本
三冊

510000－2743－0000414　14.12.23/1147/29432－3
圖註脈訣辨真四卷　（晉）王叔和撰　（明）張
世賢註　清道光三年(1823)崇順堂刻本
二冊

510000－2743－0000415　14.12.23/3140/24595－6
脈訣刊誤集解二卷附錄一卷　（清）汪機著
清宣統元年(1909)刻本　二冊

510000－2743－0000416　14.12.23/3140/2884－85
脈訣刊誤集解二卷　（元）戴起宗撰　（明）朱
升節抄　（明）汪機補訂　清宣統元年(1909)
刻本　二冊

510000－2743－0000417　14.12.23/3424(1)/
2240－41
刪注脈訣規正二卷　（清）沈鏡刪注　清致盛
堂刻本　二冊

510000－2743－0000418　14.12.23/3424(3)/8352
刪注脈訣規正二卷　（清）沈鏡刪注　清道光
二十七年(1847)刻本　一冊

510000－2743－0000419　14.12.23/3424(4)/
13452－3
刪注脈訣規正二卷　（清）沈鏡刪注　清奎元

四川省十一家收藏單位古籍普查登記目錄

堂刻本　二冊

510000－2743－0000420　14.12.23/3424/13675－76
刪注脈訣規正二卷　（清）沈鏡刪注　清宣統
元年(1909)成都同文公會刻本　二冊

510000－2743－0000421　14.12.23/3424/14174－5
刪注脈訣規正二卷　（清）沈鏡刪注　清宣統
元年(1909)成都同文公會刻本　二冊

510000－2743－0000422　14.12.23/3424/657069－70
刪注脈訣規正二卷　（清）沈鏡刪注　清宣統
元年(1909)成都同文公會刻本　二冊

510000－2743－0000423　14.12.23/4061/1162
脈學奇經八脈攷一卷　（明）李時珍著　清藜
照書屋刻本　一冊

510000－2743－0000424　14.12.23/4061/27566
脈學奇經八脈攷一卷　（明）李時珍著　清天
德堂刻本　一冊

510000－2743－0000425　14.12.23/4418/25682
胎訣須知　（□）□□撰　清宣統二年(1910)
抄本　一冊

510000－2743－0000426　14.12.23/4431/28639
傷寒金鏡錄不分卷　（□）□□撰　清末抄本
一冊

510000－2743－0000427　14.12.23/4473/5061－2
三指禪三卷　（清）周學霆著　（清）歐陽輯瑞
評註　清道光三十年(1850)志遠堂刻本
二冊

510000－2743－0000428　14.12.23/4478/28638
奇經八脈病歌不分卷　（□）□□撰　清末抄
本　一冊

510000－2743－0000429　14.12.23/7318(1)/13684
脈學輯要三卷　（日本）丹波元簡著　清光緒
二十三年(1897)成都尚古堂刻本　一冊

510000－2743－0000430　14.12.23/7318/3261
脈學輯要三卷　（日本）丹波元簡著　清刻本
二冊

510000－2743－0000431　14.12.23/7340/17130－1

漢譯診病奇侅二卷附載一卷 （日本）丹波
莅庭著 清光緒十四年（1888）鉛印本
二冊

510000－2743－0000432 14.12.23/8026/11289

醫宗備要三卷 （清）曾鼎撰 清同治八年
（1869）湖北崇文書局刻本 一冊

510000－2743－0000433 14.12.2311/1022.1/
73483－6

脈經十卷 （晉）王叔和撰 清光緒十七年
（1891）池陽周氏刻本 四冊

510000－2743－0000434 14.12.2312/2733/64439

增刪四言脈訣一卷 （清）倪漢梁編 清道光
二十六年（1846）恒春堂刻本 一冊

510000－2743－0000435 14.12.2313/7793/65476－7

脈簡補義二卷 （清）周學海著 清刻本
二冊

510000－2743－0000436 14.12.2313/7793A/
64239－43

脈義簡摩八卷 （清）周學海著 清光緒二十
二年（1896）池陽周氏刻周氏醫學叢書本
五冊

510000－2743－0000437 14.12.23134/7771(8)/
166254－6

三指禪三卷 （清）周學霆撰 清光緒二十九
年（1903）文益書局刻本 三冊

510000－2743－0000438 14.12.232/2691/070884

醫學輯要四卷 （清）吳燦編 清同治七年
（1868）山陰陳氏刻本 一冊

510000－2743－0000439 14.12.3/0000/72252－75

丹溪心法附餘二十四卷首一卷 （明）方廣類
集 清寶章堂刻本 二十四冊

510000－2743－0000440 14.12.－3/1049/
17519－20

醫原二卷 （清）石芾南撰 清咸豐十一年
（1861）留耕書屋刻本 二冊

510000－2743－0000441 14.12.3/1126/18423－30

仲景全書五種 （漢）張仲景（張機）撰 清光

緒二十年（1894）成都崇文齋鄧氏刻本 八冊

510000－2743－0000442 14.12.3/1126/27412－23

仲景全書五種 （漢）張仲景（張機）撰 清光
緒二十年（1894）成都崇文齋鄧氏刻本 十
二冊

510000－2743－0000443 14.12.3/1126/657170－9

仲景全書五種 （漢）張機等撰 清光緒二十
年（1894）成都崇文齋鄧氏刻本 十冊

510000－2743－0000444 14.12.3/2573.2/
30397－400

脈因證治四卷 （元）朱震亨著 清光緒三十
三年（1907）津門醫學會刻本 四冊

510000－2743－0000445 14.12.3/2573/42345－53

丹溪心法附餘五卷附錄一卷附脈訣指掌一卷
（元）朱震亨著 （明）吳中珩校 清鱣飛堂
刻本 九冊

510000－2743－0000446 14.12.3/2573/657140－
46、657328

丹溪附餘六種 （明）吳中珩校 清隆文堂刻
本 八冊

510000－2743－0000447 14.12.－3/2646/17114

醫法心傳一卷 （清）程芝田著 （清）雷少逸
校 清光緒十三年（1887）養鶴山房刻本
一冊

510000－2743－0000448 14.12.－3/2646/27138

醫法心傳一卷 （清）程芝田著 （清）雷少逸
校 清光緒十一年（1885）日昇山房刻本
一冊

510000－2743－0000449 14.12.－3/2817/25711

醫貫砭二卷 （清）徐大椿著 清半松齋刻本
一冊

510000－2743－0000450 14.12.－3/2817/
30110－11

醫學源流論二卷 （清）徐大椿著 清半松齋
刻本 二冊

510000－2743－0000451 14.12.3/4033/17524－27

醫綱提要八卷 （清）李宗源撰 清李光明莊

成都中醫藥大學圖書館古籍普查登記目錄

刻本　四册

510000－2743－0000452　14.12.3/4054/073552－3

病機沙篆二卷　（明）李中梓撰　清刻本
二册

510000－2743－0000453　14.12.－3/4054/1117

東垣先生此事難知集二卷　（明）吳勉學校
清石印本　一册

510000－2743－0000454　14.12.3/4414/178425－6

醫效祕傳三卷　（清）葉桂撰　（清）吳金壽校
清道光十一年（1831）刻本　二册

510000－2743－0000455　14.12.－3/4414/
24729－30

葉選醫衡二卷　（清）葉桂選定　清宣統二年
（1910）文瑞樓石印本　二册

510000－2743－0000456　14.12.－3/4414/
25996－97

葉氏醫衡二卷附薛生白日講雜記一卷　（清）
葉桂輯　清同治十二年（1873）正古書屋刻本
二册

510000－2743－0000457　14.12.3/4414/29570

醫效祕傳三卷　（清）葉桂撰　（清）吳金壽校
清石印本　一册

510000－2743－0000458　14.12.3/4414/5386－7

醫效祕傳三卷附溫熱贅言一卷　（清）葉桂撰
（清）吳金壽校　清刻本　二册

510000－2743－0000459　14.12.3/4435/66479－80

醫畧十三卷　（清）蔣寶素撰　清快志堂刻本
二册

510000－2743－0000460　14.12.3/4612/28356

失血大法一卷　（清）楊西山撰　（清）劉根文
參訂　清成都守經堂刻本　一册

510000－2743－0000461　14.12.3/4612/66290

失血大法一卷　（清）楊西山撰　（清）劉根文
參訂　清成都守經堂刻本　一册

510000－2743－0000462　14.12.3/5524.1/66416－7

醫醇賸義四卷　（清）費伯雄撰　清光緒三年
（1877）刻本　二册

510000－2743－0000463　14.12.3/5524.2/66084－7

醫醇賸義四卷　（清）費伯雄著　（清）費應蘭
編　清同治二年（1863）刻本　四册

510000－2743－0000464　14.12.3/5524.3/66414－5

醫醇賸義四卷　（清）費伯雄著　（清）費應蘭
編　清光緒二十年（1894）上海圖書集成印書
局鉛印本　二册

510000－2743－0000465　14.12.－3/6013/17523

醫學一得一卷　（清）呂承源撰　清刻本
一册

510000－2743－0000466　14.12.3/6840(3)/5961－7

醫門法律六卷　（清）喻昌著　清乾隆黎川陳
守誠刻本　七册

510000－2743－0000467　14.12.3/6840.1/1611－6

醫門法律六卷　（清）喻昌著　清光緒石印本
六册

510000－2743－0000468　14.12.3/6840.1/25840－2

醫門法律六卷　（清）喻昌著　清光緒石印本
三册

510000－2743－0000469　14.12.3/6840.1/3783－5

醫門法律六卷　（清）喻昌著　清簡青齋書局
石印本　三册

510000－2743－0000470　14.12.3/6840.3/1087－94

醫門法律六卷　（清）喻昌著　清光緒二十年
（1894）上海圖書集成印書局鉛印本　八册

510000－2743－0000471　14.12.3/6840.5/166225－8

醫門法律四卷　（清）喻昌著　清光緒二十四
年（1898）上海掃葉山房石印本　四册

510000－2743－0000472　14.12.3/6840/27616－21

醫門法律六卷　（清）喻昌著　清光緒三十一
年（1905）新化三味書局刻本　六册

510000－2743－0000473　14.12.3/7530/100361

藥證忌宜一卷　（清）陳澈編輯　清末抄本
一册

510000－2743－0000474　14.12.31./7538/28033－44

辯證錄十四卷洞垣全書脈訣闡微一卷　（清）
陳士鐸撰　清咸豐四年（1854）新華齋刻本

四川省十一家收藏單位古籍普查登記目錄

十二冊

510000-2743-0000475　14.12.31/0028/1082-6

醫門棒喝二集九卷　（漢）張仲景（張機）原文
（清）章楠編注　清刻本　五冊　存八卷
（二至九）

510000-2743-0000476　14.12.31/0028/204052-6

醫門棒喝初集四卷二集九卷　（清）章楠撰
清宣統元年（1909）蠡城三友益齋石印本
五冊

510000-2743-0000477　14.12.31/0028/27429-38

醫門棒喝初集四卷二集九卷　（清）章楠編
清宣統元年（1909）三蠡城友益齋石印本
十冊

510000-2743-0000478　14.12.31/0028/27730

醫門棒喝初集四卷二集九卷　（清）章楠編
清宣統元年（1909）三蠡城友益齋石印本
一冊

510000-2743-0000479　14.12.31/0028/30256-63

醫門棒喝初集四卷二集九卷　（漢）張仲景
（張機）撰　（清）章楠編注　清宣統元年
（1909）三蠡城友益齋石印本　八冊

510000-2743-0000480　14.12.31/0028-2/
30113-5

醫門棒喝初集四卷二集九卷　（清）章楠撰
清刻本　三冊　存三卷（二至四）

510000-2743-0000481　14.12.31/0033(1)/
068567-72

傷寒論淺注補正七卷　（漢）張仲景（張機）撰
（清）陳念祖淺註　（清）唐宗海補正　清光
緒二十六年（1900）成都兩義堂刻本　六冊

510000-2743-0000482　14.12.31/0033/27622-27

傷寒論淺註補正七卷　（漢）張仲景（張機）撰
（清）陳念祖淺註　（清）唐宗海補正　清光
緒二十六年（1900）成都兩義堂刻本　六冊

510000-2743-0000483　14.12.31/0033/5404-7

傷寒論淺註補正七卷　（漢）張仲景（張機）撰
（清）陳念祖淺註　（清）唐宗海補正　清光

緒三十四年（1908）上海千頃堂書局石印本
四冊

510000-2743-0000484　14.12.31/0700/17607-12

仲景傷寒補亡論二十卷　（宋）郭雍撰　清道
光吳郡張金彪局刻本　六冊

510000-2743-0000485　14.12.31/1019/26015-20

傷寒證治準繩八卷　（明）王肯堂輯　（清）程
永培校　清光緒十八年（1892）上海圖書集成
印書局鉛印本　六冊

510000-2743-0000486　14.12.31/1029/1876-83

傷寒證治準繩八卷　（明）王肯堂撰　清九思
堂刻本　八冊

510000-2743-0000487　14.12.31/1043/073464-7

傷寒撮要四卷　（清）王夢祖輯注　清光緒六
年（1880）張琮刻本　四冊

510000-2743-0000488　14.12.31/1102/26032

傷寒舌鑑一卷　（清）張登纂　（清）邵之鵬校
清刻本　一冊

510000-2743-0000489　14.12.31/1102/26033

傷寒舌鑑一卷　（清）張登纂　清光緒四年
（1878）刻本　一冊

510000-2743-0000490　14.12.31/1102/28750

石頑老人診宗三味不分卷　（清）張登撰　**傷
寒兼證析義一卷**　（清）張倬著　清光緒三十
三年（1907）石印本　一冊

510000-2743-0000491　14.12.31/1121(2)/
064369-74

傷寒論七卷　（漢）張仲景（張機）著　（晉）
王叔和撰次　（金）成無己注　（清）張遂辰參
清文瀚樓刻本　六冊

510000-2743-0000492　14.12.31/1123.6/
28069-76

傷寒分經十卷　（漢）張仲景（張機）著
（清）喻昌注　（清）吳儀洛訂　清乾隆三十一
年（1766）吳儀洛利濟堂刻本　八冊

510000-2743-0000493　14.12.31/1126(4)/
28132-39

傷寒分經十卷　（漢）張仲景（張機）著
（清）喻昌注　（清）吳儀洛訂　清乾隆三十一
年（1766）吳儀洛利濟堂刻本　八冊

510000－2743－0000494　14. 12. 31/1126/
27324－－5

傷寒論讀本二卷首一卷　（□）□□撰　清同
治七年（1868）刻本　二冊

510000－2743－0000495　14.12.31/1126/27813－17

傷寒分經十卷　（漢）張仲景（張機）著
（清）喻昌注　（清）吳儀洛訂　清乾隆三十一
年（1766）吳儀洛利濟堂刻本　五冊

510000－2743－0000496　14.12.31/1140（2）/
29335－338

註解傷寒論十卷　（漢）張仲景（張機）述
（晉）王叔和撰　（金）成無己注解　清光緒六
年（1880）掃葉山房刻本　四冊

510000－2743－0000497　14. 12. 31/1140/30167－68

注解傷寒論十卷附傷寒明理論四卷　（漢）張
仲景（張機）述　（晉）王叔和撰　（金）成無
己注解　清同治四年（1865）聚錦堂刻本
二冊

510000－2743－0000498　14. 12. 31/1161（A）/
70769－70

傷寒緒論二卷　（清）張璐纂　清光緒二十年
（1894）上海圖書集成印書局鉛印本　二冊

510000－2743－0000499　14. 12. 31/1161－128420－
1/28527－9

傷寒讚論三卷　（清）張璐詮次　清刻本
五冊

510000－2743－0000500　14. 12. 31/1162/26145

傷寒緒論二卷　（清）張璐撰　清光緒石印本
一冊　存一卷（下）

510000－2743－0000501　14. 12. 31/1162/26146－7

傷寒纘論二卷　（清）張璐纂　清光緒石印本
二冊

510000－2743－0000502　14. 12. 31/1162/26149

傷寒兼證析義不分卷　（清）張倬著　清光緒

三十三年（1907）上海書局石印本　一冊

510000－2743－0000503　14.12.31/1174/068758－63

傷寒論六卷　（清）張志聰注　（清）高世栻纂
集　清咸豐六年（1856）刻本　四冊

510000－2743－0000504　14.12.31/1174/29096－8

傷寒論本義一卷　（清）張志聰注釋　清咸豐
六年（1856）刻本　三冊

510000－2743－0000505　14.12.31/1180/070608－10

傷寒論直解六卷　（清）張錫駒注解　清光緒
十一年（1885）福州醉經閣刻本　三冊　存三
卷（四至六）

510000－2743－0000506　14. 12. 31/129（1）/
031019－20、031023－4

傷寒証治準繩八卷　（明）王肯堂撰　（清）程
永培校　清刻本　四冊　存四卷（三至四、七
至八）

510000－2743－0000507　14.12.31/129（2）/31917－
8、31921－2

傷寒證治準繩六卷　（明）王肯堂輯　（清）程
永培校　清乾隆修敬堂刻本　四冊　缺二卷
（三至四）

510000－2743－0000508　14.12.31/1710/062676－7

張仲景傷寒原文點精二卷　（清）孟承意著
（清）董春等校　清同治十三年（1874）覃懷董
氏刻本　二冊

510000－2743－0000509　14.12.31/2150/066128－33

傷寒論集注四卷　（清）熊壽試編　清同治三
年（1864）瑞靄堂刻本　六冊

510000－2743－0000510　14. 12. 31/2573（4）/
075654－6

金匱鉤玄三卷　（元）朱震亨撰　（明）戴思恭
補　（清）周學海評注　清刻本　三冊

510000－2743－0000511　14.12.31/2574/27573－6

活人書二十卷目錄一卷　（宋）朱肱撰　（明）
徐鎔校正　清光緒二十三年（1897）儒林堂刻
本　四冊

510000－2743－0000512　14. 12. 31/2574/27577－82

四川省十一家收藏單位古籍普查登記目錄

活人書二十卷目錄一卷　（宋）朱肱撰　（明）徐鎔校正　清光緒二十三年(1897)儒林堂刻本　六冊

510000－2743－0000513　14.12.31/2574/3060－3

活人書二十卷目錄一卷　（宋）朱肱撰　（明）徐鎔校正　清光緒二十三年(1897)儒林堂刻本　四冊

510000－2743－0000514　14.12.31/2623/75335－42

傷寒分經十卷　（漢）張仲景（張機）著　（清）喻昌注　（清）吳儀洛訂　清乾隆三十一年(1766)吳儀洛利濟堂刻本　八冊

510000－2743－0000515　14.12.31/2634/5153、11295

仲景存真集二卷　（清）陳念祖著　清光緒八年(1882)合州文星堂刻本　二冊

510000－2743－0000516　14.12.31/2643（3）/073286－93

感症寶筏四卷　（清）吳貞撰　清宣統三年(1911)明強書藥局鉛印本　八冊

510000－2743－0000517　14.12.31/2643/28662－5

傷寒指掌四卷　（清）吳貞撰　（清）吳鈞校輯　清嘉慶十二年(1807)刻本　四冊

510000－2743－0000518　14.12.31/2700/17596

傷寒審證表　（清）包誠纂　清同治十年(1871)崇文書局刻本　一冊

510000－2743－0000519　14.12.31/2700/42361

傷寒審證表　（清）包誠纂　清同治十年(1871)崇文書局刻本　一冊

510000－2743－0000520　14.12.31/2700/62674

傷寒審證表一卷　（清）包誠纂輯　清同治十年(1871)湖北崇文書局刻本　一冊

510000－2743－0000521　14.12.31/2817（2）/28187－90

傷寒論類方四卷　（清）徐大椿編　清同治五年(1866)蘇州振新書社刻本　四冊

510000－2743－0000522　14.12.31/2817/17547－50

增輯傷寒論類方四卷　（清）徐大椿編　（清）潘蔚增輯　長沙方歌括六卷　（清）陳念祖撰　（清）潘蔚增輯　清同治五年(1866)刻本　四冊

510000－2743－0000523　14.12.31/2817/28187－90

增輯傷寒論類方四卷　（清）徐大椿編　（清）潘蔚增輯　長沙方歌括六卷　（清）陳念祖撰　（清）潘蔚增輯　清同治五年(1866)刻本　四冊

510000－2743－0000524　14.12.31/3081/070819

傷寒類證三卷　（金）宋雲公撰　清光緒二十年(1894)崇文齋刻本　一冊

510000－2743－0000525　14.12.31/3485/28015－20

沈氏尊生書五種　（清）沈金鰲輯　清刻本　六冊

510000－2743－0000526　14.12.31/4102/11129

傷寒論注四卷　（漢）張仲景（張機）原文　（清）柯琴編注　清刻本　一冊　存一卷(三)

510000－2743－0000527　14.12.31/4102/1900、1897

傷寒來蘇集　（清）柯琴著　清刻本　二冊

510000－2743－0000528　14.12.31/4102/1901、1894

傷寒來蘇集　（清）柯琴著　清刻本　二冊

510000－2743－0000529　14.12.31/4102/27233－8

傷寒來蘇集三種　（清）柯琴編　（清）馬中驊校　清刻本　六冊

510000－2743－0000530　14.12.31/4102/2877

傷寒論翼二卷　（清）柯琴著　清刻本　一冊

510000－2743－0000531　14.12.31/4102/2878

傷寒附翼二卷　（清）柯琴編　（清）馬中驊校　清刻本　一冊

510000－2743－0000532　14.12.31/4102/31925－9

傷寒來蘇集三種　（清）柯琴編　（清）馬中驊校　清上海文瑞樓石印本　五冊

510000－2743－0000533　14.12.31/4102/5376－7

傷寒來蘇集　（清）柯琴著　清刻本　二冊

成都中醫藥大學圖書館古籍普查登記目錄

510000－2743－0000534　14.12.31/4109.1/4816－9

傷寒來蘇集三種　（清）柯琴編　（清）馬中驥校　清弘仁會刻本　四冊　存一種四卷（傷寒論註一至四）

510000－2743－0000535　14.12.31/4109.2/4820－1

傷寒來蘇集三種　（清）柯琴編　（清）馬中驥校　清刻本　二冊　存一種二卷（傷寒附翼一至二）

510000－2743－0000536　14.12.31/4109.2/4822－3、1898－9、1895－6

傷寒來蘇集三種　（清）柯琴編　（清）馬中驥校　清務本堂刻本　六冊　存二種六卷（傷寒論翼一至二，傷寒論註一至四）

510000－2743－0000537　14.12.31/4109/70759－64

傷寒來蘇集三種　（清）柯琴編　（清）馬中驥校　清蘇州掃葉山房刻本　五冊

510000－2743－0000538　14.12.31/4121.1（1）/28057－62

傷寒瘟疫條辨六卷　（清）楊璿撰　清刻本　六冊

510000－2743－0000539　14.12.31/4343/29535－37

金匱心典三卷　（清）尤怡集注　清上海文瑞樓石印本　三冊

510000－2743－0000540　14.12.31/4422/17066－17071

金匱玉函經二註二十二卷附補方一卷十藥神書一卷　（元）趙以德衍義　（清）周揚俊補注　（清）葉萬青紊校　清道光十八年（1838）養恬齋刻本　六冊

510000－2743－0000541　14.12.31/4422/28311－28314

金匱玉函經二註二十二卷附補方一卷十藥神書一卷　（元）趙以德衍義　（清）周揚俊補注　（清）葉萬青紊校　清道光十八年（1838）養恬齋刻本　四冊

510000－2743－0000542　14.12.31/4444（2）/3765－3767

金匱懸解二十二卷　（清）黃元御著　清末刻本　三冊

510000－2743－0000543　14.12.31/4444/25867－25870

傷寒懸解十四卷首一卷末一卷　（清）黃元御著　清末刻本　四冊

510000－2743－0000544　14.12.31/4444/5019－5022

傷寒懸解十四卷首一卷末一卷　（清）黃元御著　清黃氏家塾刻本　四冊

510000－2743－0000545　14.12.31/4444/5146

傷寒說意十卷首一卷　（清）黃元御著　清末抄本　一冊

510000－2743－0000546　14.12.31/4444/75405－75407

傷寒懸解十四卷首一卷末一卷　（清）黃元御撰　清光緒二十年（1894）上海圖書集成印書局石印本　三冊

510000－2743－0000547　14.12.31/4612（4）/17643－48

傷寒瘟疫條辨六卷　（清）楊璿撰　清光緒元年（1875）黔陽藩署刻本　六冊

510000－2743－0000548　14.12.31/4612（4）/5172－5

傷寒瘟疫條辨七卷　（清）楊璿撰　清同治九年（1870）刻本　四冊

510000－2743－0000549　14.12.31/4612/30116－8

傷寒瘟疫條辨六卷　（清）楊璿撰　清光緒十五年（1889）刻本　三冊

510000－2743－0000550　14.12.31/4612/4941－5

傷寒瘟疫條辨五卷　（清）楊璿撰　清光緒四年（1878）善成堂刻本　五冊

510000－2743－0000551　14.12.31/4612/5382－5

傷寒瘟疫條辨七卷　（清）楊璿撰　（清）楊鼎編　清同治九年（1870）刻本　四冊

510000－2743－0000552　14.12.31/5042/32229－34

傷寒集註辯誣篇十卷　（清）秦克勛著　清抄本　六冊

四川省十二家收藏單位古籍普查登記目録

510000－2743－0000553　14.12.31/5344（1）/75430－3

傷寒補天石二卷續傷寒補天石二卷 （明）戈維城著　清嘉慶十六年(1811)汲綆齋刻本　四冊

510000－2743－0000554　14.12.31/5344/16894－5

傷寒補天石二卷 （明）戈維城著　清末抄本　二冊

510000－2743－0000555　14.12.31/5344/26680－3

傷寒補天石二卷續傷寒補天石二卷 （明）戈維城著　清嘉慶十六年(1811)汲綆齋刻本　四冊

510000－2743－0000556　14.12.31/6012/74960－62

傷寒尋源三卷 （清）呂震名撰　清光緒七年(1881)刻本　三冊

510000－2743－0000557　14.12.31/6012/75427－29

傷寒尋源三卷 （清）呂震名著　清光緒七年(1881)刻本　三冊

510000－2743－0000558　14.12.31/6840（10）/29339－48

傷寒論三注十八卷 （明）方有執　（清）周揚俊　（清）喻昌注　清浙江書局刻本　十冊

510000－2743－0000559　14.12.31/6840（2）/8280－8

尚論張仲景傷寒論重編三百九十七法四卷首一卷後篇四卷 （清）喻昌著　清刻本　九冊

510000－2743－0000560　14.12.31/6840（3）/27610－5

喻氏醫書三種 （清）喻昌著　清刻本　六冊

510000－2743－0000561　14.12.31/6840/066443－6

尚論張仲景傷寒論重編三百九十七法四卷首一卷 （清）喻昌著　清刻本　四冊

510000－2743－0000562　14.12.31/6840/101－2

寓意草一卷 （清）喻昌著　清文益堂刻本　二冊

510000－2743－0000563　14.12.31/6840/11300－3、11305－7

尚論張仲景傷寒論重編三百九十七法四卷首一卷後篇四卷 （清）喻昌著　清刻本　七冊

510000－2743－0000564　14.12.31/6840/2282－5

尚論張仲景傷寒論重編三百九十七法四卷首一卷 （清）喻昌著　清刻本　四冊

510000－2743－0000565　14.12.31/6840/27167－70

尚論篇四卷首一卷 （清）喻昌著　清刻本　四冊

510000－2743－0000566　14.12.31/6840/27171－4

尚論張仲景傷寒論重編三百九十七法四卷首一卷 （清）喻昌著　清刻本　四冊

510000－2743－0000567　14.12.31/6840/27176－8

尚論篇四卷首一卷 （清）喻昌撰　清刻本　四冊

510000－2743－0000568　14.12.31/6840/27179－82

尚論後篇四卷 （清）喻昌著　清刻本　四冊

510000－2743－0000569　14.12.31/7213/063597－603

傷寒論三注十八卷 （清）劉宏壁編　（清）喻嘉言　（清）方中行　（清）周禹載合注　清浙江書局刻本　七冊

510000－2743－0000570　14.12.31/7213/30970、25685－6

傷寒論三注十八卷 （清）周揚俊注　清刻本　三冊　存五卷(八至十、十五、十七)

510000－2743－0000571　14.12.31/7235/17129

傷寒標本心法類萃二卷 （金）劉元素編集　**劉河間傷寒醫鑒一卷附劉河間傷寒心要一卷** （元）馬宗素撰　清刻本　一冊

510000－2743－0000572　14.12.31/7235/27370

劉河間傷寒直格論方□□卷 （元）葛雍編　**傷寒標本心法類萃** （金）劉元素編集　**劉河間傷寒醫鑒** （元）馬宗素撰　清刻本　一冊

510000－2743－0000573　14.12.31/7237/25750－25753

劉河間傷寒三書 （金）劉完素撰　清宣統元年(1909)上海千頃堂書局石印本　四冊

成都中醫藥大學圖書館古籍普查登記目録

510000－2743－0000574　14.12.31/7237/
25754－25747

劉河間傷寒六書　（金）劉完素撰　清宣統元
年(1909)上海千頃堂書局石印本　四冊

510000－2743－0000575　14.12.31/7237/
25754－257577

**劉河間傷寒六書附河間傷寒心要一卷張子和
心境別集一卷**　（金）劉完素撰　清上海千頃
堂書局石印本　四冊

510000－2743－0000576　14.12.31/7237/42311－14

**劉河間醫學六書附傷寒心要一卷張子和心鏡
別集一卷**　（金）劉完素等撰　（明）吳勉學校
清石印本　四冊

510000－2743－0000577　14.12.31/7311/
24597－24598

傷寒明理論三卷藥方論一卷　（金）成無己撰
清刻本　二冊

510000－2743－0000578　14.12.31/7311/29320

傷寒明理論三卷藥方論一卷　（金）成無己撰
清刻本　一冊

510000－2743－0000579　14.12.31/7438/（1）/
28628－28637

**傷寒辯證四卷痘科辯證二卷藥方一卷疹科辯
證一卷痘疹二卷附種子仙方一卷**　（清）陳堯
道撰　清瀛洲書屋刻本　十冊

510000－2743－0000580　14.12.31/7438/（1）/
30274－30281

**傷寒辯證四卷痘科辯證二卷藥方一卷疹科辯
證一卷痘疹二卷附種子仙方一卷**　（清）陳堯
道撰　清瀛洲書屋刻本　八冊

510000－2743－0000581　14.12.31/7526
（4）/30100

陳修園醫書四十八種　（清）陳念祖撰　清光
緒三十四年(1908)上海章福記石印本　一冊

510000－2743－0000582　14.12.31/7526.
（7）/4935

傷寒醫訣串解六卷　（清）陳念祖著　（清）林
壽萱校　清咸豐六年(1856)五福堂刻本

一冊

510000－2743－0000583　14.12.31/7526.1/3278

傷寒真方歌括六卷　（清）陳念祖著　（清）林
壽萱校　清咸豐九年(1859)三山林氏刻本
一冊

510000－2743－0000584　14.12.31/7526.1/3770

傷寒真方歌括六卷　（清）陳念祖著　（清）林
壽萱校　清咸豐九年(1859)三山林氏刻本
一冊

510000－2743－0000585　14.12.31/7526.10/
03266－7

仲景存真集二卷　（清）陳念祖著　（清）吳懷
德編輯　清宣統三年(1911)刻本　二冊

510000－2743－0000586　14.12.31/7526/28581－4

張仲景傷寒論原文淺注六卷　（清）陳念祖集
注　清光緒二十四年(1898)長沙多文會刻本
四冊

510000－2743－0000587　14.12.31/7526/29587－88

傷寒醫訣串解六卷　（清）陳念祖著　清味根
齋刻本　二冊

510000－2743－0000588　14.12.31/7526/30145－7

傷寒醫約錄三卷　（清）陳念祖著　清二友堂
刻本南雅堂補刻本　三冊

510000－2743－0000589　14.12.31/7526/3264

傷寒真方歌括六卷　（清）陳念祖著　（清）林
壽萱校　清刻本　一冊

510000－2743－0000590　14.12.31/7526/3265

傷寒醫訣串講六卷　（清）陳念祖撰　清刻本
一冊

510000－2743－0000591　14.12.31/7526/3776－78

傷寒論淺注六卷　（清）陳念祖集注　清刻本
三冊　存五卷(一至五)

510000－2743－0000592　14.12.31/7526/5154

傷寒真方歌括六卷　（清）陳念祖著　（清）林
壽萱校　清光緒八年(1882)三山林氏刻本
一冊

510000－2743－0000593　14.12.31/7526/5159

四川省十一家收藏單位古籍普查登記目錄

傷寒醫訣串解六卷　（清）陳念祖著　清味根
齋刻本　一冊

510000－2743－0000594　14.12.31/7535/27537－48

辨證錄十四卷附洞垣全書脈訣闡微一卷
（清）陳士鐸撰　清光緒六年（1880）文奎堂刻
本　十二冊

510000－2743－0000595　14.12.31/7535/657285/
657269－81

辨證錄十四卷　（清）陳士鐸撰　清光緒十年
（1884）善成堂刻本　十四冊

510000－2743－0000596　14.12.31/7538（2）/2145－
50、11454－8

辨證錄十四卷　（清）陳士鐸著述　清同治七
年（1868）刻本　十一冊

510000－2743－0000597　14.12.31/7543/27907－9

傷寒辨證四卷　（清）陳堯道撰　（清）陳嘉績
參訂　清大道堂刻本　四冊

510000－2743－0000598　14.12.31/7548/26853－60

傷寒辨證十卷末一卷　（清）陳堯道著　清咸
豐二年（1852）聚奎堂刻本　八冊

510000－2743－0000599　14.12.31/7548/4824－31

傷寒辨證十卷　（清）陳堯道著　（清）勞鳳翔
訂　附種子仙方一卷　（清）張鵬飛校　清瀛
洲書屋刻本　八冊

510000－2743－0000600　14.12.31/7784（1）/
27064－7

新鐫陶節菴家藏秘授傷寒六書　（明）陶華撰
　清刻本　四冊

510000－2743－0000601　14.12.31/7784（2）/
28321－4

新刻陶節菴家藏秘授傷寒六書　（明）陶華撰
　（明）吳勉學校　清道光十三年（1833）文發
堂刻本　四冊

510000－2743－0000602　14.12.31/7784/27994－7

陶節庵傷寒全生集四卷　（明）朱暎璧校　清
乾隆四十七年（1782）古越尺木堂刻本　四冊

510000－2743－0000603　14.12.31/7784B/

066418－21

陶節菴傷寒全生集四卷　（明）陶華撰　（清）
葉桂評　清嘉慶眉壽堂刻本　四冊

510000－2743－0000604　14.12.31/8031/070862－3

余註傷寒論翼二卷　（清）柯琴著　清刻本
二冊

510000－2743－0000605　14.12.31/8055/11468

遂生編一卷福幼編一卷　（清）莊一夔撰　清
同治十三年（1874）刻本　一冊

510000－2743－0000606　14.12.31/8773（2）/
27990－3

再重訂傷寒集註十卷附五卷　（清）舒詔著
清文光堂刻本　四冊

510000－2743－0000607　14.12.31/8773/26837－40

重訂傷寒集註十卷　（清）舒詔著　清渝城宏
道堂刻本　四冊

510000－2743－0000608　14.12.31/8773/27803－4

六經定法一卷　（清）舒詔著　清刻本　二冊
　存五卷（十一至十五）

510000－2743－0000609　14.12.312/7526/151944－6

張仲景傷寒論原文淺注六卷　（漢）張機原文
　（清）陳念祖集注　清光緒三十三年（1907）
巴蜀善成堂刻本　三冊

510000－2743－0000610　14.12.3124/4343/
166147－50

張仲景傷寒論貫珠集八卷　（清）尤怡注　清
蘇州綠蔭堂刻本　四冊

510000－2743－0000611　14.12.3134/1092/1095－8

寒疫合編歌括四卷　（清）王光甸編輯　清同
治二年（1863）什邡徐家場樂善公所刻本
四冊

510000－2743－0000612　14.12.3134/1092/27982－5

寒疫合編歌括四卷　（清）王光甸編輯　清同
治二年（1863）什邡徐家場樂善公所刻本
四冊

510000－2743－0000613　14.12.314/8062/084754

傷寒方經解一卷　（清）姜國尹注　（清）李澄

成都中醫藥大學圖書館古籍普查登記目錄

校　清光緒十三年(1887)刻本　一册

510000－2743－0000614　14.12.3144/1011(3)/166248－9

傷寒古方通不分卷　(清)王子接注　(清)葉桂校　清上海樂善堂刻本　二册

510000－2743－0000615　14.12.3144/2817(4)/166134

傷寒論類方不分卷　(清)徐大椿編　清刻本　一册

510000－2743－0000616　14.12.315/7526(7)/151942－43

長沙方歌括六卷　(清)陳念祖著　清光緒三十三年(1907)巴蜀善成堂刻本　二册

510000－2743－0000617　14.12.3152/0822(2)/166288

張仲景註解傷寒百證歌五卷　(宋)許叔微撰　清咸豐二年(1852)藏修書屋刻本　一册

510000－2743－0000618　14.12.3154/7526A()/166102

長沙方歌括六卷傷寒真方歌括六卷急救經驗良方一卷　(清)陳念祖著　(清)陳元犀等校　清光緒十八年(1892)上海圖書集成印書局鉛印本　一册

510000－2743－0000619　14.12.32/1140/26844－5

金匱讀本二卷　(漢)張機著　清同治七年(1868)刻本　二册

510000－2743－0000620　14.12.32/2573.1/42354－7

丹溪先生金匱鈎玄三卷　(元)朱震亨撰　(明)戴思恭錄　(明)吳勉學校　清慎修堂刻本　四册

510000－2743－0000621　14.12.32/2647/075600－3

金匱要略方論本義二十二卷　(清)魏荔彤釋義　清金閶綠蔭堂刻本　四册

510000－2743－0000622　14.12.32/4343/2853－2856

金匱翼八卷　(清)尤怡集　清刻本　四册

510000－2743－0000623　14.12.32/7526

(2)/5067－70

金匱要略淺注十卷　(漢)張仲景(張機)撰　(清)陳念祖集注　清刻本　四册

510000－2743－0000624　14.12.32/7526(4)/4931－32

金匱方歌括六卷　(清)陳念祖撰　清光緒十三年(1887)五福堂刻本　二册

510000－2743－0000625　14.12.32/7526(8)/184702

金匱方歌括六卷　(清)陳念祖撰　清刻本　一册　存三卷(四至六)

510000－2743－0000626　14.12.32/7526./5058－60

金匱要略淺注十卷　(漢)張仲景(張機)撰　(清)陳念祖集注　清五福堂刻本　三册　存八卷(一至八)

510000－2743－0000627　14.12.32/7526/28995－7

金匱方歌括六卷　(清)陳念祖撰　清光緒二十四年(1898)刻本　三册

510000－2743－0000628　14.12.32/7526/3269－71

金匱方歌括六卷　(清)陳念祖撰　清刻本　三册

510000－2743－0000629　14.12.32/7526/3771－2

金匱要略淺注十卷　(漢)張仲景(張機)撰　(清)陳念祖集注　清咸豐五年(1855)閏書業堂刻本　四册

510000－2743－0000630　14.12.32/7526/3786－88

金匱要略淺注十卷　(漢)張仲景(張機)撰　(清)陳念祖集注　清刻本　三册

510000－2743－0000631　14.12.32/7526/4933－4

金匱方歌括六卷　(清)陳念祖撰　清光緒十三年(1887)五福堂刻本　二册

510000－2743－0000632　14.12.32/7526/5161－4

金匱要畧淺注十卷　(漢)張仲景(張機)原文　(清)陳念祖集注　(清)陳元犀等校　清刻本　四册

510000－2743－0000633　14.12.32/7526/555－8

金匱要略淺注十卷　(漢)張仲景(張機)撰

四川省十一家收藏單位古籍普查登記目錄

（清）陳念祖集注　清光緒十五年（1889）遂寧
務本堂刻本　四冊

510000－2743－0000634　14.12.32/7526/559－60
金匱方歌括六卷　（清）陳念祖撰　清光緒十
五年（1889）遂寧務本堂刻本　二冊

510000－2743－0000635　14.12.32124/43439(3)/
166265－72
金匱翼八卷　（清）尤怡集　清宏道堂刻本
八冊

510000－2743－0000636　14.12.33/0175/70976－79
重刻痰火點雪四卷附延年卻病妙訣一卷
（明）龔居中輯　清嘉慶九年（1804）刻本
四冊

510000－2743－0000637　14.12.33/0712/
2286－2289
證治鍼經四卷　（清）郭誠勳輯　清光緒三十
二年（1906）刻本　四冊

510000－2743－0000638　14.12.33/0840/26243
霍亂然犀說二卷　（清）許起述　（清）許玉瀛
等校　清光緒十四年（1888）刻本　一冊

510000－2743－0000639　14.12.33/1014/204065
隨息居重訂霍亂論不分卷　（清）王士雄撰
清光緒二十二年（1896）上海圖書集成印書局
鉛印本　一冊

510000－2743－0000640　14.12.33/1014/3245
霍亂論二卷　（清）王士雄撰　清光緒十七年
（1891）蒲圻但氏刻本　一冊

510000－2743－0000641　14.12.33/1220/30730－3
痢證定論大全四卷　（清）孔以立著　清光緒
三十四年（1908）什邡富興堂刻本　四冊

510000－2743－0000642　14.12.33/1220/5237－40
痢證定論大全四卷　（清）孔以立著　清光緒
九年（1883）敦厚堂刻本　四冊

510000－2743－0000643　14.12.33/2633（0）/
17022－5
痢證匯參十卷　（清）吳道源纂輯　（清）劉文
思等校　清敦厚堂刻本　四冊

510000－2743－0000644　14.12.33/2633.1
痢證匯參十卷　（清）吳道源纂輯　清崇順堂
刻本　二冊

510000－2743－0000645　14.12.33/2633.2/
26849－52
痢證匯參十卷　（清）吳道源纂輯　（清）劉文
思等校　清敦厚堂刻本　四冊

510000－2743－0000646　14.12.33/2633.2/
28656－61
痢證匯參十卷　（清）吳道源纂輯　（清）劉文
思等校　清敦厚堂刻本　十冊

510000－2743－0000647　14.12.33/2817/14161－7
蘭臺軌範八卷　（清）徐大椿著　清刻本
七冊

510000－2743－0000648　14.12.33/2817/26829－36
蘭臺軌範八卷　（清）徐大椿著　清洄溪草堂
刻本　八冊

510000－2743－0000649　14.12.33/2817/
4896－903
蘭臺軌範八卷　（清）徐大椿著　清洄溪草堂
刻本　八冊

510000－2743－0000650　14.12.33/2851/
066067－66072
張仲景金匱要略二十四卷　（清）沈明宗編注
清道光二十二年（1842）掃葉山房刻本
六冊

510000－2743－0000651　14.12.33/4034/26868－75
證治彙補八卷　（清）李用粹著　清學耕堂刻
本　八冊

510000－2743－0000652　14.12.33/4074/24603－6
證治彙補八卷　（清）李用粹著　（清）唐玉書
等校　清光緒九年（1883）刻本　四冊

510000－2743－0000653　14.12.33/4094/16986－91
證治彙補八卷　（清）李用粹著　（清）唐玉書
等校　清光緒九年（1883）刻本　六冊

510000－2743－0000654　14.12.33/6024/5854
醫學考辨十二卷　（清）羅紹芳撰　（清）羅文

成都中醫藥大學圖書館古籍普查登記目錄

溥編　清羅氏粹白齋刻本　一冊　存六卷
（一至六）

510000 - 2743 - 0000655　14.12.33/7231/29608

痢症探源一卷　（清）劉瑩輯著　清光緒二年
（1876）刻本　一冊

510000 - 2743 - 0000656　14.12.33/7526
（1）/3276 - 7

醫學從眾八卷　（清）陳念祖著　（清）陳元犀
等校　清末刻本　二冊　存七卷（一至七）

510000 - 2743 - 0000657　14.12.33/7526
（3）/1226 - 8

醫學從眾八卷　（清）陳念祖著　（清）陳元犀
等校　清光緒二十一年（1895）刻本　三冊

510000 - 2743 - 0000658　14.12.33/7526（3）/
28589 - 92

醫學從眾八卷　（清）陳念祖著　（清）陳元犀
等校　清光緒二十一年（1895）刻本　四冊

510000 - 2743 - 0000659　14.12.33/7526/27101

醫學從眾八卷　（清）陳念祖著　（清）陳元犀
等校　清光緒二十一年（1895）刻本　一冊

510000 - 2743 - 0000660　14.12.33/7526/27319 - 22

醫學從眾八卷　（清）陳念祖著　（清）陳元犀
等校　清光緒二十一年（1895）刻本　四冊

510000 - 2743 - 0000661　14.12.33/7526/28666 - 8

醫學從眾八卷　（清）陳念祖著　（清）陳元犀
等校　清光緒二十一年（1895）刻本　三冊

510000 - 2743 - 0000662　14.12.33/7526/5033 - 6

醫學從眾八卷　（清）陳念祖著　（清）陳元犀
等校　清五福堂刻本　四冊

510000 - 2743 - 0000663　14.12.33/7526/5160、
11451 - 2

醫學從眾八卷　（清）陳念祖著　（清）陳元犀
等校　清末刻本　三冊

510000 - 2743 - 0000664　14.12.331/3121
（3）/166311

理虛元鑑二卷　（明）汪綺石撰　清光緒二年
（1876）葛氏刻嘯園叢書本　一冊

四川省十二家收藏單位古籍普查登記目錄

510000 - 2743 - 0000665　14.12.336/6722/
70865 - 70866

治蠱新方不分卷　（清）路順德輯　清道光三
年（1823）廣文堂刻本　二冊

510000 - 2743 - 0000666　14.12.34.5514/64762

防疫芻言二卷附救疫速效良法一卷針刺圖說
一卷刮痧刮疹圖說一卷經驗良方一卷補遺一
卷　（清）曹廷傑著　清宣統三年（1911）吉林
印書館鉛印本　一冊

510000 - 2743 - 0000667　14.12.34.7242/1139 - 40

瘟疫論類編五卷　（清）吳有性撰　（清）劉奎
訂正　（清）劉秉錦編釋　清刻本　二冊

510000 - 2743 - 0000668　14.12.34.7242/
1142、1144

松峰說疫六卷後附備用良方一卷　（清）劉奎
著　清刻本　二冊　存六卷（松峰說疫二至
六，備用良方一卷）

510000 - 2743 - 0000669　14.12.34.7752/75504 - 5

溫熱暑疫全書四卷　（清）周揚俊輯　（清）薛
雪　（清）吳蒙校　清光緒十五年（1889）掃葉
山房刻本　二冊

510000 - 2743 - 0000670　14.12.34.8024/30813 - 6

疫證集說四卷補遺一卷　（清）余德壎撰　清
宣統三年（1911）鉛印本　四冊

510000 - 2743 - 0000671　14.12.34.8723/26247 - 8

增補瘟疫論二卷　（明）吳又可著　（清）鄭重
光補注　清光緒六年（1880）埽葉山房刻本
二冊

510000 - 2743 - 0000672　14.12.34/0747（2）/
064270 - 2

痧脹玉衡書三卷　（清）郭志邃著　清刻本
三冊

510000 - 2743 - 0000673　14.12.34/1014（1）/
14299 - 302

溫熱經緯五卷　（清）王士雄纂　（清）楊照藜
等評　清光緒二十三年（1897）刻本　四冊

510000 - 2743 - 0000674　14.12.34/1014（2）/

26965 –68

溫熱經緯五卷 （清）王士雄纂 （清）楊照藜
等評 清同治二年(1863)刻本 四冊

510000 – 2743 – 0000675 14. 12. 34/1014（2）/
26969 –72

溫熱經緯五卷 （清）王士雄纂 （清）楊照藜
等評 清同治二年(1863)刻本 四冊

510000 – 2743 – 0000676 14. 12. 34/1014
（3）/1884 –7

溫熱經緯五卷 （清）王士雄纂 （清）楊照藜
等評 清光緒八年(1882)四川新繁東湖刻本
四冊

510000 – 2743 – 0000677 14. 12. 34/1014
（3）/2254 –7

溫熱經緯五卷 （清）王士雄纂 （清）楊照藜
等評 清光緒八年(1882)四川新繁東湖刻本
四冊

510000 – 2743 – 0000678 14. 12. 34/1014
（3）/8258 –61

溫熱經緯五卷 （清）王士雄纂 （清）楊照藜
等評 清光緒八年(1882)四川新繁東湖刻本
四冊 存四卷(一至四)

510000 –2743 –0000679 14.12.34/1014/5378 –81

溫熱經緯五卷 （清）王士雄纂 （清）楊照藜
等評 清光緒二十三年(1897)刻本 四冊

510000 – 2743 – 0000680 14. 12. 34/1093.1/
5176 –5179

時病論八卷 （清）雷豐著 清刻本 四冊

510000 – 2743 – 0000681 14. 12. 34/1114/28422

傷寒兼證析義一卷 （清）張倬著 清刻本
一冊

510000 – 2743 – 0000682 14. 12. 34/1725.1/
17108 – 17011

四時病機十四卷 （清）邵登瀛輯 清刻本
四冊

510000 – 2743 – 0000683 14. 12. 34/1725/64077

四時病機十四卷附溫毒病論一卷女科歌訣六

卷 （清）邵登瀛輯 清宣統元年(1909)江南
醫學公會石印本 一冊

510000 – 2743 – 0000684 14. 12. 34/2137/69434

痎瘧論疏一卷 （明）盧之頤撰 （清）丁丙校
清光緒四年(1878)當歸草堂醫學叢書刻本
一冊

510000 – 2743 – 0000685 14. 12. 34/2146/65471 –3

傳瘰彙編三種 （清）熊立品編輯 清刻本
三冊

510000 – 2743 – 0000686 14. 12. 34/2643.12/19 –24

傷寒瘟疫條辨六卷 （清）楊璿撰 清光緒三
十三年(1907)同文公會刻本 六冊

510000 – 2743 – 0000687 14. 12. 34/2643. 2/2949 –
51、11464

溫病條辨六卷首一卷 （清）吳瑭著 清宣統
元年(1909)渭南嚴氏孝義家塾刻本 四冊

510000 – 2743 – 0000688 14. 12. 34/2643. 3/
100701 –4

溫病條辨六卷首一卷 （清）吳瑭著 清刻本
四冊

510000 – 2743 – 0000689 14. 12. 34/2643.6/3241 –4

溫病條辨六卷首一卷 （清）吳瑭著 清刻本
四冊 存二卷(一,首一卷)

510000 – 2743 – 0000690 14. 12. 34/2643/11462 –3

問心堂溫病條辨六卷 （清）吳瑭著 清刻本
二冊 缺二卷(一至二)

510000 – 2743 – 0000691 14. 12. 34/2643/5241 –4

溫病條辨六卷首一卷 （清）吳瑭著 清咸豐
九年(1859)天津孫昌重刻本 四冊

510000 – 2743 – 0000692 14. 12. 34/2643/86589 –90

溫病條辨六卷首一卷 （清）吳瑭著 清咸豐
九年(1859)天津孫昌重刻本 二冊 存三卷
(一至二,首一卷)

510000 – 2743 – 0000693 14. 12. 34/2671
（3）/4906 –7

瘟疫論二卷 （清）吳有性著 清刻本 二冊

510000 – 2743 – 0000694 14. 12. 34/2671（6）/

成都中醫藥大學圖書館古籍普查登記目錄

100707 - 8

瘟疫論二卷　（清）吳有性著　清道光二十七年(1847)郭三超刻本　二冊

510000 - 2743 - 0000695　14.12.34/2671.(1)/2248 - 9

瘟疫論二卷　（清）吳有性著　清聚奎堂刻本　二冊

510000 - 2743 - 0000696　14.12.34/2671.1/227568

瘟疫論二卷　（清）吳有性著　清刻本　二冊

510000 - 2743 - 0000697　14.12.34/2671.1/2847 - 8

瘟疫論二卷　（清）吳有性著　清光緒六年(1880)善成堂刻本　二冊

510000 - 2743 - 0000698　14.12.34/2671.3/30266 - 7

瘟疫論二卷　（清）吳有性著　（清）劉敞校　清同治八年(1869)刻本　二冊

510000 - 2743 - 0000699　14.12.34/2671.5/27809 - 12

補注瘟疫論四卷　（清）吳有性撰　（清）洪天錫補注　（清）許復科等校　清道光二年(1822)綠杉野屋刻本　四冊

510000 - 2743 - 0000700　14.12.34/2671.5/28114 - 17

補註瘟疫論四卷　（明）吳有性著　（清）洪天錫補注　（清）許復科等校　清道光二年(1822)綠杉野屋刻本　四冊

510000 - 2743 - 0000701　14.12.34/2671/25699 - 706

疫痧二症合編三種　（□）□□撰　清道光二十六年(1846)廣安九皇宮刻本　八冊

510000 - 2743 - 0000702　14.12.34/267114303 - 6

補註瘟疫論四卷　（明）吳有性撰　（清）洪天錫補注　清道光刻本　四冊

510000 - 2743 - 0000703　14.12.34/4612/25676 - 81

傷寒瘟疫條辨六卷　（清）楊璿撰　清刻本　六冊

510000 - 2743 - 0000704　14.12.34/5542/072929

治溫提要一卷　（清）曹華峯撰　清光緒十六年(1890)刻本　一冊

510000 - 2743 - 0000705　14.12.34/5542/1154

治溫提要不分卷　（清）曹華峯撰　清光緒二十四年(1898)簡州刻本　一冊

510000 - 2743 - 0000706　14.12.34/7242/030817 - 20

松峰說疫六卷　（清）劉奎輯　（清）劉秉錦校　清嘉慶四年(1799)刻本　四冊

510000 - 2743 - 0000707　14.12.34/7720/070889 - 90

六氣感證要義一卷　（清）周巖著　清光緒二十四年(1898)古越存濟堂石印本　二冊

510000 - 2743 - 0000708　14.12.34/7722/65488

六氣感證要義一卷　（清）周巖著　清光緒二十四年(1898)古越存濟堂石印本　一冊

510000 - 2743 - 0000709　14.12.34/7752/17149 - 50

溫熱暑疫全書四卷　（清）周揚俊輯　（清）薛雪　（清）吳蒙校　清光緒十五年(1889)掃葉山房刻本　二冊

510000 - 2743 - 0000710　14.12.3410/1220(2)/178415 - 18

痢疾論四卷　（清）孔毓禮輯　清道光二十七年(1847)謙益堂刻本　四冊

510000 - 2743 - 0000711　14.12.3418/4612(7)/166178 - 166182

寒溫條辨七卷附溫病壞證全篇　（清）楊璿撰　清光緒十九年(1893)江右醉芸軒刻本　五冊

510000 - 2743 - 0000712　14.12.342/0834/65076

瘟症癍疹辯證一卷　（清）許汝楫撰　清光緒十四年(1888)北京大柵欄同濟堂刻本　一冊

510000 - 2743 - 0000713　14.12.342/2671/75486 - 7

明吳又可先生瘟疫論醫門普度二卷　（清）孫以立評　（清）楊大任等校　清文淵堂刻本　二冊

510000 - 2743 - 0000714　14.12.342/4612.1/70909

瘟疫條辨摘要一卷　（清）呂田集錄　清光緒十五年(1889)浙江書局刻本　一冊

510000－2743－0000715　14.12.342/4612/64431
瘟疫條辨摘畧不分卷　（□）□□撰　清同治七年（1868）刻本　一冊

510000－2743－0000716　14.12.342/4612A（7）/166236
瘟疫條辨摘要一卷　（清）陳良佐晰義　（清）楊璿條辨　（清）呂田集録　清光緒十五年（1889）浙江書局刻本　一冊

510000－2743－0000717　14.12.342/7242/29325－29328
松峯說疫六卷附備用良方一卷　（清）劉奎撰輯　清刻本　四冊

510000－2743－0000718　14.12.342/7553.3/73503
疫痧草不分卷附痧喉闡解一卷　（清）陳耕道撰　清光緒七年（1881）同善堂刻本　一冊

510000－2743－0000719　14.12.344/2733/073554
三證指南一卷　（清）倪涵初撰　清光緒二十年（1894）績溪老魚刻本　一冊

510000－2743－0000720　14.12.345/0780/64108
痧症備要二卷　（清）郭鏸纂　清光緒六年（1880）刻本　一冊

510000－2743－0000721　14.12.345/1014（4）/27062－3
隨息居重訂霍亂論四卷　（清）王士雄纂　清光緒三十年（1904）石印本　二冊

510000－2743－0000722　14.12.345/1014（5）/30184－6
隨息居重訂霍亂論四卷　（清）王士雄纂　清刻本　三冊

510000－2743－0000723　14.12.345/1081/066432－3
痧症全書三卷　（清）林森傳授　（清）王凱編輯　（清）胡傑校訂　**痧症論一卷**　（清）胡傑輯　清光緒二年（1876）刻本　二冊

510000－2743－0000724　14.12.345/1081/076918－9
痧症全書三卷　（清）林森傳授　（清）王凱編輯　（清）胡傑校訂　**痧症論一卷**　（清）胡傑輯　清光緒二年（1876）刻本　二冊

510000－2743－0000725　14.12.345/4204/075567
霍亂新論一卷　（清）姚訓恭撰　清刻本　一冊

510000－2743－0000726　14.12.345/4410/184709
急救奇痧方　□　（□□）撰　清光緒三十一年（1905）新化三味書局刻本　一冊

510000－2743－0000727　14.12.345/4718/064236
痧症度鍼二卷　（清）胡鳳昌輯　（清）胡瀾校　清同治十二年（1873）浙江趙寶墨齋刻本　一冊

510000－2743－0000728　14.12.345/4720/75343
痧疫論一卷　（清）胡傑輯　清道光三年（1823）刻本　一冊

510000－2743－0000729　14.12.345/76914－76915
急救痧症全集三卷　（清）費山壽纂　清光緒九年（1883）笠澤三省書屋刻本　二冊

510000－2743－0000730　14.12.345/7712/064234
痧證指微一卷　（清）釋普淨著　清光緒二十二年（1896）鎮江文成堂刻本　一冊

510000－2743－0000731　14.12.348/2632/75543
鼠疫彙編一卷　（清）羅汝蘭增撰　清光緒二十六年（1900）南安縣署刻本　一冊

510000－2743－0000732　14.12.348/8024/75516
鼠疫抉微一卷　（清）余伯陶輯　清宣統二年（1910）上海瀆素盦鉛印本　一冊

510000－2743－0000733　14.12.348/8792/75515
鼠疫約編一卷　（清）羅汝蘭增輯　清光緒二十八年（1902）雙江袖梅盧石印本　一冊

510000－2743－0000734　14.12.－4/1171/17631－4
醫學辨正四卷　（清）張學醇著　（清）張克元校訂　清光緒刻本　四冊

510000－2743－0000735　14.12.43/1055.1/17640－1
疫喉淺論二卷　（清）夏春農著　清光緒五年（1879）刻本　二冊

510000－2743－0000736　14.12.43/1055/64237－8

疫喉淺論二卷附疫喉淺論治驗一卷 （清）夏
春農撰 清光緒五年(1879)刻本 二冊

510000－2743－0000737 14.12.43/1133/75517
喉科指掌六卷 （清）張宗良著 清刻本
一冊

510000－2743－0000738 14.12.43/1421/62681
白喉忌表抉微不分卷 題(清)耐修子撰 清
光緒二十九年(1903)文明堂刻本 一冊

510000－2743－0000739 14.12.43/1421/62683
白喉忌表抉微一卷 題(清)耐修子撰 清刻
本 一冊

510000－2743－0000740 14.12.43/2683/66447
痧喉闡義一卷 （清）程鏡宇著 清光緒三年
(1877)維揚從吾齋刻本 一冊

510000－2743－0000741 14.12.43/3042/
13444－13445
喉症全科紫珍集二卷 （清）朱翔宇增補 清
光緒三年(1877)刻本 二冊

510000－2743－0000742 14.12.43/4442/657286
咽喉脈證通論一卷 （□）□□輯 清光緒二
十一年(1895)石砫直隸理民府刻本 一冊

510000－2743－0000743 14.12.431/4020/75545
白喉全生集一卷 （清）李紀方輯 清光緒九
年(1883)刻本 一冊

510000－2743－0000744 14.12.432/8028/75346
爛喉痧疹輯要一卷 （□）□□著 清光緒十
八年(1892)玉壺外史刻本 一冊

510000－2743－0000745 14.12.44/1016.2/25992－3
眼科百問二卷 （清）王行沖纂 清光緒十年
(1884)善成堂刻本 二冊

510000－2743－0000746 14.12.44/1263.1/25772－3
銀海精微四卷 （唐）孫思邈輯 （清）周亮節
校 清刻本 二冊

510000－2743－0000747 14.12.44/1263.2/
75557－60
銀海精微四卷 （唐）孫思邈輯 （清）周亮節
校 清刻本 四冊

510000－2743－0000748 14.12.44/2303/27102－7
傅氏眼科審視瑤函六卷首一卷 （明）傅仁宇
纂輯 （清）林長生校補 （清）傅維藩編集
清致盛堂刻本 六冊

510000－2743－0000749 14.12.44/2303/657063－7
傅氏眼科審視瑤函六卷 （明）傅仁宇纂輯
（清）林長生校補 （清）傅維藩編集 清刻本
五冊 存五卷(二至六)

510000－2743－0000750 14.12.44/2323/3307－13
傅氏眼科審視瑤函六卷首一卷 （明）傅仁宇
纂輯 （清）林長生校補 （清）傅維藩編集
清藜照書屋刻本 六冊

510000－2743－0000751 14.12.44/2333/2965－70
傅氏眼科審視瑤函六卷首一卷 （明）傅仁宇
纂輯 （清）陳長生校 清光緒十年(1884)善
成堂刻本 六冊

510000－2743－0000752 14.12.44/2642/66122
古歙槐塘程松崖眼科一卷 （明）程玠撰 咽
喉秘集一卷 （清）潘化成編 清光緒二十年
(1894)京江寶善堂刻本 一冊

510000－2743－0000753 14.12.44/3181/70771－4
銀海指南四卷 （清）顧錫著 （清）張畹等校
清同治六年(1867)埽葉山房刻本 四冊

510000－2743－0000754 14.12.44/4010/657058
異授眼科一卷 （□）□□撰 清抄本 一冊

510000－2743－0000755 14.12.44/4420/17064
眼科揭要秋水真銓一卷 （清）黃仁麟訂 清
道光十三年(1833)花隱香巢刻本 一冊

510000－2743－0000756 14.12.44/4442/13446－9
目經大成三卷 （清）黃廷鏡撰 清刻本 四
冊 存二卷(一至二、三下)

510000－2743－0000757 14.12.44/4938.1/
25877－80
秘傳眼科龍木醫書總論十卷首一卷 （明）葆
光道人撰 清刻本 四冊

510000－2743－0000758 14.12.44/4938/3302－05
秘傳眼科龍醫書木總論十卷首一卷 （明）葆

四川省十一家收藏單位古籍普查登記目錄

光道人撰　清藜照書屋刻本　四冊

510000 – 2743 – 0000759　14.12.44/7526/27720

眼科捷徑一卷傷寒舌診一卷　（□）□□編
清末石印本　一冊

510000 – 2743 – 0000760　14.12.44/7526/27785

眼科捷徑一卷傷寒舌鑑一卷達生編一卷
（□）□□編　清光緒三十四年(1908)章福記
書局石印本　一冊

510000 – 2743 – 0000761　14.12.44/9128/17026 – 9

眼科啓蒙四卷　（清）劉一明輯　清嘉慶二十
二年(1817)榆中棲雲山刻本　四冊

510000 – 2743 – 0000762　14.12.45/1170/13870

喉證秘集二卷　（□）□□等編　清光緒九年
(1883)睿文書局刻本　一冊

510000 – 2743 – 0000763　14.12.5(0114)/2600
(8)/204071 – 8

御纂醫宗金鑒十六卷　（清）吳謙等輯　清積
德堂刻本　八冊

510000 – 2743 – 0000764　14.12.5/0175/070836 – 9

新鐫外科活人定本四卷　（明）龔居中編　清
同德堂刻本　三冊

510000 – 2743 – 0000765　14.12.5/0175/28621 – 3

新刊秘授外科百效全書六卷附經驗奇方一卷
（明）龔居中編　清宏道堂刻本　三冊

510000 – 2743 – 0000766　14.12. – 5/1770/17551 – 4

醫學摘粹八卷　（清）慶恕撰　清光緒二十三
年(1897)上海著易堂書局鉛印本　四冊

510000 – 2743 – 0000767　14.12. – 5/3210/17046 – 9

醫學金鍼八卷　（清）陳念祖撰　清光緒四年
(1878)敏德堂刻本　四冊

510000 – 2743 – 0000768　14.12. – 5/3210/
29029 – 34

醫學金鍼八卷　（清）陳念祖撰　清光緒四年
(1878)敏德堂清刻本　六冊

510000 – 2743 – 0000769　14.12. – 5/3210/
30119 – 20

醫學金鍼八卷　（清）陳念祖撰　（清）潘霨增

輯　清光緒四年(1878)敏德堂刻本　二冊

510000 – 2743 – 0000770　14.12.5/3740.1/30121 – 6

外科大成四卷　（清）祁坤輯　清善成堂刻本
六冊

510000 – 2743 – 0000771　14.12.5/3740/42291 – 4

外科大成四卷　（清）祁坤輯　清善成堂刻本
四冊

510000 – 2743 – 0000772　14.12. – 5/4410/
64144 – 45

古今良方彙編　（清）琴鶴主人編　清刻本
二冊

510000 – 2743 – 0000773　14.12.5/4412/65483

青囊全集秘旨二卷　（清）黃庭爵撰　清光緒
十二年(1886)金陵一得齋刻本　一冊

510000 – 2743 – 0000774　14.12.5/4612/28355

失血大法一卷　（□）□□撰　清末抄本
一冊

510000 – 2743 – 0000775　14.12.5/7238/66476

素問入氏運氣論奧三卷　（宋）劉溫舒撰　清
宣統三年(1911)昭文許氏抄本　一冊

510000 – 2743 – 0000776　14.12.5/7531/
24599 – 602

重訂外科正宗十二卷　（明）陳實功撰　（清）
張青萬重訂　清宏道堂刻本　四冊

510000 – 2743 – 0000777　14.12.5/7531/26034 – 45

外科正宗十二卷　（明）陳實功撰　清光緒三
十三年(1907)成都書局正字山房刻本　十
二冊

510000 – 2743 – 0000778　14.12.5/7531/4841 – 52

外科正宗十二卷　（明）陳實功撰　（清）徐大
椿評　（清）蔣光焴校　清光緒三十三年
(1907)成都書局正字山房刻本　十二冊

510000 – 2743 – 0000779　14.12.5/7531/5216 – 27

外科正宗十二卷　（明）陳實功撰　（清）徐大
椿評　清光緒三十三年(1907)成都書局正字
山房刻本　十二冊

510000 – 2743 – 0000780　14.12.51/0080/17137 – 38

成都中醫藥大學圖書館古籍普查登記目錄

瘍科臨證心得集三卷　　（清）高秉鈞纂輯
（清）吳辰燦參訂　清光緒二十七年（1901）無
錫日昇山房刻本　　二冊

510000－2743－0000781　14.12.51/0080/17139

瘍科心得集方彙三卷附家用膏丸散方一卷
（清）高秉鈞編　清刻本　　一冊

510000－2743－0000782　14.12.51/0846/13454－58

外科證治全書五卷　　（清）許克昌輯　（清）畢
法輯　清光緒二十六年（1900）成都刻本
五冊

510000－2743－0000783　14.12.51/0846/30211－5

外科證治全書五卷末一卷　　（清）許克昌輯
（清）畢法輯　清同治六年（1867）成都刻本
五冊

510000－2743－0000784　14.12.51/1022（5）/
30372－3

王洪緒先生外科證治全生五卷　　（清）王維德
撰　清同治十三年（1874）川東刻本　　二冊

510000－2743－0000785　14.12.51/1022
（6）/65058

王洪緒先生外科證治全生七卷　　（清）王維德
撰　清咸豐十一年（1861）武昌藩署刻本
一冊

510000－2743－0000786　14.12.51/1022/27793－94

外科症治全生集四卷　　（清）王維德纂輯
（清）張介祺校　清刻本　　二冊

510000－2743－0000787　14.12.51/1022B（5）/
064388－89

外科症治全生集六卷附新增馬氏試驗秘方一
卷　　（清）王維德著　（清）馬文植評　（清）
吳庚生校　清光緒九年（1883）江陰寶文堂書
莊刻本　　二冊

510000－2743－0000788　14.12.51/1600/4565－71

御纂醫宗金鑑十五種　　（清）吳謙等輯　清刻
本　　七冊　存十五卷（一、四至十六、首一卷）

510000－2743－0000789　14.12.51/2770/
65870－65873

外科眞詮二卷　　（清）鄒嶽撰　清刻本　　四冊

510000－2743－0000790　14.12.51/2770/73455－
73459、73659

外科眞詮二卷　　（清）鄒嶽撰　清同治十一年
（1872）刻本　　六冊

510000－2743－0000791　14.12.51/2782/
42295－42296

喉科杓指四卷　　（清）包永泰著　（清）包福成
校　清大文堂刻本　　二冊

510000－2743－0000792　14.12.51/3037/
25719－25824

瘡瘍經驗全書六卷　　（宋）竇漢卿輯著　清崇
順堂刻本　　六冊

510000－2743－0000793　14.12.51/3037/
25725－25730

瘡瘍經驗全書六卷　　（宋）竇漢卿輯著　清崇
順堂刻本　　六冊

510000－2743－0000794　14.12.51/3037/
29035－29040

瘡瘍經驗全書六卷　　（宋）竇漢卿輯著　清崇
順堂刻本　　六冊

510000－2743－0000795　14.12.51/3037/
5027－5032

瘡瘍經驗全書六卷　　（宋）竇漢卿輯著　清崇
順堂刻本　　六冊

510000－2743－0000796　14.12.51/3143/4726－41

瘍醫大全四十卷　　（清）顧世澄纂輯　（清）錢
之柏等校　清光緒二十七年（1901）上海圖書
集成印書局鉛印本　　十六冊

510000－2743－0000797　14.12.51/3320/30024－71

瘍醫大全四十卷　　（清）顧世澄纂輯　（清）錢
之柏等校　清刻本　　四十八冊

510000－2743－0000798　14.12.51/3715/25707－08

增訂治疗彙要三卷　　（清）過鑄著　清光緒三
十年（1904）成都官報書局鉛印本　　二冊

510000－2743－0000799　14.12.51/3715/3802－03

增訂治疗彙要三卷　　（清）過鑄著　清光緒三

十年(1904)成都官報書局鉛印本 二冊

510000-2743-0000800　14.12.51/7503/16358-73
瘍科選粹八卷 （明）陳文治輯 （明）繆希雍校 明崇禎元年(1628)刻本 十六冊

510000-2743-0000801　14.12.51/8040/073519
慈恩玉歷彙錄一卷 （清）俞大文撰 清刻本 一冊

510000-2743-0000802　14.12.513/1180/065057
刺疔捷法不分卷 （清）張鏡著 清光緒五年(1879)長州王鋆刻本 一冊

510000-2743-0000803　14.12.513/1180/71018
刺疔捷法不分卷 （清）張鏡著 清光緒五年(1879)刻長州王鋆本 一冊

510000-2743-0000804　14.12.6(014)/8442/184696-9
竹林女科證治四卷 題（清）竹林寺僧撰 清刻本 四冊 存二卷(二至三)

510000-2743-0000805　14.12.6/0000/42402
壽世編四種 （清）□□輯 清光緒十七年(1891)羅溪聚芳齋刻本 一冊

510000-2743-0000806　14.12.6/0022.2/1418-19
大生要旨五卷 （清）唐千頃撰 （清）鄧光典校 清刻本 二冊

510000-2743-0000807　14.12.6/0022/3023
增補大生要旨五卷 （清）唐千頃撰 （清）馬振蕃續增 清咸豐元年(1851)資州刻本 一冊

510000-2743-0000808　14.12.6/0022/657241-2
大生要書五卷 （清）唐千頃纂 清善成堂刻本 二冊

510000-2743-0000809　14.12.6/0114/1161
胎產秘書三卷首一卷附胎產保全神方一卷 （清）龔雲林撰 清宣統三年(1911)蔣氏重刻本 一冊

510000-2743-0000810　14.12.6/0214/1924
胎產秘書三卷首一卷附保嬰要訣一卷 （清）龔雲林撰 清咸豐十年(1860)刻本 一冊

存三卷(胎產秘書一至三)

510000-2743-0000811　14.12.6/1000/29425
達生編三卷 （清）莊在田著 清光緒三年(1877)成都文樂齋刻本 一冊

510000-2743-0000812　14.12.6/1010/064776
大生集成五卷 （清）王承謨著 清光緒十六年(1890)劉鼎臣刻本 一冊

510000-2743-0000813　14.12.6/1161/17521
產孕集二卷 （清）張曜孫撰 清同治七年(1868)蘊璞齋刻本 一冊

510000-2743-0000814　14.12.6/1161/5009
產孕集二卷 （清）張曜孫撰 清同治七年(1868)蘊璞齋刻本 一冊

510000-2743-0000815　14.12.6/1322.3/28124-31
濟陰綱目十四卷附保生碎事一卷 （明）武之望輯著 （清）張志聰訂正 （清）汪淇箋釋 清天德堂刻本 八冊

510000-2743-0000816　14.12.6/1322.4/547-54
濟陰綱目十四卷附保生碎事一卷 （明）武之望輯著 （清）汪淇箋釋 清致盛堂刻本 八冊

510000-2743-0000817　14.12.6/1322/1908-17
濟陰綱目十四卷附保生碎事一卷 （明）武之望輯著 （清）汪淇箋釋 清善成堂刻本 十冊

510000-2743-0000818　14.12.6/1725/17112
女科歌訣二卷附經驗方一卷 （清）邵登瀛輯 （清）邵炳揚述 清刻本 一冊

510000-2743-0000819　14.12.6/2350(2)/30154-5
女科仙方四卷 （清）傅山撰 （清）席樹馨等校 清光緒四年(1878)刻本 四冊

510000-2743-0000820　14.12.6/2350.1/27359-60
女科仙方四卷 （清）傅山撰 （清）席樹馨等校 清光緒四年(1878)刻本 四冊

510000-2743-0000821　14.12.6/2350.1/27893-6
女科仙方四卷 （清）傅山 清抄本 四冊

成都中醫藥大學圖書館古籍普查登記目錄

510000－2743－0000822　14.12.6/2350.10/13688

女科要旨四卷　（清）陳念祖著　清光緒二十
一年(1895)多文會刻本　一冊

510000－2743－0000823　14.12.6/2350.10/25710

女科要旨四卷　（清）陳念祖撰　清末刻本
一冊　存二卷(三至四)

510000－2743－0000824　14.12.6/2350.4/27163－66

傅青主女科二卷附產後編二卷　（清）傅山撰
清光緒九年(1883)刻本　四冊

510000－2743－0000825　14.12.6/2350.5/27－8

女科仙方四卷　（清）傅山撰　清刻本　二冊
存二卷(三至四)

510000－2743－0000826　14.12.6/2350.6/166154

產後編二卷　（清）傅山撰　清刻本　一冊

510000－2743－0000827　14.12.6/2350.7/3248

女科仙方四卷　（清）傅山撰　清刻本　一冊
存二卷(三至四)

510000－2743－0000828　14.12.6/2350.8/166153

傅青主女科二卷　（清）傅山撰　清同治八年
(1869)湖北崇文書局刻本　一冊

510000－2743－0000829　14.12.6/2350.9/9820

傅青主女科二卷　（清）傅山撰　清刻本
一冊

510000－2743－0000830　14.12.6/2350/1224－5

傅青主女科二種　（清）傅山撰　清光緒三十
一年(1905)成都書局鉛印本　二冊

510000－2743－0000831　14.12.6/2353.5/3291－95

傅青主男女科四卷附產後編二卷　（清）傅山
撰　清光緒十年(1884)刻本　五冊

510000－2743－0000832　14.12.6/3140/13671

產科心法二卷附方一卷　（清）傅山撰　清刻
本　一冊

510000－2743－0000833　14.12.6/3140/7563－4

產科心法二卷附方一卷　（清）傅山撰　清刻
本　二冊

510000－2743－0000834　14.12.6/4400.2

510000－2743－0000834　14.12.6/4400.2

女科經綸八卷　（清）蕭壎撰　清光緒十六年
(1890)掃葉山房刻本　四冊

510000－2743－0000835　14.12.6/4430.1/26021

萬氏婦女科三卷　（明）萬全撰　清光緒十五
年(1889)成都守經堂重刻本　一冊

510000－2743－0000836　14.12.6/4430.1/26253

萬氏婦女科三卷　（明）萬全撰　清光緒十五
年(1889)成都守經堂重刻本　一冊

510000－2743－0000837　14.12.6/4430.2/25712－3

萬氏婦科彙要四卷　（明）萬全撰　清道光元
年(1821)書業堂刻本　二冊

510000－2743－0000838　14.12.6/4444.1/4936

新編女科指掌五卷　（清）葉其蓁編輯　清末
上海海左書局石印本　一冊

510000－2743－0000839　14.12.6/4478.1/27340

產後另編　（清）傅山撰　清刻巾箱本　一冊

510000－2743－0000840　14.12.6/4478.2/166130

達生編一卷　（清）莊一夔編　清道光二十二
年(1842)刻本　一冊

510000－2743－0000841　14.12.6/7426/166081

女科要旨四卷　（清）陳念祖著　**十藥神書註
解一卷**　（清）葛可久編　**附霍亂論二卷**
（清）王士雄纂　清光緒十八年(1892)上海圖
書集成印書局鉛印本　一冊

510000－2743－0000842　14.12.6/7450/657243

胎產秘書三卷附保嬰要訣一卷　（清）陳笏庵
著　清善成堂刻本　一冊　存一卷(上)

510000－2743－0000843　14.12.6/7526.6/1941

女科要旨四卷　（清）陳念祖著　（清）陳元蔚
等校　清刻本　一冊

510000－2743－0000844　14.12.6/7526.6/3053

女科要旨四卷　（清）陳念祖著　清刻本
一冊

510000－2743－0000845　14.12.6/7526.7/151939

女科要旨四卷　（清）陳念祖著　（清）陳元蔚
等校　清重慶成文堂刻本　一冊

四川省十一家收藏單位古籍普查登記目錄

510000－2743－0000846　14.12.6/7700.1/13864－9

胎產心法六卷　（清）閻純璽著　清咸豐五年
(1855)西昌三官會刻本　六冊

510000－2743－0000847　14.12.6/7700.1/2264－9

胎產心法六卷　（清）閻純璽著　清咸豐五年
(1855)西昌三官會刻本　六冊

510000－2743－0000848　14.12.6/7700/5986－91

胎產心法三卷　（清）閻純璽著　（清）李廷璋
校　清同治四年(1865)敬敷堂刻本　六冊

510000－2743－0000849　14.12.6/7729/29185－6

女科輯要八卷附總論產證治方一卷　（清）周
紀常纂輯　清上海千頃堂書局石印本　二冊

510000－2743－0000850　14.12.6/8442.1/1792－93

小蓬萊山館方鈔二卷　題(清)竹林寺僧傳
清刻本　二冊

510000－2743－0000851　14.12.6/8442.1/28786

小蓬萊山館方鈔二卷　題(清)竹林寺僧傳
清光緒十年(1884)敬修堂重刻本　一冊

510000－2743－0000852　14.12.6/8442/
70920－70923

婦科秘方不分卷　題(清)竹林寺僧撰　**胎產
護生篇不分卷**　（清）李長科輯　清同治五年
(1866)秀水杜文瀾刻本　四冊

510000－2743－0000853　14.12.62/2690/
75434－75437

胎產新書三種　（清）竹林寺僧撰　（清）吳煜
校訂　清光緒十二年(1886)漢皋成娛堂刻本
四冊

510000－2743－0000854　14.12.62/3136/66448

神效烏金丸方不分卷　（清）汪邁園著　清光
緒二年(1876)揚州務本堂刻本　一冊

510000－2743－0000855　14.12.62/4013/62679

生生寶籙三卷　（清）袁于江纂集　**生生外籙
四卷**　（清）胡瀛國撰　清末鉛印本　一冊

510000－2743－0000856　14.12.62/4013/62680

生生寶籙三卷　（清）袁于江纂集　**生生外籙
四卷**　（清）胡瀛國撰　清末鉛印本　一冊

510000－2743－0000857　14.12.62/4072/64763

胎產護生篇不分卷　（清）李長科輯　（清）陸
錫禧參　清刻本　一冊

510000－2743－0000858　14.12.62/7580/
75423－75424

胎產金鍼三卷　（清）何榮撰　**胎產續要一卷**
（清）劉萊輯　清光緒二年(1876)刻本
二冊

510000－2743－0000859　14.12.63/1032/
66477－66478

廣嗣五種備要　（清）王實穎編輯　清道光刻
本　二冊

510000－2743－0000860　14.12.7/0042.1/27098

痘疹圖說一卷　（□）□□撰　清刻本　一冊

510000－2743－0000861　14.12.7/0042/27099

痘疹真傳奇書二卷　（明）高如山　（明）高堯
臣纂輯　清道光二十六年(1846)萬順堂刻本
二冊

510000－2743－0000862　14.12.7/0049/30292－3

痘麻醫案二卷　（清）齊秉慧撰　清刻本
二冊

510000－2743－0000863　14.12.7/0411.3/
064150－53

麻科保赤金丹四卷附邵氏痘科一卷　（清）謝
玉瓊撰　（清）劉阜山撰　清光緒十七年
(1891)江右保赤軒刻本　四冊

510000－2743－0000864　14.12.7/0411.3/64146－9

麻科保赤金丹四卷附邵氏痘科一卷　（清）謝
玉瓊撰　（清）劉阜山撰　清光緒十七年
(1891)江右保赤軒刻本　四冊

510000－2743－0000865　14.12.7/0812/064248－9

痘訣餘義一卷　（清）許豫和著　清末抄本
二冊

510000－2743－0000866　14.12.7/0812/64128－37

許氏幼科七種　（清）許豫和撰　清同治刻本
十冊

510000－2743－0000867　14.12.7/0821/66463

成都中醫藥大學圖書館古籍普查登記目錄

活幼珠璣二卷　（清）許佐廷撰　清同治十三年(1874)刻本　二冊

510000－2743－0000868　14.12.7/1024/73492

保嬰要言八卷首一卷　（清）王德森編　清宣統二年(1910)刻本　一冊

510000－2743－0000869　14.12.7/1028.1/29426－7

幼科鐵鏡六卷　（清）夏鼎撰　清黎照書屋刻本　二冊

510000－2743－0000870　14.12.7/1088/2012－3

幼科切要一卷附痘科切要一卷　（清）王錫鑫撰　清道光二十七年(1847)刻本　二冊

510000－2743－0000871　14.12.7/1096/62700

保嬰易知錄二卷　（清）吳溶堂輯　清光緒二十九年(1903)刻本　一冊

510000－2743－0000872　14.12.7/1099.2/100711－2

活幼心法大全九卷末一卷　（明）聶尚恒撰　清刻本　二冊

510000－2743－0000873　14.12.7/1099/24581－2

活幼心法二卷　（明）聶尚恒撰　（清）黃光會校　清道光二十二年(1842)成都刻本　二冊

510000－2743－0000874　14.12.7/1099/24607－8

重刻活幼心法大全二卷　（明）聶尚恒撰（清）黃光會校　清道光二十二年(1842)刻本　二冊

510000－2743－0000875　14.12.7/1099/24609－10

重刻活幼心法大全二卷　（明）聶尚恒撰（清）黃光會校　清道光二十二年(1842)刻本　二冊

510000－2743－0000876　14.12.7/1131.1/029064－9

種痘新書十二卷　（清）張琰編輯　清同治十年(1871)刻本　六冊

510000－2743－0000877　14.12.7/1131.2/028241－6

種痘新書十二卷　（清）張琰編輯　清刻本　六冊

510000－2743－0000878　14.12.7/1154/29010－29015

述古齋幼科新書三種　（清）張振鋆輯　清聚昌公司鉛印本　六冊

510000－2743－0000879　14.12.7/1154/29016－29021

述古齋幼科新書三種　（清）張振鋆輯　清聚昌公司鉛印本　六冊

510000－2743－0000880　14.12.7/2240/63957－58

保赤新編二卷　（清）任贊纂集　清光緒十年(1884)新會伍氏安懷堂刻本　二冊

510000－2743－0000881　14.12.7/2524.1/27338

痘疹定論四卷　（清）朱純嘏編輯　清道光七年(1827)致盛堂刻本　四冊

510000－2743－0000882　14.12.7/2524/38735－6

痘疹定論四卷　（清）朱純嘏編輯　清刻本　四冊

510000－2743－0000883　14.12.7/2544/064253

保嬰輯要一卷　（清）朱惟沅撰　清刻本　一冊

510000－2743－0000884　14.12.7/2710.1/5234

新訂小兒科臍風驚風合編一卷　（清）鮑雲韶輯　清光緒十五年(1889)刻本　一冊

510000－2743－0000885　14.12.7/2710/34689

新訂小兒科臍風驚風合編一卷　（清）鮑雲韶輯　清同治十年(1871)廣東刻本　一冊

510000－2743－0000886　14.12.7/3003/64142－3

痘疹正宗二卷　（清）宋麟祥撰　清光緒八年(1882)資善堂刻本　二冊

510000－2743－0000887　14.12.7/3435/064219－24

婦嬰三書　（清）沈金鰲撰　清同治元年(1862)醉六堂刻本　六冊

510000－2743－0000888　14.12.7/3485.1/30370－1

幼科釋謎六卷　（清）沈金鰲輯　清同治元年(1862)醉六堂刻本　二冊

510000－2743－0000889　14.12.7/4020/63965－70

天花精言六卷　（清）袁句著　清同治七年(1868)山陰陳氏刻本　六冊

510000－2743－0000890　14.12.7/4410/17128

四川省十二家收藏單位古籍普查登記目録

陳氏小兒痘疹方論一卷　（宋）陳文中撰
（明）薛己注　清刻本　一冊

510000－2743－0000891　14.12.7/4414.2/064218
遂生編一卷福幼編一卷　（清）莊一夔撰　清
光緒十年（1884）聚經堂刻本　一冊

510000－2743－0000892　14.12.7/4414.4/5046
達生編三卷　題（清）亟齋居士撰　遂生編一
卷福幼編一卷　（清）莊一夔著　清光緒元年
（1875）四川嘉定府吳師賢重刻成文齋刻本
一冊

510000－2743－0000893　14.12.7/4414/27053
達生編三卷　題（清）亟齋居士撰　遂生編一
卷福幼編一卷　（清）莊一夔著　清嘉慶十八
年（1813）刻本　一冊

510000－2743－0000894　14.12.7/4414/4555
達生編三卷　題（清）亟齋居士撰　遂生編一
卷福幼編一卷　（清）莊一夔著　清光緒元年
（1875）黔陽齋刻本　一冊

510000－2743－0000895　14.12.7/4453/17030－5
萬氏醫貫三卷　（明）萬寧撰　清同治十年
（1871）鷺門徵瑞堂石印本　六冊

510000－2743－0000896　14.12.7/4478.1/26692
小兒脈訣一卷　（□）□□撰　清末抄本
一冊

510000－2743－0000897　14.12.7/4640(3)/16464
痲科合璧不分卷　（清）楊開泰輯　清宣統三
年（1911）文倫書局鉛印本　一冊

510000－2743－0000898　14.12.7/4640（3）/c.
1/1427
痲科合璧不分卷　（清）楊開泰輯　清宣統三
年（1911）文倫書局鉛印本　一冊

510000－2743－0000899　14.12.7/4640（3）/
c2/1812
痲科合璧不分卷　（清）楊開泰輯　清宣統三
年（1911）文倫書局鉛印本　一冊

510000－2743－0000900　14.12.7/4640/c1/20575
痲科合璧不分卷　（清）楊開泰輯　清宣統三

年（1911）文倫書局鉛印本　一冊

510000－2743－0000901　14.12.7/7521.1/28259－4
幼幼集成六卷　（清）陳復正輯　清光緒二十
六年（1900）藜照書屋刻本　六冊

510000－2743－0000902　14.12.7/7521.1/
3297－301
幼幼集成六卷　（清）陳復正輯　清光緒二十
六年（1900）藜照書屋刻本　五冊　存五卷
（一、二、四至六）

510000－2743－0000903　14.12.7/7521/2058－63
鼎鍥幼幼集成六卷　（清）陳復正輯　清二酉
堂刻本　六冊

510000－2743－0000904　14.12.7/7521/5165－6
鼎鍥幼幼集成六卷　（清）陳復正輯　清刻本
二冊

510000－2743－0000905　14.12.7/7521/657161
幼幼集成六卷　（清）陳復正輯　清刻本　一
冊　存一卷（四）

510000－2743－0000906　14.12.7/7790/062678
保嬰篇一卷引痘略一卷　（清）邱熺撰　清刻
本　一冊

510000－2743－0000907　14.12.7/8013/064261－64
翁仲仁先生痘科金鏡賦六卷　（清）俞茂鯤集
解　清光緒二年（1876）維揚李松壽刻本
四冊

510000－2743－0000908　14.12.7/8084/75444－48
保赤存真十卷　（清）余含棻輯　清光緒二年
（1876）慎德堂刻本　五冊

510000－2743－0000909　14.12.7/8327.2/2029－32
宋本小兒藥證直訣注三卷　（宋）錢乙著
（清）張驥集　清光緒四年（1878）張氏汲古書
院刻本　四冊

510000－2743－0000910　14.12.7/8728/064266－9
鄭氏瘄科保赤金丹四卷　（清）鄭啟壽撰　清
光緒二十六年（1900）刻本　四冊

510000－2743－0000911　14.12.7/8728/75415－8
鄭氏瘄科保赤金丹四卷　（清）鄭啟壽撰　清

成都中醫藥大學圖書館古籍普查登記目錄

光緒二十六年(1900)刻本　四冊

510000－2743－0000912　14.12.71/3003/75425－6

痘疹正宗二卷　(清)宋麟祥著　清道光三年(1823)刻本　二冊

510000－2743－0000913　14.12.71/8026/073469－72

痘疹會通五卷　(清)曾鼎纂　清道光十年(1830)同善堂刻本　四冊

510000－2743－0000914　14.12.710/7532/75507

育嬰彙講一卷　(清)陳宗彝編輯　清光緒三十一年(1905)松郡育嬰堂刻本　一冊

510000－2743－0000915　14.12.7－117./1154/92276－81

述古齋幼科新書三種　(清)張振鋆輯　清光緒十八年(1892)上海思求闕齋刻本　六冊

510000－2743－0000916　14.12.7－117./1154/92276－82

述古齋幼科新書三種　(清)張振鋆輯　清光緒三十三年(1907)瀘州文匯堂刻本　七冊

510000－2743－0000917　14.12.7－117/8014

保赤彙編七種　(清)朱之榛輯　清光緒五年(1879)蘇州刻本　四冊

510000－2743－0000918　14.12.72/1714/077347－352

痘科類編釋意三卷　(清)翟良輯　清嘉慶二十年(1815)四知堂刻本　六冊

510000－2743－0000919　14.12.72/2262/75438

保赤摘錄六卷　(清)崔昌齡著輯　清道光十二年(1832)刻本　六冊

510000－2743－0000920　14.12.73/0411/178432－5

麻科活人全書四卷　(清)謝玉瓊輯　清光緒二十八年(1902)太和書局刻本　四冊

510000－2743－0000921　14.12.73/6005/75529－30

痧證彙要四卷附番沙論一卷　(清)孫玘編輯　(清)何其偉校　清光緒五年(1879)刻本　二冊

510000－2743－0000922　14.12.8(05)/7526/151938

時方歌括二卷　(清)陳念祖著　清成文堂刻本　一冊

510000－2743－0000923　14.12.8/0000(3)/3900－3911

丹溪心法附餘二十四卷首一卷　(清)方廣輯　清光緒二十五年(1899)古越徐氏石印本　十二冊

510000－2743－0000924　14.12.8/0025/28849－28850

齊氏家傳醫秘二卷　(清)齊秉慧撰　清道光十六年(1836)安懷堂刻本　二冊

510000－2743－0000925　14.12.8/0060/28001－28010

醫方十種彙編　(清)文晟輯　清光緒十一年(1885)京江文成堂刻本　十冊　缺一種二卷(增訂達生編一至二)

510000－2743－0000926　14.12.8/0114(3)/28615－28618

新鍥雲林神彀四卷　(明)龔廷賢編　清光緒二年(1876)刻本　四冊

510000－2743－0000927　14.12.8/0114.2/25696－25698

新鍥雲林神彀四卷　(明)龔廷賢編　清光緒二年(1876)刻本　三冊

510000－2743－0000928　14.12.8/0114.3/14293－14294

新鍥雲林神彀四卷　(明)龔廷賢編　清刻本　二冊

510000－2743－0000929　14.12.8/0114/(1)/24502－24505

新鍥雲林神彀四卷　(明)龔廷賢編著　清道光二十三年(1843)志遠堂刻本　四冊

510000－2743－0000930　14.12.8/0114/157－164

新刊增補萬病回春八卷　(明)龔廷賢編　清道光十七年(1837)崇讓堂刻本　八冊

510000－2743－0000931　14.12.8/0738/24577－24580

四川省十一家收藏單位古籍普查登記目錄

簡便靈應驗方二卷 （清）郭安義編 清光緒
二十四年（1898）刻本 四冊

510000－2743－0000932 14.12.8/0760/28345

千金寶藥六卷 （清）孫星衍校 清光緒十一
年（1885）吳縣朱氏槐廬刻本 一冊

510000－2743－0000933 14.12.8/1011.2/30169－70

絳雪園古方選注不分卷 （清）王子接注
（清）葉桂校 清刻本 二冊

510000－2743－0000934 14.12.8/1011/
27143－27146

絳雪園古方選註十六卷附絳雪園得宜本草分
卷 （清）王子接注 （清）葉桂校 清掃葉山
房刻本 四冊

510000－2743－0000935 14.12.8/1040.1/
0996－1035

唐王燾先生外臺秘要方四十卷 （唐）王燾撰
（明）陸錫明校 （清）程衍道訂 清同治十
三年（1874）廣東翰墨園刻本 四十冊

510000－2743－0000936 14.12.8/1040.1/2088－127

唐王燾先生外臺秘要方四十卷 （唐）王燾撰
（明）陸錫明校 （清）程衍道訂 清同治十
三年（1874）廣東翰墨園刻本 四十冊

510000－2743－0000937 14.12.8/1040.1/4612－51

唐王燾先生外臺秘要方四十卷目錄一卷
（唐）王燾撰 （明）陸錫明校 （清）程衍道
訂 清同治十三年（1874）廣東翰墨園刻本
四十冊

510000－2743－0000938 14.12.8/1040/26747－62

外臺秘要方四十卷 （唐）王燾撰 清光緒二
十四年（1898）上海圖書集成印書局鉛印本
十六冊

510000－2743－0000939 14.12.8/1040/27830－71

唐王燾先生外臺秘要方四十卷 （唐）王燾撰
（明）陸錫明校 （清）程衍道訂 清同治十
三年（1874）廣東翰墨園刻本 四十二冊

510000－2743－0000940 14.12.8/1040/5359－74

唐王燾先生外臺秘要方四十卷 （唐）王燾撰

清光緒二十四年（1898）上海圖書集成印書
局鉛印本 十六冊

510000－2743－0000941 14.12.8/1088/13729

奇方纂要不分卷 （清）王錫鑫輯 清光緒九
年（1883）刻本 一冊

510000－2743－0000942 14.12.8/1090/55361

驗方新編十八卷 （清）鮑相璈編 清光緒三
十年（1904）四川富順道生堂刻本 一冊

510000－2743－0000943 14.12.8/1161（一）/
4664－95

孫真人千金方衍義三十卷 （清）張璐著 清
嘉慶六年（1801）掃葉山房刻本 三十冊

510000－2743－0000944 14.12.8/1161/（一）/
24639－70

孫真人千金方衍義三十卷 （清）張璐著
（清）席世臣校 清嘉慶六年（1801）掃葉山房
刻本 三十二冊

510000－2743－0000945 14.12.8/1161/2895－920

孫真人千金方衍義三十卷 （清）張璐著
（清）席世臣校 清嘉慶六年（1801）掃葉山房
刻本 二十六冊

510000－2743－0000946 14.12.8/1161/35918－41

孫真人千金方衍義三十卷目錄一卷 （清）張
璐撰 （清）席世臣校 清掃葉山房刻本 二
十四冊

510000－2743－0000947 14.12.8/1184/64141

急治彙編不分卷附嘉興徐子默先生弔腳痧方
論一卷 （清）張穌棻 清宣統元年（1909）趙
翰香居石印本 一冊

510000－2743－0000948 14.12.8/1204/30189－94

新刊良朋彙集十卷 （清）孫偉輯 清同治四
年（1865）刻本 六冊

510000－2743－0000949 14.12.8/1208/27875－80

新刊良朋彙集十卷 （清）孫偉輯 清善成堂
刻本 六冊

510000－2743－0000950 14.12.8/1262/6141－52

備急千金要方三十卷 （唐）孫思邈撰 清光

成都中醫藥大學圖書館古籍普查登記目錄

緒三十四年(1908)上海久敬齋石印本 十二冊

510000－2743－0000951 14.12.8/1263.1/4652－63
千金翼方三十卷 （唐）孫思邈撰 （宋）林億等校 （明）王肯堂重校 清同治七年(1868)蘇州掃葉山房刻本 十二冊

510000－2743－0000952 14.12.8/1263/18290－2、18296－8、18293－5、18302－4
備急千金要方六十六卷 （唐）孫思邈撰 清刻本 十二冊 存五十卷（五至四十六、五十九至六十六）

510000－2743－0000953 14.12.8/1263/18299－301、18305－10
孫真人備急千金要方九十六卷 （唐）孫思邈撰 清刻本 九冊 存四十二卷（四十七至五十八、六十七至九十六）

510000－2743－0000954 14.12.8/1263/3096－110
備急千金要方三十卷 （唐）孫思邈撰 清光緒石印本 十五冊 缺一卷（一）

510000－2743－0000955 14.12.8/1263/4982－5008
備急千金要方九十三卷 （唐）孫思邈撰 （宋）林億校 **備急千金翼方三十卷** （唐）孫思邈撰 清同治七年(1868)王培楨刻本 二十七冊

510000－2743－0000956 14.12.8/1263/97699－706
千金翼方三十卷目錄一卷 （唐）孫思邈撰 （宋）林億等校 清光緒四年(1878)上海影印本 七冊 存二十五卷（一至三、九至三十）

510000－2743－0000957 14.12.8/1413/6230－6231、6233
增廣太平惠民和劑局方十三卷 （清）張海鵬輯 清嘉慶十年(1805)虞山張氏照曠閣刻本 三冊 存六卷（一至六）

510000－2743－0000958 14.12.8/1723/29060－3
醫學捷要四卷 （清）尹樂渠輯 清末刻本 四冊

510000－2743－0000959 14.12.8/1723/5013－6

醫學捷要四卷 （清）尹樂渠輯 清末刻本 四冊

510000－2743－0000960 14.12.8/2042/28869
養生經驗良方八卷 （清）毛世洪編 清光緒十九年(1893)居敬齋刻本 一冊

510000－2743－0000961 14.12.8/2350(8)/27805
太原傅科二卷附潘昌遠堂選方 （清）傅山著 清宣統元年(1909)上海章福記石印本 一冊 存一卷（下）

510000－2743－0000962 14.12.8/2350.4/30156－8
傅青主男科二卷女科二卷附產後編二卷 （清）傅山著 清光緒三十三年(1907)成都肇經堂刻本 三冊

510000－2743－0000963 14.12.8/2350.6/24626－8
男科二卷 （清）傅山撰 清光緒九年(1883)羊城雙門底古經閣刻本 三冊

510000－2743－0000964 14.12.8/2350.7/26805
男科二卷 （清）傅山撰 清光緒三十一年(1905)成都官報書局鉛印本 四冊

510000－2743－0000965 14.12.8/2350/1306－7
傅青主男科一卷女科一卷 （清）傅山撰 清光緒二十五年(1899)上海圖書集成印書局鉛印本 二冊

510000－2743－0000966 14.12.8/2350/14－18
男科二卷女科二卷附產後編二卷 （清）傅山著 清末刻本 五冊

510000－2743－0000967 14.12.8/2350/1960－1
傅青主男科二卷 （清）傅山著 清宣統元年(1909)上海章福記書局石印本 二冊

510000－2743－0000968 14.12.8/2350/24496－7
醫法得心男科仙方二卷 （清）傅山著 清末刻本 二冊

510000－2743－0000969 14.12.8/2350/27231
傅青主女科二卷 （清）傅山著 清成都書局鉛印本 一冊

510000－2743－0000970 14.12.8/2350/29219－20
傅青主男科二卷傅青主女科二卷附產後編二

四川省十一家收藏單位古籍普查登記目錄

卷 （清）傅山撰 清宣統元年(1909)上海章福記書局石印本 二冊

510000-2743-0000971 14.12.8/2350/29221
傅青主男科二卷 （清）傅山著 清光緒二十五年(1899)上海圖書集成印書局鉛印本 一冊

510000-2743-0000972 14.12.8/2350/29859-60
男科二卷 （清）傅山著 清光緒三十一年(1905)上海掃葉山房重刻本 二冊

510000-2743-0000973 14.12.8/2350/29859-60
女科二卷 （清）傅山著 清末成都書局鉛印本 與男科二卷合函合冊

510000-2743-0000974 14.12.8/2350/34635-6
男科二卷 （清）傅山著 清光緒三十一年(1905)成都官報書局鉛印本 二冊

510000-2743-0000975 14.12.8/3100/5149
經絡歌訣一卷 （清）汪昂著 清刻本 一冊

510000-2743-0000976 14.12.8/3104.3/28363-8
醫方集解六卷增訂本草備要六卷附本草圖像一卷 （清）汪昂著輯 清刻本 六冊

510000-2743-0000977 14.12.8/3104.4/28721-6
本草備要不分卷醫方集解不分卷 （清）汪昂撰 清光緒十三年(1887)上海鴻文書局石印本 六冊

510000-2743-0000978 14.12.8/3104.5/11230-35
醫方集解六卷增訂本草備要六卷附本草圖像一卷 （清）汪昂著輯 清刻本 六冊

510000-2743-0000979 14.12.8/3104.5/13689-94
醫方集解六卷增訂本草備要六卷附本草圖像一卷 （清）汪昂著輯 清刻本 六冊

510000-2743-0000980 14.12.8/3104.5/26233-8
醫方集解六卷增訂本草備要六卷附本草圖像一卷 （清）汪昂著輯 清刻本 六冊

510000-2743-0000981 14.12.8/3104.5/27375-80
醫方集解六卷增訂本草備要六卷附本草圖像一卷 （清）汪昂著輯 清姑蘇刻本 六冊

510000-2743-0000982 14.12.8/3104.5/30268-73
醫方集解六卷增訂本草備要六卷附本草圖像一卷 （清）汪昂著輯 清刻本 六冊

510000-2743-0000983 14.12.8/3104.5/4878-83
醫方集解六卷增訂本草備要六卷附本草圖像一卷 （清）汪昂著輯 清刻本 六冊

510000-2743-0000984 14.12.8/3104.9/4838
醫方湯頭歌括一卷附保產機要一卷保生粹事一卷 （清）汪昂輯 清刻本 一冊

510000-2743-0000985 14.12.8/3482(1)/25951
增補醫方一盤珠全集十卷 （清）洪金鼎撰 清宣統二年(1910)文明書局石印本 一冊

510000-2743-0000986 14.12.8/3482.1/2270-3
增補醫方一盤珠全集十卷首一卷 （清）洪金鼎撰 清道光二十七年(1847)崇順堂刻本 四冊

510000-2743-0000987 14.12.8/3482.1/24583-6
增補醫方一盤珠全集十卷首一卷 （清）洪金鼎撰 清末刻本 四冊

510000-2743-0000988 14.12.8/3604/27956
增輯普濟應驗良方八卷 （清）祝韻梅著 清光緒十九年(1893)四川犍為重刻金陵楊氏刻本 一冊

510000-2743-0000989 14.12.8/4343/657071-657072
醫學讀書記三卷醫學續記一卷附靜香樓醫案一卷 （清）尤怡撰 （清）程梅齡等校 清光緒十四年(1888)行素草堂刻本 二冊

510000-2743-0000990 14.12.8/4410/55360
怪疾奇方 （□）□□撰 清刻本 一冊

510000-2743-0000991 14.12.8/4412.1/1875
十藥神書註解一卷 （元）葛可久編 （清）陳念祖註 （清）林壽萱韻 清光緒十五年(1889)務本堂刻本 一冊

510000-2743-0000992 14.12.8/4412/3262
十藥神書註解一卷 （元）葛可久編 （清）陳念祖註 清刻本 一冊

成都中醫藥大學圖書館古籍普查登記目録

510000－2743－0000993　14.12.8/4414.1/28201－6

類證普濟本事方十卷　（宋）許叔微著　（清）葉桂釋義　清嘉慶掃葉山房刻民國九年（1920）祥記書局重印本　六冊

510000－2743－0000994　14.12.8/4414B3/2887－94

類證普濟本事方十卷　（宋）許叔微著　（清）葉桂釋義　清成都藜照書屋刻本　八冊

510000－2743－0000995　14.12.8/4432/1725

本草求真十二卷　（清）黃宮繡撰　清末廣益書局石印本　四冊

510000－2743－0000996　14.12.8/4449/1814

急救應驗良方一卷　（清）徐幹選　（清）費山壽纂輯　清光緒九年（1883）敬豫堂刻本　一冊

510000－2743－0000997　14.12.8/4449/657268

急救應驗良方一卷　（清）徐幹選　（清）費山壽纂輯　清光緒九年（1883）敬豫堂刻本　一冊

510000－2743－0000998　14.12.8/4450/17621－3

蘇沈內翰良方十卷　（宋）蘇軾集　（宋）沈括集　清乾隆長塘鮑氏刻知不足齋叢書本　三冊

510000－2743－0000999　14.12.8/4470/13438－13443

真青囊六卷　（漢）華佗撰　（清）黃庭校　清光緒十五年（1889）刻本　六冊

510000－2743－0001000　14.12.8/4478/30101

藥論方一卷　（□）□□撰　清末抄本　一冊

510000－2743－0001001　14.12.8/4478/64765－64770

陰隲彙編六卷　（清）莫組紳輯　清刻本　六冊

510000－2743－0001002　14.12.8/44782/24618

群方便覽一卷　（□）□□撰　清同治五年（1866）刻本　一冊

510000－2743－0001003　14.12.8/4480/28702－28703

驗方增輯二卷　（清）黃朗垣輯　清道光三十年（1850）文林堂刻本　二冊

510000－2743－0001004　14.12.8/5524/17146－7

醫方論四卷　（清）費伯雄著　（清）費應蘭編　（清）費榮祖等校　清同治五年（1866）耕心堂刻本　二冊

510000－2743－0001005　14.12.8/6018/1796－8

經驗良方二卷　（清）陸畫邨撰　清道光二十四年（1844）刻本　三冊　存二卷（上、下）

510000－2743－0001006　14.12.8/6053/16992－5

名醫方論四卷　（清）羅美輯　（清）柯琴參閱　清書業堂刻本　四冊

510000－2743－0001007　14.12.8/7526.1/27060－1

時方妙用四卷　（清）陳念祖著　清光緒十三年（1887）多文會仿南雅書屋刻本　二冊

510000－2743－0001008　14.12.8/7526.10/3051

時方歌括二卷　（清）陳念祖著　清成德堂刻本　一冊

510000－2743－0001009　14.12.8/7526.2/3268

時方妙用四卷　（清）陳念祖著　清刻本　一冊

510000－2743－0001010　14.12.8/7526.2/4980－1

時方妙用四卷　（清）陳念祖著　清刻本　二冊

510000－2743－0001011　14.12.8/7526.2/5155

時方妙用四卷　（清）陳念祖著　清橦藹書屋重刻本　一冊

510000－2743－0001012　14.12.8/7526.6/27074－5

景岳新方砭四卷　（清）陳念祖著　清刻本　二冊

510000－2743－0001013　14.12.8/7526.7/3052

時方妙用四卷　（清）陳念祖著　清稽古堂刻本　一冊

510000－2743－0001014　14.12.8/7526/29414－5

時方歌括二卷　（清）陳念祖著　清友文堂刻本　二冊

四川省十一家收藏單位古籍普查登記目錄

510000 – 2743 – 0001015 14.12.8/7526/3272

長沙方歌括六卷 (清)陳念祖撰 清刻本
二冊

510000 – 2743 – 0001016 14.12.8/7526/5063 – 4

時方歌括二卷 (清)陳念祖著 清刻本
二冊

510000 – 2743 – 0001017 14.12.8/7526/5065 – 6

長沙方歌括六卷 (清)陳念祖撰 清刻本
二冊

510000 – 2743 – 0001018 14.12.8/7526/5156

時方歌括二卷 (清)陳念祖著 清橦蘺書屋
重刻本 一冊

510000 – 2743 – 0001019 14.12.8/7526/5158

長沙方歌括六卷 (清)陳念祖撰 清刻本
二冊

510000 – 2743 – 0001020 14.12.8/7526e.1/3275

景岳新方砭四卷 (清)陳念祖著 清刻本
一冊

510000 – 2743 – 0001021 14.12.8/7526e.2/5152

景岳新方砭四卷 (清)陳念祖纂 清同文會
刻本 一冊

510000 – 2743 – 0001022 14.12.8/7548.3/4720 – 5

石室秘錄六卷 (清)陳士鐸撰 清正學齋刻
本 六冊

510000 – 2743 – 0001023 14.12.8/7548.4/3773 – 5

石室秘錄六卷 (清)陳士鐸撰 清大興堂刻
本 三冊

510000 – 2743 – 0001024 14.12.8/7548/27928 –
30、27937 – 39

石室秘錄六卷 (清)陳士鐸撰 清康熙隆文
堂刻本 六冊

510000 – 2743 – 0001025 14.12.8/7548/27934 – 9

石室秘錄六卷 (清)陳士鐸撰 清光緒三十
一年(1905)上海校經山房成記書局刻本
六冊

510000 – 2743 – 0001026 14.12.8/7548/27940 – 5

石室秘錄四卷 (清)陳士鐸撰 清乾隆十五

年(1750)重刻本 六冊

510000 – 2743 – 0001027 14.12.8/7548/4884 – 9

石室秘錄六卷 (清)陳士鐸撰 清隆文堂刻
本 六冊

510000 – 2743 – 0001028 14.12.8/7548/4890 – 5

石室秘錄六卷 (清)陳士鐸撰 清刻本
六冊

510000 – 2743 – 0001029 14.12.8/7585(1)/71016

陳無擇三因司天方二卷 (宋)陳言著 (清)
繆問釋 清末抄本 一冊

510000 – 2743 – 0001030 14.12.8/7704/073515 – 8

三朝名醫方論三種 (□)□□輯 清宣統三
年(1911)寧波汲綆齋石印本 四冊

510000 – 2743 – 0001031 14.12.8/7704/097657 – 62

三朝名醫方論三種 (□)□□輯 清光緒二
十六年(1900)上海千頃堂書局石印本 六冊

510000 – 2743 – 0001032 14.12.8/7704/17590 – 92

三朝名醫方論三種 (□)□□輯 清宣統三
年(1911)寧波汲綆齋石印本 三冊

510000 – 2743 – 0001033 14.12.8/7704/25926 – 31

三朝名醫方論三種 (□)□□輯 清光緒二
十六年(1900)上海千頃堂書局石印本 三冊

510000 – 2743 – 0001034 14.12.8/8270/27536

急救應驗良方一卷 (清)曹潤之輯 清光緒
十三年(1887)榮縣正堂唐李炑刻本 一冊

510000 – 2743 – 0001035 14.12.8/8798/28998

普救回生草四卷 題(清)知醫憫人居士撰
清光緒十三年(1887)成都成文堂刻本 一冊

510000 – 2743 – 0001036 14.12.8/9570/11250、
29613 – 9

濟世良方合編六卷附補遺四卷 (清)周其芬
原輯 題(清)瑩軒氏增輯 清同治七年
(1868)武昌節署刻本 八冊

510000 – 2743 – 0001037 14.12.8/9570/25692 – 5

濟世良方合編六卷 (清)周其芬編 題(清)
瑩軒氏增輯 清末刻本 四冊 缺一卷(一)

成都中醫藥大學圖書館古籍普查登記目録

510000－2743－0001038　14.12.8/9570/7179

集驗良方拔萃二卷　（清）恬素氏輯　清同治五年（1866）刻本　一冊

510000－2743－0001039　14.12.8/9939/4919

濟衆錄二卷附蠱脹腳氣兩症經驗良方一卷（清）勞守慎纂　清光緒三十二年（1906）刻本　一冊

510000－2743－0001040　14.12.814/0060（3）/64415

內科偏方補遺不分卷　（清）文晟輯　清末刻本　一冊

510000－2743－0001041　14.12.814/0060/64414、16

六種新編　（清）文晟輯　清同治三年（1864）刻本　二冊　存二種九卷（內科摘錄四卷首一卷、外科摘錄二卷補遺一卷附急救便方一卷）

510000－2743－0001042　14.12.814/0410/73546－51

良方集腋合璧四卷附婦嬰至寶六卷　（清）謝元慶編集　清光緒八年（1882）蘇州謝氏刻本　六冊

510000－2743－0001043　14.12.814/1011/204182－7

絳雪園古方選注三卷條目一卷　（清）王子接注　清刻本　六冊

510000－2743－0001044　14.12.814/1143.1/70827－31

同壽錄四卷末一卷　題（清）曹氏撰　（清）項天瑞輯　清光緒十九年（1893）刻本　五冊

510000－2743－0001045　14.12.814/1143/65067－70

同壽錄四卷末一卷　題（清）曹氏撰　（清）項天瑞輯　清道光二十八年（1848）京都琉璃廠篆雲齋刻本　四冊

510000－2743－0001046　14.12.814/1238/72133

絳囊撮要不分卷附達生篇一卷　題（清）雲川道人撰　清同治七年（1868）刻本　一冊

510000－2743－0001047　14.12.814/2679/75506

景岳新方歌不分卷　（清）吳辰燦等纂　清嘉

慶十四年（1809）盡心齋刻本　一冊

510000－2743－0001048　14.12.814/2741/75457

驗方新編十八卷　（清）鮑相璈輯　清光緒三十一年（1905）鉛印本　一冊

510000－2743－0001049　14.12.814/3604（2）/73504

壽世彙編五種　（清）祝韻梅編　清光緒十六年（1890）香山曹氏善怡堂刻本　一冊

510000－2743－0001050　14.12.814/3604/73504

壽世彙編五種　（清）祝韻梅編　清光緒十六年（1890）香山曹氏善怡堂刻本　一冊

510000－2743－0001051　14.12.814/3630/178428－178431

衛生鴻寶六卷　（清）祝補齋編　清刻本　四冊

510000－2743－0001052　14.12.814/3630A/74954－74959

衛生鴻寶六卷　規定　清光緒十一年（1885）務本堂刻本　六冊

510000－2743－0001053　14.12.814/3705（2）/65492

不知醫必要四卷　（清）梁廉夫著　清光緒六年（1880）楊鴻文堂刻本　四冊

510000－2743－0001054　14.12.814/3705/85621－85624

不知醫必要四卷　（清）梁廉夫著　（清）梁吉祥等校　清光緒七年（1881）粵東文華閣書局刻本　四冊

510000－2743－0001055　14.12.814/3842（3）/64233

增補醫方一盤珠全集十卷首一卷　（清）洪金鼎撰　清光緒二十四年（1898）澹雅書局刻本　四冊

510000－2743－0001056　14.12.814/4234/73502

隨山宇方鈔不分卷　（清）汪曰楨編　清光緒元年（1875）刻本　一冊

510000－2743－0001057　14.12.814/4640（1）/

四川省十一家收藏單位古籍普查登記目錄

66081－66082

彙集金鑑四卷　（清）釋本圓超編　清道光二十二年(1842)四川文殊院刻本　二冊

510000－2743－0001058　14.12.814/5524.(4)/70149－70152

醫方論四卷　（清）費伯雄撰　清光緒十四年(1888)上海掃葉山房刻本　四冊

510000－2743－0001059　14.12.814/7526/151940

時方妙用四卷　（清）陳念祖著　清末成文堂刻本　一冊

510000－2743－0001060　14.12.814/7526A6/151941

景岳新方砭四卷　（清）陳念祖著　清末成文堂刻本　一冊

510000－2743－0001061　14.12.814/7540/65071

續回生集二卷　（清）陳傑集　清刻本　一冊

510000－2743－0001062　14.12.82/4414/75239－42

景岳新方詩括注解四卷首一卷　（清）林霆（清）陳念祖合纂　清道光二十四年(1844)寶仁堂刻本　四冊

510000－2743－0001063　14.12.83/1198/064246－7

幾希錄不分卷　（清）張惟善撰　清同治八年(1869)姑蘇得見齋刻本　二冊

510000－2743－0001064　14.12.83/1198/070882－3

幾希錄不分卷　（清）張惟善撰　清同治八年(1869)姑蘇得見齋刻本　二冊

510000－2743－0001065　14.12.83/2457(1)/070523－6

普濟應驗良方八卷末一卷補遺一卷　（清）德軒氏纂輯　清刻本　四冊

510000－2743－0001066　14.12.83/3488/75458

經驗方二卷　（清）沈善兼輯　清光緒二十二年(1896)柞谿沈氏澤古齋刻本　一冊

510000－2743－0001067　14.12.83/5410/70870

雜選內外秘傳良方一卷　（□）□□撰　清末抄本　一冊

510000－2743－0001068　14.12.83/7400/75450－52

經驗方鈔四卷　（清）陸言等編　清道光八年(1828)河南藩署刻本　三冊

510000－2743－0001069　14.12.8324/2741/178412

驗方新編十八卷　（清）鮑相璈編　清光緒三十一年(1905)鉛印本　一冊

510000－2743－0001070　14.12.8344/8798/166294

普救回生草不分卷　（清）知醫憫人纂輯　清刻本　一冊

510000－2743－0001071　14.12.84/4978A(3)/35979

串雅內編四卷　（清）趙學敏纂輯　（清）吳庚生補註　清光緒十四年(1888)榆園刻本　一冊

510000－2743－0001072　14.12.84/4978A(3)/66135－36

串雅內編四卷　（清）趙學敏纂　清刻本　二冊

510000－2743－0001073　14.12.85/2204/64441

半半集三卷　（清）老德記藥房編　清光緒八年(1882)老德記套印本　一冊

510000－2743－0001074　14.12.85/4794/66435

胡慶餘堂丸散膏丹全集不分卷　（清）胡光墉編　清光緒三年(1877)杭州石印本　一冊

510000－2743－0001075　14.12.85/4903/75511－2

驗方類編不分卷　（清）趙文通編　清光緒十五年(1889)趙翰香居石印本　二冊

510000－2743－0001076　14.12.9.4061.9/27732－77,27779－80,11280－81

本草綱目五十二卷圖三卷附本草萬方鍼線八卷奇經八脈考一卷　（明）李時珍著　（清）蔡烈先輯　清春明堂刻本　四十九冊

510000－2743－0001077　14.12.9/0032/3059

本草問答二卷　（清）唐宗海撰　清宣統元年(1909)文倫書局鉛印本　一冊

510000－2743－0001078　14.12.9/0032/4904－4905

本草問答二卷　（清）唐宗海撰　清善成裕記刻本　二冊

510000－2743－0001079　14.12.9/0797.1/117/

成都中醫藥大學圖書館古籍普查登記目錄

122/126/130/134/138/142

本草三家合注六卷附神農本草經百種錄一卷
（清）郭汝驄集注　清末榮豐堂刻本　七冊

510000－2743－0001080　14.12.9/0797.1/119/
123/127/131/135/139/143

本草三家合注六卷附神農本草經百種錄一卷
（清）郭汝驄集注　清末榮豐堂刻本　七冊

510000－2743－0001081　14.12.9/0797.1/120/
124/128/132/136/140

本草三家合注六卷附神農本草經百種錄一卷
（清）郭汝驄集注　清末榮豐堂刻本　六冊

510000－2743－0001082　14.12.9/0797.4/000011261

本草三家合注六卷（清）郭汝驄集注　清末
刻本　一冊　存一卷（五）

510000－2743－0001083　14.12.9/0797/117、121、
125、129、133、137、144

本草三家合注六卷附神農本草經百種錄一卷
（清）郭汝驄集注　清末榮豐堂刻本　七冊

510000－2743－0001084　14.12.9/0797/1926－30

本草三家合注六卷（清）郭汝驄集注　清末
刻本　五冊

510000－2743－0001085　14.12.9/0797/24509－
14、27957

本草三家合注六卷附神農本草經百種錄一卷
（清）郭汝驄集注　清末刻本　七冊

510000－2743－0001086　14.12.9/0797/26046－51

本草三家合注六卷附本草古今論一卷　（清）
郭汝驄集注　清末刻本　六冊

510000－2743－0001087　14.12.9/0797/28207－
12、27958

本草三家合注六卷附本草古今論一卷　（清）
郭汝驄集注　清末刻本　七冊

510000－2743－0001088　14.12.9/0797/657102－05

本草三家合注六卷（清）郭汝驄集注　清刻
本　四冊　存五卷（二至六）

510000－2743－0001089　14.12.9/1021/1447－9

藥性選要四卷（清）王鴻驥編輯　清宣統二

年（1910）成都閑存齋刻本　三冊

510000－2743－0001090　14.12.9/1044/657246－8

湯液本草三卷　（元）王好古類集　（明）吳中
珩校　清光緒三十四年（1908）肇經堂刻本
三冊

510000－2743－0001091　14.12.9/1161/28748－49

本經逢原四卷（清）張璐纂　清末石印本
二冊

510000－2743－0001092　14.12.9/1174/
35977－35978

本草崇原三卷目錄一卷（清）張志聰注釋
（清）高世栻纂集　清末抄本　二冊

510000－2743－0001093　14.12.9/2283/5230

草木便方二卷（清）劉興著　清光緒六年
（1880）刻本　一冊

510000－2743－0001094　14.12.9/2623/14388－91

本草從新十八卷（清）吳儀洛撰　清宣統元
年（1909）上海章福記書局石印本　四冊

510000－2743－0001095　14.12.9/2623/2871－6

本草經疏輯要十卷（清）吳世鎧纂　清光緒
十一年（1885）錦文堂刻本　六冊

510000－2743－0001096　14.12.9/2623/29052－57

本草從新六卷（清）吳儀洛撰　清善成堂刻
本　六冊

510000－2743－0001097　14.12.9/2817/1931

神農本草經百種錄一卷（清）徐大椿著　清
刻本　一冊

510000－2743－0001098　14.12.9/2817/4978

慎疾芻言一卷附神農本草經百種錄一卷
（清）徐大椿著　清半松書屋刻本　一冊

510000－2743－0001099　14.12.9/2817/657101

神農本草經百種錄一卷（清）徐大椿著　清
刻本　一冊

510000－2743－0001100　14.12.9/3104/17518

本草備要八卷（清）汪昂撰　清道光二十五
年（1845）瓶花書屋刻本　二冊

510000－2743－0001101　14.12.9/3104/4560－4

本草備要六卷　（清）汪昂撰　清末刻本　五冊　缺一卷（一）

510000－2743－0001102　14.12.9/3149/11264

神農本草經四卷　（清）顧觀光撰　清末刻本　一冊

510000－2743－0001103　14.12.9/4043/1801－2

藥品化義十三卷　（清）李延昰著　清光緒三十年(1904)天津文華印字館鉛印本　二冊

510000－2743－0001104　14.12.9/4050.3/30159－64

本草原始十二卷　（明）李中立撰　清咸豐元年(1851)刻本　六冊

510000－2743－0001105　14.12.9/4050/26676－9

本草原始合雷公炮製十二卷　（明）李中立撰　清咸豐元年(1851)刻本　四冊

510000－2743－0001106　14.12.9/4050/26961－4

本草原始合雷公炮製十二卷　（明）李中立撰　清宏道堂刻本　四冊

510000－2743－0001107　14.12.9/4050/5353－6

本草原始十二卷　（明）李中立撰　清宏道堂刻本　四冊

510000－2743－0001108　14.12.9/4054/1932－5

珍珠囊指掌補遺藥性賦四卷　（金）李杲撰　**雷公炮製藥性解六卷**　（明）李中梓撰　清永順堂刻本　四冊

510000－2743－0001109　14.12.9/4061(1)/507－46

本草綱目五十二卷圖三卷瀕湖脈學一卷　（明）李時珍著　**本草萬方針線八卷**　（清）蔡烈先輯　清同文堂重刻本　四十冊

510000－2743－0001110　14.12.9/4061(13)/v5c2/63245－54

校正本草綱目五十二卷圖一卷　（明）李時珍著　（清）吳毓昌校　清光緒三十年(1904)上海經香閣書莊石印本　十冊

510000－2743－0001111　14.12.9/4061(16)/35846－93

本草綱目五十二卷首一卷藥品總目一卷圖三卷　（明）李時珍著　**本草萬方針線八卷**（清）蔡烈先輯　**本草綱目拾遺十卷**　（清）趙學敏輯　清光緒十一年(1885)合肥張紹棠味古齋刻本　四十八冊

510000－2743－0001112　14.12.9/4061(5)/25794－8、25800－5、11265

本草綱目五十二卷首一卷圖三卷　（明）李時珍著　**本草綱目拾遺十卷**　（清）趙學敏輯　**本草萬方針線八卷藥品總目一卷**　（清）蔡烈先輯　清宣統元年(1909)上海經香閣石印本　十二冊

510000－2743－0001113　14.12.9/4061/1036－71

本草綱目五十二卷圖三卷　（明）李時珍著　清刻本　三十六冊

510000－2743－0001114　14.12.9/4061/26096－26135

本草綱目五十二卷附脈學奇經八脈考二卷本草綱目圖三卷　（明）李時珍編　**本草萬方針線八卷藥品總目一卷**　（清）蔡烈先輯　清同治十一年(1872)重刻本　四十冊

510000－2743－0001115　14.12.9/4061/27183－27230

本草綱目五十二卷附脈學奇經八脈考二卷本草綱目圖三卷　（明）李時珍編　**本草萬方針線八卷藥品總目一卷**　（清）蔡烈先輯　清道光十五年(1835)務本堂刻本　四十八冊

510000－2743－0001116　14.12.9/4061/3314－3357

本草綱目五十二卷附本草綱目圖三卷　（明）李時珍編　**藥品總目一卷**　（清）蔡烈先輯　清咸豐元年(1851)黎照書屋刻本　四十四冊

510000－2743－0001117　14.12.9/4061/3358－3361

本草萬方針線八卷附脈學奇經八脈考二卷　（清）蔡烈先輯　清天德堂刻本　四冊

510000－2743－0001118　14.12.9/4061/6196－6219

本草綱目五十二卷附奇經八脈考二卷本草綱

成都中醫藥大學圖書館古籍普查登記目錄

目圖三卷　（明）李時珍編　**本草萬方針線八卷藥品總目一卷**　（清）蔡烈先輯　**本草綱目拾遺十卷**　（清）趙學敏輯　清光緒十四年（1888）石印本　二十四冊

510000－2743－0001119　14.12.9/4061/916－955
本草綱目五十二卷附脈學奇經八脈考二卷本草綱目圖三卷　（明）李時珍編　**本草萬方針線八卷藥品總目一卷**　（清）蔡烈先輯　清同治六年（1867）天德堂刻本　四十冊

510000－2743－0001120　14.12.9/4412/1163－4
本草萬方針線八卷　（清）蔡烈先輯　清刻本　二冊

510000－2743－0001121　14.12.9/4412/150－52
本草萬方針線八卷　（清）蔡烈先輯　清刻本　三冊

510000－2743－0001122　14.12.9/4412/4572－3
本草萬方針線八卷　（清）蔡烈先輯　清刻本　二冊

510000 － 2743 － 0001123　14.12.9/4423/0008353、0011271
本草綱目拾遺十卷　（清）趙學敏輯　清光緒三十四年（1908）上海商務印書館石印本　二冊

510000－2743－0001124　14.12.9/4440/153－156
本草萬方針線八卷　（清）蔡烈先輯　清春明堂刻本　四冊

510000 － 2743 － 0001125　14.12.9/4444/28063－4
長沙藥解四卷　（清）黃元御著　清刻本　二冊

510000 － 2743 － 0001126　14.12.9/4444/28191－4
長沙藥解四卷　（清）黃元御撰　（清）徐樹銘校　清末燮蘇精舍刻本　四冊

510000 － 2743 － 0001127　14.12.9/4444/4908
長沙藥解四卷　（清）黃元御著　清刻本　一冊

510000 － 2743 － 0001128　14.12.9/4478/25687
藥性制用一卷　（□）□□撰　清末抄本

一冊

510000－2743－0001129　14.12.9/4478/27041
分類草藥性二卷附天寶本草二卷　（□）□□撰　清宣統三年（1911）刻本　一冊　存二卷（分類草藥性上、天寶本草下）

510000－2743－0001130　14.12.9/4478/27121
分類草藥性不分卷　（□）□□撰　清末抄本　一冊

510000－2743－0001131　14.12.9/4765/6029－40
本草述鉤元三十二卷　（清）楊時泰輯　清道光二十二年（1842）毘陵函雅堂刻本　十二冊

510000－2743－0001132　14.12.9/7248/16874－92
本草述三十二卷首一卷　（清）劉若金著　（清）薛侟校　清嘉慶十五年（1810）武進薛氏還讀山房刻本　十九冊　存三十一卷（一至三十，首一卷）

510000 － 2743 － 0001133　14.12.9/7248/28888－911
本草述三十二卷首一卷　（清）劉若金著　（清）薛侟校　清嘉慶十五年（1810）武進薛氏還讀山房刻本　二十四冊

510000 － 2743 － 0001134　14.12.9/7248/5941－5956
本草述三十二卷首一卷　（清）劉若金著　（清）薛侟校　清嘉慶十五年（1810）武進薛氏還讀山房刻本　十六冊

510000 － 2743 － 0001135　14.12.9/7526（2）/5157、657327
神農本草經讀四卷　（清）陳念祖撰　（清）陳元豹等校　清光緒善成堂刻本　二冊

510000 － 2743 － 0001136　14.12.9/7526.1/1940
神農本草經讀四卷　（清）陳念祖撰　（清）陳元豹等校　清同治七年（1868）刻本　一冊

510000－2743－0001137　14.12.9/7526.2/3049
神農本草經讀四卷　（清）陳念祖撰　（清）陳元豹等校　清成德堂刻本　一冊

510000 － 2743 － 0001138　14.12.9/7526.4/

340

13672 - 13673

神農本草經讀四卷 (清)陳念祖撰 (清)陳
元豹等校 清光緒二十二年(1896)梓潼會刻
本 二冊

510000 - 2743 - 0001139 14.12.9/7526.4/3274

神農本草經讀四卷 (清)陳念祖撰 (清)陳
元豹等校 清末刻本 一冊

510000 - 2743 - 0001140 14.12.9/7526/1428

醫學三字經二卷 (清)陳念祖撰 清刻本
一冊 存一卷(二)

510000 - 2743 - 0001141 14.12.9/7526/3789

神農本草經讀四卷 (清)陳念祖撰 (清)陳
元豹等校 清宏道堂刻本 一冊

510000 - 2743 - 0001142 14.12.91/2730/
66138 - 66146

本經疏證十二卷本經續疏六卷 (清)鄒澍撰
清道光常州長年醫局刻本 九冊

510000 - 2743 - 0001143 14.12.912/0797(10)/
166302 - 5

本草三家合注六卷附神農本草經百種錄一卷
(清)郭汝聰集注 清末鴻寶齋書局石印本
四冊

510000 - 2743 - 0001144 14.12.912/2817
(4)/166126

神農本草經百種錄一卷 (清)徐大椿著 清
刻本 一冊

510000 - 2743 - 0001145 14.12.912/7526
(6)/178402

神農本草經讀四卷 (清)陳念祖著 清光緒
十八年(1892)上海圖書集成印書局鉛印本
一冊

510000 - 2743 - 0001146 14.12.923/4054/73431 - 32

本草通元四卷 (清)李中梓著 (清)尤乘增
訂 清善成堂刻本 二冊 存二卷(三至四)

510000 - 2743 - 0001147 14.12.923/4061(19)/
204086 - 101

重訂本草綱目五十二卷圖一卷附本草萬方針
線八卷本草綱目拾遺十卷 (明)李時珍著
(清)蔡烈先輯 (清)趙學敏輯 清光緒三十
二年(1906)萃珍書局石印本 十六冊

510000 - 2743 - 0001148 14.12.924/1161/
178419 - 24

本經逢原四卷 (清)張璐纂述 清刻本
六冊

510000 - 2743 - 0001149 14.12.924/2575/75326

本草崇原集說三卷 (清)張志聰注釋 (清)
高世栻纂集 (清)仲學輅集說 清末刻本
一冊

510000 - 2743 - 0001150 14.12.95/1058/070914

食鑑本草不分卷 (清)金天基訂集 清刻本
一冊

510000 - 2743 - 0001151 14.12.95/3412(2)/
64425 - 30

食物本草圖一卷食物本草會纂十二卷 (清)
沈李龍輯 清道光二十三年(1843)四盛堂刻
本 六冊

510000 - 2743 - 0001152 14.12.97/8004/75500 - 3

太醫院補遺本草歌訣雷公炮製四卷 (金)李
杲撰 (明)余應奎補遺 (清)胡載陽校 清
三多齋刻本 四冊

510000 - 2743 - 0001153 14.12 - 113/3136/
066114 - 5

筆花醫鏡四卷附新增奇方一卷 (清)江涵暾
著 清光緒十七年(1891)京都龍光齋刻本
二冊

510000 - 2743 - 0001154 14.12 - 113/4033/
86231 - 35

醫綱提要八卷 (清)李宗源纂 清六安州陳
紹倉堂刻本 五冊

510000 - 2743 - 0001155 14.12 - 116./
7220/3249 - 50

醫學集成四卷 (清)劉仕廉撰 清刻本 二
冊 存三卷(一至三)

510000 - 2743 - 0001156 14.12 - 116/1162/

成都中醫藥大學圖書館古籍普查登記目錄

2075－2087

景岳全書六十四卷 （明）張介賓著 （明）魯超訂 （清）張獻輝校 清刻本 十五冊 存二十七卷（三十八至六十四）

510000－2743－0001157 14.12－116/2664（6）/25988－25991

醫學心悟六卷 （清）程國彭著 清宏道堂刻本 四冊

510000－2743－0001158 14.12－117.1/7521/085625－8

中西醫學羣書 （清）陳俠君匯輯 清刻本 四冊

510000－2743－0001159 14.12－117.1/7526M（2）/204188－205、204207－13

陳修園醫書七十種 （清）陳念祖撰 清光緒三十四年（1908）上海章福記石印本 二十六冊 存五十種一百二十六卷（張仲景傷寒論淺注六卷,達生編一卷,福幼編一卷,救迷良方一卷,太乙神針方一卷,平辨脈法歌訣一卷,時方妙用四卷,時方歌括二卷,金匱要略淺注十卷,痧疾論三卷,濕熱條辨一卷,引痘略一卷,十藥神書注解一卷,醫學從眾錄八卷,金匱方歌括六卷,白喉治法抉微一卷,喉痧正的一卷,春溫三字訣一卷,眼科捷徑一卷,急救喉疹要法一卷,長沙放歌括六、首一卷,醫學實在易八卷,養生鏡一卷,醫學三字經四卷,神農本草經讀四卷,本經便讀一卷,名醫別錄一卷,醫壘元戎一卷,刺疔捷法一卷,醫法心傳一卷,古今醫論一卷,易氏医案一卷,女科要旨四卷,景岳新方砭四卷,傷寒醫訣串講五卷,急救異痧奇方一卷,經驗百病內外方一卷,霍亂論二卷,靈素節要淺注十二卷,咽喉脈症通論一卷,傷寒舌診一卷,增廣大生要旨一卷,靈素提要箋注四卷,保嬰要旨一卷,外科證治全生一卷,醫家心法一卷,醫經溯洄集一卷,海藏癍論英萃一,醫案一卷,脈訣一卷）

510000－2743－0001160 14.12－117.1042/064296－305

當歸草堂醫學叢書初編十種 （清）丁丙輯

清光緒四年（1878）錢塘丁氏當歸草堂刻本 十六冊

510000－2743－0001161 14.12－117.2/7235B（3）/204178－81、204135

劉河間傷寒六書 （金）劉完素撰 清宣統元年（1909）上海千頃堂石印本 五冊

510000－2743－0001162 14.12－117/4470/2194－227

薛氏醫案二十四種 （明）吳琯輯 清書業堂刻本 三十四冊

510000－2743－0001163 14.12－117/4470/42306

立齋外科發揮八卷 （明）薛己撰 清刻本 一冊

510000－2743－0001164 14.12－13/1234/29838－43

丹臺玉案六卷 （清）孫文徹參著 （清）屠壽徵校正 （清）游必遠 （清）江國春全閱 清順治十七年（1660）學餘堂刻本 六冊

510000－2743－0001165 14.12－13/3151/29538

醫家四要四卷 （清）江誠 （清）程曦 （清）雷豐撰 清光緒刻本 一冊

510000－2743－0001166 14.12－13/8019/13730、13747

金臺醫話一卷附金鑑一卷 （清）俞廷舉撰 清葉楚樵抄本 二冊

510000－2743－0001167 14.12－16/0032（3）（a）/26186－89/26192－93

中西匯通醫書五種 （清）唐宗海著 清光緒三十四年（1908）千頃堂石印本 六冊 存二種十卷（中西匯通醫經精義二卷,傷寒論淺注補正七卷、首一卷）

510000－2743－0001168 14.12－16/1162/098330－53

景岳全書六十四卷 （明）張介賓著 （清）雲志高訂 清康熙五十年（1711）刻本 二十四冊

510000－2743－0001169 14.12－16/2817（5）:1/

896 – 915

徐靈胎十二種全集 （清）徐大椿撰　清同治三年（1864）吳江半松齋刻本　二十冊

510000 – 2743 – 0001170　14.12 – 16/2817/0028947 – 62

徐靈胎醫學全書十六種 （清）徐大椿撰　清光緒三十三年（1907）上海章福記書局石印本　十六冊

510000 – 2743 – 0001171　14.12 – 16/4054/29844 – 6

合鐫增補士材三書 （明）李中梓著述　（清）尤乘增補　清善成堂刻本　三冊　存二種四卷（診家正眼一至二、本草通元一至二）

510000 – 2743 – 0001172　14.12 – 16/4060/14307 – 14314

醫經允中集成二十四卷 （清）李熙和纂　清道光十一年（1831）松筠閣刻本　八冊

510000 – 2743 – 0001173　14.1216/4478.2/29423

達生編一卷 （清）莊一夔編　清道光二十二年（1842）刻本　一冊

510000 – 2743 – 0001174　14.1216/4478.2/29424

達生編一卷 （清）莊一夔編　清道光二十二年（1842）刻本　一冊

510000 – 2743 – 0001175　14.12 – 16/6024/25764 – 71

醫學考辨十二卷 （清）羅紹芳撰　清粹白齋刻本　八冊

510000 – 2743 – 0001176　14.12 – 16/7229/0027528 – 35

嵩厓尊生書十五卷 （清）景日昣纂著　清刻本　八冊

510000 – 2743 – 0001177　14.12 – 16/7229/0027567 – 72

嵩厓尊生書十五卷 （清）景日昣纂著　清刻本　六冊

510000 – 2743 – 0001178　14.12 – 16/74444/8385 – 8402

世補齋醫書六種 （清）陸懋修撰並輯　清光

緒十年（1884）刻十二年（1886）山左書局印本　十八冊

510000 – 2743 – 0001179　14.12 – 16/7521/1123 – 34

中西醫學羣書 （清）陳俠君匯輯　清光緒三十三年（1907）六藝書局石印本　十二冊

510000 – 2743 – 0001180　14.12 – 16/7742/14371

簡易醫訣四卷 （清）周雲章著　清宣統元年（1909）刻本　一冊　存一卷（一）

510000 – 2743 – 0001181　14.12 – 16/7742/1553 – 1556

簡易醫訣四卷 （清）周雲章著　清宣統元年（1909）刻本　四冊

510000 – 2743 – 0001182　14.12 – 16/7742/25863 – 25864

簡易醫訣四卷 （清）周雲章著　清宣統元年（1909）刻本　二冊　存二卷（一至二）

510000 – 2743 – 0001183　14.12 – 16/7742/25863 – 4

簡易醫訣四卷 （清）周雲章著　清宣統元年（1909）刻本　二冊　存二卷（一至二）

510000 – 2743 – 0001184　14.12 – 16/7742/657293 – 657296

簡易醫訣四卷 （清）周雲章著　清宣統元年（1909）刻本　四冊

510000 – 2743 – 0001185　14.12 – 17./1012/42394 – 42401

醫林指月十二種 （清）王琦纂輯　清光緒二十二年（1896）上海圖書集成印書局鉛印本　八冊

510000 – 2743 – 0001186　14.12 – 17./1014B(5)/73473 – 73480

潛齋醫書五種 （清）王士雄著　清光緒三十年（1904）石印本　八冊

510000 – 2743 – 0001187　14.12 – 17.2600/1278 – 97

醫宗金鑑七十四卷首一卷 （清）吳謙輯　清光緒三十二年（1906）上海錦章書局石印本　二十冊

510000 – 2743 – 0001188　14.12 – 17.2600/2048 – 55

醫宗金鑑七十四卷首一卷　（清）吳謙輯　清光緒三十二年(1906)上海錦章書局石印本　六冊　存四十三卷(二十一至六十三)

510000－2743－0001189　14.12－17/1012/29671－29678

醫林指月十二種　（清）王琦輯　清光緒二十二年(1896)上海圖書集成印書局鉛印本　八冊

510000－2743－0001190　14.12－17/1012/42394－42401

醫林指月十二種　（清）王琦輯　清光緒二十二年(1896)上海圖書集成印書局鉛印本　八冊

510000－2743－0001191　14.12－17/1042/26809－26820

醫學叢書初編十種　（清）丁丙輯　清光緒四年(1878)錢塘丁氏當歸草堂刻本　十二冊

510000－2743－0001192　14.12－17/2600/27275－98

醫宗金鑑七十四卷首一卷　（清）吳謙輯　清光緒三十二年(1906)上海錦章書局石印本　二十四冊

510000－2743－0001193　14.12－17/2600/3111－34

醫宗金鑑七十四卷首一卷　（清）吳謙輯　清光緒三十二年(1906)上海錦章書局石印本　二十四冊

510000－2743－0001194　14.12－17/4054/02839－46/02863－70

東垣十書　（明）□□輯　清光緒三十四年(1908)成都肇經堂刻本　十六冊

510000－2743－0001195　14.12－17/4470/42366

平治會萃三卷　（元）朱震亨撰　（明）薛己校　清刻薛氏醫按本　一冊

510000－2743－0001196　14.12－17/7773/16793、16795－801、16805－8、16810－12、16830、16837、16842－9、16858

周氏醫學叢書二十九種　（清）周學海輯　清光緒至宣統池陽周氏刻宣統三年(1911)彙印

本　二十六冊

510000－2743－0001197　14.12－20/7543/27706－9

琅嬛青囊要四卷　（清）陳太初編　清嘉慶九年(1804)抱蘭軒活字本　四冊

510000－2743－0001198　14.12－3/7871/5413－18

醫貫六卷　（明）趙獻可撰　清致盛堂刻本　六冊

510000－2743－0001199　14.12－4/1174/17140－1

侶山堂類辯二卷　（清）張志聰撰　清刻本　二冊

510000－2743－0001200　14.12－7/7432/17538

醫學總論不分卷　（清）陸汝衡著　清光緒二十一年(1895)什邡清風堂刻本　一冊

510000－2743－0001201　14.2/4330/073433－40

全體闡微三卷　（美國）柯爲良撰　清光緒三十一年(1905)惜蔭書屋鉛印本　八冊

510000－2743－0001202　14.41/1704/066152－3

病理撮要不分卷　（清）尹瑞模譯　清光緒十八年(1892)羊城博記醫書局刻本　二冊

510000－2743－0001203　14.5/2224/29134－29138

醫方彙編四卷首一卷　（英國）梅滕更口譯　（清）劉廷貞筆述　清光緒二十八年(1902)上海廣學會鉛印本　五冊

510000－2743－0001204　14.562－132/3450/073441－48

萬國藥方八卷　（美國）洪氏提反譯　清光緒三十一年(1905)美華書館鉛印本　八冊

510000－2743－0001205　14.7－113./1074/066150－1

醫理畧述二卷　（清）尹端模譯　清光緒十八年(1892)羊城博濟醫局刻本　二冊

510000－2743－0001206　14.7－113./1074/066154－5

醫理畧述二卷　（清）尹端模譯　清刻本　二冊

510000－2743－0001207　14.7－15/8844/064432

內科新說二卷　（英國）合信氏撰　（清）管茂

四川省十二家收藏單位古籍普查登記目錄

材撰　清咸豐八年(1858)上海仁濟醫館鉛印本　一冊

510000－2743－0001208　14.7－15/8844/64432
内科新說二卷　(英國)合信氏著　(清)管茂材撰　清咸豐八年(1858)上海仁濟醫館鉛印本　一冊

510000－2743－0001209　14.771/4720/70146－8
腎囊醫訣四卷　(□)□□撰　清光緒二十九年(1903)道安堂刻本　三冊

510000－2743－0001210　14012.9/4016(1)/063255－6
本草綱目拾遺十卷　(清)趙學敏輯　本草萬方針線八卷　(清)蔡烈先輯　清光緒三十年(1904)上海經香閣書莊石印本　二冊

510000－2743－0001211　143.12.43/2583/64231－2
喉症全科紫珍集方本二卷　(清)朱翔宇撰　清刻本　二冊

510000－2743－0001212　16.3/0750/29259－98
佩文齋廣群芳譜一百卷目錄二卷　(明)王象晉原編　(清)汪灝等重編　清同治七年(1868)江左書林刻本　四十冊

510000－2743－0001213　16.3/0750/35942－73
佩文齋廣群芳譜一百卷目錄二卷　(明)王象晉原編　(清)汪灝等重編　清同治七年(1868)江左書林刻本　三十二冊

510000－2743－0001214　17.11.1/2013/27007－38
子書二十八種　(清)育文書局輯　清宣統三年(1911)上海育文書局石印本　三十二冊

510000－2743－0001215　17.11.1/3128/42413－8,42421－28
日知錄集釋三十二卷附刊誤二卷續刊誤二卷　(清)顧炎武著　(清)黃汝成集釋　清光緒三年(1877)刻本　十四冊　缺五卷(十三至十七)

510000－2743－0001216　17.11.1/7150/0085790－829
重刊宋本十三經注疏附校勘記四百十六卷

(清)阮元撰　清光緒十三年(1887)上海脈望仙館石印本　四十冊

510000－2743－0001217　17.11.1/8208/069036－101
古經解彙函二十二種附小學彙函十四種　(清)鍾謙鈞等輯　清同治十二年(1873)粵東書局刻本　六十六冊

510000－2743－0001218　17.11.11/5060/069150－9
新刻來瞿唐先生易注二十五卷首一卷末一卷圖像一卷　(明)來知德撰　(清)凌夫純圈點　清同治十年(1871)刻本　十冊

510000－2743－0001219　17.11.17/1763/49376－83
四書考異　(清)翟灝著　清刻本　八冊

510000－2743－0001220　17.11.3120/42318－20
新序十卷　(漢)劉向著　(清)陳用光校　人物志　(三國魏)劉邵著　(□)羅蘭玉校　羣輔錄　(晉)陶潛著　章文在校　英雄記鈔　(三國魏)王粲著　(清)包菜校　清光緒刻本　三冊

510000－2743－0001221　17.12.16/0030/70952－75
雅尚齋遵生八箋十九卷　(明)高濂編　明萬曆十九年(1591)高濂刻本　二十四冊

510000－2743－0001222　17.12.16/1030/068772－95
補註釋文黃帝内經素問十二卷遺篇一卷黄帝素問靈樞經十二卷　(唐)王冰注　(宋)林億等校正　靈樞　(宋)史崧音釋　明嘉靖趙府居敬堂刻本　二十四冊

510000－2743－0001223　17.12.16/1112(4)/75243－52
儒門事親十五卷　(明)張從正著　(明)吳勉學校　明嘉靖步月樓刻本　十冊

510000－2743－0001224　17.12.16/1162/068832－46
類經圖翼四十三卷附類經附翼四卷　(明)張介賓撰　明天啟刻本　十五冊

510000－2743－0001225　17.12.16/2540－2/086246－51
楚辭十七卷首一卷　(漢)劉向編集　(漢)王

成都中醫藥大學圖書館古籍普查登記目錄

逸章句　清刻本　六冊

510000－2743－0001226　17.12.16/2642/069168－77

黃帝內經素問二十四卷　（明）吳崐注　（明）
江子振參閱　明萬曆刻本　十冊

510000－2743－0001227　17.12.16/2642/070749－58

黃帝內經素問二十四卷　（明）吳崐注　（明）
江子振參閱　明萬曆刻本　十冊

510000－2743－0001228　17.12.16/2726/75615－20

嬰童百問十卷　（明）魯伯嗣撰　（明）王宇泰
訂　明末聚錦堂刻本　六冊

510000－2743－0001229　17.12.16/4040（5）/
35894－917

醫學入門七卷首一卷　（明）李梴編　明萬曆
三年（1575）刻本　二十四冊

510000－2743－0001230　17.12.16/4054/068822－31

東垣十書　（明）□□輯　清刻本　六冊

510000－2743－0001231　17.12.16/4054/
70983－1005

東垣十書十種附二種　（明）□□輯　明步月
樓刻本　二十三冊

510000－2743－0001232　17.12.16/4054A/
071303－13

東垣十書　（明）□□輯　清道光刻本　十
一冊

510000－2743－0001233　17.12.16/4054B/
071585－94

東垣十書十二種　（明）□□輯　清刻本
十冊

510000－2743－0001234　17.12.16/4400/070905－6

外科樞要二卷　（明）薛己撰　（明）吳玄有校
　明沈啓原刻本　二冊

510000－2743－0001235　17.12.16/4921/071324－29

醫無閭子醫貫六卷　（明）趙獻可著　明崇禎
元年（1628）刻本　六冊

510000－2743－0001236　17.12.16/4938/071009

秘傳眼科龍木總論十卷　（明）葆光道人撰
清刻本　一冊　存六卷（一至六）

510000－2743－0001237　17.12.16/7460/086252－7

楚辭十九卷　（戰國）屈原撰　（明）陸時雍疏
　讀楚辭語一卷附雜論一卷　（明）陸時雍撰
　清康熙學山堂刻本　六冊

510000－2743－0001238　17.12.16/7784/071205－08

陶節菴全生集四卷　（明）陶華撰　（明）朱映
璧等校　明萬曆刻本　四冊

510000－2743－0001239　17.12.16/7784/071599－02

傷寒六書　（明）陶華著　明刻本　四冊　存
六卷（一至六）

510000－2743－0001240　17.12.17/0001/75532

吳醫彙講十一卷　（清）唐大烈纂　清刻本
一冊　存六卷（六至十一）

510000－2743－0001241　17.12.17/0034/071504－11

方氏脈症正宗四卷　（清）方肇權著　清乾隆
十四年（1749）存仁堂刻本　八冊

510000－2743－0001242　17.12.17/0747（2）/
064255－6

痧脹玉衡書三卷後卷一卷　（清）郭志邃著
清刻本　三冊

510000－2743－0001243　17.12.17/0747/75379

痧脹玉衡書三卷　（清）郭志邃著　清姑蘇吳
氏刻本　四冊

510000－2743－0001244　17.12.17/1080/071320

古本難經闡註四卷　（清）丁錦註　清乾隆三
年（1738）體仁堂刻本　一冊

510000－2743－0001245　17.12.17/1147/075592－7

圖注八十一難經辨真四卷　（戰國）秦越人撰
　（明）張世賢註　（清）張青萬等校　清書業
堂刻本　六冊

510000－2743－0001246　17.12.17/1162/071217－56

類經三十二卷附圖翼十一卷附翼四卷　（明）
張介賓類注　明天啟四年（1624）刻本　四
十冊

510000－2743－0001247　17.12.17/2573/75453－6

丹溪朱氏脈因証治二卷　（元）朱丹溪撰
（清）湯望文校輯　清頤生堂刻本　四冊

四川省十一家收藏單位古籍普查登記目錄

510000－2743－0001248　17.12.17/2623/75459－66
成方切用十二卷首一卷末一卷　（清）吳儀洛
輯　清利濟堂刻本　八冊

510000－2743－0001249　17.12.17/2634/075568－91
六禮齋醫書十種　（清）程永培校　清乾隆修
敬堂刻本　二十四冊　存八種五十三卷(蘇
沈內翰良方十卷,葛仙翁肘後備急方八卷,痘
疹傳心錄十八卷,附種痘一卷,折肱漫錄七
卷,慎柔五書五卷,元和記用經一卷,十藥神
書一卷,韓氏醫通二卷)

510000－2743－0001250　17.12.17/2652/071355－64
金匱玉函傷寒經十三卷　（清）程知編註　清
刻本　十冊

510000－2743－0001251　17.12.17/2671/072507－8
瘟疫論二卷　（明）吳有性著　清文盛堂刻本
二冊

510000－2743－0001252　17.12.17/2671/75344－5
瘟疫論二卷　（明）吳有性著　清刻本　二冊

510000－2743－0001253　17.12.17/3435/064565－81
沈朗仲先生病機彙論十八卷　（清）沈頤撰
（清）馬俶校　清康熙五十二年(1713)吳門馬
氏刻本　十七冊

510000－2743－0001254　17.12.17/3463/75520－5
張仲景金匱要略二十四卷　（清）沈明宗編注
清康熙三十二年(1693)刻本　六冊

510000－2743－0001255　17.12.17/3740/072509－12
外科大成四卷　（清）祁坤輯著　清乾隆六十
年(1795)金閶函三堂刻本　三冊

510000－2743－0001256　17.12.17/4016/027591－4
脈訣彙辨十卷　（明）李延是輯著　清刻本
四冊

510000－2743－0001257　17.12.17/4016/086242－5
脈訣彙辨十卷　（明）李延是輯著　清刻本
四冊

510000－2743－0001258　17.12.17/4921/071321－23
醫貫六卷　（明）趙獻可著　清刻本　三冊

510000－2743－0001259　17.12.17/7586/071379－82

510000－2743－0001259　17.12.17/2623/75459－66
傷寒五法五卷　（明）陳長卿撰　（清）石楷重
訂　（清）陳維坤較　清康熙刻本　四冊

510000－2743－0001260　17.12.17/7752/069427－32
傷寒論三注十六卷　（清）周揚俊輯　清乾隆
四十五年(1780)嘉樂堂刻本　六冊

510000－2743－0001261　17.12.17/8310/071299－32
**臟腑證治圖說人鏡經八卷鐘奇氏人鏡經續錄
二卷**　（清）張俊英纂　（清）張吾瑾重輯
（清）劉禧校刻　清康熙元年(1662)劉禧刻本
四冊

510000－2743－0001262　17.12.2/7420/069160－3
坤雅二十卷　（宋）陸佃撰　清刻本　四冊

510000－2743－0001263　17.12.21/1022/17586－7
脈經十卷　（宋）林億等編　清光緒十九年
(1893)影蘇園刻本　二冊

510000－2743－0001264　17.12.－22/4742/4337－9
山海經廣注□□卷　（清）吳任臣注　清刻本
三冊　存十五卷(一至十五)

510000－2743－0001265　17.12.4/1126/078595－8
醫案不分卷　（清）張千里著　（清）邵慶槐輯
清抄本　四冊

510000－2743－0001266　17.12.4/1196/070811－8
辨證名言擇要不分卷　張燮恩撰　清末抄本
八冊

510000－2743－0001267　17.12.4/2725/071384
醫藏目錄一卷　（明）殷仲春輯　（明）陳繼儒
校　清抄本　一冊

510000－2743－0001268　17.12.5/0043/c1/35974
高士宗先生手授醫學真傳不分卷　（清）曹增
美等撰　清末抄本　一冊

510000－2743－0001269　17.12.5/0443/072930
秋季痢疾一卷　（□）□□撰　清末抄本
一冊

510000－2743－0001270　17.12.5/070821
溫病方歌纂一卷　（清）耿劉霈編次　清抄本
一冊

成都中醫藥大學圖書館古籍普查登記目錄

510000－2743－0001271　17.12.5/0822/071340－1

類證普濟本事方十卷照仿宋本日本板補入普
濟本事方十卷　（宋）許叔微撰　清抄本
二冊

510000－2743－0001272　17.12.5/1029/066079－80

辨證金鑒不分卷　（□）□□著　清抄本
二冊

510000－2743－0001273　17.12.5/1045/8480

霍亂論二卷秘本眼科捷徑一卷　（清）王士雄
撰　傷寒舌鑑一卷　（清）張登纂　清末石印
本　一冊

510000－2743－0001274　17.12.5/1126/069435

金匱要略白文讀本不分卷　（漢）張仲景（張
機）撰原文　清又溪氏抄本　一冊

510000－2743－0001275　17.12.5/1162/071013

景岳全書脈神集義要訣三卷　（明）張介賓著
　清末抄本　一冊

510000－2743－0001276　17.12.5/1174/35976

侶山堂類辯二卷　（清）張志聰撰　清抄本
一冊

510000－2743－0001277　17.12.5/1214/071014－5

醫旨緒餘二卷　（明）孫一奎著輯　清抄本
二冊

510000－2743－0001278　17.12.5/1218/070871

三吳治驗醫案一卷　（明）孫一奎輯　清抄本
　一冊

510000－2743－0001279　17.12.5/2152/17649

傷寒論大方圖解二卷附金匱要略大方圖解一
卷　（清）何貴孚著　清抄本　一冊

510000－2743－0001280　17.12.5/2163/66127

何氏新傳一卷　（清）何炫著　清抄本　一冊

510000－2743－0001281　17.12.5/2684/071025

三家醫案合錄三卷　（清）吳金壽輯　清抄本
　一冊

510000－2743－0001282　17.12.5/2690/070881

傷寒纂要備解不分卷　吳耀纂輯　清末抄本
　一冊

510000－2743－0001283　17.12.5/2735/0093501－2

喉科杓指四卷附集驗良方一卷　（清）包永泰
著　清末抄本　二冊

510000－2743－0001284　17.12.5/3414/071514－5

推求師意二卷　（明）戴元禮撰　清抄本
二冊

510000－2743－0001285　17.12.5/4320/071343

喉科秘方一卷　（□）□□撰　清末抄本
一冊

510000－2743－0001286　17.12.5/4410/064094

臨症經驗錄不分卷　（□）□□撰　清末抄本
　一冊

510000－2743－0001287　17.12.5/4410/070860－1

彙集秘方不分卷　（□）□□撰　清末抄本
二冊

510000－2743－0001288　17.12.5/4410/070915

經驗小兒雜症一卷　（□）□□撰　清末抄本
　一冊

510000－2743－0001289　17.12.5/4410/071342

同仁堂秘授咽喉十八症不分卷　（□）□□撰
　清末抄本　一冊

510000－2743－0001290　17.12.5/4410/17036－7

瘟疫全書痧癥一得二卷　（清）蕭霆著　清抄
本　二冊

510000－2743－0001291　17.12.5/4410/64093

靈蘭秘傳秦公接骨入骱書一卷　（□）□□撰
　清末抄本　一冊

510000－2743－0001292　17.12.5/4410A/
066088－91

傷寒一百三十方註解不分卷　（□）□□撰
清末抄本　四冊

510000－2743－0001293　17.12.5/4410B/64434

秘傳痘疹火工全集不分卷　（□）□□撰　清
末抄本　一冊

510000－2743－0001294　17.12.5/4410M/28423

療牛經驗良方一卷　（□）□□撰　清末抄本
　一冊

510000－2743－0001295　17.12.5/4414/071007－8

葉氏醫衡□□卷　（清）葉桂編　清抄本
二冊

510000－2743－0001296　17.12.5/4414－19/
086258－9

脈證清白二卷　（□）□□撰　清末抄本
二冊

510000－2743－0001297　17.12.5/4422/17088

眼科七十二論驗方一卷　（□）□□撰　清末
抄本　一冊

510000－2743－0001298　17.12.5/4932/070904

興化實濟局霍亂論一卷　（清）江曲春撰　清
末抄本　一冊

510000－2743－0001299　17.12.5/5410/064091－2

喉症秘集二卷　（□）□□撰　清末抄本
二冊

510000－2743－0001300　17.12.5/5700/070903

補異諸症一卷　（□）□□撰　清末抄本
一冊

510000－2743－0001301　17.12.5/6012/066470

傷寒尋源三卷　（清）呂震名著　清末抄本
一冊

510000－2743－0001302　17.12.5/604.7/35975

易氏醫案一卷　（清）易大艮撰　清末抄本
一冊

510000－2743－0001303　17.12.5/6044/42340

疹科真傳一卷　（明）呂坤撰　清末抄本
一冊

510000－2743－0001304　17.12.5/6086/17135

臨證舉隅不分卷　（清）田筱園著　（清）陳邦
瑞編輯　清光緒三十四年（1908）抄本　一冊

510000－2743－0001305　17.12.5/7548/065482

鬼真君脈訣一卷　（清）陳士鐸撰　清末抄本
一冊

510000－2743－0001306　17.12.514.5/0043/
075546－55

外科心法十卷　（清）唐黌輯　清據乾隆四十

一年（1776）貽經堂刻本抄本　十冊

510000－2743－0001307　17.12.8/1012/8492－4

藥方抄本一卷　（□）□□撰　清抄本　三冊

510000－2743－0001308　17.13.17/2323/064328－33

傅氏眼科審視瑤函六卷首一卷　（明）傅仁宇
纂輯　（清）林長生校補　（清）傅維藩編集
清醉耕堂刻本　六冊

510000－2743－0001309　17.2.16/4061/071257－94

本草綱目五十二卷首一卷附圖二卷　（明）李
時珍編輯　（明）錢蔚起校訂　明崇禎十三年
（1640）錢蔚起刻本　三十八冊

510000－2743－0001310　17.21/0093/657162

文史通義內篇五卷外篇三卷校讐通義三卷
（清）章學誠著　清道光十三年（1833）刻本
二冊　存五卷（內篇五至六、校讐通義一至
三）

510000－2743－0001311　17.3.11/1115/
068025－119

佩文韻府一百零六卷　（清）張玉書等撰　清
刻本　九十五冊

510000－2743－0001312　17.311/2641/069102－49

御定駢字類編二百四十卷　（清）聖祖玄燁纂
清光緒十三年（1887）上海同文書局石印本
四十八冊

510000－2743－0001313　17012.517/4414/125673－6

葉氏醫案存真四卷　（清）葉桂撰　（清）葉萬
青校　清抄本　四冊

510000－2743－0001314　17312.1714.3/4791/100710

慎柔五書五卷　（明）石震訂正　（清）顧元交
編次　（清）程永培校　清乾隆五十一年
（1786）於然堂刻六醴齋醫書本　一冊

510000－2743－0001315　1731235/1027/
65485－65486

新編溫病條辨總訣二卷　（清）王謙著　清末
抄本　二冊

510000－2743－0001316　8022/5033/117410－117411

桐陰論畫二卷首一卷附錄一卷桐陰畫訣一卷

成都中醫藥大學圖書館古籍普查登記目錄

（清）秦祖永著　清抄本　二冊

510000－2743－0001317　R2－51/0000

丹溪心法附餘二十四卷首一卷　（元）朱震亨
著　（明）方廣輯　清光緒二十五年(1899)徐

氏石印本　十二冊

510000－2743－0001318　R2－53/1022/294227

重慶堂隨筆二卷　（清）王學權著　清光緒三
十一年(1905)浙江紹興奎照樓石印本　一冊

四川音樂學院圖書館古籍普查登記目錄

全國古籍普查登記目錄

國家圖書館出版社
National Library of China Publishing House

510000－2758－0000001　861.631/13E

琴瑟合譜二卷　（清）慶瑞撰　清同治九年
(1870)刻本　一冊　存一卷(上)

510000－2758－0000002　861.631/7L

自遠堂琴譜十二卷　（清）吳虹輯　清嘉慶七
年(1802)澄鑒堂刻本　二冊

510000－2758－0000003　861.592/13E

與古齋琴譜補義首集不分卷　（清）祝鳳喈撰
　清刻本　一冊

510000－2758－0000004　861.631/10G

與古齋琴譜四卷　（清）祝鳳喈撰　清咸豐五
年(1855)浦城祝氏刻本　四冊

510000－2758－0000005　J643/Y7166

瘦雲巖曲譜不分卷　（清）玉泉樵子填詞　清
同治十年(1871)刻本　一冊

510000－2758－0000006　K204.2/Z416

通志二百卷　（宋）鄭樵撰　清光緒二十六年
(1900)上海鴻寶書局石印本　四十冊

510000－2758－0000007　07126/7CK

聲律啓蒙二卷　（清）車萬育著　清光緒二十
二年(1896)成都正古堂刻本　一冊

510000－2758－0000008　861.643/7C

南北派大曲琵琶新譜二卷　（清）李芳園著
清光緒二十一年(1895)刻本　一冊

510000－2758－0000009　861.592/5Y

南柯記全譜二卷　（清）葉堂訂譜　清道光二
十八年(1848)刻本　一冊

510000－2758－0000010　394/11H/10818

三略一卷　（漢）黃石公撰　清光緒二十四年
(1898)成都志古堂刻本　一冊

510000－2758－0000011　621.7/21KK1

顧氏音學五書　（清）顧炎武著　清光緒十六

年(1890)思賢講舍刻本　十六冊

510000－2758－0000012　861.631/16E

五知齋琴譜八卷　（清）周魯封滙纂　（清）黃
鎮參訂　（清）徐祺鑒定　（清）徐俊越校　清
乾隆十一年(1746)懷德堂刻本　六冊

510000－2758－0000013　861.63/11C

琴學入門四卷　（清）張鶴輯　清宣統元年
(1909)蘇州刻本　四冊

510000－2758－0000014　711.18/11LKI

飲冰室文集十八卷　梁啟超撰　清光緒二十
九年(1903)廣智書局鉛印本　十七冊　存十
七卷(一至五、七至十八)

510000－2758－0000015　861.592/13Y

納書楹曲譜全集　（清）葉堂訂譜　清道光二
十八年(1848)刻本　二十四冊

510000－2758－0000016　J648.31/S886

琴譜新聲六卷　（清）曹尚絅　（清）蘇璟
（清）戴源訂　清光緒刻本　四冊　存四卷
(一、三至五)

510000－2758－0000017　711.42/19HK2

唐詩三百首旁訓二卷　（清）孫洙編　清光緒
刻本　一冊　存一卷(下)

510000－2758－0000018　711.2/3SK1

詩經八卷　（□）□□著　清光緒八年(1882)
錦江書局刻本　四冊

510000－2758－0000019　J648.31/C4608

誠一堂琴譜六卷　（清）程允基選訂　清康熙
誠一堂刻本　三冊

510000－2758－0000020　J648.31/C4608－1

誠一堂琴談二卷　（清）程允基纂輯　（清）程
允培校　清康熙誠一堂刻本　一冊

四川音樂學院圖書館古籍普查登記目録

《德陽市圖書館古籍普查登記目録》
書名筆畫字頭索引

《德陽市圖書館古籍普查登記目錄》
書名筆畫索引

《廣漢市圖書館古籍普查登記目録》
書名筆畫字頭索引

《廣漢市圖書館古籍普查登記目錄》
書名筆畫索引

六畫

十二畫

十三畫

378

十五畫

十六畫

《綿竹市圖書館古籍普查登記目錄》
書名筆畫字頭索引

《綿竹市圖書館古籍普查登記目録》
書名筆畫索引

五畫

六畫

七畫

八畫

九畫

十畫

十一畫

十二畫

十三畫

十四畫

十五畫

《中江縣圖書館古籍普查登記目錄》
書名筆畫字頭索引

《中江縣圖書館古籍普查登記目錄》
書名筆畫索引

十三畫

十四畫

十五畫

十六畫

十七畫

十八畫

十九畫

二十畫

《綿陽市安州區圖書館古籍普查登記目錄》
書名筆畫字頭索引

416

《綿陽市安州區圖書館古籍普查登記目錄》
書名筆畫索引

四畫

六畫

七畫

八畫

九畫

十畫

十二畫

431

《廣元市圖書館古籍普查登記目錄》
書名筆畫字頭索引

《廣元市圖書館古籍普查登記目錄》
書名筆畫索引

《劍閣縣圖書館古籍普查登記目錄》
書名筆畫字頭索引

《劍閣縣圖書館古籍普查登記目錄》
書名筆畫索引

《蒼溪縣圖書館古籍普查登記目錄》
書名筆畫字頭索引

《蒼溪縣圖書館古籍普查登記目錄》
書名筆畫索引

《犍爲縣圖書館古籍普查登記目録》
書名筆畫字頭索引

《犍爲縣圖書館古籍普查登記目錄》
書名筆畫索引

五畫

468

九畫

十畫

十一畫

十二畫

《成都中醫藥大學圖書館古籍普查登記目錄》
書名筆畫字頭索引

《成都中醫藥大學圖書館古籍普查登記目錄》
書名筆畫索引

五畫

八畫

九畫

十畫

488

十四畫

十五畫

十六畫

十七畫

十八畫

十九畫

二十畫

二十一畫

二十二畫

二十三畫

二十四畫

《四川音樂學院圖書館古籍普查登記目録》
書名筆畫字頭索引

《四川音樂學院圖書館古籍普查登記目錄》
書名筆畫索引

ℂ社